POURSUITES

DE CONTRIBUTIONS DIRECTES

COMMENTAIRE SUR LE RÈGLEMENT

ADOPTÉ PAR LE MINISTRE DES FINANCES

SUR

LES POURSUITES EN MATIÈRE DE CONTRIBUTIONS DIRECTES

EN DATE DU 21 DÉCEMBRE 1839

Pour servir de guide aux Préfets et de base à leurs arrêtés

SUIVI D'UN APPENDICE

Contenant, sur la même matière : 1° Les lois en vigueur, mises en rapport
entre elles au moyen de notes de concordance ;
2° Les décisions du Conseil d'État, de la Cour de cassation, des Cours et Tribunaux
des Conseils de préfecture ;
3° Un Formulaire des actes des Poursuites ;
4° Un Traité sommaire du recouvrement des amendes et des condamnations
pécuniaires, avec les formules correspondantes ;
5° Une table analytique et raisonnée des matières.

Première édition publiée en 1838, conformément au Règlement du 26 août 1824

PAR E. DURIEU

ÉDITION NOUVELLE

MISE AU COURANT DE LA LÉGISLATION, DE LA JURISPRUDENCE
ET DES DÉCISIONS ADMINISTRATIVES JUSQU'A CE JOUR

PAR

A. Muriel DURIEU Fils

Secrétaire de la Commission permanente des valeurs de douanes
au Ministère de l'agriculture et du commerce,
Rédacteur en chef du *Journal des Percepteurs.*

TOME PREMIER

AU BUREAU DU JOURNAL DES PERCEPTEURS
8, RUE DE NESLES, 8

1876

POURSUITES

EN MATIÈRE

DE CONTRIBUTIONS DIRECTES

Tout exemplaire doit être revêtu de la signature de l'auteur.

PARIS. — IMPRIMERIE NOUVELLE (ASS. OUVR.), 14, RUE DES JEUNEURS.
6. MASQUIN ET Cⁱᵉ.

POURSUITES

EN MATIÈRE

DE CONTRIBUTIONS DIRECTES

COMMENTAIRE SUR LE RÈGLEMENT

ADOPTÉ PAR LE MINISTRE DES FINANCES

SUR

LES POURSUITES EN MATIÈRE DE CONTRIBUTIONS DIRECTES

EN DATE DU 21 DÉCEMBRE 1839

Pour servir de guide aux Préfets et de base à leurs arrêtés

SUIVI D'UN APPENDICE

Contenant, sur la même matière : 1° Les lois en vigueur, mises en rapport
entre elles au moyen de notes de concordance;
2° Les décisions du Conseil d'État, de la Cour de cassation, des Cours et Tribunaux,
des Conseils de préfecture;
3° Un Formulaire des actes des Poursuites;
4° Un Traité sommaire du recouvrement des amendes et des condamnations
pécuniaires, avec les formules correspondantes;
5° Une table analytique et raisonnée des matières.

Première édition publiée en 1838, conformément au Règlement du 26 août 1824

PAR E. DURIEU

ÉDITION NOUVELLE

MISE AU COURANT DE LA LÉGISLATION, DE LA JURISPRUDENCE
ET DES DÉCISIONS ADMINISTRATIVES JUSQU'A CE JOUR

PAR

A. Muriel DURIEU Fils

Secrétaire de la Commission permanente des valeurs de douanes
au ministère de l'agriculture et du commerce,
Rédacteur en chef du *Journal des Percepteurs*.

——

TOME PREMIER

———

PARIS

AU BUREAU DU JOURNAL DES PERCEPTEURS

8, RUE DE NESLES, 8

——

1876

AVANT-PROPOS

Poursuites en matière de contributions directes. — L'ouvrage dont nous publions la seconde édition a joui d'une singulière bonne fortune. Tandis que la plupart des auteurs qui se consacrent à l'étude des règlements administratifs voient sans cesse la mobilité de ces règlements rendre leurs travaux inutiles et surannés, M. Durieu a vu le Règlement se rapprocher sans cesse de son *Commentaire,* lui emprunter même des dispositions et donner une force obligatoire aux solutions qu'il avait proposées. Comme, d'autre part, les principes de la législation, de l'impôt direct et, particulièrement, les règles qui président au recouvrement, n'ont pas sensiblement changé, le *Traité des Poursuites* a pu, pendant trente-cinq ans, conserver son texte primitif et se répandre, par des tirages successifs, au nombre de plus de vingt mille exemplaires.

Cependant la jurisprudence marchait, les questions autrefois controversées étaient vidées; d'autres questions étaient nées; l'Administration avait renouvelé son règlement général sur la comptabilité, et son Instruction générale sur les finances; les taxes assimilées avaient pris un développement inattendu; le Règlement avait subi des modifications de détail: toutes ces circonstances faisaient désirer une réimpression. M. Durieu, qui en avait prévu la nécessité, en avait aussi préparé les matériaux; il avait projeté une révision complète qui mît le livre au courant de la législation et de la jurisprudence, et comparât toutes les

solutions avec celles que l'Administration a pu adopter. Ces
matériaux ont été utilisés ; ce plan religieusement respecté.

Dès sa première apparition, en 1838, cet ouvrage, le seul
qui eût encore été publié sur la matière, a pris rang parmi
les livres de droit les plus sérieux. Il est entré dans les
bibliothèques des jurisconsultes aussi bien que dans celles
des administrateurs. Dalloz, dans son *Répertoire*, l'a souvent cité comme autorité et lui a fait de larges emprunts,
notamment dans ses articles : *Privilége* et *Impôt direct*.
Le *Répertoire* du *Journal du Palais* l'a traité avec la
même considération.

De son côté, l'Administration lui a fait l'honneur, non-
seulement de le recommander, mais elle l'a regardé, en
quelque sorte, comme un développement essentiel du *Règlement sur les Poursuites*, à ce point que lorsque, en 1839,
le ministère se détermina à publier un nouveau Règlement,
malgré les modifications et les additions dont ce Règlement
était l'objet, elle ne voulut pas changer le numérotage des
articles de l'ancien Règlement de 1824, qui étaient ceux du
Commentaire de M. Durieu.

La même mesure a été maintenue à l'occasion du Règlement révisé, joint comme annexe à l'Instruction générale
du 20 juin 1859. L'Administration en a, de même, donné le
motif dans ces termes :

« *Il est à propos de faire remarquer aux Percepteurs*
« *que le maintien, dans le nouveau Règlement, de la série*
« *de numéros d'articles de l'ancien, leur permettra de con-*
« *tinuer à se reporter au* Commentaire sur les Poursuites,
« *publié par M. Durieu, et sur lequel l'Administration a*
« *appelé l'attention de MM. les Receveurs des finances et*
« *Percepteurs-Receveurs municipaux.* » (Annexes de l'Instruction générale du 20 juin 1859, page 32.)

Ces suffrages, et les recommandations renouvelées si
récemment encore, témoignent d'une façon bien significa-
tive de l'estime acquise au livre de M. Durieu; on peut
dire qu'il est encore le seul ouvrage qui puisse être indiqué

avec confiance aux comptables pour les guider dans les difficultés du recouvrement et des poursuites, et principalement de celles qui naissent des questions de privilége ou de procèdure civile.

Il est évident qu'un livre parvenu à ce degré d'autorité devait être changé le moins possible; il a donc gardé la forme du *Commentaire*, qui groupe sous chaque article du Règlement toutes les explications qui s'y rapportent. Cette distribution est, aujourd'hui, consacrée et commandée, en quelque sorte, par l'adoption que l'Administration a bien voulu faire du travail ainsi composé; ajoutons que l'exécution journalière du Règlement par les comptables, les reporte naturellement du texte commenté, qui leur est familier, au *Commentaire*, où ils retrouvent l'ordre adopté dans le Code spécial qu'ils ont à faire exécuter.

Cet ordre des articles du Règlement est, d'ailleurs, lui-même méthodique. Il prend le rôle au moment où il est remis aux Percepteurs, pose les règles générales qui président au recouvrement, indique les priviléges introduits en vue de faciliter et d'assurer ce recouvrement; puis il passe au détail de la procédure des poursuites, lorsqu'elles deviennent nécessaires, et termine par la liquidation des frais.

Dans les dispositions de ce Règlement se résument les devoirs et les droits du Percepteur en ce qui concerne l'impôt; sa fonction principale, en effet, comme l'indique son titre même de *percepteur*, est de percevoir les cotes des contribuables en exécution des rôles d'imposition, et d'en poursuivre au besoin la rentrée par les voies de contrainte.

C'est dans ce cercle, qu'en principe, se renferment ses attributions, car la législation a voulu séparer systématiquement le travail de l'imposition de celui du recouvrement. Cependant, par la nature même de son emploi, qui le met en rapport habituel avec les contribuables, le percepteur est en possession de beaucoup de renseignements

qui en font une sorte d'auxiliaire obligé du travail de l'établissement des taxes et, successivement, il s'est trouvé
appelé à jouer un rôle de plus en plus essentiel dans le
travail des *Mutations*, de la *Répartition* et des *Réclamations*.

De là, dès lors, la nécessité de parler accessoirement de
ces opérations et d'en exposer les règles en ce qui touche
les points où le percepteur doit intervenir.

Dans son édition primitive, M. Durieu n'avait pas négligé de consacrer quelques développements à ces préliminaires obligés du recouvrement et des poursuites, mais les
attributions du percepteur, à cet égard, se sont beaucoup
étendues et comportent plus de détails.

La nouvelle édition a reçu, sous ce rapport, de notables
augmentations ; chaque espèce de contributions y est l'objet
d'un exposé particulier qui résume les lois, les instructions
et la jurisprudence. Cet exposé comprend, naturellement,
tout ce qui regarde les *Taxes assimilées* qui ont été, dans
ces derniers temps, l'objet de nouvelles mesures, et le recouvrement des *Amendes et condamnations pécuniaires*.

En ce qui concerne le recouvrement et les poursuites,
M. Durieu a soumis à une révision minutieuse son premier
travail ; non pas qu'il ait eu souvent à revenir sur les solutions qu'il avait données ; il a eu le bonheur que, sur presque tous les points nouveaux qu'il avait abordés, la jurisprudence des Tribunaux comme celle de l'Administration, et
la doctrine elle-même des auteurs, a confirmé ses opinions.
Il n'a eu qu'à ajouter les développements nécessaires com-
mandés par les nouvelles dispositions des lois et des instructions, et y a rattaché les questions qu'il a eu occasion
de traiter dans les feuilles spéciales.

D'autres articles ont subi quelques retranchements.
Lorsque le *Commentaire* a paru, comme tout était à peu
près nouveau dans cette matière, les explications, pour être
bien comprises, avaient dû être fort développées ; aujour-
d'hui, les comptables sont mieux familiarisés avec les ques-

tions de droit, et il est possible d'abréger, sans nuire à la clarté.

Ce n'est pas que l'auteur ait rien retranché aux discussions approfondies qu'exigent certains points de droit, c'est précisément cette étude sérieuse du fond des questions qui a pu faire le mérite du livre.

Etendre la sphère des connaissances des comptables, les élever à la juste appréciation de leurs fonctions, non pas seulement en leur présentant, suivant le cas, des à peu près de solutions, mais en mettant à leur portée les principes mêmes qui doivent leur servir à résoudre eux-mêmes les difficultés, voilà le but.

Le meilleur livre est celui qui apprend au lecteur à se passer des conseils des autres pour sa pratique journalière.

La marche de l'ouvrage est la même que celle adoptée pour la première édition.

Le livre traite des règles relatives à l'imposition, en ce qui concerne les parties du service auxquelles les percepteurs sont appelés à concourir :

Etablissement des impôts. — Contributions personnelle et mobilière, foncière, patentes. — Bases de chacun de ces impôts et de leur répartition.

Réclamations. — Confection et mise en recouvrement des rôles. — Taxes assimilées de l'Etat, des départements et des communes ; celles, en un mot, qui, chaque année, autorisées par les lois des finances, prennent par là le caractère de l'impôt.

Mutations. — Recouvrement des amendes et condamnations pécuniaires.

Après l'examen des préliminaires qui conduisent au moment où, les rôles étant dans les mains des percepteurs, la fonction du recouvrement commence, on en arrive aux poursuites.

A côté de toutes les règles administratives qui sont exposées dans cet ouvrage avec le détail qu'elles comportent,

toute la partie des priviléges et de la procédure qui touche
à l'application des principes du droit civil y est traitée dans
des discussions approfondies.

Comme dans sa première édition, M. Durieu a cru devoir
présenter, dans un appendice, la législation de l'impôt et
la jurisprudence, de manière à ce que, pour toutes les lois,
les actes du gouvernement, les arrêts du Conseil d'Etat, des
Cours et Tribunaux, cités dans le cours de l'ouvrage, les
lecteurs puissent y recourir sans avoir besoin de livres spéciaux.

L'ouvrage, presque complétement terminé par M. Durieu, avec l'aide de son fils qu'il initiait, depuis longues
années, à ses travaux, a dû être achevé par ce dernier
seul, M. Durieu étant mort au moment d'y mettre la dernière main; mais les comptables y trouveront entière, à
côté du soin le plus scrupuleux apporté par le collaborateur
à ne pas laisser une question sans solution, l'autorité que
donnent seuls une longue et indiscutable expérience de la
matière, et le travail de toute une carrière vouée à l'étude
spéciale des questions de perception.

Une note détaillée, placée en tête de chacune des deux
parties (*Commentaire* et *Appendice*) donne, au surplus, des
indications qui doivent nous dispenser d'entrer ici dans de
plus longues explications sur ce qui concerne la distribution des matières de ce livre.

Nous nous bornerons à terminer cet avant-propos par un
Sommaire où sont présentés, dans un ordre méthodique, et
divisés en quelque sorte par chapitres, avec des renvois aux
articles du Règlement, les principaux points exposés dans
le *Commentaire*. Ce *Sommaire*, dont chaque division trouvera son développement naturel dans les mots de la *Table
alphabétique et raisonnée,* donnera ainsi à notre *Commentaire* la forme et presque les avantages du *Traité.*

L'ouvrage sera ensuite maintenu au courant, d'une façon
constante, dans le *Journal des Percepteurs*, dont M. Durieu

fils est devenu rédacteur en chef, quand les circonstances l'ont forcé de cesser à collaborer au journal que son père avait fondé et rédigé jusqu'au dernier moment.

M. DURIEU FILS,

Secrétaire de la Commission permanente
des valeurs de douanes au Ministère de l'Agriculture et du Commerce;
Rédacteur en chef du *Journal des Percepteurs*.

AVIS AUX SOUSCRIPTEURS DU COMMENTAIRE

Nous adressons aujourd'hui à nos souscripteurs les deux volumes qui contiennent toute la partie consacrée au *Commentaire sur les poursuites* en matière de contributions directes.

L'extension qu'il nous a paru utile de donner au *Traité sur les amendes* depuis la publication de l'Instruction, a modifié notre plan primitif, et, au lieu d'un Traité sommaire, nous donnerons à nos lecteurs un véritable Commentaire sur tout ce qui a trait à ce service. L'envoi de cette partie de notre ouvrage sera donc retardé de quelques semaines.

Nous espérons que nos lecteurs nous sauront gré des sacrifices que nous nous sommes imposés pour leur donner, sans augmentation de prix, un travail complet et entièrement nouveau, et excuseront un retard qui n'a d'autre motif que notre désir de bien faire.

Paris, 12 mars 1876.

Paris. —Imp. Nouv. (ass. ouv.), 14, r. des Jeûneurs.— G. Masquin et Cⁱᵉ

SOMMAIRE

§ 7. Obligations particulières :

Des fermiers et locataires (Art. 13 et 13 *bis*);

Des tiers détenteurs de sommes appartenant aux redevables (Art. 14) ;

Des commissaires-priseurs, huissiers, notaires, au sujet des sommes provenant des redevables, et qu'ils ont entre les mains par suite de l'exercice de leurs fonctions. (Art. 14, nᵒˢ 29 et suiv.)

§ 8. Prescription en matière de contributions directes. — Conditions sous lesquelles elle s'accomplit ou s'interrompt. (Art. 18.)

III. *Poursuites.*

§ 1ᵉʳ. Agents de poursuites : porteurs de contraintes et garnisaires. — Leur nomination. (Art. 28, 29, 30.) — Incompatibilités. (Art. 31.) — Leur caractère public. (Art. 34, nᵒˢ 5 et suiv.; art. 40.) — Leurs fonctions. (Art. 27, 32, 33, 34, 37, 38.) — Commission qui leur est délivrée. (Art. 30.) — Répertoire que doivent tenir les porteurs de contraintes pour les actes de poursuites qu'ils exécutent. (Art. 39.) — Leur salaire. (Art. 36 et 107.) — Protection qui leur est assurée dans l'exécution de leurs commissions. (Art. 40.) — Intervention des huissiers à défaut de porteurs de contraintes. (Art. 35, 35 *bis* et 35 *ter*.)

§ 2. Epoque où les poursuites peuvent commencer. (Art. 20, nᵒˢ 13 et suiv.)

§ 3. Sommation gratis. (Art. 21 et 21 *bis*.)

Contrainte. — Autorités qui la délivrent et lui donnent force exécutoire. — Caractère de cet acte. (Art. 23, 24, 25, 25 *bis*, 56.) — Sa publication. (Art. 27.)

§ 4. Degrés de poursuites. (Art. 41.)

Garnison. (Art. 42, 43 et 43 *bis*.) — Garnison collective. (Art. 44 à 48.) — Garnison individuelle. (Art. 49 à 54.)

Commandement. — Ses conditions essentielles. — Ses formalités extérieures. (Art. 55 à 58, 95 et 95 *bis*.)

Saisie-exécution. — Ses conditions essentielles. — Ses formalités extérieures. (Art. 63, 65, 66.) — Etablissement des gardiens. (Art. 72, 73, 74.) — Leur responsabilité. (Art. 75, 76.) — Obstacles que la saisie peut rencontrer. (Art. 67, 70, 71.) — Objets insaisissables. (Art. 77.) — Revendication par un tiers des meubles saisis. (Art. 69.)

RÈGLEMENT

Adopté par le Ministre Secrétaire d'Etat des finances, le 21 décembre 1839

EN MATIÈRE DE CONTRIBUTIONS DIRECTES

ARRÊTÉ

CONTENANT LE RÈGLEMENT SUR LES POURSUITES EN MATIÈRE DE CONTRIBUTIONS
DIRECTES DANS LE DÉPARTEMENT

Du   18

Nous, Préfet du département d
Vu l'article 51 de la loi de finances du 15 mai 1818, portant que
les préfets sont autorisés à faire, dans leur département respectif,
des arrêtés réglementaires sur les frais de poursuites à exercer
pour le recouvrement des contributions directes, sauf à faire
approuver ces arrêtés par le gouvernement;

Vu la Circulaire de M. le Ministre des finances, en date du
21 décembre 1839, et le Règlement y annexé pour servir d'instruction et de base à l'arrêté qui doit être pris par les préfets, en conformité de l'article ci-dessus relaté;

Arrêtons les dispositions suivantes :

PREMIÈRE PARTIE

OBLIGATIONS DES REDEVABLES ET DROITS DES PERCEPTEURS ANTÉRIEUREMENT AUX POURSUITES

Art. 1er. Les contributions directes sont payables en douze portions égales, dont chacune est exigible le 1er de chaque mois pour
le mois précédent (1).

---

(1) En ce qui concerne la contribution des patentes, la loi du 25 avril 1844,
article 24, porte ce qui suit : « Dans le cas où le rôle n'est émis que postérieurement au 1er mars, les douzièmes échus ne sont pas immédiatement exigibles :

2. La totalité du montant de la patente des marchands forains, colporteurs et marchands vendant en ambulance, échoppe ou étalage, est payable au moment de la délivrance de ladite patente, conformément aux dispositions des articles 69 et 70 de la loi du 25 mars 1817 (1).

3. En cas de déménagement hors du ressort de la perception, comme en cas de décès, de faillite et de vente volontaire ou forcée, la contribution personnelle et mobilière est exigible pour la totalité de l'année courante (2).

3 *bis*. La taxe des patentes ne peut, en cas de décès, être exigée que pour les termes échus et le mois courant (3).

Dans toutes les autres circonstances, déterminées par l'article 3, la taxe des patentes est exigible pour l'année entière (4).

4. Les héritiers ou légataires peuvent être poursuivis solidairement, et un pour tous, à raison des contributions de ceux dont

le recouvrement en est fait par portions égales, en même temps que celui des douzièmes non échus. » C'est-à-dire que la cote se divise pour le payement en autant de termes qu'il reste de mois à courir. Cette disposition est applicable à la contribution personnelle-mobilière, lorsqu'elle est comprise dans le même rôle que celle des patentes. (Décision ministérielle du 4 août 1845.) — Les contribuables compris dans les rôles supplémentaires de patentes du quatrième trimestre peuvent être admis à diviser leur dette en deux ou trois termes, comme les patentables compris dans les rôles du troisième trimestre. (Art. 61 de l'Instruction générale.)

(1) Article 69 : « Les marchands forains et colporteurs seront tenus d'acquitter le montant total de leur patente au moment où elle leur sera délivrée. »
Article 70 : « Les marchands vendant en ambulance, échoppes ou étalage dans les lieux de passage, places publiques, marchés des villes et communes, des marchandises autres que des commestibles, seront pareillement tenus d'acquitter, au moment de la délivrance, le montant total de la patente à laquelle ils sont assujettis par la disposition finale du nombre 10 de l'article 29 de la loi du 1er brumaire an 7. »
Article 24 de la loi du 25 avril 1844 : « Les marchands forains, les colporteurs, les directeurs de troupes ambulantes, les entrepreneurs d'amusements et jeux publics non sédentaires, et tous autres patentables dont la profession n'est pas exercée à demeure fixe, sont tenus d'acquitter le montant total de leur cote au moment où la patente leur est délivrée. »

(2) Loi du 21 avril 1832, articles 21 et 22, et loi du 25 avril 1844, article 25.

(3) Loi du 13 floréal an 10. (Voyez le renvoi qui suit.)

(4) La disposition qui fait l'objet du premier alinéa de l'article 3 *bis* s'étend maintenant au cas de fermeture des magasins, boutiques et ateliers par suite de faillite déclarée. (L. 25 avril 1844, art. 23.)

ils ont hérité ou auxquels ils ont succédé, tant que la mutation n'a pas été opérée sur le rôle (1).

5. Les receveurs des communes, hospices et autres établissements publics sont tenus au payement des contributions dues par ces communes ou établissements. Les quittances des percepteurs leur seront allouées en compte.

6. Les contribuables en réclamation n'en sont pas moins tenus de payer les termes qui viendront à échoir pendant les trois mois qui suivront leur réclamation (2).

7. Nul fonctionnaire n'a le droit de surseoir au recouvrement des contributions directes, ni aux poursuites qui ont ce recouvrement pour objet; seulement, lorsqu'il est constaté que des communes ont éprouvé des pertes résultant d'événements désastreux qui ont mis les contribuables dans l'impossibilité de payer, le préfet en informe le receveur général, afin de prévenir des poursuites pour des contributions qui devraient définitivement être couvertes par le fonds de non-valeurs.

8. Les percepteurs ont seuls titre pour effectuer et poursuivre le recouvrement des contributions directes appartenant au Trésor public, et celui de toutes contributions locales et spéciales, établies dans les formes voulues par la loi.

9. Les percepteurs ne peuvent exiger aucunes sommes des contribuables, s'ils ne sont porteurs d'un rôle confectionné par le directeur des contributions directes, rendu exécutoire par le préfet, et publié dans chaque commune par le maire.

10. Immédiatement après la publication des rôles, le percepteur est tenu de faire parvenir aux contribuables les avertissements dressés par le directeur des contributions.

Le prix de ces avertissements étant compris dans les rôles et

(1) La solidarité dont parle l'article 4 doit être entendue en ce sens, que, même après le partage de la succession, le privilége du Trésor suit, en vertu de la loi du du 12 novembre 1808, les meubles fruits et récoltes dans les mains des héritiers ou légataires à qui ils ont été attribués; d'où il résulte que le percepteur a le droit de les faire saisir, jusqu'à concurrence de la contribution privilégiée, sur tout héritier ou légataire, moins comme débiteur solidaire que comme détenteur.

(2) L. 21 avril 1832, art. 28.

payable comme les contributions, le percepteur ne peut rien demander de plus aux contribuables, soit pour les avertissements, soit pour les frais de leur remise.

11. Le privilége attribué au Trésor public et aux percepteurs agissant en son nom pour le recouvrement des contributions directes s'exerce avant tout autre.

Il est réglé ainsi qu'il suit :

1° Pour l'année échue et l'année courante de la contribution foncière, tant en principal qu'en centimes additionnels et supplémentaires, sur les récoltes, fruits, loyers et revenus des biens immeubles, sujets à la contribution (1);

2° Pour l'année échue et l'année courante des autres contributions directes générales et spéciales, sur tous les meubles et effets mobiliers appartenant aux redevables, en quelque lieu qu'ils se trouvent.

L'acquéreur d'une propriété doit, en conséquence du privilége ci-dessus, s'assurer que les contributions imposées sur cette propriété ont été payées jusqu'au jour de la vente.

Cette obligation existe également pour tous adjudicataires d'immeubles vendus par autorité de justice.

12. Le privilége attribué au Trésor pour le recouvrement des contributions directes ne préjudicie point aux droits qu'il peut exercer sur les biens des redevables comme tout autre créancier.

12 *bis*. Lorsqu'il y a lieu à l'expropriation forcée des immeubles des redevables, elle n'est poursuivie qu'avec l'autorisation du Ministre des finances, sur la proposition du receveur particulier et l'avis du préfet.

13. Tous fermiers et locataires sont tenus de payer à l'acquit des propriétaires ou usufruitiers la contribution des biens qu'ils tiennent à ferme ou à loyer, et peuvent être poursuivis comme les propriétaires eux-mêmes.

Les propriétaires ou usufruitiers sont tenus de recevoir les

---

(1) Le privilége du Trésor affecte les récoltes, fruits, loyers et revenus, abstraction faite de toute mutation ou de tout changement de propriétaire. (Arrêt de la Cour de cass., 6 juillet 1852.)

quittances du montant de ces contributions sur le prix des fermages et loyers, à moins que les fermiers ou locataires en soient chargés par leur bail.

13 *bis*. Les propriétaires peuvent, dans les limites et sous les conditions fixées par l'Administration, déléguer le payement de l'impôt foncier à un certain nombre de fermiers ; toutefois, ils n'en restent pas moins soumis personnellement aux poursuites du percepteur, lorsque l'intérêt du recouvrement l'exige (1).

14. Tous receveurs, agents, économes, notaires, commissaires-priseurs et autres dépositaires et débiteurs de deniers provenant du chef des redevables et affectés aux priviléges du Trésor, sont tenus, sur la demande qui leur en est faite par le percepteur, de payer à l'acquit des contribuables, sur le montant et jusqu'à concurrence des fonds qu'ils doivent ou qui sont entre leurs mains, les contributions dues par ces derniers.

Les commissaires-priseurs, séquestres et autres dépositaires sont même autorisés à payer d'office les contributions dues, avant de procéder à la délivrance des deniers. Les quittances du percepteur (pour les sommes légitimement payées) leur sont allouées en compte (2).

15. Les propriétaires et principaux locataires des maisons doivent, un mois avant l'époque du déménagement de leurs locataires ou sous-locataires, se faire représenter, par ces derniers, les quittances de leurs contributions personnelle et mobilière, comprenant toutes les sommes exigibles à l'époque du déménagement, et, à défaut de cette représentation, en donner immédiatement avis au percepteur (3), et retirer une reconnaissance par écrit de cet avertissement.

Si le percepteur refuse de recevoir la déclaration faite à l'époque prescrite et d'en délivrer une reconnaissance, elle peut lui être

---

(1) L'article 6 de la loi du 4 août 1844, qui a autorisé les propriétaires à faire des délégations sur leurs fermiers pour le payement des contributions, n'a eu pour but que de régler une mesure d'ordre ; il ne porte aucune atteinte à la responsabilité des propriétaires. (Rapport fait à la Chambre des députés, le 16 juillet 1844.)

(2) Lois des 5-8 août 1791, 12 novembre 1808 et 18 juin 1843, art. 1er.

(3) Sous leur responsabilité personnelle. (L. 21 avril 1832, art. 22.)

notifiée par le ministère d'huissier; et, dans ce cas, les frais de l'acte sont à la charge du percepteur.

16. Dans le cas de déménagement furtif, les propriétaires, et, à leur place, les principaux locataires, sont responsables des termes échus de la contribution de leurs locataires, s'ils n'ont pas fait constater, dans les trois jours, ce déménagement, par le maire, le juge de paix ou le commissaire de police (1).

La remise au percepteur d'une expédition du procès-verbal de déménagement furtif, dressé dans le délai voulu, dispense le propriétaire ou principal locataire de toute garantie, si la remise est prouvée par une reconnaissance du percepteur (2).

Le percepteur exerce son privilége sur les meubles enlevés, partout où ils se trouvent, conformément à l'article 11 ci-dessus.

16 *bis.* Dans tous les cas, et nonobstant toute déclaration de leur part, les propriétaires ou principaux locataires demeurent responsables de la contribution des personnes logées chez eux en garni (3).

17. Les droits et priviléges attribués au Trésor public pour le recouvrement des contributions directes s'étendent au recouvrement des frais dûment taxés.

18. Les percepteurs qui ont laissé passer trois années, à compter du jour où les rôles leur ont été remis, sans faire de poursuites contre un contribuable, ou qui, après avoir commencé des poursuites, les ont abandonnées pendant trois ans, sont déchus de leurs droits contre les redevables. Passé ce délai, toutes poursuites leur sont interdites (4).

19. Les réclamations concernant la perception des contribu-

---

(1) Loi du 21 avril 1832, art. 23.

(2) Les obligations et la resposabilité imposées aux propriétaires et principaux locataires pour la contribution personnelle mobilière existent également à l'égard de la contribution des patentes; seulement la part de contribution laissée à leur charge, quand il s'agit de cette dernière contribution, ne comprend que le dernier douzième échu et le douzième courant, dus par le patentable. (L. 25 avril 1844, art. 25.)

(3) L. 21 avril 1832, art. 23.

(4) L. 3 frimaire an 7, art. 149 et 150; A. du 26 thermidor, an 8, art. 17.

tions directes, et les poursuites auxquelles cette perception donne lieu, sont du ressort de l'autorité administrative (1).

POURSUITES

20. Le contribuable qui n'a pas acquitté, au 1er du mois, le douzième échu pour le mois précédent, est dans le cas d'être poursuivi.

21. Le percepteur ne peut commencer les poursuites avec frais qu'après avoir prévenu le contribuable retardataire par une sommation *gratis*. (Voir modèle au *Formulaire*, 2e partie du *Commentaire*.)

Cette sommation *gratis* est donnée au domicile du redevable, s'il réside dans la commune; s'il n'y réside pas, elle est remise à son principal fermier, locataire ou régisseur, et, à défaut, à la personne qui le représente (2). Elle doit être remise huit jours avant le premier acte de poursuite qui donne lieu à des frais; mais le percepteur n'est pas tenu de la renouveler pour la contribution d'un même contribuable dans le courant de l'exercice.

21 *bis*. La date de la remise de la sommation gratis doit toujours être constatée sur le rôle.

22. Les poursuites comprennent, sans division d'exercices (3), toutes les sommes dues par le même contribuable.

23. Aucune poursuite donnant lieu à des frais ne peut être exercée dans une commune qu'en vertu d'une contrainte décernée par le receveur particulier de l'arrondissement, visée par le sous-préfet, et qui désigne nominativement les contribuables à poursuivre.

---

(1) Voir toutefois les articles 63 et 66, desquels il résulte que les actes de poursuites, à partir du commandement inclusivement, sont soumis aux règles tracées par le Code de procédure, et que les contestations qui peuvent s'élever au sujet de l'observation de ces règles sont de la compétence des Tribunaux ordinaires, sans préjudice du référé administratif dont il est question dans les notes sur les articles 69 et 86.

(2) Si personne dans la commune ne représente le contribuable, la sommation est remise au maire. (Voir art. 47.)

(3) Voir l'article 43 *bis* et la note, au sujet des douzièmes d'un nouvel exercice.

Cette contrainte est dressée en double expédition, dont l'une reste entre les mains du percepteur et l'autre est remise par lui à l'agent de poursuites.

24. Les percepteurs demandent aux receveurs d'arrondissement qu'il soit décerné des contraintes contre les contribuables en retard, toutes les fois qu'ils le jugent nécessaire pour l'exactitude du recouvrement. Néanmoins, les receveurs d'arrondissement peuvent d'office décerner ces contraintes, en se conformant à l'ordre et aux règles établis pour les degrés de poursuite.

25. La contrainte délivrée par le receveur particulier n'est point sujette au timbre : elle est décernée collectivement pour celles des communes de l'arrondissement de perception où le recouvrement est arriéré ; elle ne peut être spéciale que dans le cas où une commune seule est en retard de payement. Dans aucun cas, l'effet de la contrainte décernée par le receveur particulier ne peut, à moins qu'elle ne soit renouvelée, se prolonger, pour chaque degré de poursuites, au delà de dix jours (1), employés, soit consécutivement, soit alternativement, à des poursuites contre une même commune, et les agents de poursuites doivent cesser leurs opérations plus tôt, si, d'après la situation des rentrées, le percepteur leur en donne l'ordre.

25 bis. Le délai de dix jours fixé par l'article ci-dessus ne partira, pour chacune des communes de la même circonscription de perception, que du jour de la publication qui doit être faite de la contrainte, comme l'indique l'article 27 ci-après, laquelle publication aura lieu dans les trois jours de la date de la contrainte, ou, au plus, dans un délai calculé à raison d'un jour d'intervalle pour chacune des communes comprises dans ladite contrainte (1).

---

(1) Les dispositions des articles 25 et 25 bis, ayant pour objet de limiter la durée des contraintes, n'ont pas été reproduites dans l'Instruction générale du 20 juin 1859. (Voir l'article 99 correspondant à l'article 80 de l'Instruction de 1840.) En effet, du moment où il ne peut être exercé de poursuite qu'en vertu d'un état nominatif des contribuables en retard, dûment arrêté, cette limitation resterait sans motif. (Voir, 1° les articles 23 et 24 ci-dessus ; 2° la circulaire aux préfets du 21 décembre 1839, §§ 3, 4 et 5 ; 3° la circulaire de la même date aux receveurs des finances, 9e alinéa.)

26. Les percepteurs sont tenus de se rendre, à des jours déterminés, dans les communes de leur perception autres que celle où ils sont obligés de résider. Les poursuites contre les contribuables en retard coïncideront, autant que possible, avec les époques où le percepteur peut, par sa présence, faciliter aux redevables le moyen de se libérer.

27. A l'arrivée d'un agent de poursuites dans une commune, le maire ou l'adjoint, et, à défaut, l'un des membres du Conseil municipal, devra faire publier la contrainte décernée par le receveur particulier ; le jour de la publication est constaté par la date du visa du maire apposé sur ladite contrainte.

Dans aucun cas, on ne doit proclamer ni afficher les noms des contribuables portés en tête de la contrainte.

DEUXIÈME PARTIE

AGENTS DES POURSUITES

28. Les poursuites en matière de contributions directes sont exercées par des porteurs de contraintes et par des garnisaires : les porteurs de contraintes agissent dans tous les degrés de poursuites ; les garnisaires ne sont employés que pour la garnison collective ou individuelle.

29. Le nombre des porteurs de contraintes est réglé, pour chaque arrondissement, par le préfet, sur la proposition du receveur général.

30. Les porteurs de contraintes et garnisaires à employer dans un arrondissement sont désignés par le sous-préfet, sur la proposition du receveur particulier.

Les porteurs de contraintes sont commissionnés par le préfet. Ils prêtent serment devant le sous-préfet.

31. Aucun des individus attachés au service des autorités administratives et à celui des receveurs et des percepteurs ne peut remplir les fonctions de porteur de contraintes ni de garnisaire.

32. Les porteurs de contraintes et les garnisaires sont à la dis-

position du receveur particulier des finances dans chaque arrondissement, et ne peuvent être employés par les percepteurs que d'après son ordre. Ils doivent résider dans la commune chef-lieu de l'arrondissement, sauf les exceptions autorisées par le préfet.

33. Les porteurs de contraintes, dans l'exercice de leurs fonctions, doivent être munis de leur commission. Ils la mentionnent dans leurs actes et la représentent quand ils en sont requis. (Voir modèle au *Formulaire*, 2ᵉ partie du *Commentaire*.)

34. Les porteurs de contraintes remplissent les fonctions d'huissier pour les contributions directes, et, en cette qualité, ils font les commandements, saisies et ventes, à moins qu'il n'existe des commissaires-priseurs dans le lieu où ils exercent leurs poursuites : dans ce cas, les commissaires-priseurs sont chargés de préférence des ventes, conformément aux dispositions de l'article 31 de la loi de finances du 23 juillet 1820, et ils sont tenus de se soumettre, pour le payement de leurs frais, aux fixations déterminées par les préfets (1).

Les porteurs de contraintes ne sont pas assujettis au droit de patente.

35. Dans les arrondissements où il ne se trouve pas de porteur de contraintes ayant les qualités et les connaissances nécessaires, les sous-préfets autorisent les receveurs des finances à se servir des huissiers près les Tribunaux pour l'exécution des actes réservés aux porteurs de contraintes, en se conformant, pour les frais, aux fixations arrêtées par le préfet.

---

(1) Article 31 de la loi du 23 juillet 1820 : « Les prisées et ventes publiques des meubles des contribuables en retard seront faites par les commissaires-priseurs dans les villes où ils sont établis : dans ce cas, comme dans tous les autres, les vacations des commissaires-priseurs seront taxées par les tribunaux; mais, si les opérations ont lieu pour le recouvrement des contributions directes, les Tribunaux se conformeront aux règlements faits par les préfets et arrêtés par le gouvernement. »

La loi du 18 juin 1843 n'a pas abrogé l'article 31 de celle du 23 juillet 1820, d'après lequel les frais dus aux commissaires-priseurs qui interviennent dans les ventes mobilières faites pour le recouvrement des contributions directes doivent être taxés conformément au tarif arrêté par les préfets. (Lettre du garde des sceaux, du 1ᵉʳ octobre 1844.)

35 *bis*. Les huissiers doivent, dans ce cas, être commissionnés, porteurs de contraintes.

35 *ter*. Les huissiers ne sauraient être forcés d'accepter une commission de porteur de contraintes, mais ils peuvent être requis d'exercer contre les redevables les actes de leur ministère; et, dans ce cas, ils ont droit de demander que leurs émoluments soient fixés d'après le tarif judiciaire (1).

36. Une indemnité trimestrielle est allouée aux porteurs de contraintes, indépendamment du salaire résultant des actes de poursuites qu'ils exécutent.

37. Les porteurs de contraintes et les garnisaires, en arrivant dans une commune, font constater par le maire ou l'adjoint, et, à défaut, par l'un des membres du conseil municipal, sur la contrainte ou l'ordre dont ils sont munis, le jour et l'heure de leur arrivée, et, de même, en se retirant, le jour et l'heure de leur départ.

38. Les porteurs de contraintes et les garnisaires ne peuvent, dans aucun cas, ni sous aucun prétexte, recevoir aucune somme des percepteurs ni des contribuables pour leur salaire ou pour les contributions, à peine de destitution (2).

Les percepteurs qui leur remettraient des fonds en resteraient responsables, et les contribuables qui payeraient entre leurs mains s'exposeraient à payer deux fois.

39. Les porteurs de contraintes sont assujettis à tenir un répertoire, coté et parafé par le juge de paix du chef-lieu d'arrondissement, et visé gratuitement pour timbre par le receveur de l'enregistrement; ils y portent tous les actes de leur ministère sujets au timbre et à l'enregistrement, soit gratis, soit payés, sous peine d'une amende de 5 francs par chaque omission.

Indépendamment des détails prescrits par l'article 50 de la loi du 22 frimaire an 7 (12 décembre 1798) (3), ce répertoire doit

---

(1) Avis du Conseil d'Etat, du 13 août 1840, adopté par le Ministre des finances.

(2) Voir article 107.

(3) Article 50 de la loi du 22 frimaire an 7 : « Chaque article du répertoire contiendra : 1° son numéro; 2° la date de l'acte; 3° sa nature; 4° les noms et

contenir, dans une colonne distincte, le coût de chaque acte, d'après les fixations arrêtées par le préfet.

Dans les dix premiers jours de chaque trimestre, ce répertoire est présenté au receveur de l'enregistrement pour être revêtu de son *visa*. Le porteur de contraintes qui diffère cette présentation est puni d'une amende de 10 francs pour chaque dizaine de retard.

Le porteur de contraintes est tenu, en outre, de communiquer son répertoire, à toute réquisition, aux préposés de l'enregistrement qui se présentent chez lui pour le vérifier, à peine d'une amende de 50 francs en cas de refus.

Il le communique au percepteur, au maire, au sous-préfet, au receveur de l'arrondissement et aux inspecteurs des finances en tournée, toutes les fois qu'il en est requis.

40. En cas d'injures ou de rébellion contre les agents de poursuites, ils se retirent auprès du maire pour en dresser procès-verbal. Ce procès-verbal, visé par le maire, est enregistré et envoyé au sous-préfet, lequel dénonce le fait aux Tribunaux, s'il y a lieu.

TROISIÈME PARTIE

MOYENS ET DEGRÉS DE POURSUITES

41. Les degrés de poursuites sont établis ainsi qu'il suit,

Savoir :

1er DEGRÉ. *Garnison collective ou individuelle.*

2e DEGRÉ. *Commandement.*

3e DEGRÉ. *Saisie.*

4e DEGRÉ. *Vente.*

PREMIER DEGRÉ DE POURSUITES

Garnison collective ou individuelle.

42. Les poursuites par voie de garnison collective ou individuelle sont employées contre les contribuables retardataires qui

---

prénoms des parties et leur domicile ; 5° l'indication des biens, leur situation et le prix, lorsqu'il s'agira d'actes qui auront pour objet la propriété, l'usufruit ou la jouissance de biens-fonds ; 6° la relation de l'enregistrement. »

ne se sont pas libérés huit jours après la sommation *gratis*, mentionnée en l'article 21 du présent.

43. Elles peuvent être employées facultativement par le percepteur, s'il n'a pas d'ordre contraire du receveur particulier ; c'est-à-dire que le percepteur peut d'abord employer contre un contribuable en retard la garnison collective, et ensuite la garnison individuelle, ou bien commencer par cette dernière, sans qu'il puisse revenir à la garnison collective contre un même contribuable et pour la même dette. Toutefois, la garnison individuelle ne pourra être employée *comme premier degré de poursuites* que lorsque le retard qui y donne lieu excédera la somme de 18 francs (1).

43 *bis.* Lorsqu'un contribuable qui a été soumis à la garnison devient débiteur de nouveaux douzièmes sans avoir, depuis la date du bulletin de garnison, payé intégralement la somme qui était alors exigible, le même acte de poursuite ne doit pas être répété pour ces nouveaux douzièmes; il doit être procédé, pour la totalité de la dette, par les degrés de poursuites subséquents, à moins qu'il ne s'agisse de douzièmes appartenant à l'exercice suivant; il en est de même pour les poursuites des autres degrés qu'il y aurait à exercer ultérieurement (2).

Le prix de chaque bulletin est fixé conformément au tarif ci-annexé.

Garnison collective.

44. La garnison est collective lorsqu'elle a lieu, à la fois, contre plusieurs redevables par un seul garnisaire.

Elle peut être exercée contre tous les contribuables retardataires, sans distinction du montant des cotes.

---

(1) Fixation à déterminer par les préfets, selon les localités, et à combiner avec celle qui est indiquée à l'article 50.

(2) Lorsqu'un contribuable, poursuivi pour des contributions d'anciens exercices, devient débiteur sur un rôle nouvellement émis, il convient de laisser les poursuites commencées en l'état où elles se trouvent (sauf, s'il y avait lieu de craindre la disparition du gage du Trésor, à les pousser, exceptionnellement, jusqu'à la saisie), et de recommencer tous les degrés de poursuites pour la nouvelle dette, en comprenant toutefois l'ancienne dette dans les actes à signifier.

45. La poursuite par garnison collective peut être employée huit jours après la délivrance de la sommation gratis, ainsi qu'il a été déjà dit à l'article 42.

46. Cette poursuite est notifiée à chacun des redevables par un acte ou bulletin imprimé et rédigé dans la forme du *modèle* (Voir au *Formulaire*, 2ᵉ partie du *Commentaire*), d'après un état nominatif dressé par le percepteur, remis à l'agent de poursuites, et au pied duquel la contrainte est décerné. (Voir modèle au *Formulaire*, 2ᵉ partie du *Commentaire*.) (1)

47. Les agents de poursuites remettent entre les mains des maires, qui en donnent récépissé sur la contrainte, les bulletins qui n'auraient pas pu être signifiés, par suite de l'absence du contribuable et de toute autre personne apte à les recevoir.

48. Le salaire de l'agent de poursuites employé à la garnison collective consiste en une somme *fixe*, par bulletin de garnison.

Garnison individuelle.

49. La garnison est individuelle lorsqu'elle a lieu contre un seul redevable, par un garnisaire à domicile.

Elle ne doit être exercée que trois jours après la garnison collective. Cependant, si le percepteur commence ses poursuites contre un contribuable retardataire par la garnison individuelle (art. 43), cette dernière ne peut avoir lieu, comme la garnison collective, que huit jours après la sommation *gratis*.

50. La garnison ne peut être établie à domicile chez un contribuable, si ses contributions ne s'élèvent en totalité à 50 francs, et si les termes dus ne montent au moins à 18 francs (2).

_____

(1) Il est expressément recommandé aux agents de poursuites de présenter, aussi souvent que possible, leurs contraintes aux percepteurs, afin que les contribuables qui se seraient libérés puissent en être rayés; dans les villes et, en général, dans les localités qui le permettent, les porteurs de contraintes doivent remplir cette formalité *chaque jour* avant d'aller en tournée. (Art. 100 de l'Instruction générale.)

(2) Fixation à déterminer par les préfets, qui pourront néanmoins, s'ils le jugent convenable, se dispenser de fixer un *minimum*; il suffit, pour permettre la garnison individuelle, que le montant de la contribution ne soit pas au-dessous de 40 francs.

51. Le garnisaire ne peut rester plus de deux jours chez un redevable. Il délivre à celui chez lequel il s'établit, en vertu de l'état qui lui a été remis par le percepteur (Voir modèle au *Formulaire*, 2ᵉ partie du *Commentaire*), un bulletin imprimé conforme au modèle. (Voir modèle au *Formulaire*, 2ᵉ partie du *Commentaire*.)

Pendant la durée de la garnison individuelle, l'agent ne doit exercer aucun autre acte de poursuites.

, 52. Si le contribuable se libère le jour même où il reçoit le garnisaire, le percepteur ordonne à celui-ci de se retirer, et le contribuable ne doit que les frais d'une journée, avec vivres et logement ou la représentation.

53. Le prix de la journée de garnison à domicile est fixé conformément au tarif ci-annexé.

54. Les frais de garnison individuelle sont présentés par journée dans un état particulier, arrêté par le percepteur, et transmis au receveur particulier, pour être arrêté par le sous-préfet, ainsi qu'il est indiqué ci-après, article 102, chapitre de la justification des frais.

DEUXIÈME DEGRÉ DE POURSUITES

Commandement.

55. Le commandement n'a lieu que trois jours après l'exercice de la contrainte par garnison individuelle, ou trois jours après la garnison collective, si la garnison individuelle n'a pas eu lieu.

56. Aucun contribuable retardataire ne peut être poursuivi par voie de commandement qu'en vertu d'une contrainte qui le désigne nominativement.

Cette contrainte est décernée à la suite d'un état envoyé préalablement par le percepteur, ou dressé par le receveur particulier, d'après l'inspection des rôles et la situation des poursuites. (Voir modèle au *Formulaire*, 2ᵉ partie du *Commentaire*.)

La contrainte comprend l'ordre de procéder à la saisie, si le contribuable ne se libère pas dans le délai de trois jours, à compter de la signification du commandement (1).

57. Les commandements sont faits et délivrés par les porteurs de contraintes, sur des imprimés conformes au modèle. (Voir modèle au *Formulaire*, 2ᵉ partie du *Commentaire*.) (2).

58. Le prix du commandement est fixé uniformément pour l'original et la copie signifiés, tous frais de *timbre* et de transport compris, et indépendamment du droit d'enregistrement, lorsqu'il y a lieu à ce droit, conformément au tarif ci-annexé.

L'original du commandement est collectif pour tous les contribuables poursuivis le même jour dans la même commune (3).

59. Lorsqu'un contribuable retardataire est domicilié hors du département dans lequel il est imposé, sans y être représenté par un fermier, locataire ou régisseur, il peut être procédé immédiatement contre lui par voie de commandement. Pour l'exécution de cette poursuite, le receveur particulier de l'arrondissement où le rôle a été mis en recouvrement décerne, à la requête du percepteur, une contrainte (4) qui, après avoir été visée par le sous-

---

(1) Lorsqu'un contribuable veut faire des offres réelles au percepteur, il peut les signifier au domicile élu dans le commandement; mais il ne peut les réaliser par le payement qu'au domicile réel du comptable, ou entre ses mains dans le lieu où il se trouve en tournée, c'est-à-dire au lieu où doit se faire le payement de l'impôt.

(2) Les formalités prescrites par le Code de procédure doivent être exactement observées dans la rédaction ainsi que dans l'exécution des commandements et des actes de poursuites subséquents. (Circulaires 31 mars et 10 octobre 1831.) (Voir la note sur l'article 19.)

Les actes sont signés conformément à l'article 68 dudit Code, ainsi conçu :

« Tous exploits seront faits à personne ou domicile; mais, si l'huissier ne trouve au domicile ni la partie, ni aucun de ses parents ou serviteurs, il remettra de suite la copie à un voisin, qui signera à l'original; si ce voisin ne peut ou ne veut signer, l'huissier remettra la copie au maire ou adjoint de la commune, lequel visera l'original sans frais. L'huissier fera mention du tout, tant sur l'original que sur la copie. »

(3) Il n'y a pas d'obstacle à ce que des contribuables de plusieurs communes soient compris dans le même original de commandement.

(4) Les contraintes extérieures (Voir modèle au *Formulaire*, 2ᵉ partie du *Commentaire*.) ne sont délivrées qu'en simple expédition, et il ne doit être porté qu'un seul contribuable sur celles de ces contraintes qui doivent être mises à exécution dans le département de la Seine, ainsi que dans les grandes villes divisées en plusieurs arrondissements de perception.

préfet, est transmise par le receveur général à son collègue du département où le contribuable a son domicile, afin qu'après l'avoir fait viser par le préfet de ce département, il en fasse suivre l'exécution par un porteur de contraintes et en fasse opérer le recouvrement par le percepteur de la résidence du débiteur. Cette contrainte est accompagnée d'un extrait du rôle comprenant les articles dus par le contribuable (1).

60. Lorsque le contribuable est domicilié dans le département, mais hors de l'arrondissement de sous-préfecture où il est imposé, la contrainte, visée par le sous-préfet, est envoyée par le receveur général, avec l'extrait du rôle, au receveur particulier de l'arrondissement où réside le contribuable.

61. Les contraintes et extraits de rôles mentionnés aux deux articles précédents sont remis au percepteur de la résidence du contribuable, pour diriger les poursuites requises et effectuer le recouvrement des contributions exigibles.

Les frais relatifs à ces poursuites sont taxés par le sous-préfet, avancés au porteur de contraintes par le receveur particulier, et remboursés par le percepteur de la résidence du contribuable. Ces frais entrent dans sa comptabilité comme ceux des poursuites qu'il exerce pour le recouvrement des sommes imposées sur ses rôles.

62. Le contribuable domicilié, soit hors du département, soit hors de l'arrondissement où il est imposé, et qui, s'étant mis dans le cas d'être poursuivi de la manière indiquée aux articles précédents, vient à se libérer dans l'intervalle de l'expédition de la contrainte à la signification du commandement, ou des autres poursuites dirigées contre lui, n'est pas pour cela exempt du payement es frais encourus.

TROISIÈME DEGRÉ DE POURSUITES

Saisie.

63. La saisie des meubles et effets, ou celle des fruits pendants

---

(1) Les extraits de rôles (Voir modèle au *Formulaire*, 2ᵉ partie du *Commen-aire.*) à joindre aux contraintes extérieures sont rédigés en deux expéditions, ont l'une est destinée au redevable et lui est envoyée, à titre d'avis et avec vitation de se libérer, par le percepteur chargé du recouvrement.

par racines, est toujours précédée d'un commandement : elle ne peut avoir lieu que trois jours après la signification dudit commandement; elle est effectuée en exécution de la même contrainte (1).

64. Il ne peut être procédé à la saisie des fruits pendants par racines ou à la saisie-brandon que dans les six semaines qui précèdent l'époque ordinaire de la maturité des fruits.

65. La saisie est faite pour tous les termes échus des contributions, et pour ceux qui seront devenus exigibles au jour de la vente, quoique le commandement ait exprimé une somme moindre.

66. Les saisies s'exécutent d'après les formes prescrites pour les saisies judiciaires, titre VIII, livre v, du Code de procédure civile (2).

67. La saisie est exécutée nonobstant toute opposition, sauf à l'opposant à se pourvoir, par-devant le sous-préfet, contre le requérant (3).

68. Si, au moment où le porteur de contraintes vient à effectuer une saisie dans l'étendue de la commune du chef-lieu de perception, le contribuable retardataire demande à se libérer chez le percepteur, l'agent de poursuites doit, sur la déclaration écrite (4) du contribuable, suspendre la saisie, et, sur le vu de la quittance du percepteur, il inscrit dans son procès-verbal le motif qui lui a

---

(1) Pour la saisie-arrêt, qui, étant un acte purement conservatoire, n'exige ni contrainte ni autorisation préalable, comme pour tous les actes postérieurs au commandement, lesquels sont faits en vertu de la contrainte décernée pour ce dernier acte, le percepteur remet au porteur de contraintes un état présentant la situation des contribuables en retard et portant injonction à cet agent de faire les diligences nécessaires. (Art. 99 de l'Instruction générale.)

(2) La saisie-brandon est régie par le titre IX du Code de procédure civile. (Voir la note de l'article 57.)

(3) La décision du sous-préfet ne ferait pas obstacle à ce que la partie se pourvût devant le président du Tribunal, si l'opposition était de nature à être jugée en référé par ce magistrat; si, par exemple, elle était fondée sur une irrégularité de forme. (Voir, d'ailleurs, la deuxième note sur l'article 69.)

(4) Si le contribuable ne savait ou ne pouvait pas écrire, il devrait le déclarer, en même temps qu'il exprimerait l'intention d'aller se libérer chez le percepteur. Cette double déclaration serait inscrite par le porteur de contraintes dans le procès-verbal signé de lui et des assistants, avec la mention que le contribuable a déclaré ne savoir ou ne pouvoir signer.

fait suspendre son opération. Dans ce cas, le contribuable doit seulement le prix du timbre du procès-verbal, et, pour les vacations du porteur de contraintes, le prix d'une journée de garnison individuelle (1), ainsi que le salaire des assistants, d'après le tarif arrêté par le préfet.

Si la saisie a lieu dans une commune autre que celle du chef-lieu de perception, et que le contribuable demande également à se libérer chez le percepteur, le porteur de contraintes s'établit en qualité de garnisaire au domicile du retardataire pendant tout le temps que celui-ci emploie à effectuer sa libération, et, sur le vu de la quittance du percepteur, il inscrit dans son procès-verbal, comme il a été précédemment indiqué, le motif qui lui a fait discontinuer la saisie. Dans le second cas, le contribuable ne doit au porteur de contraintes, savoir :

S'il justifie de la quittance du percepteur dans la première journée de l'opération, que le prix d'une journée de garnison individuelle et le salaire des assistants ;

Et si cette justification ne peut être donnée que dans la journée du lendemain, que deux journées de garnison individuelle (2).

Dans les cas précités, le porteur de contraintes est tenu de faire mention, à la suite du procès-verbal de suspension de saisie, de la date de la quittance du percepteur et de la somme pour laquelle elle a été délivrée.

A la fin de la seconde journée, si le contribuable retardataire n'a pas opéré sa libération ou n'en justifie pas, le porteur de contraintes exécute la saisie ; alors le contribuable, doit, indépendamment des frais de la saisie, deux journées de garnison individuelle (3).

69. En cas de revendication des meubles et effets saisis, l'opposition n'est portée devant les Tribunaux qu'après avoir été, confor-

---

(1, 2) Voir, pour le coût de la garnison individuelle en cas de saisie interrompue, les paragraphes du tarif y relatifs.

(3) Si le contribuable qui a demandé à se libérer n'apporte au percepteur qu'un à-compte sur les termes échus, et que ce comptable juge à propos de lui accorder un délai pour le surplus, il doit néanmoins donner ordre au porteur de contraintes d'achever la saisie, sauf à constituer le saisi comme gardien et à assigner pour la vente un jour éloigné.

mément aux lois des 5 novembre 1790 et 12 novembre 1808, déférée à l'autorité administrative. En conséquence, le percepteur se pourvoit auprès du sous-préfet, par l'intermédiaire du receveur particulier, pour qu'il y soit statué par le préfet, sous le plus bref délai (1).

70. Le porteur de contraintes qui, se présentant pour saisir, trouve une saisie déjà faite, se borne à procéder au récolement des meubles et effets saisis; et, s'il y a lieu, provoque la vente, ainsi qu'il est prescrit par les articles 611 et 612 du Code de procédure civile.

71. Lorsque le porteur de contraintes ne peut exécuter sa commission parce que les portes sont fermées ou que l'ouverture en est refusée, il a le droit d'établir un gardien aux portes pour empêcher le divertissement.

Il se retire sur-le-champ devant le maire ou l'adjoint, lequel autorise l'ouverture des portes, y assiste, et reste présent à la saisie des meubles et effets.

L'ouverture des portes et la saisie sont constatées par un seul procès-verbal dressé par le porteur de contraintes, et signé en outre par le maire ou son adjoint (2).

72. Le procès-verbal de saisie fait mention de la réquisition faite au saisi de présenter un gardien volontaire. Le porteur de contraintes est tenu d'admettre ce gardien, sur l'attestation de solvabilité donnée par le maire de la commune.

73. Si le saisi ne présente pas de gardien, le porteur de contraintes en établit un d'office, en observant les prohibitions portées par l'article 598 du Code de procédure civile.

74. Il ne peut être établi qu'un seul gardien. Dans le cas où la

---

(1) Le référé administratif qui est prescrit par l'article 69 est spécial à l'action en revendication de meubles saisis, et à la demande en distraction de meubles, également saisis, mais déclarés insaisissables. (Arrêt du Conseil d'Etat, du 29 août 1809.) Il peut être formé soit par le percepteur, soit par l'opposant. (Art. 4 de la loi du 12 novembre 1808.) — Mais le référé formé par le percepteur ne dispense pas la partie opposante de la remise du mémoire prescrit par la loi du 5 novembre 1791. — Quant aux autres contestations qui surgiraient dans le cours des poursuites, le référé administratif n'est obligatoire que pour le percepteur.

(2) L'article 587 du Code de procédure mentionne d'abord le juge de paix et le commissaire de police. (Voir la Note sur l'article 57.)

nature des objets saisis en exigerait un plus grand nombre, il y serait pourvu sur l'avis du maire de la commune.

75. Les gardiens à la saisie sont contraignables par corps pour la représentation des objets saisis.

76. Si le gardien d'effets mobiliers saisis ne les représente pas, le percepteur se pourvoit auprès du sous-préfet en autorisation de poursuivre ce gardien devant le Tribunal civil, à l'effet de le faire condamner par corps au payement des contributions dues et des frais de poursuites, conformément aux articles 2060, 2065 et 2067 du Code civil (1), et à la loi du 17 avril 1832, sur la contrainte par corps.

76 *bis*. En cas de soustraction frauduleuse, les gardiens d'objets saisis, autres que le saisi lui-même, peuvent être poursuivis par la voie criminelle.

Le contribuable qui aura détruit, détourné ou tenté de détourner les objets saisis sur lui et confiés à sa garde, est passible des peines portées à l'article 406 du Code pénal. Il est passible des peines portées à l'article 401, si la garde des objets saisis et par lui détruits ou détournés avait été confiée à un tiers.

(1) Article 2060 du Code Napoléon : « La contrainte par corps à lieu pareillement :

« 1° Pour dépôt nécessaire ;

« 2° En cas de réintégrande, pour le délaissement, ordonné par justice, d'un fonds dont le propriétaire a été dépouillé par voies de fait, pour la restitution des fruits qui ont été perçus pendant l'indue possession, et pour le payement des dommages et intérêts adjugés au propriétaire;

« 3° Pour répétition de deniers consignés entre les mains de personnes publiques établies à cet effet ;

« 4° *Pour la représentation des choses déposées aux séquestres, commissaires et autres gardiens ;*

« 5° Contre les cautions judiciaires et cautions des contraignables par corps, lesquelles se sont soumises à cette contrainte ;

« 6° Contre tous officiers publics, pour la représentation de leurs minutes, quand elle est ordonnée ;

« 7° Contre les notaires, les avoués et les huissiers, pour la restitution de titres à eux confiés, et des deniers par eux reçus pour leurs clients, par suite de leurs fonctions. »

Article 2065 du même Code : « La contrainte par corps en matière civile ne peut être prononcée pour une somme moindre de 300 francs. »

Article 2067 : « La contrainte par corps, dans le cas même où elle est prononcée par la loi, ne peut être appliquée qu'en vertu d'un jugement. »

77. Ne peuvent être saisis pour contributions arriérées et frais faits à ce sujet (1) :

Les lits et vêtements nécessaires au contribuable et à sa famille;

Les outils et métiers à travailler;

Les chevaux, bœufs, mulets et autres bêtes de somme ou de trait servant au labour (2);

Les charrues, charrettes, ustensiles et instruments aratoires, harnais de bêtes de labourage;

Les livres relatifs à la profession du saisi, jusqu'a la somme de trois cents francs, à son choix;

Les machines et instruments servant à l'enseignement pratique ou exercice des sciences et arts, jusqu'à concurrence de la même somme, et au choix du saisi;

Les équipements militaires, suivant l'ordonnance et le grade.

Il est laissé au contribuable saisi une vache à lait, ou deux chèvres, ou trois brebis, à son choix, avec les pailles, fourrages et grains nécessaires pour la nourriture et la litière de ces animaux pendant un mois; plus la quantité de grains ou de graines nécessaires à l'ensemencement ordinaire des terres.

Les abeilles, les vers à soie, les feuilles de mûrier, ne sont saisissables que dans les temps déterminés par les lois et usages ruraux.

Les porteurs de contraintes qui contreviennent à ces dispositions sont passibles d'une amende de cent francs.

78. A défaut d'objets saisissables, et lorsqu'il sera constant qu'il n'existe aucun moyen d'obtenir le payement de la cote d'un contribuable, il est dressé sur papier libre un procès-verbal de carence, en présence de deux témoins. Ce procès-verbal doit être certifié par le maire.

---

(1) Outre les objets détaillés dans l'article 77 du Règlement, le Code de procédure, par son article 592 (Voir la Note sur l'article 19), désigne comme étant insaisissables :

1° Les objets que la loi déclare immeubles par destination;

2° Les farines et menues denrées nécessaires à la consommation du saisi et de sa famille pendant un mois.

(2) L'article 524 du Code Napoléon dit : *les animaux attachés à la culture.*

Le préfet décide, selon les différents cas d'insolvabilié, s'il y a lieu de mettre les frais de ce procès-verbal à la charge du percepteur, où s'ils sont susceptibles d'être imputés, comme la cote elle-même, sur le fonds de non-valeurs.

78 *bis*. L'insolvabilité des contribuables sera constatée de la manière suivante :

1° Pour les retardataires qui auraient *primitivement* été réputés solvables, et contre lesquels une saisie, précédée de commandement, aurait été intentée, il sera fait usage des procès-verbaux de carence prescrits par l'article 78; ces procès-verbaux seront individuels ou collectifs, suivant le nombre des contribuables insolvables contre lesquels la saisie aurait été dirigée dans le même jour;

2° Pour les contribuables dont l'insolvabilité serait notoire, les percepteurs devront se borner, au moment où il reconnaîtront cette insolvabilité, à obtenir (en exécution de l'arrêté du gouvernement du 6 messidor an 10) des certificats des maires attestant l'indigence desdits contribuables.

Ces comptables conserveront les certificats pour justifier du non-recouvrement des cotes, et pour former, en fin d'exercice, leurs états de cotes irrecouvrables.

Quant aux procès-verbaux de carence, ils seront rédigés en double original et sur papier libre. L'un des doubles restera entre les mains des percepteurs, pour être joint, comme pièce justificative, à l'appui des états de cotes irrecouvrables; l'autre double sera mis à l'appui des états de payement du salaire des porteurs de contraintes, pour rester ensuite à la recette particulière.

Le salaire des porteurs de contraintes et des témoins, pour les procès-verbaux de carence, est fixé par le tarif annexé au présent.

Dans le cas où les témoins auraient été pris hors de la commune, leur salaire serait alloué comme si la saisie avait été effectuée, et conformément à la taxe réglée par ce dernier acte.

QUATRIÈME DEGRÉ DE POURSUITES

Vente.

79. Aucune vente ne peut s'effectuer qu'en vertu d'une autorisation spéciale du sous-préfet, accordée sur la demande expresse du percepteur, par l'intermédiaire du receveur particulier.

L'avis du receveur particulier et l'autorisation du sous-préfet seront placés à la suite de la demande du percepteur.

80. Il n'est procédé à la vente des meubles et effets saisis, et de fruits pendants par racines, que huit jours après la clôture du procès-verbal de saisie (1).

Néanmoins, ce délai peut être abrégé, avec l'autorisation du sous-préfet (2), lorsqu'il y a lieu de craindre le dépérissement des objets saisis (3).

81. Les ventes de meubles sont faites par les commissaires-priseurs, dans les villes où ils sont établis. (Art. 31 de la loi du 23 juillet 1820.)

Toutes autres ventes sont faites par les porteurs de contraintes, dans les formes usitées pour celles qui ont lieu par autorité de justice. (Titres VIII et IX, livre V du Code de procédure civile).

Les porteurs de contraintes et commissaires-priseurs sont tenus, sous leur responsabilité, de discontinuer la vente aussitôt que son produit est suffisant pour solder le montant des contributions dues et les frais de poursuites (4).

82. La vente doit avoir lieu dans la commune où s'opère la saisie. Il ne peut être dérogé à cette règle que d'après l'autorisa-

---

(1) Pour la saisie-brandon, le délai de huitaine ne court qu'à partir de la date du procès-verbal constatant l'apposition des affiches. (Art. 629 C. de proc.)

(2) Le délai de huit jours, *au moins*, entre la signification de la saisie au débiteur et la vente ayant été fixé par le Code de procédure, art. 613, il convient de ne l'abréger qu'avec l'autorisation du Tribunal outre celle du sous-préfet. (Voir la Note sur l'article 57.)

(3) Voir art. 34.

(4) Il faut y ajouter le montant des créances pour lesquelles des oppositions auraient été formées sur le produit de la vente. (Art. 622 C. de proc.) (Voir la Note sur l'article 85, au sujet de la remise des fonds aux créanciers opposants, ainsi que la Note sur l'article 86.)

tion du maire (1). Dans ce dernier cas, la vente s'opère au marché le plus voisin, ou à celui qui est jugé le plus avantageux.

Les frais de transport des meubles et objets saisis sont réglés par le sous-préfet (2).

83. Il est défendu aux porteurs de contraintes et percepteurs de s'adjuger ou faire adjuger aucun des objets vendus en conséquence des poursuites faites ou dirigées par eux, sous peine de destitution.

84. Le percepteur doit être présent à la vente ou s'y faire représenter pour en recevoir les deniers. Il est responsable desdits deniers.

85. Immédiatement après avoir reçu le produit de la vente, le percepteur émarge les rôles, jusqu'à concurrence des sommes dues par le saisi, et lui en délivre quittance à souche.

Il conserve en ses mains le surplus du produit de la vente jusque après la taxe des frais, et délivre au contribuable une reconnaissance (3) portant obligation de lui en rendre compte, et de lui restituer l'excédant, s'il y a lieu. Ce compte est rendu à la réception de l'état des frais, régulièrement taxés, inscrit à la

---

(1) L'autorisation du Tribunal est en outre nécessaire. (Art. 617 C. de proc.)

(2) Lorsque le porteur de contraintes se présente pour procéder au récolement et à l'enlèvement des meubles pour la vente, et qu'ayant trouvé les portes fermées il s'est vainement adressé, pour en obtenir l'ouverture, soit au juge de paix, soit, à son défaut, au commissaire de police, soit aux autres fonctionnaires désignés par l'article 587 du Code de procédure (voir, ci-dessus, l'article 71 du Règlement), cet agent doit se borner à consigner le fait dans son procès-verbal et à en rendre compte au percepteur ; de son côté, ce comptable en réfère au receveur des finances, et celui-ci se concerte avec l'autorité judiciaire sur les mesures à prendre, conformément aux articles 607 et 806 du Code de procédure.

Si l'un des fonctionnaires répond à l'appel qui lui est fait, il requiert, pour procéder à l'ouverture, un serrurier ou tout autre ouvrier, et celui-ci est tenu de déférer à cette réquisition, sous peine d'être traduit devant le Tribunal de simple police, pour s'y voir condamner à l'amende portée par l'article 475, n° 12, du Code pénal.

Si le débiteur saisi était en même temps gardien des meubles qu'il refuserait de livrer, en tenant les portes fermées, ou en résistant à l'injonction de les ouvrir, cette résistance serait dénoncée au procureur impérial pour être poursuivie d'office, en exécution de l'article 400 du Code pénal, comme si le saisi s'était rendu coupable de détournement ou d'abus de confiance.

(3) Les règlements exigent aujourd'hui qu'il soit délivré au contribuable une quittance détachée du journal à souche.

suite du procès-verbal de vente, et signé contradictoirement par le contribuable et le percepteur (1).

86. En cas de contestation sur la légalité de la vente et d'opposition sur les fonds en provenant (2), le percepteur procède ainsi qu'il est prescrit à l'article 69 du présent Règlement (3).

87. Toute vente faite contrairement aux formalités prescrites par les lois donne lieu à des poursuites contre ceux qui y ont procédé, et les frais restent à leur charge.

Moyens conservatoires.

88. A défaut de payement de contributions par un receveur, agent, économe, notaire, commissaire-priseur, ou autre dépositaire et débiteur de deniers provenant d'un redevable, le percepteur fait, entre les mains desdits dépositaires et débiteurs de deniers, une saisie-arrêt ou opposition.

89. La saisie-arrêt ou opposition s'opère à la requête du percepteur, par le ministère d'un huissier ou d'un porteur de contraintes, sans autre diligence, et sans qu'il soit besoin d'autorisation préalable, suivant les formes réglées par le titre VII, livre V du Code de procédure civile; il en suit l'effet conformément aux dispositions de ce Code.

La saisie-arrêt n'est pas nécessaire lorsque le percepteur a fait constater sa demande ou sa saisie-arrêt dans un procès-verbal de

---

(1) En attendant, le reliquat est porté au compte des excédants de versements, dont il est question à l'article 1487 de l'Instruction générale.

Dans le cas prévu par la dernière Note sur l'article 81, la somme excédant ce qui était dû au Trésor et les frais taxés est remise, sur le consentement écrit du saisi, aux créanciers opposants. En cas de contestation, cet excédant, après avoir été constaté au compte désigné dans l'alinéa précédent, est versé à la Caisse des dépôts et consignations.

(2) Il s'agit ici d'oppositions entièrement contentieuses, ayant pour but d'empêcher le percepteur soit de faire procéder à la vente, soit de s'en approprier le produit. Ces oppositions diffèrent essentiellement de celles dont il est question dans les Notes sur les articles 81 et 85. Ces dernières n'ont d'autre objet que de mettre les opposants en mesure de profiter des deniers de la vente après prélèvement des contributions dues et des frais.

(3) Le percepteur doit faire, suivant le cas, les distinctions indiquées dans la 2ᵉ Note de l'article 69, relativement au référé administratif.

vente de récolte ou d'effets mobiliers, dressé par un officier ministériel.

90. Lorsque la saisie-arrêt ou opposition doit être faite entre les mains d'un receveur ou de tout autre dépositaire de deniers publics, le porteur de contraintes se conforme aux formalités prescrites par le décret du 18 août 1807.

91. Lorsqu'un percepteur est informé d'un commencement d'enlèvement furtif de meubles ou de fruits, et qu'il y a lieu de craindre la disparition du gage de la contribution, il a droit, s'il y a déjà eu un commandement, de faire procéder immédiatement, et sans autre ordre ni autorisation, à la saisie-exécution par un porteur de contraintes, et à son défaut par un huissier des Tribunaux.

92. Si le commandement n'a pas été fait, le percepteur établit d'office, soit au domicile du contribuable, soit dans le lieu où existe le gage de l'impôt, un gardien chargé de veiller à sa conservation, en attendant qu'il puisse être procédé aux poursuites ultérieures, qui commenceront sous trois jours, au plus tard.

93. Lorsqu'il y a lieu d'appliquer les dispositions autorisées par les articles 91 et 92 ci-dessus, le percepteur en informe le maire de la commune du contribuable, et en rend compte au receveur particulier, en lui demandant ses instructions.

Dans tous les cas, la vente ne peut être faite que dans la forme ordinaire.

DISPOSITIONS COMMUNES AUX POURSUITES DE DIVERS DEGRÉS

94. Les bulletins de garnison collective ou individuelle ne sont sujets ni au timbre ni à l'enregistrement.

95. Les actes de commandement, saisie-arrêt, saisie-exécution, vente, et tous les autres actes y relatifs, doivent être sur papier timbré et enregistrés dans les quatre jours, non compris celui de la date.

95 *bis*. Les originaux de commandements collectifs peuvent être rédigés sur la même feuille de papier timbré.

96. Les frais de sommation à des tiers, de saisie-arrêt, saisie-

exécution, saisie-brandon, vente, et de tous les actes qui s'y rapportent, sont fixés conformément au tarif ci-annexé.

97. Seront enregistrés gratis les actes de poursuites et tous autres actes, tant en action qu'en défense, ayant pour objet le recouvrement des contributions publiques et de toutes autres sommes dues à l'État, ainsi que des contributions locales, lorsqu'il s'agira de cotes, droits ou créances, non excédant en total la somme de 100 francs. (Art. 6 de la loi du 16 juin 1824 (1).

98. Lorsque, dans le délai de quatre jours mentionné à l'article 95, les contribuables se seront libérés intégralement, tous les actes de poursuites, les procès-verbaux de ventes exceptés, non encore présentés à l'enregistrement, peuvent, quoique ayant pour objet le recouvrement de cotes excédant 100 francs, être admis à la formalité *gratis*. Dans ce cas, indépendamment de l'annotation sur le répertoire, déjà prescrite par la décision du 28 juin 1822, les porteurs de contraites doivent faire mention, sur l'acte de poursuites, de la libération intégrale du redevable, et faire certifier cette déclaration par le percepteur.

99. Chacun des actes de poursuites délivrés par les porteurs de contraintes et garnisaires relate le prix auquel il a été taxé, sous peine de nullité.

100. Les fixations déterminées pour les prix des divers actes de poursuites seront affichées dans chaque bureau de perception et à la mairie de chaque commune.

101. Les receveurs particuliers des finances font imprimer et fournissent aux porteurs de contraintes et garnisaires, dans leurs arrondissements respectifs, les formules de bulletin de garnison collective, ceux de garnison individuelle et de commandement, indiqués aux articles 46, 51 et 57, les états de frais dont il sera

---

(1) Cette disposition doit être entendue en ce sens, que le droit est dû lorsque les contributions *d'un même exercice, dans une même commune*, s'élèvent à plus de 100 francs, et qu'il ne l'est pas quand la somme de 100 francs n'est dépassée que par la réunion des contributions de plusieurs exercices ou de plusieurs communes. (Instruction de l'administration de l'enregistrement, du 25 mars 1850; Circulaire ministérielle du 7 août suivant; autre circulaire du 12 juillet 1853.) — Quel que soit le nombre des exercices, il n'est dû, dans le premier cas, qu'un seul droit.

question à l'article 102, et généralement tous les modèles d'actes et de procès-verbaux relatifs aux poursuites.

Les actes de tous les degrés, sans exception, à distribuer aux contribuables, devront être imprimés sur un papier de couleur différente pour chaque degré de poursuite. Les couleurs seront les mêmes dans tous les départements ; chaque formule d'acte sera revêtue du cachet du receveur particulier apposé à la main, et remise en compte, par ce dernier, aux agents de poursuites.

Les frais d'impressions déterminés d'avance par le préfet, sur la proposition du receveur général, sont payés par les receveurs particuliers, et supportés, soit par les agents de poursuites, soit par les percepteurs, soit enfin par les receveurs eux-mêmes, ainsi qu'il est réglé, pour chaque nature de frais, par la décision ministérielle du 23 juillet 1822, notifiée aux receveurs des finances par la circulaire du 2 août 1822. Il ne peut y avoir lieu à aucune répétition contre les contribuables pour le prix de ces imprimés.

101 *bis*. Tous ces imprimés devront être timbrés à l'extraordinaire, par les soins des receveurs généraux, qui feront l'avance des frais de timbre pour ce qui concerne l'arrondissement du lieu, et qui se feront tenir compte, par les receveurs particuliers, de ce qu'ils auront avancé momentanément pour les autres arrondissements. Ils seront sur papier de couleurs différentes, savoir :

Sommations sans frais...........	Sur papier vert.
Bulletins de garnison collective....	— jaune.
Bulletins de garnison individuelle..	— lilas.
Commandements.	— bleu.
Saisies.	— rouge.
Ventes.	— gris.
Actes conservatoires.............	— blanc.

QUATRIÈME PARTIE

JUSTIFICATION, RÈGLEMENT ET RECOUVREMENT DES FRAIS DE POURSUITES

102. Les listes nominatives constatant les poursuites exercées par voie de garnison, l'état des commandements signifiés et le bordereau des frais résultant de tous autres actes seront dressés en double expédition (1), certifiés par les agents de poursuites, signés par le percepteur, et adressés au receveur particulier, qui, après les avoir vérifiés, en arrêtera provisoirement le montant et les remettra au sous-préfet, avec les pièces dont ils doivent être accompagnés. Ces listes, états et bordereaux ne devront comprendre que les frais résultant de la contrainte qui aura prescrit les poursuites. Ils indiqueront les noms des retardataires, la somme pour laquelle chacun d'eux aura été poursuivi, la date des actes, le prix de chaque acte de poursuite, d'après les fixations arrêtées par le préfet. (Voir modèles au *Formulaire*, 2ᵉ partie du *Commentaire*.)

Les porteurs de contraintes joindront à l'appui les originaux des actes de commandement, saisie et vente, et la contrainte ou autorisation en vertu de laquelle ils auront agi.

103. Le sous-préfet, après vérification, arrêtera et rendra exécutoires les états de frais. Il en tiendra registre et renverra sans retard les deux expéditions au receveur particulier (2).

104. Lorsque le receveur particulier, en vérifiant l'état des frais de poursuites, reconnaîtra des abus dans l'application des tarifs, il proposera au sous-préfet de réduire les frais à ce qui sera légitimement dû à l'agent des poursuites. Le sous-préfet peut opérer d'office cette réduction quand il le juge nécessaire.

---

(1) Lorsqu'il s'agit du recouvrement des produits communaux, l'état de frais est fait en simple expédition.

(2) Le montant et la date de la taxe seront indiqués sur les contraintes pour les poursuites par garnison et par commandement, et sur l'état n° 8 (voir art. 53) pour les autres natures de poursuites.

105. Seront rejetés et mis à la charge de l'agent qui les aura exécutés ou du comptable qui les aura provoqués :

1° Les frais de poursuites sujets à l'enregistrement, non constatés par la production des actes originaux ;

2° Les frais à l'appui desquels ne sera pas rapportée la contrainte ou l'autorisation spéciale du receveur particulier ;

3° Tous frais faits contre des contribuables notoirement insolvables à l'époque où ils ont été poursuivis, ou pour des taxes résultant d'erreurs évidentes sur les rôles, dont le percepteur aurait négligé de demander la rectification ;

4° Les poursuites de toute nature exercées arbitrairement ou dans un ordre contraire à celui qui est tracé par le présent Règlement.

106. Les originaux des actes de poursuites et autres pièces produites à l'appui resteront déposés à la recette particulière, pour y avoir recours au besoin.

107. Le salaire et le prix des actes dus aux porteurs de contraintes et aux garnisaires seront payés par le receveur particulier sur la quittance de ces agents, mise au pied d'une des expéditions des états définitivement arrêtés par le sous-préfet.

Il est expressément défendu aux percepteurs de payer directement les salaires et actes de poursuites aux porteurs de contraintes ou garnisaires.

108. Les receveurs particuliers seront tenus de constater dans leurs écritures, à deux comptes spéciaux, la totalité des sommes payées par eux pour frais de poursuites, et des remboursements qui leur en seront faits par les percepteurs.

Ils enverront successivement à la recette générale une des expéditions des états de frais acquittés par les agents de poursuites. Ces pièces seront produites à la Cour des comptes par le receveur général, à l'appui de son compte annuel.

109. La seconde expédition des états de frais rendus exécutoires par le sous-préfet sera remise par le receveur particulier au percepteur, qui en deviendra comptable envers le receveur particu-

lier, et sera chargé d'en suivre le recouvrement sur les contribuables y dénommés.

110. Le percepteur est tenu d'émarger sur lesdits états les
payements qui lui seront faits pour remboursement de frais, et
d'en donner quittance de la même manière que pour les contributions directes.

110 *bis*. Si le contribuable poursuivi veut se libérer des frais
sans attendre la taxe, il est admis à en consigner le montant entre
les mains du percepteur, qui lui en donne une quittance détachée
de son livre à souche, et émarge le payement sur le double de la
contrainte restée en ses mains. (Art. 23.)

A la réception de l'état des frais taxés, le percepteur y émarge,
jusqu'à concurrence des frais à la charge du contribuable, la
somme consignée par ce dernier. — Si elle excède, il tient
compte de cet excédant au contribuable de la manière prescrite
pour les excédants provenant des contributions directes. — Si, au
contraire, la somme consignée ne couvre pas le montant des frais
taxés, il suit le remboursement du surplus, conformément à ce
qui est prescrit par l'article 109.

Dans tous les cas, en transportant au rôle les états de frais
taxés, il émarge les sommes versées sur ces frais par les contribuables.

111. Tout contribuable taxé est en droit d'exiger du percepteur
la communication de l'état de frais sur lequel il est porté.

112. Le percepteur prévenu d'avoir frauduleusement, soit
avant, soit après la taxe, exigé des frais pour une somme plus
forte que celle qui est fixée par le tarif ou arrêtée par l'état des
frais, sera traduit devant les Tribunaux pour y être jugé comme
concussionnaire.

113. A la fin de chaque trimestre, les receveurs particuliers
remettront au sous-préfet un état présentant, par nature de poursuites, les frais faits contre les contribuables en retard. Cet état
sera transmis au préfet par le sous-préfet : les receveurs particuliers en adresseront un double, visé par ce dernier, au receveur
général du département, qui le transmettra au ministère, après

en avoir reconnu la conformité avec ses écritures. (Voir modèle au *Formulaire*, 2ᵉ partie du *Commentaire*.)

114. Indépendamment de la surveillance qui doit être exercée par l'autorité administrative sur les poursuites et les frais auxquels elles donnent lieu, le receveur général et les receveurs particuliers des finances sont tenus de prendre des informations sur la conduite des percepteurs, des porteurs de contraintes et des garnisaires, dans l'exercice des poursuites effectuées contre les contribuables; de s'assurer que lesdites poursuites ne sont faites que dans les cas prévus, dans les formes voulues et suivant les tarifs arrêtés, et de provoquer des mesures de répression contre les abus qui parviendraient à leur connaissance (1).

Le présent arrêté sera soumis à l'approbation de M. le Ministre des finances, et sera exécutoire, à partir du

dans le département d

Fait à   , le   1860.

Signé .

_____

(1) Art. 25 et 26 de l'arrêté du 16 thermidor an VIII ; arrêt du Conseil d'État du 8 janvier 1813.

TARIF GÉNÉRAL

DES FRAIS DE POURSUITES, EN MATIÈRE DE CONTRIBUTIONS DIRECTES
FORMANT ANNEXE AU RÈGLEMENT SUR LES POURSUITES.

La dernière édition du Règlement général sur les poursuites renferme un modèle de tarif qui paraît être la reproduction du tarif rédigé par le préfet du Gard, pour l'usage de ce département. Nous devons naturellement l'imprimer ici tel qu'il est donné par l'Administration, c'est-à-dire dépourvu des fixations qui, dans chaque département, sont à régler par les préfets. Nous n'y inscrivons pas même le prix du timbre, aujourd'hui surchargé de décimes additionnels dont le caractère est d'être purement provisoire; mais nous essayons de combler le vide que laisse cette absence d'indication du coût des actes en ajoutant au modèle général le tableau du coût des actes de poursuites dans le département de la Seine. Comme les droits de timbres et d'enregistrement sont les mêmes pour toute la France, les droits alloués aux divers agents, et qui varient dans chaque département, seront les seuls dont l'indication fasse défaut. On remarquera, au surplus, et nous en donnons les motifs dans notre *Commentaire* sur l'art. 96 du Règlement, que les tarifs ne comprennent que les seuls actes qui peuvent être signifiés à la requête des percepteurs et par les porteurs de contraintes. Dès que les actes exigeraient, par exemple, l'intervention des avoués, comme serait une vente sur saisie immobilière, si le Trésor permettait ce genre de poursuites, nous avons jugé inutile de les indiquer, attendu que ces actes sortent de la ligne ordinaire; qu'ils ne peuvent, d'ailleurs, être que fort rares et que les frais ne peuvent en être taxés que d'après le tarif judiciaire.

TABLEAU GÉNÉRAL

DU

COUT DES DIFFÉRENTS ACTES DE POURSUITES

RELATIFS

AU RECOUVREMENT DES CONTRIBUTIONS DIRECTES

DANS LE DÉPARTEMENT DE LA SEINE

NATURE DES ACTES ET INDICATION DES DÉBETS D'APRÈS LESQUELS LEUR COUT EST FIXÉ.	Droits alloués aux divers agents.	Timbre.	Enregistrement.	
	fr. c.	fr. c.	fr. c.	fr.
SOMMATION AVEC FRAIS				
Pour un débet de 10 fr. et au-dessous..........	» 15	» »	» »	» »
— au-dessus de 10 fr. jusqu'à 35 fr...........	» 25	» »	» »	» »
— au-dessus de 35 fr. jusqu'à 70 fr...........	» 50	» »	» »	» »
— au-dessus de 70 fr. jusqu'à 100 fr.........	» 75	» »	» »	» »
— au-dessus de 100 fr..........	1 »	» »	» »	» 1
GARNISON COLLECTIVE				
Pour un débet de 10 fr. et au-dessous..........	» 25	» »	» »	» »
— au-dessus de 10 fr. jusqu'à 35 fr...........	» 50	» »	» »	» »
— au-dessus de 35 fr. jusqu'à 70 fr...........	» 75	» »	» »	» »
— au-dessus de 70 fr. jusqu'à 100 fr.........	1 »	» »	» »	» 1
— au-dessus de 100 fr..........	1 25	» »	» »	» 1
GARNISON INDIVIDUELLE				
Les frais de cette poursuite sont dus, par jour, à raison de.............	3 »	» »	» »	» 3
COMMANDEMENT				
Pour l'original, collectif ou individuel, et la copie signifiée à chacun des débiteurs (frais de timbre compris) :				
Pour un débet de 35 fr. et au-dessous..........	1 »	» »	1 88	2
— au-dessus de 35 fr. jusqu'à 70 fr...........	1 40	» »	1 88	3
— au-dessus de 70 fr. jusqu'à 100 fr.........	1 80	» »	1 88	3
— au-dessus de 100 fr...........	2 60	» »	1 88	4
SOMMATION A UN TIERS DÉTENTEUR OU DÉBITEUR DE SOMMES APPARTENANT A UN REDEVABLE ET AFFECTÉES AU PRIVILÉGE DU TRÉSOR				
Pour l'original et la copie signifiée à la partie :				
Pour un débet de 35 fr. et au-dessous..........	» 40	» »	» »	1
— au-dessus de 35 fr. jusqu'à 70 fr...........	» 80	» »	» »	1
— au-dessus de 70 fr. jusqu'à 100 fr.........	1 20	» »	» »	1
— au-dessus de 100 fr...........	2 »	» »	» »	
Lorsqu'il y a plusieurs tiers détenteurs ou débiteurs, pour chaque copie en sus, 25 cent.				
SAISIE-ARRÊT				
(Signifiée suivant les formes du Code de procédure civile.)				
Pour l'original et la copie signifiée au tiers saisi :				
Pour un débet de 35 fr. et au-dessous..........	» 40	1 20	1 88	3
— au-dessus de 35 fr. jusqu'à 70 fr...........	» 80	1 20	1 88	
— au-dessus de 70 fr. jusqu'à 100 fr.........	1 20	1 20	1 88	
— au-dessus de 100 fr...........	2 »	1 20	1 88	5
Lorsqu'il y a plusieurs tiers saisis, pour chaque copie en sus, 25 c. plus le droit d'enregistrement.				
(Pour la dénonciation au saisi avec assignation en validité et pour la dénonciation de cette assignation au tiers saisi, même tarif que pour la saisie-arrêt ; plus 35 c. pour le timbre de la copie, soit de la saisie-arrêt, soit de la dénonciation au saisi.)				
SAISIE-EXÉCUTION				
Pour l'original de l'exploit de saisie et les copies signifiées tant à la partie qu'au gardien, y compris les frais de témoins :				
Pour un débet de 35 fr. et au-dessous..........	2 »	1 20	1 88	
— au-dessus de 35 fr. jusqu'à 70 fr...........	3 »	1 20	1 88	
— au-dessus de 70 fr. jusqu'à 100 fr.........	4 50	1 20	1 88	
— au-dessus de 100 fr...........	5 50	1 20	1 88	

NOTA. *Il est dû, en outre, au gardien (autre que le saisi) pour chaque jour de garde effective, 1 fr. 50, pendant les dix premiers jours, et 25 c. pour chacun des jours suivants, sans que, dans aucun cas, ce chiffre puisse excéder 18 fr. Il y a lieu aussi, dans ce cas, d'ajouter au montant des déboursés à allouer 35 c. pour le timbre de la copie au gardien, et 1 fr. 10 pour le second droit d'enregistrement.*

Si le gardien réclame un autre salaire ou le remboursement de frais faits, il est statué sur sa demande par le préfet.

NOTIFICATION DE LA SAISIE FAITE HORS DU DOMICILE DU SAISI ET EN SON ABSENCE

(Même tarif que pour la saisie-exécution, augmenté de 35 c. pour le timbre de la copie de la saisie, et diminué du salaire des témoins.) .....

NATURE DES ACTES	Droits alloués aux divers agents.	Timbre.	Enregistrement.	
SAISIE-EXÉCUTION INTERROMPUE				
Pour l'original de l'exploit de saisie, y compris les frais de témoins :				
Pour un débet de 35 fr. et au-dessous..........	1 75	» 60	» »	
— au-dessus de 35 fr. jusqu'à 70 fr...........	2 50	» 60	» »	
— au-dessus de 70 fr. jusqu'à 100 fr.........	3 75	» 60	» »	
— au-dessus de 100 fr...........	4 50	» 60	» »	

PROCÈS-VERBAL DE RÉCOLEMENT

Il est dû à l'agent de poursuites et aux témoins les mêmes droits que pour la saisie.................. .....

SAISIE-BRANDON

(Même tarif que pour la saisie-exécution, diminué du salaire des témoins et augmenté du coût de la copie à remettre au maire.) .....

NOTIFICATION AU GARDE CHAMPÊTRE DE LA SAISIE-BRANDON FAITE EN SON ABSENCE

(Même tarif que pour la saisie-exécution, augmenté de 60 c. pour le timbre de la copie de la saisie, et diminué du salaire des témoins.) .....

NATURE DES ACTES

ET INDICATION DES DÉBETS D'APRÈS LESQUELS LEUR COUT EST FIXÉ.

NATURE DES ACTES	Droits alloués aux divers agents.	Timbre.	Enregistrement.	Total.
	fr. c.	fr. c.	fr. c	r. c.
PROCÈS-VERBAL D'INSOLVABILITÉ — agent de poursuites administratives ou judiciaires pour la rédaction de t acte............	» 75	» »	» »	» 75
PROCÈS-VERBAL DE CARENCE — 'agent de poursuites pour la rédaction de cet acte..................	» 75	» »	» »	» 75
deux témoins, à raison de 50 c. chacun..............	1 »	» »	» »	1 »
Total..............	1 75	» »	» »	1 75
ES RELATIFS A LA VENTE — SIGNIFICATION DE VENTE — ORIGINAL ET COPIES				
Pour un débet de 35 fr. et au-dessous..............	» 25	1 20	1 88	3 33
— au-dessus de 35 fr. jusqu'à 70 fr..................	» 50	1 20	1 88	3 58
— au-dessus de 70 fr. jusqu'à 100 fr..............	» 75	1 20	1 88	3 83
— au-dessus de 100 fr..............	1 »	1 20	1 88	4 08

rsque le gardien est autre que le saisi, il y a lieu d'ajouter 1 fr. 83 c. ur le second droit d'enregistrement et, en outre, 60 c. pour le timbre la deuxième copie, quand la garde est effective.)

	Frais d'insertion au journal judiciaire ou de publication à son de caisse.	Rédaction des affiches et du procès verbal d'affiches.	Salaire de l'afficheur.	Frais du procès-verbal de récolement.	Droits alloués aux divers agents.	Timbre.	Enregistrement.	Total.
AUTRES FRAIS CONCERNANT LA VENTE (compris les frais de transport des objets saisis)	fr. c.	fr. c.	fr. c.	fr. c.	(A)			
r un débet de 35 fr. et au-dessous............	1 50	1 »	1 »	1 75	5 25	1 20	3 75	10 20
— au-dessus de 35 fr. jusqu'à 70 fr..	1 50	1 75	1 »	2 25	6 50	1 20	3 75	11 45
— au-dessus de 70 fr. jusqu'à 100 fr..	1 50	2 75	1 »	3 25	8 50	1 20	3 75	13 45
— au-dessus de 100 fr.............	1 50	3 75	1 »	4 «	10 25	1 20	3 75	15 20
sque le gardien est autre que le saisi, il y a u d'ajouter 1 fr. 88 pour le second droit d'enregistrement du procès-verbal de récolement.)								
laration au bureau de l'enregistrement pour s ventes à effectuer dans la banlieue, quel que it le débet.	......	......	......	......	» 50	» 60	» »	1 10
ANS LE CAS DU RENOUVELLEMENT DES ACTES QUI PRÉCÈDENT — eur tarif est réglé comme suit :					(B)			
r un débet de 35 fr. et au-dessous	1 »	» 25	» 75	» 75	2 75	1 20	3 75	7 70
— au-dessus de 35 fr. jusqu'à 70 fr....	1 »	» 50	» 75	1 »	3 25	1 20	3 75	8 20
— au-dessus de 70 fr. jusqu'à 100 fr..	1 »	» 75	» 75	1 25	3 75	1 20	3 75	8 70
— au-dessus de 100 fr.............	1 »	1 »	» 75	1 50	4 25	1 20	3 75	9 20
ne observation que celle ci-dessus pour le cas où le saisi n'est pas constitué gardien.)								
aration au bureau de l'enregistrement pour s ventes à effectuer dans la banlieue, quel que it le débet.	......	......	......	......	» 25	» 60	» »	» 85

LES DROITS DUS AU COMMISSAIRE-PRISEUR POUR LA VENTE réglés à raison de 5 0/0 du produit de cette vente. Il lui est alloué, utre, 3 fr. à titre de frais de déplacement pour le payement des con- tions dues par le saisi.

ns le cas où toutes les dispositions préparatoires ayant été faites, la e n'a pas lieu, par suite de la libération du contribuable ou par toute e cause, il est alloué au commissaire-priseur, pour droits, frais et dé- sés de toute nature.

					9 »	» »	» »	9 »
ÈS-VERBAL DE VENTE ET VACATION PAR JOUR POUR LES VENTES EFFECTUÉES DANS LA BANLIEUE								
Pour un débet de 35 fr. et au-dessous..............					4 »	» 60	1 88	6 48
— au-dessus de 35 fr. jusqu'à 70 fr....					5 »	» 60	1 88	7 48
— au-dessus de 70 fr. jusqu'à 100 fr....					6 50	» 60	1 88	8 98
— au-dessus de 100 fr..............					7 50	» 60	1 88	9 98
s le cas de suspension de la vente, les allocations sont réduites comme it :								
Pour un débet de 35 fr. et au-dessous					2 »	» 60	1 88	4 48
— au-dessus de 35 fr. jusqu'à 70 fr....					2 50	» 60	1 88	4 98
— au-dessus de 70 fr. jusqu'à 100 fr....					3 25	» 60	1 88	5 73
— au-dessus de 100 fr..............					3 75	» 60	1 88	6 23

)(B) A ces frais de timbre, il y a lieu d'ajouter ceux du timbre des hes, calculés en raison du nombre de placards dont le comptable a crit l'apposition. (C)

) L'enregistrement n'est dû que lorsque la cote excède cent francs.

TARIF GÉNÉRAL

DES FRAIS DE POURSUITES EN MATIÈRE DE CONTRIBUTIONS DIRECTES, FORMANT ANNEXE AU RÈGLEMENT SUR LES POURSUITES.

NATURE DES ACTES ET FRAIS QUI EN RÉSULTENT 1	Sommes allouées pour salaires. 2	Timbre. 3	Enregistrement. 4	TOTAL. 5
§ 1er. GARNISON COLLECTIVE Prix fixe pour chaque bulletin remis aux contribuables en retard : Dans les communes du département.................. Et pour toute cote de 1 fr. et au-dessous............	(1)			
§ 2. GARNISON A DOMICILE OU INDIVIDUELLE Chaque journée, avec vivres et logement.............. *Idem*, avec la représentation en numéraire des vivres et du logement........................				
§ 3. COMMANDEMENT Prix fixe pour l'original simple ou collectif et chaque copie signifiée, *tous frais de timbre et de transport* compris.................... (Indépendamment du droit d'enregistrement pour les cotes qui en sont passibles. — Voir l'art. 97.)				
§ 4. SAISIE-ARRÊT OU OPPOSITION Pour une opposition (original et copie au tiers saisi).... Dénonciation au saisi avec assignation en validité (original et copie)........................ Dénonciation au tiers saisi de l'assignation en validité au débiteur (original et copie)................ Assignation au tiers saisi en déclaration affirmative (original et copie)........................				
TOTAL......................				
§ 5. SAISIE-EXÉCUTION Procès-verbal de saisie (original).................... Copie au saisi ou, en cas d'absence, au maire......... Copie au gardien, quand ce n'est pas le saisi.......... Salaire de deux témoins, à 1 fr. pour chacun..........				
TOTAL......................				
AJOUTER le prix de deux journées de garnison individuelle en cas d'interruption de saisie non suivie de libération (art. 68 du Règlement et les §§ 7 et 8 ci-après), ci.				

(1) Cette somme est la même dans tous les départements.

NATURE DES ACTES ET FRAIS QUI EN RÉSULTENT 1	Sommes allouées pour salaires. 2	Timbre. 3	Enregistrement 4	TOTAL. 5
§ 6. SAISIE-BRANDON				
Procès-verbal (original)............................				
Copie à la partie.................................				
Copie au gardien du séquestre.....................				
Copie au maire...................................				
TOTAL.....................				
§ 7. SAISIE-EXÉCUTION INTERROMPUE POUR CAUSE DE LIBÉRATION.				
(Art. 68 du règlement.)				
Dans tous les cas prévus par l'article 68 du règlement sur les poursuites, le prix de la journée de la garnison individuelle (y compris la représentation des vivres et du logement en numéraire) sera réduit à 2 fr. 50, si le contribuable se libère dans la première journée, et 2 fr. s'il ne se libère que le second jour; de manière que le coût de la saisie interrompue pour cause de libération soit ainsi fixé, savoir :				
Une journée de garnison individuelle..............				
Deux journées de garnison individuelle............				
Salaire de deux témoins, à 75 c. l'un.............				
Timbre du procès-verbal de saisie interrompue.....				
(Circulaire du 5 octobre 1844.)				
§ 8. SAISIE-BRANDON INTERROMPUE POUR CAUSE DE LIBÉRATION				
(Art. 68 du règlement.)				
Même taxe que ci-dessus, moins le salaire des deux témoins.................................				
§ 9. FRAIS DE GARDIEN POUR LA SAISIE-EXÉCUTION				
Huit premiers jours à 50 c. chacun................				
Jours suivants à 25 c. chacun.....................				
§ 10. FRAIS DE GARDIEN POUR LA SAISIE-BRANDON				
Garde champêtre, à 25 c. par jour.................				
Toute autre personne, à 40 c. par jour...........				
§ 11. PROCÈS-VERBAL DE CARENCE				
Porteur de contraintes...........................				
Deux témoins.....................................				
TOTAL.....................				

NATURE DES ACTES ET FRAIS QUI EN RÉSULTENT 1	Sommes allouées pour salaires. 2	Timbre. 3	Enregistrement. 4	TOTAL. 5
§ 12. FRAIS DE VENTE A LA SUITE DE LA SAISIE-EXÉCUTION				
Procès-verbal de récolement avant la vente (original seulement)..				
Salaire de deux témoins...........................				
Procès-verbal d'apposition d'affiches, auquel sera joint l'original de l'affiche...........................				
Original d'affiches et placards manuscrits.............				
Quatre affiches, lorsque la vente aura lieu dans la commune, à chacune......................				
Une cinquième, lorsque la vente se fera ailleurs.......				
Insertion de la vente au journal (s'il en existe).........	Mém.			
Extrait de la déclaration de vente au receveur d'enregistrement et timbre..................................				
Transport des effets saisis au lieu de vente (à régler par le préfet, sur certificat du maire indiquant les prix locaux)..	Mém.			
Procès-verbal de vente, vacation par jour (original seulement), la copie ou signification ne devant être délivrée que sur la demande de la partie................				
Copie, lorsqu'elle sera demandée....................				
Nota. Outre les frais dont le détail précède, il peut y avoir lieu de payer ceux d'annonce de la vente à son de caisse. Les procès-verbaux de vente doivent, comme tous les autres actes de poursuites relatifs au recouvrement des contributions publiques, être enregistrés gratis quand il s'agit de cotes, droits ou créances non excédant 100 fr. (Voir l'art. 97 et la Note.) Quand la cote est supérieure à 100 fr., il doit être perçu un droit fixe de 1 fr. 10, décime compris. (Instruction de l'administration de l'enregistrement, du 21 février 1846, et Circulaire ministérielle du 21 juillet suivant).				
TOTAL...............				
§ 13. FRAIS DE VENTE A LA SUITE DE LA SAISIE-BRANDON				
Ils sont les mêmes que ceux de la vente sur saisie-exécution, excepté qu'il n'y a pas de témoins à salarier...				
ACTES EXTRAORDINAIRES				
§ 14. Sommation à un propriétaire ou un principal locataire de payer la contribution due par le locataire en cas de déménagement (original et copie)..............				
§ 15. Sommation à un débiteur de deniers affectés au privilége du Trésor (original et copie)................				
§ 16. Procès-verbal de récolement en cas de saisie-exécution antérieure, contenant sommation au premier saisissant de vendre (original).......................				
Copie au saisi.....................................				
Copie au gardien..................................				
Salaire des deux témoins à 75 c. chacun.............				
TOTAL.......................				
§ 17. Même procès-verbal de récolement, en cas de saisie-brandon antérieure, contenant sommation au premier saisissant de vendre (original)				
Copie au saisi.....................................				
Copie au gardien..................................				
Copie au maire....................................				
TOTAL.......................				

NATURE DFS ACTES ET FRAIS QUI EN RÉSULTENT 1	Sommes allouées pour salaires.	Timbre. 3	Enregistrement.	TOTAL. 5
§ 18. Procès-verbal de défaut de vente ou de renvoi (saisie-exécution), original .... Copie à la partie .... Copie au gardien............................... TOTAL......................				
§ 19. Procès-verbal de défaut de vente ou de renvoi (saisie-brandon) original............................. Copie à la partie............................... Copie au gardien............................... Copie au maire............................... TOTAL......................				
§ 20. Sommation à la partie saisie, non domiciliée dans la commune où la saisie a lieu, ou absente, de se trouver à la vente le jour indiqué au procès-verbal de renvoi......................				
§ 21. Procès-verbal constatant la non-représentation des objets saisis (original sans copie)...................... Salaire des deux témoins, à 75 c. chacun.............. TOTAL......................				
§ 22. Sommation au saisissant, par le percepteur opposant de faire vendre dans la huitaine (original et copie)				
§ 23. Exploit d'opposition sur le prix d'une vente à la requête de tiers (original)...................... Copie au saisissant............................... Copie à l'huissier............................... TOTAL......................				
§ 24. Procès-verbal de rébellion (à régler spécialement par le préfet, sur l'avis des maires et sous-préfets)...				

Arrêté le présent Tarif par nous, préfet du département du Gard,
A Nîmes, le 1er mars 1862   Baron DULIMBERT.

APPROUVÉ :

Le Ministre secrétaire d'Etat des finances,

ACHILLE FOULD.

Extrait du Règlement général sur les poursuites, en date du 21 décembre 1839.

(Voir la Circulaire du 21 décembre 1839, § VI, 4e alinéa.)

« ART. 110 bis. Si le contribuable poursuivi veut se libérer des frais sans attendre la taxe, il est admis à en consigner le montant entre les mains du percepteur, qui lui en donne une quittance détachée de son livre à souche, et émarge le payement sur le double de la contrainte restée entre ses mains. (Art. 23.)

« A la réception de l'état des frais taxés, le percepteur y émarge, jusqu'à concurrence des frais à la charge du contribuable, la somme provisoirement consignée par ce dernier. — Si elle excède, il tient compte de cet excédant au contribuable de la manière prescrite pour les excédants provenant des contributions directes. — Si, au contraire, la somme consignée ne couvre pas le montant des frais taxés, il suit le remboursement du surplus, conformément à ce qui est prescrit par l'article 109.

« Dans tous les cas, en transportant au rôle les frais taxés, il émarge les sommes versées sur ces frais par les contribuables. »

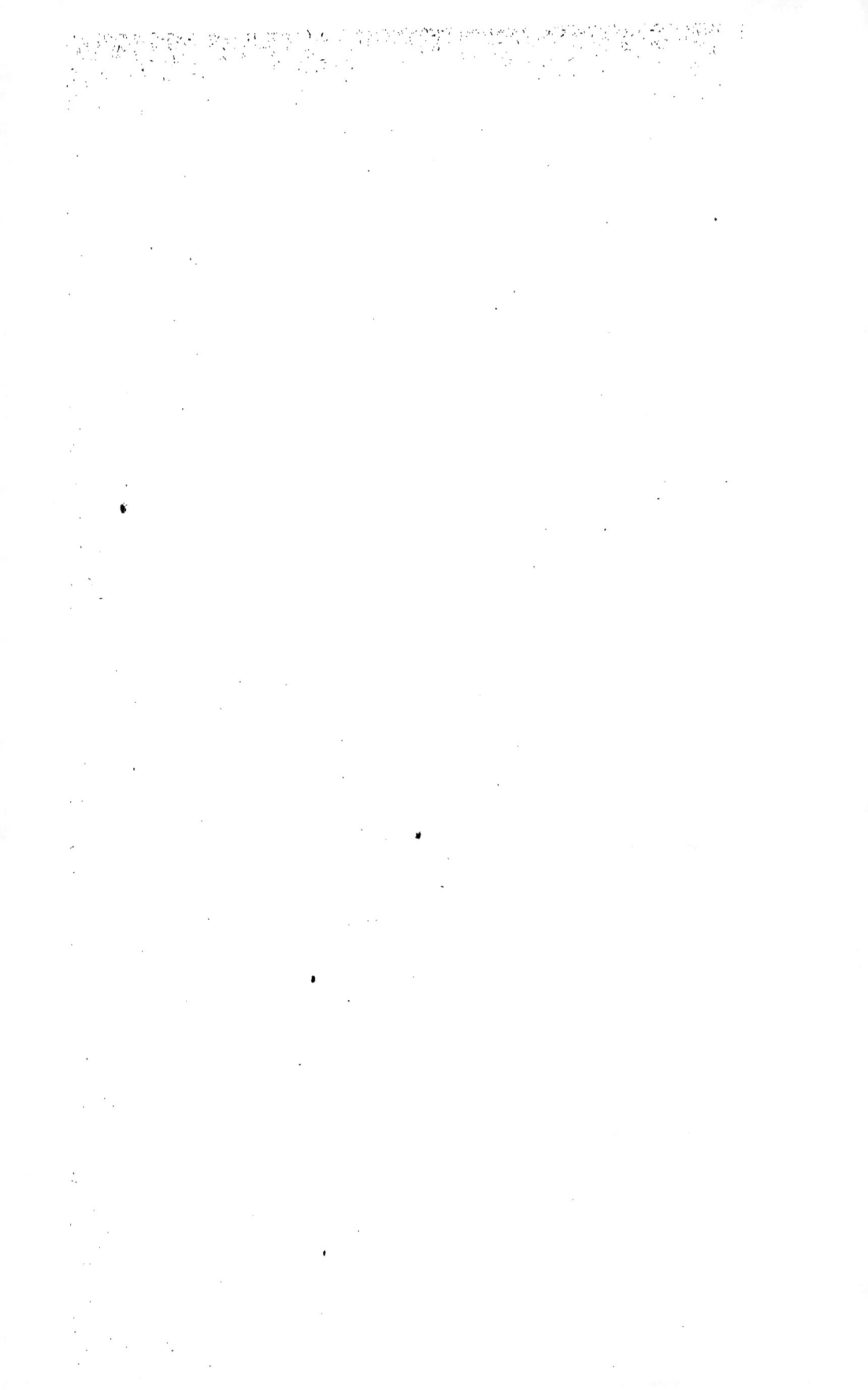

COMMENTAIRE

SUR LE

RÈGLEMENT

PREMIÈRE PARTIE

DISPOSITIONS ÉTABLISSANT LES OBLIGATIONS DES REDEVABLES ET LES
DROITS DES PERCEPTEURS ANTÉRIEUREMENT AUX POURSUITES

ARTICLE PREMIER

Les contributions directes sont payables en douze portions
égales, dont chacune est exigible le 1ᵉʳ de chaque mois pour le
mois précédent.

1. Sous la dénomination générale de *contributions directes*, on
comprend divers impôts particuliers qui ont cela de commun que,
répartis entre les citoyens, d'après des règles et des proportions
déterminées, ils sont levés sur eux en vertu de rôles où chaque
contribuable est nominativement désigné. Ils offrent cette différence avec les *contributions indirectes*, que celles-ci ne sont assises
directement sur personne, et que nul n'est tenu d'en acquitter une
portion fixée à l'avance dans un rôle de répartition; établie par
des tarifs sur les objets de consommation, cette espèce d'impôt est,
en général, avancée par le producteur ou le commerçant, qui s'en
rembourse ensuite sur le consommateur avec le prix de la mar-
chandise, de sorte que chaque citoyen ne paye qu'indirectement

et en raison de ce qu'il consomme. L'*impôt direct*, au contraire, est une dette personnelle qui frappe directement sur le contribuable et à laquelle celui-ci ne peut se soustraire tant qu'il conserve les facultés qui donnent lieu à l'imposition.

L'Assemblée Constituante (Instr. du 8 janvier 1790 sur les Assemblées représentatives) avait elle-même défini à peu près dans les mêmes termes ces deux espèces d'impôt : « La contribution directe, dit cette Instruction, s'entend de toute imposition foncière et personnelle, c'est-à-dire assise directement sur les fonds de terre et sur les personnes, qui se lève par les voies de cadastre ou des rôles de cotisation, et qui passe immédiatement du contribuable cotisé au percepteur chargé d'en recevoir le produit. Les contributions indirectes, au contraire, sont tous les impôts assis sur la fabrication, la vente, le transport et l'introduction des objets de consommation et de commerce, et dont le produit est indirectement payé par le consommateur. »

Nous n'avons à nous occuper ici que des contributions directes, et les détails dans lesquels nous entrerons sur le mode de leur imposition seront extrêmement sommaires, attendu que nous ne nous sommes proposé dans ce *Commentaire* que de traiter de ce qui concerne les moyens d'action mis à la disposition du percepteur pour opérer le recouvrement sur le contribuable, et que les opérations qui précèdent la remise à cet agent du rôle exécutoire, seraient plus ou moins étrangères à notre sujet. Suivant, article par article, le Règlement ministériel sur les poursuites, nous supposons les contributions directes déjà fixées et réparties, et notre travail se borne à discuter les difficultés qui peuvent s'élever dans l'exécution des rôles. Nous ne parlerons, par conséquent, des règles relatives à l'établissement de l'impôt qu'autant qu'il sera nécessaire pour l'intelligence de notre ouvrage.

2. Avant que les lois de l'Assemblée constituante eussent établi le nouveau système d'impôt, qui a été l'une des premières conquêtes de la Révolution, les contributions directes perçues en France portaient le nom de *tailles* et *taillon*, *capitation*, *dixièmes* et *vingtièmes*. Il faudrait de longs développements pour décrire avec exactitude en quoi consistait chacun de ces impôts, dont les bases n'étaient pas tellement bien fixées qu'elles ne présentassent des différences assez sensibles de province à province : conséquence naturelle d'ailleurs du défaut d'unité qui existait alors dans toutes les branches de la législation du pays.

Il nous suffira de dire que la *taille*, y compris le *taillon*, qui n'en était qu'un accessoire, assise en général sur les facultés présumées des contribuables, avait en certains lieux le caractère d'impôt personnel, et s'appelait *taille personnelle* ; mais le plus communément elle était, sous le nom de *taille réelle*, une véritable contribution foncière. Elle admettait un grand nombre de privilèges et exemptions, dans la noblesse, l'église, la magistrature, les finances, l'armée, l'université, etc., etc., en sorte qu'elle n'était guère supportée que par le *pauvre peuple*, suivant l'expression des édits et ordonnances qui, en s'efforçant de temps à autre de mieux déterminer et de réduire la nomenclature des exempts et privilégiés, ne parvenaient cependant que très imparfaitement à détruire les abus qui s'introduisaient de toutes parts dans la répartition des tailles.

La *capitation*, établie temporairement par la déclaration du 18 janvier 1695, avait, plus que toute autre taxe, le caractère d'impôt *personnel*. Elle était assise et réglée non pas proportionnellement aux facultés des contribuables, mais par feux et par famille, d'après une classification des citoyens, suivant leur rang, leurs emplois, leurs propriétés, leur industrie. Il n'y avait d'exempts que les taillables dont la cote était au-dessous de 40 sous. Supprimée pendant quelques années (de 1698 à 1701), la capitation fut définitivement rétablie et continua à être levée jusqu'à la Révolution.

Les *dixièmes* et *vingtièmes* étaient des prélèvements opérés sur les revenus des propriétés mobilières et immobilières, de quelque nature qu'elles fussent, des charges, offices et emplois d'épée, de robe, de police, finances et autres, y compris les appointements, gages, remises, taxations, etc., qui en dépendaient. Ils portaient aussi sur les capitaux industriels et commerciaux, suivant certaines règles ; cette contribution était donc d'un caractère mixte et tenait de la nature de toutes les autres impositions directes (1).

Les lois de l'Assemblée constituante supprimèrent toutes ces différentes sortes d'impôts, qui furent successivement remplacées par des taxes directes, assises sur les revenus fonciers, mobiliers, industriels et commerciaux.

3. Un des premiers principes qui furent posés en cette matière, c'est que la perception se ferait sur tous les citoyens et sur tous les biens de la même manière et dans la même forme. (L. du 11 août-21 septembre 1789.) Ce principe d'égalité se retrouve dans

---

(1) Nous indiquerons à ceux de nos lecteurs qui désireraient étudier avec quelques détails les anciennes impositions de la France, les *Mémoires concernant les impositions et droits*, 4 vol. in-4°, Paris, 1769 ; le recueil des *Ordonnances des Rois* ; le *Code* et le *Dictionnaire des tailles*. L'*Histoire financière* de M. Bailly et le *Traité des impôts* de M. de Parieu pourraient leur offrir aussi des indications utiles.

la Charte constitutionnelle de 1830, dont l'article 2 porte que les Français contribuent indistinctement, dans la proportion de leur fortune, aux charges de l'Etat.

4. Un autre principe que la Charte et les constitutions postérieures ont également reproduit et sanctionné, c'est qu'aucun impôt ne peut être établi ni perçu, s'il n'a été consenti par le pouvoir législatif. Cette disposition est une de celles que les agents de la perception doivent le moins perdre de vue : car, non-seulement les frais des poursuites qu'ils pourraient intenter pour le recouvrement d'un impôt que la loi de finances n'aurait pas autorisé, retomberaient à leur charge personnelle, mais ils seraient, en outre, exposés à être poursuivis comme concussionnaires, sans préjudice de l'action en répétition que la loi réserve, dans ce cas, aux contribuables devant les Tribunaux, sans qu'il soit besoin d'une autorisation préalable. Ils ne mettraient pas à couvert leur responsabilité, en arguant de ce que le rôle aurait été rendu exécutoire par l'administration et leur aurait été remis par elle pour en faire le recouvrement; la disposition de la loi est formelle sur ce point : lorsque l'impôt n'a pas été consenti par l'Assemblée nationale et sanctionné par le Chef du pouvoir exécutif, la responsabilité atteint à la fois et celui qui confectionne le rôle et celui qui le recouvre. (Voir le *Commentaire* sur l'art. 9.)

5. Les lois fondamentales des contributions directes et les différentes constitutions qui ont successivement régi la France depuis celle du 3-14 septembre 1791, jusqu'à ce jour, ont déclaré que ces contributions n'étaient votées que pour un an, et cessaient de plein droit à la fin de l'exercice, si elles n'avaient été expressément renouvelées. Il est à remarquer que la Charte de 1830 (art. 41), n'établissait cette règle que pour la contribution foncière. Mais, tous les ans, un article de la loi du budget énonce que les impôts seront perçus, *pour l'année*, conformément à un état annexé et aux dispositions des lois existantes. C'est le rappel d'un principe qui a toujours été respecté par les Chambres comme par le gouvernement.

6. D'après la législation qui nous régit aujourd'hui et qui a subi peu de modifications essentielles depuis nos premières Assemblées législatives, les contributions directes se divisent ainsi qu'il suit:

1º La contribution foncière; 2º la contribution personnelle et mobilière; 3º la contribution des portes et fenêtres; 4º les droits sur les patentes.

A ces quatre espèces d'impôts qui se perçoivent en vertu de rôles nominatifs, il faut joindre les suivants, qui présentent le même caractère et dont la perception est autorisée, chaque année, par la loi de finances : 1° les redevances sur les mines; 2° les rétributions pour la vérification des poids et mesures; 3° les contributions pour l'entretien des Bourses et Chambres de commerce; 4° les contributions spéciales et locales pour les travaux d'entretien, réparations ou reconstructions des digues et pour le curage des canaux et rivières non navigables; 5° les taxes pour travaux de desséchement des marais; 6° les droits établis pour frais de visite chez les pharmaciens, les épiciers, les droguistes et herboristes; 7° les rétributions dues par les particuliers propriétaires ou entrepreneurs d'eaux minérales naturelles ou factices; 8° les prestations en nature et les subventions spéciales pour l'entretien des chemins vicinaux; 9° les rétributions des élèves des écoles primaires (1); 10° les redevances pour permissions d'usines et prises d'eau temporaires; 11° les rétributions imposées pour frais de surveillance sur les compagnies et agences de la nature des tontines; 12° la taxe des biens de mainmorte; 13° la taxe sur les chiens; 14° les contingents des départements, des communes et des particuliers dans les dépenses relatives à l'exécution des travaux destinés à mettre les villes à l'abri des inondations; 15° les taxes de cotisation des associations syndicales; 16° la taxe sur les chevaux et voitures; 17° les taxes sur les billards publics et privés; 18° les taxes sur les cercles, sociétés et lieux de réunion, etc., etc.

Nous ne parlons pas des centimes additionnels que les Conseils généraux de départements et les Conseils municipaux sont autorisés à voter pour les dépenses départementales et communales. Ce n'est pas là, en effet, une espèce particulière de contributions. Les centimes additionnels s'ajoutent au principal des autres contributions directes, et doivent être imposés dans les mêmes rôles : ils portent sur les mêmes contribuables, dont la cotisation totale se trouve seulement augmentée. Il n'y a donc pas lieu de les considérer comme un impôt spécial.

Les diverses natures d'impôts que nous venons d'énumérer se perçoivent d'après des règles générales, communes à toutes les contributions directes, et jouissent d'un privilége qui en assure le

---

(1) On pourrait contester à ces dernières rétributions le caractère d'impôt, car elles ne sont qu'un salaire particulier payé par les parents des élèves à l'instituteur communal. Ce qui nous a déterminé néanmoins à les comprendre dans notre nomenclature, c'est que, d'après l'article 41 de la loi du 15 mars 1850 sur l'instruction primaire, elles sont perçues par le percepteur, en vertu de rôles dressés et rendus exécutoires par l'administration, et qu'enfin elles jouissent, qaant à leur recouvrement, du privilége des contributions directes. Le même mode de poursuites leur étant applicable, elles sont naturellement comprises dans les dispositions du *Règlement*.

recouvrement. Mais comme l'étendue du privilége, les biens sur lesquels il s'exerce, enfin, différents détails de la perception sont l'objet de dispositions particulières et éprouvent ainsi quelques variations en raison de la nature spéciale de chaque impôt, il est indispensable d'exposer succinctement les bases de chacun et les principes essentiels qui le constituent. Pour ne pas nous laisser entraîner trop loin, nous nous bornerons à indiquer, d'après les lois, les décisions du Conseil d'Etat et les Instructions ministérielles, quelles sont les valeurs imposables et quels citoyens doivent supporter l'impôt. Quant au mode d'appréciation de ces valeurs et aux détails de l'imposition et de la répartition, c'est-à-dire aux opérations qui rentrent plus particuliérement dans les attributions de la Direction des contributions directes, nous ne nous en occuperons point : nous renvoyons aux ouvrages qui ont traité de ces matières (1).

7. Nous dirons seulement d'une manière générale que le mode de répartition de chacun de ces impôts est subordonné à une différence essentielle qui sert à les distinguer. A l'égard des uns, le vote législatif détermine d'avance la somme totale qu'ils devront nécessairement produire; cette somme est ensuite *répartie* entre les départements, les arrondissements, les communes et les particuliers : on les appelle *impôts de répartition*. A l'égard des autres. on fixe seulement la taxe qui devra être payée par chaque contribuable : on les appelle *impôts de quotité*. Dans le premier système, l'Assemblée nationale fixe les contingents des départements ; les Conseils généraux fixent ceux des arrondissements ; les Conseils d'arrondissement, ceux des communes ; enfin, la répartition entre les particuliers est faite, dans chaque commune, par des répartiteurs choisis parmi les contribuables, et d'après les éléments préparés par les agents de la Direction des contributions directes. Dans le second cas, la loi ne fait que fixer le tarif, qu'on applique ensuite au contribuable.

Un résultat de ces deux modes d'imposition, c'est que l'*impôt de répartition* oblige la commune tout entière pour le payement du contingent qui lui est assigné, de sorte que le montant des décharges et réductions est réimposé sur les habitants, afin que la somme à laquelle s'élève le contingent soit toujours atteinte. Dans l'*impôt de quotité*, au contraire, la commune n'est nullement solidaire du payement de la cote de chaque contribuable ; les cotes

---

(1) On peut consulter à cet égard le *Code des contributions directes*, par M. Belmondi ; le *Traité des contributions directes*, de M. Gervaise, et les ouvrages plus récents de MM. Casimir Fournier et Vignes.

mal imposées tombent en non-valeurs pour le Trésor public. Les contributions foncière, personnelle et mobilière, et des portes et fenêtres sont des impôts de répartition ; les patentes, les redevances sur les mines sont des impôts de quotité.

8. *Contribution foncière.* — La contribution foncière est celle qui est établie sur les propriétés territoriales, bâties ou non bâties. La base de sa répartition est le revenu net de chaque propriété, c'est-à-dire, d'après la définition même de la loi, ce qui reste au propriétaire, déduction faite, sur la valeur locative des immeubles calculée sur un nombre d'années déterminé, de la somme nécessaire pour l'indemniser du dépérissement et des frais d'entretien et de réparations. Toutes les propriétés y sont soumises, sauf quelques exceptions motivées par l'intérêt du service public et les ménagements dus à l'agriculture. Cette contribution a été créée par la loi du 23 novembre-1er décembre 1790 : elle a été successivement maintenue par les lois subséquentes. Le mode d'imposition, de répartition et de recouvrement a été déterminé de nouveau par la loi du 3 frimaire an 7, qui, sauf quelques exceptions, sert encore de règle aujourd'hui (1).

9. *Contribution personnelle et mobilière.* — Cette contribution est, ainsi que l'indique son titre, assise sur la personne même du

---

(1) La loi du 3 frimaire an 7 et diverses instructions ministérielles données pour son exécution ont déterminé les règles d'après lesquelles doit être faite l'évaluation du revenu imposable de chaque espèce de terrain, suivant le genre de culture qu'on y pratique ou l'usage auquel il est consacré. Il y a des dispositions particulières pour les terres labourables, les jardins potagers ou fruitiers, les vignes, les étangs, les bois, les herbages, les prairies naturelles ou artificielles, les marais, les pâtures, les châtaigneraies, les olivets, les plans de mûriers, les bois taillis et de haute futaie, les pépinières, les tourbières, les sables et laisses de mer, les carrières et mines, les canaux de navigation, les salins, les marais salants et les salines, les maisons d'habitation, les bâtiments ruraux, les usines, les forges, les fourneaux, les bacs, bateaux, bains publics, les jardins, les parcs, les propriétés de pur agrément, les terres vaines et vagues, etc., etc.

Les maisons, fabriques, manufactures, usines et tous autres édifices nouvellement construits ou reconstruits, ne sont imposables que la troisième année après leur construction ou reconstruction. Le terrain qu'ils enlèvent à la culture reste seul cotisé. (L. 3 frimaire an 7, art. 88.)

Les bâtiments inhabités pour reconstruction ne sont soumis à la contribution foncière qu'à la troisième année de leur reconstruction. (A. du Conseil, 13 janvier 1816.)

L'exemption s'applique indistinctement aux édifices qui ont été détruits par cas fortuit ou qui sont tombés de vétusté et à ceux dont la démolition aurait été volontaire. (A. du Conseil, 1er novembre 1838 ; 5 février 1840.)

Ainsi, elle pourrait être réclamée pour un moulin détruit par l'incendie et nouvellement reconstruit. (A. du Conseil, 15 octobre 1826.)

Les bâtiments qui ont perdu leur destination primitive ne peuvent être exemptés

contribuable, et sur les valeurs mobilières qu'il est présumé posséder. Etablie par la loi du 13 janvier-18 février 1791, c'est-à-dire presque en même temps que la contribution foncière, elle était destinée, avec les taxes des patentes qui devaient atteindre les capitaux industriels, à compléter le système de l'impôt direct. Après plusieurs variations, soit dans ses bases, soit dans sa répartition, elle fut plus positivement fixée par la loi du 3 nivôse an 7. Elle se composa d'abord d'un assez grand nombre de taxes particulières, dont quelques-unes présentaient le caractère de contributions somptuaires.

Celles qui portaient sur les cheminées, les domestiques mâles, les chevaux de voiture, ainsi que les retenues sur les traitements des employés, ont successivement disparu. La première a été supprimée d'après un avis du Conseil d'Etat, approuvé le 27 vendémiaire an 9; les autres ont été supprimées par la loi du 24 avril 1806. Aujourd'hui, la taxe *mobilière* a pour seule base de répartition la valeur proportionnelle des loyers d'habitation de chaque domicilié. Quant à la taxe *personnelle*, proprement dite, celle qui n'a d'autre

de l'impôt foncier qu'autant que leur inhabitation et leur abandon sont suffisamment justifiés. (A. du Conseil, 16 novembre 1825.)

Dans ce cas même, ils n'en seraient pas moins cotisés, en raison du terrain qu'ils enlèvent à la culture. (A. du Conseil, 26 décembre 1830.)

La cotisation des marais qui sont desséchés ne peut être augmentée pendant les vingt-cinq premières années après le desséchement. (L. 3 frimaire an 7, art. 111.) Il en est de même pendant dix années, après le défrichement, pour la cotisation des terrains vagues depuis quinze ans, et qui sont mis en culture (art. 112), pendant trente années, s'il s'agit d'un semis ou d'une plantation en bois, de terres en friche depuis dix ans (art. 113), et pendant vingt-cinq ans, s'il s'agit d'une plantation en vignes, mûriers ou autres arbres fruitiers, de terrains restés incultes depuis quinze ans (art. 114).

Le revenu imposable des terrains déjà en valeur, qui seront plantés en vignes, mûriers ou autres arbres fruitiers, ne peut être évalué, pendant les quinze premières années de la plantation, qu'au taux du revenu des terres d'égale valeur, non plantées (art. 115). Pour les semis et plantations en bois, l'évaluation ne se fait, pendant les trente premières années, qu'au quart du revenu des terres d'égale valeur non plantées (art. 116).

Ne sont pas imposables les rues, places publiques, carrefours, fontaines publiques, les lieux publics servant aux foires et aux marchés, les ponts, les grandes routes, les chemins vicinaux, les promenades publiques; les boulevards, les rivières, ruisseaux, lacs, les rochers nus et arides, les forêts et bois nationaux, et tous les domaines *improductifs* appartenant à l'Etat; les palais, châteaux et bâtiments nationaux affectés à l'Assemblée nationale et au Président de la République, les jardins et parcs en dépendant, l'hôtel des Invalides, l'Ecole militaire, l'Ecole polytechnique, la Bibliothèque nationale, le Jardin des Plantes; les bâtiments affectés à l'Université, aux administrations et à leurs bureaux, les églises et les temples consacrés à un culte public; les cimetières; les archevêchés, évêchés et séminaires, les presbytères et jardins y attenants; les bâtiments occupés par les

base que la personne même du contribuable, elle n'a guère varié : elle se compose pour tous les habitants de tout sexe non indigents et jouissant de leurs droits, sans distinction, d'une quotité fixe de trois journées de travail, dont le prix moyen en argent est déterminé par le Conseil général du département. Le prix de la journée ne peut être ni au-dessus de 1 fr. 50, ni au-dessous de 50 centimes. La taxe personnelle n'est due qu'au domicile réel; la taxe mobilière est due pour toute habitation meublée, soit dans la commune du domicile, soit dans toute autre commune. Les habitants qui n'occupent que des appartements garnis, ne sont assujettis à la contribution mobilière qu'en raison de la valeur locative de leur logement, évalué comme un logement non meublé. (L. 21 avril 1832.)

La loi du 26 mars 1831 avait séparé la contribution personnelle de la contribution mobilière, et avait fait de la première un impôt de quotité. Mais la loi du 21 avril 1832 a rétabli l'ancien ordre de choses. D'après l'article 8 de cette loi, la contribution personnelle est réunie à la contribution mobilière, et ces deux contributions sont établies, par voie de répartition, entre les départements, les arrondissements, les communes et les particuliers (1).

Cours de justice et les Tribunaux, les lycées nationaux, écoles et maisons nationales d'éducation, les bibliothèques publiques, musées, jardins de botanique des départements, leurs pépinières et celles faites au compte du gouvernement par l'administration des forêts et par celle des ponts et chaussées; les hôtels de préfecture, de sous-préfectures et jardins y attenants, les mairies, les maisons d'écoles appartenant aux communes; les dépôts de mendicité, prisons, maisons de détention; les fortifications et glacis en dépendants, les arsenaux, magasins, casernes et autres établissements militaires; les manufactures de poudre de guerre, les manufactures de tabac et autres au compte du gouvernement, les haras; enfin, tous les bâtiments dont la destination a pour objet l'utilité publique et générale. (L. 3 frimaire an 7, art. 103 et suiv.; Déc. 11 août 1808.)

Le décret du 11 août 1808 comprend au nombre des exceptions les bâtiments des hospices et les jardins y attenants, tandis que la loi du 3 frimaire an 7 porte, article 110, que les hospices et autres établissements publics acquitteront la contribution assise sur leurs propriétés foncières *de toute nature*. Mais l'antinomie n'est qu'apparente et l'exemption est constamment admise dans la pratique pour les bâtiments et jardins consacrés à un service public; les biens productifs de revenus sont, au contraire, cotisés en vertu de l'article 110. (*Note de l'auteur.*)

Les biens formant le domaine de la couronne ont, en vertu d'un décret du 6 septembre 1870, fait retour au domaine de l'Etat. Sous cette nouvelle forme, ils continuent d'être assujettis aux centimes additionnels départementaux et communaux. (L. 18 juillet 1866, art. 6.)

(1) Les ambassadeurs, chargés d'affaires, consuls et vice-consuls des puissances étrangères ne sont pas imposables à la contribution personnelle et mobilière, lorsque les agents français ne sont point imposés dans les villes étrangères où ils résident. Il est bien entendu que si les puissances avaient choisi, pour les représenter, des citoyens nés ou naturalisés français, domiciliés dans la ville, l'exemption ne serait

10. *Contribution des portes et fenêtres.* — Cette contribution a été établie, par la loi du 4 frimaire an 7, sur les portes et fenêtres

---

point applicable. (Cette décision et toutes les suivantes, dont la date n'est pas particulièrement indiquée, résultent des Instructions ministérielles des 30 mars et 30 septembre 1831.)

Un contribuable, qui demeure six mois dans une ville et six mois dans une commune rurale, doit être imposé à la contribution personnelle dans la commune la plus populeuse, à moins de déclaration contraire de la part du contribuable, qui est libre de désigner la commune où il veut être imposé.

Sont considérés comme jouissant de leurs droits, relativement à l'imposition, les garçons et filles ayant un revenu personnel, ou bien exerçant une profession, lorsqu'ils ont un établissement distinct de celui de leurs père et mère, ou s'ils sont sujets à la patente, les veuves et les femmes séparées de leurs maris. (L. 26 mars 1831, art 2.)

C'est à partir de vingt et un ans, et avant cet âge, si l'on est émancipé ou si l'on exerce pour son compte une profession lucrative, qu'on doit être considéré comme jouissant de ses droits.

Les enfants ou neveux de laboureurs, dont le concours est indispensable pour le service des exploitations, ne doivent pas être considérés comme exerçant une profession pour leur compte, et être, par suite, assujettis à la taxe personnelle et mobilière à l'âge de vingt et un ans, attendu qu'aux termes de la loi les garçons et filles majeurs ne sont imposables qu'autant qu'ils ont un revenu personnel ou un établissement distinct de celui de leurs père et mère.

L'exercice de la profession d'avocat, ou de toute autre profession analogue, est considéré comme un établissement distinct. Un avocat, habitant avec ses parents, est soumis à la contribution personnelle. (A. du Conseil, 16 août 1833 ; 20 novembre 1856.)

Un garçon majeur, demeurant chez ses père et mère et remplissant un emploi public non salarié, comme celui de juge-auditeur, de juge-suppléant, de surnuméraire d'une administration, échappe à l'impôt s'il n'a pas de ressources personnelles. (A. du Conseil, 5 janvier 1858.)

On doit imposer à la taxe personnelle les nouveaux mariés même habitant avec les père et mère et travaillant avec eux.

Les garçons ou filles majeurs travaillant comme commis dans les maisons de commerce, ne sont imposables que lorsqu'ils jouissent d'un traitement en argent, du logement ou de la nourriture.

Le fils ou la fille, majeur ou mineur, qui habite avec son père ou sa mère, tuteurs ou curateurs, et ayant un établissement distinct, est soumis à la contribution personnelle et mobilière. (A. du Conseil, 16 août-29 novembre 1833 ; 7 août 1869.)

Les précepteurs, les dames de compagnie, les hommes d'affaires, concierges, gardes particuliers, qui, quoique logés, nourris et à gages, ne sauraient être considérés comme en état de domesticité, doivent être soumis à la contribution personnelle, et même à la contribution mobilière, s'ils occupent des logements *pour raison desquels le propriétaire qui les emploie n'est pas déjà cotisé lui-même.* (A. du Conseil, 20 juin 1844.)

Les employés et autres personnes qui sont logés comme pensionnaires chez des particuliers, doivent être soumis à la taxe personnelle. Quant à la contribution mobilière, ils pourront y être assujettis également, à moins que la valeur locative de leur logement ne soit déjà comprise dans la cote du propriétaire ou principal locataire. Il en est de même des maîtres-valets logés chez eux, ou ayant une habi-

donnant sur les rues, cours ou jardins des maisons, bâtiments, usines, magasins, hangars, boutiques et salles de spectacles, sur

---

tation particulière chez les propriétaires, recevant pour leur nourriture, indépendamment de leurs gages, une quantité déterminée de denrées. De même pour les colons à gages et à portions de fruits.

Les domestiques de l'un ou de l'autre sexe ne sont imposables ni à la contribution personnelle ni à la contribution mobilière, quand ils sont nourris et logés chez leurs maîtres, et exclusivement consacrés au service de la personne, du ménage ou de l'exploitation rurale. Ils sont imposables à l'une et à l'autre contribution, s'ils ont en propriété ou en location une habitation particulière pour eux ou pour leur famille.

Les domestiques attachés à l'exploitation d'une ferme ne sont point assujettis à la contribution personnelle et mobilière. (A. du Conseil, 31 juillet 1833.)

Les personnes qui louent en garni à des individus non imposables, comme à des officiers en garnison, ne doivent pas être taxées pour les portions de maisons occupées par les non imposables ; chaque contribuable ne devant payer la contribution mobilière qu'en raison de la valeur locative de son habitation personnelle.

Les individus logés en garni, dans une maison tenue par un individu payant la patente de maître d'hôtel garni, doivent être, aux termes de la loi, imposés à la contribution mobilière, lorsqu'ils ont six mois de résidence, bien que les appartements qu'ils occupent servent de base au droit de patente : les appartements doivent être évalués comme s'ils n'étaient pas meublés.

La contribution mobilière ne peut être basée sur la fortune présumée du contribuable, mais seulement sur la valeur locative de l'habitation. (A. du Conseil, 29 novembre 1833 ; 5 décembre 1833 ; 17 janvier 1834 ; 23 mai 1834 ; 13 février 1856.)

Les officiers de terre et de mer, qui n'ont point de résidence fixe et n'ont d'habitation que celle de leur garnison, sont exempts de la contribution personnelle et mobilière. Néanmoins, ceux qui ont d'autres habitations particulières, soit pour eux, soit pour leur famille, seront cotisés, comme les autres contribuables, au rôle de la commune où ces habitations sont situées. (L., 26 mars 1831, art. 3.)

Les officiers de terre et de mer ayant des habitations particulières, soit pour eux, soit pour leur famille ; les officiers sans troupe, officiers d'état-major, officiers de gendarmerie et de recrutement, les employés de la guerre et de la marine dans les garnisons et dans les ports, les préposés de l'administration des douanes, sont imposables. (L., 26 mars 1831, art. 9 ; L., 21 avril 1832, art. 14.)

Les marins et autres habitants, qui voyagent et sont absents de leurs communes la plus grande partie de l'année, sont imposables, s'ils conservent un domicile dans la commune.

Les officiers de terre et de mer en activité de service doivent, d'après l'art. 3 de la loi du 26 mars 1831, continuer d'être exempts de la contribution personnelle et mobilière, s'ils n'ont pas d'autre logement que celui qui leur est donné dans les casernes, ou celui qu'à défaut de place dans les bâtiments militaires, ils sont obligés de prendre chez des particuliers, au moyen de l'indemnité qui leur est accordée pour cet objet.

Les militaires qui ont des logements particuliers dans le lieu où leur régiment est en garnison, sont imposables s'ils conservent ces logements habituellement, et lors même que leur régiment stationne dans une autre ville.

Les gardes forestiers sont cotisables à la taxe personnelle, et passibles de la contribution mobilière.

Les sous-officiers et gendarmes logeant dans les casernes ne sont imposables ni

les portes cochères et celles des magasins, marchands en gros,
commissionnaires et courtiers. Les portes et fenêtres des granges,

---

à la taxe personnelle, ni à la contribution mobilière, à moins qu'ils n'aient des logements particuliers pour eux ou leur famille. (Déc. min., 15 décembre 1831.)

Même décision pour les simples douaniers, les sous-lieutenants et lieutenants des douanes. (Instr. min., 28 août 1833.)

Un officier en activité de service, qui possède une habitation particulière, doit être porté au rôle de la contribution personnelle et mobilière, quoiqu'il soit constant qu'il n'y demeure pas habituellement. (A. du Conseil, 18 février 1829.)

Les fonctionnaires, les ecclésiastiques et les employés civils et militaires, logés gratuitement dans les bâtiments publics, seront imposés d'après la valeur locative de leur habitation personnelle, évaluée par comparaison avec le loyer connu des autres habitants. (L., 21 avril 1832; A. du Conseil, 17 mai 1833; 20 juin 1855; 8 avril 1867.)

Les curés doivent la contribution mobilière sur la valeur locative de la maison presbytérale.

La disposition de la loi du 3 nivôse an 7, qui porte que le loyer d'habitation des célibataires sera surhaussé de moitié de sa valeur, est abrogée par l'effet de la loi du 26 mars 1831.

On ne doit comprendre dans les valeurs locatives qui servent de base à la contribution mobilière que la partie des bâtiments consacrée à l'habitation. (L. 26 mars 1831, art. 7.) On ne doit pas imposer non plus les magasins, boutiques, auberges, usines et ateliers, pour raison desquels les contribuables payent patente; les bâtiments servant aux exploitations rurales, non plus que les locaux destinés au logement des élèves dans les écoles et pensionnats et aux bureaux des fonctionnaires publics. (Même loi, art. 8.)

Dans la classe des locaux à exempter comme servant à l'exercice d'une industrie patentée, il faut ranger les chambres ou appartements destinés à être loués en garni. (A. du Conseil, 9 novembre 1850; 22 novembre 1851.)

Les maisons rurales qui ne sont habitées qu'au moment de la moisson sont imposables.

Les châteaux dont le logement du concierge est seul habité doivent, s'ils sont meublés, être imposés pour la totalité de la valeur locative.

Les pavillons qui se trouvent dans des jardins séparés des habitations doivent donner lieu à une taxe mobilière, ces locaux étant une dépendance de l'habitation.

Les Chambres ayant écarté de la loi la disposition qui comprenait les jardins, soit potagers, soit d'agrément, ainsi que les bâtiments ruraux dans l'évaluation du loyer, les cours, écuries et remises de luxe doivent seules entrer dans l'évaluation du même loyer.

Les marchands qui couchent dans leur boutique, ou ceux qui, ayant boutique dans un quartier, logent ailleurs en garni, doivent être imposés à la contribution mobilière d'après la valeur locative de leur habitation personnelle. Mais s'ils logent chez leurs parents ou ailleurs, sans avoir de location en leur nom propre, ils ne sont passibles que de la taxe personnelle, attendu que la valeur locative de l'appartement qu'ils occupent doit entrer dans la cote du principal locataire.

Le fait qu'un gardien couche dans l'un des magasins d'une maison de commerce ne donne pas lieu à l'imposition d'une cote mobilière. (A. du Conseil, 22 août 1838.)

Pour les marchands qui ont chevaux et cabriolets, on ne fera pas entrer dans le loyer d'habitation la valeur des écuries et remises qu'ils tiennent, si les chevaux et voitures ne servent qu'au transport des marchandises; dans le cas contraire,

bergeries, étables, greniers, caves et autres locaux qui ne servent
pas à l'habitation des hommes, les couvertures du comble ou de

---

la valeur de ces locaux sera ajoutée à celle de l'habitation personnelle. Lorsque
les remises et écuries seront situées dans une autre maison que celle où demeure
le contribuable, on ouvrira une cote particulière. (A. du Conseil, 6 décembre 1865.)

A l'égard des marchands qui, réunissant à leur boutique leur salle à manger
et leur cuisine, occupent, dans une maison autre que celle où ils sont établis, une
chambre qui souvent est d'une très petite valeur, on les imposera : 1° pour la
valeur locative afférente à la salle à manger et à la cuisine; 2° pour la valeur
locative de la chambre qu'ils occupent dans une autre maison.

Les patentables qui ne sont point assujettis au droit proportionnel ont droit
néanmoins à la déduction de la valeur locative afférente aux boutiques, magasins,
ateliers, etc., la loi voulant que la contribution mobilière ne porte que sur la
valeur locative de l'habitation personnelle.

Les courtiers de commerce qui payent des droits de patente élevés, et qui n'ont
ni magasin ni bureau, n'en doivent pas moins être imposés, sans déduction aucune,
sur le prix total de leur location : la loi veut que l'on déduise, pour l'assiette de
la contribution mobilière, les locaux pour raison desquels les contribuables payent
patente; mais il ne saurait y avoir de déduction à faire là où il n'y a pas de
local de l'espèce dont il s'agit.

La même décision doit s'appliquer aux médecins et chirurgiens, et, en général,
aux patentables du tableau G, annexé à la loi du 18 mai 1850 (A. du Conseil,
20 mars 1852.) chez qui il n'existe aucune partie de logement affectée à l'exercice
de leur profession. Mais s'il existait une distinction bien nette et bien tranchée, la
contribution mobilière ne s'appliquerait pas à des locaux dont la destination serait
exclusive de l'idée d'habitation personnelle. Tel serait, par exemple, le cas où un
notaire aurait son étude et l'emplacement affecté au dépôt de ses minutes dans un
corps de bâtiment distinct de celui où se trouverait son habitation personnelle et
celle de sa famille. (A. du Conseil, 22 mars 1855; 12 août 1862; 31 août 1863.)

Beaucoup de peintres-artistes ont des ateliers dont le prix est souvent fort élevé;
ces ateliers sont tout à fait séparés de leur habitation, soit à des étages supérieurs,
soit même dans d'autres maisons que celles où ils habitent; dans ce cas, voici la
règle qu'il convient de suivre pour l'imposition : l'atelier particulier du peintre
entrera seul dans l'habitation personnelle; les ateliers servant aux élèves seront
assimilés au logement des élèves dans les écoles et pensionnats, et n'entreront
point par conséquent dans le loyer imposable.

Les graveurs et les peintres en miniature, dont les ateliers se confondent souvent avec le logement, ne sauraient avoir droit à aucune déduction, dès l'instant
qu'il n'existe pas de local spécialement affecté à l'exercice de la profession.

Les maîtres de pension et les instituteurs tenant classe chez eux ne devront
être imposés que pour la partie du logement uniquement consacrée à leur habitation : les dortoirs, salles d'études, classes et réfectoires, seront considérés comme
destinés au logement des élèves.

Les débitants de tabac et de papier timbré, les commissionnaires au mont de
piété, ne doivent être imposés que sur la seule valeur de leur loyer d'habitation;
attendu, qu'aux termes de la loi, la taxe mobilière doit être établie seulement sur
la valeur locative de l'habitation personnelle, il y aura lieu de ne pas comprendre
les bureaux et boutiques dans les loyers d'habitation des préposés désignés ci-
dessus.

Aux termes de la loi, il doit être fait aux commissaires de police, greffiers de
juges de paix, receveurs de contributions, d'enregistrement, et généralement à

la toiture des maisons ne sont pas imposables. Telles sont les bases générales de cette nature d'impôt. Dans le principe, c'était

---

tous les employés du gouvernement qui tiennent leurs bureaux chez eux, déduction de la valeur des bureaux, cabinets et caisses relatifs à leurs fonctions.

D'après la décision qui précède, les différents locaux où les percepteurs établissent leurs bureaux de recette, dans chacune des communes de leur perception, ne doivent pas plus être comptés pour la cote mobilière de ces comptables, que le bureau de la commune de leur résidence habituelle; mais des agents qui n'ont point chez eux de rapports obligés avec le public ou dont les attributions comportent un service extérieur et nomade, se sont vu assujettir à la contribution mobilière *pour leurs bureaux*, bien qu'ils fussent chargés d'y conserver des registres et archives. (A. du Conseil, 24 mars 1859.)

Les cercles, les sociétés littéraires, les loges maçonniques et autres établissements de même nature, doivent donner lieu à une cote mobilière, parce que ces locaux forment, par leur destination, une annexe à l'habitation personnelle des sociétaires. La cote doit être ouverte en leur nom collectif, et comprendre aussi la valeur locative du logement accordé au concierge ou au gardien, s'il en existe. (A. du Conseil, 31 juillet et 25 octobre 1833, 24 janvier et 11 avril 1834, 5 décembre 1837.)

Les locaux consacrés à la réunion des Chambres des notaires ne doivent pas donner lieu à une cote mobilière, ces locaux ne faisant point partie de l'habitation personnelle des notaires et étant destinés à un objet d'utilité générale.

Les locaux où sont établis les presses, les magasins des journalistes, etc., ne doivent point entrer dans l'évaluation du loyer mobilier. Le bureau, proprement dit, est imposable. (A. du Conseil, 12 décembre 1866.)

Le noviciat ou séminaire des frères des écoles chrétiennes est imposable, sauf les locaux destinés au logement et à l'instruction des élèves.

La disposition portant que la taxe mobilière sera due dans toutes les communes où les contribuables auront des habitations, sera applicable même aux maisons qui resteraient inhabitées pendant toute l'année, s'il s'agit de maisons meublées que les propriétaires ou locataires gardent à leur disposition; elle ne sera point applicable s'il s'agit de maisons non meublées et habituellement louées, qui resteraient vacantes par suite de circonstances indépendantes de la volonté du propriétaire ou du locataire.

Un cultivateur qui fait valoir deux domaines dans la même commune ou dans deux communes différentes, doit la contribution mobilière pour ses deux habitations, si les deux habitations sont meublées.

Un propriétaire qui s'est réservé une ou deux chambres dans un domaine ou dans une maison de colon partiaire, chambres qu'il n'habite qu'au moment où il vient faire le partage de ses récoltes, doit être imposé à la contribution mobilière pour ces chambres réservées.

Les marchands qui ont deux établissements, dans lesquels il y a un logement d'habitation qui est alternativement occupé par le mari et la femme, doivent être assujettis, sous le nom du mari, à une taxe personnelle et à deux taxes mobilières, en raison des deux habitations.

Un propriétaire a une grande maison à la campagne; il en a fait meubler deux ou trois pièces pour y aller quelquefois; il ne loue pas le reste : sa taxe mobilière doit-elle être établie sur la valeur locative de l'habitation entière? — Oui, puisqu'il conserve la totalité à sa disposition. (A. du Conseil, 28 décembre 1836.)

Un particulier domicilié à Paris, où il paye la contribution personnelle, qui habite un certain temps de l'année dans une maison de campagne dont il n'est ni

un impôt de quotité qui était payé par chaque contribuable, d'après le tarif contenu dans la loi : devenu impôt de répartition par la loi du 13 floréal an 10, il a été rétabli comme impôt de quotité par celle du 26 mars 1831. Enfin, il est redevenu impôt de répartition par la loi du 21 avril 1832 (1).

La contribution des portes et fenêtres est à la charge des locataires, en raison des locaux occupés par eux ; mais ceux-ci ne figu-

---

propriétaire ni locataire, ne peut être porté sur les rôles de la commune où est située ladite maison de campagne. (A. du Conseil, 11 novembre 1830.)

Lorsque, par suite de changement de domicile, un contribuable se trouve imposé dans deux communes, quoique n'ayant qu'une seule habitation, il ne doit la contribution que dans la commune de sa nouvelle résidence. (L. 21 avril 1832, art. 13 ; A. du Conseil, 23 septembre 1853 ; 21 juin 1854.)

(1) Il ne sera compté qu'une seule porte charretière pour chaque ferme, métairie ou toute autre exploitation rurale.

Les portes charretières existant dans les maisons à une, deux, trois, quatre et cinq ouvertures, ne seront comptées et taxées que comme portes ordinaires.

Les portes cochères ou de magasin existant dans les maisons ayant moins de six ouvertures ne profitent pas de ce bénéfice (A. du Conseil, 12 septembre 1853); elles subissent l'application du paragraphe 2 de l'article 3 de la loi du 4 frimaire an 7 : « Les portes cochères et celles de magasins, de marchands en gros, commissionnaires et courtiers, payeront double contribution. »

Les portes charretières des bâtiments à moins de six ouvertures, situés dans les villes de cinq mille âmes et au-dessus, et employés à usage de magasins, sont taxées comme les portes charretières des magasins établis dans les maisons à six ouvertures. (L. 20 juillet 1837, art. 3.)

Sont imposables les fenêtres dites *mansardes* et autres ouvertures pratiquées dans la toiture des maisons, lorsqu'elles éclairent des appartements habitables. (L. 21 avril 1832, art. 27.)

Les ouvertures non closes ne sont pas imposables; les clôtures seules le sont.

Dans la dénomination de portes cochères et charretières imposables, on doit omprendre en général toutes les portes cochères et charretières donnant sur la voie publique et sur les champs, et par lesquelles on obtient accès aux maisons d'habitation, magasins, usines, hangars, lors même qu'elles ne servent qu'au passage des voitures appelées carrioles, tombereaux ou charrettes. Il faut y comprendre aussi et imposer en conséquence : 1° les portes des maisons occupées en entier par des banquiers, agents de change, négociants ou marchands en gros, ommissionnaires ou courtiers; 2° la porte principale des magasins occupés par es patentables que l'on vient de désigner, lorsque les magasins sont au rez-dehaussée, et que la porte donne sur la voie publique ou sur la cour. (Cette décision et les suivantes résultent soit de l'Instruction ministérielle du 30 mars 1831, oit de la jurisprudence du Conseil d'Etat.)

Les portes simples imposables sont, en général, toutes les portes donnant sur es rues, cours et jardins des maisons, bâtiments et usines, quelles que soient eur forme et leurs dimensions.

Les fenêtres imposables sont, en général, toutes les fenêtres donnant sur les ues, cours et jardins des maisons, bâtiments et usines, qu'elles soient closes avec e simples volets, avec des châssis dormants ou mobiles, vitrées ou garnies avec u canevas, de la toile ou du papier. (A. du Conseil, 26 février 1872.)

Si, dans le magasin d'un marchand en gros, il existe plusieurs portes simples

rent pas au rôle : ce sont les propriétaires ou les usufruitiers qui y sont nominativement imposés. Aussi, le percepteur a-t-il le droit de poursuivre sur ces derniers le recouvrement de la totalité de la cote, sauf leur recours contre les locataires. Ceux-ci, au surplus,

extérieures, la porte principale doit seule être imposée comme porte cochère ; les autres seront taxées comme portes ordinaires.

Ne doivent pas être mises au nombre des portes cochères celles qui, ayant la largeur convenable, ne peuvent cependant servir au passage des voitures, parce qu'elles sont élevées au-dessus du sol par un ou plusieurs degrés, obstruées par des plantations, ou qu'elles servent d'entrée à un vestibule sous lequel il serait impossible de placer une voiture. Ces portes doivent être rangées dans la classe des portes ordinaires. (A. du Conseil, 23 juillet 1856.)

Les portes des hangars sont imposables dans tous les cas ; il n'y a d'exception que pour les hangars exclusivement destinés à renfermer des objets d'agriculture. (A. du Conseil 3 mars 1870.)

Lorsque la porte d'une grange ou autre bâtiment rural donnant sur la voie publique sert d'entrée à la maison, elle est imposable, si elle donne accès à l'habitation. (A. du Conseil, 4 juillet 1868.)

Les portes cochères, charretières ou portes simples des parcs, jardins et clos attenant à des bâtiments d'habitation sont imposables en vertu du principe que toutes les portes donnant sur la voie publique ou sur les champs et conduisant à la maison d'habitation, sont sujettes à imposition. (A. du Conseil, 14 août 1839 ; 30 décembre 1841.)

Si, entre la porte de l'habitation et la porte donnant directement accès à la rue, il existe d'autres portes intérieures, celles-ci échappent à l'impôt. (A. du Conseil, 17 septembre 1854 ; 11 février 1857.) Ainsi, une porte qui conduit d'une cour dans un jardin n'est pas imposable.

La porte cochère, charretière ou simple d'une avenue conduisant à une maison d'habitation est imposable, si elle donne sur la voie publique et sert d'entrée principale à la maison.

Lorsque, dans une ferme, métairie ou autre exploitation rurale, il existe plusieurs portes cochères ou charretières, on ne doit, aux termes de l'article 23 de la loi du 26 mars 1831, comprendre dans le recensement qu'une seule porte cochère ou charretière ; les autres portes cochères et charretières seront imposées comme portes ordinaires.

Les portes de caves servant de magasins doivent être imposées, toutes les portes de magasins étant imposables d'après la loi. (A. du Conseil, 26 décembre 1870.)

Dans le recensement des portes et fenêtres, les ouvertures des boutiques doivent être comptées d'après la distinction suivante : les boutiques ont des ouvertures de différentes espèces ; les unes ont au le côté la porte d'entrée, et le surplus de la façade est fermée par un châssis ; dans les autres, la porte d'entrée est au milieu, et les deux côtés sont fermés par un vitrage. Dans le premier cas, on comptera deux ouvertures, et dans le second cas, trois ouvertures.

On ne doit compter qu'une seule ouverture si, à droite et à gauche de la porte, il n'existe que des baies, ne se fermant point pendant le jour et distinctes seulement de la porte par un mur ou clôture à hauteur d'appui. (Circ. 11 mars 1841.)

Les ouvertures dites *jours de souffrance* sont imposables, si elles éclairent des locaux faisant partie de l'habitation. Il en est de même des vitrages fixés à châssis dormants. (A. du Conseil, 19 décembre 1838.)

Les ouvertures closes servant à éclairer les ateliers de peinture, les imprime-

sont également soumis aux poursuites des percepteurs, chacun jusqu'à concurrence des sommes qu'il doit pour la portion des locaux qu'il occupe. (L. 4 frimaire an 7.) La contribution étant établie en raison du nombre d'ouvertures, il est toujours facile de

---

riss, les escaliers, etc., etc., sont imposables. (A. du Conseil, 16 avril 1870.)

Les portes et fenêtres donnant sur une galerie couverte sont imposables, lorsque cette galerie n'est pas clôturée. (A. du Conseil, 5 mars 1870.)

Les portes et fenêtres pratiquées sous la partie couverte soit d'une porte cochère, soit d'une allée, sont imposables, si les deux extrémités de la partie couverte ne sont pas clôturées. (A. du Conseil, 9 février 1869 ; 7 avril 1870.)

La porte d'une chambre donnant sur une galerie à laquelle on parvient par un escalier placé à l'extérieur de la maison est imposable, si l'escalier n'est pas clos par une porte : elle ne doit pas être imposée, si l'escalier, à sa naissance ou à son extrémité, est fermé par une porte qui est déjà l'objet de l'imposition.

Les ouvertures de maisons situées dans l'intérieur d'un passage public sont imposables, lors même que le passage est clôturé à ses deux extrémités, par la raison que ce passage constitue une partie de la voie publique.

Les fenêtres d'entresol sont imposables : elles sont assimilées aux fenêtres du premier étage.

Les portes et fenêtres d'un fournil habité sont imposables.

Les fenêtres dites *mansardes* sont imposables, lorsque les pièces qu'elles éclairent sont habitées ou habitables. (A. du Conseil, 19 janvier 1836.)

Il en est autrement des vitrages formant toiture au-dessus de magasins, hangars, ateliers non destinés à l'habitation. (A. du Conseil 17 août 1864.)

Si une même fenêtre éclaire deux pièces, elle doit être comptée pour deux ouvertures. En principe, quelle que soit la forme des croisées d'une maison, chacune doit être comptée pour autant de fenêtres qu'il y a de coupures, lorsque ces coupures éclairent des locaux différents.

Les ouvertures des sous-sols, pièces basses ou caves servant d'habitation, de boutiques, magasins, cabarets, cafés ou cuisines, sont imposables : il n'y a d'exempts, d'après la loi, que les celliers et les caves proprement dites. (A. du Conseil, 26 décembre 1870.)

Les portes des parcs, jardins et clos séparés des maisons d'habitation sont imposables, si ces parcs, jardins et clos renferment des pavillons. Dans le cas contraire, elles ne sont pas sujettes à l'imposition. (A. du Conseil, 30 décembre 1841.)

Les maisons qui ont deux portes et point de fenêtres doivent être assimilées à celles qui n'ont qu'une porte et une fenêtre.

Une maison non habitée, ou habitée seulement en partie au moment du recensement, doit y être portée pour la totalité des ouvertures qui existent : en général, toutes les ouvertures de maisons habitables doivent être comptées.

Dans les communes où la mairie se tient dans la maison du maire, la chambre occupée par cette mairie, soit constamment, soit accidentellement, est imposable, comme faisant partie de l'habitation personnelle du maire, puisqu'il en conserve la disponibilité.

Lorsque les sous-préfectures, mairies, casernes de gendarmerie, sont établies dans des maisons louées à des particuliers, les ouvertures qui s'y trouvent doivent être comprises dans le recensement, sauf au propriétaire à réclamer la décharge des taxes, lorsqu'il ne pourra en exiger le remboursement des locataires.

Que doit-on considérer comme manufactures dans le cas de l'exemption accordée par la loi du 4 germinal an 11 ? Le texte même de la loi indique qu'il y a

déterminer quelle est, d'après le tarif, la somme due par chacun.

11. *Patentes*. — La contribution des patentes, établie par la loi des 2-17 mars 1791, fut supprimée par la loi du 21 mars 1793, et rétablie ensuite par la loi du 4 thermidor an 3. Plusieurs lois ren-

---

une distinction à faire entre les manufactures et les usines, mais il ne définit ni les usines ni les manufactures; l'Administration a essayé de combler cette lacune dans une circulaire du 11 mars 1841, mais la jurisprudence du Conseil d'Etat n'a pas sanctionné les règles posées par cette circulaire. Les éléments d'appréciation auxquels s'attache la jurisprudence sont : 1° La nature des travaux exécutés et les conditions dans lesquelles ils s'exécutent; 2° le nombre des ouvertures et des ouvriers. Pour accorder l'exemption, elle exige à la fois que, dans l'établissement, la *main-d'œuvre* ait une importance considérable, et que le nombre des ouvriers soit assez grand pour qu'on puisse craindre qu'ils manquent d'air salubre et de lumière, faute d'une quantité suffisante d'ouvertures, si l'intérêt du propriétaire les porte d'en restreindre le nombre. Ce danger est toujours à redouter dans un établissement industriel d'une certaine importance où le travail de l'homme et des machines qu'il conduit joue le rôle principal, comme dans une filature, une fabrique de tissus; c'est là ce qu'on appelle à proprement parler une manufacture; mais, d'ailleurs, si, dans un établissement où la partie la plus considérable du travail s'accomplit au moyen d'agents mécaniques, la part du travail manuel exige cependant beaucoup de bras, ce qui conduit à réunir beaucoup d'ouvriers dans un espace restreint, la présence des moteurs mécaniques ne saurait effacer les droits à l'exemption. (A. du Conseil, 7 février 1845; 10 mai 1851; 15 mai 1857; 6 décembre 1865.)

Dans ces établissements, on ne doit imposer que les portes et fenêtres des appartements servant de logement aux manufacturiers ou fabricants, commis et ouvriers (A. du Conseil, 15 mai 1857) : toutes les autres ouvertures sont exemptes de la taxe.

Les ouvertures pratiquées pour l'exécution des travaux d'assainissement opérés en vertu de la loi du 13 avril 1850 dans les logements insalubres, sont exemptes pendant trois ans de la contribution des portes et fenêtres.

Dans les hospices et les bâtiments consacrés à un service public, religieux, militaire, civil ou d'instruction, les ouvertures des logements même gratuits doivent être recensées comme imposables; toutes les autres ne sont pas imposables. (L. 4 frimaire an 7.) L'exemption est ici indépendante de la propriété; elle est déterminée par l'*affectation* à un service public. (A. du Conseil, 31 mai 1859.)

La disposition de l'article 88 de la loi du 3 frimaire an 7, qui porte que les maisons nouvellement construites ne doivent être soumises à la contribution foncière que la troisième année après leur construction, ne s'applique pas à la taxe des portes et fenêtres : cette dernière contribution est une véritable cote d'habitation. Ainsi, tous les bâtiments nouvellement construits ou reconstruits doivent être compris dans le recensement, dès qu'ils sont habités ou habitables.

La porte d'entrée d'un magasin occupé par un marchand en détail ne doit pas être imposée comme la porte d'un marchand en gros, à moins qu'elle ne puisse donner passage à une voiture.

Les portes qui donnent accès à une cour ne renfermant que des bâtiments ruraux ne sont pas imposables.

Les barrières d'avenues, les barrières servant de clôtures seulement, les barrières volantes, les clôtures en claies, fixées par un lien d'osier, celles roulant sur gonds ou pivots, ne sont pas imposables.

Les grandes portes de granges et de pressoirs ne sont pas imposables; elles

dues pendant les années 4, 5 et 6 de la République apportèrent diverses modifications aux premiers tarifs du droit des patentes; mais la loi du 1ᵉʳ brumaire an 7 régla plus positivement cet impôt; elle est aujourd'hui remplacée par la loi du 25 avril 1844 qui, sauf

---

sont comprises dans les exceptions prononcées par l'article 5 de la loi du 4 frimaire an 7.

Les grandes portes qui servent à fermer des enclos, des parcs, des jardins séparés des maisons d'habitation ne sont pas imposables, puisqu'elles ne donnent point accès à la maison d'habitation. (A. du Conseil, 28 mai 1867.)

Les embrasures pratiquées dans un mur de cour, de jardin, de parc ou de clos, contiguës ou non à l'habitation, clôturées par des volets ou jalousies, et donnant sur la voie publique ou sur les champs, ne sont point imposables, les ouvertures de ce genre n'éclairant point des locaux habités.

Les portes et fenêtres d'un fournil non habité ne sont point imposables.

Les ouvertures des bûchers, des buanderies ne sont point imposables, ces locaux ne faisant point partie de l'habitation proprement dite.

Les ouvertures des serres et orangeries ne sont point imposables : elles sont ssimilées aux portes et fenêtres des locaux non destinés à l'habitation des hommes, et que la loi déclare exemptes d'impôt.

Les œils-de-bœuf, les vitrages placés au-dessus des portes et autres ouvertures e ce genre ne doivent point être recensés, à moins que les œils-de-bœuf n'éclairent des pièces habitées.

Les petites ouvertures non mobiles pratiquées dans les ateliers des tisseurs, des isserands, des vanniers et autres artisans travaillant habituellement dans des pièces basses, ne doivent pas être recensées.

Les ouvertures des bâtiments occupés par les petits séminaires ne sont pas mposables, non plus que les ouvertures d'une école des frères de la doctrine hrétienne subventionnée par l'Etat. (A. du Conseil, 18 décembre 1839; 6 décembre 1848.) Sous ce rapport, les solutions de l'Instruction ministérielle du 0 septembre 1831 ont été contredites par la jurisprudence.

Doit-on imposer les ouvertures des synagogues et des habitations des desservants des cultes catholique, protestant et hébraïque, lorsque ces habitations appartiennent à des particuliers? — Les ouvertures des temples et des synagogues, mme celles des églises, ne doivent pas être recensées; les ouvertures des habitions des desservants de tous les cultes, indistinctement, doivent être imposées u nom des propriétaires, sauf le recours de ces derniers contre les desservants. ette décision et les suivantes résultent de l'Instruction ministérielle du 30 septembre 1831.)

Les ouvertures des bains publics et des établissements thermaux de toute nature sont imposables, si elles donnent sur une cour, jardin ou rivière, mais il ne ut pas y comprendre les ouvertures des cabinets des écoles de natation. (A. du onseil, 12 avril 1844.)

Lorsque, dans une maison de campagne où il existe une porte cochère pour le rvice commun, le propriétaire qui fait valoir a, en outre, dans le pourtour de n parc ou de son enclos, deux autres portes ou grilles pour l'enlèvement des miers ou des emblaves, ces portes, qui pourraient au besoin communiquer avec maison, doivent être considérées comme portes cochères; dès l'instant qu'il git de parcs, le propriétaire ne peut prétendre à l'exemption prononcée par la i à l'égard des fermes, métairies et autres exploitations purement rurales.

Lorsqu'une porte cochère et une porte ordinaire sont communes à deux propriétaires, à l'un pour entrer dans son habitation, à l'autre pour arriver à des

quelques changements introduits par les lois de finances, fait encore la base fondamentale du système des patentes.

Cette contribution est assise sur les commerces, métiers et professions. (L. 1er brumaire an 7.) C'est un impôt de quotité : il se

---

bâtiments ruraux proprement dits, les portes dont il s'agit doivent être imposées au nom du propriétaire à qui elles servent pour arriver à son habitation.

Ne doit-on compter qu'une seule porte cochère pour le château, la maison de plaisance, l'auberge ou la poste que l'occupant fait valoir? — On doit compter autant de portes cochères qu'il y a d'habitations séparées. (A. du Conseil, 7 mars 1834; Circ. 11 mars 1841.)

Outre la porte de la principale avenue, dans un château, s'il s'en trouve de pratiquées pour des avenues qui vont dans d'autres directions, on doit les imposer.

Si un propriétaire ou un fermier n'habite dans un château qu'une partie des bâtiments, et se sert momentanément du reste du logement pour renfermer diverses récoltes, on doit imposer les ouvertures de cette seconde partie du logement, puisque, nonobstant l'usage temporaire qu'on en fait, elle n'en est pas moins habituellement destinée à l'habitation.

Les chalets qui ne sont habités que par les fruitiers faisant le fromage ne peuvent être considérés que comme des bâtiments ruraux, et ne doivent pas être assujettis à l'impôt.

Une cour, dans laquelle se trouvent une forge et une maison d'habitation, est clôturée par une porte cochère et par une porte ordinaire; ces deux portes, qui donnent seules accès à l'usine et à la maison d'habitation, sont imposables.

Lorsque, dans une ferme ou une métairie, on trouve trois portes cochères donnant sur la voie publique, et servant de passage pour arriver à l'habitation du fermier; une porte cochère pour la remise où il place ses charrettes; quatre autres portes cochères de locaux uniquement destinés à l'agriculture, — combien doit-on imposer de portes cochères et de portes ordinaires? — On ne doit compter qu'une seule porte cochère; les autres doivent être considérées comme portes ordinaires.

La grand'porte du jardin renfermant un pavillon habité doit être comptée comme porte cochère, lors même qu'elle ne sert jamais au passage des voitures, si, d'après la disposition des lieux, une voiture peut arriver jusqu'au pavillon. Il faut donc s'attacher à l'usage possible de l'ouverture plutôt qu'à sa dimension. (A. du Conseil, 23 juillet 1856.)

Si une allée de maison donnant sur deux rues, et fermée à ses deux extrémités, est soumise pendant le jour au passage des gens de pied, on doit recenser les portes qui ferment cette allée pendant la nuit.

Les portes en claire-voie à deux battants, placées à l'entrée d'une cour, doivent être comptées comme portes cochères, si elles peuvent donner passage à une voiture. (A. du Conseil, 4 mai 1859.)

Le vitrage placé au-dessus de la porte d'une maison, qui n'a pas d'autre jour que ce vitrage, les œils-de-bœufs placés à l'extérieur pour éclairer les escaliers ou corridors, ne doivent pas être imposés.

Le propriétaire d'un château qui est le siége d'un établissement considérable, qu'il fait valoir par lui-même, doit être traité comme le seraient les fermiers et métayers, sous le rapport des portes cochères ou charretières qui entourent son établissement, mais seulement pour les portes charretières de la ferme proprement dite.

Les ouvertures des pressoirs qui travaillent pour le public, et qui produisent un revenu au propriétaire ou au fermier, doivent être recensées.

Les portes et fenêtres des laiteries ou bâtiments faisant partie d'un corps de

divise en droit fixe et en droit proportionnel. (L. 25 avril 1844, art. 2.) Le droit fixe est dû par tous les patentables, à l'exception de ceux qui sont compris au tableau G annexé à la loi du 18 mai 1850, c'est-à-dire les officiers ministériels et les individus exer-

logis habité, et uniquement employés comme laiteries, ne sont pas imposables.

Les ouvertures des ateliers de charrons, charpentiers, menuisiers, constructeurs de bateaux, sabotiers, maréchaux et autres, sont imposables. D'après la loi, il n'y a que les portes et fenêtres des granges, écuries, étables, et celles des manufactures, qui soient exemptes de l'impôt.

Les ouvertures des moulins à vent ou à eau, des foulons et autres usines de ce genre, sont imposables. La loi assujettit nominativement à la contribution les ouvertures des bâtiments et usines.

L'habitation des buralistes de l'octroi, formée ordinairement d'une seule pièce, qui sert à la fois de bureau et de logement, est imposable, dès que la pièce sert en même temps à l'habitation.

Les ouvertures des pavillons ou maisonnettes situés dans les jardins, bois, etc., ne servant qu'à resserrer les instruments de jardinage et des fleurs, graines, etc., ne sont pas imposables. (Circ. 11 mars 1841.)

Les ouvertures des maisons où plusieurs célibataires de l'un ou de l'autre sexe se réunissent pour vivre en communauté sont imposables.

La façade entière d'une chambre ou d'un atelier est toute vitrée; on doit compter autant d'ouvertures qu'il y a de séparations solides, soit en fer, soit en pierre, soit en bois. (A. du Conseil, 8 mars 1851.) Mais, pour que cette règle soit appliquée avec équité, il faut qu'elle ne conduise pas à compter plus de fenêtres que le vitrage n'en remplace.

La porte de la boutique d'un carrossier est-elle imposable comme une porte cochère, lorsque, par le dérangement des deux établis fixés à ses deux côtés, mais qui cependant s'enlèvent à volonté, elle peut donner passage à une voiture? — Non, si par la disposition des lieux elle ne comporte pas l'introduction d'un attelage; mais, en tout cas, elle est assujettie, comme porte de magasin, à la même taxe qu'une porte cochère. (A. du Conseil, 19 janvier 1859.)

Les portes établies aux étages supérieurs d'une maison et qui n'ont pas d'issues extérieures, ne sont pas soumises à la taxe des portes et fenêtres. (A. du Conseil, 18 octobre 1832.)

Les propriétaires d'une maison en démolition ne peuvent pas être contraints de payer la contribution foncière et des portes et fenêtres pendant le temps que durent les travaux de démolition. (A. du Conseil, 31 mai 1833.)

Les chantiers de bois doivent être considérés comme des magasins dont les portes sont assujetties à la contribution des portes et fenêtres. (A. du Conseil, 31 juillet 1833.)

Les portes charretières doivent être assimilées aux portes cochères et soumises à l'impôt, dans les communes rurales comme dans les villes. (A. du Conseil, 11 août 1833.) De même les portes des magasins et les barrières servant de fermeture aux habitations. (A. du Conseil, 11 octobre 1833 et 28 février 1834.)

Lorsque trois fermes contiguës, appartenant au même propriétaire, sont exploitées par trois fermiers différents, et ne peuvent par conséquent, être considérées comme ne formant qu'un seul corps d'exploitation, on doit compter une porte charretière pour chaque ferme, dans l'établissement de la contribution des portes et fenêtres. (A. du Conseil, 7 mars 1834.)

Dans les villes et communes au-dessus de 5,000 habitants, la taxe des portes et fenêtres, correspondante au chiffre de leur population, ne doit s'appliquer

çant des professions dites libérales; il est réglé d'après des tarifs que la loi détermine et suivant les classes dans lesquelles elle place les diverses professions; les tarifs sont établis en raison de la population des communes; toutefois, la loi applique à certaines professions un tarif spécial, sans égard à la population. — Le droit proportionnel est établi d'après la valeur locative tant de la maison d'habitation que des magasins, boutiques, usines, ateliers,

---

qu'aux habitations comprises dans les limites intérieures de l'octroi. — Les habitations dépendantes de la banlieue doivent être portées dans la classe des communes rurales. (L. 21 avril 1832, art. 24, § 2.)

La question de savoir ce qu'il faut entendre par limites *intérieures* de l'octroi a fait difficulté pour certaines villes qui possèdent deux rayons de perception, l'un s'étendant seulement aux entrées de la ville proprement dite, et l'autre comprenant les faubourgs et tout ou partie des sections rurales; il a été décidé que les limites intérieures étaient celles qui circonscrivaient la première enceinte. (A. du Conseil, 17 juillet 1843.)

Les fenêtres qui éclairent des pièces habitables, bien que pratiquées dans les combles d'une maison, doivent être imposées. (A. du Conseil, 21 mars 1834.)

Les fonctionnaires, les ecclésiastiques et les employés civils et militaires, logés gratuitement dans des bâtiments appartenant à l'État, aux départements, aux arrondissements, aux communes ou aux hospices, seront imposés nominativement pour les portes et fenêtres des parties de ces bâtiments servant à leur habitation personnelle. (L. 21 avril 1832, art. 27.)

Les officiers et gardes du génie logés dans les bâtiments de l'Etat ne sont point compris, relativement à la contribution des portes et fenêtres, dans l'exemption pour la contribution mobilière portée dans l'article 15 de la loi du 21 avril 1832. (A. du Conseil, 14 février 1834 et 31 juillet 1874.)

Les portes et fenêtres des logements particuliers de MM. les préfets, sous-préfets, archevêques, évêques, généraux, commandants d'armes, et, en général, de tous les fonctionnaires, ecclésiastiques et employés civils ou militaires logés gratuitement dans les bâtiments publics appartenant à l'Etat, aux départements ou aux communes, doivent être imposés au nom des personnes logées gratuitement dans les bâtiments dont il s'agit. (Instr. 30 septembre 1831.)

Il n'y a pas à distinguer entre les parties consacrées à l'habitation proprement dite et les appartements de réception et de représentation. (Circ. 11 mars 1841 ; A. du Conseil, 27 mai 1857.)

Les portes et fenêtres des maisons presbytérales doivent être imposées au nom des propriétaires de ces maisons, si elles appartiennent à des particuliers, sauf leur recours contre les occupants, et au nom des desservants, quand elles appartiennent aux communes. (Même Inst.)

On doit recenser les portes et fenêtres des colléges, des séminaires et des maisons d'école, mais seulement pour la partie des bâtiments servant au logement personnel des proviseurs, censeurs, directeurs, professeurs, instituteurs et autres personnes attachées aux établissements. Les portes et fenêtres des locaux consacrés au logement ou à l'instruction des élèves, ainsi qu'à l'habitation des gens de service, ne sont point imposables. (Idem.)

Aux termes de la loi du 26 mars 1831, les bureaux des fonctionnaires publics ne doivent pas entrer dans l'évaluation des loyers d'habitation servant de base à la répartition de la contribution mobilière. Suivant l'Instruction du 30 septembre 1831, cette exemption ne devait pas s'étendre à la contribution des portes et fe-

hangars, remises, chantiers et autres locaux servant à l'exercice des professions. En ce qui concerne les usines et établissements industriels, il est calculé sur la valeur locative de ces établissements, pris dans leur ensemble et munis de tous leurs moyens matériels de production. Le droit proportionnel est du vingtième des valeurs locatives, sauf les nombreuses exceptions déterminées par les lois qui appliquent une proportion différente à quelques classes de patentables. Il n'atteint pas les commerçants des septième et huitième classes du tableau A, annexé à la loi du 25 avril 1844, lorsqu'ils résident dans des communes d'une population inférieure à vingt mille âmes.

Les lois postérieures à celles du 25 avril 1844, qui ont apporté des modifications à cette loi et à celle du 18 juin 1850, sont celles du 4 juin 1858 (art. 9), du 26 juillet 1860, sur la patente à imposer aux membres des Sociétés en nom collectif; du 2 juillet 1862, portant exemption de patente, sous certaines conditions, aux ouvriers ayant enseigne ou boutique; des 13 mai 1863, 2 août 1868, 8 mai 1869 introduisant diverses modifications dans les tableaux annexés aux lois précédentes; du 29 mars 1872, portant élévation des droits sur plusieurs catégories de patentables et suppression des immunités accordées aux commerçants ayant plusieurs établissements (1).

---

nêtres de ces mêmes bureaux; mais le Conseil d'Etat considère qu'elle est due par le motif qu'en remplissant les obligations attachées à leurs fonctions, les agents de l'Etat procèdent à l'exécution d'un service public. (A. du Conseil, 14 février 1839 ; 27 mai 1857.)

Doit-on recenser les portes et fenêtres des logements occupés par les sœurs de la charité, les receveurs et aumôniers des hospices? — Oui, pour ce qui concerne les receveurs et les aumôniers; non, pour les sœurs de la charité. (Circ. 11 mars 1841.)

On doit soumettre à l'impôt des portes et fenêtres les logements concédés à titre gratuit dans les châteaux et bâtiments dépendant du domaine de l'Etat, comme ayant fait partie du domaine de la couronne. (Inst. 30 septembre 1831.)

On doit recenser les portes et fenêtres des locaux occupés par les concierges des préfectures, mairies, maisons de détention, prisons, etc., etc., lorsque les bâtiments dont ils dépendent appartiennent à l'Etat, aux départements ou aux communes. (Même Instr.)

(1) *Assiette de l'impôt des patentes.* — Tout individu français ou étranger, qui exerce en France un commerce, une industrie, une profession non compris dans les exceptions déterminées par la loi, est assujetti à la patente. (L. 25 avril 1844, art. 1er.)

Les personnes qui se livrent habituellement à des opérations de ventes et d'achats d'immeubles, tant pour leur compte que pour le compte d'autrui, exercent une profession patentable. (A. du Conseil, 26 mai 1848.)

Les commerces, industries et professions non dénommés dans les tableaux annexés à la loi du 25 avril 1844 et aux lois postérieures n'en sont pas moins

12. *Redevances sur les mines.* — Cet impôt a été établi par la loi
du 21 avril 1810. Il se compose d'une redevance fixe de 10 francs
par kilomètre carré, et d'une redevance proportionnelle calculée
sur les produits de l'extraction, et qui ne peut jamais s'élever au-
dessus de 5 0/0 du produit net. Les exploitants sont admis à con-

---

assujettis à la patente. (L. 25 avril 1844, art. 4.) L'obligation de se munir
d'une patente n'est donc bornée ni aux objets désignés dans le tarif, ni même à
ceux qui s'y rattachent par analogie. (A. du Conseil, 31 août 1863.)

La contribution des patentes se compose d'un droit fixe et d'un droit proportionnel. (L. 25 avril 1844, art. 2.)

Droit fixe. — Le droit fixe, d'après l'article 3 de la loi du 25 avril 1844, est
établi de trois manières différentes, selon la nature des professions et conformément aux tableaux annexés à ladite loi. Il est fixé : eu égard à la population et
d'après un tarif général pour les industries et professions énumérées dans le tableau A ; eu égard à la population et d'après un tarif exceptionnel pour les industries et professions portées au tableau B ; sans égard à la population pour celles
qui font l'objet du tableau C.

Le tableau A comprend notamment les marchands en gros : sont réputés marchands *en gros,* dit la loi du 18 mai 1850, modifiant sous ce rapport celle du
25 avril 1844, ceux qui vendent *habituellement* à d'autres marchands ; — marchands en demi-gros, ceux qui vendent *habituellement* aux détaillants et aux consommateurs ; — marchands en détail, ceux qui ne vendent *habituellement* qu'aux
consommateurs. Il ne suffirait pas qu'un marchand dont les opérations habituelles
constitueraient un commerce de détail, eût fait accidentellement quelques ventes
à un autre marchand pour qu'il pût être qualifié marchand en gros ou en demi-
gros. (A. du Conseil, 24 juillet 1852.) Et réciproquement, un marchand dont les
ventes habituelles auraient lieu en gros établirait inutilement qu'il vend quelquefois à des consommateurs. (A. du Conseil, 14 décembre 1853 ; 9 janvier 1856.)

Suivant la circulaire du 30 août 1858, « parmi les acheteurs, on doit considérer non comme des consommateurs, mais comme des marchands, les fabricants
et artisans achetant des marchandises pour les employer dans leur fabrication ou
leur industrie. Ainsi, on doit imposer comme marchands en gros : le marchand
de chanvre qui vend habituellement aux cordiers ; le marchand de cuir qui vend
habituellement aux bourreliers et aux cordonniers ; le marchand d'huile qui vend,
aussi habituellement, aux filateurs, aux tanneurs, etc.; le marchand de cristaux,
de faïence, de porcelaine, vendant, dans la même condition, aux confiseurs, aux
parfumeurs, aux pharmaciens, les vases dans lesquels ils débitent leurs produits. »

L'industriel dont la profession est rangée dans une classe pour laquelle la loi
ne fait pas de distinction entre les marchands en gros, en demi-gros et en détail,
ne peut être placé, sous le prétexte de l'importance de ses affaires et comme marchand en gros, dans une classe autre que celle à laquelle il appartient. (A. du
Conseil, 7 décembre 1854.)

Le droit fixe auquel sont soumis les patentables non dénommés dans les tableaux annexés à la loi est réglé, d'après l'analogie des opérations ou des objets
de commerce, par un arrêté spécial du préfet, rendu sur la proposition du directeur des contributions directes et après avoir pris l'avis du maire. — Tous les
cinq ans, des tableaux additionnels, contenant la nomenclature des commerces,
industries et professions classés par voie d'assimilation depuis trois années au
moins, doivent être soumis à la sanction législative. (L. 25 avril 1844, art. 4.)

Le classement par analogie est une mesure de pure administration confiée au

vertir cette dernière redevance en un abonnement fixe. Les règles relatives à l'assiette de ces droits, à la formation des rôles, à l'instruction des réclamations auxquelles ils peuvent donner lieu, aux décharges et réductions, et enfin à la perception, ont été tracées par la loi précitée et par les décrets des 6 mai 1811, 27 juin 1866 et 11 février 1874.

---

préfet seul, et à laquelle le Conseil de préfecture demeure étranger. (A. du Conseil, 20 avril 1847 ; 5 août 1848.)

Les arrêtés de classement ainsi pris par les préfets ne font pas obstacle à ce qu'il soit statué, par la voie contentieuse, sur le point de savoir si les personnes auxquelles il est fait application de ces arrêtés se sont réellement livrées à des opérations constituant une profession à raison de laquelle l'assimilation pouvait être prononcée. (A. du Conseil, 9 août 1865 ; 12 février 1867.)

Lorsqu'un contribuable a été soumis à la patente en raison d'une profession qui, bien qu'imposable de sa nature, n'est pas dénommée dans les tableaux et n'a pas été classée par voie d'assimilation, le Conseil de préfecture, saisi de la réclamation de ce contribuable, doit le renvoyer devant le préfet pour faire régler, par voie d'assimilation, le droit fixe auquel il doit être soumis. (A. du Conseil, 20 juillet 1865.)

Pour les professions dont le droit fixe varie en raison de la population du lieu où elles sont exercées, les tarifs seront appliqués, d'après la population qui aura été déterminée par la dernière ordonnance de dénombrement. Néanmoins, lorsque ce dénombrement fera passer une commune dans une catégorie supérieure à celle dont elle faisait précédemment partie, l'augmentation du droit fixe ne sera appliquée que pour moitié pendant les cinq premières années. (L. 25 avril 1844, art. 5.)

Le décret de dénombrement est exécutoire seulement du jour de la promulgation ; on ne pourrait donc le prendre pour base du calcul de la population, alors même qu'il porterait une date antérieure à la publication des rôles, s'il n'avait été promulgué que postérieurement. (A. du Conseil, 9 décembre 1857 ; 30 juin 1858.)

Dans les communes dont la population totale est de cinq mille âmes et au-dessus, les patentables exerçant dans la banlieue des professions imposées eu égard à la population, payeront le droit fixe d'après le tarif applicable à la population non agglomérée. Les patentables exerçant lesdites professions dans la partie agglomérée, payeront le droit fixe d'après le tarif applicable à la population totale. (L. 25 avril 1844, art. 6.)

Le tableau, par commune, annexé aux décrets de dénombrement, présente séparément la population totale et la population agglomérée.

Il n'y a pas à distinguer si les établissements des patentables sont situés dans les limites de l'octroi ou en dehors de ces limites. (A. du Conseil, 13 avril 1853 ; 31 août 1865.)

La loi du 25 avril 1844 ne demandait qu'un seul droit fixe au patentable, lors même qu'il exploitait plusieurs établissements, boutiques ou magasins de même espèce ou d'espèces diverses, dans les mêmes lieux ou dans des lieux différents. Les lois des 18 mai 1850 et 4 juin 1858 ont imposé à un demi-droit fixe tous les établissements annexés ou secondaires ; enfin, la loi du 29 mars 1872 supprime tout privilège en faveur des établissements secondaires ; elle exige pour chacun d'eux, en quelque nombre qu'ils soient, un droit fixe entier. « Le patentable ayant plusieurs établissements, boutiques ou magasins de même espèce ou d'espèce différente est, dit l'article 1er, quelle que soit la classe ou la catégorie à laquelle il

D'après l'article 40 du premier de ces décrets, le recouvrement des redevances fixes est attribué au percepteur de la commune où est située la mine; et, d'après l'article 37 de la loi du 21 avril 1810, ce recouvrement a lieu comme pour la contribution foncière.

13. *Rétributions pour la vérification des poids et mesures.* — Le

---

appartient comme patentable, passible d'un droit fixe entier, en raison de l'industrie, de la profession ou du commerce, exercé dans chacun de ces établissements, boutiques ou magasins. »

Droit proportionnel. — « Le droit proportionnel est fixé au vingtième de la valeur locative pour toutes les professions imposables, sauf les exceptions énumérées au tableau D annexé à la présente loi. » (L. 25 avril 1844, art. 8.)

Le tableau D spécifie les exceptions à la règle générale qui fixe le droit proportionnel au vingtième de la valeur locative. La plus étendue est celle qui dispense absolument du droit proportionnel les patentables des septième et huitième classes résidant dans les communes d'une population inférieure à vingt mille habitants.

Les fabricants à métiers ayant moins de dix métiers et ne travaillant qu'à façon étaient exemptés du droit proportionnel par la loi du 25 avril 1844; celle du 10 juin 1853 les dispense aussi du droit fixe.

La loi du 29 mars 1872 est revenue sur le droit proportionnel des patentes pour l'aggraver; elle le porte du 15e au 10e pour les patentables compris dans la nomenclature générale des patentes à la première classe du tableau A et au tableau B annexés à la loi du 25 avril 1844, ainsi qu'aux tableaux modificatifs correspondants annexés aux lois subséquentes; du 20e au 15e, pour les patentables compris dans les deuxième et troisième classes du tableau A, annexé à la loi du 25 avril 1844 et des tableaux modificatifs correspondants, annexés aux lois subséquentes.

Le droit proportionnel est établi sur la *valeur locative* tant de la maison d'habitation que des magasins, boutiques, usines, ateliers, hangars, remises, chantiers et autres locaux servant à l'exercice des professions imposables; il est dû lors même que le logement et les locaux sont concédés à titre gratuit. La valeur locative est déterminée, soit au moyen de baux authentiques, soit par comparaison avec d'autres locaux dont le loyer aura été régulièrement constaté ou sera notoirement connu, et, à défaut, par voie d'appréciation. Le droit proportionnel, pour les usines et les établissements industriels, est calculé sur la valeur locative de ces établissements pris dans leur ensemble et munis de tous leurs moyens matériels de production. (L. 25 avril 1844, art. 9.)

Pour les patentes qui constituent un impôt de quotité, la base du droit est la valeur locative réelle. (Circ. 14 août 1844; A. du Conseil, 15 décembre 1852.)

Un bail authentique passé dans des conditions normales et d'une sincérité reconnue, est la base d'appréciation la plus sûre. Il doit donc, avant tout, en être fait usage (A. du Conseil, 23 février 1860), et l'évaluation qui en résulte doit continuer à prévaloir lors même que, par suite de circonstances extérieures, la maison où se trouvent les locaux loués aurait acquis depuis le bail une plus-value considérable. (A. du Conseil, 19 juillet 1867.) Mais, si le bail présentait une atténuation ou une exagération manifeste, l'Administration ne serait pas liée par ses évaluations; elle aurait le droit d'apprécier, par une sorte de ventilation, l'influence des conditions exceptionnelles dans lesquelles il aurait été contracté. (Circ. 30 août 1858; A. du Conseil, 28 décembre 1853.)

Dans les usines, les moteurs artificiels doivent être évalués à l'état de repos,

décret du 1er vendémiaire an 4 avait ordonné qu'il y aurait, dans les principales communes, des vérificateurs chargés d'apposer sur les nouvelles mesures le poinçon de la République et leur marque particulière. Mais ce service ne fut positivement organisé que par

---

c'est-à-dire non compris le combustible destiné à les chauffer. (Circ. 14 août 1844.)

Dans les départements où les établissements industriels sont nombreux, il existe des baux qui comprennent à la fois la cage, le moteur et l'outillage, et qui peuvent servir de régulateur. D'un autre côté, la notoriété fait généralement connaître la valeur locative d'un établissement monté, d'après tel ou tel système, pour tel ou tel genre de fabrication et pour produire telle ou telle quantité de marchandises. (Circ. 14 août 1844.)

Lorsqu'il n'existe ni bail ni terme de comparaison, la loi veut qu'il soit procédé par voie d'appréciation directe. On ne peut donc voir qu'une indication utile dans la circulaire du 24 décembre 1845, qui propose l'application du taux de 5 0/0 aux bâtiments et aux cours d'eau, et du taux de 10 0/0 à l'outillage et aux autres objets exposés à une destruction plus rapide que les bâtiments. (A. du Conseil, 30 avril 1868.)

Le droit proportionnel est payé dans toutes les communes où sont situés les magasins, boutiques, usines, ateliers, hangars, remises, chantiers et autres locaux servant à l'exercice des professions imposables.

Si, indépendamment de la maison où il fait sa résidence habituelle et principale, et qui, dans tous les cas, sauf l'exception ci-après, doit être soumise au droit proportionnel, le patentable possède, soit dans la même commune, soit dans des communes différentes, une ou plusieurs maisons d'habitation, il ne paye le droit proportionnel que sur celles de ses maisons qui servent à l'exercice de sa profession.

Si l'industrie pour laquelle il est assujetti à la patente ne constitue pas sa profession principale, et s'il ne l'exerce pas lui-même, il ne paye le droit proportionnel que sur la maison d'habitation de l'agent préposé à l'exploitation. (L. 25 avril 1844, art. 10.)

Pour l'application de cette disposition aux entreprises de chemins de fer, on entend par établissement industriel passible du droit proportionnel, les locaux occupés par l'administration, les bureaux de recette, salles d'attente, magasins, ateliers et tous autres bâtiments servant à l'exploitation; mais il n'y a pas lieu de comprendre dans l'estimation de la valeur locative les machines, wagons, rails, plaques tournantes. (A. du Conseil, 23 juin 1849.) — Les logements occupés par les chefs de station, dans les bâtiments appartenant aux compagnies, sont passibles du droit proportionnel. (A. du Conseil, 18 mars 1857; 6 décembre 1860.)

On ne doit pas imposer au droit proportionnel les banques, les entreprises de messageries, les compagnies d'assurances, à raison de l'habitation personnelle de leurs agents dans les différentes villes, à moins que cette habitation ne puisse être considérée comme une dépendance de l'établissement. (Circ. 30 août 1858.)

Le patentable qui exerce, dans un même local ou dans des locaux non distincts, plusieurs industries ou professions passibles d'un droit proportionnel différent, paye ce droit d'après la taxe applicable à la profession pour laquelle il est assujetti au droit fixe.

Dans le cas où les locaux sont distincts, il ne paye pour chaque local que le droit proportionnel afférent à la profession qui y est spécialement exercée.

Dans ce dernier cas, le droit proportionnel n'en demeure pas moins établi sur

l'arrêté du 29 prairial an 9, qui indiqua le mode d'après lequel la vérification aurait lieu, et fixa le tarif des droits à payer en raison de l'espèce et de la capacité des poids et mesures soumis à la vérification. Le recouvrement de ces rétributions était fait par les agents chargés de la vérification sous l'autorité du sous-préfet.

---

la maison d'habitation, d'après le taux applicable à la profession pour laquelle le patentable est imposé au droit fixe. (L. 25 avril 1844, art. 11.)

Pour les industriels à l'égard desquels le droit proportionnel est dû sur l'habitation d'après un taux différent de celui qui est applicable aux autres locaux, on détermine séparément la valeur locative de l'habitation, alors même qu'elle ne formerait avec l'établissement industriel qu'un seul corps de bâtiment. (Circ. 30 août 1858.)

Exemptions totales ou partielles. — L'assujettissement est la règle ; l'article 13 de la loi du 25 avril 1844 détermine les exceptions ; l'article 18 de la loi du 18 mai 1850 en a restreint le nombre par l'imposition des professions dites libérales. Ce nombre a, au contraire, été augmenté par les dispositions successives des lois des 18 juin 1853 en faveur des fabricants à métier à façon ; 4 juin 1858, en faveur des ouvriers travaillant seuls, et 2 juillet 1862, en faveur des ouvriers travaillant dans les mêmes conditions, avec enseigne ou boutique. — Reprenons sommairement ces divers textes pour les éclairer par la jurisprudence.

« Ne sont pas assujettis à la patente, dit le premier paragraphe de l'article 13, les fonctionnaires et employés salariés, soit par l'État, soit par les administrations départementales ou communales, en ce qui concerne seulement l'exercice de leurs fonctions. » — Le conducteur des ponts et chaussées qui, moyennant salaire, dresse des plans et devis pour les communes ; le maître de poste qui conduit des diligences hors du parcours qu'il dessert comme tel ; le commissaire-voyer qui dirige des constructions pour des particuliers, offrent l'exemple de l'employé se livrant, en dehors de ses fonctions, à des opérations qui motivent l'imposition d'une patente. (A. du Conseil, 10 juin 1838 ; 28 juin 1841 ; 14 juin 1847.) La circulaire du 30 août 1858 cite aussi le débitant de tabac qui vend des articles de mercerie, quincaillerie, épicerie ; l'employé d'une administration départementale qui est en même temps libraire, papetier, arpenteur, etc.

Après les fonctionnaires et employés, l'article 13 exemptait, dans ses paragraphes 2 et 3, « les notaires, les avoués, les avocats au Conseil, les greffiers, les commissaires-priseurs, les huissiers, les avocats, les docteurs en médecine et en chirurgie, les officiers de santé, les sages-femmes et les vétérinaires ; les peintres, sculpteurs, graveurs et dessinateurs *considérés comme artistes et ne vendant que le produit de leur art* ; les architectes *considérés comme artistes ne se livrant pas*, même accidentellement, à des entreprises de construction ; les professeurs de belles-lettres, sciences et arts d'agrément ; les chefs d'institution, les maîtres de pension, les instituteurs primaires ; les éditeurs de feuilles périodiques ; les artistes dramatiques. » Mais le tableau G, annexé à l'article 18 de la loi du 18 mai 1850, désigne comme désormais assujettis « les architectes, avocats inscrits au tableau des Cours et Tribunaux, avocats au Conseil d'État et à la Cour de cassation, avoués, chirurgiens-dentistes, commissaires-priseurs, docteurs en chirurgie, docteurs en médecine, greffiers, huissiers, mandataires agréés par les Tribunaux de commerce, notaires, officiers de santé, référendaires au sceau, vétérinaires, chefs d'institution et maîtres de pension. » Les sages-femmes, les professeurs et les artistes continuent donc seuls à jouir de la franchise autrefois attachée à l'exercice des professions libérales. Nous ne parlons pas des éditeurs

L'ordonnance du 18 décembre 1825 modifia d'abord ces dispositions. Elle-même a été remplacée par la loi du 4 juillet 1837, qui n'a, d'ailleurs, touché à cet objet que pour l'abandonner au pouvoir réglementaire. En exécution de cette loi, deux ordonnances des 17 avril et 16 juin 1839 et un décret du 26 février 1873 ont réglé

---

de feuilles périodiques : ils payent l'impôt professionnel sous bien d'autres formes.

La sage-femme qui reçoit des pensionnaires; l'artiste qui, comme le peintre sur verre, mêle l'industrie à l'art, redeviennent passibles de l'imposition. (A. du Conseil, 21 février 1855; 31 janvier 1857.)

On a remarqué que, pour les avocats, l'inscription au tableau est la condition expresse de l'application de la patente. Cela exclut les avocats stagiaires (A. du Conseil, 17 mars 1853) et ceux qui, même ayant requis leur radiation, donnent des consultations et plaident pour les parties devant les justices de paix. (A. du Conseil, 25 juin 1857; 16 août 1862.) S'ils acceptent des mandats, ils rentrent dans la catégorie des patentables, mais comme agents d'affaires et non plus à titre d'avocats. (A. du Conseil, 21 novembre 1861.)

L'architecte départemental ou communal est imposable, même lorsqu'il a renoncé à exercer sa profession pour les particuliers. (A. du Conseil, 29 juillet 1852, 20 juin 1855, 20 novembre 1856.)

La quatrième série d'exempts comprend, aux termes du § 4 de l'article 13, « les laboureurs et cultivateurs, seulement pour la vente et la manipulation des récoltes et fruits provenant des terrains qui leur appartiennent ou par eux exploités, et pour le bétail qu'ils y entretiennent ou qu'ils y engraissent; — les concessionnaires de mines, pour le seul fait de l'extraction et de la vente des matières par eux extraites; les propriétaires ou fermiers des marais salants; les propriétaires ou locataires louant accidentellement une partie de leur habitation personnelle; les pêcheurs, même lorsque la barque qu'ils montent leur appartient. »

L'exemption accordée aux cultivateurs est limitée par l'article 18 de la loi du 18 mai 1850, ainsi conçu : « Ne sont point considérées comme donnant lieu à l'exemption de patente prévue à l'article 13, § 4, de la loi du 25 avril 1844, les transformations de récoltes et fruits, pratiquées au moyen d'agents chimiques, de machines ou ustensiles autres que ceux servant aux travaux habituels de l'agriculture. » Ainsi, le propriétaire ne distillant que les betteraves de sa récolte devient sujet à patente. (A. du Conseil, 7 janvier 1857; 29 juillet 1857.) L'Administration regarde, au contraire, comme exempts les propriétaires qui transforment en eau-de-vie les vins de leurs récoltes, sans doute parce qu'elle regarde cette transformation comme un procédé habituel d'exploitation agricole dans les pays où elle se pratique. (Circ. 10 juillet 1850; A. du Conseil, 12 septembre 1853.) Les brûleurs ou bouilleurs transformant en eau-de-vie des vins autres que ceux de leurs récoltes sont à bon droit assujettis à la patente. (Même Circ.)

Le cultivateur qui achète des bœufs maigres pour les vendre après les avoir engraissés dans ses propres pâturages, ne doit pas être imposé comme herbager. (A. du Conseil, 26 décembre 1860.)

Le motif de l'exemption des concessionnaires de mines est pris de l'imposition des redevances fixe et proportionnelle, avec lesquelles la patente ferait double emploi. — Les exploitants de mines de charbon qui font le commerce de houille sont imposés à la patente de marchands de charbon en gros. (A. du Conseil, 7 juin 1855.)

Les salins du Midi sont compris dans l'expression générale de marais salants. (A. du Conseil, 10 août 1828.)

L'exemption accordée aux propriétaires et locataires de maisons, louant acci-

tout ce qui concerne la confection et la vérification des poids et mesures. Aux termes de l'article 51 de l'ordonnance du 17 avril 1839, les directeurs des contributions procèdent à la confection des rôles, qui sont rendus exécutoires par les préfets pour être mis en recouvrement par les mêmes voies et avec les mêmes termes de

---

dentellement, n'est due qu'à ceux qui se restreignent dans leur habitation personnelle pour en louer une partie pendant un temps de courte durée, soit pour le temps des eaux, soit pour celui des foires, etc. Ceux qui, dans les lieux où il existe des établissements de bains ou d'eaux thermales, garnissent de meubles, soit des maisons entières, soit des appartements indépendants de leur habitation, pour les louer pendant la saison des bains et des eaux; ceux qui, ailleurs, louent habituellement tantôt à une personne, tantôt à une autre, des appartements meublés pour être loués; enfin, ceux qui, dans les villes de garnison, louent habituellement des chambres aux officiers, doivent être considérés comme loueurs en garni et imposés comme tels. (Circ. 30 août 1858.)

En suivant la liste des exemptions, nous trouvons au § 5 de l'article 13 : « Les associés en commandite, les caisses d'épargne et de prévoyance administrées gratuitement, les assurances mutuelles régulièrement autorisées. » — Les assurances mutuelles sur la vie, dont les sociétaires ne se réunissent qu'en vue d'un bénéfice à réaliser, ne jouissent pas de l'exemption. (A. du Conseil, 22 décembre 1852.)

Le § 6 désigne comme exempts : les capitaines de navires de commerce ne naviguant pas pour leur compte, les cantiniers attachés à l'armée, les écrivains publics, les commis et toutes les personnes travaillant à gages, à façon et à la journée dans les maisons, ateliers et boutiques des personnes de leur profession, ainsi que les ouvriers travaillant chez eux ou chez les particuliers, sans compagnons, apprentis, enseigne ni boutique. Ne sont point considérés comme compagnons ou apprentis la femme travaillant avec son mari, ni les enfants non mariés travaillant avec leurs père et mère, ni le simple manœuvre dont le concours est indispensable à l'exercice de la profession; les personnes qui vendent en ambulance dans les rues, dans les lieux de passage et dans les marchés, soit des fleurs, de l'amadou, des balais, des statues et figures en plâtre, soit des fruits, des légumes, des poissons, du beurre, des œufs, du fromage et autres menus comestibles; les savetiers, les chiffonniers au crochet, les porteurs d'eau à la bretelle ou avec voiture à bras, les rémouleurs ambulants, les gardes-malades.

Nous avons dit déjà que ce texte avait été modifié dans un sens favorable aux professions exercées dans des conditions qui rapprochent le petit commerçant de l'ouvrier et même le confondent avec lui. (Voir *Suppl.*, *Législation*, p. 45.) Dans l'état de la législation, tout ouvrier travaillant chez lui, sans compagnon ni apprenti est exempt; il n'y a plus à distinguer s'il travaille pour son compte ou pour le compte d'autrui, ni s'il annonce ses produits par une enseigne ou les expose dans une boutique, ni à se préoccuper, comme sous l'empire de la loi du 15 mai 1850, de savoir si le patentable figure, au tableau A, dans les quatre dernières classes et si sa profession consiste en un travail de fabrication, confection ou main-d'œuvre. (A. du Conseil, 7 septembre 1864; 13 septembre 1864; 31 août 1865; 27 février 1866.) On n'est plus ouvrier quand on joint un commerce de débit à une profession manuelle, et dès lors on n'a plus droit à l'exemption. (A. du Conseil, 27 février 1867; 4 juillet 1868.)

« Tous ceux qui vendent en ambulance des objets non compris dans les exemptions déterminées par l'article 13 de la loi du 25 avril 1844, et tous les marchands en

recours, en cas de réclamation, que pour les contributions directes. Telle était déjà la règle sous l'ordonnance du 18 décembre 1825. (A. du Conseil, 25 avril 1834.)

Une ordonnance du 21 décembre 1832, maintenue en ce point par l'article 53 de celle du 17 avril 1839, statue que le montant intégral des rôles est exigible dans la quinzaine de leur publication.

14. *Contributions pour l'entretien des Bourses et Chambres de commerce.* — La loi du 28 ventôse an 9, qui autorise le gouvernement à établir des Bourses de commerce dans les lieux où il le jugera convenable, ordonne que les dépenses annuelles d'entretien et réparation de ces Bourses seront couvertes au moyen d'une contribution proportionnelle sur le total de chaque patente de première et deuxième classes, et sur celles d'agents de change et de courtiers.

La loi du 23 juillet 1820 (art. 11) a d'abord modifié l'assiette de cet impôt; celle du 25 avril 1844 (art. 33) décide aujourd'hui que les contributions spéciales destinées à subvenir aux dépenses des Bourses et Chambres de commerce, et dont la perception est autorisée par l'article 11 de la loi du 23 juillet 1820, seront réparties sur les patentables des trois premières classes du tableau A et sur ceux qui sont désignés, dans les tableaux B et C, comme passibles d'un droit fixe égal ou supérieur à celui desdites classes. — Les associés des établissements compris dans ces classes et tableaux contribuent aux frais des Bourses et Chambres de commerce.

Le recouvrement est fait par les percepteurs de la même manière et aux mêmes termes que pour le droit de patente.

15. *Contributions pour les travaux d'entretien, réparation ou reconstruction des digues, et pour le curage des canaux et rivières non navigables.* — Les dépenses des travaux nécessaires pour le curage des canaux et rivières non navigables, et pour l'entretien des digues et ouvrages d'art qui y correspondent, sont à la charge des propriétaires riverains, conformément aux anciens règlements et usages locaux (L. 14 floréal an 11.) Les rôles de répartition de ces dépenses sont dressés sous la surveillance des préfets et rendus exécutoires par eux. Le recouvrement s'en opère de la même manière que celui des contributions publiques.

étalage ou sous échoppe sont passibles de la moitié des droits que payent les marchands vendant les mêmes objets en boutique. Toutefois, cette disposition n'est pas applicable aux bouchers, épiciers et autres marchands ayant un étal permanent ou occupant des places fixes dans les marchés. » (L. 25 avril 1844, art. 14.)

(L. précitée, art. 3.) Les contestations sont de la compétence du Conseil de préfecture, sauf recours au Conseil d'Etat. (Art. 4 et A. du Conseil du 16 avril 1851, 1er décembre 1853, 16 juin 1866.) Voir aussi la loi du 16 septembre 1807, pour les travaux de même nature exécutés à la mer ou aux fleuves et rivières, torrents et canaux navigables, et ce qui sera dit plus bas (n° 26), quant à la répartition et à la perception des taxes des associations syndicales constituées en vertu de la loi du 21 juin 1865.

16. *Taxes pour travaux de desséchement des marais.* — L'établissement de ces taxes sur les propriétaires intéressés au desséchement a été autorisé en principe par la loi du 16 septembre 1807. Aux termes d'un décret du 15 février 1811, spécial à l'administration des marais de Saint-Simon (Gironde), mais qui s'applique naturellement à tous les travaux de desséchement, les rôles des sommes imposées sur les propriétaires des marais pour le payement des travaux sont rendus exécutoires par le préfet et recouvrés par les percepteurs, qui ont, à cet effet, les mêmes droits de contrainte, poursuite et privilége que pour les contributions publiques. Les taxes sont payables en une seule fois (A. du Conseil 24 septembre 1863), et le juge des contestations auxquelles le recouvrement donne lieu est le Conseil de préfecture. (A. du Conseil, 12 juillet et 24 juillet 1847.)

17. *Droits établis pour frais de visite chez les pharmaciens, les épiciers, les droguistes et les herboristes.* — La loi du 21 germinal an 11, art. 29, 30, 31, l'arrêté du gouvernement du 25 thermidor de la même année, art. 42, et le décret du 23 mars 1859 ordonnent qu'il sera fait, au moins une fois par an, des visites chez les pharmaciens, les droguistes et les épiciers; l'arrêté ajoute qu'il sera payé, pour les frais de ces visites, six francs par chaque pharmacien et quatre francs par chaque épicier (1) ou droguiste, conformément à l'article 15 des lettres patentes du 10 février 1780. Les mêmes visites ont lieu chez les herboristes. (Même arrêté, art. 46.) Une circulaire du Ministre des finances, en date du 14 avril 1820, porte que les rétributions dont il s'agit feront l'objet d'un rôle qui sera exécutoire par le préfet, et dont le recouvrement sera poursuivi par les percepteurs dans chaque commune, suivant les

---

(1) Ne seront pas néanmoins soumis au payement du droit de visite les épiciers non droguistes, chez lesquels il ne serait pas trouvé des drogues appartenant à l'art de la pharmacie. (L. 23 juillet 1820, art. 17.) Pour prévenir les difficultés qui pouvaient résulter de cette disposition, une ordonnance du 20 septembre a énuméré les substances qui doivent être considérées comme drogues, et a statué que les épiciers chez lesquels se trouvera quelqu'une de ces substances devront payer le droit.

règles prescrites en matière de contributions directes. — Néanmoins, ces rétributions sont exigibles en un seul payement, aussitôt après l'émission du rôle.

18. *Rétributions dues par les particuliers propriétaires ou entrepreneurs d'eaux minérales naturelles ou factices.* — Ces rétributions ont été établies, comme le rappelle la loi annuelle des
finances, par les arrêtés du gouvernement du 3 floréal an 8 et du
6 nivôse an 11. La loi annuelle des finances ajoute à ces rétributions celles qui sont imposées sur ces établissements pour subvenir
au traitement des médecins inspecteurs des bains, des fabriques
et des dépôts d'eaux minérales. Le recouvrement en est poursuivi
comme celui des contributions directes.

19. *Prestations en nature et subventions spéciales pour l'entretien des chemins vicinaux.* — La loi du 21 mai 1836 détermine
les cas où ces prestations peuvent être exigées des habitants,
ainsi que les règles particulières de leur répartition. Elles sont
rachetables en argent, au gré du contribuable. Les rôles sont rendus exécutoires par le préfet et recouvrables par les mêmes voies
que les contributions directes. (Art. 5 de la loi du 28 juillet 1824.)
Mais il est à remarquer que c'est le receveur municipal qui est
chargé du recouvrement (Instruction générale sur la comptabilité, n° 884), de sorte que les percepteurs n'ont à y intervenir que
lorsqu'ils remplissent en même temps les fonctions de receveur
des communes.

Toutes les fois qu'un chemin vicinal, entretenu à l'état de via-
bilité par une commune, est habituellement ou temporairement
dégradé par des exploitations de mines, de carrières, de forêts ou
de toute entreprise industrielle appartenant à des particuliers, à
des établissements publics ou à l'Etat, il peut y avoir lieu à imposer aux entrepreneurs ou propriétaires, suivant que l'exploitation ou les transports ont eu lieu par les uns ou les autres, des
subventions spéciales dont la quotité est proportionnée à la dé-
gradation extraordinaire qui doit être attribuée aux exploitations. — Ces subventions peuvent, au gré des subventionnaires,
être acquittées en argent ou en nature, et sont exclusivement
affectées à ceux des chemins qui y ont donné lieu. — Elles sont
réglées annuellement, sur la demande des communes, par les Conseils de préfecture, après des expertises contradictoires, et recouvrées comme en matière de contributions directes. (Art. 14 de la
loi du 21 mai 1836.) — Les subventions peuvent aussi être déterminées par abonnement; dans ce cas, le règlement en est confié
au préfet en Conseil de préfecture, parce qu'il implique une convention. (*Ibid.* et A. du Conseil 24 février 1843.)

20. *Rétributions des élèves des écoles primaires.* — Ces rétributions, qui sont moins un impôt, comme nous l'avons déjà fait observer, que le salaire particulier payé par les parents aux instituteurs communaux, doivent être fixées, sur la proposition des Conseils municipaux, par le Conseil départemental de l'instruction publique, et perçues dans la même forme que les contributions publiques directes. Le rôle en est trimestriel. Il comprend les enfants présents à l'école pendant le trimestre près d'expirer, rôle qui doit parvenir au receveur municipal par l'intermédiaire du receveur des finances, vers le 15 du troisième mois de ce trimestre. Néanmoins, la rétribution scolaire peut être recouvrée mois par mois, au moyen d'un extrait du registre matricule qui est remis chaque mois, pour le mois écoulé, au receveur municipal, qui émarge sur le rôle trimestriel, aussitôt qu'il lui parvient, les payements qui lui ont été faits. Des extraits des rôles préparés par les instituteurs et tenant lieu d'avertissements sont remis aux redevables par les soins du receveur municipal (L. 15 mars 1850, art. 38, 41 et 45; D. 7 octobre 1850 et 31 décembre 1853; Inst. réglem. 31 janvier 1855.)

21. *Redevances pour permissions d'usines et prises d'eau temporaires.* — Ces taxes sont établies en vertu d'une disposition de l'article 8 de la loi du 16 juillet 1840, toujours reproduite dans les lois de finances annuelles. Les trésoriers payeurs généraux reçoivent, suivant les cas, du préfet ou du Ministre des finances une ampliation de l'arrêté ou décret d'autorisation et en prennent charge dans leur comptabilité comme titre de perception. Le recouvrement doit être effectué dans le délai d'un mois à dater de la notification des actes qui déterminent la quotité des droits.

22. *Rétributions imposées pour frais de surveillance sur les compagnies et agences de la nature des tontines.* — Ces rétributions, dont le principe était déposé dans un avis du Conseil d'Etat, du 1er avril 1809, et dont la perception a été organisée par une ordonnance royale du 12 juin 1842, ont été comprises pour la première fois dans la loi des recettes de l'exercice 1843.

23. *Taxe des biens de mainmorte.* — A dater du 1er avril 1849, il a été établi sur les biens immeubles passibles de la contribution foncière appartenant aux départements, communes, hospices, séminaires, fabriques, congrégations religieuses, consistoires, établissements de charité, bureaux de bienfaisance, sociétés anonymes et tous établissements publics légalement autorisés, une taxe annuelle représentative des droits de transmission entre vifs et par décès. Cette taxe est calculée à raison de 62 centimes 1/2 par franc de la contribution foncière. (L. 20 février 1849, art. 1er.) Elle

est due même pour les immeubles dont les établissements ainsi désignés n'ont que la nue-propriété ; mais, dans ce cas, elle n'est calculée qu'à raison de la moitié du principal de la contribution foncière. (A. du Conseil, 14 décembre 1868.) Elle ne porte pas sur le sol des chemins de fer, non plus que sur les dépendances nécessaires de la voie, parce que ces objets font partie du domaine public et par cela même sont inaliénables, d'où il suit qu'ils ne peuvent donner lieu à une taxe créée pour remplacer les droits de mutation. (A. du Conseil, 8 février 1851.) Les formes prescrites pour l'assiette et le recouvrement de la contribution foncière sont suivies à l'égard de la taxe des biens de mainmorte.

24. *Taxe sur les chiens.* — La loi du 2 mai 1855 et le décret du 4 août suivant ont donné à cette taxe un caractère purement municipal ; elle est établie dans toutes les communes et à leur profit, sans pouvoir excéder dix francs ni descendre au-dessous de un franc. Il ne doit être établi que deux catégories, dont la première comprend les chiens d'agrément ou servant à la chasse, et la seconde les chiens de garde et, en général, tous ceux qui n'appartiennent pas à la catégorie précédente. Les chiens qui, d'après leur emploi, peuvent être rangés également dans les deux classes, sont taxés comme appartenant à la classe la plus élevée. Un décret du 3 août 1861 dispense les propriétaires de chiens de renouveler leur déclaration lorsqu'ils n'ont pas changé de demeure et qu'il n'est point survenu, dans le nombre et la destination des chiens, de modification donnant lieu à une augmentation ou diminution de taxe. Le recouvrement a lieu exactement dans la même forme que pour les contributions directes.

25. *Contingents des particuliers dans les dépenses relatives à l'exécution des travaux destinés à mettre les villes à l'abri des inondations.* — La répartition entre les propriétaires intéressés de la part de dépense mise à leur charge est faite conformément aux dispositions de la loi du 16 septembre 1807 ; et les taxes ainsi établies sont recouvrées en vertu de rôles rendus exécutoires par le préfet et perçues comme en matière de contributions directes. (L. 5 juin 1858.)

26. *Taxes de cotisation des associations syndicales.* — Ces taxes, aux termes de l'article 15 de la loi du 21 juin 1865, sont recouvrées sur des rôles dressés par le syndicat chargé de l'administration de l'association, approuvés, s'il y a lieu, et rendus exécutoires par le préfet ; le recouvrement est fait comme en matière de contributions directes.

27. *Taxe des chevaux et voitures.* — La contribution sur les chevaux et voitures établie par la loi du 2 juillet 1862, abolie ensuite,

remise en vigueur par la loi du 16 septembre 1871, remaniée par celle du 23 juillet 1872, profite aux communes jusqu'à concurrence d'un vingtième. Elle est recouvrée en vertu de rôles dressés par la direction générale des contributions directes et, assimilée en tout à ces contributions pour le mode de recouvrement et de poursuites.

28. *Taxes sur les billards publics et privés et sur les cercles, sociétés et lieux de réunion.* — Ces taxes résultent des articles 8 et 9 de la loi du 16 septembre 1871 ; la perception en a été organisée par deux décrets distincts rendus dans la forme des règlements d'administration publique et portant, l'un et l'autre, la date du 27 décembre 1871. Les rôles sont établis par perception et dressés d'après des états matrices rédigés par les agents des contributions directes. — L'état matrice présente, d'une part, les nom, prénoms, profession et résidence des redevables, et, d'autre part, le détail des bases d'imposition. (Décret du 27 décembre 1871, art. 7.) L'assimilation aux contributions directes est complète quant au mode de recouvrement.

29. *Centimes additionnels.* — Nous avons dit que les centimes additionnels n'étaient pas une nature particulière d'impôt, mais seulement un supplément qui s'ajoute au principal de telle ou telle espèce de contributions directes, et qui ne fait, pour ainsi dire, avec lui qu'une seule et même imposition. Ces centimes se recouvrent donc en même temps que le principal, et ils participent par conséquent aux mêmes priviléges. Nous nous bornerons dès lors à exposer en quelques mots les principales règles d'après lesquelles ils s'établissent.

Les centimes additionnels se divisent en centimes additionnels généraux, départementaux et communaux :

30. Les premiers sont imposés par le pouvoir législatif ; leur quotité et leur affectation sont déterminées par la loi de finances annuelle. (V. notamment L. 5 août 1874, État B.) Ils font partie des fonds généraux du budget de l'État et servent en particulier à composer un fonds de secours et un fonds de non valeurs.

La destination du fonds de secours, composé à l'aide d'un centime additionnel au principal de la contribution foncière et de la contribution personnelle-mobilière, est d'être distribué aux contribuables nécessiteux ou peu aisés qui ont éprouvé des pertes par suite de grêle, incendie, inondations et autres cas fortuits.

Le fonds de non valeurs, formé du produit d'un centime additionnel au principal de la contribution foncière et de la contribution personnelle-mobilière, de trois centimes additionnels au principal de la contribution des portes et fenêtres et de cinq centimes additionnels au principal de l'impôt des patentes, sert à couvrir les pertes éprouvées par le Trésor sur le recouvrement des contributions directes.

31. Les centimes additionnels départementaux sont votés par le Conseil général. (L. 10 août 1871, art. 58 et 59.) Ils se subdivisent en centimes ordinaires, extraordinaires et spéciaux. — Les centimes ordinaires, ressource principale du budget départemental ordinaire, sont sujets à un maximum déterminé par les lois de finances annuelles, et qui est habituellement fixé à 25 centimes sur les contributions foncière et personnelle-mobilière, plus un centime sur les quatre contributions directes. Les centimes extraordinaires, dont le maximum est fixé à 12, et qui portent sur les quatre contributions directes, ont pour objet de couvrir des dépenses extraordinaires d'utilité départementale. L'article 59 de la loi du 10 août 1871 prévoit le cas où le maximum général fixé par la loi de finances deviendrait insuffisant, et déclare qu'une loi spéciale sera nécessaire pour autoriser le Conseil général à le dépasser. Les centimes spéciaux subviennent aux dépenses de l'instruction primaire (L. 15 mars 1850 et 10 avril 1867), des chemins vicinaux (L. 21 mai 1836) et aux dépenses du cadastre (L. 2 août 1829).

Les lois annuelles de finances inscrivent ces derniers centimes au budget départemental extraordinaire et les limitent à un maximun de 5 centimes sur la contribution foncière. Les centimes spéciaux ordinaires pour dépenses du service vicinal peuvent s'élever jusqu'à 7 centimes, et les centimes affectés à l'instruction primaire jusqu'à 3 centimes, le tout par addition aux quatre contributions directes.

32. Il est imposé chaque année, dans toutes les communes, à l'exception de celles qui ont déclaré que cette imposition leur est inutile, 5 centimes additionnels affectés aux dépenses communales ordinaires. C'est la première catégorie de centimes communaux. (L. 15 mai 1818, art. 31.) Si ces centimes, joints aux revenus de la commune, demeurent insuffisants pour faire face aux dépenses d'une utilité reconnue, le Conseil municipal peut voter, dans la limite fixée par le Conseil général, des centimes extraordinaires n'excédant pas le nombre de 5; si ce nombre est excédé, l'approbation du préfet devient nécessaire. (L. 24 juillet 1867, art. 3 et 5.) Outre les 4 centimes ordinaires et spéciaux affectés par l'article 2 de la loi du 21 mai 1836 aux chemins vicinaux, l'article 3 de la loi du 24 juillet 1867 permet le vote de 3 centimes extraordinaires ayant la même destination. La loi du 15 mars 1850 fixe à 3 centimes le maximum de l'imposition communale pour les dépenses de l'instruction primaire.

Les centimes communaux ordinaires portent sur les contributions foncière et personnelle-mobilière; toutes les autres impositions communales sont établies additionnellement aux quatre contributions directes. Lorsque nous parlons, d'ailleurs, de la contribution personnelle-mobilière, nous employons la désignation ordinaire d'un impôt dont il n'est pas d'usage de séparer les éléments;
mais il faut rappeler ici que la taxe *personnelle* est toujours imposée en principal seulement.

Il reste à mentionner les impositions communales pour le traitement des gardes champêtres, qui portent sur les quatre contributions (L. 31 juillet 1867, art. 16.) et les centimes additionnels
imposés dans certaines villes pour les frais des Bourses et Chambres de commerce. Ils ne portent, nous l'avons dit déjà, que sur
certaines classes de patentables.

33. Lorsque, dans une commune qui a des revenus ordinaires
inférieurs à 100,000 francs, il s'agit d'établir des contributions extraordinaires ou de contracter des emprunts, les plus imposés aux
rôles sont appelés à délibérer avec le Conseil municipal, en nombre
égal à celui des membres en exercice. A cet effet, le percepteur
dresse une liste des plus imposés, en nombre double de celui des
conseillers municipaux, et la remet au maire quinze jours au moins
avant celui de la réunion. (L. 18 juillet 1837, art. 43; L. 24 juillet
1867, art. 6.)

La section de commune qui a obtenu une condamnation contre la
commune dont elle fait partie ou contre une autre section, n'est
pas passible des centimes additionnels imposés pour l'acquittement des frais ou des dommages-intérêts qui résultent du fait du
procès. Il en est de même à l'égard de toute partie qui a plaidé
contre une commune ou section de commune. (L. 18 juillet 1837,
art. 58.)

Les frais de perception des centimes additionnels communaux
sont ajoutés, à raison de 3 centimes par franc, au montant de ces
impositions. (L. 20 juillet 1837, art. 5.) En outre, les centimes additionnels communaux, ordinaires et extraordinaires, supportent, savoir : 1 centime par franc de leur produit sur les centimes afférents aux contributions foncière et personnelle-mobilière; 3 centimes par franc sur les centimes afférents aux portes et fenêtres;
5 centimes par franc sur les centimes afférents aux patentes. (L.
8 juillet 1852.)

Les centimes additionnels doivent être compris dans les rôles
généraux, afin d'éviter aux contribuables les frais de confection

de rôles spéciaux. (Instr. du Min. de l'intérieur du 18 juillet 1818.) (1).

34. Indépendamment des divers impôts que nous venons d'énumérer, on trouve dans la législation quelques produits qui se perçoivent comme les contributions directes et qui jouissent des mêmes priviléges; tels sont, par exemple, le *dixième des billets d'entrée dans les spectacles, et le quart de la recette brute dans les lieux de réunion et de fête où l'on est admis en payant; les droits de voirie; les salaires dus aux nourrices par les parents des enfants; l'impôt sur le revenu des valeurs mobilières*, etc. Comme le recouvrement de ces produits n'est pas attribué aux percepteurs des contributions directes, nous n'avons pas cru devoir nous en occuper; mais nous aurons à tenir grand compte de la nouvelle et importante attribution conférée aux percepteurs par la loi du 29 décembre 1873, qui les substitue aux receveurs de l'enregistrement pour le recouvrement des amendes et des condamnations pécuniaires, en même temps qu'elle permet de remplacer, pour les poursuites en cette matière, les huissiers par les porteurs de contrainte; ce sera l'objet d'un travail spécial, en forme de supplément au présent *Commentaire*.

35. L'article 1er du Règlement porte que les contributions directes sont payables par douzièmes, dont chacun est exigible le 1er de chaque mois pour le mois précédent.

Anciennement, l'impôt de la *taille* se payait en quatre quartiers : au 1er décembre, au 1er février, au dernier avril et au 1er octobre. Ce mode de payement fut aboli, comme la taille elle-même, et le décret des 23 novembre-1er décembre 1790, titre V, article 5, or-

---

(1) Cette disposition résulte d'une manière plus positive encore d'un décret du 28 août 1810, qui est inséré dans le *Recueil des circulaires du ministère de l'intérieur*. En voici le texte :

Napoléon, etc.,

Sur le rapport de notre Ministre des finances,

Notre Conseil d'Etat entendu,

Nous avons décrété ce qui suit :

Art. 1er. Tous les projets de décrets qui nous seront présentés en autorisation de perception de centimes additionnels aux contributions directes, devront l'être avant le 1er juillet de l'année qui précédera celle qui aura été fixée pour leur perception.

Ces centimes seront alors compris dans les rôles de ladite année et perçus conjointement au principal des contributions. Les centimes dont l'autorisation ne serait pas demandée avant le 1er juillet ne pourront être compris que dans les rôles de la deuxième année qui en suivra l'autorisation.

Art. 2. Nos Ministres des finances et de l'intérieur sont chargés de l'exécution présent décret.

donna que la cotisation de chaque contribuable serait divisée en douze portions égales, payables chacune le dernier de chaque mois. Cette disposition fut maintenue en ce qui concerne la contribution foncière par la loi du 3 frimaire an 7, article 146.

Le payement par douzièmes a été, en outre, ordonné par les actes ci-après :

Pour la contribution personnelle et mobilière : décret des 13 janvier-18 février 1791, article 47; loi du 3 nivôse an 7, article 59, sauf quelques variations, par suite notamment des dispositions du décret du 7 thermidor an 3, et de la loi du 14 thermidor an 5, aujourd'hui abrogées à cet égard.

Pour la taxe des patentes : arrêté du 26 brumaire an 10, article 3, sauf l'exception pour la patente des marchands forains, ambulants et colporteurs. (V. l'art. 2 du Règlement.) Jusqu'en l'an 10, l'époque d'exigibilité des droits de patente avait subi de nombreuses variations d'après les lois des 2-17 mars 1791, 6 fructidor an 4 et 1er brumaire an 7. La loi du 25 avril 1844, dans son article 24, porte que, dans le cas où le rôle n'est émis que postérieurement au 1er mars, les douzièmes échus ne sont pas immédiatement exigibles et que le recouvrement en est fait par portions égales, en même temps que celui des douzièmes non échus; en d'autres termes, la cote se divise pour le payement en autant de fractions qu'il reste de mois à courir. (Déc. min. 4 août 1845.) Les contribuables compris dans les rôles supplémentaires de patentes du 4e trimestre peuvent être admis à diviser leur dette en deux ou trois termes, comme les patentables compris dans les rôles du 3e trimestre. (Art. 61 de l'Instr. gén.)

L'impôt des portes et fenêtres était, d'après la loi du 4 frimaire an 7, payable par tiers, de trois mois en trois mois; mais il est devenu payable par douzièmes : 1o par l'effet de l'arrêté du 16 thermidor an 8, qui prescrit ce mode de payement d'une manière générale pour toutes les contributions directes (art. 2); 2o enfin, par la loi du 26 mars 1831, qui a déclaré, article 30, que toutes les dispositions concernant le recouvrement de la contribution foncière sont applicables aux contributions personnelle-mobilière et des portes et fenêtres. Lorsque la contribution personnelle-mobilière est comprise dans le même rôle que celle des patentes, elle se divise, comme cette dernière, en autant de termes qu'il reste de mois à courir. (Déc. min. 4 août 1845.)

En ce qui concerne les divers impôts particuliers énumérés ci-dessus, les lois qui les ont établis, en ayant, comme nous l'avons vu, assimilé la perception à celle des contributions directes, ils sont par cela même payables comme elles, c'est-à-dire par dou-

zièmes de mois en mois, sauf les exceptions que nous avons pris
soin d'indiquer. On a vu notamment qu'en ce qui concerne les
taxes pour la vérification des poids et mesures, la cote se perçoit
en une seule fois et quinze jours après la publication du rôle
(Ord. 21 décembre 1825, art. 7.)

36. Nous devons constater une différence, assez légère d'ailleurs,
entre les dispositions des lois et celles de l'article 1er du Règlement. Les décrets des 23 novembre-1er décembre 1790 et 13 jan-
vier-18 février 1791 ordonnaient que chaque douzième serait exigible le *dernier jour* du mois, tandis que le Règlement fixe au
premier du mois suivant l'époque du payement. Les lois intermé-
diaires ont-elles modifié à cet égard les dispositions de celles de
1790 et 1791? La loi du 3 frimaire an 7 et l'arrêté du 16 thermidor
an 8 ont maintenu en termes exprès la division de la contribution
en douze portions égales ; ils déclarent qu'elles seront payables
de mois en mois, mais sans fixer aussi positivement que les lois
précédentes le terme de rigueur. Faut-il en conclure que, par son
silence, la loi de frimaire an 7 a entendu abroger la disposition de
la loi de 1790, ou bien qu'elle a voulu, au contraire, la laisser dans
toute sa force, puisqu'elle ne la détruit pas expressément? Cette
dernière opinion paraîtrait plus conforme aux règles ordinaires de
l'interprétation des lois ; mais, indépendamment de ce que la question n'a au fond aucune importance bien réelle, ce qui en rend au
surplus l'examen assez inutile, c'est que le Règlement du Ministre,
reproduit à cet égard par l'article 61 de l'Instruction générale,
ayant adopté pour l'exigibilité des douzièmes échus le premier
jour du mois suivant, les percepteurs ne sauraient se dispenser de
se conformer à cette règle, qui est en faveur du contribuable. (Voir
à cet égard le *Commentaire* sur l'article 20, où nous nous occupons en même temps d'examiner ce qui constitue la qualité de
contribuables et de déterminer les circonstances où ceux-ci peuvent être passibles de poursuites.)

37. Si les contributions sont payables par douzièmes, il est évident que ces termes ont été établis en faveur du contribuable, et
par conséquent il est superflu d'ajouter que celui-ci peut, à son
gré, payer plus d'un douzième à la fois, et même sa cote tout entière. Mais pourrait-il payer moins d'un douzième? Cette question
semble d'abord puérile. Cependant cette prétention a été élevée
par des contribuables tracassiers, qui, dans le seul but de contrarier les opérations du percepteur et d'augmenter son travail, sou-
tenaient qu'ils avaient le droit de faire autant de versements par-
tiels qu'ils le jugeaient convenable. Évidemment les contribuables
n'ont pas ce droit. L'article 1244 du Code civil porte : «Le débi-

« teur ne peut point forcer le créancier à recevoir en partie le
« payement d'une dette même divisible. » Or, c'est bien le cas de
la dette de contribution. Comme nous le disons plus particulièrement ci-après (*Commentaire* sur l'art. 3), la cote d'impôt est établie
pour l'année, et elle est due en entier dès le premier janvier; la
division par douzièmes constitue seulement des termes accordés
au contribuable dans son intérêt; mais de ce que le Trésor consent
à n'être payé que par portions exigibles à la fin de chaque mois,
il n'en faut pas conclure qu'il puisse être contraint à morceler
encore le payement de ce qui lui est dû, en autant de subdivisions
qu'il plairait au débiteur. Cette concession nuirait au recouvrement et à l'ordre du service, en multipliant à l'infini les écritures
du percepteur. Celui-ci serait donc fondé à résister à une prétention si peu motivée, et comme le contribuable ne pourrait s'autoriser de ce refus pour ne pas acquitter ses douzièmes à l'échéance,
le percepteur ne devrait pas hésiter à le poursuivre en cas de non-
payement. Nous n'avons pas besoin d'ajouter que notre observation ne s'applique qu'aux contribuables de mauvaise volonté : car
si, en consentant à recevoir des à-comptes de moins d'un douzième,
le percepteur pouvait faciliter à des redevables peu aisés l'acquittement de leur dette, il ferait bien de les accepter dans l'intérêt
du recouvrement, qui doit toujours être le motif dominant de sa
conduite.

38. Les contributions directes sont payables en argent (D. 25 no-
vembre-1er décembre 1790, art. 5; L. 6 fructidor an 4, art. 32;
18 prairial an 5, art. 2, et 3 frimaire an 7, art. 1er), sauf les exceptions résultant des lois qui ont donné cours forcé aux billets de
la Banque de France. (Voir L. 12 août 1870; D. 12 décembre 1870.)

39. Elles sont à la fois quérables et portables, c'est-à-dire que le
percepteur est tenu de se rendre dans la commune où réside le
contribuable, et que celui-ci doit aller payer dans la maison où le
percepteur établit son bureau de recette. (Voir, à cet égard, le
Commentaire sur l'art. 26.)

ARTICLE 2.

La totalité du montant de la patente des marchands forains,
colporteurs et marchands vendant en ambulance, échoppe ou
étalage, est payable au moment de la délivrance de ladite patente,
conformément aux dispositions des articles 69 et 70 de la loi du
25 mars 1817.

1. Nous avons indiqué dans l'article précédent les lois qui ont établi l'impôt des patentes, et nous avons vu qu'il était, comme les autres contributions directes, payable par douzièmes; mais cette faculté n'existe que pour les commerçants domiciliés dans la commune.

Les marchands forains, les colporteurs et tous ceux qui vendent en ambulance, échoppe ou étalage, sont tenus, d'après l'article 2 du Règlement, de payer le montant total du droit au moment même où la patente leur est délivrée. On conçoit, en effet, que des marchands qui ne résident pas sur les lieux, ou dont l'industrie consiste à voyager de pays en pays, ou à exposer leurs marchandises sur la voie publique, n'ayant pas, à proprement parler, de domicile, ne présentent pas au Trésor des garanties suffisantes. Comment, d'ailleurs, le recouvrement par douzièmes serait-il praticable à l'égard de contribuables qui peuvent, de semaine en semaine, changer de résidence et ne plus revenir dans la commune où ils auraient payé le premier douzième? L'exception indiquée dans l'article 2 du Règlement était donc indispensable; elle résulte, au surplus, ainsi que le fait connaître cet article de la loi du 25 mars 1817, qui dispose en ces termes :

« Art. 69. Les marchands forains et colporteurs seront tenus d'acquitter le montant total de leur patente au moment où elle leur sera délivrée.

« Art. 70. Les marchands vendant en ambulance, échoppe ou étalage, dans les lieux de passage, places publiques, marchés des villes et des communes, des marchandises autres que des comestibles, seront pareillement tenus d'acquitter, au moment de la délivrance, le montant total de la patente à laquelle ils sont assujettis par la disposition finale du nombre 10 de la loi du 1er brumaire an 7. »

L'article 24 de la loi du 25 avril 1844 a reproduit la même idée sous une forme encore plus générale : « Les marchands forains, les colporteurs, les directeurs de troupes ambulantes, les entrepreneurs d'amusements et de jeux publics non sédentaires et tous autres patentables dont la profession n'est pas exercée à demeure fixe, sont tenus d'acquitter le montant total de leur cote au moment où la patente leur est délivrée. »

L'article 69 de la loi du 25 mars 1817 a introduit une dérogation remarquable à la loi du 13 floréal an 10. Cette dernière loi avait ordonné que les marchands forains payeraient la contribution entière de leur patente dans le premier mois; d'après la loi du 25 mars 1817 et celle du 25 avril 1844, c'est au moment même de la délivrance que ce payement doit avoir lieu.

2. Mais à quelle époque les contribuables sont-ils tenus de prendre leurs patentes?

Cette question n'est pas sans quelque importance pour l'intérêt du recouvrement. En effet, la loi de 1844, en disant que les marchands forains, etc., payeront le montant total de leur patente au moment de la délivrance, n'indique pas l'époque à laquelle cette patente devra être prise. Or, si cette époque était facultative de la part du patenté, celui-ci pourrait prolonger presque indéfiniment l'échéance de l'impôt.

L'article 27 de la loi du 25 avril 1844 dispose, il est vrai, que les commerçants seront, à toutes réquisitions, soumis à exhiber leur patente. L'article 28 ajoute que les marchandises mises en vente par les individus non munis de patente et vendant hors de leur domicile seront saisies ou séquestrées; elle prescrit contre l'individu non muni de patente qui exerce au lieu de son domicile la rédaction d'un procès-verbal qui sera transmis aux agents des contributions directes; mais le contribuable qui néglige de prendre sa patente n'a-t-il à courir que la chance de ces peines, et n'est-il soumis à aucune poursuite de la part des percepteurs?

Une remarque très simple décide la question.

L'imposition au rôle des patentes est entièrement indépendante de la *formule* qui doit être remise au commerçant et qui forme son titre. Lors même que celui-ci ne se présenterait pas pour la retirer, il n'en devrait pas moins l'impôt, en sa qualité seule de commerçant, et serait contraignable en vertu du rôle où il est porté.

Sans donc attendre que le patenté vienne réclamer sa *formule*, le percepteur peut le poursuivre, s'il n'a pas acquitté, à la fin du premier mois, le douzième de sa cote.

3. Quant à la *formule* elle-même, il n'y a plus intérêt à rechercher si les percepteurs peuvent forcer le contribuable à la prendre, puisque l'article 12 de la loi du 4 juin 1858 l'affranchit du droit de timbre, auquel elle était assujettie par les lois du 26 fructidor an 4 et du 1er brumaire an 7. (Voir ces lois à leur date.) Cependant il est à remarquer que le patenté qui, ayant égaré sa patente, se fera délivrer, en vertu de l'article 31 de la loi du 25 avril 1844, un certificat pour la remplacer, ne pourra obtenir ce certificat que sur une feuille de papier timbré du prix de 60 centimes, par application de l'article 12 de la loi du 13 brumaire an 7, combiné avec les lois de finances annuelles.

4. En même temps qu'on imposait aux commerçants l'obligation de représenter leur patente, il était juste de leur fournir les moyens de se la procurer le plus tôt possible. L'article 30 de la

loi du 25 avril 1844 y a pourvu : « Les agents des contributions peuvent, dit cet article, sur la demande qui leur en est faite, délivrer des patentes avant l'émission du rôle, après toutefois que les requérants ont acquitté, entre les mains du percepteur, les douzièmes échus, s'il s'agit d'individus domiciliés dans le ressort de la perception, ou la totalité du droit, s'il s'agit des patentables désignés en l'article 24 ci-dessus ou d'individus étrangers au ressort de la perception. »

La délivrance anticipée des formules ou celle des certificats destinés à remplacer la formule perdue est rarement réclamée, aujourd'hui que l'article 22 de la loi du 18 mai 1850 a abrogé l'article 29 de celle du 25 avril 1844, qui défendait de faire aucun acte relatif à la profession du patentable sans qu'il y fût fait mention de la patente, avec désignation de la date, du numéro et de la commune où elle avait été délivrée.

5. Les percepteurs, au surplus, ne sont chargés, en ce qui concerne les formules de patentes, que de leur délivrance aux patentés, et de la perception occasionnelle du prix du timbre des feuilles sur lesquelles seraient établis les certificats destinés à remplacer les formules égarées. Ils n'interviennent en aucune manière dans leur confection. D'après l'instruction du Ministre des finances, en date du 24 juin 1828, les directeurs des contributions directes doivent rédiger, pour chaque patenté, les formules de patentes et les adresser aux percepteurs, qui restent chargés de les présenter à la signature du maire de la commune et de les délivrer à chaque contribuable.

L'article 26 de la loi du 25 avril 1844 exige, outre le visa du maire, l'apposition du sceau de la commune.

6. Il avait été admis, lorsque la formule de patente devait être timbrée, qu'il ne serait expédié qu'une formule pour un même patenté, et que cette formule serait délivrée dans la commune où le patenté, qui ne devait alors qu'un seul droit fixe, était imposé à ce même droit. D'après la circulaire du 30 août 1858, le même patenté devant aujourd'hui un droit fixe distinct pour chacun des établissements qu'il possède, il doit être délivré une formule et, au besoin, un certificat, pour chaque article de rôle comprenant un droit fixe.

ARTICLE 3.

En cas de déménagement hors du ressort de la perception, comme en cas de décès, de faillite et de vente volontaire ou forcée, la contribution personnelle et mobilière est exigible pour la totalité de l'année courante.

ARTICLE 3 *bis*.

La taxe des patentes ne peut, en cas de décès, être exigée que pour les termes échus et le mois courant.

Dans toutes les autres circonstances déterminées par l'article 3, la taxe des patentes est exigible pour l'année entière.

1. La disposition de l'article 3 a été confirmée par les lois des 26 mars 1831, et 21 avril 1832. (Voir ces lois à leur date.) Mais elle résultait déjà d'un principe de droit commun qu'il est bon de rappeler pour la parfaite intelligence de notre article, et pour déterminer l'étendue qu'il convient de lui donner, dans son application aux différentes circonstances qui peuvent se présenter.

La faculté donnée au contribuable de payer l'impôt par douzièmes ne doit pas faire considérer chaque cote, ainsi divisée, comme autant de dettes partielles dont les contribuables ne seraient grevés qu'à l'expiration de chaque mois. La division par douzièmes n'a d'autre objet que d'accorder des termes pour le payement sans détruire l'unité de la dette. L'impôt est établi dès le commencement de l'année, et le contribuable le doit en totalité dès que le rôle est mis en recouvrement, bien que la loi lui accorde des délais pour s'acquitter; aussi un contribuable qui aurait payé, dans le premier mois de l'année, la totalité de sa cote, ne pourrait pas réclamer le remboursement des termes non échus, sous prétexte qu'il n'était tenu de payer que par douzièmes. On lui répondrait, avec l'article 1186 du Code civil, qu'il n'y a pas lieu de lui rembourser les sommes avancées, attendu qu'il n'a payé que ce qu'il devait.

D'après le même principe, le contribuable qui, dans le cours de l'année, et après la formation du rôle, prendrait une habitation d'un loyer supérieur à celui en raison duquel il a été imposé, ne serait soumis à aucune augmentation de taxe, pas plus qu'il ne serait dégrevé, dans l'hypothèse où il aurait pris un loyer d'un prix moins élevé que le premier. L'un et l'autre cas seraient régis par le principe de l'*annualité* de l'impôt.

Or, si la division par douzièmes n'est au fond qu'une série de termes de payements établis en faveur du contribuable, il doit en résulter que la contribution entière deviendra exigible toutes les fois que le contribuable diminuera les sûretés du Trésor, conformément au principe de l'article 1188 du Code civil, lequel déclare déchu du bénéfice du terme le débiteur qui a fait faillite ou qui diminue le gage de son créancier. C'est ce qui arrive à l'égard des contribuables dans les circonstances énumérées par l'article 3.

En cas de faillite, de décès, de déménagement, de vente des meubles, le Trésor peut craindre de voir disparaître sa garantie, et c'est le motif qui rend exigible la totalité de la contribution personnelle et mobilière.

Ce principe posé, nous examinerons successivement les divers cas prévus par l'article 3 du Règlement : 1° déménagement; 2° décès; 3° faillite; 4° vente volontaire ou forcée.

2. *Déménagement*. — En appliquant au cas de déménagement le principe que nous venons d'établir, on est conduit à faire, pour ce cas, une distinction quant à l'exigibilité des douzièmes non échus. Il est évident que le déménagement peut, en raison des circonstances, diminuer les garanties du Trésor, ou n'y rien enlever. Le contribuable qui, dans une petite commune, change d'habitation, ne diminue en aucune manière les sûretés du percepteur, et il serait trop rigoureux de le contraindre au payement de sa cote entière de contributions. Il en serait autrement, si le contribuable quittait la commune pour aller établir son domicile dans une autre : il est certain que, dans ce cas, le contribuable, transportant ses meubles hors des limites de la perception, enlèverait ainsi au percepteur le gage de l'impôt, et il était juste, par conséquent, de donner à celui-ci le droit d'exiger du contribuable l'intégralité de la cote. Mais l'article 3 du Règlement de 1824 n'avait pas assez clairement précisé le cas du déménagement, et la généralité de ses termes pouvait laisser croire que toutes les fois qu'un contribuable changeait de demeure, fût-ce sans sortir de la même rue, il y avait lieu de le contraindre à payer le montant total de sa contribution. Les lois précitées des 26 mars 1831 et 21 avril 1832, auxquelles le Règlement du 21 décembre 1839 s'est conformé, ont mieux déterminé les limites de l'obligation imposée à cet égard aux contribuables. « En cas de déménagement *hors du ressort de la perception*, dit l'article 22 de cette dernière loi, la contribution personnelle et mobilière sera exigible pour la totalité de l'année courante. » Ce n'est donc plus le simple déménagement dans la même commune, ni même dans l'une des autres communes de la perception qui rend la contribution entière exigible; il faut, pour que la dette entière devienne exigible, que le contribuable emporte ses meubles hors du ressort de la perception, c'est-à-dire sorte des limites territoriales dans lesquelles s'exerce l'action du percep-

teur. Ainsi dans une perception qui se compose de plusieurs communes, quelle que soit celle dans laquelle le contribuable aille fixer sa résidence, le percepteur ayant à son égard les mêmes facilités pour le recouvrement et pour la conservation du gage de l'impôt, les sûretés du Trésor ne sont diminuées en aucune manière, et la perception par douzièmes échus doit continuer. Par la raison opposée, dans une ville comme Paris, ou Nantes, par exemple, le simple changement de quartier pourrait placer le contribuable dans l'obligation d'acquitter l'intégralité de sa cote, si le quartier où il transporte son domicile appartenait à un autre arrondissement de perception que celui d'où il déménage. C'est ainsi que doit être interprété, selon nous, le texte précité de la loi du 21 avril 1832.

Cette disposition se coordonne d'ailleurs parfaitement avec celle qui prescrit aux propriétaires ou principaux locataires des maisons de faire aux percepteurs, un mois avant le déménagement de leurs locataires ou sous-locataires, la déclaration écrite de ce déménagement, et, à défaut, les rend responsables du montant de la contribution. (Voir, en ce qui concerne cette obligation, les articles 15, 16 et 16 *bis* du Règlement et les Notes qui les accompagnent.)

Pour la marche à suivre par les percepteurs dans le cas où les contribuables qui déménagent hors du ressort de la perception refuseraient d'acquitter la totalité de la cote à laquelle ils sont imposés pour l'année courante, et même les années antérieures qu'ils peuvent aussi devoir, nous renverrons également au *Commentaire* sur l'article 16.

3. *Décès.* — L'article 21 de la loi du 21 avril 1832, porte : « La contribution personnelle et mobilière étant établie pour l'année entière, lorsqu'un contribuable viendra à décéder dans le courant de l'année, les héritiers seront tenus d'acquitter le montant de sa cote. »

Cet article prévient les contestations qui auraient pu s'élever sur la question de savoir si la contribution personnelle et mobilière n'est pas une dette entièrement propre au contribuable, et tellement attachée à sa personne qu'elle doit s'éteindre avec lui. Il consacre le principe contraire et déclare, comme l'avait déjà décidé l'administration des finances, le 1er germinal an 11, que la cote personnelle et mobilière du contribuable décédé dans le cours de l'année devient une dette de sa succession. Mais il ne statue rien sur la question de savoir si la cote sera exigible immédiatement en totalité, ou bien si les héritiers auront, comme le défunt, la faculté de s'acquitter par douzièmes. Sous ce rapport, le Règlement va plus loin que la loi, puisqu'il ordonne le payement de la totalité.

Nonobstant le silence de la loi, nous pensons que la disposition du Règlement est parfaitement légale, et que le Trésor a le droit de réclamer des héritiers l'intégralité de la contribution de l'année. Nous n'ignorons pas qu'on peut dire, en faveur des héritiers, que l'ouverture de la succession n'a pas pour effet de rendre exigibles de plein droit les créances qui existaient contre le défunt, et qu'au contraire les héritiers, qui succèdent à ses droits comme à ses obligations, profitent, ainsi que lui, des bénéfices du terme. Mais cet argument ne nous paraît pas sans réplique : les biens de la succession venant à se partager entre les héritiers, il est certain que les garanties du Trésor diminuent, ainsi que la facilité du recouvrement. A supposer le cas, que nous examinerons plus loin à l'article 4 du Règlement, où le percepteur pourra poursuivre un seul héritier pour le payement de toute la contribution due par la succession, qui lui garantira que l'héritier le plus solvable continuera à l'être pendant toute l'année? Et s'il était obligé de diviser sa poursuite entre tous les cohéritiers, quels embarras n'en résulterait-t-il pas pour lui? Dans l'un comme dans l'autre cas, quelles chances de non-valeurs pour le Trésor! Si le simple déménagement hors du ressort de la perception a été jugé une circonstance assez grave pour rendre la totalité de l'impôt exigible, que dire du cas de décès, qui non-seulement transporte les meubles à un autre propriétaire, mais les dissémine entre plusieurs individus et les confond avec les biens de ces derniers? D'ailleurs, le fait du partage des meubles entre les héritiers en opérant le déplacement, n'est-ce pas là un déménagement, et, à ce titre, la disposition de l'article 21 de la loi du 21 avril 1832 ne devient-elle pas dès lors applicable? Enfin, s'il est vrai de dire que le décès ne détruit pas en général le bénéfice du terme à l'égard des créances ordinaires, cependant les créanciers qui craindraient que la confusion qui va s'opérer entre les biens de leur débiteur et ceux de ses héritiers ne diminuât leurs sûretés, trouvent dans la disposition de l'article 878 du Code civil le moyen d'assurer leurs droits : ils peuvent demander la *séparation du patrimoine du défunt d'avec celui de l'héritier*, c'est-à-dire, parvenir à empêcher tout partage et à se faire payer sur les biens mêmes de la succession. Le Trésor lui-même pourrait incontestablement prendre cette voie, puisque la loi du 12 novembre 1808, article 3, lui attribue, à l'égard des redevables, les mêmes droits que les autres créanciers. Mais cette loi aussi lui assure un privilége spécial dont le caractère et le but sont d'imprimer au recouvrement des contributions publiques une grande rapidité : or, comment supposer que le législateur, qui, dans d'autres cas où ses droits ne sont pas moins efficacement garantis, n'a pas hésité à prescrire le payement intégral de la cote de l'année, eût voulu se placer dans l'alternative de ne pouvoir assurer le recouvrement, si ce n'est en recourant aux formalités d'une procédure en demande de séparation de patrimoines?

Nous croyons donc qu'on ne saurait, dans le cas de décès du contribuable, pas plus que dans le cas de déménagement, refuser au percepteur le payement de la totalité de la cote de l'année.

Quant au mode de contrainte à exercer contre les héritiers pour obtenir le payement en cas de refus, nous traitons cette question à l'article 4 du Règlement.

4. *Faillite.* — Dans le cas de faillite ou de déconfiture du contribuable, il ne peut exister aucun doute : le percepteur a le droit de se faire payer la contribution personnelle et mobilière en entier. L'article 1188 du Code civil est textuellement applicable à ce cas, puisqu'il déclare, en termes formels, déchu du bénéfice du terme, le *débiteur qui a fait faillite.* Le Trésor n'est pas même soumis aux règles de la procédure ordinaire en cette matière, et n'est pas tenu d'agir par les mêmes voies que les autres créanciers. Il a été jugé que lorsque, pour la conservation des droits du Trésor, une contrainte avait été décernée, les poursuites ne pouvaient pas être arrêtées par la déclaration de la faillite du débiteur; que, dans ce cas, les meubles de ce dernier demeuraient affectés au privilége du Trésor et ne pouvaient être vendus qu'à son profit; qu'enfin, lorsque le Trésor public avait fait saisir les effets mobiliers d'un débiteur tombé en faillite, c'était à la requête des agents du Trésor et non des syndics que la vente devait être poursuivie. (Voir à leur date l'arrêt de la Cour de Bruxelles, 12 août 1811, et l'arrêt de la Cour de cassation, 9 janvier 1815.)

Ainsi, le percepteur, dans ce cas, doit s'adresser amiablement aux syndics et commissaires de la faillite, et, sur leur refus, il peut poursuivre purement et simplement dans les formes ordinaires la saisie et la vente des meubles, pour obtenir le payement des contributions dues par le failli.

5. *Vente volontaire ou forcée.* — Ce cas est encore un de ceux où le contribuable diminue évidemment les sûretés du Trésor, et où le percepteur peut, par application de l'article 1188 du Code civil, et conformément à l'article 21 de la loi du 21 avril 1832, réclamer le montant total de la contribution (1). Si la vente est

_____

(1) Nous pensons que l'exigibilité, en cas de vente forcée, de la totalité de la

volontaire et se fait à l'amiable, le percepteur doit, aussitôt qu'il
en est informé, faire sa demande au contribuable, et en cas de
refus, prendre, en vertu du privilége du Trésor, les mesures conservatoires prescrites par les articles 91, 92 et 93 du Règlement.
(Voir ces articles et les Notes.) Dans le cas où le percepteur aurait
été prévenu trop tard et n'aurait pas pu agir avant l'enlèvement
des meubles, la loi du 12 novembre 1808 (art. 2) lui réserve une
action analogue à celle qu'exerce le propriétaire d'une maison sur
les meubles qui étaient son gage, et qui ont été enlevés. (Art.
2102 du Code civil.) Il peut les suivre et les faire saisir entre les
mains du détenteur. Nous traitons particulièrement cette question dans le *Commentaire* sur l'article 16.

Si la vente avait lieu par autorité de justice, le percepteur
ferait sa demande à l'huissier ou au commissaire-priseur qui aurait
fait la vente. La loi du 18 août 1791 et celle du 12 novembre 1808
obligent ces officiers ministériels à délivrer les fonds jusqu'à concurrence du montant des contributions dues. (Voir, pour ce cas,
l'art. 14 et les Notes.)

6. L'article 3 du Règlement, ainsi que les lois des 26 mars 1831
et 21 avril 1832, en établissant le principe de l'exigibilité du total
de la contribution, dans les cas indiqués, n'applique ces dispositions qu'à la contribution personnelle et mobilière; mais les motifs
sont les mêmes à l'égard des autres contributions directes, et l'on
sait d'ailleurs que la loi du 12 novembre 1808 met sur la même
ligne, quant au privilége, les contributions mobilière, des portes
et fenêtres et des patentes et toutes les autres contributions
directes. Si donc le législateur ne s'en était pas formellement
expliqué, l'exigibilité de l'année entière serait la règle commune.

Mais déjà, en ce qui concerne la contribution des patentes,
l'article 26 de la loi du 18 floréal an 10 déclarait qu'au cas de
décès la patente n'était exigible que pour les mois échus et le
mois courant. C'est dans cet état de la législation qu'a été rédigé
l'article 3 *bis* du Règlement du 21 décembre 1839. L'article 24 § 3
de la loi du 25 avril 1844 ajoute au cas de décès celui de faillite:
« En cas de fermeture des magasins, boutiques et ateliers, par
suite de décès ou de faillite *déclarée*, les droits ne seront dus que
pour le passé et le mois courant. Sur la réclamation des parties
intéressées, il sera accordé décharge du surplus de la taxe. »

Il résulte des termes de cette disposition qu'il n'y a lieu à
décharge qu'autant qu'il y a cessation de la profession, et qu'elle

---

contribution, s'applique même au cas où c'est le percepteur qui a fait vendre pour
être payé des termes échus de l'impôt. (Voir le *Commentaire* sur l'art. 65.)

n'est point continuée, après le décès, par la veuve ou les héritiers; après la faillite, par le syndic ou l'union des créanciers. La patente ne cesse point d'être due si la matière imposable n'a pas cessé d'exister; mais au moins faut-il qu'il n'y ait point double emploi et qu'un établissement ne supporte jamais, au cours d'une année, des droits plus élevés que ceux dus pour une année entière. Le paragraphe 2 de l'article 23 de la loi du 25 avril 1844 y a pourvu en déclarant « qu'en cas de cession d'établissement, la patente sera, sur la demande du cédant, transférée à son successeur. »

Ainsi, l'article 3 *bis*, outre l'exception qu'il édicte, pour le cas de décès, devra, lors d'une nouvelle rédaction, prévoir en outre les cas de faillite déclarée et de cession d'établissement régulièrement constatée par un arrêté de mutation du préfet.

7. Sous le bénéfice de ces restrictions, particulières à la contribution des patentes, il reste établi qu'en cas de déménagement, de faillite, de vente forcée ou volontaire des meubles, la contribution des patentes, celle des portes et fenêtres, sont exigibles pour la cote de l'année. Peut-être soutiendrait-on avec quelque raison que le déménagement ou la vente forcée ou volontaire des meubles ne devrait pas faire perdre le bénéfice du terme en ce qui concerne la contribution foncière, attendu que ces circonstances ne diminuent véritablement pas les sûretés du Trésor, puisque cette contribution n'est privilégiée que sur les fruits et revenus des immeubles, comme nous le verrons à l'article 11 du Règlement. Mais, d'après le même principe, il faudrait du moins admettre que la faillite, le décès, la vente forcée ou amiable de l'immeuble ou des récoltes, doivent soumettre le contribuable au payement intégral de la contribution de l'année. Dans ces circonstances, en effet, on ne peut se refuser à reconnaître que la garantie du Trésor cesse d'être assurée. (Voir, au surplus, sur l'ensemble des questions qui se rattachent aux articles 3 et 3 *bis*, le *Commentaire* sur les articles 4, 11, 14, 16, 91 et 92 du Règlement.)

ARTICLE 4.

Les héritiers ou légataires peuvent être poursuivis solidairement, et un pour tous, à raison des contributions de ceux dont ils ont hérité ou auxquels ils ont succédé, tant que la mutation n'a pas été opérée sur le rôle.

1. Pour bien faire comprendre la portée de cet article, il n'est pas inutile de rappeler sommairement quels sont en général, en

cas de décès du débiteur, les droits des créanciers ordinaires sur les biens de la succession et à l'égard des héritiers. Nous examinerons ensuite si le Trésor a quelque privilége particulier qui le place, en cette matière, en dehors du droit commun.

Lorsque par le fait de la mort naturelle ou civile d'un individu, sa succession vient à s'ouvrir (C. civil, art. 718), ses biens sont immédiatement et de plein droit dévolus à ses héritiers, sous l'obligation d'acquitter les dettes (art. 724), chacun au prorata de sa part héréditaire (art. 870). Tous les titres qui étaient exécutoires contre le défunt le deviennent contre l'héritier personnellement, et il peut être poursuivi huit jours après la signification qui lui est faite de ces titres (art. 877), pourvu que d'ailleurs il ait accepté la succession. Il lui est accordé trois mois pour faire inventaire et quarante jours pour délibérer sur son acceptation (art. 795), pendant lesquels délais il ne peut être contraint à prendre qualité, et on ne peut obtenir contre lui de condamnation (art. 797).

Les créanciers ont donc contre les héritiers une action qui se divise entre eux, et qui ne peut même être exercée qu'après les délais déterminés à partir du décès. Mais s'ils préfèrent empêcher la confusion des biens de la succession et des biens personnels de l'héritier, ils peuvent demander la séparation du patrimoine de ce dernier d'avec celui du défunt (art. 879), de manière à conserver leurs droits distincts. Enfin, pour la garantie de ces divers droits, les créanciers ont la faculté, aussitôt après le décès de leur débiteur, de requérir l'apposition des scellés. (C. proc. civile, art. 909.)

Incontestablement, le Trésor a les mêmes droits, et il peut les exercer sous les mêmes réserves et conditions; mais nous pensons qu'il a, en outre, un droit plus étendu qui résulte du privilége attribué aux contributions directes. C'est ce que nous aurons occasion de démontrer en développant les diverses circonstances dans lesquelles peut se trouver le percepteur en cas de décès d'un contribuable, et en indiquant la marche qu'il doit suivre, soit qu'il agisse au moment même où la succession s'ouvre, et avant que les héritiers aient pris matériellement possession des biens; soit qu'après le partage, il ait à exercer son action contre les héritiers ou les légataires.

2. Lorsqu'un contribuable vient à mourir, le plus sage parti à prendre pour le percepteur, s'il a pu être informé du décès, c'est de s'adresser, avant le partage des biens, à la succession elle-même, c'est-à-dire à ceux qui la représentent, les héritiers, la veuve, les légataires, les curateurs, les exécuteurs testamentaires, toutes les personnes enfin que la notoriété publique désigne

comme intéressées à la succession ou comme chargées de l'administrer. Il doit leur demander amiablement les contributions dues, y compris celles de l'année courante, en leur démontrant que ces contributions étant privilégiées, il ne peut jamais y avoir pour les administrateurs d'une succession, non plus que pour les héritiers, aucune espèce d'inconvénients à les acquitter immédiatement ; le refus, au contraire, les exposerait aux frais que le percepteur pourrait faire pour assurer les droits du Trésor.

En effet, si celui-ci pouvait craindre que les héritiers fussent peu solvables et que le partage qu'ils se feraient des biens ne compromît le recouvrement en disséminant le gage de l'impôt, il pourrait, comme tout autre créancier, requérir l'apposition des scellés, aux termes de l'article 820 du Code civil, qui porte que : « Les créanciers peuvent requérir l'apposition des scellés en vertu d'un titre exécutoire ou de la permission du juge. » Le rôle étant un titre exécutoire, le percepteur n'a besoin d'aucune autre permission ; attendu même que la réquisition des scellés est un acte conservatoire, le percepteur pourrait la faire, sans aucune mise en demeure ni sommation préalable aux héritiers, et sans passer par aucun des degrés de poursuites indiqués au Règlement pour les cas ordinaires. Pour parvenir à l'apposition des scellés, le percepteur se rendrait chez le juge de paix, lui exposerait que le contribuable décédé était débiteur de contributions et le requerrait, en vertu du rôle dont il est porteur, de procéder à l'apposition des scellés pour la conservation des droits du Trésor. Au besoin, il lui présenterait requête par écrit. (Voir le modèle de cet acte, n° 47.)

Si le scellé avait déjà été apposé par d'autres créanciers ou ayants-cause, le percepteur se bornerait alors, conformément à l'article 821 du Code civil, à former *opposition aux scellés*. Cet acte conservatoire aurait pour effet d'empêcher que le scellé ne fût levé sans que percepteur y fût appelé, et qu'il fût rien fait au préjudice du Trésor. Cette opposition peut être faite par une déclaration sur le procès-verbal de scellés ou par un exploit signifié au greffier du juge de paix, conformément à l'article 909 du Code de procédure civile. Le premier de ces modes paraît plus convenable en ce qu'il entraîne moins de frais, et les percepteurs devraient l'employer de préférence. (Voir le modèle de cette déclaration, n° 48.)

Si l'on employait la voie de *l'exploit*, il devrait être signifié par le ministère d'un porteur de contraintes, conformément à l'article 34 du Règlement. (Voir le modèle de cet acte, n° 49.)

3. Ces actes conservatoires faits, le percepteur attendrait que

les héritiers ou les ayants-cause fissent liquider la succession, et il se présenterait alors pour faire valoir le privilége du Trésor. Mais il est encore une voie plus prompte que le percepteur pourrait adopter, suivant nous, s'il ne croyait pas devoir user de quelques ménagement envers la succession, ou s'il avait lieu de craindre la disparition des meubles : ce serait de faire procéder à la saisie, en se conformant aux dispositions des articles 91 et 92 du Règlement. (Voir le *Commentaire* sur ces articles.)

Ce droit ne pourrait pas, à notre avis, lui être contesté. Les créanciers ordinaires ne pourraient sans doute agir de cette manière, obligés qu'ils sont de se soumettre aux délais et aux formes prescrites par le Code. Ils n'auraient d'autre voie d'exécution que de faire apposer les scellés et de requérir ensuite la vente du mobilier avec toutes les formalités voulues. Mais il en est autrement du Trésor. Soit que l'héritier ait accepté la succession purement et simplement, soit qu'il ne l'ait prise que sous bénéfice d'inventaire, les formalités et les délais imposés aux créanciers ordinaires par le Code civil ne peuvent être opposés au percepteur qui est placé sous l'empire d'une législation spéciale et qui jouit de priviléges particuliers. « Il y a toujours urgence, en effet, à faire rentrer les sommes dues au Trésor public, et les changements qui surviennent dans l'état de ses redevables ne doivent apporter aucune altération à son privilége. Enfin, d'après l'article 2098 du Code civil, les droits du Trésor devant, en principe, être réglés par les lois qui leur sont propres, il en résulte que, lorsqu'il s'agit de l'exercice de ces droits, les lois générales ne peuvent être invoquées, s'il existe sur la matière des dispositions spéciales qui ont tracé des formes particulières de procéder. »

Ces considérations que nous empruntons aux arrêts des Cours d'appel et de la Cour de cassation, qui ont décidé qu'en cas de faillite de ses redevables, le Trésor n'était pas obligé d'observer les formes et les délais auxquels la législation subordonne, dans ce cas, l'exercice des droits de créanciers ordinaires (Voir le *Commentaire* sur l'article 3, n° 4.), ces considérations, disons-nous, paraissent entièrement applicables au cas de l'ouverture d'une succession. La loi du 12 novembre 1808, article 1er, donne, en effet, au percepteur le droit d'exercer le privilége du Trésor sur les biens des redevables *en quelque lieu qu'ils se trouvent*; d'où il résulte en sa faveur une action particulière que ne sauraient arrêter ni le décès du contribuable ni les formalités de la procédure ordinaire des successions. Nous développons longuement ci-après, n°s 5 et suivants, la nature de cette action et ses conséquences. Nous nous bornerons donc à nous référer à ces explications, en déclarant que le percepteur, en cas de refus des héritiers ou ayants-cause de payer immédiatement les contributions dues, aurait le droit de faire procéder, après commandement préalable signifié aux détenteurs de la succession, à la saisie des meubles ou des récoltes, et ensuite à la vente, en se conformant aux règles ordinaires.

Mais si la succession a été partagée entre les héritiers et les légataires, quels sont les droits du percepteur à l'égard de ceux-ci, et comment doit-il s'y prendre pour les exercer ? Tel est particulièrement l'objet de l'article 4 dont nous nous occupons.

4. Nous avons vu, à l'article 3, qu'en cas de décès d'un contribuable dans le cours de l'année, la contribution était une dette de la succession, et qu'elle devait être acquittée par les héritiers. C'est là une conséquence du principe de droit commun qui oblige ceux qui profitent des biens d'une hérédité à en supporter les charges. Mais, en rappelant l'obligation des héritiers, l'article 21 de la loi du 21 avril 1832 n'indique pas, comme le fait l'article 4 du Règlement, que cette obligation est *solidaire*, et qu'ils peuvent être contraints *un pour tous*. Ce point était cependant fort essentiel à régler, et il est d'autant plus à regretter que la dernière loi rendue sur la matière n'ait pas tranché formellement la question, qu'il faut reconnaître que les lois antérieures n'en donnent pas la solution d'une manière assez explicite pour rendre toute controverse impossible. On peut même citer à cet égard des précédents qui attesteraient quelque incertitude dans la jurisprudence de l'Administration. Nous n'en donnerons qu'un exemple :

Dans le mois d'avril 1825, le sieur Martin fit acquitter les cinq premiers douzièmes de sa contribution personnelle et mobilière de 1825, à laquelle il se trouvait imposé au rôle de la ville de Nantes, qui venait d'être mis en recouvrement. Dans le mois de mai suivant, le sieur Martin décéda ; aucune apposition de scellés, aucun inventaire n'eurent lieu après sa mort. Sa succession fut immédiatement partagée entre ses trois héritiers présents et majeurs. Le sieur Lefebvre, l'un d'eux, fixa son domicile à Nantes, et les deux autres allèrent demeurer à Bordeaux.

Le percepteur de la ville de Nantes réclama au sieur Lefebvre le solde de la contribution personnelle du sieur Martin dont il avait hérité. Sa demande était fondée sur les articles 3 et 4 du Règlement, portant qu'en cas de décès la contribution personnelle et mobilière est exigible pour la totalité de l'année courante, et que les héritiers peuvent être poursuivis solidairement et un pour tous, à raison des contributions de ceux dont ils ont hérité.

Le sieur Lefebvre refusa de payer en totalité le reliquat dû par le sieur Martin : il offrit seulement d'en acquitter sa quote part dans les délais déterminés par la loi. Selon le sieur Lefebvre, les héritiers ne sont tenus des dettes de la succession que chacun dans la proportion de ce qu'il y prend, et le décès du débiteur ne rend point exigibles ses obligations non échues.

Telle est, disait cet héritier, la loi générale; il ajoutait qu'il n'y a été dérogé par aucune loi particulière en ce qui concerne les contributions directes.

Dans cette circonstance, le préfet de la Loire-Inférieure crut devoir appeler l'attention du Ministre des finances sur les différentes difficultés qui étaient soulevées et le prier de vouloir bien décider si, dans l'état actuel de la législation, on pouvait contraindre le sieur Lefebvre solidairement pour la taxe personnelle du sieur Martin, ou seulement pour la portion qu'il devait personnellement; et si lui et ses cohéritiers pouvaient jouir, pour le payement de cette taxe, des mêmes délais que les autres contribuables?

Le ministère répondit le 20 décembre 1825 à ces deux questions : sur celle de savoir si le décès du contribuable rendait la contribution exigible en entier, il se prononça pour l'affirmative. Nous avons discuté cette question dans le *Commentaire* sur l'article 3.

Quant à celle relative à la solidarité, le ministère pensa que : « la solidarité des héritiers pour le payement de la contribution personnelle et mobilière due par le contribuable auquel ils ont succédé, ne pouvait être généralement invoquée, puisque l'article 870 du Code civil établit qu'ils sont seulement passibles des dettes de la succession en raison de la part qu'il y prennent; mais qu'il fallait remarquer que, pour l'exécution de l'article précité du Code civil, il est nécessaire qu'à l'ouverture de la succession il ait été fait inventaire des objets qui en faisaient partie, que les héritiers aient pris qualité et qu'ils aient fait un partage régulier, afin que la part de chacun d'eux puisse être connue d'une manière certaine, et que celui d'entre eux de qui une créance serait réclamée puisse établir la distinction de ce qui le regarde personnellement et de ce qui peut être relatif à ses cohéritiers. Tant que cette distinction n'est point établie par des pièces authentiques, la succession est présumée indivise, et les créanciers peuvent l'attaquer en s'adressant à l'un des héritiers. »

Le Ministre, comme on le voit, ne paraissait pas admettre d'une manière aussi absolue que l'indique l'article 4 du Règlement, la solidarité des héritiers; et cette opinion, abstraction faite des termes mêmes de la lettre ci-dessus, qui, sous le rapport des principes du droit, pourraient n'être pas à l'abri de toute observation, nous paraît plus conforme à la législation. L'article 1202 du Code civil porte, en effet, que la solidarité ne se présume point, et qu'il faut qu'elle soit expressément stipulée, à moins qu'elle ne résulte d'une disposition de la loi. Il serait donc nécessaire, pour que les héritiers fussent de plein droit débiteurs solidaires des contributions dues par le défunt, que cette solidarité leur eût été formellement imposée par une disposition législative. Or, on ne saurait citer à cet égard aucun texte de loi positif ou dont on pût même induire indirectement cette solidarité : on serait donc réduit à la *présumer*, et, comme nous l'avons dit, cela ne peut être, d'après l'article 1202 du Code civil.

5. Mais le Trésor et le percepteur qui agit en son nom seront-ils donc obligés, pour une faible cote, de diviser leurs poursuites entre un nombre plus ou moins considérable d'héritiers, qui le plus souvent n'habiteront pas sur les lieux et qui se trouveront disséminés peut-être dans toutes les contrées de la France? Cet inconvénient serait sans doute grave; mais on va voir que la législation spéciale des contributions directes fournit aux percepteurs les moyens d'y échapper. Nous voulons parler de la loi du 12 novembre 1808, qui a réglé le privilége du Trésor en cette matière. D'après l'article 1er de cette loi, l'un des effets de ce privilége, est, comme nous l'avons dit plus haut, de s'exercer sur les biens qui y sont soumis, *en quelque lieu qu'ils se trouvent* (1). Ce droit a une sorte d'analogie avec celui que donne l'hypothèque qui permet de suivre l'immeuble hypothéqué en quelque main qu'il passe. Or, il faut se rappeler que l'article 873 du Code civil déclare chaque héritier tenu des dettes *personnellement* pour sa part et portion, mais *hypothécairement* pour le tout : c'est-à-dire que, malgré le principe de la divisibilité des dettes, l'héritier qui est détenteur d'un immeuble de la succession, sur lequel existe une dette hypothécaire, reste soumis, pour le tout, aux poursuites du créancier sur l'immeuble hypothéqué, sauf son recours contre ses cohéritiers. Nous n'ignorons pas qu'on peut objecter que ce droit de suite est particulier au privilége sur les immeubles, et qu'il n'est pas admis de la même manière à l'égard des meubles; d'où on pourrait conclure que l'analogie n'est pas applicable au privilége du Trésor, puisque ce privilége, comme nous le verrons à l'article 11 du Règlement, ne porte que sur les *effets mobiliers*. Cependant nous ferons observer qu'en ce qui concerne l'action des

---

(1) Voir, pour les conséquences générales de la loi du 12 novembre, et, pour tout ce qui touche au privilége du Trésor, le *Commentaire* sur les articles 11, 12, 13, 14, 15 et 16 du *Règlement*.

créanciers contre les héritiers, relativement aux dettes de la succession, il est des circonstances où, par suite d'un privilége sur les meubles, et malgré le principe de la divisibilité des dettes, un des héritiers pourrait être tenu de payer la totalité de la dette, sauf son recours contre ses cohéritiers. Ainsi, par exemple, nous ne doutons pas que le propriétaire privilégié pour les loyers et fermages des immeubles, sur les fruits de la récolte de l'année et sur tout ce qui garnit la maison ou la ferme; le vendeur, sur les effets mobiliers non payés; le voiturier, sur la chose voiturée; en un mot, tous les créanciers privilégiés sur certains meubles aux termes de l'article 2102 du Code civil, ne seraient pas obligés de diviser leur action entre tous les héritiers pour le recouvrement de leur créance : ils pourraient incontestablement, selon nous, se faire payer par celui des héritiers entre les mains de qui se trouve la chose sur laquelle ils sont privilégiés. Le Trésor nous paraît être absolument dans la même position et avoir les mêmes droits à l'égard des récoltes et autres effets mobiliers affectés à son privilége. Puisque, aux termes de l'article 1er de la loi du 12 novembre 1808, ce privilége peut s'exercer sur les meubles *en quelque lieu qu'ils se trouvent*, n'est-il pas évident que le percepteur doit avoir le droit de les saisir entre les mains des héritiers, même après le partage?

6. En vain, dirait-on que le décès du contribuable a eu pour effet de le dessaisir immédiatement de la propriété de ses biens pour en investir les héritiers, et que dès lors ces biens ayant cessé légalement de lui appartenir, ne peuvent plus être soumis au privilége du Trésor, puisque la loi de 1808 ne donne à celui-ci le droit de saisir partout où ils se trouvent que les meubles *appartenant au contribuable*. Cette objection, qui ne repose que sur une fiction de droit, ne serait pas fondée. Sans doute, pour que la propriété des biens ne reste jamais un seul moment incertaine, le législateur en a saisi les héritiers à l'heure même du décès de leur auteur; mais ce principe n'est pas tellement absolu, la fiction n'a pas tellement pris la place de la réalité que la loi elle-même ne distingue formellement, dans plusieurs circonstances, les biens du défunt de ceux de ses héritiers : et cette distinction a lieu toutes les fois qu'elle est requise dans l'intérêt, soit des créanciers du décédé, soit des héritiers eux-mêmes. La séparation des patrimoines et le bénéfice d'inventaire en sont des témoignages irrécusables. Il n'y aurait par conséquent, sous ce rapport, aucun empêchement à l'exercice du privilége du Trésor sur les biens meubles recueillis par l'un des héritiers dans la succession du contribuable. Au surplus, un droit analogue existe au profit du Trésor en

ce qui concerne le recouvrement des droits de mutation. La Régie a, d'après l'article 32 de la loi du 22 frimaire an 7, une action sur les revenus des biens à déclarer, en quelques mains qu'ils se trouvent.

7. Mais, afin de mieux préciser la nature de l'action qui, selon nous, doit appartenir au percepteur, nous demandons la permission de donner en quelques mots une explication que jugeront sans doute indispensable ceux de nos lecteurs à qui les principes du droit civil ne seraient pas familiers. Les jurisconsultes reconnaissent deux espèces d'actions qui ont leur origine dans la nature même du droit à poursuivre : *l'action personnelle* et *l'action réelle*. L'action est *personnelle* quand celui contre qui elle est dirigée est obligé personnellement : elle s'exerce sur tous ses biens, en vertu du principe qui affecte toutes les propriétés du débiteur au payement de ses dettes. L'action est *réelle*, quand celui qu'on poursuit est principalement obligé, en sa qualité de détenteur d'une chose sur laquelle le créancier a un droit spécial : elle s'exerce sur la chose même plus particulièrement que contre le débiteur. Par exemple, un individu a contracté un emprunt et s'est engagé en conséquence à payer une somme d'argent. C'est là une obligation qui donnera ouverture à une *action personnelle*. Qu'un individu ait acheté un meuble ou un objet qui avait été volé, le propriétaire a contre lui, d'après certaines règles et dans les délais déterminés, une action pour obtenir la restitution de l'objet vendu : c'est là une *action réelle*. Dans le cas où un individu se trouverait détenteur de biens appartenant à un contribuable et serait poursuivi à ce titre, ce serait encore là une *action réelle*. Ce détenteur, en effet, n'est pas *personnellement* débiteur, comme l'est le contribuable lui-même; il n'est soumis au privilége du Trésor qu'à l'occasion des meubles qu'il détient : l'action est *réelle*. La position de l'héritier dans le cas dont nous avons parlé serait de même nature, et l'action que le Trésor exercerait dans ce cas contre lui, pour se faire payer par privilége sur les biens de la succession qui sont entre ses mains, jusqu'à concurrence des contributions dues par le défunt, serait une *action réelle;* tandis que celle qu'il exercerait contre le même héritier, pour l'obliger à payer pour sa part et portion, et en sa seule qualité d'héritier, une partie desdites contributions, serait une action purement *personnelle*. (Voir le *Commentaire* sur l'art. 14.)

8. Cette distinction, que nous aurons à rappeler quand nous nous occuperons particulièrement des effets du privilége du Trésor, nous aidera dès à présent à faire comprendre comment, tout en respectant le principe de la divisibilité de la dette de contribu-

tion entre les héritiers du redevable, nous arrivons à établir que le percepteur peut, dans la plupart des cas, obtenir d'un seul des héritiers le payement de la cote due par la succession, aussi bien que si la solidarité avait été déclarée par la loi d'une manière absolue. En effet, il ne faut pas perdre de vue qu'abstraction faite de leur qualité d'héritiers ou de légataires, ceux qui se sont partagé les biens d'une succession sont de véritables tiers détenteurs d'objets provenant d'un contribuable, et ils doivent à ce titre supporter la poursuite que peut exercer le percepteur sur ces objets, jusqu'à concurrence des contributions dues. Au fond, il n'y a pas lieu, dans ce cas, de s'occuper de la question de savoir si les héritiers sont ou ne sont pas solidaires, puisque ce n'est pas à proprement parler à titre d'héritiers qu'ils sont tenus et que l'action est dirigée bien moins contre eux que contre les biens dont ils se sont mis en possession.

9. Mais, en supposant que cette action réelle n'ait pas pu être suivie; que, par exemple, le mobilier ait été vendu ou bien qu'il soit insuffisant, le percepteur n'en conserve pas moins ses droits contre les héritiers en cette dernière qualité. Ceux-ci, en effet, ont succédé aux dettes du défunt comme ils ont succédé à ses biens, et ils peuvent être poursuivis lors même qu'ils n'auraient plus entre les mains aucun des objets qui ont appartenu au décédé et qui formaient le gage de l'impôt. Seulement alors ils ne sont tenus, ainsi que nous l'avons dit, que chacun pour sa part et portion héréditaire, et non pas solidairement; le percepteur n'a plus à leur égard de privilége particulier, et il doit suivre les règles et les formes prescrites aux créanciers ordinaires par la loi des successions.

10. Ainsi, en nous résumant sur ce premier point, le percepteur a donc contre les héritiers du contribuable décédé, et pour le recouvrement des cotes de contributions dues par lui, deux modes d'action qui lui permettent d'exercer les droits du Trésor à la fois sur les biens particuliers de la succession, et sur les biens personnels de l'héritier. L'un de ces modes n'exclut pas l'autre ; mais, comme nous l'avons fait observer, les effets en sont différents. Ainsi, l'héritier qui s'est mis en possession des biens de la succession est, à l'égard du Trésor, soumis à la fois à une *action réelle*, à cause du privilége de la contribution sur les biens provenant du contribuable décédé, et à une *action personnelle*, à cause de sa qualité d'héritier et par le fait seul de l'acceptation de la succession. Mais, dans le premier cas, il n'est tenu au payement de la contribution qu'autant que la cote réclamée est privilégiée sur les biens qu'il a pris dans la succession, et que jusqu'à

concurrence de la valeur desdits biens. Dans le second cas, il est tenu sur la généralité de ses biens personnels, non pas solidairement, mais seulement pour sa part et portion héréditaire. Il en résulte que si le percepteur ne peut pas, en cas d'insuffisance des biens provenant de la succession, exiger de chaque héritier plus que sa part individuelle, l'héritier, de son côté, ne pourrait pas se refuser à payer cette portion, sous le prétexte que la contribution réclamée était assise et privilégiée sur les récoltes d'un immeuble, par exemple, qui, par l'effet du partage, est passé dans les mains d'un de ses cohéritiers. Il ne le pourrait pas, lors même que dans l'acte de partage il aurait été convenu entre les héritiers que celui dans le lot duquel est tombé l'immeuble payera seul les cotes foncières qui étaient dues : ce serait là, en effet, une stipulation particulière, bonne pour les héritiers entre eux, mais qui est étrangère au Trésor, et ne saurait le lier en aucune manière. *L'action personnelle* et *l'action réelle* peuvent donc être suivies concurremment ou séparément, soit à l'égard de tous les héritiers, soit à l'égard d'un seul, suivant que l'exige l'intérêt du recouvrement. (Voir 2ᵉ partie, p. 123, A. du Conseil, qui confirme ce principe.)

11. Cela posé, examinons maintenant quelles sont les conditions de l'une et de l'autre de ces actions; comment et dans quelles circonstances elles peuvent être exercées? Nous parlerons succinctement des héritiers et des légataires.

Tout le monde sait que les successions peuvent être acceptées par les héritiers, soit *purement et simplement*, soit sous *bénéfice d'inventaire*. Nous ne nous occuperons pas de la manière dont ces deux modes d'acceptation s'opèrent et se constatent; nous ne pouvons pas faire ici un Traité des successions. Le résultat le plus essentiel qui les distingue, et le seul que nous ayons à rappeler, c'est que l'héritier *pur et simple* est tenu de toutes les dettes de la succession personnellement, à quelque somme qu'elles s'élèvent, et lors même qu'elles dépasseraient les valeurs des biens recueillis dans la succession. Au contraire, *l'héritier bénéficiaire* conserve l'avantage de ne pas confondre ses biens avec ceux du défunt et de ne payer les dettes de la succession que jusqu'à concurrence de la valeur des biens qu'il y recueille.

La conséquence de ces deux positions, c'est que l'héritier bénéficiaire ne peut jamais être contraint sur ses biens personnels au payement des dettes et, par suite, des contributions assises sur les effets mobiliers ou immobiliers de la succession. Ses biens ne se confondant pas, en effet, avec ceux de l'hérédité, il ne devient pas personnellement débiteur des créanciers du défunt. Il n'est tenu, d'après le Code, que jusqu'à concurrence de la valeur des biens qu'il a recueillis. Par conséquent, le percepteur ne pourrait exercer à son égard qu'une action tendant à être colloqué sur l'actif même de la succession. Or, aux termes de l'article 808, l'héritier bénéficiaire doit payer les créanciers de la succession à mesure qu'ils se présentent. L'article ajoute que, s'il y avait cependant des créanciers opposants, il ne pourrait payer que de la manière réglée par le juge; mais, même dans cette dernière hypothèse, il ne serait pas fondé, selon nous, à refuser de solder, sur les deniers de la succession, les sommes réclamées par le percepteur pour les cotes exigibles : l'*action réelle* sur les biens provenant du redevable décédé, et dont nous avons parlé ci-dessus, peut évidemment être exercée en pareil cas, et rien n'empêcherait l'agent du Trésor de faire saisir et vendre les objets affectés au privilége de l'impôt. Au fond, l'héritier bénéficiaire n'a pas besoin d'attendre que l'ordre des payements ait été réglé par le juge, puisque l'article 1er de la loi du 12 novembre 1808 déclare la créance du Trésor privilégiée sur toutes les autres, et que l'article 2 de la même loi impose aux tiers détenteurs l'obligation de payer les contributions dues, sur la simple demande du percepteur. L'effet de l'acceptation d'une succession sous bénéfice d'inventaire étant, comme nous l'avons fait observer, d'empêcher la confusion des biens du défunt avec ceux de l'héritier, il est évident que, dans ce cas, l'héritier bénéficiaire peut être considéré comme un tiers détenteur des biens de la succession. (Voir le *Commentaire* sur l'art. 14.)

Mais, en supposant que ces biens fussent insuffisants, le percepteur ne pourrait pas poursuivre l'héritier bénéficiaire personnellement, pour être payé sur les propriétés privées de ce dernier.

12. Il en serait tout autrement à l'égard de *l'héritier pur et simple*. Celui-ci, en effet, étant tenu indéfiniment de toutes les dettes de la succession, non-seulement est soumis à une action réelle sur les biens du défunt qu'il a recueillis et qui sont entre ses mains, mais, en cas d'insuffisance de ceux-ci, et en supposant même qu'il n'en eût recueilli aucun, il n'en serait pas moins devenu débiteur personnel des contributions dues par le défunt, et, à ce titre, passible personnellement de l'action que le percepteur pourrait exercer sur la généralité de ses biens. Seulement et à l'égard de cette obligation personnelle, il ne serait tenu, comme nous l'avons fait observer, et comme l'admet le Ministre des finances dans sa lettre du 20 décembre 1825, que pour sa part et portion, sauf au percepteur à poursuivre les autres cohéritiers, chacun en raison de sa part héréditaire. Nous croyons avoir suffisamment éclairci ce point. Mais, pour que les comptables ne se

méprennent pas sur l'application du principe de la divisibilité des dettes, et sur la part qu'ils doivent réclamer de chaque héritier, nous devons dire en deux mots ce qu'il faut entendre par les expressions dont se sert le Code civil, dans les articles 870 et 873, d'après lesquels les héritiers contribuent au payement des dettes *pour leur part et portion virile, chacun dans la proportion de ce qu'il prend dans la succession.* On pourrait croire, d'après ces expressions, que la charge de l'héritier se mesure proportionnellement aux biens qu'il a recueillis dans son lot; de sorte, par exemple, qu'avant le partage il serait impossible de fixer exactement sa part contributive dans les dettes. Tel n'est pas le sens dans lequel la loi doit être entendue. Ce n'est pas la quotité matérielle des biens dont chaque héritier a pris possession qu'il faut considérer, mais la fraction à laquelle son rang et sa qualité lui donnent droit dans la succession. Ainsi, par exemple, s'il y a trois héritiers dont l'un a droit à la moitié et les deux autres au quart : le premier sera tenu de la moitié des dettes, et les deux autres chacun d'un quart, sans considérer comment le partage s'est fait, et si la portion de biens échue à chaque héritier représente exactement le quart ou la moitié de l'hérédité. L'action à exercer, dans ce cas, par le percepteur contre les divers héritiers doit donc se proportionner à la part héréditaire pour laquelle chacun d'eux est appelé à la succession, et non pas à la quotité de biens qu'il a pris en réalité.

13. En ce qui concerne la manière dont cette action peut s'exercer, il ne peut y avoir aucune difficulté. L'héritier étant débiteur personnel des contributions doit être poursuivi, comme l'aurait été le défunt lui-même, par les voies de contraintes autorisées pour le recouvrement des contributions directes, c'est-à-dire par garnison collective ou individuelle, commandement, saisie et vente. Nous ne pouvons, à cet égard, que renvoyer aux articles 41 et suivants du Règlement.

14. L'action réelle, dont nous avons parlé, a lieu contre l'héritier à raison et jusqu'à concurrence des biens de la succession qui sont entre ses mains. Elle a, comme nous l'avons indiqué, son fondement dans le privilège du Trésor, qui s'exerce sur les objets qui y sont soumis, en quelque lieu qu'ils se trouvent. Deux conditions sont donc essentielles à l'exercice de cette action : 1° il faut que les meubles où les récoltes qu'il s'agit de saisir soient, par la nature de la contribution, affectés au privilège du Trésor; 2° il faut qu'on puisse constater que ces biens, qui sont en la possession de l'héritier, sont réellement ceux qui appartenaient au défunt.

15. Sur le premier point, nous sommes obligé de renvoyer à l'article 11 du Règlement, où nous examinons en détail quels biens

sont affectés spécialement au privilége de telle ou telle nature d'impôts directs, quelle est la durée de ce privilége, et quand il cesse entièrement.

16. Quant au second point, il n'est pas sans quelques difficultés. Quand il s'agit, pour le percepteur, de poursuivre le recouvrement de l'impôt sur les fruits ou récoltes d'un immeuble qui est passé dans les mains d'un héritier, la chose est assez facile. On n'a pas de peine à établir l'origine d'un immeuble, ni par conséquent à constater que cet immeuble, dont telle personne a hérité, est bien le même que celui qui provient de tel contribuable, décédé débiteur de l'impôt foncier assis sur ledit immeuble. Alors le percepteur peut, d'après les principes que nous avons posés, faire saisir les récoltes, tant pour l'année échue que pour l'année courante des contributions dues; que l'héritier soit bénéficiaire ou pur et simple, peu importe, dans ce cas, puisque ce n'est pas en sa seule qualité d'héritier qu'il est poursuivi, mais principalement à raison des biens dépendant de la succession et qui sont entre ses mains. Par conséquent aussi, les formes de procéder ne nous paraissent pas devoir être absolument les mêmes que celles que nous avons indiquées plus haut pour l'action personnelle. Ainsi, au lieu d'agir par voie de garnison, ce serait le cas d'agir comme à l'égard d'un tiers détenteur, c'est-à-dire par voie de commandement, saisie et vente, en vertu d'une contrainte délivrée par le receveur particulier des finances. (Voir l'art. 14 du Règlement.)

17. La même marche devrait être suivie s'il s'agissait non plus de récoltes, mais d'effets mobiliers. Seulement il y aurait plus de difficulté à constater qu'ils dépendent bien de la succession. Dès qu'ils ont été confondus avec les meubles propres de l'héritier, comment les distinguer? Quelle que soit la difficulté de cette distinction, le Code civil a cependant supposé qu'elle pourrait être faite, puisqu'il résulte de l'article 880 que les créanciers d'une succession sont admis à demander la séparation du patrimoine du défunt d'avec celui de l'héritier, même à l'égard du mobilier : mais il n'y a guère qu'un inventaire qui puisse permettre de constater, avec quelque certitude, quels sont les biens meubles provenant de la succession, et de les distinguer de ceux qui appartiennent à l'héritier, et avec lesquels ils sont confondus. Aussi a-t-il été jugé qu'à défaut d'inventaire la demande de séparation des patrimoines ne pourrait pas être admise relativement au mobilier. (A. de la Cour de cass., 8 novembre 1815.)

Les motifs de cet arrêt sont l'impossibilité de constater autrement quel est le mobilier provenant du défunt. Mais, en s'appuyant même de ce motif, il nous semble, en ce qui concerne le privilége du Trésor, que s'il était prouvé par la notoriété publique que tels et tels effets mobiliers ont été recueillis par l'héritier dans la succession, rien ne s'opposerait à ce que le percepteur intentât à leur égard une action réelle contre l'héritier, pour l'exercice du privilége du Trésor. Nous n'hésitons pas à croire que le juste intérêt qui s'attache au recouvrement de l'impôt déterminerait les juges à assurer au percepteur un droit analogue à celui que la loi donnerait dans le même cas au propriétaire, à l'égard des meubles enlevés par l'héritier avant le payement des loyers. (Voir le *Commentaire* sur l'art. 16.)

18. Jusqu'ici nous ne nous sommes occupé que des héritiers naturels et nous n'avons rien dit des légataires, bien que l'article 4 les comprenne dans la même disposition. Nous allons examiner quels sont à leur égard les droits du percepteur. L'article 21 de la loi du 21 avril 1832 ne mentionne que les héritiers et ne désigne pas nominativement les légataires; mais il n'en faut pas conclure que ceux-ci ne doivent pas être soumis aux mêmes règles. En parlant, en effet, des héritiers, on doit croire que, par cette expression générique, le législateur a entendu les héritiers institués aussi bien que les héritiers légitimes, et par conséquent l'article 4 du Règlement est parfaitement légal sous ce rapport.

19. Tous les légataires sans exception doivent-ils être rangés dans la même catégorie? Non, sans doute, et il faut, quant aux droits du percepteur, faire une distinction essentielle. Il y a, comme on sait, trois espèces de légataires : les *légataires universels*, les *légataires à titre universel*, les *légataires particuliers*. Le *légataire universel* est celui à qui le testateur a légué l'universalité de ses biens; le *légataire à titre universel* est celui à qui on a légué, non pas un ou plusieurs objets déterminés, mais une quote-part ou une espèce particulière de biens, comme, par exemple, une moitié, un tiers de toute la succession, ou tous les meubles ou tous les immeubles; ou enfin une quotité fixe des immeubles ou du mobilier. Le *légataire particulier* est celui à qui on a légué un objet fixe et déterminé.

Les deux premières espèces de légataires sont tenues des dettes de la succession et y contribuent pour leur part et portion de la même manière que les héritiers légitimes, et, par conséquent, tout ce que nous avons dit de l'action personnelle et de l'action réelle que le percepteur peut exercer contre ceux-ci, est entièrement applicable à ceux-là. Quant au légataire particulier, il n'est pas tenu des charges de la succession. Cependant, si le Code déclare (art. 871 et 1024) qu'il n'est pas obligé personnellement au payement des dettes, il en est tenu hypothécairement, c'est-à-dire que si l'immeuble qui lui a été légué est hypothéqué, il sera soumis aux poursuites du créancier hypothécaire, sauf son recours contre les héritiers. Il en doit être de même à l'égard des meubles qu'il aurait recueillis et sur lesquels le Trésor aurait privilége. Il serait soumis à l'action réelle que le percepteur pourrait intenter contre lui à raison de ces meubles, sauf à lui à se pourvoir en garantie contre l'héritier. Mais nous n'avons pas besoin d'ajouter que le percepteur n'aurait contre le légataire particulier aucune action personnelle, et que si les meubles légués et déjà livrés au légataire ne pouvaient être reconnus comme provenant de la succession, ou bien si leur valeur était insuffisante pour couvrir le montant des contributions dues, le percepteur ne pourrait exercer contre lui aucune poursuite. Les développements dans lesquels nous sommes entré précédemment sur la nature, l'étendue et les effets des actions personnelle et réelle nous dispensent de plus longs détails sur cet objet.

20. Nous ferons cependant observer que l'action réelle que le percepteur a le droit d'exercer contre le légataire particulier, ne préjudicierait en aucune façon aux poursuites qu'il pourrait entreprendre contre les héritiers. Ceux-ci, en effet, y compris les légataires universels et à titre universel, sont, eu égard au légataire particulier, les principaux obligés. Il en serait autrement entre les héritiers et les légataires universels et à titre universel; les dettes se divisant non-seulement entre les légataires, mais aussi entre ceux-ci et les héritiers, il en résulte qu'ils ne peuvent être poursuivis personnellement que pour leur part et portion, et que, dès lors, la partie de l'impôt qui ne pourrait pas être recouvrée sur un desdits légataires universels ou à titre universel devenu insolvable ne retomberait pas à la charge des héritiers légitimes, non plus qu'à celle des autres légataires. Cette différence est importante, et il n'était pas inutile qu'elle fût signalée.

21. Si l'immeuble dont la contribution est due a été légué à une personne pour l'usufruit, et à une autre personne pour la nue-propriété, est-ce au nu-propriétaire ou à l'usufruitier que le percepteur doit s'adresser? L'article 608 du Code civil portant que l'usufruitier est tenu de toutes les dettes et charges annuelles de la propriété, telles que les *contributions*, etc., il est incontestable que le légataire de l'usufruit pourrait seul être poursuivi sur les fruits et revenus de l'immeuble, sans préjudice de l'action personnelle que le percepteur pourrait toujours intenter contre les héritiers naturels qui auraient accepté la succession, d'après le principe que nous avons posé au paragraphe précédent. Ceux-ci ne seraient même pas fondés à exiger que le percepteur s'adressât

de préférence à l'usufruitier, attendu que la contribution étant
une dette de la succession, les héritiers en sont toujours tenus
personnellement; et, de son côté, l'usufruitier ne pourrait pas obliger le percepteur à poursuivre d'abord les héritiers, attendu le
droit attribué au Trésor de saisir les biens affectés à son privilége, en quelques mains qu'ils se trouvent. C'est ce qui a été
décidé, pour les droits de la Régie, dont nous avons déjà fait remarquer l'analogie avec ceux du percepteur, par un arrêt de la
Cour de cassation du 21 mai 1806. (Voir, au surplus, pour ce qui
concerne plus particulièrement les droits du Trésor à l'égard des
immeubles dont la nue-propriété et l'usufruit n'appartiennent pas
au même individu, le *Commentaire* sur l'art. 20.)

22. Si le contribuable décédé laissait une veuve, le percepteur
devrait-il s'adresser à elle pour le payement de la contribution
de préférence aux héritiers, ou bien ceux-ci seraient-ils seuls redevables, ou enfin la cote devrait-elle se diviser entre ces derniers
et la veuve, et dans quelle proportion?

La solution de cette question est subordonnée aux conventions
matrimoniales qui peuvent avoir été faites dans le contrat de mariage des époux. On sait, en effet, que, dans notre législation, le
mariage peut être contracté sous différents régimes, qui ont chacun des règles et des effets divers; mais, sans entrer à cet égard
dans des détails qui seraient plus ou moins étrangers à notre travail, nous nous bornerons à cette seule distinction : que les biens
des époux peuvent leur rester propres à chacun, nonobstant le mariage, ou leur être communs à tous deux. Ce dernier résultat se
rencontre particulièrement dans le régime de la *communauté légale*. Dans le cas où chaque époux conserve, d'après le contrat, la
propriété séparée de ses biens, il est à remarquer que les revenus
de ceux de la femme sont toujours, en tout ou en partie, abandonnés au mari, pour l'aider à supporter les charges du ménage.
De là il résulte que le mari demeure seul obligé aux dépenses
d'entretien et d'administration, et par conséquent il faut en conclure que, sous ce régime, la femme, pendant le mariage, ne peut
être personnellement grevée d'aucune dette de contribution, pour
laquelle elle puisse être poursuivie après la mort de son mari. Ce
cas est par conséquent fort simple et ne peut offrir de difficultés.

En ce qui concerne le régime de la *communauté légale*, il faut
observer si, à la dissolution du mariage, la femme a accepté la
communauté ou y a renoncé. Si elle l'a acceptée, comme les contributions sont une dette de la communauté, la veuve en demeu-
rera naturellement chargée pour moitié, et elle pourra être poursuivie, à ce titre, de la même manière que les héritiers, et confor-

mément aux règles posées ci-dessus. Si elle y renonce au contraire, comme aux termes de l'article 1494 du Code civil la femme renonçante est déchargée de toute contribution aux dettes de la communauté, il est incontestable que le percepteur n'aurait contre elle aucune action personnelle, et qu'il devrait s'adresser aux héritiers.

23. Mais si la veuve, comme il arrive souvent, avait continué à résider dans la maison où elle habitait avec son mari, ne devrait-elle pas au moins ce qui reste dû de la contribution mobilière depuis le moment du décès de son mari jusqu'à la fin de l'année? Une simple observation nous semble décider la question. D'abord, aux termes de l'article 1465 du Code civil, la veuve, après la dissolution du mariage, a le droit de demeurer dans la maison conjugale pendant les trois mois et les quarante jours qui lui sont accordés pour faire inventaire et pour délibérer sur son acceptation ou sa renonciation à la communauté, et elle ne doit aucun loyer à raison de cette habitation : les frais doivent en être pris sur la masse des biens de la communauté; par conséquent, elle ne devrait pas non plus, dans ce cas, la contribution. Après ces délais, si l'on suppose que la veuve continue à résider encore dans la même habitation, il faut penser qu'elle en devient alors locataire en son nom personnel. Or, il est de principe que la contribution étant imposée pour l'année entière ne se divise pas dans le courant de l'année, de manière à ce que le nouveau locataire paye les douzièmes à échoir pour la location du précédent occupant. Nous avons vu, au contraire, qu'en cas de déménagement, de décès, de faillite, la contribution devient exigible en totalité. Ainsi, dans l'espèce, la succession est tenue d'acquitter la totalité de la cote due par le défunt, conformément à l'article 3 du Règlement. Dès lors, la veuve qui continue à occuper l'appartement doit être simplement assimilée à un locataire étranger, qui certes ne serait pas tenu de payer les termes de la contribution mobilière à échoir pendant le reste de l'année, puisqu'ils auraient déjà été payés par la succession du précédent locataire décédé.

24. La disposition de l'article 4, *tant que la mutation n'a pas été opérée sur le rôle*, a besoin, pour être bien entendue, de quelques explications particulières. D'après le sens naturel des termes dans lesquels l'article est conçu, les mots que nous avons soulignés s'appliquent à la mutation résultant du décès et qui a lieu par le fait de la transmission à l'héritier ou au légataire de la propriété du défunt. Mais est-ce bien là le sens de l'article? Jacques meurt, Pierre, son fils, lui succède. Si la mutation n'est pas opérée sur le rôle et que la propriété reste imposée sous le nom

de Jacques, Pierre payera sans contredit la contribution en vertu du principe qui charge l'héritier des dettes de la succession. Si, au contraire, la mutation est opérée, et que Pierre, nouveau proprié- taire de l'héritage, soit inscrit au rôle, il payera alors l'impôt en son propre nom. Dans l'un comme dans l'autre cas, le résultat est le même. Etait-il donc nécessaire d'insérer dans l'article 4 la dis- position finale dont nous nous occupons? Sans doute, cette obser- vation serait juste pour le cas où il n'y aurait qu'un seul héritier ou locataire : mais on va voir que, dès qu'il y en a plusieurs, la disposition dont il s'agit était en effet indispensable pour bien di- riger l'action du percepteur.

Au moment où la succession s'ouvre, les dettes, comme nous l'avons dit, se divisent entre les héritiers, de sorte qu chacun d'eux est soumis, pour le payement de l'impôt dû par le défunt, à une *action personnelle* à raison de sa part héréditaire, sauf *l'action réelle* sur les biens qu'il a recueillis dans la succession, et qui sont entre ses mains. Nous avons fait remarquer aussi que, nonobstant cette dernière action qu'il peut exercer particulière- ment contre l'héritier qui détient les objets affectés au privilège du Trésor, le percepteur conserve l'action personnelle contre cha- cun des héritiers pour sa part et portion, lors même qu'il n'aurait plus entre les mains aucun meuble ou immeuble dépendant de la succession. Cela posé, si, après le décès du contribuable, la muta- tion n'était pas opérée sur le rôle, tous les héritiers demeureraient indéfiniment soumis aux poursuites du percepteur, non pas seule- ment pour les contributions antérieures au décès (ce qui, en aucun cas, ne pourrait faire de doute), mais pour les contributions qui viendraient successivement à échoir, tandis qu'au contraire, une fois la mutation opérée, chacun des héritiers se trouvant porté sur le rôle à son nom et pour la partie de biens qui lui est échue en partage, ne devrait plus, à l'avenir, que sa cote particulière d'impôt. Ce ne serait plus comme héritier qu'il pourrait être pour- suivi, mais comme redevable direct en vertu du rôle. Il en serait de même s'il y avait un tiers acquéreur des biens de la succession. Tant que la mutation n'aurait pas été opérée et que le nouvel acquéreur n'aurait pas été porté au rôle, les héritiers resteraient, chacun pour sa part héréditaire, soumis aux poursuites du per- cepteur. C'est ce qui résulte de l'article 36 de la loi du 3 frimaire an 7, d'où la disposition finale de l'article 4 du Règlement est évi- demment empruntée. (V. cette loi à sa date, *Législation*, page 16, dans la 2e Partie.)

(En ce qui concerne les tiers acquéreurs, voir le *Commentaire* sur l'article 11.)

ARTICLE 5.

Les receveurs des communes, hospices, et autres établissements publics, sont tenus au payement des contributions dues par ces communes ou établissements. Les quittances des percepteurs leur seront allouées en compte.

1. Les articles 109 et 110 de la loi du 3 frimaire an 7 obligent les communes, les hospices et les établissements publics au payement de la contribution foncière assise sur leurs propriétés, et d'après l'article 2 de la loi du 20 février 1849, le recouvrement de la taxe des biens de mainmorte est assujetti aux mêmes règles que celui de la contribution foncière.

La loi du 26 germinal an 11 a réglé le mode à suivre pour le payement des contributions assises sur les biens communaux. (V. cette loi à sa date, 2e Partie, *Législation*, page 23.)

2. Les budgets des communes et des établissements publics doivent comprendre un crédit pour la dépense des contributions à payer chaque année. Le percepteur doit remettre l'avertissement pour ces contributions au receveur de la commune ou de l'établissement, comme à tous les autres redevables portés au rôle : à la fin de chaque mois, il doit demander à l'ordonnateur des dépenses un mandat pour le payement du douzième échu, à moins que l'administration ne préfère payer en une seule fois, et dès le commencement de l'année, la totalité de la cote : sur ce mandat, il reçoit la somme due et en donne quittance dans la forme ordinaire, c'est-à-dire en un bulletin détaché de son journal à souche. Si le receveur de la commune ou de l'établissement demandait que la quittance du percepteur fût mise au bas du mandat, alors, le percepteur y exprimerait que *cette quittance ne fait qu'un seul et même reçu avec le bulletin qu'il a délivré le même jour, extrait de son journal à souche, sous le n° ...*

Si, comme il arrive le plus souvent, le percepteur était en même temps receveur de la commune, ou receveur de l'hospice ou de tout autre établissement public, il devrait se faire délivrer à lui-même un mandat par l'ordonnateur des dépenses, en faire écriture et le quittancer.

Nous disons que le percepteur doit se faire délivrer un mandat pour le payement des contributions d'une commune ou d'un établissement, parce qu'aux termes de la loi du 11 frimaire an 7 (art. 31), et des articles 503 et 547 du décret du 31 mai 1862, les dépenses ne peuvent être acquittées par un receveur que sur les mandats des maires ou des ordonnateurs.

Cependant si, par une circonstance imprévue, la dépense des contributions d'une commune ou d'un établissement n'avait pas été créditée dans le budget de l'année, ou qu'elle y eût été portée pour une somme inférieure à celle du rôle, le receveur ne devrait pas, sous ce prétexte, et à défaut de mandat, se refuser au payement des douzièmes à l'époque des échéances, si d'ailleurs il y avait des fonds en caisse ; les quittances du percepteur suffiraient pour sa libération, et il pourrait demander un crédit supplémentaire et faire régulariser plus tard, par un mandat, les payements effectués sur ces seules quittances. (Art. 65 de l'Instruction générale des finances, du 20 juin 1859 ; Instruction du Ministre de l'intérieur, du mois de septembre 1824.)

3. En cas de refus de payement de la part du receveur, soit sur la présentation du mandat, soit sur la seule quittance du percepteur, dans le cas où le budget ne comprendrait pas de crédit, le percepteur devrait de suite en informer le receveur des finances de son arrondissement, qui en rendrait compte au sous-préfet, pour être avisé aux mesures qui seraient jugées nécessaires envers l'établissement ou son receveur.

Dans ce cas, en effet, le percepteur n'aurait pas le droit d'agir à l'égard de la commune ou de l'établissement public comme envers un contribuable ordinaire. Il ne pourrait pas faire une saisie sur leurs biens meubles ou immeubles, ni former opposition sur les deniers qui leur appartiennent. De nombreuses décisions du Conseil d'Etat et des Cours d'appel ont reconnu que les créanciers des communes ou des établissements publics ne pouvaient agir contre eux par voie d'exécution forcée, et qu'ils devaient s'adresser à l'autorité supérieure pour faire porter au budget le crédit nécessaire au payement de leur créance. Cette règle est applicable au Trésor lui-même, comme il a été décidé par un avis du Conseil d'Etat du 26 mai 1813, dans une circonstance où il s'agissait du recouvrement de sommes dues par une commune à la régie de l'enregistrement. Voici le texte de cet avis :

« Le Conseil d'Etat, qui, d'après le renvoi ordonné par Sa Majesté, a entendu le rapport de la section de l'intérieur, sur celui du Ministre de ce département, par lequel en présentant le budget de la ville d'Enghien, il expose que le Ministre des finances a prescrit de faire acquitter par les communes des frais de poursuites exercées contre elles pour payement des registres civils fournis de l'an 5 à l'an 10, et présente la question de savoir si la régie de l'enregistrement et des domaines peut poursuivre, pour en obtenir un payement, une commune qui ne peut payer que par son receveur, lequel receveur ne peut lui-même rien acquitter qu'en vertu d'allocation à son budget;

« Est d'avis qu'il est constant et reconnu que les communes ne peuvent rien payer qu'après qu'elles y ont été autorisées par leur budget annuel;

« Que tout payement fait sans cette autorisation est laissé au compte du receveur, d'après les dispositions précises de plusieurs décrets;

« Qu'en conséquence lorsqu'une commune est débitrice d'une administration, il n'y a lieu ni à délivrance de contrainte contre le receveur, ni à saisie-arrêt entre les mains des receveurs de la commune ou des débiteurs de la commune, puisque le receveur ne peut rien payer qu'en vertu d'autorisation au budget annuel; mais que le directeur de la Régie doit se pourvoir pardevant le préfet, pour qu'il porte au budget, s'il y a lieu, la somme réclamée contre la commune, afin que le payement par le receveur soit autorisé. »

La loi du 28 avril 1816 admet bien une exception à ce principe ; en matière d'octroi, le gouvernement est autorisé à saisir les deniers de la caisse, dans le cas où la commune retarderait de faire le versement du dixième qui revient au Trésor ; mais rien n'autoriserait à étendre cette exception au recouvrement de l'impôt direct. Il nous paraît donc indispensable de recourir à l'Administration, comme l'indique l'avis précité du Conseil d'Etat.

4. En ce qui concerne plus particulièrement la commune, quand ses ressources sont insuffisantes pour assurer le payement de la contribution assise sur les biens communaux, la loi du 26 germinal an 11, que nous avons déjà citée, trace la marche à suivre pour assurer la perception. La cote foncière doit, dans ce cas, être répartie en centimes additionnels sur les contributions foncière, personnelle et mobilière de tous les habitants. Que si tous les habitants n'ont pas un droit égal à la jouissance du bien communal, la répartition de la contribution assise sur ce bien est faite par le maire de la commune, avec l'autorisation du préfet, au prorata de la part qui en appartient à chacun (art. 3). Enfin, lorsqu'une partie seulement des habitants a droit à la jouissance, la répartition de la contribution n'a lieu qu'entre eux, et toujours proportionnellement à leur jouissance respective (art. 4).

Tout autre mode de règlement est interdit. (Circ. int., 9 mai 1845; A. du Conseil, 4 mars 1858.)

Ces dispositions sont claires et leur exécution ne semble pas de nature à soulever de difficultés.

5. Dans le cas le plus ordinaire, c'est-à-dire celui où tous les habitants ont un droit égal à la jouissance, le rôle de répartition est fait par le Conseil municipal (L. 18 juillet 1837, art. 44), sous l'approbation du préfet, et les centimes additionnels sont même compris, suivant la règle, dans les rôles généraux pour être recouvrés dans les formes ordinaires. Dès lors, point d'embarras possible pour le percepteur. Dans le second cas, le rôle ne peut évidemment être fait que par l'autorité locale, qui seule a les éléments nécessaires pour apprécier la part de droits que chaque habitant exerce dans la jouissance commune. Ici seulement, il peut y avoir lieu à difficultés. Si le maire refusait ou négligeait de procéder à la répartition, quel parti devrait prendre le percepteur? Aurait-il le droit, comme nous l'avons entendu proposer par quelques comptables, de s'adresser à un ou deux des plus riches habitants, pour les contraindre à faire l'avance de la totalité de la cote, sauf à eux à poursuivre leur remboursement auprès de leurs concitoyens? Cela ne nous semble pas praticable. Pour qu'on pût obliger quelques-uns des habitants à payer pour la masse, il faudrait qu'ils fussent déclarés débiteurs *solidaires* dans ce cas. Or, la loi garde le silence sur ce point, et, comme nous l'avons fait observer ailleurs, la solidarité, d'après l'article 1202 du Code civil, ne se présume jamais : il faut qu'elle soit formellement exprimée. Le moyen proposé serait donc illégal; il serait de plus fort injuste; car les habitants les plus riches ne sont pas la cause des entraves que rencontre le recouvrement de l'impôt dû par les biens communaux.

Ce n'est pas eux, en effet, que la loi charge de faire la répartition; mais le maire, et le maire seul : l'assistance, soit du Conseil municipal, soit des répartiteurs, n'est nullement exigée par la loi du 26 germinal an 11. Le maire seul a donc tous les torts. Mais comment le contraindre à exécuter les obligations que la loi lui impose à cet égard? Le percepteur n'a aucune action directe contre lui. Il n'aurait pas qualité non plus pour dresser lui-même le rôle, et il ne peut dès lors que chercher à mettre sa responsabilité à couvert, en exposant la difficulté à M. le receveur des finances, qui en référerait au préfet, et, au besoin, au Ministre.

6. Quelques comptables ont cru pouvoir, dans ce cas, porter les cotes dont il s'agit dans leur état de cotes irrecouvrables, où elles ont été même quelquefois allouées en non-valeurs. Mais, lorsque le Ministre des finances a eu occasion de remarquer de semblables opérations, il les a réprimées, considérant, avec raison, comme un abus l'imputation sur le fonds de non valeurs de cotes d'impôt établies sur des propriétés foncières et qui, malgré les obstacles

que pouvait rencontrer la perception, n'étaient pas définitivement irrecouvrables.

7. La seule marche régulière dans la circonstance, c'est le recours à l'autorité du Ministre des finances, qui provoquerait auprès de son collègue de l'intérieur la destitution du maire ou ordonnerait la confection du rôle de répartition par un délégué spécial, conformément à l'article 15 de la loi du 18 juillet 1837.

ARTICLE 6.

Les contribuables en réclamation n'en sont pas moins tenus de payer les termes qui viendront à échoir pendant les trois mois qui suivront leur réclamation (1).

1. Comme, malgré les garanties établies par la loi, des erreurs peuvent se glisser dans le travail de répartition des divers impôts directs, la loi a dû réserver aux contribuables des moyens de réclamer et d'obtenir, soit la décharge ou la réduction de leur cote, s'ils ont été indûment ou trop fort imposés, soit la remise ou la modération, si, taxés justement dans le principe, ils viennent à perdre en totalité ou en partie les facultés qui donnaient lieu à l'imposition.

Les lois du 28 août 1791, 3 nivôse et 2 messidor an 7, 24 floréal an 8, 21 avril 1832, 25 avril 1844, et les Instructions du ministère des finances ont déterminé, pour chaque nature de contributions, les cas où il pourrait y avoir lieu à réclamation, les formes et les délais dans lesquels les réclamations devraient être formées, et l'autorité à qui en appartiendrait le jugement. Nous ne dirons qu'un mot de tous ces détails, qui se rattachent plutôt aux règles de l'imposition qu'à celles de la perception et des poursuites. Les réclamations doivent être présentées dans les trois mois de la publication des rôles soit primitifs, soit supplémentaires, sous peine de déchéance. (L. des 21-28 août 1791, art. 6; 26-31 août 1792, art. 6; 3 nivôse an 7, art. 58; 2 messidor an 7, art. 17; 13 floréal an 10; 26 mars 1831, art. 27; 13 floréal an 10; 26 mars 1831, art. 27; 21 avril 1832, art. 28; 4 avril 1844, art. 8.) Elles doivent être écrites sur papier timbré, en exécution de l'article 12 de la loi du 13 brumaire an 7. Cette dernière condition est de rigueur, et la jurisprudence du Conseil d'Etat la maintient à titre de formalité substantielle. La loi du 21 avril 1832 a néanmoins exempté de la

(1) Loi du 21 avril 1832, article 28.

formalité du timbre les réclamations qui ont pour objet une cote moindre de 30 fr. (Art. 28.) Quoique cette exemption ne s'applique, dans les termes rigoureux de la loi, qu'aux contributions *personnelle et mobilière* et des *portes et fenêtres*, et que le Ministre ait décidé que la contribution *foncière* et celle des *patentes* ne pouvaient jouir de la même faveur, la jurisprudence du Conseil d'Etat n'admet point de distinction et la pratique qui s'est formée en ce sens est aujourd'hui acceptée sans difficulté par l'Administration.

Il faut, en outre, que le contribuable justifie, par la quittance du percepteur, qu'il a payé les termes de sa cote, échus au jour de la demande. (L. précitées et Instr. min. du 10 mai 1849). Cette disposition, qui avait été déjà admise par la législation des *tailles*, lui a été évidemment empruntée (Lettres patentes d'août 1664, art. 37; Règlement du roi du 20 mars 1673; A. du Conseil du 25 septembre 1681, et déclaration du roi de 1683.)

En cet état, les réclamations adressées au sous-préfet ou au préfet, si la commune du réclamant appartient à l'arrondissement de la préfecture, sont jugées par les Conseils de préfecture. (V. le *Commentaire* sur l'art. 20.)

2. Indépendamment des réclamations que les contribuables peuvent former dans les circonstances et avec les conditions ci-dessus, les percepteurs sont chargés par l'Administration de dresser, tous les ans, dans les trois premiers mois de la publication des rôles, un *état des cotes indûment imposées*, et d'en demander la décharge au profit des contribuables. (L. 3 juillet 1846, art. 6.) Mais il ne faut pas induire de cette mesure que les contribuables soient dispensés de réclamer personnellement dans les délais prescrits, s'ils ne veulent encourir la déchéance. En effet, les diligences du percepteur auprès de l'autorité n'ont pas, à proprement parler, pour objet principal de faire prononcer le dégrèvement des contribuables mal imposés ou surtaxés. Le percepteur n'agit que pour faire décharger sa responsabilité personnelle des cotes dont le recouvrement présente des difficultés qui lui paraissent fondées, et, en tout cas, pour transmettre à l'autorité supérieure des renseignements utiles sur la position réelle des contribuables. Ces derniers n'en doivent donc pas moins former leur réclamation, s'il y a lieu, dans les termes de la loi; car, à défaut, ils ne sauraient exciper d'un travail qui leur est étranger, et que l'Administration ne fait faire que dans l'intérêt de son service, pour prétendre qu'il y a eu réclamation en leur nom et soutenir qu'ils n'ont pas encouru la déchéance.

3. Enfin, nous répéterons que le délai fatal de trois mois, fixé

pour l'admission des réclamations, court à dater non plus de
l'émission du rôle qui pouvait être ignorée du contribuable, mais
de la publication qui doit être faite dans la commune par le maire.
Cette publication a lieu au moyen d'une affiche sur papier libre
que le maire fait apposer à la porte de la mairie et aux autres
lieux accoutumés, le dimanche qui suit la réception des rôles. Le
maire certifie, au bas de l'affiche, que la publication a été faite
tel jour; le directeur des contributions reçoit, par l'intermédiaire
des receveurs et des percepteurs, un état indiquant la date de la
publication pour chaque commune, et il le transmet au sous-
préfet, qui connaît ainsi le point de départ du délai assigné aux
réclamations qu'il est chargé de recevoir. (Circ. 31 août 1844.)

4. Telles sont les principales conditions de l'admissibilité des
réclamations en matière de contributions directes. Ces réclamations s'instruisent et se jugent d'après des règles et avec des formes dont l'exposé n'entre pas dans le but de cet ouvrage. En
principe, pendant cette instruction, et jusqu'à la décision définitive, le contribuable, qui conteste la fixation de sa cote d'impôt,
ne peut surseoir au payement, et l'article 6 du Règlement de 1824
le déclarait d'une manière expresse.

5. Mais, par la loi du 26 mars 1831 (art. 27), et celle du 21 avril
1832 (art. 28), le législateur s'est un peu départi de cette rigueur,
et il a décidé que l'obligation de continuer à payer les douzièmes
de la cote d'impôt, contre laquelle les contribuables auraient
réclamé, cesserait après le troisième mois, à dater de la réclamation, si l'autorité n'avait pas statué. Ainsi, le percepteur ne pourrait pas légalement exercer des poursuites, à l'égard des récla-
mants, pour les douzièmes échus postérieurement aux trois mois
de la date, dûment justifiée, de la réclamation devant le Conseil
de préfecture. (A. du Cons. d'Etat 30 nov. 1852.) Cette modification a trouvé place dans le Règlement du 21 décembre 1839, qui
reproduit les termes mêmes de l'article 28 de la loi de 1832.

ARTICLE 7.

Nul fonctionnaire n'a le droit de surseoir au recouvrement des
contributions directes, ni aux poursuites qui ont ce recouvrement pour objet; seulement, lorsqu'il est constaté que des communes ont éprouvé des pertes résultant d'événements désastreux
qui ont mis les contribuables dans l'impossibilité de payer, le

préfet en informe le receveur général, afin de prévenir des poursuites pour des contributions qui devraient définitivement être
couvertes par le fonds de non-valeurs.

1. La disposition de cet article se coordonne avec celle de
l'article 6, dont elle n'est qu'un complément naturel. La rentrée
des subsides est si essentielle à la vie du corps social que le législateur n'a pas voulu qu'elle pût être entravée, soit par la mauvaise
volonté des contribuables, soit même par la condescendance plus
ou moins arbitraire des fonctionnaires publics. Une fois la répartition de l'impôt arrêtée et le rôle mis en recouvrement, il n'appartient qu'aux autorités spécialement préposées par la loi pour
juger les réclamations des contribuables, d'arrêter l'action des
agents du Trésor, en détruisant ou suspendant l'effet de la force
exécutoire du rôle. Mais, à part ces autorités, dont nous parlerons
dans le *Commentaire* sur l'article 20, nulle autre ne tient de la loi
le pouvoir de surseoir au recouvrement des contributions, non
plus qu'aux poursuites qui en dérivent. C'est ainsi qu'il a été jugé
que les Tribunaux civils ne pouvaient arrêter l'exécution des contraintes décernées par l'Administration pour le recouvrement des
droits du Trésor, par application du principe posé dans la loi du
16 fructidor an 3, qui fait défense itérative et expresse à l'autorité judiciaire de connaître des actes d'administration de quelque
nature qu'ils soient. (Voir entre autres décisions, A. de la Cour de
cassation, 29 therm. an 11; du C. d'Etat, 14 juillet 1824; de la C. de
Paris du 28 janvier 1832.)

Une disposition semblable existait dans la législation des *tailles*;
notamment l'édit de janvier 1634 prononçait des peines contre les
Tribunaux qui, entreprenant sur la juridiction des *élus*, juges
exclusifs en matière d'impôts, arrêtaient par là le recouvrement
des subsides.

2. Le principe établi dans l'article 7 du Règlement n'est donc
que la reproduction d'une disposition ancienne et fondamentale
de notre législation financière. Cependant il ne faudrait pas en
faire une application tellement rigoureuse, que les agents du recouvrement ne se crussent jamais autorisés à accorder un seul
jour de répit aux contribuables, pour le payement de ce qu'ils
doivent; il ne faudrait pas, par exemple, qu'un percepteur pût,
nonobstant les ordres contraires du préfet, s'imaginer qu'il est
fondé à continuer ses poursuites. Le Conseil d'Etat a fait justice
d'une pareille prétention et mis les frais à la charge du comptable.
(V. l'arrêt du 10 mars 1807, 2ᵉ Partie, *Jurisprudence*, p. 72). L'article 7 du Règlement lui-même a pris soin d'indiquer un cas où,

dans l'intérêt du Trésor, et pour éviter des frais inutiles, qui ne feraient que grever le fonds de non-valeurs, le préfet doit s'entendre avec le receveur général pour prévenir ou arrêter les poursuites. Ce cas est celui où, par suite de sinistres, les contribuables sont dans l'impossibilité de payer. On sait, en effet, qu'aux termes de l'arrêté du 24 floréal an 8, il y a lieu, en ce cas, à des remises que les préfets eux-mêmes ont qualité pour prononcer.

3. Nous pensons, au surplus, que, nonobstant la généralité des termes de l'article 7 et la rigueur du principe qui y est établi, les agents du Trésor sont toujours suffisamment autorisés à ne pas entreprendre de poursuites, toutes les fois qu'il est bien démontré que les frais seraient exposés en pure perte, soit parce que la cote a été évidemment mal imposée (si un individu, par exemple, était porté au rôle pour un bien qu'il n'a jamais possédé et qui même figure à la cote d'un autre dans le même rôle), soit parce que le contribuable est tout à fait insolvable. Le Règlement nous semble admettre lui-même cette opinion, puisqu'il déclare, dans l'article 105, qu'on devra rejeter à la charge des comptables les frais de poursuites faits contre des contribuables notoirement insolvables, ou pour des taxes résultant d'erreurs évidentes sur les rôles : ce qui emporte nécessairement l'idée que les agents du Trésor peuvent et doivent même surseoir aux poursuites lorsqu'il y a lieu de le faire dans l'intérêt du service qui leur est confié. Les délais, que les percepteurs peuvent accorder aux redevables, ne sont donc pas toujours contraires aux règles ; mais les comptables ne doivent pas perdre de vue que tout ce qu'ils font à cet égard est toujours mis sous leur responsabilité personnelle. Des poursuites intempestives peuvent leur être reprochées aussi bien que des sursis accordés mal à propos. C'est donc de leur part une affaire d'appréciation et de convenance ; mais ce qui surtout doit faire la principale règle de leur conduite, c'est d'en éloigner toute espèce d'arbitraire. Soit qu'ils poursuivent les contribuables, soit qu'ils les ménagent, ils ne doivent se laisser guider par aucune autre considération que celle de l'intérêt du recouvrement. Ils ne doivent pas surtout oublier, en ce qui concerne les facilités qu'ils seraient tentés d'accorder aux redevables, que si les lois, en ordonnant, comme nous le verrons plus loin, les poursuites dans des délais brefs et limités, ont voulu assurer la rentrée des subsides et les services auxquels ils sont affectés, elles ont voulu aussi atténuer pour les contribuables la charge de l'impôt, d'abord en divisant leur taxe en plusieurs payements, ensuite en fixant des époques auxquelles le percepteur serait obligé de poursuivre, de crainte qu'en laissant accumuler les termes à acquitter, la libéra-

tion du redevable ne devînt plus difficile. En général, les contribuables peuvent, si l'on y met du soin, être tenus au courant ; et,
si quelques circonstances locales ou individuelles rendent parfois
inévitable un retard dans le payement de certaines cotes, il se
rencontre au moins dans le cours de l'année une époque où les
redevables trouvent dans le produit de leurs travaux ou de leurs
récoltes plus de facilité pour se libérer. Un percepteur habile ne
manque jamais de diriger les recouvrements en conséquence.

ARTICLE 8.

Les percepteurs ont seuls titre pour effectuer et poursuivre le
recouvrement des contributions directes appartenant au Trésor
public, et celui de toutes contributions locales et spéciales établies
dans les formes voulues par la loi.

1. Avant la Révolution de 1789, sous la législation de la *capitation*, de la *taille* et des *vingtièmes*, qui étaient à peu près alors
ce que sont aujourd'hui nos contributions foncière, personnelle et
mobilière, le soin de percevoir ces impôts était moins une fonction
publique qu'une charge obligatoire pour les citoyens. Les taxes
étaient si inégalement réparties, les priviléges et exemptions dont
jouissaient certaines classes d'habitants rendaient la contribution
si onéreuse pour les autres, que la perception, à proprement parler,
était une véritable exécution sur le contribuable, et il ne faut pas
dès lors s'étonner que chacun répugnât à se rendre l'instrument
de mesures plus ou moins arbitraires et vexatoires envers ses parents, ses amis ou ses voisins. Il s'établissait, d'ailleurs, naturellement entre les contribuables et le collecteur une sorte de guerre
qui aboutissait souvent à la ruine de ce dernier, pressé qu'il était
par les receveurs généraux des finances, qui le contraignaient à
payer des contributions qu'il ne pouvait parvenir lui-même à faire
acquitter par les redevables, assez ordinairement misérables et
toujours récalcitrants. Aussi, parmi ceux qui se présentaient volontairement pour exercer la *collecte*, il n'était pas rare de trouver des hommes d'une moralité assez suspecte, qui ne cherchaient
dans ces fonctions qu'une occasion de gains illicites et qui commet-
taient des exactions de tous genres, contre lesquelles il devenait
nécessaire de porter des peines terribles. La mort, dans certains
cas, n'avait pas paru une punition trop sévère pour protéger efficacement les contribuables. (Edit de janvier 1634.) Dans de telles

circonstances, un collecteur aurait pu difficilement se concilier l'affection et l'estime des habitants; et, soit par crainte du mépris, soit plus encore pour éviter les conséquences ruineuses de ces fonctions, elles étaient un objet d'aversion pour tous. Le législateur les avait donc déclarées obligatoires par le Règlement de 1761, qui avait résumé les dispositions des édits, déclarations et arrêts du Conseil d'Etat ou de la Cour des aides en cette matière. La *collecte* était, tous les ans, dans chaque commune, mise en adjudication au rabais; et, s'il ne se présentait pas d'adjudicataire, on nommait d'office un collecteur parmi les habitants, lequel ne pouvait refuser, à moins qu'il ne se trouvàt' dans un des cas d'exemption prévus par la loi et dont le Tribunal des *Elus* était juge, sauf appel à la Cour des aides.

2. Ce système de contrainte se continua dans les premières lois de la Révolution. Celles des 26 novembre-1er décembre 1790, 2 octobre 1791, 3 frimaire an 7, et enfin l'arrêté du 16 thermidor an 8 étaient conçues dans le même esprit. Mais, à mesure que le nouveau système d'impôt fut mieux compris par la pratique et entra plus avant dans les mœurs de la population; dès qu'on put voir que les charges votées par les représentants de la nation et réparties dans chaque commune par les habitants eux-mêmes pesaient, sans distinction, sur chacun en proportion de ses facultés, on sentit que l'impôt n'était au fond qu'un tribut volontaire que payaient les citoyens pour les dépenses générales de l'Etat; dès lors aussi, les fonctions de percepteurs perdirent le caractère odieux qu'elles avaient sous le précédent régime; et, comme elles s'exerçaient d'après des règlements bien déterminés, avec des formes protectrices qui n'admettaient point d'arbitraire ni d'exactions, elles obtinrent la considération due à toutes les fonctions déléguées par l'autorité publique. Les percepteurs prirent dès lors leur place dans la hiérarchie des agents du gouvernement et jouirent des garanties attachées à ce titre. Une loi du 7 ventôse an 10 assimila les percepteurs de Paris aux receveurs particuliers des finances, c'est-à-dire qu'ils furent désormais à la nomination du gouvernement, astreints à fournir un cautionnement, etc., etc. Divers arrêtés rendus dans la même année et dans les premiers mois de l'an 11 étendirent cette mesure aux percepteurs des principales villes, et elle fut généralisée par l'arrêté du 4 pluviôse an 11, qui mit à la nomination du gouvernement les percepteurs de toutes les communes dont les rôles montaient à 15,000 francs. La loi du 5 ventôse an 12 voulut qu'à l'avenir tous les percepteurs fussent nommés par le chef de l'Etat, et fournissent un cautionnement comme comptables publics. Le droit de faire cette nomination fut en-

suite délégué, par une ordonnance royale du 30 mai 1814, au Ministre des finances, qui choisissait sur une liste de trois candidats
présentés par le préfet.

D'après l'article 10 de la loi du 5 ventôse an 12, il devait y avoir,
autant que possible, pour la facilité du recouvrement, un percepteur par chaque ville, bourg ou village : néanmoins l'article 11
laissait aux préfets le droit de proposer un seul percepteur pour
plusieurs communes, lorsque les localités l'exigeraient et que le
montant des rôles des communes réunies n'excéderait pas 20,000 fr.
Depuis, l'exception est devenue la règle générale. Les communes
ont été presque partout divisées en arrondissements de perception
dont chacun, composé de plusieurs communes, est géré par un
seul percepteur.

D'après l'ordonnance royale du 31 octobre 1839, modifiée par un
décret du 15 novembre 1857, les perceptions sont aujourd'hui divisées en cinq classes : la première comprend les emplois d'un
produit supérieur à 8,000 fr. ; la deuxième, les emplois d'un produit de 5,001 à 8,000 fr. ; la troisième, les emplois d'un produit de
3,601 à 5,000 fr.; la quatrième, les emplois d'un produit de 2,401 à
3,600 fr.; la cinquième, les emplois d'un produit de 2,400 fr. et au-
dessous.

Pour les perceptions où la recette des communes et des établissements de bienfaisance est réunie de droit à celle des contributions directes, la classe est déterminée à raison du produit total
des émoluments résultant de ces différents services. Les percepteurs des quatre premières classes et les deux tiers des percepteurs
de la cinquième classe sont nommés par le Ministre des finances.
(Ord. royale, 31 octobre 1839 et décret 15 novembre 1857); le dernier tiers des percepteurs de la cinquième classe est à la nomination des préfets, qui y procèdent sur la présentation des trésoriers
percepteurs généraux. (Déc. du 13 avril 1861.)

3. Les comptables reçoivent l'avis officiel de leur nomination,
soit directement du Ministre des finances, soit par l'intermédiaire
du préfet du département; ils sont informés en même temps de la
fixation de leur cautionnement, qu'ils doivent immédiatement
verser à la caisse du receveur des finances. Ils prêtent ensuite
serment devant le préfet ou le sous-préfet, et le receveur des
finances procède ensuite à leur installation. Il est fait mention
expresse dans le procès-verbal d'installation des justifications produites pour la réalisation du cautionnement. (Inst. générale des
finances, art. 1234 et suiv.)

4. Ces formalités remplies, le percepteur a qualité pour exercer légalement ses fonctions auprès des contribuables, pour rece-

voir d'eux le montant de leur impôt et en donner quittance valable,
enfin, pour intenter contre eux, s'il y a lieu, les poursuites autorisées par les lois. L'article 8 du Règlement ajoute qu'ils ont *seuls*
qualité pour faire le recouvrement : c'est d'après ce principe qu'il
est interdit aux porteurs de contraintes de recevoir aucune somme
des contribuables, et à ceux-ci de leur en confier, à peine d'être
exposés à payer deux fois. (Art. 38 du Règlement.)

5. L'Administration autorise néanmoins les percepteurs à se faire
suppléer temporairement par des fondés de pouvoirs agréés par le
receveur particulier. (Circ. de la direction du personnel du 8 juillet 1845.) La procuration, dont le fondé de pouvoirs doit toujours
être en mesure de justifier, peut être donnée sous seing privé.
Dans ce cas, elle doit être écrite sur papier timbré, enregistrée et
légalisée par le maire et le sous-préfet. Le percepteur demeure
responsable des faits de son fondé de pouvoirs, qui, à son tour,
est soumis à toutes les dispositions des lois et règlements concernant les comptables publics, conformément à l'arrêt du Conseil
d'Etat du 17 janvier 1814. On se demandera peut-être si ce remplacement est bien régulier, et si un fonctionnaire public peut, même
avec l'autorisation de ses supérieurs immédiats, déléguer à un autre les fonctions qu'il tient de la loi? Sans doute, à examiner la
question en thèse générale, on doit reconnaître qu'il est certains
fonctionnaires qui, à raison du caractère dont ils sont revêtus et
de la nature des pouvoirs qu'ils exercent, ne sauraient être admis
à déléguer leur autorité à des fondés de pouvoirs choisis par eux;
tels sont, par exemple, les juges, les procureurs du roi, les préfets,
les maires, et, en général, les magistrats de l'ordre judiciaire ou
administratif; mais il faut remarquer qu'à l'égard de ces divers
fonctionnaires, la loi elle-même a pris soin de leur désigner des
suppléants légaux, pour le cas où ils se trouveraient empêchés
d'exercer leurs fonctions. D'où il faut conclure que ceux pour lesquels elle n'a pas pris cette précaution, n'ont pas été jugés avoir
besoin d'un suppléant légal pour la régularité du service, et qu'elle
a voulu laisser à l'Administration le droit de déterminer les conditions du remplacement temporaire des fonctionnaires empêchés ou
absents par congé.

Nous admettons donc comme indubitable que les fondés de pouvoirs des percepteurs, agréés par l'Administration, ont qualité suffisante pour exercer, à l'égard des contribuables, toutes les fonctions attribuées au percepteur lui-même. C'est d'ailleurs ce qui a
été implicitement reconnu par le Conseil d'Etat. (Voir l'arrêt précité du 17 janvier 1814, 2ᵉ Partie, *Jurisprudence*, page 88, et les
art. 1237, 1256, 1257 et 1268 de l'Instr. générale des finances.)

6. A ce sujet, plusieurs comptables avaient demandé, au lieu de se faire suppléer par des fondés de pouvoirs, d'être autorisés à signer eux-mêmes, à l'avance et en blanc, une certaine quantité de quittances qu'ils laisseraient à la disposition de leur commis, afin que le recouvrement ne souffrît pas de leur absence, lorsqu'ils sont obligés de quitter momentanément la commune de leur résidence pour aller dans les autres communes de leur perception. Cette faculté leur a été refusée par le ministère, comme pouvant entraîner des erreurs et peut-être des abus graves.

Il est d'ailleurs une observation qui nous paraît péremptoire : les percepteurs étant obligés, comme nous le verrons ci-après, de délivrer aux contribuables des quittances détachées d'un journal à souches, cette obligation se concilierait difficilement avec le motif donné à la faculté dont il s'agit dans l'espèce, puisqu'ils ne sauraient faire autrement que de transporter avec eux leur livre à souches, lorsqu'ils vont faire le recouvrement dans les diverses communes de leur perception, et que, par conséquent, ils ne pourraient le laisser, comme ils le pensent, à leur commis, avec des bulletins signés en blanc pour les quittances des contribuables qui viendraient se libérer pendant leur absence. Sans doute, c'est un inconvénient que d'exposer les contribuables à ne pouvoir acquitter leur impôt, parce que le percepteur se trouve dans une autre commune que la leur; mais, cet inconvénient, qui résulte de la force des choses, a paru moindre que celui qu'offriraient des quittances signées en blanc, et il est d'ailleurs beaucoup diminué par la disposition qui oblige les percepteurs à désigner les jours et les heures où ils doivent se rendre dans chacune de leurs communes pour y faire la perception. (Voir l'art. 26 du Règlement et les Notes.)

7. Il est des circonstances où, par suite de désordre dans la comptabilité du percepteur, ou de retards dans les versements qu'il doit faire, le receveur des finances a le droit d'établir près de lui un *agent spécial* ou de le suspendre de ses fonctions, et de mettre en sa place un *gérant intérimaire*. (Inst. gén. des fin., art. 1297, 1309 et suiv.) Quels sont les droits de ces agents à l'égard des contribuables? Ont-ils caractère pour faire les recouvrements, donner quittance valable et exercer les poursuites? Les Instructions ministérielles du 9 février 1824 contenaient à ce sujet des dispositions qui expliquaient parfaitement les conséquences de l'établissement, soit d'un *agent spécial*, soit d'un *gérant intérimaire*, et qui n'ont rien perdu de leur utilité. Nous en rapporterons quelques extraits :

« La différence qui existe entre un *agent spécial* et un *gérant*

provisoire n'a pas été généralement sentie. Il importe de fixer le
sens positif de ces dénominations, et surtout de déterminer les
circonstances dans lesquelles le comptable supérieur doit requérir
l'intervention des autorités locales pour l'application des mesures
auxquelles peut donner lieu la situation d'un de ses subordonnés.

« L'*agent spécial* n'est qu'un simple délégué du receveur des
finances. Sa mission consiste à diriger le percepteur dans la régu-
larisation de ses écritures et dans l'emploi de moyens propres à
accélérer l'apurement et la rentrée de l'arriéré. Cet agent ne remplace pas le percepteur. Les rôles, registres et autres pièces de
comptabilité ne lui sont remis que comme objets de contrôle et
éléments de surveillance. Sa présence n'interrompt les relations
du percepteur, ni avec les maires, ni avec les contribuables. *Il n'a
pas besoin, par cette raison, d'être accrédité par l'autorité locale.*

« Le *gérant provisoire*, au contraire, remplit par *intérim* les
fonctions, soit d'un percepteur suspendu pour déficit ou autre
grave désordre, soit d'un percepteur décédé, révoqué ou démis-
sionnaire. Il exerce en son propre nom, reçoit les payements, délivre les quittances, tient les écritures; il succède, en un mot, à
toutes les attributions du titulaire, à toutes ses relations avec les
maires et les contribuables. Un arrêté du préfet, rendu sur la proposition du receveur des finances, peut seul lui conférer ce caractère (1).

« L'*agent spécial*, ainsi que le *gérant provisoire*, jouit des émoluments du titulaire dans la proportion réglée par le Ministre,
avec cette différence toutefois qu'il dépend du percepteur de mettre
promptement un terme au séjour de l'*agent spécial* en s'empres-
sant de régulariser sa situation, tandis que le *gérant provisoire*
est maintenu jusqu'à la décision qui rend la gestion de la perception au titulaire, ou qui le remplace définitivement.

« En établissant un *agent spécial* près d'un percepteur, le receveur des finances agit de son propre mouvement. Il n'est tenu qu'à
donner connaissance de cette mesure à l'autorité locale, et à rendre
immédiatement compte au ministère des motifs qui l'ont déterminée. Ces motifs ne peuvent être qu'un retard dans les recouvrements ou le désordre de la comptabilité. Toute irrégularité plus

---

(1) Le receveur des finances, au cas où le remplacement est motivé par les résultats d'une vérification de caisse, nomme lui-même le gérant intérimaire, sauf à
donner immédiatement avis de cette nomination au préfet ou au sous-préfet, en
l'invitant à faire accréditer ce gérant dans les communes. (Instr. gén. des fin.,
art. 1330.)

grave, telle qu'un déficit, un acte d'infidélité ou de concussion, entraîne d'abord la suspension du comptable, puis la nomination du *gérant provisoire*. C'est pour ce dernier acte seulement que devient nécessaire l'intervention de l'autorité administrative.

« En effet, *la suspension* d'un comptable et *son remplacement provisoire* sont deux actes distincts, dont chacun est soumis à des règles particulières. On suspend un percepteur de ses fonctions en retirant de ses mains les valeurs dont il est dépositaire, ainsi que les rôles et registres relatifs aux divers services dont il est chargé. Cette mesure, qui le plus souvent ne saurait atteindre son but qu'autant qu'elle est exécutée à l'improviste, peut être prise directement, soit par le receveur des finances responsable de la gestion du percepteur (1); soit par les inspecteurs des finances eh tournée dans le département. Mais à l'instant même où le percepteur est suspendu, il doit être pourvu à la continuation des services dont ce comptable était chargé, c'est-à-dire que le procès-verbal de la suspension est remis au préfet, ou sous-préfet, qui procède à la nomination d'un *gérant provisoire*. Il est bien entendu que le choix de ce gérant doit être concerté avec le receveur des finances, dont la responsabilité s'étend aux actes de l'intérim, comme elle couvrait ceux de la gestion du percepteur suspendu. »

8. Il résulte de ces dispositions que l'*agent spécial* ne remplace pas le percepteur, et que, par conséquent, il n'a aucun caractère officiel auprès des contribuables; que dès lors les poursuites qu'il pourrait faire de son chef seraient nécessairement annulées. Le *gérant intérimaire*, au contraire, est véritablement, tant que dure la suspension, le remplaçant légal du percepteur titulaire : il le représente pleinement pour tous les actes de la perception; c'est en son nom qu'ils doivent être faits et que les poursuites doivent être exercées. Dans le premier cas, le percepteur titulaire est toujours le fonctionnaire que les contribuables doivent reconnaître comme l'agent du Trésor; dans l'autre cas, la suspension provisoire le dépouille momentanément de ce caractère, et il ne pourrait ni donner des quittances, ni faire des poursuites valables. Il serait même passible des peines correctionnelles portées par l'article 197 du Code pénal.

9. Dans une hypothèse opposée, le percepteur qui se serait démis volontairement de son emploi ou qui devrait quitter la commune par suite de sa nomination à une autre perception, ne cesserait pas par cela seul immédiatement d'avoir titre et qualité

---

(1) Voir Instr. gén. des finances, art. 1286 et 1324.

pour faire dans cette commune le recouvrement et les poursuites : dans ces deux cas, en effet, il n'y a pas interdiction de fonctions prononcée par l'autorité compétente, et il est de règle que les fonctionnaires démissionnaires admis à la retraite ou promus à d'autres emplois doivent, dans l'intérêt du service public, continuer leurs fonctions jusqu'à l'installation de leurs successeurs. (Voir décret du 9 novembre 1853, art. 47; Dalloz, v° *Fonctionnaire public*, n° 112.)

Les contribuables ne seraient donc pas recevables à refuser le payement de l'impôt au percepteur qui serait dans l'un des cas que nous venons de prévoir, et ils ne réussiraient pas à faire annuler, sous le prétexte du défaut de qualité du comptable, les poursuites légales que celui-ci aurait dirigées contre eux pour les contraindre à se libérer.

10. Nous avons dit plus haut que les percepteurs étaient des fonctionnaires publics, et qu'en cette qualité ils jouissaient de toutes les garanties que la loi accorde aux agents du gouvernement. Ainsi, les injures, les outrages et les violences qui leur seraient faits dans l'exercice de leurs fonctions, exposeraient les coupables aux peines prononcées par le Code pénal, articles 209 et suivants, et par la loi du 25 mars 1822. La Cour royale de Poitiers l'a jugé, le 29 janvier 1842, à l'occasion d'insultes adressées à un percepteur, au cours du recensement. Le jugement du 21 novembre 1828, que nous rapportons (*Jurisprudence*, p. 126. dans la deuxième Partie) montre également une application de ce principe et fait connaître la procédure suivie en cette matière. On y voit notamment que la poursuite contre le délinquant a eu lieu sur un procès-verbal des faits, dressé par le comptable injurié. Nous donnons le modèle de cet acte (n° 50). Quant à la valeur de ces procès-verbaux, nous renvoyons au *Commentaire* sur l'article 40.

11. L'article que nous commentons énonce que les percepteurs ont seuls titre pour effectuer et poursuivre le recouvrement des *contributions directes appartenant au Trésor public* et celui *de toutes contributions locales et spéciales* établies dans les formes voulues par la loi. Nous avons donné, dans nos remarques sur l'article 1er, des explications sur les différentes natures de contributions directes qui se perçoivent au profit du Trésor, ainsi que sur les impositions extraordinaires que les départements et les communes peuvent être autorisés à établir, pour des dépenses particulières à la localité. Nous avons indiqué en même temps les lois en vertu desquelles le recouvrement en avait été successivement attribué aux percepteurs. Nous n'avons donc pas à revenir sur ce point.

12. Pour compléter nos remarques sur l'article 8 du Réglement, il nous reste à parler de quelques dispositions relatives au recouvrement de l'impôt antérieurement à toutes poursuites, et qui déterminent les droits respectifs des percepteurs et des contribuables dans diverses circonstances assez fréquentes.

13. Nous avons établi dans les Notes de l'article 1er (Voir n° 38.) que les contributions de toute nature étaient payables en argent; il est superflu d'ajouter que le percepteur ne peut être contraint à recevoir que des monnaies ayant cours légal ou des billets ayant cours forcé. Mais dans quelle proportion le contribuable est-il fondé à comprendre dans ses payements la monnaie de cuivre ou de billon? Nous ne croyons pas inutile d'entrer à cet égard dans quelques détails.

L'admissibilité dans les payements de la monnaie de cuivre ou de billon a été, à différentes époques, l'objet de dispositions législatives. L'incommodité de cette monnaie, dont le transport et l'encaissement peuvent offrir de véritables embarras, serait devenue souvent une entrave fâcheuse pour les transactions commerciales et pour le service public, si l'on ne s'était occupé de déterminer d'une manière précise la proportion pour laquelle cette monnaie pourrait entrer dans les payements.

Un arrêt du Conseil, du 1er août 1738, décidait qu'on ne pourrait employer, dans les payements de 400 livres et au-dessous, que 100 livres en billon, et, dans ceux au-dessus de 400 livres, que le 40ᵐᵉ de cette monnaie. Cette disposition fut étendue par d'autres arrêts aux pièces de 24, 12 et 6 sous; et même on finit par restreindre l'admissibilité de ces dernières pièces, comme de celles de 6 liards et de 2 sous, à l'appoint des écus de 6 livres et de 3 livres.

Ces anciennes dispositions furent modifiées par un arrêté du Directoire exécutif, du 14 nivôse an 4, qui s'exprime ainsi : « Le Directoire exécutif, sur le rapport qui lui a été fait par le Ministre des finances, que les redevables des droits d'enregistrement payables en numéraire, affectent de les acquitter en monnaie de cuivre; considérant que cette monnaie n'est destinée que pour les appoints; que la difficulté de son transport des bureaux de perception dans les caisses générales préjudicie au service du Trésor public, arrête ce qui suit :

« Il ne pourra être admis en payement de tous droits et contributions, de quelque nature qu'ils soient, payables en numéraire, que le 40ᵐᵉ en numéraire de cuivre de la somme à payer, indépendamment de l'appoint. Le surplus devra être acquitté en espèces d'or et d'argent. Les percepteurs desdits droits et contributions seront personnellement comptables en espèces d'or et d'argent des sommes qu'ils auront reçues en numéraire de cuivre au-delà du quarantième de la somme due. »

Ces dispositions, qui ne s'appliquaient qu'aux monnaies de cuivre, furent étendues à celles de billon, par un arrêté du 18 vendémiaire an 6.

Un décret impérial du 21 février 1808, rendu à la suite de la loi du 15 septembre 1807, qui a ordonné la fabrication des nouvelles pièces de 2 sous en billon, porte, article 1er : « La pièce de 10 centimes, dont la fabrication a été ordonnée par la loi du 15 septembre 1807, ne sera donnée et reçue qu'à découvert et seulement pour les appoints de un franc et au-dessous. »

Enfin, le décret du 18 août 1810, rappelé et confirmé par l'article 6 de la loi du 6 mai 1852, sur la refonte des monnaies de cuivre, a définitivement réglé cette matière et abrogé implicitement toutes les dispositions antérieures. Ce décret porte, article 2 : « La monnaie de cuivre et de billon, de fabrication française, ne pourra être employée dans les payements, si ce n'est de gré à gré, que pour l'appoint de la pièce de 5 fr. (Voyez Inst. générale des finances, art. 97.) »

14. La législation est donc maintenant, comme on le voit, parfaitement fixée, et le texte des deux décrets précités ne semble pas pouvoir donner lieu à une interprétation douteuse. Cependant il s'est plus d'une fois élevé des difficultés sur la manière d'entendre la formation de l'*appoint*, dont parlent les décrets. Quelques-uns prétendent que ces actes ont voulu déclarer qu'en thèse générale, on ne pourrait jamais, dans les payements, donner plus de cinq francs de monnaie de cuivre; mais qu'on aurait le droit d'en donner toujours pour cette somme, quel que fût le montant du payement; qu'ainsi, par exemple, dans un versement de 6, 7 ou 8 francs, on pourrait faire admettre 5 francs de pièces de cuivre, et 1, 2 et 3 francs en pièces blanches. D'autres soutiennent, au contraire, que, par ces expressions *appoint de la pièce de* 5 fr., le législateur a entendu que, dans chaque payement, on serait obligé de fournir des espèces d'or ou d'argent jusqu'à ce que la somme, formant le solde, ne fût plus assez forte pour composer une pièce de 5 francs; auquel cas ce solde pourrait être donné en monnaie de cuivre. D'après ce système, dans un payement de 6, 7 ou 8 francs, il faudrait donner en argent 5 francs, et on pourrait faire admettre en cuivre, 1, 2 et 3 fr. Une somme de 4 fr. 75 cent. pourrait être tout entière versée en pièces de cuivre; 5 fr. ne pourraient être payés qu'en pièces d'argent, parce qu'il n'y a point d'appoint. 14 fr. pourraient être fournis, savoir : 10 fr. en argent et

4 fr. en pièces de cuivre. Mais, dans une somme de 10 fr., on ne pourrait faire admettre aucune partie de monnaie de cuivre.

Cette dernière opinion est évidemment la seule admissible : c'est celle qui résulte à la fois des termes et de l'esprit des décrets. Elle a été reproduite à la tribune, lors de la discussion de la loi du 6 mai 1852, avec l'assentiment général, et nous avons la certitude qu'elle est généralement suivie.

15. Telle est donc la règle positive et rigoureuse pour l'admissibilité des monnaies de cuivre. Elles ne peuvent être obligatoirement admises, dans les payements, que pour les appoints au-dessous de 5 fr. Cependant il existe dans plusieurs localités des usages de commerce, d'après lesquels ces espèces sont habituellement reçues, dans les payements, dans une proportion plus forte. Là, où ces usages sont en vigueur, il est convenable de s'y conformer, et la prétention contraire serait sans doute mal accueillie. D'ailleurs, et c'est surtout à MM. les percepteurs que cette observation s'adresse, quel que soit le droit que leur assurent les décrets des 18 août-12 septembre 1810, peut-être reconnaîtront-ils qu'il est le plus souvent utile de n'en pas user. Une trop grande rigueur en ce point serait, dans beaucoup de cas, de nature à compromettre le recouvrement. Si les contribuables étaient obligés, pour acquitter leur impôt, de faire des démarches et des frais afin de se procurer des espèces d'argent, il en résulterait souvent des retards dans leur libération, et des non-valeurs, que le percepteur a, avant tout, intérêt d'éviter. C'est donc à lui à apprécier les circonstances, la position individuelle de chaque contribuable, le montant de la cote, et de voir jusqu'à quel point il ne lui convient pas de faire prudemment, dans l'intérêt du service, quelque concession sur le droit que les décrets lui confèrent. Il doit d'ailleurs observer que, si chaque contribuable prenait le parti de ne payer rigoureusement que par douzièmes, ainsi que la loi lui en donne la faculté, il en résulterait que la plus grande partie des cotes serait entièrement payable en numéraire de cuivre ou de billon, puisque toutes celles qui, en totalité, ne s'élèvent pas à 60 francs (et c'est le plus grand nombre), ne donneraient pour chaque douzième qu'une somme inférieure à 5 francs. C'est à la sagesse de MM. les percepteurs à régler la conduite qu'ils doivent suivre à cet égard. En ce qui nous concerne, nous avons dû établir le droit strict : il leur appartient d'en régler l'usage dans le plus grand intérêt du service qui leur est confié.

Les monnaies d'or et les pièces de 5 francs en argent, frappées en Belgique, en Italie et en Suisse, sont, aux termes de la loi du

14 juillet 1866, admises à circuler en France et reçues par les caisses publiques.

Il en est de même des monnaies d'appoint d'argent belges, ita-
liennes et suisses, c'est-à-dire des pièces de 2 francs, 1 franc, 50
et 20 centimes. Ces pièces et les pièces françaises de même valeur,
frappées au titre de 835 millièmes, n'ont cours légal entre les particuliers que comme monnaies d'appoint et jusqu'à concurrence
de 50 francs pour chaque payement; mais elles sont reçues dans
les caisses publiques sans limitation de quantité.

16. Lorsque des pièces fausses sont présentées au percepteur,
a-t-il le droit de les cisailler avant de les rendre aux parties?

Un arrêté du Ministre des finances (le comte Corvetto), en date
du 1er juin 1818, porte :

Nous, Ministre secrétaire d'Etat au département des finances,

D'après le compte qui nous a été rendu des difficultés qui ont eu
lieu dans plusieurs caisses publiques relativement à des pièces
fausses qui ont été offertes en payement;

Vu l'édit du 15 février 1726,

Avons arrêté ce qui suit :

Art. 1er. Conformément à l'article 2 de l'édit ci-dessus relaté, il
est expressément défendu à tous receveurs, percepteurs, payeurs
ou autres préposés des caisses royales, de recevoir ni faire entrer
dans aucuns payements des espèces de fausse fabrique.

Art. 2. Lesdits receveurs, percepteurs, payeurs ou préposés,
sont tenus de cisailler et de déformer, de manière qu'il ne puisse
en être fait usage, les pièces fausses qui leur seront offertes en
payement et de les rendre en cet état au porteur.

Art. 3. Le présent arrêté sera affiché dans tous les bureaux de
perception et de payement de deniers publics; il en sera remis
une expédition à M. le secrétaire général pour être notifié circu-
lairement à tous les comptables du Trésor royal.

Une expédition en sera également adressée à LL. EE. les Ministres secrétaires d'Etat de la justice, de la police générale, et à
la Banque de France.

Les dispositions de cet arrêté n'ont été modifiées par aucun
autre acte postérieur; elles ont, tout au contraire, été implicitement confirmées par un arrêté du Ministre des finances du 2 août
1845 et par l'article 97 de l'Instruction générale. Elles doivent donc
continuer à être exécutées. Que pourrait-on objecter, en effet, à la
mesure qu'elles prescrivent? La partie versante pourrait-elle prétendre que la pièce étant sa propriété, on ne doit pas avoir la
faculté de la défigurer, et que le seul droit dont le comptable
puisse user, c'est celui de la refuser si elle est fausse? Mais cette

considération ne paraît guère fondée, si on la compare à l'impérieuse nécessité d'arrêter, dans l'intérêt public, la circulation des fausses monnaies. D'ailleurs, il semble que la partie versante qui, par le seul fait d'avoir présenté au comptable une pièce fausse, pourrait, jusqu'à un certain point, encourir le soupçon d'avoir tenté sciemment de faire passer de la fausse monnaie, aggraverait naturellement ce soupçon en persistant à conserver intacte une pièce qui ne peut rentrer dans la circulation que par un crime que la loi punit de la peine la plus sévère. Il est donc de son intérêt, comme de celui de la société, que la pièce fausse soit cisaillée de manière à ce que nul ne puisse désormais trouver ou seulement chercher le moyen d'en faire un usage coupable.

17. Une question non moins importante et qui donne lieu à des contestations assez fréquentes entre les percepteurs et les contribuables, c'est celle de savoir comment doivent être imputés les payements que ceux-ci viennent faire à la caisse du comptable. Quelques principes de droit général éclairciront cette matière et nous mettront à même de résoudre, sans peine, les difficultés particulières qui pourraient se présenter, et dont nous choisirons quelques exemples parmi celles qui ont été l'objet de décisions ministérielles ou qui nous ont été proposées à nous-même.

Le Code civil porte :

Art. 1253. « Le débiteur de plusieurs dettes a le droit de déclarer, lorsqu'il paye, quelle dette il entend acquitter. »

Art. 1255. « Lorsque le débiteur de diverses dettes a accepté « une quittance par laquelle le créancier a imputé ce qu'il a reçu « sur l'une de ses dettes spécialement, le débiteur ne peut plu « demander l'imputation sur une dette différente, à moins qu'il « n'y ait eu dol ou surprise de la part du créancier. »

Art. 1256. « Lorsque la quittance ne porte aucune imputation, « le payement doit être imputé sur la dette que le débiteur avait « pour lors le plus d'intérêt d'acquitter entre celles qui sont pareil- « lement échues, sinon sur la dette échue, quoique moins oné- « reuse que celles qui ne le sont point.

« Si les dettes sont d'égale nature, l'imputation se fait sur la « plus ancienne : toutes choses égales, elle se fait proportion- « nellement. »

Ces dispositions sont entièrement applicables aux payements faits par les contribuables, et il est indispensable que les percepteurs ne perdent pas de vue les droits des redevables à cet égard.

On voit qu'en général, en matière d'imputation de payement, la loi est favorable au débiteur. Elle lui donne la faculté de choisir la dette qu'il préfère acquitter; et s'il a négligé d'user de ce droit, elle supplée alors à son silence : elle veut qu'on impute son payement sur la dette que le débiteur avait le plus d'intérêt à acquitter. Il n'appartiendrait pas aux comptables d'enlever aux redevables du Trésor cette garantie de droit commun, en imputant eux-mêmes, à leur gré et contrairement à l'intérêt de ceux-ci, les versements qui leur sont faits. Ils doivent donc, pour obéir à la loi, demander au contribuable débiteur de différentes cotes quelle est celle qu'il entend acquitter, et l'indiquer dans la quittance.

18. Il en serait de même si, au lieu de cotes différentes, le contribuable devait des douzièmes échus et des frais de poursuites. Bien qu'en général le payement s'impute d'abord sur les frais, cependant le percepteur ne pourrait pas se refuser à l'imputer d'abord sur la dette principale, si le contribuable l'exigeait.

19. On concevra facilement, du reste, l'intérêt qu'il peut y avoir parfois pour le redevable à imputer la somme qu'il verse sur telle cote plutôt que sur telle autre. Supposez, par exemple, que l'une des cotes dues remontât à trois années, et fût sur le point de se prescrire, ou fût même déjà prescrite, faute de poursuites de la part du percepteur. (Voir l'article 18 et les Notes.) Il est évident que le contribuable aurait plus d'intérêt à payer les cotes nouvellement échues que la cote arriérée, tandis que le percepteur devrait préférer que cette dernière fût d'abord acquittée. Mais quelque contraire que fût, dans ce cas, aux intérêts du percepteur l'imputation de l'à-compte sur la nouvelle dette plutôt que sur l'ancienne, il ne pourrait pas s'opposer au vœu du contribuable, parce que celui-ci n'use que du droit qui lui est assuré par l'article 1253 du Code civil.

20. Un percepteur, qui était en même temps receveur municipal, avait cru pouvoir imputer sur des contributions arriérées les payements que des contribuables lui faisaient, soit pour acquitter des cotes d'affouages afin d'obtenir la délivrance du bois qui formait leur lot, soit pour payer la patente dont ils avaient besoin de justifier. Cette prétention ne pouvait pas évidemment être accueillie, d'après les principes que nous venons de rappeler. Mais rien ne se serait opposé à ce qu'après avoir reçu la taxe de l'affouage et en avoir donné quittance conformément à l'imputation indiquée par le débiteur, le percepteur ne fît immédiatement saisir le lot de l'affouagiste pour le payement des contributions dues par lui.

21. Si le percepteur était créancier privé d'un contribuable, il ne pourrait pas non plus imputer sur sa créance particulière les sommes que ce dernier verserait pour les contributions dues au

Trésor. Il serait même doublement à blâmer dans ce cas, puisqu'indépendamment de la violation des droits du contribuable, il nuirait, dans son intérêt particulier, à la rentrée des contributions dont le recouvrement lui est confié.

22. D'un autre côté, un contribuable, qui serait créancier personnel du percepteur, ne pourrait pas refuser à ce dernier le payement de sa cote d'impôt sous le prétexte que le percepteur étant son débiteur, il y a compensation entre sa dette et la sienne. Ce raisonnement serait évidemment erroné. Aux termes de l'article 1289 du Code civil, la compensation ne s'établit qu'entre deux personnes respectivement débitrices l'une de l'autre. Or, cette circonstance ne se rencontre pas dans l'espèce : le percepteur est bien débiteur du contribuable ; mais celui-ci n'est en aucune manière débiteur personnel du percepteur. C'est au Trésor qu'il doit l'impôt et non pas au comptable, qui ne fait que le recouvrer pour le compte de l'Etat. La considération de la dette du percepteur envers le contribuable ne saurait donc arrêter le recouvrement des sommes dont celui-ci est redevable au Trésor pour ses contributions : par conséquent, le percepteur aurait non-seulement le droit, mais le devoir de le poursuivre d'après les règles usitées en matière de contributions directes, sauf à celui-ci à suivre ainsi qu'il aviserait contre le percepteur le payement de sa créance personnelle.

23. Il existe une circonstance à peu près analogue au fond, mais où le percepteur est placé dans une situation opposée à celle de l'espèce précédente : nous voulons parler du cas qui se présente assez souvent depuis que les percepteurs ont été chargés, par l'ordonnance du 28 juin 1833, du payement des mois de nourrices et pensions des enfants trouvés. Lorsque les nourriciers se trouvaient débiteurs de contributions, les percepteurs s'étaient crus autorisés à faire compensation du montant des salaires qu'ils étaient chargés de leur payer pour le compte de l'hospice avec la somme que ceux-ci devaient pour leur impôt. Evidemment encore, il ne pouvait y avoir, dans ce cas, lieu à une compensation de plein droit, puisque les deux débiteurs ne l'étaient pas respectivement l'un de l'autre ; d'un côté, c'était l'hospice qui devait au nourricier ; de l'autre, le nourricier qui devait au Trésor. Cependant, pour éviter toute espèce de contestation et de réclamation à cet égard, le Ministre de l'intérieur avait cru devoir, dans l'intérêt du service des enfants trouvés, arrêter, de concert avec le Ministre des finances, des dispositions qui obligeaient les percepteurs à en référer toujours au receveur général, qui devait s'entendre avec le préfet au sujet de la décision à prendre. (Circ. du

19 août 1833.) Mais un arrêt de la Cour de cassation du 28 janvier 1850 ayant déclaré insaisissables les salaires de nourrices, l'Instruction du 20 juin 1859 a décidé, d'une manière générale, qu'à l'avenir il ne serait exercé aucune retenue sur le salaire des nourrices pour les contributions qu'elles pourraient devoir, à moins qu'elles n'offrissent elles-mêmes de s'y soumettre.

24. Les percepteurs sont obligés d'émarger sur les rôles, en présence des contribuables et au moment du payement, les sommes qui leur sont versées par ces derniers, et de leur en délivrer quittance. Cette double obligation résulte des lois de 26 septembre-2 octobre 1791, article 13; 3 frimaire an 7, articles 140 et 141; et de l'article 310 du décret du 31 mai 1862. Elle existait dans l'ancienne législation des *tailles*, aux termes de l'édit de 1600, article 24, qui punissait la négligence du collecteur à cet égard de la même peine que le faux. Le défaut d'émargement entraîne encore aujourd'hui une peine, mais moins terrible. L'article 142 de la loi du 3 frimaire an 7 prononce pour ce cas, contre le percepteur, une amende de 10 fr. au moins, et de 25 fr. au plus. Cette peine est appliquée par les Tribunaux correctionnels, sur la dénonciation, soit du contribuable intéressé, soit du maire ou de l'adjoint de la commune.

25. L'émargement au rôle est donc essentiel, et les percepteurs ne sauraient jamais s'en dispenser, même du consentement des contribuables. Mais en est-il de même de la quittance? Ce qui pourrait d'abord en faire douter, c'est que la loi des 26 septembre-2 octobre 1791, non plus que l'arrêté du 16 thermidor an 8, ne prescrivent la quittance, en sus de l'émargement, qu'autant qu'elle est requise par le redevable. Mais la loi du 3 frimaire an 7 n'admet pas cette restriction, et elle impose au percepteur le devoir à la fois d'émarger et de délivrer quittance. L'Instruction générale du Ministre des finances du 20 juin 1859, article 74, reproduit en termes exprès la disposition de la loi du 3 frimaire an 7, et enfin cette disposition se retrouve dans l'article 310 du décret du 31 mai 1862; de sorte que les percepteurs ne sauraient s'y soustraire sans manquer à une obligation légale. Cette omission n'entraînerait cependant pas l'amende prononcée pour le défaut d'émargement.

26. Les percepteurs ne peuvent, au surplus, exiger aucune rétribution pour cette quittance : ils seraient même obligés d'en délivrer, sans frais, aux contribuables, autant de *duplicata* que ceux-ci en demanderaient, s'ils en avaient besoin pour justifier du payement de leurs impôts. C'est la disposition formelle de la loi des 10-20 juillet 1791. Il est toutefois évident que si les demandes de cette nature se multipliaient, de manière à ce que le comptable

pût légitiment présumer qu'elles n'ont d'autre objet que de lui occasionner, sans nécessité réelle pour les contribuables, un surcroît
de travail, il serait autorisé à refuser ces *duplicata*, en rendant
compte des motifs de son refus à l'autorité supérieure. Dans le
cas où les percepteurs délivreraient des quittances de cette nature,
il leur importerait de ne pas négliger d'indiquer que ces *quittances* sont fournies par *duplicata*, de crainte que des contribuables de mauvaise foi ne tentassent de les faire passer pour de
doubles payements qui exposeraient les comptables à des répéti-
tions (1).

27. Les quittances et les duplicata de quittances ne sont pas sujets au timbre (L. des 10-17 juin 1791, art. 10 ; 13 brumaire an 7,
titre 3, art. 16; 3 frimaire an 7, art. 140.)

28. Elles doivent être détachées du *livre à souche*, dont la tenue est prescrite aux percepteurs pour toutes les recettes qu'ils
effectuent (art. 75 de l'Instruction générale du 20 juin 1859).

29. Quant aux émargements, le rôle est disposé de manière à ce
qu'ils puissent y être inscrits en regard de la cote de chaque contribuable.

30. Nous venons de voir que l'émargement et la quittance étaient
également prescrits au percepteur, et que l'omission de l'émargement entraînait même une peine pour ce comptable. Mais quelle
serait pour le contribuable lui-même la conséquence de cette
omission ? On s'était demandé si, à défaut d'émargement, il pouvait néanmoins être valablement libéré et affranchi de toute poursuite, en justifiant du payement au moyen de la quittance qui lui
aurait été délivrée par le percepteur?

Consulté dans trois circonstances différentes, le Conseil d'Etat
(comité des finances) s'est prononcé affirmativement sur cette
question. Il n'est pas inutile de faire connaître sommairement les
circonstances qui ont donné lieu aux décisions.

« Des percepteurs décédés ou révoqués de leurs fonctions, par
suite de désordre ou d'irrégularités dans leur gestion, avaient
laissé des cotes ouvertes sur les rôles; le nouveau titulaire chargé
de la perception des restes à recouvrer s'est adressé aux contribuables présentés comme débiteurs; mais ceux-ci ont opposé les
quittances qu'ils avaient reçues de l'ancien percepteur pour le
payement effectué entre ses mains de leurs contributions.

(1) Une Circulaire de la Direction générale de la Comptabilité publique, en
date du 6 décembre 1865, prescrit aux percepteurs de ne délivrer que sur une
autorisation du préfet ou du sous-préfet, motivant la *perte de la quittance*, des
duplicata de quittances pour *permis de chasse*.

« Ces quittances étaient informes, c'est-à-dire qu'elles n'étaient pas détachées du journal à souche ; il y en avait même qui avaient été délivrées par la femme du percepteur.

« Ces irrégularités, jointes au défaut d'émargement sur le rôle, motivaient le refus du nouveau percepteur d'admettre la libération du contribuable.

« Des réclamations furent adressées au Ministre des finances, qui les renvoya à l'examen du Comité des finances du conseil d'Etat.

« Le Comité considéra :

« Que l'émargement au rôle, prescrit par les articles 141 et 142 « de la loi du 3 frimaire an 7 et par l'article 16 de l'arrêté du gou- « vernement du 16 thermidor an 8, est une obligation imposée « uniquement au percepteur, comme moyen de comptabilité et de « surveillance pour l'administration ;

« Que, si la loi a donné aux contribuables le droit de veiller à « l'exécution de cette mesure et de dénoncer les contraventions « en ce qui concernerait les payements qu'ils auraient effectués, « on ne peut jamais leur faire un reproche de ne point avoir usé « d'une faculté qui leur a été entièrement concédée dans leur « intérêt, et pour que, dans le cas de la perte de leurs quittances, « ils pussent toujours retrouver la preuve de leur libération. »

« A l'égard des quittances qui avaient été délivrées par la femme d'un percepteur, et dont on refusait l'admission, parce que le montant n'avait été ni émargé au rôle, ni inscrit sur le journal, le Comité a considéré :

« Qu'il était certain que la femme de ce percepteur avait été « autorisée par lui à recevoir pour son compte, puisqu'il se trou- « vait des quittances de la femme qui avaient été émargées au « rôle et portées au journal ;

« Par ces motifs, le Comité des finances a été d'avis que les « quittances qui faisaient l'objet des réclamations, devaient être « admises à la décharge des contribuables, nonobstant leur défaut « d'émargement aux rôles. »

31. Ces avis, donnés à la date des 19 avril-8 octobre 1816 et 4 mai 1822, et approuvés par le Ministre des finances, établissent incontestablement, selon nous, qu'un contribuable est valablement libéré de ses contributions s'il en justifie par la quittance du percepteur ou d'un commis de ce comptable, reconnu pour être autorisé à recevoir pour son compte, et qu'il n'y a pas lieu de poursuivre ce contribuable sous prétexte que les payements qu'il a faits n'auraient pas été émargés au rôle ni inscrits au journal du percepteur.

Ce n'est pas que cette décision soit entièrement à l'abri de toute observation. Elle présente bien quelques inconvénients que nous ne voulons pas dissimuler. Ainsi, nous n'ignorons pas qu'on pourrait craindre que, par suite d'un concert frauduleux entre un contribuable et un percepteur infidèle, celui-ci, même après la cessation de ses fonctions, ne continuât à délivrer des quittances qui libéreraient les redevables au préjudice du Trésor, sans qu'il fût possible de se garantir contre une telle malversation.

Cet inconvénient est réel; mais d'abord, il faut remarquer que des faits de cette nature constitueraient, de la part du percepteur et de ceux qui se seraient rendus ses complices, un détournement de deniers publics qui entraînerait la peine des travaux forcés: garantie qui ne paraîtra pas tout à fait insuffisante, si l'on réfléchit que les contribuables, avec lesquels il faudrait que le percepteur s'entendît, consentiraient difficilement à courir une telle chance pour un intérêt qu'on ne peut, en général, que supposer fort modique. D'un autre côté, et en admettant que les manœuvres frauduleuses dont nous avons parlé pussent, malgré les obstacles, se réaliser, n'est-il pas juste, lorsque la bonne foi est établie, que la perte retombe sur le Trésor plutôt que sur le contribuable qui, le plus souvent étranger aux règlements administratifs, a pu ignorer qu'un émargement était nécessaire et a dû se croire bien et dûment libéré par la quittance du percepteur?

32. Mais, si l'on admet avec le Conseil d'Etat que la quittance, à défaut d'émargement, libère le contribuable, faudrait-il décider, par réciprocité, qu'il en est de même de l'émargement à défaut de quittance? Il n'existe pas à cet égard de décision aussi formelle que pour le cas précédent. Cependant il convient de se prononcer pour l'affirmative. Elle semble, en effet, résulter assez naturellement de la disposition de la loi des 26 septembre 2 octobre 1791 et de l'arrêté du 6 thermidor an 8, que nous avons indiqués plus haut, et qui ne supposaient de quittance, en sus de l'émargement, que lorsque le contribuable la requérait : ce qui, dans la pensée du législateur, admettait parfaitement la possibilité qu'il n'en fût pas délivré, d'où la conséquence que l'émargement doit être considéré comme la principale preuve de la libération. Mais cette conclusion ne ressort-elle pas plus expressément encore des principes du Code civil? Ce Code dispose que les registres et papiers domestiques font foi contre celui qui les a écrits, dans tous les cas où ils énoncent un payement reçu (art. 1331), et que l'écriture mise par le créancier à la suite ou en marge d'un titre qui est toujours resté en sa possession fait foi, quoique non signée ni datée par lui, lorsqu'elle tend à établir la libération du débiteur.

(Art. 1332.) Or, de quelque manière que l'on considère le rôle sur lequel s'opère l'émargement, soit comme un registre du percepteur, soit (et ce caractère lui convient mieux) comme le titre de sa créance contre le contribuable, il est évident que l'émargement doit produire, en faveur de ce dernier, une grave présomption de payement. Ajoutons que l'avis du Comité des finances, rapporté ci-dessus, n° 30, confirme encore cette opinion, lorsqu'il dit que « l'émargement a pour but de donner aux contribuables, dans le cas de perte de leurs quittances, la possibilité de retrouver toujours la preuve de leur libération, » expressions d'où l'on peut induire que le Comité juge que, à défaut de quittance, l'émargement doit suffire pour libérer.

On peut donc admettre que la preuve du payement de la contribution peut résulter pour le contribuable, contre le percepteur, de la quittance à défaut d'émargement, et de l'émargement à défaut de la quittance.

33. S'il existait à la fois un émargement et une quittance, mais que les énonciations fussent différentes, il est évident, d'après les développements qui précèdent, que l'énonciation la plus favorable au contribuable devrait être admise.

34. Que si, enfin, il n'existait ni émargement, ni quittance, la présomption ne pourrait être qu'en faveur du percepteur, et le contribuable qui prétendrait avoir payé ne pourrait plus, à défaut de preuves écrites, que déférer le serment au comptable, ou bien recourir à la preuve testimoniale, en observant toutefois que ce dernier moyen n'est autorisé qu'autant qu'il s'agit de sommes qui n'excèdent pas 150 fr. (Art. 1341 C. civil.)

ARTICLE 9.

Les percepteurs ne peuvent exiger aucunes sommes des contribuables, s'ils ne sont porteurs d'un rôle confectionné par le directeur des contributions directes, rendu exécutoire par le préfet, et publié dans chaque commune par le maire.

1. Lorsque les agents chargés par la loi de faire, dans ses divers degrés, la répartition de l'impôt direct, ont terminé leur travail, et que la cote de chaque contribuable est définitivement arrêtée, le directeur des contributions directes procède à l'expédition des rôles, conformément aux règles qui sont prescrites par les instructions ministérielles. Il n'entre pas, comme nous l'avons déjà

observé, dans le plan de cet ouvrage, de parler de ces opérations,
que nous supposons faites régulièrement, et qui d'ailleurs sont
étrangères à la matière des poursuites, puisque nous avons vu
que les vices de la répartition ne donnent, en tout cas, au contribuable qu'une action en réclamation, dont le percepteur n'est pas
juge, et qui n'arrête ni le recouvrement, ni les poursuites. (Art. 7
du Règlement.) Mais, si nous n'avons pas à nous occuper de l'établissement de chaque cote et des règles de son inscription au
rôle, il est essentiel de déterminer les conditions extérieures que
doit présenter ce rôle, pour être entre les mains de l'agent du
Trésor un titre régulièrement exécutoire contre le contribuable;
car, sans ce titre, en bonne et due forme, les percepteurs ne pourraient exiger aucune somme qu'en exposant leur responsabilité
d'une manière plus ou moins grave.

2. Jusqu'en l'année 1817, on dressait un rôle séparé pour chaque
nature de contributions directes; mais, à dater de 1818, le gouvernement a substitué à ce système, qui n'était pas sans inconvénient, celui d'un rôle unique par commune, qui comprend non-
seulement les quatre contributions directes, mais toutes les impositions locales autorisées avant la confection de ce rôle. (Voir
Inst. gén. 20 juin 1859, art. 51.) Quelques impôts particuliers sont
pourtant l'objet de rôles spéciaux : ce sont les redevances sur les
mines, les taxes pour les Bourses et les Chambres de commerce,
la contribution foncière des bois vendus ou restitués et autres
biens devenus imposables, les taxes des patentables assujettis au
droit depuis l'émission des rôles généraux. (Voir *ibid.*, art. 9 et 52.)

Enfin, on dresse aussi des rôles spéciaux pour les impositions
communales qui n'ont pu être comprises aux rôles généraux; mais
ce dernier cas ne doit être qu'exceptionnel. Voir le *Commentaire*
sur l'art. 1er, no 21.) Les rôles spéciaux sont, au surplus, soumis
aux mêmes formalités que les rôles généraux, et, comme eux, ils
doivent présenter les caractères extérieurs que nous allons signaler :

3. Les rôles, tant généraux que spéciaux, ne peuvent être légalement confectionnés qu'autant que les taxes qui y sont portées
ont été autorisées par la loi des finances. La disposition finale de
la loi annuelle du budget (Voir notamment celle de 1875) permet
de poursuivre comme concussionnaires ceux qui auraient confectionné les rôles, et ceux qui auraient fait le recouvrement de contributions non autorisées dans les formes légales. Il est donc indispensable que les rôles portent en tête l'indication de la loi
ou, suivant les cas, du décret qui a autorisé les impositions.

4. Ils doivent être rendus *exécutoires* par le préfet. — Cette

formalité, qu'aux termes de l'arrêté du 16 thermidor an 8, art. 13, ce magistrat doit remplir dans les dix jours de la présentation qui lui est faite des rôles par le directeur des contributions directes, consiste dans une déclaration inscrite au bas desdits rôles et par laquelle le préfet certifie en avoir *vérifié* le contenu, en *arrête* le montant, *mande* au percepteur d'en faire le recouvrement, et *enjoint* à tous les contribuables, leurs représentants, leurs fermiers, locataires, régisseurs et administrateurs d'acquitter les sommes y contenues. (Voir Inst. gén. des fin., art. 53.)

5. Ils doivent être *publiés* dans la commune par le maire. Lorsque les rôles sont revêtus de la formule exécutoire, le directeur les adresse aux receveurs des finances, qui en font la remise aux percepteurs. Ces comptables doivent, aussitôt après cette remise, présenter les rôles aux maires, pour que ces fonctionnaires en fassent la publication.

6. Cette intervention des percepteurs, dont ne parlait pas l'arrêté du 16 thermidor an 8, a été prescrite, dans l'intérêt de la régularité du service, par une Circulaire du Ministre des finances, en date du 25 novembre 1828. La forme de cette publication est, au surplus, indiquée par la loi du 4 messidor an 7, art. 5. Elle consiste dans une affiche, sur papier non timbré, que le maire fait apposer, un jour de dimanche, à la porte principale de la maison commune et aux endroits accoutumés, et qui porte avertissement aux citoyens que le rôle revêtu des formalités prescrites est entre les mains du percepteur, demeurant à..., et que chaque contribuable doit acquitter la somme pour laquelle il est porté audit rôle dans les délais fixés par la loi, sous peine d'y être contraint. La même affiche fait connaître que les réclamations, s'il y a lieu, doivent être formées dans les trois mois. La minute de l'affiche est signée par le maire, et il en est fait mention sur les registres de la mairie. Ce fonctionnaire doit certifier, en outre, sur le rôle même, l'accomplissement de cette formalité.

Le percepteur, aussitôt que tous les rôles de la perception lui ont été rendus par le maire, adresse au receveur de son arrondissement, pour être transmis par le receveur général au directeur, un état indiquant, pour chaque commune, la date de la publication. Cette date déterminant, aux termes de l'article 8 de la loi du 4 août 1844, l'époque à partir de laquelle commence à courir le délai de trois mois accordé aux contribuables pour la présentation de leurs réclamations, doit être énoncée sur les avertissements dont il sera question dans le *Commentaire* de l'art. 10, et les percepteurs sont, en conséquence, tenus de l'y porter, avant de faire distribuer cet avertissement.

7. Nous ne pouvons mieux résumer ce que nous venons de dire sur les caractères extérieurs que doivent présenter les rôles, qu'en rapportant textuellement la formule qui les termine, et qui a été adoptée par l'Administration :

Le directeur des contributions directes, soussigné, certifie que le présent rôle est exact dans ses détails et dans ses résultats.

A   le   187 .

Vu le présent rôle des contributions foncière, des portes et fenêtres, personnelle et mobilière et des patentes, de la commune d   pour l'année 187 , après avoir procédé à sa vérification, en avoir arrêté le montant, tant en principal qu'en centimes additionnels de toute nature, suivant les détails indiqués sur la feuille de tête, à la somme totale de   .

Le percepteur fera le recouvrement du présent rôle, et il en versera le montant entre les mains du receveur particulier de l'arrondissement, à l'exception des centimes additionnels, tant pour dépenses communales que pour impositions communales extraordinaires, qui resteront à la disposition du maire.

Enjoignons à tous les contribuables dénommés au présent rôle, leurs représentants ou ayants-cause ; à tous fermiers, locataires, régisseurs et administrateurs de biens cotisés, d'acquitter les sommes y contenues, à peine d'y être contraints par les voies de droit (1).

8. Il est essentiel pour les percepteurs, avant de mettre en recouvrement les rôles qui leur sont envoyés, de bien s'assurer qu'ils sont revêtus de la formule exécutoire, qu'ils portent la mention de la loi, ou, suivant les cas, des décrets en vertu desquels les contributions ont été établies, et qu'ils remplissent, en un mot, toutes les conditions dont nous nous sommes occupé ci-dessus. Car, sans parler de l'action en concussion à laquelle le comptable pourrait être soumis, si l'impôt n'avait pas été légalement établi, l'irrégularité seule du rôle pourrait entraîner la nullité des poursuites intentées contre le contribuable. C'est ainsi qu'un jugement du Tribunal de Montreuil a annulé tous les actes de poursuites faits en vertu d'un rôle qui n'était pas revêtu de la formule exécutoire. (Voir l'arrêt du C. d'Etat du 5 novembre 1828, 2ᵉ Partie, *Jurisprudence*, p. 125.)

---

(1) Cette formule est à peu près la même que celle qui était donnée dans le modèle de rôle annexé à la loi des 23 novembre-1ᵉʳ décembre 1790. (Voir cette loi à sa date, dans la 2ᵉ Partie, p. 4, *Législation*.)

Fait et arrêté à   le   187 .

Le *Préfet du département,*

Le maire de la commune d   soussigné, certifie que le présent rôle a été publié le

A,   le   187 .

9. Sur la disposition de l'article 9 du Règlement, on peut consulter l'édit de mars 1600, art. 24; le D. des 13 janvier-18 février 1791, art. 45; les L. des 14 thermidor an 5, art. 24; 3 nivôse an 7, art. 60; 4 messidor an 7, art. 5; les Arr. des 16 thermidor an 8, art. 14; la L. du 4 août 1844.

ARTICLE 10.

Immédiatement après la publication des rôles, le percepteur est tenu de faire parvenir aux contribuables les avertissements dressés par le directeur des contributions.

Le prix de ces avertissements étant compris dans les rôles et payable comme les contributions, le percepteur ne peut rien demander de plus aux contribuables, soit pour les avertissements, soit pour les frais de leur remise.

1. Cet article se rattache au précédent. La publication du rôle dans la commune est la notification officielle de la répartition de l'impôt sur tous les contribuables ; elle met ceux-ci en demeure de payer, en même temps qu'elle leur donne la facilité d'aller vérifier le montant exact de leur cote et de réclamer, s'il y a lieu, contre les erreurs ou les surtaxes dont ils auraient à se plaindre. L'*avertissement* est pour ainsi dire une notification officieuse faite à chaque imposé individuellement, pour ôter tout prétexte à quiconque serait tenté de prétendre qu'il n'a pas connu la mise en recouvrement du rôle, et qu'il ignorait la somme pour laquelle il y était compris (1). Aussi, le gouvernement a-t-il attaché beaucoup d'importance à l'exacte distribution de ces avertissements. On voit, par les lois des 25 mars 1817, article 71, et 15 mai 1818, article 50 et 51, que le législateur, en en prescrivant la confection et la remise aux contribuables, s'est lui-même occupé de déterminer non-seulement ce qu'ils devraient contenir, mais à quelle époque et pour quel prix ils devraient être rédigés et distribués.

Aux termes des lois précitées, les avertissements, qui ne sont, au surplus, que des extraits du rôle, doivent, comme celui-ci, énoncer : 1° la loi ou le décret en vertu desquels les contributions sont établies; 2° le montant détaillé de ce que chaque contribuable doit payer tant en principal qu'en accessoires et centi-

(1) V. le *Commentaire* sur l'art. 6, n° 3.

mes additionnels, pour les diverses natures de contributions; 3° enfin les formes dans lesquelles le payement doit avoir lieu. Ils doivent être rédigés par les directeurs des contributions directes au fur et à mesure de la confection des rôles et adressés en même temps, par l'intermédiaire des receveurs des finances, aux percepteurs, qui sont chargés d'en faire la remise.

2. Ces comptables, ne concourant en aucune manière à la rédaction de ces actes, ne sauraient être responsables des erreurs qu'ils contiendraient. Toutefois, comme tout ce qui touche au recouvrement et tend à en prévenir les difficultés et les retards les intéresse personnellement, ils doivent toujours, en les recevant, s'assurer de leur conformité avec les rôles; et, dans le cas où ils y reconnaîtraient des différences essentielles, ils en demanderaient la rectification par l'intermédiaire de leur supérieur immédiat. Il ne leur appartiendrait pas, au surplus, d'opérer eux-mêmes les modifications dont il s'agit. (Instr. gén. des fin., 20 juin 1859, art. 55.) La seule énonciation qu'ils soient autorisés à inscrire sur les avertissements, c'est la désignation du domicile où ils font la perception dans la commune. L'obligation leur en a même été imposée, à la décharge des directeurs des contributions directes, par une décision du Ministre des finances du 30 janvier 1835 (1).

3. Les avertissements ne sont pas assujettis au timbre. (D. 10-17 juin 1791; L. 13 brum. an 7, art. 16.)

4. Les frais de confection et de remise des avertissements, fixés par l'article 51 de la loi du 15 mai 1818, à 5 centimes par article de rôles, sont ajoutés dans lesdits rôles au montant de chaque cote, de sorte que les contribuables les acquittent en même temps que la contribution. Il n'y a donc, à cet égard, plus rien à exiger de ces derniers, ainsi que le porte le paragraphe 2 de notre article 10. (Voy. aussi Instr. gén. des fin., 20 juin 1859, art. 72.)

5. Nous avons dit ci-dessus que les percepteurs sont exclusive-

(1) Cette décision est contenue dans la lettre ci-après, adressée par le Ministre au receveur général des finances de l'Indre :

« D'après le modèle annexé à l'ordonnance royale du 19 novembre 1817, les avertissements à délivrer aux contribuables doivent indispensablement présenter le nom et la résidence du percepteur. Mais les directeurs des contributions directes ne sont pas pour cela assujettis eux-mêmes à ces indications; ils doivent seulement faire réserver, sur les imprimés d'avertissement, une place en blanc où les percepteurs puissent les inscrire.

« S'il en était autrement, les directeurs seraient exposés à donner de fausses indications aux contribuables, attendu qu'il peut survenir des mutations dans le personnel des percepteurs et des changements de résidences qui ne seraient pas à la connaissance du directeur, qui ne pourrait non plus indiquer les jours déterminés pour la perception. »

ment chargés de la distribution des avertissements aux contribuables. L'exactitude de ce service important est placée sous la responsabilité personnelle de ces comptables, et il importe à la régularité des poursuites qu'on ne puisse pas élever des doutes sur la ponctualité avec laquelle cette obligation est remplie. Or, quelques difficultés peuvent se présenter sur ce point ; nous les examinons à l'article 21, en traitant de ce qui concerne la remise des *sommations gratis*, opération entièrement analogue à celle qui nous occupe en ce moment et qui ne peut qu'être régie par les mêmes principes. (V. le *Commentaire* sur cet article.)

6. On a élevé la question de savoir si le percepteur peut exiger que les contribuables, à chaque payement qu'ils effectuent, représentent leur avertissement, ainsi que les quittances à souche des versements antérieurs ?

Nous ne pensons pas que le comptable ait rigoureusement ce droit. Sans doute il est convenable que le contribuable qui vient payer ses impôts, apporte avec lui l'avertissement qui constate le montant de sa cote et la quittance qui relate les à-comptes qu'il a déjà payés ; mais, s'il ne se soumet pas à ce que commandent à cet égard l'usage et les convenances, nous ne voyons pas que la législation fournisse aucun moyen de l'y contraindre. Elle offrirait plutôt des arguments pour appuyer la résistance du contribuable. Ainsi, celui-ci pourrait soutenir avec quelque raison que, le rôle étant, entre les mains du percepteur, le titre en vertu duquel ce comptable doit percevoir, la vérification de la cote qui y est portée est facile à faire, et qu'elle est d'ailleurs obligée. En effet, puisque la loi déclare que les percepteurs ne peuvent rien exiger des contribuables s'ils ne sont porteurs d'un rôle rendu exécutoire par le préfet, il faut bien qu'ils soient tenus de le représenter aux contribuables lorsqu'ils font le recouvrement. La production de l'avertissement ne dispenserait donc pas le percepteur de la représentation du rôle et de la vérification qu'il doit faire de la cote, en regard de laquelle il va inscrire l'émargement.

7. Quant à la quittance, le contribuable ne peut pas davantage être astreint à la représenter. On ne peut pas lui objecter qu'à défaut de la production du titre qui constate les à-comptes payés, il est censé être demeuré débiteur de toute la cote ; il trouverait une réponse bien simple et tout à fait péremptoire dans la disposition de la loi qui exige que l'émargement des sommes payées sur contributions soit fait en la présence du contribuable, et dans la jurisprudence qui a décidé que cet émargement tenait lieu de quittance et faisait preuve suffisante de libération en faveur du redevable. (Voir le *Commentaire* sur l'art. 8, n° 30.) Ce dernier peut à

la rigueur ne pas prendre de quittance, la perdre ou la détruire sans qu'on puisse lui opposer plus tard le défaut de représentation de cette pièce. Il est donc évident qu'on ne saurait, s'il s'y refuse, l'obliger par des moyens de contrainte, soit directs, soit indirects, à rapporter cette pièce à l'appui des payements ultérieurs qu'il vient faire à la caisse du percepteur. Celui-ci a d'ailleurs dans son rôle tous les éléments nécessaires pour établir la situation du contribuable, et la production de l'avertissement et de la quittance ne nous semble pas indispensable au recouvrement. Nous sommes dès lors porté à croire que l'Administration des finances ne se déterminerait à provoquer sur ce chef aucune mesure contre les contribuables récalcitrants.

ARTICLE 11.

Le privilége attribué au Trésor public et aux percepteurs, agissant en son nom pour le recouvrement des contributions directes, s'exerce avant tout autre.

Il est réglé ainsi qu'il suit :

1° Pour l'année échue et l'année courante de la contribution foncière, tant en principal qu'en centimes additionnels et supplémentaires, sur les récoltes, fruits, loyers et revenus des biens immeubles sujets à la contribution ;

2° Pour l'année échue et l'année courante des autres contributions directes générales et spéciales, sur tous les meubles et effets mobiliers appartenant aux redevables, en quelque lieu qu'ils se trouvent.

L'acquéreur d'une propriété doit, en conséquence du privilége ci-dessus, s'assurer que les contributions imposées sur cette propriété ont été payées jusqu'au jour de la vente.

Cette obligation existe également pour tous adjudicataires d'immeubles vendus par autorité de justice.

1. « Le privilége, à raison des droits du Trésor public, et l'ordre dans lequel il s'exerce, sont réglés par les lois qui les concernent. » (C. civil, art. 2098.)

On voit que cet article soumet le privilége du Trésor à un régime spécial; il le place hors du droit commun, sous l'empire de lois particulières. Les rédacteurs du Code civil ont pensé sans doute, et avec raison, que toute disposition législative qui a pour but de déterminer des droits et des obligations entre le gouvernement et les citoyens, est du domaine du droit public plutôt que du droit privé ; et ils ont rejeté la proposition qui fut faite lors de la dis-cussion du Code, de régler aussitôt, et dans le Code lui-même, le privilége du Trésor (1).

Ce n'est pas que le Trésor soit placé sous un régime tellement spécial qu'il n'y ait jamais lieu à son égard d'invoquer les prin-cipes du droit commun ; ce serait mal comprendre l'intention de l'article 2098 ; en vain même le Trésor voudrait-il se soustraire à l'empire des lois générales, la nature seule du droit qu'il vient exercer, le privilége, le mettant en rapport avec les autres créan-ciers, opposant ses intérêts aux leurs, l'y ramènerait nécessaire-ment. Aussi, nous croyons qu'il est exact de dire que le Trésor public est soumis, quant à l'exercice de son privilége, aux dispo-sitions générales du Code, sauf les modifications introduites par les lois particulières.

2. Nous examinerons donc cette législation spéciale. Elle consiste principalement dans la loi du 12 novembre 1808, qui est insérée à sa date dans la deuxième partie (*Législation*, p. 35.). Le Règlement sur les poursuites en a disséminé les dispositions dans divers arti-cles, notamment dans les articles 11, 12, 13 et 14, qui, avec les ar-ticles 15 et 16, résument à peu près toutes les dispositions légales, relatives au privilége et aux droits particuliers du Trésor, pour la perception de l'impôt direct. C'est aussi sous ces six articles que nous avons réparti les développements que comporte cette ma-tière, et il conviendra de les rapprocher, si l'on veut embrasser l'ensemble du système. Mais nous insérerons ici dans son entier l'exposé des motifs de la loi de 1808, présenté au Corps législatif par M. Jaubert, et qui joint à l'avantage de bien faire apprécier la législation nouvelle, celui d'offrir un aperçu rapide et exact de la législation ancienne sur la matière :

« Les lois anciennes avaient réglé le privilége de l'Etat pour chaque espèce d'imposition (2). Les lois qui ont établi les nouvel-les contributions ne s'étaient pas occupées du privilége. Depuis, il y a eu quelques dispositions législatives ; mais elles étaient par-tielles. Par exemple, la loi du 18 août 1791 avait prescrit des me-

_____

(1) Voir le *Répertoire de Jurisprudence* de Merlin, au mot *Privilége de créance*.
(2) Ce privilége n'était pas fort étendu. Loin d'être, comme aujourd'hui, placé au premier rang, il ne venait guère qu'après les divers priviléges que notre Code civil a réunis dans les articles 2101 et 2102. (Voir Denisart, aux mots : *Privi-lége, Taille*, et Pothier : *Traité de la Procédure civile*, partie IV, chap. II, § 2.)

sures relatives aux sommes séquestrées et déposées : les séquestres et dépositaires ne devaient s'en dessaisir qu'après le payement des contributions mobilière et patriotique. Mais cette loi,
antérieure à la création de quelques autres contributions, n'avait
pu les prévoir, et l'on paraissait douter si ses dispositions s'appliquent indistinctement à toutes contributions mobilières. La
loi du 11 brumaire an 7, concernant le régime hypothécaire, déclara que l'Etat aurait privilége pour l'année courante et l'année
échue (1), mais elle ne portait que sur la contribution foncière.
Enfin, le Code civil lui-même n'a aucune disposition distincte sur
les contributions. Seulement l'article 2098 établit en général un
privilége en faveur du Trésor public; mais il ajoute que ce privilége et l'ordre dans lequel il s'exerce sont réglés par la loi qui
les concerne. Ainsi, nulle disposition précise sur les contributions. De là l'incertitude et la variation qu'on a remarquées dans
la jurisprudence des Tribunaux, et qui ont dû nécessairement influer sur la marche de l'Administration. Cet objet se liait trop
évidemment avec l'intérêt bien entendu des redevables pour que
S. M. ne complétât pas cette partie de la législation. Sûreté pour
le Trésor et simplicité dans l'exercice de l'action, telles sont les
bases qu'il était indispensable d'adopter. Quant au privilége en
soi, pourquoi chercherions-nous à entrer dans le détail des motifs
qui l'autorisent? Dans tous les temps, le privilége du Trésor,
pour le recouvrement des contributions directes, a été reconnu.
Si quelques lois nouvelles ont gardé le silence sur le mode de son
exercice, aucune ne l'a révoqué dans son principe. En effet, les
contributions directes sont destinées aux dépenses fixes : elles
deviennent dès lors une dette sacrée; rien ne doit en arrêter le
recouvrement. Les tiers ne peuvent s'en plaindre. Personne n'i-
gnore que les contributions doivent être payées : c'est aussi un
axiome vulgaire que la contribution passe avant tout. Mais du
moins est-il juste que la durée de ce privilége ne puisse pas entraver les transactions. C'est d'après cette grande considération
d'ordre public que le projet limite généralement l'exercice du
privilége à l'année courante et à l'année échue. Il était aussi bien
important de déterminer sur quelles espèces de biens le privilége
pourrait être exercé. Les lois anciennes variaient sur ce point et
pour chaque espèce de contribution. Le gouvernement a voulu
aussi, dans cette partie, établir des règles qui, en même temps

---

(1) Cette loi, art. 11, donnait au Trésor public, pour le recouvrement de la
contribution foncière, une hypothèque sur le fonds imposé, indépendante de toute
inscription.

qu'elles seraient claires et précises, n'entraînassent que les formes les plus simples et les moins dommageables pour les débiteurs et les tiers.

« C'est dans cette vue que le projet rejette toute idée de privilège sur les immeubles. Le Trésor public ne pouvant être assujetti à aucune inscription pour le recouvrement de l'année
échue et de l'année courante, il serait injuste que les créanciers
inscrits fussent primés par des créances qu'ils ne connaîtraient
pas et qui pourraient même être postérieures en date. D'autre
part, il pourrait y avoir du danger à laisser aux percepteurs la
faculté de vexer les redevables en intentant des procédures en
expropriations forcées, ce qui pourrait néanmoins arriver si le
privilège s'étendait sur les immeubles. Ainsi, un des points fondamentaux du projet, c'est que le privilège ne s'étendra pas sur
les immeubles. Il sera restreint, savoir : pour la contribution foncière, aux revenus des immeubles sujets à cette contribution, et
pour la contribution mobilière et les autres contributions de cette
nature, aux meubles et aux autres effets mobiliers. Il est donc
certain que, respectivement à l'ancienne législation, le gage du
privilège sera restreint. Mais ce privilège, tel qu'il est limité, sera
absolu. Il s'exercera avant tout autre. Et on doit convenir que
toute modification, quelque borne qu'on y assignât, pourrait devenir très préjudiciable au Trésor public. S'il n'avait pas une préférence exclusive, il serait exposé à des surprises et des simula-
tions. Il serait surtout assujetti à faire des frais de procédures
toujours considérables. Les autres créanciers seront intéressés à
couvrir le Trésor public. Voilà tout ce qui concerne le privilège.

« A la vérité, les restrictions que le gouvernement propose
d'apporter à l'exercice des droits du Trésor ne peuvent préjudi-
cier aux autres droits qu'il peut exercer sur les biens des redevables, comme tout autre créancier; mais hors le cas du privilège,
le Trésor ne sera plus qu'un créancier ordinaire. Le projet assujettit tous fermiers, locataires et dépositaires à payer en l'acquit
des redevables et sur les fonds qui sont en leurs mains, les contributions dues par ces derniers. Cette disposition, qui avait déjà
été consacrée par les lois anciennes et nouvelles, notamment par
l'édit de 1749 sur les vingtièmes et par la loi de 18 août 1791, a
paru devoir être renouvelée expressément. Si elle facilite au
Trésor le recouvrement des contributions, il est certain qu'elle
n'est pas moins avantageuse aux redevables : elle évite des pro-
vocations ou interventions de la part des percepteurs pour la distribution des deniers, et tend conséquemment à diminuer les frais
à la charge des débiteurs.

« Le projet règle un point de compétence qui a donné lieu à plusieurs contestations. Il s'agissait de savoir laquelle des autorités administrative ou judiciaire devait connaître des demandes en revendication de meubles et autres effets mobiliers saisis pour le payement des contributions. Le projet de loi décide en faveur des Tribunaux, parce que ces sortes de contestations intéressent des tiers et présentent des questions de propriété. Seulement il exige que les parties s'adressent préalablement à l'Administration, afin qu'elle puisse apprécier la justice des réclamations, et, y faire droit, s'il y a lieu, sans recourir aux Tribunaux. »

3. Telles sont les bases sur lesquelles est assis le privilége du Trésor pour le recouvrement des contributions directes; tels sont les motifs qui ont dicté au législateur la loi du 12 novembre 1808, dont l'article 1ᵉʳ se trouve textuellement reproduit par l'article 11 du *Règlement sur les poursuites*. Mais, avant d'entrer dans le développement des principes qui en ressortent, il importe de bien préciser la nature du privilége en général. L'article 2095 du Code civil le définit *un droit que la qualité de la créance donne au créancier d'être préféré aux autres créanciers*. Le privilége est donc une sorte de droit secondaire, qui suppose l'existence d'un autre auquel il s'ajoute et qu'il étend. C'est un droit accessoire à celui que donne déjà la créance : c'est-à-dire que le créancier privilégié, outre la faculté que lui confère sa qualité de *créancier* de faire vendre les biens de son débiteur (Code civ., art. 2092), a encore, en sa qualité de *privilégié*, l'avantage d'être payé sur le prix de ces biens, par préférence aux créanciers ordinaires: c'est une faveur, une extension de droits. D'où il suit que le créancier, en obtenant un privilége sur les biens d'une nature déterminée, conserve ses droits ordinaires de créancier sur les biens d'une autre nature. C'est la distinction que la loi du 12 novembre a pris elle-même soin d'indiquer dans l'article 3; nous aurons occasion de revenir ailleurs sur ce principe et d'en suivre les conséquences.

4. Cela posé, il est clair que le percepteur peut, rigoureusement parlant, poursuivre le payement de toute contribution sur toute espèce de biens appartenant au redevable ; qu'ainsi, par exemple, on ne saurait lui contester le droit de faire saisir et vendre, s'il le juge nécessaire, pour le recouvrement de la contribution foncière, tout aussi bien les meubles des contribuables débiteurs que les fruits de l'immeuble imposé (1).

_____

(1) Voir néanmoins ce que nous disons à cet égard dans le *Commentaire* sur l'article 12, n° 3.

Mais, s'il se présente d'autres créanciers, alors le percepteur n'obtiendra sur eux de préférence que d'après les règles posées par l'article 1er de la loi du 12 novembre 1808; c'est-à-dire, s'il poursuit le payement de la contribution foncière, qu'il sera payé par privilége sur les deniers provenant des fruits ou revenus de l'immeuble soumis à la contribution, tandis qu'il ne viendra que par concurrence avec les autres créanciers sur les deniers provenant de la vente des autres effets mobiliers.

Il nous a paru utile de reppeler cette distinction aux agents du recouvrement, parce que la moindre confusion à cet égard jetterait la plus grande obscurité sur la nature des priviléges et conduirait à des erreurs très graves.

5. Le privilège étant donc le droit d'être payé par préférence sur certains biens, nous devons examiner : 1° sur quelle nature de biens est établi le privilége du Trésor pour le recouvrement des diverses contributions directes; 2° dans quel ordre ce privilége s'exerce. L'article 1er de la loi du 12 novembre répond à ces deux questions; mais, quelque claires que soient les dispositions de cette loi, elles demandent néanmoins des explications, que nous essayerons de présenter successivement, en suivant les divisions qu'elle-même indique. Or, on remarquera que cette loi fait porter le privilége sur tels ou tels biens, selon qu'il s'agit de la contribution foncière, ou des contributions personnelle et mobilière, des portes et fenêtres et des patentes (1). Nous aurons donc à considérer séparément ces deux classes de contributions.

6. PRIVILÉGE DE LA CONTRIBUTION FONCIÈRE. — Il s'exerce, pour l'année échue et l'année courante, sur les récoltes, fruits, loyers et revenus de biens immeubles soumis à la contribution.

Pour l'année échue et l'année courante. — Le privilége de la contribution foncière, comme celui des autres contributions directes, ne s'exerce que pour l'année échue et l'année courante. On n'a pas voulu, dit M. Jaubert, dans l'exposé des motifs de la loi du 12 novembre 1808, que la durée de ce privilége pût entraver les transactions. Ainsi, en supposant qu'il fût dû au percepteur par un contribuable trois années d'impôts, y compris l'année courante, il ne pourrait être payé par préférence aux autres créanciers que pour les deux dernières années. Pour la première, il n'aurait que les droits d'un créancier ordinaire. Par exemple, il est dû des cotes foncières de 1873, 1874 et 1875 (année courante); une saisie est faite sur les récoltes au mois d'août de cette der-

_____

(1) Nous avons exposé, dans le *Commentaire* sur l'article 1er, la nomenclature des divers impôts particuliers dont se composent les contributions directes. (Voir, en outre, ci-après n° 50.)

nière année; le percepteur sera payé par privilége pour les années
1874 et 1875; mais, à l'égard de 1873, il partagera avec les autres
créanciers au prorata de sa créance, pourvu même qu'il ne se
trouve pas de créanciers privilégiés, auquel cas il serait primé
par ces derniers : ce qui doit faire sentir aux percepteurs la nécessité de ne pas laisser arriérer les recouvrements, puisqu'ils s'exposeraient, en laissant périmer le privilége qui garantissait particulièrement les droits du Trésor, à être déclarés responsables
des non-valeurs.

7. De quelle date faut-il faire partir l'année échue et l'année
courante? Faut-il entendre ces expressions en ce sens qu'un percepteur, à qui il serait dû, par exemple, les six derniers mois de
1873, toute l'année 1874 et les premiers mois de l'année courante
(1875), pourrait exercer son privilége pour l'année 1873, en soutenant que, les cotes dues ne remontant qu'au 1er juillet 1873, il n'y
aura de dette pour une année échue qu'au 1er juillet 1874, et que,
par suite, jusqu'au 1er juillet 1875 on se trouve encore dans l'année
courante? Nous ne saurions admettre cette interprétation.

L'année échue et l'année courante ne peuvent s'entendre que de
l'année pour laquelle l'impôt a été établi, c'est-à-dire du 1er janvier au 31 décembre. Ainsi, dans l'espèce que nous venons de supposer, les six derniers mois de 1873 ne seraient plus privilégiés,
selon nous. L'année échue et l'année courante, pour lesquelles le
privilége pourrait être invoqué, seraient l'année entière 1874 et
l'année 1875, qui est en cours d'exercice. A plus forte raison, le
privilége ne pourrait-il s'exercer pour le recouvrement de contributions qui n'étaient pas encore imposées à l'époque où le contribuable a été dépossédé.

8. *Sur les récoltes, loyers et revenus.* — La première observation
à faire sur ces expressions, c'est qu'en limitant le privilége de la
contribution foncière aux récoltes, fruits, loyers et revenus des
immeubles, la loi a implicitement abrogé la disposition de la loi
du 11 brumaire an 7, qui donnait au Trésor une hypothèque légale,
indépendante d'inscription, sur l'immeuble lui-même sujet à la
contribution foncière. Cette abrogation est formellement indiquée
dans l'exposé des motifs de M. Jaubert, qui dit en termes exprès:
« Qu'un des points fondamentaux de la loi du 12 novembre 1808,
c'est que le privilége du Trésor ne s'étendra pas sur les immeubles. » M. de Montesquieu, rapporteur de la commission d'examen, au Corps législatif, pour la même loi, s'exprimait ainsi d'une
manière non moins formelle :

« En reconnaissant, disait-il, que les contributions directes doivent jouir du privilége que réclame le Trésor public, il était es-

sentiel d'en borner l'exercice, de manière à ce que le droit de propriété n'en souffrît aucune atteinte. Les contributions sont sans doute nécessaires au maintien de la propriété ; mais ce serait en dénaturer l'objet que de leur donner un privilége sur cette propriété même. Car alors le Trésor pourrait les faire vendre, et détruire ainsi ce qu'il est destiné à conserver (1). D'ailleurs, les biens que nous possédons n'appartiennent pas à l'Etat ; nous lui devons une portion de leur revenu pour nous assurer la jouissance du reste ; mais le propriétaire est seul maître de sa propriété. Ainsi, le Trésor public ne pouvant prétendre, pour la contribution foncière, qu'à une portion des fruits de la terre, il ne doit exercer le privilége que sur ces mêmes fruits : il n'est pas même juste qu'il puisse en cumuler les arrérages, parce qu'il en résulterait un trouble infini dans les transactions ; et d'ailleurs, la loi donnant au Trésor public tous les moyens de percevoir les contributions dans l'année, personne ne doit souffrir de sa négligence. »

Ces paroles, qui complètent l'exposé des motifs que nous avons rapporté plus haut, sont positives. Aussi, tous les auteurs sont-ils d'accord sur ce point. M. Tarrible, dans le *Répertoire de juris-prudence*, de Merlin ; M. Persil, dans son *Régime hypothécaire* ; M. Grenier, dans son *Traité des hypothèques ;* M. Dalloz, dans son *Répertoire méthodique et alphabétique ;* M. Favard de Langlade, dans son *Répertoire de la nouvelle législation ;* M. Cormenin, dans ses *Questions de droit administratif;* M. Troplong, dans le *Droit civil expliqué,* enseignent la même doctrine. Elle est confirmée aussi par la jurisprudence du Conseil d'Etat. (Voir notamment à sa date, 2ᵉ Partie, l'arrêt du 19 mars 1820 (*Jurisprudence,* p. 109). Nous ne devons pas cependant dissimuler qu'il existe un autre arrêt de ce Conseil, à la date du 30 juin 1824, qui semble décider le contraire. Mais cette décision, qui ne juge pas la question directement, et dont la force serait, en tout cas, au moins contrebalancée par la jurisprudence que le même Conseil avait adoptée dans son arrêt précité du 19 mars, est tellement contraire au texte de la loi du 12 novembre 1808, à son esprit qu'on peut apprécier par l'exposé des motifs de M. Jaubert et le rapport de M. de Montesquieu, et enfin à la doctrine de tous les auteurs, qu'il ne nous semble pas qu'on doive s'y arrêter. Ainsi, nous n'hésitons pas à poser en principe que, dans aucune espèce de cas, le Trésor n'a de privilége sur les immeubles ; d'où il résulte que, lorsque l'immeuble imposé vient à être vendu, et que les créanciers doivent s'en distribuer le prix, le Trésor ne peut

---

(1) Voir néanmoins l'article 3 de la loi du 12 novembre 1808, et le *Commentaire* sur l'article 12, n° 5.

rien prétendre qu'après les créanciers hypothécaires, et même après les créanciers privilégiés dont il est parlé dans les articles 2101 et 2103 du Code civil, puisque ces derniers priviléges portent sur les immeubles, comme celui des créanciers hypothécaires : encore sur les sommes qui peuvent rester après ces prélèvements, le percepteur n'a-t-il que le droit de partager avec les autres créanciers ordinaires. (Voir néanmoins ce que nous disons ci-après nos 101 et 110.)

9. Que faut-il entendre par ces mots : *fruits, récoltes, loyers, revenus?* Les articles 582, 583, 584, 590, 591, 598 du Code civil répondent à cette question d'une manière précise. L'article 582 reconnaît trois espèces de fruits : les fruits naturels, industriels et civils. Les fruits naturels sont ceux qui sont le produit spontané de la terre : le produit et le croît des animaux sont aussi des fruits naturels de biens immeubles. Les fruits industriels d'un fonds sont ceux qu'on obtient par la culture (art. 583). Les fruits civils des immeubles sont les loyers des maisons et les prix des baux à ferme (art. 584). D'où il résulte que le privilége de la contribution foncière doit affecter non-seulement les loyers et fermages et les récoltes obtenues par la culture, mais aussi le produit des bois, des mines et des carrières qui sont en exploitation sur le fonds imposé; car ce sont aussi des fruits (art. 590, 591, 598 du Code civil) (1).

---

(1) En ce qui concerne particulièrement les mines, on a demandé si, en cas de vente volontaire ou forcée du fonds sur lequel existe la mine concédée par le gouvernement, le Trésor avait le droit d'exercer, sur le prix de la vente, le privilége de vendeur résultant de l'article 2103 du Code civil, pour obtenir le recouvrement des redevances fixes imposées sur la mine, par le motif que la concession primitive devait être considérée, à l'égard de l'Etat, comme une vente immobilière à charge de rente. Cette question a été résolue négativement par l'avis suivant du comité des finances du Conseil d'Etat, en date du 5 janvier 1831 :

« Le comité des finances, sur le renvoi qui lui a été fait par M. le Ministre secrétaire d'Etat au même département, d'un rapport de M. le directeur du contentieux des finances, à l'effet de savoir si la concession d'une mine de la part du gouvernement peut être regardée comme un acte de vente, dont la redevance fixe annuelle est le prix, et si, par conséquent, à défaut du privilége établi par la loi du 12 novembre 1808, que le Trésor ne peut exercer sur une mine non exploitée, puisqu'il n'existe aucuns fruits, l'Etat ne serait pas recevable à revendiquer sur les prix de vente de cette mine le privilége du vendeur accordé par l'article 2103 du Code civil ;

« Vu la loi du 21 avril 1810, qui assujettit les concessionnaires des mines au payement d'une redevance fixe annuelle et d'une redevance proportionnelle au produit de l'extraction;

« Vu le décret du 6 mai 1811, relatif au mode de recouvrement desdites redevances, qui porte que les rôles pour la redevance fixe des mines seront établis par le directeur des contributions directes (art. 36) ; que la cote de chaque contri-

10. Ainsi, en général et sans prétendre cependant offrir ici une nomenclature complète des objets affectés au privilége de la contribution foncière, nous dirons que ce privilége s'exerce notamment :

En ce qui concerne les produits que le Code civil qualifie de *fruits naturels*, sur les fruits de toute nature qui naissent spontanément dans les terrains imposés : les bois, les arbustes, les foins, les différents herbages, les produits des mines d'or, d'argent, de cuivre, de charbon, etc., des carrières de marbre ou de pierre, des sablières, des sources d'eau minérales; sur le produit et le croît des animaux employés à la culture et déclarés immeubles par le Code civil; sur le produit de la chasse dans les forêts, les plaines et les garennes, de la pêche des étangs, des pigeons des colombiers, du miel des ruches qui tiennent à l'exploitation du fonds, du lait des vaches et chèvres, des œufs des volailles, etc., etc.

11. En ce qui concerne les *fruits industriels*, sur tous les fruits des arbres et des récoltes qui viennent par la culture: les blés, les seigles, les avoines, les olives, les raisins, les noix, les pommes, les poires et autres fruits de même nature, les légumes de toutes sortes, le houblon, les fleurs et les arbustes des pépinières, les fleurs et fruits des orangers, ceux des citronniers, lors même que ces

---

buable se composera du montant de la redevance fixe, du montant des dix centimes pour fonds de non-valeurs et du montant des centimes pour frais de perception (art. 37) ; que le recouvrement des redevances fixes et proportionnelles sera effectué par le percepteur des contributions de la commune où est située la mine (art. 40) ; enfin, que tout particulier exploitant des mines, qui, par vente, bail, cessation de travaux ou toute autre cause légale, aurait cessé d'être imposable aux redevances fixes et proportionnelles et qui aurait été porté sur les rôles, et tous ceux qui réclameront des déductions, adresseront leurs réclamations au préfet, et que ces réclamations seront jugées par le Conseil de préfecture, sauf le pourvoi selon les lois (art. 44 et 46) ;

« Considérant que ces différents articles établissent d'une manière positive que les redevances fixes et proportionnelles des mines, qui sont de véritables contributions, dont l'assiette, la perception, les remises et réductions s'opèrent de la même manière et par les mêmes agents que les autres contributions, ne peuvent en aucune manière être considérées comme le prix de la vente de ces mines ; que la loi du 21 avril 1810 n'a eu pour but que de faciliter la recherche et l'exploitation des mines, en réglant en même temps les droits du propriétaire de la surface, mais n'a pas créé en faveur de l'Etat une propriété susceptible d'être aliénée par lui ; que, par conséquent, il ne peut invoquer le privilége du vendeur pour le payement de la redevance fixe;

« Est d'avis que le gouvernement ne peut pas, pour obtenir le payement de la redevance fixe d'une mine à défaut du privilége établi par la loi du 12 novembre 1808, que le Trésor ne peut exercer sur une mine non exploitée, puisqu'il n'existe aucuns fruits, revendiquer sur le prix de vente de cette mine le privilége du vendeur accordé par l'article 2103 du Code civil.

arbres sont dans des vases ou des caisses, s'ils y ont été placés par le propiétaire à perpétuelle demeure (1).

12. Dans l'appréciation de ce qui doit être considéré comme fruits des immeubles, et à ce titre soumis au privilége de la contribution foncière, il ne faut pas perdre de vue une distinction essentielle : c'est que, dans l'usage, une partie des produits du fonds est destinée par l'exploitant à être mise en réserve pour l'ensemencement des terres ou pour la nourriture des animaux servant à l'exploitation. Cette portion des fruits est évidemment hors du commerce; elle est insaisissable, aux termes de l'article 592 du Code de procédure civile, et par conséquent elle se trouve naturellement soustraite au privilége du Trésor ; les seuls fruits sur lesquels ce privilége puisse s'exercer sont ceux qui sont destinés à être vendus ou consommés autrement que pour l'entretien même de l'exploitation, et qui, en un mot, constituent véritablement le revenu des immeubles.

13. Faut-il comprendre sous la dénomination de fruits des immeubles, le vin, l'huile, le cidre, et autres pareilles denrées ? Cette question n'est pas sans difficultés. On ne voit pas en effet, d'abord, dans laquelle des trois classes de fruits admises par le Code civil il est possible de les ranger. Dans les fruits naturels? Mais il est évident, d'après les termes mêmes du Code, que le vin ne saurait être un fruit naturel, puisqu'on ne donne ce nom qu'à ceux qui sont le produit spontané de la terre. Ce n'est pas non plus dans les fruits civils ; ce nom ne convient qu'aux loyers des maisons, ou aux prix des baux à ferme (art. 584). Serait-ce dans les fruits industriels? Mais, qu'est-ce que les fruits industriels ? ceux qu'on obtient par la culture. Or, par la culture d'un vignoble, on obtient, non pas du vin, mais des raisins ; par la culture d'un champ d'oliviers, on obtient des olives et non de l'huile. Il faut, pour arriver à ces produits, un travail ultérieur, qui n'a nul rapport avec la culture du fonds. En un mot, si les raisins et les olives sont des fruits industriels, et ils le sont certainement, puisqu'ils ne naissent que par la double condition d'un fonds de terre et de la culture de l'homme, ils perdent nécessairement ce caractère en changeant de nature.

Le vin et l'huile sont sans doute des produits de l'industrie humaine ; mais l'homme ne les tire pas directement de la terre ; ils n'en sont pas le produit immédiat obtenu par la culture. Ils sont

---

(1) On peut compléter ces explications en les rapprochant de celles que nous donnons ci-après, n°s 25 et suivants, au sujet du privilége des contributions personnelle et mobilière, des portes et fenêtres et des patentes.

faits avec des fruits, mais il ne sont pas des fruits. D'où suit que le percepteur, qui, pour la contribution foncière, est privilégié sur les raisins, lorsqu'ils tiennent à la vigne, et même après qu'ils sont coupés et dans le pressoir, prêts à être foulés, perdrait son privilége aussitôt qu'ils ont été transformés en vin. Telle serait, en effet, la conséquence du système que nous venons d'exposer, et il faut avouer que les raisons qui l'appuient ne sont pas sans force. Toutefois, nous ne saurions nous y soumettre : il aurait des résultats si funestes à l'agriculture, il paraît, au fond, si contraire à la saine raison, qu'on ne peut s'empêcher de voir, dans les motifs allégués, plutôt les subtilités du droit que ses véritables principes.

Serait-il, en effet, dans l'ordre des choses qu'un percepteur pût, en faisant saisir et vendre les raisins d'un contribuable, lui ravir tout le prix de ses travaux et le ruiner, sans utilité aucune pour le Trésor ? Et que deviendrait le principe conservateur, rappelé par l'orateur du gouvernement dans l'exposé des motifs, qui proscrit de la perception de l'impôt tout ce qui pourrait sembler oppressif ? Cependant, dans le système que nous combattons, non-seulement le percepteur aurait le droit d'agir ainsi, il en aurait même le devoir, puisque autrement il laisserait périmer le privilège du Trésor.

Telle ne peut être l'intention du législateur; et s'il fallait ajouter à ces considérations d'intérêt public des raisons de droit positif, elles ne nous manqueraient pas. Nous les puiserions dans la loi même qui a posé les bases de la contribution foncière. Cette contribution, comme on sait, est assise et se calcule sur le revenu annuel du fonds imposé. Or, comment apprécie-t-on le revenu d'un vignoble ? Si les raisins seuls sont fruits, sans doute on ne devra calculer le revenu qu'eu égard à leur valeur au temps de la vendange. Or, il n'en est rien, et l'article 61 de la loi du 3 frimaire an 7, en déclarant que, pour évaluer le revenu des vignes, il sera fait déduction, sur leur produit, des frais de culture, de récolte, d'entretien, d'engrais et de *pressoir*, montre suffisamment que le législateur a considéré le vin comme le produit réel des vignes, l'huile comme le produit des olives, et ainsi des autres denrées. (Voir l'art. 56 de la même loi.)

Enfin, le langage habituel fournirait seul un argument : ceux qui se consacrent à la culture de la vigne ou de l'olivier ont pour but de *récolter du vin et de l'huile*, et non des raisins ou des olives. On peut donc dire avec raison, et dans toute la rigueur des termes, que tel ou tel fonds produit du vin ou de l'huile, et dès lors le vin et l'huile seraient des fruits industriels. C'est même ainsi qu'ils sont considérés par nos deux plus célèbres jurisconsultes, Domat et Pothier. Ils rangent tous les deux dans la classe des fruits, et placent sur la même ligne, les blés et grains de toute espèce, les foins, le *vin*, le *cidre*, etc. (Voir Domat, titre *du dommage- intérêt et restitution de fruits*. Pothier, *Traité du Contrat de louage*, partie IV, chap. 1er, § 3.—Voir aussi l'ordonnance de 1539, art. 102 et 103.)

Il nous semble inutile d'insister davantage sur ce point, et nous n'hésitons pas à penser que le privilége du Trésor, pour la con- tribution foncière, porte sur le vin, l'huile, le cidre et autres den- rées semblables.

14. On a élevé la question de savoir si le privilége de la contri- bution foncière sur les récoltes ne portait que sur la récolte encore sur pied ou sur celle de l'année, ou bien s'il pouvait s'étendre aux récoltes des années précédentes qui seraient encore dans les granges de la ferme?

Le propriétaire a, à l'égard de son fermier, un privilége qui a quelque analogie avec celui du Trésor, puisqu'il s'exerce aussi sur les récoltes et les fruits. L'article 2102 du Code civil restreint ce privilége à la récolte de l'année; mais nous ne pensons pas qu'on puisse en tirer aucune induction en ce qui concerne le privilége du Trésor.

En effet, la loi du 12 novembre 1808, loin de faire supposer la pensée d'une restriction pareille à celle de l'article 2102 du Code civil, dispose au contraire, en termes généraux, que le privilége s'exerce sur les récoltes. Il paraît donc qu'il n'y a pas lieu de dis- tinguer, et qu'il faut décider, au contraire, que le privilége du Trésor, pour l'année échue et l'année courante, porte sur toutes les récoltes, à quelque année qu'elles appartiennent et en quelque lieu qu'elles se trouvent; car c'est la nature de ce privilége de suivre les objets qui y sont soumis, même entre les mains des tiers, comme nous avons eu déjà occasion de le faire remarquer et comme nous l'établirons plus positivement à l'article 14. (Art. 1er de la loi du 12 novembre, § 2.)

15. En ce qui concerne les *fruits civils*, le privilége de la contri- bution foncière porte sur les revenus en argent que donnent les propriétés rurales ou urbaines de toute nature, et en général toutes les exploitations immobilières. Ainsi, il doit s'exercer sur le prix des baux à ferme des terrains consacrés aux cultures ou aux exploitations de diverses espèces : des carrières, mines et tourbières, des eaux minérales, des loyers des maisons, de la location des usines, pressoirs, moulins, des baux des bacs ou des passages de rivières, d'écluses et de ponts mobiles; en un mot, de la location de tous les biens qui sont immeubles, d'après les dis-

positions de la loi, et sur l'évaluation desquels s'établit la contribution foncière.

16. Le privilége porterait également sur les sommes que le propriétaire aurait à toucher pour la location d'un droit de chasse dans ses plaines ou dans ses bois, de pêche dans ses étangs, d'un droit de pâturage, de glandée, etc., etc.; pour une indemnité annuelle qu'il aurait stipulée à l'occasion de la cession temporaire d'un droit de passage, de prise d'eau, et même d'un droit d'appui pour un bâtiment provisoire; en un mot, sur toutes les sommes que ledit propriétaire retire comme revenu de la location de son fonds.

17. A cet égard, il importe de s'arrêter sur une distinction essentielle. Il ne faudrait pas, dans les différents cas que nous avons énumérés, confondre ce qui ne serait que le prix de la cession pure et simple d'un droit immobilier, avec ce qui est véritablement le produit d'une location. Par exemple, une indemnité due au propriétaire d'un fonds à l'occasion d'une servitude dont il permettrait l'établissement, telle qu'un droit de vue, de passage, etc., ne serait pas un *fruit civil :* elle aurait évidemment le caractère d'un prix de vente et non de location, et par conséquent elle ne pourrait être soumise au privilége de l'impôt foncier, qui porte, comme nous l'avons dit, non pas sur le prix des immeubles, mais seulement sur les revenus. Si, au contraire, la cession du droit dont nous parlons n'était que temporaire, de manière à ce que le prix pût être considéré comme un loyer payable, tant que durera l'exercice de la servitude, ce serait là une veritable location, et, à ce titre, le prix serait un *fruit civil* passible du privilége du Trésor.

18. Par la même raison, si le propriétaire avait consenti, au profit d'un tiers, le droit de prendre dans son fonds du minerai ou de la pierre, de la tourbe, de la glaise, du sable, le prix ne pourrait être considéré comme *fruit civil* qu'autant qu'il ne s'agirait pas de la cession d'une quantité déterminée de minerai, de tourbe, etc., mais qu'il y aurait stipulation pour une certaine durée de jouissance, ce qui est un des caractères du contrat de louage. C'est ainsi qu'il a été décidé que le bail d'un champ, au moment d'en faire la récolte, d'un bois, au moment d'en faire la coupe, ne peut être considéré comme un louage, mais bien comme une vente. (Lettre du Ministre de la justice du 17 juillet 1813.) Au contraire, la Cour de cassation a jugé qu'il fallait regarder comme un bail et non comme une vente de fruits la cession faite pour douze années, et moyennant une somme une fois payée, de l'écorce des arbres liéges placés sur un fonds. (A. du 7 décembre 1819.)

19. Le produit de la location d'un terrain servant de promenade,

pour y établir des bancs ou y placer des chaises destinées au public, serait un fruit civil soumis au privilége de la contribution foncière ; mais il n'en serait pas ainsi du produit de la location des chaises ou des bancs eux-mêmes. Cette exploitation n'est pas un produit du fonds, mais d'une industrie séparée, sur lequel ne porte pas le privilége de la contribution foncière.

20. Devrait-on considérer comme fruit civil de l'immeuble soumis à la contribution foncière le produit d'une représentation théâtrale, d'un bal, d'un concert public? Non, sans doute. La recette faite dans ces établissements n'est pas le produit de l'immeuble, mais bien celui d'une industrie.

En supposant que l'entrepreneur de ces divertissements soit lui-même propriétaire du local, il n'y a pas de location, ni, par conséquent, de loyers qui constituent des fruits. On ne peut considérer, d'autre part, les spectateurs comme des locataires de la place qu'ils viennent occuper. Evidemment, l'occupation temporaire de l'immeuble n'est point le but qu'ils se proposent, mais seulement la jouissance du spectacle, de la danse ou du concert. Ils payent l'industrie qui les amuse, et non pas l'emplacement où on les reçoit. Que si la salle n'appartient pas à l'entrepreneur, sans doute elle lui est louée, et lors même qu'il ne l'aurait prise que pour une seule représentation, ce n'en serait pas moins une location ordinaire. Or, il est bien vrai qu'à l'égard du propriétaire les sommes que l'entrepreneur lui doit pour sa location sont bien un revenu de l'immeuble loué, et, par conséquent, le percepteur pourrait se les faire verser par l'entrepreneur, de préférence aux autres créanciers du propriétaire. Mais c'est ce qui arriverait de toute somme, quelle qu'en fût l'origine, due par le locataire au propriétaire, et la circonstance que le locataire serait un entrepreneur de spectacle, et que les sommes avec lesquelles il paye le prix de sa location proviennent des représentations qu'il donne dans l'immeuble loué, est tout à fait indifférente et n'est d'aucune conséquence pour la question du privilége. (Voir ce que nous disons au *Commentaire* sur l'article 14, en ce qui concerne les tiers détenteurs des sommes affectées au privilége du Trésor.)

21. Si les récoltes avaient été assurées et qu'elles vinssent à être détruites par quelque sinistre, le privilége du Trésor pourrait-il s'exercer sur le prix de l'assurance? — Nous ne le pensons pas; car la chose a changé de nature; on conçoit bien que le Trésor ait obtenu un privilége pour la contribution foncière sur tout ce que produit le fonds imposé, mais le prix de l'assurance n'est ni un fruit ni un revenu de l'immeuble. C'est le résultat d'une stipulation particulière à l'assuré; une chance aléatoire

qu'il a courue pour son propre compte et dont le bénéfice n'a rien de commun avec les motifs qui ont fait accorder au Trésor un droit sur l'objet même qui a donné lieu à l'imposition. C'est, au surplus, ce qui est décidé par la plupart des auteurs et par la Cour de cassation. (A. 28 juin 1831 et 31 décembre 1862.)

22. Après avoir essayé de bien préciser ce qu'il faut comprendre sous la qualification de *fruits* et *revenus* affectés au privilége de la contribution foncière, il nous reste, pour compléter nos explications sur ce point, à arrêter l'attention de nos lecteurs sur les expressions de l'article 11 que nous avons soulignées. Le Trésor n'a pas, pour la contribution foncière, un privilége qui frappe d'une manière générale sur tous les fruits et revenus des immeubles que peut posséder un contribuable. Il n'a de préférence sur les autres créanciers, à l'égard des revenus d'un fonds, que pour le payement de la cote d'impôt à laquelle ce fonds est particulièrement imposé. Tel est le sens des termes de notre article, qui donnent privilége sur les fruits et revenus des biens immeubles *soumis à la contribution.* Ainsi, par exemple, qu'un propriétaire possède dans la même commune différentes terres, différentes maisons dans la même ville, le percepteur pourrait bien poursuivre sur les fruits ou revenus de l'une de ces propriétés le payement intégral de toutes les cotes foncières portées au nom du propriétaire; mais, s'il y avait d'autres intéressés et qu'il s'agît de se faire payer par préférence, le privilége du percepteur sur les fruits ou revenus de tel immeuble déterminé ne s'exercerait que jusqu'à concurrence de la cote afférente à cet immeuble. Pour le surplus, il n'aurait que les droits d'un créancier ordinaire. S'il en était autrement, il en résulterait une grande lésion pour les tiers et une véritable injustice. Qu'on suppose, en effet, un propriétaire qui aurait affermé à trois fermiers autant de propriétés qu'il possède dans la commune : serait-il équitable qu'un seul des fermiers vît saisir ses récoltes pour la contribution de trois terres, dont deux lui sont complétement étrangères ? Nous ne saurions le penser, et cette opinion a été aussi exprimée par le ministre des finances, dans une lettre adressée au préfet de l'Hérault, et que nous avons occasion de citer dans le *Commentaire* sur l'article 13.

23. Mais, comme le rôle qui est entre les mains du percepteur n'indique qu'en un seul total la cote foncière du contribuable, sans distinction des articles dont elle peut se composer, quelle règle suivre pour la portion afférente à telle ou telle de ses propriétés ? Cette distinction ne saurait être arbitraire, puisqu'elle doit servir de fondement à des droits qui limitent l'exercice du privilége du Trésor; or, cette question est surtout importante et

se présente fréquemment lorsqu'il s'agit de poursuivre le recouvrement de l'impôt, non pas contre le propriétaire directement,
mais contre le fermier qui le représente. Aussi avons-nous cru
devoir en réserver l'examen pour le *Commentaire* sur l'article 13,
où nous nous occupons particulièrement des droits du percepteur
à l'égard des fermiers. (Voir cet article.)

24. *Privilége des contributions personnelle et mobilière, des
portes et fenêtres et des patentes, et de toute autre contribution
directe et personnelle.*

« Il s'exerce pour l'année échue et l'année courante sur tous les
meubles et effets mobiliers appartenant aux redevables, en quelque lieu qu'ils se trouvent. »

Pour l'année échue et l'année courante. — Les explications
que nous avons données sur ces expressions, à l'occasion du privilége de la contribution foncière (Voir ci-dessus, n°s 6 et 7), sont entièrement applicables au privilége des autres natures de contributions, et nous ne pouvons qne nous borner à nous y référer.

25. *Sur tous les meubles et effets mobiliers.* — Le Code civil reconnaît et distingue deux espèces de biens mobiliers : les biens
meubles par leur nature et les biens meubles par la détermination
de la loi.

Sont meubles par leur nature les corps qui peuvent se transporter d'un lieu à un autre, soit qu'ils se meuvent par eux-mêmes,
comme les animaux, soit qu'ils ne puissent changer de place que
par l'effet d'une force étrangère, comme les choses inanimées.
(C. civ., art. 528.)

Cette définition est, comme on voit, très large : elle embrasse la
généralité des objets qui servent aux divers besoins de l'homme
et qui n'ont pas été particulièrement déclarés immeubles. Nous ne
pouvons donc pas songer à en donner une nomenclature. Nous
nous bornerons à indiquer quelques exemples qui serviront à établir des analogies, et nous nous arrêterons principalement aux
espèces qui peuvent présenter des doutes sur leur caractère de
meubles ou d'immeubles. Ce dernier point est très essentiel;
puisque la contribution, de quelque nature qu'elle soit, ne porte
jamais sur les immeubles, il faut bien s'attacher à distinguer les
objets mobiliers et immobiliers.

26. Dans la catégorie des objets qui sont *meubles par leur nature*, il faut comprendre les effets destinés à l'usage et à l'orne-
ment des appartements, les lits, tables, sièges, glaces, tapis,
rideaux, flambeaux, candélabres, pendules, porcelaines, corps de
bibliothèque, livres, atlas, tableaux, gravures, médailles, statues,
diamants, pierreries, montres, bijoux, argenterie, les instruments

des sciences, des arts et métiers, les armes, le linge de corps et de table, batterie de cuisine et ustensiles de ménage, chevaux, équipages et charrettes, bœufs, vaches, chèvres et autres animaux domestiques, les grains, vins, foins et autres denrées; l'argent comptant est aussi meuble; il en est de même de l'or, de l'argent en lingot et autres métaux.

27. Nous avons parlé des chevaux, bœufs, vaches, etc., des statues, tableaux, glaces; ces objets, et un assez grand nombre d'autres, quoique meubles par leur essence, perdent cependant quelquefois ce caractère et deviennent immeubles par la destination qui leur est donnée, ou par la disposition de la loi. C'est ce qui arrive en général pour tous les objets que le propriétaire d'un fonds y a placés pour le service et l'exploitation de ce fonds. Ainsi, dans ce cas, deviennent immeubles par destination : les animaux attachés à la culture, les ustensiles aratoires; les semences données aux fermiers ou colons partiaires; les pigeons des colombiers, les lapins des garennes, les ruches à miel, les poissons des étangs, les pressoirs, chaudières, alambics, cuves et tonnes; les ustensiles nécessaires à l'exploitation des forges, papeteries et autres usines; les pailles et engrais. (C. civ., art. 524.)

28. Il en est de même de tous objets mobiliers que le propriétaire a attachés au fonds à perpétuelle demeure (même article), c'est-à-dire quand ils y sont scellés en plâtre ou en chaux ou à ciment, ou lorsqu'ils ne peuvent être détachés sans être fracturés et détériorés, ou sans briser et détériorer la partie du fonds à laquelle ils sont attachés. Les glaces d'un appartement sont censées mises à perpétuelle demeure, lorsque le parquet sur lequel elles sont attachées fait corps avec la boiserie; il en est de même des tableaux et autres ornements. Quant aux statues, elles sont immeubles lorsqu'elles sont placées dans une niche pratiquée exprès pour les recevoir, encore qu'elles puissent être enlevées sans fracture ou détérioration. (Art. 525.)

Les tuyaux servant à la conduite des eaux dans une maison ou autre héritage sont également considérés comme immeubles (525).

Les moulins à eau et à vent ne sont pas meubles quand ils sont fixés sur piliers et qu'ils font partie du bâtiment (519); mais les bateaux, bacs, navires, moulins et bains sur bateaux, et généralement toutes usines non fixées par des piliers et ne faisant point partie de la maison, sont meubles, bien que la saisie de quelques-uns de ces objets puisse cependant, à cause de leur importance, être soumise à des formes particulières, ainsi qu'il est expliqué au Code de procédure civile. (Art. 531.)

Enfin, les animaux que le propriétaire du fonds livre au fermier ou au métayer pour la culture sont censés immeubles tant qu'ils demeurent attachés au fonds par l'effet de la convention. Mais ceux qu'il donne à *cheptel* à d'autres qu'au fermier ou métayer, sont meubles. (Art. 522.)

. Les récoltes pendantes par racines et les fruits des arbres ne sont meubles que lorsqu'ils sont coupés ou détachés. (Art. 520.)

Il en est de même des bois ; ils ne deviennent meubles qu'au fur et à mesure que les arbres sont abattus. (Art. 521.)

29. En leur qualité d'immeubles, tous ces objets échappent au privilége du Trésor ; mais il peut arriver que les circonstances légales qui leur ont fait assigner le caractère d'immeubles, viennent à cesser ; et alors, comme primitivement ces objets étaient mobiliers de leur nature, ils rentrent dans cette dernière catégorie et, par suite, le percepteur peut exercer à leur égard le privilége de la contribution personnelle et mobilière, des portes et fenêtres et des patentes.

Il est donc d'un grand intérêt de bien apprécier si les circonstances dont il s'agit existent, et quand elles ont cessé. A cet effet, nous citerons, d'après la jurisprudence des Tribunaux et la doctrine des auteurs, diverses décisions qui ont posé quelques règles sur ce point :

30. Ainsi doivent être considérées comme meubles les constructions simplement posées sur le sol sans fondement ni pilotis, telles qu'une boutique élevée pour la durée d'une foire, une salle construite dans un jardin pour une fête et pour être ensuite abattue. (Duranton, Delvincourt.)

31. Les chevaux employés dans l'intérieur d'une mine pour l'exploitation sont, comme les machines et autres objets servant à cette exploitation, immeubles par destination (Duranton) ; mais les chevaux qui ne servent qu'au dehors pour transporter les matières extraites, sont meubles, parce qu'ils sont employés à l'exploitation de l'industrie et non du fonds (Toullier). — Il en est de même des chevaux ou autres animaux dépendant d'un moulin, d'une brasserie. (C. de Bruxelles, 22 janvier 1807 ; C. d'appel de Metz, 2 juin 1866.)

32. Et même à l'égard des animaux attachés à la culture, et qu'à ce titre l'article 524 du Code civil déclare immeubles, il ne suffirait pas que des animaux propres à cet usage fussent trouvés sur un fonds pour qu'on dût, par cela seul, les présumer destinés et nécessaires à l'exploitation de ce fonds (et par suite immeubles). Le fait de cette destination dépend des circonstances, et la disposition de l'article 524 ne doit s'appliquer qu'aux animaux rigoureusement *nécessaires* pour l'exploitation du fonds, soit qu'elle con-

siste dans les travaux de l'agriculture, soit qu'on l'entende au sens de la consommation des fourrages, par des bestiaux donnés à cheptel. Les autres sont meubles. (C. de Limoges, 15 juin 1820, et C. d'appel de Bourges, 24 février 1839.)

33. Lorsque le propriétaire vend séparément du fonds les objets qui n'étaient devenus immeubles que par leur incorporation à ce fonds ou par destination, ces objets redeviennent meubles (C. de cassation, 19 novembre 1823 et Cour royale de Bourges, 31 janvier 1843). — Ce principe s'applique particulièrement à des bois ou des récoltes sur pied, ou à des fruits pendants par racines, vendus pour être coupés ou détachés (C. de cassation, 10 vendémiaire an 14; 26 janvier 1808; 25 février 1812; 8 mars 1820; 9 août 1825; C. royale de Paris, 15 mai 1829 et C. impériale d'Alger, 11 juin 1866). — Il s'appliquerait également aux matériaux d'une maison vendue sans le fonds pour être démolie (C. de cassation, 9 août 1829).

34. Les arbres des pépinières, qui sont immeubles dans les mains du propriétaire, tant qu'ils ne sont pas arrachés, deviennent meubles, lorsqu'étant déjà très avancés, ils ont été transplantés dans un autre terrain pour y rester seulement en dépôt. (Duranton.)

35. Sont meubles les fleurs et arbustes plantés dans des caisses ou des pots, même quand les pots seraient mis en terre (Pothier, Delvincourt; C. royale de Caen, 8 avril 1818), à moins qu'il ne résulte des circonstances qu'ils y aient été placés par le propriétaire à perpétuelle demeure. (Duranton.)

36. Les oignons des fleurs ne sont meubles qu'autant qu'ils n'ont jamais été plantés. Ils ont le caractère d'immeubles s'ils ont été mis en terre, ne fût-ce qu'une fois, et conservent ce caractère même après qu'ils ont été déplantés pour être remis en resserre pendant l'hiver. — Il en est de même des échalas. (Pothier, Merlin, Delvincourt, Duranton, Toullier.)

37. Les animaux et ustensiles aratoires placés sur le fonds par le fermier, sont meubles. Ils n'ont le caractère d'immeubles par destination que s'ils ont été placés sur le fonds par le propriétaire, et affectés par lui à l'exploitation. (C. de Liège, 14 février 1824; Duranton, Carré, Berriat Saint-Prix, Dalloz.)

38. Sont meubles aussi les animaux placés sur un fonds par le propriétaire, mais pour être revendus. (Duranton.)

39. Sont meubles les pigeons de volière, les lapins de clapier, les poissons des viviers (Duranton, Delvincourt), ainsi que les abeilles quand elles n'ont pas été placées par le propriétaire pour l'exploitation du fonds.

40. Les tonneaux qui, dans une brasserie, servent à transporter la bière chez les particuliers, sont immeubles. (C. de Douai, 4 février 1817.) Mais les tonneaux qu'on vend avec la bière sont meubles. (Duranton.)

La Cour impériale de Metz a jugé, le 2 juin 1866, que l'on ne saurait considérer comme immeubles par destination les chevaux et voitures d'un brasseur de bière, alors surtout que ce brasseur fait un autre commerce auquel ses chevaux et ses voitures peuvent être employés.

41. Sont meubles, les presses d'une imprimerie, les métiers de tisserand, les mécaniques à filer le coton, quoique scellées dans les murs d'une fabrique, pourvu qu'ils ne fassent pas corps avec l'immeuble, de telle sorte qu'ils ne puissent se déplacer sans détérioration. (Duranton, Merlin; C. de Bruxelles, 11 janvier 1812; C. de Lyon, 8 décembre 1826.)

42. Une décision du Ministre des finances du 4 mars 1806 a déclaré meubles les machines et décorations d'un théâtre, quoique placées par le propriétaire de la salle; mais nous pensons que cette décision est fort contestable. Les décorations d'un théâtre sont évidemment destinées à l'exploitation du fonds et, à ce titre, elles sont immeubles par destination, conformément à l'article 525 du Code de procédure civile. C'est aussi l'opinion de M. Duranton.

43. Les matériaux provenant de la démolition d'un édifice sont meubles, lors même que l'édifice n'a été démoli que pour être reconstruit, et que les matériaux doivent servir à la reconstruction. Tant que ces matériaux n'ont pas été employés dans le nouvel édifice, ils peuvent être saisis mobilièrement. (C. de Lyon, 23 décembre 1811.) — M. Dalloz n'adopte pas cette opinion; mais il nous paraît combattu avec raison par M. Duranton. Seulement, nous pensons avec lui que, s'il ne s'agissait que de matériaux déplacés pour reconstruire une partie de l'édifice, ils ne cesseraient pas d'être immeubles, parce que, selon l'expression de M. Duranton, l'ensemble de l'édifice resté debout est toujours le *principal qui attire à lui l'accessoire.* — Il faudrait suivre la même distinction à l'égard des matériaux provenant d'un édifice détruit par incendie ou tombé en vétusté.

44. Indépendamment des objets qui sont meubles par leur nature et dont nous venons de donner des exemples, le Code civil reconnaît des objets *meubles par la détermination de la loi.*

Telles sont les obligations et actions qui ont pour objet des sommes exigibles ou non exigibles, ou des effets mobiliers, les actions ou intérêts dans les compagnies de finances, de commerce ou d'industrie, encore que les immeubles dépendants de ces entreprises appartiennent aux compagnies. Ces actions ou intérêts sont réputés meubles à l'égard de chaque associé seulement, tant que dure la société.

Sont aussi meubles par la détermination de la loi, les rentes perpétuelles ou viagères, soit sur l'État, soit sur des particuliers (art. 529).

Il n'en est pas autrement des rentes perpétuelles qui ont été constituées pour prix de vente d'un immeuble. (C. de cass., 29 juin 1813.)

45. Les offices ministériels sont meubles; cela a été décidé pour les charges des commissaires-priseurs (Dalloz, au mot *Offices*). — Cette décision s'appliquerait au prix des charges de notaires, avoués, huissiers, agents de change, courtiers de commerce, etc.

46. Sont pareillement meubles, la propriété littéraire, les produits des beaux-arts, les priviléges, les brevets d'invention et les droits attachés à toutes les productions du talent et de l'industrie. (Duranton, Toullier.) — Il en est de même d'un fonds de commerce, achalandage, marchandises et autres objets (Duranton). — Et du fonds d'une pharmacie. (Cass. 3 fruct. an 3 et C. de Turin, 18 septembre 1811.)

47. L'expression *biens-meubles*, celle de *mobilier* ou *d'effets mobiliers* comprennent généralement tout ce qui est censé meubles d'après les règles ci-dessus établies. (Art. 535.)

48. Voilà quels sont, en général, les objets soumis à l'action du percepteur et au privilége de la contribution personnelle et mobilière des portes et fenêtres et des patentes. Mais nous devons rappeler que quelques-uns de ces objets sont, dans certains cas, déclarés insaisissables par la loi. (Voir à cet égard le *Commentaire*, art. 77.) Il est évident que, dans ce cas, le privilége ne peut s'exercer; mais il faut bien remarquer que l'exercice seul du droit est suspendu. Le privilége n'en subsiste pas moins, et si, par une circonstance quelconque, les mêmes objets n'avaient plus la destination qui les rendait insaisissables, il pourrait s'exercer sans difficulté.

49. Nous ne terminerons pas nos observations sur ce qui regarde les objets que la loi a soumis au privilége de la contribution personnelle et mobilière, des portes et fenêtres et des patentes, sans faire remarquer qu'il est beaucoup plus étendu que celui de la contribution foncière. Celui-ci ne porte, en effet, que sur les fruits et revenus des immeubles, tandis que l'autre, portant sur tous les objets mobiliers, comprend même ces fruits et revenus, qui sont meubles aux termes du Code civil. D'où résulte pour le privilége de ces deux natures de contribution, ce caractère que celui de

l'impôt personnel et mobilier, des portes et fenêtres et des patentes, est un *privilége général sur les meubles*, et que celui de l'impôt foncier est un *privilége spécial sur certains meubles*. Nous aurons occasion de revenir sur cette distinction.

50. Nous avons indiqué avec autant de détail qu'il nous a été possible les objets sur lesquels porte le privilége du Trésor, selon qu'il s'agit de la contribution foncière ou de la contribution personnelle et mobilière, des portes et fenêtres et des patentes. Mais sont-ce là les seuls impôts qu'on puisse, à titre d'impôts directs, faire participer au privilége accordé par la loi du 12 novembre 1808? Cette question, comme on va le voir, n'est pas sans gravité.

On se rappelle qu'en énumérant, dans le *Commentaire* sur l'art. 1er, les divers impôts dont se composent les contributions directes, nous avons cité un certain nombre de taxes qui, d'après les dispositions de lois spéciales que nous avons indiquées, se recouvrent comme ces dernières contributions. (Voir nos 12 à 28.) Nous ne reviendrons pas sur la nomenclature détaillée que nous en avons donnée ; les lois de finances annuelles en contiennent, d'ailleurs, la reproduction.

51. On n'avait pas paru d'abord mettre en doute que ces différentes taxes ne participassent au privilége de l'impôt direct général, et que le percepteur, autorisé à procéder à leur recouvrement comme pour les contributions directes, ne pût demander à leur égard l'application de la loi du 12 novembre 1808, aussi bien que de tous les autres règlements relatifs à la perception de l'impôt. C'est en ce sens que dispose l'art. 11 du Règlement, quand il dit expressément que « le privilége du Trésor s'exerce pour l'année « échue et l'année courante des autres contributions directes « *générales et spéciales*, sur tous les meubles, etc. »

52. Cependant un jugement du Tribunal de Versailles, en date du 10 mars 1837 (Voir *Jurisprudence*, page 140, dans la 2e Partie), a remis en question cette jurisprudence. Comme on peut le voir, ce jugement décidait que les rétributions universitaires et le droit annuel de diplôme ne tenaient pas de la loi le privilége dont jouissent les contributions directes ; et ce qui donnait plus de poids à cette décision, c'est que l'administration des finances s'était déterminée à ne pas l'attaquer, en adoptant implicitement par là ses motifs (1).

53. Ce jugement ne statuait que pour les droits universitaires ; mais il était évident que, si ses principes eussent dû prévaloir,

_____

(1) Ces taxes, introduites par le décret du 17 mars 1808, sont aujourd'hui abolies.

ils se fussent appliqués naturellement à toutes les autres taxes spéciales dont nous parlions plus haut. Aussi avons-nous, dès la première édition de cet ouvrage, combattu cette nouvelle jurisprudence, à laquelle on pouvait opposer de graves objections.

Nous ne songions pas à invoquer l'intérêt des services que le produit des diverses taxes spéciales, autorisées par les lois de finances, est destiné à alimenter. En matière de privilége, ce n'est pas sur des considérations d'équité ou même d'utilité générale que le juge doit asseoir ses décisions, mais sur des dispositions de lois écrites; mais nous abordions directement le premier et principal argument de la décision du Tribunal de Versailles, qui consistait à dire qu'aucune loi n'a textuellement attribué aux taxes dont il s'agit le privilége des contributions directes.

« Sans doute, disions-nous, il n'y a pas de texte spécial qui déclare nominativement pour chaque taxe en particulier qu'elle jouira du privilége du Trésor. Autrement, où serait la question? Mais s'il existait une disposition générale qui embrassât à la fois tous ces impôts particuliers et qui les déclarât tous privilégiés au même titre que les contributions directes, nous ne concevons pas comment on demanderait autre chose. Eh bien, il suffit de lire la loi du 12 novembre 1808 pour y trouver la disposition générale dont nous parlons. Après avoir assis le privilége de l'impôt foncier sur les fruits et revenus des immeubles soumis à cet impôt, la loi établit un privilége sur tous les effets mobiliers des contribuables pour la contribution personnelle et mobilière, des portes et fenêtres et des patentes, et elle ajoute: *et pour toute autre contribution directe et personnelle.*

Ces expressions doivent être remarquées; car on ne peut supposer que, dans la pensée du législateur, elles n'aient eu ni sens ni portée. Or, si après avoir énuméré toutes les contributions directes perçues pour le compte général du Trésor, la loi a pris soin de comprendre, dans une disposition commune, toutes les autres contributions directes et personnelles, quelle conclusion en tirer, si ce n'est qu'elle a bien entendu que toute taxe, quelle qu'en fût la dénomination, jouirait du privilége du Trésor, pourvu qu'elle présentât les caractères d'une contribution directe et personnelle? Plus les termes de la disposition sont généraux et indéterminés, plus il est permis de penser que le législateur a eu en vue, tandis qu'il s'occupait de fixer le privilége de l'impôt direct, de statuer une fois pour toutes, et de décider d'une manière absolue et définitive que dès qu'une taxe serait rangée par la loi dans la classe des contributions directes et personnelles, elle participerait virtuellement et sans qu'il fût besoin d'une disposition spéciale, au privilége qu'il établissait dans l'intérêt des services publics (1).

« Si cette interprétation de la loi du 12 novembre 1808 est la seule rationnelle (et nous n'en concevons pas d'autre possible), on ne saurait être admis à demander aux rétributions et droits universitaires, pas plus qu'aux diverses antres taxes dont nous nous occupons, un texte particulier qui leur confère un privilége, puisque ce privilége est écrit dans la loi de 1808 pour toute contribution directe et personnelle. La seule question à se faire est celle-ci : la taxe pour laquelle le privilége est demandé est-elle une contribution directe et personnelle? Les juges de Versailles ont eux-mêmes senti cette conséquence; car ils ont essayé d'établir que les rétributions universitaires et le droit annuel de diplôme n'étaient pas des contributions directes; ce qu'il eût été parfaitement inutile de rechercher, dans le système qui posait, avant tout, comme indispensable pour constituer le privilége, une disposition spéciale de loi, et qui paraissait ne pas admettre qu'il pût suffire de la qualité seule de contribution directe.

« Revenons donc à la véritable question qu'il faut se poser : les taxes dont il s'agit présentent-elles le caractère de contributions directes et personnelles dans le sens de la loi du 12 novembre 1808?

« L'affirmative ne nous paraît guère pouvoir être mise en doute, soit que l'on considère ces taxes au point de vue du caractère général et public des services auxquels elles sont destinées, soit qu'on les examine sous le rapport de la forme extérieure des actes qui les constituent et qui en règlent le recouvrement. Parmi ces taxes qui figurent sous différentes dénominations dans la loi de finances, les unes intéressent directemeut l'Etat, et elles sont même versées dans les caisses du Trésor ; de ce nombre sont les *redevances sur les mines, les rétributions pour la véri-*

---

(1) Nous ne supposons pas qu'on voulût objecter que la loi de 1808 n'a entendu ni pu statuer que pour les impôts existants à cette époque, et qu'elle n'a rien prescrit pour ceux qui pourraient être ultérieurement établis. — Ou nous sommes bien aveuglé sur le texte et sur l'esprit de cette loi, ou il résulte évidemment de l'ensemble de ses dispositions et de celle en particulier sur laquelle nous venons de nous arrêter, que le législateur a eu l'intention bien formelle de régler le privilége du Trésor pour tout ce qui était ou serait impôt direct, dans le présent et dans l'avenir, de la manière la plus générale. — Au surplus, l'argument, quand on céderait en ce point, n'aurait pas encore une grande portée ; car il suffit de se référer à la date des lois constitutives des taxes dont il s'agit, pour se convaincre qu'elles sont pour la plupart antérieures à la loi de 1808.

*fication des poids et mesures, les droits de visites chez les pharma-
ciens, épiciers, droguistes et herborites; les rétributions dues
par les propriétaires et entrepreneurs d'eaux minérales naturelles ou factices, les rétributions universitaires, le droit annuel
de diplôme.*

« Ces impôts particuliers entrent, comme l'impôt général, dans les
recettes du Trésor, et servent indistinctement avec tous les revenus publics aux frais d'administration et au payement des agents
préposés aux divers services. Les autres n'entrent pas de la même
manière dans les caisses du Trésor, mais elles servent à alimenter, dans les localités, des services qui ont un caractère incontestable d'utilité générale; ce sont, outre les *centimes additionnels
départementaux et communaux*, les *contributions pour l'entretien des Bourses et Chambres de commerce*, celles pour *l'entretien
et la réparation ou reconstruction des digues et pour le curage
des canaux et rivières non navigables*, les *taxes pour travaux de
dessèchement des marais*, les *prestations en nature pour l'entretien des chemins vicinaux;* enfin, les *rétributions des élèves des
écoles primaires.*

« Qu'on examine ces taxes une à une, et on se convaincra que
chacune d'elles s'applique ou à une dépense essentiellement publique de sa nature, ou à un service qui, bien que particulier à la
localité, a une influence plus étendue et acquiert par la disposition
de la loi une importance générale pour l'administration de l'État.

« Aussi sont-elles toutes comprises de la même manière et au
même titre dans les lois annuelles de finances : ce qui seul, à notre
sens, pourrait suffire pour leur conférer le caractère de contribution directe, lorsque d'ailleurs la loi elle-même n'aurait pas pris
le soin de les assimiler formellement à ces contributions en déclarant qu'elles se percevraient par les mêmes voies; car, si ces taxes
n'étaient pas de véritables impôts et des *impôts directs*, où serait
la nécessité de les comprendre dans la loi de finances ? Et pourquoi
les y porte-t-on tous les ans, si ce n'est pour obéir au principe
constitutionnel qui veut non-seulement qu'aucun impôt ne puisse
être établi s'il n'a été consenti par la Chambre, mais que *l'impôt
direct* soit voté *annuellement.*

« Ces taxes n'ont-elles pas d'ailleurs tous les autres caractères
extérieurs des contributions directes et personnelles ? Elles sont
assises directement et personnellement sur le contribuable en raison de certaines facultés ou de certaine industrie, comme les autres
impôts directs. Comme ces derniers, elles sont portées dans des
rôles qui désignent nominativement le contribuable et qui lui
imposent une obligation personnelle, qui s'est formée indépen-

damment.de sa volonté individueile, et à laquelle il ne peut se soustraire.

« Il est impossible, ce nous semble, de réunir à un plus haut degré et d'une façon plus complète tous les caractères qui constituent la contribution directe et personnelle.

« En présence de telles considérations et de textes si précis, disions-nous en terminant sur ce point, nous nous demandons comment on se refuserait à reconnaître que les taxes diverses qui font l'objet de cette discussion sont bien des contributians directes et personnelles, devant, à ce titre, jouir du privilége de ces contributions, aux termes de la loi du 12 novembre 1808. »

Nous avons dû attendre jusqu'en 1868 que cette opinion fut sanctionnée par la jurisprudence de la Cour suprême ; elle l'a été, le 15 juillet 1868, par un arrêt formel que l'on trouvera dans la deuxième Partie, *Jurisprudence*, page 164, et qui confirme notre doctrine de la manière la plus explicite. Il s'agissait, dans l'espèce, de frais d'entretien et de renouvellement d'un barrage construit par l'État sur un cours d'eau, en Algérie, frais mis, par le titre de concession d'une usine, à la charge du permissionnaire autorisé à employer la chute d'eau créée par le barrage. L'État ayant prescrit inutilement des réparations et les ayant exécutées d'office, avait, en vertu de la loi du 14 floréal an 11, poursuivi le recouvrement de cette dépense de la même manière que le recouvrement des contributions publiques ; mais le Tribunal d'Alger avait décidé que ce genre de contribution ne jouissait d'aucun privilége. La Cour de cassation, au contraire, a jugé que les frais faits par l'État pour l'entretien et la réparation du barrage devaient être recouvrés de la même manière *et avec le même privilége* que les contributions directes ordinaires.

Cette décision met fin à toute controverse et, à notre sens, elle est d'une application générale à toutes les taxes assimilées. Il ne saurait, en tout cas, y avoir le moindre doute à l'égard de celles que la loi des finances, votée chaque année, range parmi les contributions publiques.

54. Après avoir indiqué les objets sur lesquels porte le privilége des contributions directes, l'art. 11 du Règlement, comme la loi du 12 novembre 1808, ajoute ces expressions : *en quelque lieu qu'ils se trouvent.* Que faut-il entendre par ces mots ? On se les expliquera facilement, si l'on veut bien examiner avec attention la disposition textuelle de la loi. On peut remarquer, en effet, que ce n'est qu'en parlant du privilége de la contribution personnelle et mobilière, que la loi du 12 novembre et le Règlement disent que ce privilége s'exerce sur les effets mobiliers du contribuable, en quel-

que lieu qu'ils se trouvent. Pareille disposition n'existe pas en ce qui concerne la contribution foncière ; et cette différence sert à faire parfaitement comprendre l'intention du législateur. En effet, comme la contribution foncière n'est privilégiée que sur les fruits et revenus de l'immeuble imposé, et qu'on ne serait pas admis à l'exercer sur les revenus d'un autre immeuble (Voir ci-dessus le n° 22, le *Commentaire* sur l'art. 13, n° 15 et l'arrêt de la Cour de cassation du 6 juillet 1852, rapporté *Jurisprudence*, page 155, dans la 2ᵉ Partie), on aurait pu croire qu'il devait en être de même de la contribution personnelle et mobilière, des portes et fenêtres et des patentes, et que son privilége n'affectait que les meubles qui se trouvaient dans l'appartement sur la valeur locative duquel la cote avait été établie. Or, c'eût été là une erreur grave, contraire au principe même de l'impôt, et que la disposition de la loi a voulu prévenir. La contribution personnelle et mobilière, des portes et fenêtres et des patentes, bien qu'elle ait particulièrement pour bases d'évaluation certaines facultés apparentes du contribuable, a cependant pour but d'atteindre l'ensemble de ses propriétés mobilières, et c'est une conséquence naturelle de ce principe, que ces propriétés soient toutes et indifféremment affectées au privilége du Trésor. Ainsi, ce privilége s'exercera non-seulement sur les meubles qui se trouvent dans la maison où a été imposé le contribuable, non-seulement dans la commune ou dans l'arrondissement de perception, mais dans tous les lieux où il possède des valeurs mobilières, soit en propre, soit par indivis avec d'autres, échues par succession, donation, legs ou autrement, lors même qu'elles lui seraient advenues postérieurement à l'établissement de l'impôt, et à la seule condition qu'elles n'aient pas cessé de lui appartenir. (Voir *Jurisprudence*, pages 138 et 151, 2ᵉ Partie, l'arrêt de la Cour Royale de Paris du 29 août 1836 et l'arrêt de la Cour de cassation du 17 août 1847.) Il s'exercerait même entre les mains d'un tiers chez qui le contribuable les aurait mis en dépôt ou en gage, à qui il les aurait prêtés ou même vendus, si toutefois le prix n'en avait pas été payé. (Voir, pour ces divers cas, les n°ˢ 80, 117 et suiv. ci-après ; le *Commentaire* sur les art. 14 et 91, et l'arrêt de la Cour de Caen, du 15 janvier 1870, rapporté *Jurisprudence*, page 166, dans la 2ᵉ Partie).

55. Quant à la contribution foncière dont nous parlions tout à l'heure, la différence consiste seulement, comme nous le faisions remarquer, en ce qu'elle n'a qu'un privilége spécial sur les fruits de l'immeuble imposé, qui ne s'étend pas aux autres immeubles ; mais, si les récoltes affectées à ce privilége avaient été déplacées et n'existaient plus sur l'immeuble, le percepteur n'en aurait pas

moins action sur elles, en quelque lieu qu'elles se trouvassent, si elles n'avaient pas d'ailleurs cessé légalement d'appartenir au contribuable. (Voir également à cet égard les articles précités.)

Notons, d'ailleurs, que ce privilége spécial confère au Trésor un droit de suite, sinon sur l'immeuble même, du moins sur le produit, droit qui permet au Trésor de recouvrer la contribution foncière même entre les mains du tiers acquéreur auquel aurait été vendu l'immeuble dont les fruits et revenus sont affectés au privilége. (Voir l'arrêt précité du 6 juillet 1852, *Jurisprudence*, page 155, 2ᵉ Partie.)

56. *Ordre dans lequel s'exerce le privilége du Trésor pour les contributions directes.* — Nous avons vu jusqu'ici sur quels objets porte le privilége de chaque nature de contributions ; il nous reste à examiner à quel rang ce privilége s'exerce, lorsqu'il se trouve en concours avec d'autres créances privilégiées.

A s'en tenir aux expressions textuelles de l'art 1ᵉʳ de la loi du 12 novembre1808, la question serait d'une solution facile. « Le privilége du Trésor, pour les contributions directes, dit cet article, s'exerce *avant tout autre.* » Mais, quelque positifs que soient ces termes, ils n'ont pas suffi pour mettre le droit du Trésor à l'abri de toute controverse, et les auteurs ne sont pas également d'accord sur l'étendue de ce privilége, comme on pourra le voir par les développements dans lesquels nous entrerons plus loin. Il ne faut pas, en effet, perdre de vue que les priviléges soulevant des questions de préférence entre des créances de différentes natures, on ne peut régler l'ordre de ces créances qu'en les mettant une à une en présence, en les comparant entre elles, de manière à juger le degré de faveur qu'elles méritent respectivement. Ce travail, la loi ne pouvait pas le faire ; elle n'a pu que poser quelques principes généraux, par conséquent un peu vagues ; et il a dû en résulter, surtout en certaines matières spéciales, que plusieurs priviléges peuvent invoquer un texte qui paraît leur assigner la priorité sur les autres.

Ainsi, nous ne pourrions pas nous borner, pour établir le rang du privilége de la contribution directe, à invoquer d'une manière générale la disposition de l'art. 1ᵉʳ de la loi du 12 novembre 1808; il est indispensable que nous examinions ce privilége dans toutes les circonstances particulières où il peut se trouver en concours avec d'autres. C'est ce que nous essayerons de faire de la manière la plus détaillée; mais, préalablement, nous rappellerons quelques principes nécessaires à la juste appréciation de la nature du privilége en général, et de celui du Trésor en particulier.

57. Nous avons vu ci-dessus (nº 3) que le privilége est un droit

que la *qualité* de la créance donne au créancier d'être préféré aux autres créanciers, même hypothécaires (art. 2095 du Code civil). D'après l'art. 2096, la préférence entre les créanciers privilégiés se règle par les différentes *qualités* de la créance. — Ainsi, c'est la *qualité* seule de la créance qui donne le privilége et lui assigne son rang. D'où il suit qu'aucune stipulation particulière entre le débiteur et le créancier ne saurait, à proprement parler, créer de privilége, et que ce serait en vain que, dans leurs conventions, ils auraient expressément déclaré que le créancier serait préféré aux autres; on n'aurait pas égard à cette déclaration, et la créance n'aurait d'autre rang que celui que lui donnerait sa qualité. En un mot, ce n'est pas la volonté des parties, c'est la volonté seule de la loi qui établit les priviléges et en règle le rang.

58. Une seconde conséquence du principe que de la qualité seule de la créance dépend le rang du privilége, c'est que la date de la créance, ou celle des poursuites, ne devra être jamais prise en considération. C'est une différence essentielle du privilége avec l'hypothèque, dont l'ordre est toujours fixé par la date de l'inscription.

59. Et puisque nous parlons de l'inscription, nous ferons remarquer, en passant, que le privilége de la contribution directe n'est pas soumis à cette formalité, puisqu'il ne porte jamais, comme nous l'avons dit (n° 8) que sur le mobilier. Or, on sait que les priviléges sur les meubles ne sont pas assujettis à l'inscription.

60. Ce que nous venons de dire relativement à la date de la créance ou de celle des poursuites, n'est pas contredit par l'article 2098 du Code civil, qui, après avoir dit que des lois particulières régleront les priviléges du Trésor et l'ordre dans lequel ils devront s'exercer, ajoute que : « cependant, le Trésor ne peut obtenir de privilége au préjudice des droits antérieurement acquis à des tiers. » Les auteurs sont généralement d'accord que cette disposition ne peut être entendue qu'en ce sens que le privilége qui sera réglé par des lois spéciales, ne pourra jamais nuire aux priviléges déjà acquis au *moment* de la promulgation de ces lois. « Ce serait, du reste, une erreur, dit M. Troplong, de croire que le fisc ne peut avoir de préférence au préjudice de droits acquis *après* la promulgation de ces mêmes lois ; car il *est de l'essence du privilége de primer des droits plus anciens que lui.* »

61. S'il est donc bien reconnu que le rang du privilége se règle, abstraction faite de toute autre circonstance, d'après la seule qualité de la créance et la faveur qu'elle mérite, en est-il une qui ait pu, aux yeux du législateur, paraître préférable à celle de l'impôt direct? L'impôt est, en effet, sinon le principe de tous les droits

des particuliers, du moins la condition essentielle de l'exercice de ces droits. C'est par l'impôt que sont soutenus les Tribunaux, qui reconnaissent et déclarent les droits, et la force publique qui leur assure protection. Sans l'impôt, les autres priviléges que donne la loi aux différents créanciers seraient annihilés, faute d'une justice régulière qui leur donnât la force exécutoire : il est donc équitable, autant que naturel, que le privilége de la contribution qui alimente tous les corps de l'État, et qui vivifie par conséquent la société tout entière, passe avant tous les autres, suivant la disposition textuelle de la loi du 12 novembre 1808.

Sous ce point de vue, nous différons entièrement de M. Troplong, qui tout en convenant que le Trésor a, pour [la contribution directe, un privilége supérieur à tous les autres, trouve ce privilége injuste par son exagération, et ne lui voit d'autres motifs d'une aussi grande faveur que la volonté même de la loi. Comment ne pas reconnaître que l'intérêt des services publics doit passer avant tous les intérèts privés? Qu'on se reporte à l'exposé des motifs de la loi du 12 novembre 1808 (ci-dessus n° 2), et l'on verra que le législateur y a parfaitement déduit les causes de la préférence qu'il accorde à la contribution directe. Cette nature de contribution, comme l'observe très bien M. Jaubert, est destinée aux dépenses fixes de l'État; et la perception intégrale en a paru par cela même tellement essentielle à la vie du corps social, que la législation a voulu qu'au moyen d'un fonds de non-valeurs, le montant de la somme fixée par les Chambres rentrât toujours et nécessairement pour sa totalité dans les caisses du Trésor. Il n'en est pas tout à fait de même pour les autres droits du fisc. Aussi, le privilége dont ils jouissent est-il moins absolu. Le privilége de la contribution directe est le seul, il faut bien le remarquer, que la loi déclare textuellement s'exercer *avant tout autre*. A l'égard de tous, elle a elle-même prévu et indiqué des exceptions; et le soin même qu'elle prend de désigner les cas où les droits du Trésor sont primés par d'autres créances témoignent, selon nous, évidemment de cette pensée, que le législateur considère toujours la priorité du privilége du Trésor comme étant de droit commun, et n'admet de préférence en faveur d'autres créanciers que par une exception qui a besoin d'être formellement exprimée.

Enfin, quand, en l'absence d'un texte aussi positif que celui de la loi de 1808, on se bornerait à chercher le rang du privilége du Trésor dans les causes de préférence d'après lesquelles les auteurs assignent en général l'ordre des priviléges, on trouverait qu'il doit encore obtenir la priorité. M. Troplong, notamment, met au premier rang des causes qui motivent le privilége, ce qu'il

appelle la *gestion d'affaires dans l'intérêt des créanciers*, c'est-
à-dire les frais qui ont profité à la masse. Ce caractère n'appartient-il pas au plus haut degré à la créance du gouvernement, qui
est naturellement préposé à la conservation des intérêts de
tous ?

Que s'il est encore de principe dans la matière des priviléges
que, la plupart du temps, un privilége cède à un autre, suivant
que le créancier a connu ou non l'existence du privilége rival
(comme il arrive, par exemple, entre le locateur et le vendeur
d'effets mobiliers non payés), ne peut-on pas invoquer en faveur
du Trésor cette considération de haute équité que fait valoir
M. Jaubert dans son exposé des motifs : « que personne n'ignore
que les contributions doivent être payées, et que c'est aussi un
axiome vulgaire que la contribution passe avant tout? »

Nous n'hésitons donc pas à déclarer, en règle générale, que le
privilége des contributions directes doit, suivant les expressions
textuelles de l'article 1er de la loi du 12 novembre 1808, s'exercer
avant tout autre (1). Nous allons maintenant justifier cette assertion en examinant ce privilége en présence de tous ceux avec lesquels il peut particulièrement se trouver en concours.

62. Nous avons vu que le privilége de la contribution foncière
était un *privilége spécial* portant sur une nature particulière de
meubles (les fruits et revenus des immeubles soumis à la contribution), tandis que le privilége des contributions personnelle et
mobilière, des portes et fenêtres et des patentes, est un *privilége
général* portant sur les effets mobiliers de toute nature qui appartiennent au contribuable. Il en doit naturellement résulter que le
privilége de ces dernières contributions se trouvera en concours
avec un plus grand nombre de créances privilégiées que celui de
la contribution foncière. Ce dernier privilége, en effet, ne peut
être en présence que des autres priviléges, qui, comme lui, portent
sur les fruits et les revenus, tandis que le privilége des contributions personnelle et mobilière entre en concours avec toutes
les créances privilégiées sur la généralité des meubles

Pour suivre l'ordre que nous avons adopté ci-dessus et que
semble indiquer la loi du 12 novembre 1808, nous devrions commencer par ce qui regarde la contribution foncière ; mais, pour la
clarté et la concision des explications que nous aurons à donner,
il sera plus avantageux d'examiner d'abord ce qui concerne le pri-

---

(1) Sauf une seule exception, celle des *frais de justice*, dont nous parlons au
numéro 64, et dont nous donnons les motifs.

vilége des contributions personnelle et mobilière, des portes et fenêtres et des patentes.

63. Ce privilége, portant sur la généralité des meubles, peut se trouver en concours :

1° Avec tous les priviléges généraux énumérés dans l'article 2101 du Code civil et qui portent sur la généralité des meubles. Ce sont : les frais de justice, les frais funéraires, les frais de dernière maladie, le salaire des gens de service, les fournitures de subsistances faites au débiteur ou à sa famille.

2° Avec les créances privilégiées seulement sur certains meubles (art. 2102 du Code civil), telles que la créance du propriétaire sur les meubles qui garnissent la maison ou la ferme et sur les fruits et récoltes du fermier ; les fournitures de semences et frais de récoltes, la créance sur les meubles donnés en gage, celle des frais faits pour la conservation de la chose, celle du vendeur d'effets mobiliers non payés, celle de l'aubergiste sur les effets apportés par le voyageur, celle des frais de voiture et accessoires sur la chose voiturée, celle des faits de charge sur le cautionnement des fonctionnaires, celle des ouvriers et entrepreneurs, celle des sous-traitants, celle du Trésor pour le recouvrement des frais de justice et sur les biens des comptables, celle de l'enregistrement pour les droits de mutation, de la régie pour les droits de douanes, et pour les droits de timbre et des amendes y relatives, et quelques autres encore résultant de lois spéciales.

64. *Privilége des frais de justice.* — A l'exception de M. Pigeau, tous les auteurs s'accordent à donner à la créance des frais de justice la préférence sur celle des contributions directes. (Voir notamment Grenier, Favard de Langlade, Dalloz, Persil, Rolland de Villargues, Troplong, Paul Pont.) M. Trolong justifie en ces termes son opinion :

« Les frais de justice sont moins un privilége qu'un prélèvement. Ils sont nécessaires dans l'intérêt de tous les créanciers sans exception. Car la poursuite judiciaire a pour objet la vente de la chose et sa conversion en prix. Chaque privilégié serait obligé de faire ces frais lui-même pour se procurer la jouissance de son droit. — Je place donc ce privilége même avant les contributions directes dues au fisc, quoique la loi du 12 novembre 1808 dise que cette dette a un privilége qui s'exerce avant tout autre. »

Cette decision ne nous paraît pas non plus pouvoir être contestée : elle est écrite aussi clairement que possible dans l'art. 657 du Code de procédure civile, qui autorise l'officier ministériel qui a fait la vente du mobilier saisi, à ne verser à la Caisse des consignations le produit de cette vente, que *sous la déduction de ses frais*. Il en résulte donc qu'il a le droit de se payer par ses propres mains et par conséquent que les frais passent avant tous autres privilèges, puisqu'ils se trouvent prélevés de droit et de fait avant toute distribution.

65. Mais que faut-il entendre exactement par ces mots : *frais de justice* ? Quelques jurisconsultes ont essayé de faire prévaloir l'opinion que ces frais devaient être tous ceux, sans exception, engagés en justice par le créancier poursuivant ; mais la jurisprudence des Cours, comme la doctrine des auteurs, s'est arrêtée à des doctrines plus saines :

« Il est incontestable, dit Dalloz, que ces frais ne peuvent être que ceux qui ont été exposés dans l'intérêt commun des créanciers, tels, par exemple que les frais de scellés, d'inventaire et de vente, et non ceux qui auraient été faits par un créancier dans la poursuite d'une action à lui particulière. C'était, sous l'empire de l'ancienne législation, la doctrine professée par tous les jurisconsultes et particulièrement par Domat, Basnage, Ferrière. Telle a été aussi l'opinion du moderne législateur, ainsi que l'énonce très explicitement M. Grenier dans son rapport au Tribunat sur le titre 18 du Code civil. Ainsi, dans une distribution par contribution, lorsqu'un créancier, pour frais de justice, demandera à être colloqué par préférence, les juges devront examiner si tous les créanciers qui seraient primés par lui ont profité des opérations qui ont nécessité les frais. C'est donc avec beaucoup de fondement qu'un arrêt de la Cour de cassation du 20 août 1821 (1) a

---

(1) Voici le texte de cet arrêt : — Considérant que les frais de justice auxquels l'art. 2101 accorde une préférence, ne sont que ceux qui ont été faits dans l'utilité des parties sur lesquels la préférence doit avoir lieu ; que cette vérité est prouvée par l'art. 662 du Code de procédure civile, qui, appliquant le privilège accordé par l'art. 2101 aux frais de justice, porte : les frais de poursuites seront prélevés par privilège, avant toute autre créance, autre que celle pour loyers dus au propriétaire ; le motif évident de l'exception en faveur du propriétaire est que les poursuites n'ont été d'aucune utilité pour lui ; que les frais d'administration d'une faillite n'ont, sous aucun rapport, l'utilité du propriétaire pour objet, et qu'ainsi ils ne peuvent primer le privilège du propriétaire sur les meubles qui garnissent sa maison ; — Considérant que l'art. 558 du Code de commerce dispose seulement qu'avant de faire la distribution de l'actif mobilier au marc le franc entre les créanciers chirographaires, il faudra (chose nécessaire pour connaître la somme à distribuer) faire distraction des frais d'administration de la faillite, des secours accordés au failli et des sommes payées aux privilégiés ; que dans cet article le législateur ne s'occupe pas de faire ordre et qu'il ne décide certainement pas que les frais d'administration et la faillite seront payés par préférence aux créanciers privilégiés à qui cette administration est étrangère, créanciers privilégiés que le législateur suppose même payés, et qui ont dû l'être, s'il y a eu moyen, ainsi que le prescrit l'art. 533 du même Code, d'où il résulte qu'il

consacré la doctrine qu'on ne devait faire supporter en rien les
frais d'administration d'une faillite à un créancier privilégié, dont
le privilége sur certains objets pouvait s'exercer indépendamment,
et abstraction faite de la faillite. »

Or, on sait que le Trésor est dans ce dernier cas : c'est ce que
nous établissons dans notre *Commentaire* sur les articles 3 et 14.
Il s'ensuit que, bien qu'en général les frais de scellés et d'inven-
taires soient admis parmi les frais de justice privilégiés, cependant ces sortes de frais ne seraient pas préférés à la dette de contribution directe, par la raison que le percepteur ayant le droit,
nonobstant les scellés et l'inventaire, de faire saisir et vendre les
meubles des contribuables, n'avait pas besoin de ces actes conservatoires.

66. Cependant, si le percepteur lui-même avait provoqué l'apposition de ces scellés, il y aurait dans cette circonstance une fin de
non recevoir qui ferait repousser sa demande en collocation de
préférence à ces frais. Car il est évident que, dans ce cas, les scellés
auraient servi à la conservation des droits du Trésor comme de
ceux des autres créanciers (1).

67. Que faut-il décider à l'égard des *frais de distribution par
contribution*? M. Duranton pense qu'ils doivent être préférés au
privilége du Trésor. Il se fonde sur ce que l'article 662 du Code
de procédure civile ne dispense que le propriétaire seul du prélèvement de ces frais, parce que, dit-il, la loi ayant assuré à ce
créancier un premier privilége, il n'a pas besoin d'une distribution
judiciaire pour régler son rang. Il aurait fallu, suivant le même
auteur, qu'un pareil droit eût été accordé au Trésor pour la
créance de contribution. — M. Duranton n'a pas pris garde que
ce droit, qu'il demande pour le Trésor, lui a été précisément attribué de la manière la plus formelle par l'article 2 de la loi du

n'y a eu violation d'aucune loi. — Rejette. (C. cass., 20 août 1821. Même déc.,
27 mars 1821, C. de Lyon.) La Cour d'appel de Paris a également décidé, le
26 septembre 1856, que, par *frais de justice*, on ne peut entendre ceux qui ont
été exposés par le propriétaire pour faire reconnaître et conserver son droit, mais
seulement ceux qui ont été avancés pour mettre sous la main de la justice le gage
commun, en réaliser et en attribuer le prix, par conséquent le coût d'un commandement, d'une saisie, etc.

(1) Cela peut s'induire de l'arrêt suivant de la Cour royale de Paris, du 7 mars
1821 : Attendu que l'apposition des scellés, après le décès de Spencer, a eu pour
effet de saisir et de conserver son mobilier pour ses créanciers et pour le propriétaire lui-même, que Radier (propriétaire) qui a lui-même requis cette mesure conservatoire, en a profité le premier, etc. — Ordonnons que les collocations auront
droit ainsi qu'il suit : 1° frais de scellés; 2° frais de garde desdits scellés; 3° frais
d'inventaire.

12 novembre 1808, aux termes duquel tout détenteur de deniers affectés au privilége de la contribution directe est tenu de s'en dessaisir sur la simple demande du percepteur et sans saisie-arrêt. Ce qui exclut bien la pensée que le Trésor puisse être, plus que le propriétaire, assujetti aux formes et aux lenteurs de la distribution judiciaire. (Voir sur ce droit particulier du Trésor le *Commentaire* sur l'art. 14.)

Nous sommes donc fondé à dire que le Trésor n'étant pas obligé de produire à la distribution, les frais particuliers de cette procédure ne priment certainement pas le privilége de la contribution directe.

68. En général, les frais de justice qui devront passer avant la contribution directe ne seront donc guère que les frais de commandement, de saisie, de garde et de vente.

Ces divers principes, d'où nous avons induit, d'après la doctrine des auteurs et la jurisprudence des Cours, la priorité du privilége des frais de justice sur les contributions directes ont été reconnus également par l'Administration. Nous citerons pour exemple un avis du Conseil de préfecture de l'Aisne, en date du 19 juillet 1832 :

« Vu l'arrêté de renvoi rendu par M. le préfet, le 5 de ce mois, à l'effet d'obtenir l'avis du Conseil sur la question que renferme la lettre de M. le receveur général des finances de ce département, du 28 mai dernier ;

« Vu la lettre sus-datée, dans laquelle il est exposé qu'il a été procédé, par un sieur Roger, huissier à Rosoy-sur-Serre, à la requête d'un créancier du sieur Rève de Renneval, à la vente, sur saisie, des récoltes de ce débiteur, dont le produit s'est élevé à la somme de 52 francs ; que le percepteur a fait sa sommation au sieur Roger de verser cette somme dans sa caisse, pour le payement des contributions directes dudit sieur Rève, et que le sieur Roger s'y est refusé, en déclarant que les frais faits pour parvenir à la vente s'élevaient à une somme de 76 francs 85 centimes, et absorbaient entièrement, par conséquent, et même au-delà le produit de la vente ; que, dans cet état de choses, il y avait lieu à soumettre l'affaire au Conseil, afin d'obtenir son autorisation, s'il y avait lieu, pour agir contre le sieur Roger ;

« Vu la loi du 5 novembre 1790, et l'avis du Conseil d'État, dûment approuvé, portant la date du 28 août 1823 ;

« Considérant qu'aux termes de la loi du 5 novembre 1790, et de l'avis du Conseil d'Etat du 28 août 1823, c'est au préfet seul, et non au Conseil de préfecture, qu'il appartient d'accorder l'autorisation nécessaire pour intenter une action dans laquelle le Trésor est intéressé ;

« Que toutefois l'arrêté de renvoi de M. le préfet, tendant spécialement à provoquer un avis du Conseil, sur la question de savoir si l'autorisation doit être accordée, il y a lieu d'accéder officieusement à cette demande ;

« Considérant qu'il n'est pas méconnu que les frais faits pour parvenir à la vente des récoltes du sieur Rève absorbent et audelà le produit de cette vente ;

« Considérant que les frais ont été faits dans l'intérêt de tous les créanciers privilégiés quelconques ; qu'en effet ils étaient indispensables pour réaliser le prix des récoltes, qui formaient le gage de ces créanciers, et que si les frais n'avaient pas été faits, ce gage se serait trouvé constamment paralysé, sans qu'aucun d'eux pût en tirer le moindre parti ;

« Considérant que les droits du Trésor pour les contributions directes sont à la vérité privilégiés, avec priorité sur tous autres, aux termes de la loi du 12 novembre 1808, mais que ce privilége est de la même nature que tous les priviléges en général, c'est-à-dire qu'il donne seulement à l'Etat la faculté de faire vendre le mobilier et les récoltes du contribuable débiteur, pour être payé, par préférence à tous autres sur le prix de la vente ; que pour cela il n'en faut pas moins que la vente ait lieu avec les formalités prescrites par la loi, et que les frais pour cette vente soient faits ;

« Considérant que, par ces motifs, la loi (article 657 du Code de procédure civile) a autorisé, avant toute consignation, l'officier ministériel qui a fait l'avance de ces frais à en faire la retenue ou la déduction, et à ne consigner que le surplus ; que ce surplus forme seul, par conséquent, le véritable produit net de la vente, sur lequel s'exercent les droits des créanciers privilégiés et autres ;

« Qu'il résulte évidemment de cette disposition que le prélèvement de ces frais s'opère avant tout, et sans égard aux divers priviléges que les créanciers peuvent faire valoir sur la somme consignée ;

« Considérant, d'un autre côté, que l'article 662 du même Code, placé au titre de la *distribution par contribution*, a accordé au privilége des loyers une grande faveur, en disposant que ces loyers seraient payés avant les frais de poursuites ; que, nonobstant les termes précis de cet article, tous les auteurs, notamment Carré et Pigeau, enseignent que par ces mots *frais de poursuites*, on ne doit entendre que ceux faits pour parvenir à la distribution par contribution à laquelle ne concourt pas le créancier de loyers, puisque son privilége passe avant tout autre, mais que, même dans ce cas, les frais pour procurer la vente doivent être déduits avant que le créancier de loyers puisse rien réclamer; que cette interprétation est consacrée par l'usage constant et par une jurisprudence conforme ;

« Que, par analogie, le même principe doit recevoir son application avec non moins de raison dans le cas où il s'agit du privilége du Trésor, lequel peut bien s'exercer avant celui des frais de poursuites d'ordre, mais non avant la déduction des frais de vente ;

« Qu'il est impossible de donner un sens raisonnable à la décision du Ministre des finances, du 23 avril 1830, citée dans la lettre de M. le receveur général des finances, qui prescrit l'exercice du privilége du Trésor avant même celui des frais de justice, à moins de l'interpréter comme l'article 662 du Code précité est interprété dans la pratique;

« Est d'avis,

« Que les frais régulièrement faits pour parvenir à la vente de récoltes ou meubles vendus par suite de saisie sur un contribuable, soit à la requête du Trésor pour le payement des contributions, soit à la requête d'un autre créancier, doivent être déduits et prélevés avant tout sur le produit de ladite vente, et que c'est seulement sur le produit net de cette vente, après cette déduction, que le privilége créé par la loi du 12 novembre 1808 peut être exercé. »

69. *Frais funéraires.* — Quelque faveur que mérite ce privilége, fondé sur des considérations de haute convenance et sur le respect dû à la mémoire des morts, cependant nous n'hésitons pas à penser que celui des contributions directes doit lui être préféré. Les termes de la loi du 12 novembre 1808, qu'il faut toujours rappeler, sont trop positifs pour admettre l'antériorité d'aucun autre privilége, et c'est aussi l'opinion à peu près générale des auteurs.

70. Nous en dirons autant des autres priviléges généraux de l'art. 2101 du Code civil, c'est-à-dire des *frais de dernière maladie,* du *salaire des gens de service,* et des *fournitures faites au débiteur ou à sa famille.* Ces priviléges sont sans doute respectables ; mais celui du Trésor mérite une plus haute faveur: il importe à la société entière, tous les services publics étant alimentés par l'impôt.

71. Au nombre des *priviléges spéciaux sur certains meubles,* avec lesquels le privilége des contributions directes peut se trouver en concours, nous trouvons d'abord celui du *propriétaire locateur* (art. 2012 du Code civil), *sur les fruits de la récolte de l'année et sur ce qui garnit la maison louée ou la ferme.* Nous pen-

sens que ce privilége est également primé par celui des contributions directes.

Le privilége des contributions personnelle et mobilière, des portes et fenêtres et des patentes, dont nous nous occupons en ce moment, est, comme nous l'avons fait remarquer, un privilége général qui porte sur la totalité des effets mobiliers du redevable. Le privilége du propriétaire est, au contraire, spécial sur les meubles qui garnissent la maison louée. — Or, c'est une question qui divise les auteurs et les Tribunaux, de savoir si les priviléges spéciaux ne priment pas, dans tous les cas, les priviléges généraux. MM. Persil et Dalloz, et plus récemment M. Valette (*Priviléges*, n° 119), ont soutenu cette dernière doctrine, qui a été combattue par MM. Malleville, Jarrible (*Répertoire de jurisprudence* de Merlin), Favard de Langlade, Troplong, Paul Pont, Zacharia et ses annotateurs. La jurisprudence s'est également partagée : dans le premier sens, on cite des arrêts des Cours d'appel de Paris (27 novembre 1814 et 25 février 1832), de Rouen (17 juin 1826), et de la Cour de cassation (20 mars 1849); dans le sens opposé, des arrêts des Cours d'appel de Limoges (15 juillet 1813), de Rouen (12 mai 1828 et 30 janvier 1851), de Bordeaux (12 avril 1853). En dernier lieu, un troisième système qu'adopte la Cour de cassation, fait dépendre la préférence non plus de la généralité ou de la spécialité du privilége, mais bien du degré de faveur que mérite chacune des créances qui se trouvent en concurrence. L'arrêt qui a inauguré cette jurisprudence est celui du 19 janvier 1864. (Boitel c. Masson, 9.)

72. Rien de plus rationnel assurément que cette doctrine ; elle n'est autre chose que l'application textuelle de l'art. 2095 du Code civil, qui veut que, dans le silence de la loi, la préférence se détermine par la qualité des créances privilégiées. Mais l'appréciation de la qualité dépendra exclusivement de l'opinion du juge, et la Cour suprême pourra se trouver fort embarrassée pour mettre de l'ordre dans les divergences qui ne manqueront pas de se produire. Aussi, ne dissimulons-nous pas nos préférences pour la doctrine soutenue en dernier lieu par M. Paul Pont (*Priviléges et hypothèques*, p. 144), qui donnait la préférence aux priviléges généraux sur les priviléges spéciaux, et qui puisait son argument capital dans l'art. 2105 du Code civil. Cet article, en effet, mettant en concours les priviléges spéciaux sur certains immeubles avec les priviléges généraux de l'art. 2101, qui portent à la fois sur les meubles et sur les immeubles, donne textuellement la priorité à ceux-ci. Or, si, en ce qui concerne les immeubles, les priviléges généraux passent avant les priviléges spéciaux, pourquoi en

serait-il autrement quand il s'agit de meubles? Quel motif aurait-on de supposer que le législateur a vu d'un œil moins favorable le vendeur d'un immeuble que le vendeur d'un effet mobilier? Cette supposition, en tous cas, se trouverait, certes, contredite par l'article 2105 lui-même, qui ne permet aux priviléges généraux de s'exercer sur les immeubles qu'à *défaut de mobilier ;* ce qui montre bien que la loi n'a eu nullement l'intention de sacrifier, en thèse générale, les priviléges immobiliers aux priviléges mobiliers, puisque, au contraire, elle a voulu ici que la valeur de tous les meubles, sans réserve, fût épuisée avant de recourir aux immeubles.

Nous aurions donc voulu voir conserver comme plus simple et plus rationnelle l'opinion qui donne la priorité aux priviléges généraux sur les meubles, au nombre desquels il faut compter celui de la contribution personnelle et mobilière, sur les priviléges spéciaux et particulièrement celui des loyers dus au propriétaire.

72. Au surplus, ce qui importait surtout, c'était d'écarter l'argument qu'on aurait pu induire contre la priorité du privilége du Trésor, de la doctrine contraire. Dans cette dernière hypothèse, l'argument n'aurait pas été cependant encore sans réplique. En effet, quelque opinion qu'on adoptât sur l'ordre respectif des priviléges généraux et spéciaux, le privilége de la contribution n'étant rangé textuellement dans aucune des catégories du Code civil, et devant, au fond, être régi par les lois spéciales qui le concernent, aurait toujours à opposer à tous les priviléges, la disposition de la loi du 12 novembre 1808, qui déclare qu'il s'exerce *avant tout autre,* et il n'est pas à craindre que la liberté d'appréciation que la Cour suprême accorde aux Tribunaux, les conduise à méconnaître ce principe, dont nous aurons plus loin à faire encore l'application.

Ainsi, nous n'hésitons pas à penser que le privilége de la contribution personnelle et mobilière, des portes et fenêtres et des patentes, prime celui du *propriétaire* sur les meubles du contribuable qui garnissent la ferme ou la maison louée.

73. Il en serait de même en ce qui concerne les récoltes produites par le fermier sur le fonds affermé, bien qu'il semble que les fruits excrus sur une propriété en fassent en quelque sorte partie (1).

_____

(1) On ne peut objecter que les récoltes sont immeubles tant qu'elles ne sont pas détachées du sol et que dès lors elles échappent, au moins dans ce dernier cas, au privilége de la contribution personnelle et mobilière, qui ne porte que sur les *objets mobiliers.* On sait, en effet, que la saisie-brandon a pour effet de distraire les fruits du fonds et leur confère la nature de meubles. (Voir Favard de Langlade, au mot *Privilége.*)

Cependant ils appartiennent au fermier et non pas au propriétaire. Celui-ci n'a d'autre droit qu'un privilége sur le prix à en
provenir (art. 2102 du Code civil), et nous venons de voir que ce
privilége est primé par celui des contributions. Nous n'ignorons
pas qu'on décidait autrement sous la législation des *tailles*, et
qu'un arrêt du Conseil, du 24 février 1660, cité dans le *Mémorial
des tailles*, dans la distribution du prix des récoltes d'un fermier,
ne colloque la taille due par ce dernier qu'après la créance du propriétaire. Mais la législation actuelle n'admettrait pas une pareille
décision.

74. Que faudrait-il décider dans le cas où il s'agirait d'un colon
partiaire, c'est-à-dire d'un fermier qui paye ses fermages au moyen
de l'abandon au propriétaire d'une portion déterminée de fruits?
Dans ce cas, ne doit-on pas soutenir que le propriétaire du fonds
ayant virtuellement la propriété de la portion de fruits qui lui
revient aux termes du bail, on ne peut saisir celle-ci sur le fermier
pour la contribution personnelle et mobilière de ce dernier, puisqu'elle ne lui appartient pas? Le bail à partage de fruits a, en
effet, sous plus d'un rapport, les caractères d'un contrat de société,
autant que ceux du contrat de louage. — Sans contester ce que
cette observation peut avoir d'exact, nous ne croyons pas cependant qu'on pût y trouver le fondement du droit que le propriétaire
voudrait ici faire valoir. Quelque analogie qui puisse exister entre
le bail à partage de fruits et le contrat de société, cependant
c'est dans les baux à ferme que le Code civil (art. 1763) a rangé
cette nature de convention, et ce sont les règles du contrat de
louage qui doivent lui être appliquées. Or, la convention du partage des fruits n'est autre chose que la stipulation d'un prix de
ferme en nature; le colon partiaire en est débiteur envers le propriétaire, et celui-ci n'a contre lui qu'une action pour le contraindre à exécuter sous ce rapport l'obligation résultant des
conventions du bail. Le propriétaire est créancier de la même
manière que si le prix avait été stipulé en argent, et pour cette
créance il n'a pas d'autre privilége que celui de locateur, lequel
est primé, comme nous l'avons vu, par celui des contributions
directes.

75. En est-il des fruits civils comme des récoltes, ou, en d'autres
termes, le privilége de la contribution personnelle et mobilière
pourrait-il, à l'égard des premiers, comme il le fait à l'égard des
dernières, primer le privilége du propriétaire locateur? Supposons une espèce. Le sieur A, propriétaire, loue sa maison au
sieur B, qui la sous-loue par parties à différents particuliers C et
D. B doit sa contribution personnelle et mobilière; il doit en

même temps les termes échus de son bail au sieur A, propriétaire. Ce dernier forme une saisie-arrêt entre les mains des sous-
locataires C et D, pour les termes dont ils sont redevables envers
le locataire principal. — Le percepteur intervient et prétend privilége sur les mêmes sommes, attendu qu'elles appartiennent au
sieur B., locataire principal et débiteur de contribution. — Cette
question n'est pas sans quelques difficultés. Le principal locataire
est dans une position analogue à celle du fermier. Il exploite une
maison, comme ce dernier un fonds de terre, et il en retire des
loyers qui, d'après la définition même de la loi (art. 584 du Code
civil), sont des *fruits* aussi bien que les récoltes. Le Trésor étant,
comme nous l'avons vu, préféré au propriétaire à l'égard des fruits
de la ferme, pourquoi ne le serait-il pas également à l'égard des
fruits de la maison?

Mais, d'autre part, le propriétaire ne peut-il pas soutenir que l'article 1743 du Code civil, qui déclare que : « Le sous-locataire n'est
tenu envers le propriétaire que jusqu'à concurrence du prix de sa
sous-location dont il peut être débiteur au moment de la saisie, »
lui donne un droit direct contre le sous-locataire, de telle sorte
que celui-ci a une obligation personnelle, qui naît du fait de son
habitation dans la maison du propriétaire, obligation qui le constitue débiteur de ce dernier, au lieu et place du principal locataire? D'où il résulterait que les sommes que peut devoir le sous-
locataire, appartenant plutôt au propriétaire qu'au principal
locataire (contre lequel, dans l'espèce que nous avons supposée,
est dirigée la poursuite du percepteur), se trouvent soustraites au
privilége du Trésor.

Nous ne croyons pas que ce système puisse être admis. Le véritable débiteur du propriétaire, c'est le principal locataire. Les
sous-locataires ne sont redevables qu'à ce dernier ; ils ne sont pas
débiteurs directs du propriétaire, et celui-ci n'exerce à leur égard
que les droits du principal locataire. Cela est si vrai qu'il est obligé
d'agir envers eux comme il le ferait envers tous autres tiers débiteurs du locataire, c'est-à-dire par voie de saisie-arrêt, avec assignation en validité, pour faire décider par le juge que le payement
du montant des sous-locations sera fait entre ses mains ; et si,
à défaut par les sous-locataires d'effectuer le payement de leurs
termes, il poursuit la vente de leurs meubles, on peut soutenir qu'il
n'agit qu'en vertu de l'art. 1166 du Code civil, qui donne aux créanciers le droit d'exercer tous les droits et actions de leur débiteur.
L'art. 1753, sur lequel se fonderait ici la prétention du propriétaire, ne contient rien de contraire à notre argumentation. Il suffit d'en examiner attentivement les termes pour se convaincre que,

loin de songer à créer, en dehors des règles ordinaires, un droit particulier au propriétaire, le législateur n'a eu d'autre objet que de bien limiter son action à l'égard du sous-locataire, en déclarant que le propriétaire ne pourrait en exiger autre chose que le payement des loyers dus au moment de la saisie, sans étendre ses droits aux termes déjà payés au principal locataire d'après l'usage des lieux.

Nous pensons donc que, dans l'hypothèse que nous venons d'examiner, le privilége des contributions personnelle et mobilière passerait avant celui du propriétaire.

76. Il est un cas qu'il est très important de signaler, et où le propriétaire obtient un privilége que n'aurait pas le Trésor.

D'après l'art. 2102 du Code civil, le propriétaire exerce son privilége *sur tout ce qui garnit la maison louée ou la ferme;* et ce privilége a lieu même quand les meubles apportés par le locataire n'appartiennent pas à ce dernier, à moins qu'il ne soit prouvé que le propriétaire avait connaissance que ces meubles étaient la propriété d'un tiers qui n'avait pas entendu les soumettre au privilége du locateur. C'est sur ce principe, admis par tous les auteurs, que la Cour de cassation, par un arrêt du 9 août 1815, a décidé que le privilége du propriétaire s'étend aux bestiaux donnés à cheptel à son fermier par un tiers, lorsque la signification du bail à cheptel n'a été faite au propriétaire du domaine affermé que postérieurement à l'introduction des bestiaux dans le domaine.

Il est évident que le percepteur ne primerait pas le propriétaire sur ces objets; il n'aurait même aucune espèce de droits sur eux, et la raison en est simple : c'est que le privilége du Trésor ne peut, d'après le texte même de la loi du 12 novembre 1808, s'exercer sur les effets mobiliers *appartenant aux contribuables.* Par conséquent le Trésor ne saurait prétendre de droits sur des meubles qui, bien que se trouvant entre les mains du redevable, appartiennent incontestablement à des tiers ; c'est le cas de revendication prévu par l'article 4 de la loi précitée. Ainsi, le troupeau donné à cheptel au contribuable, les meubles mis momentanément en dépôt par ce dernier chez un tiers, les lits apportés par les élèves dans les pensions, les objets confectionnés par un ouvrier pour le compte d'autrui, avec les matières premières fournies par ce tiers, ne tomberaient pas sous le privilége du Trésor. Mais il faudrait que ces circonstances fussent bien établies, et que le tiers intéressé fût en mesure de prouver son droit de propriété; car la présomption légale serait que les meubles qui se trouvent entre les mains du contribuable lui appartiennent, en vertu du principe qu'en fait de meubles, la possession vaut titre (art. 2279 du Code civil).

77. Il y aurait encore un autre cas où le propriétaire pourrait exercer un droit supérieur à celui du Trésor, et qui lui est commun avec quelques autres créanciers. Le Code de procédure civile, après avoir disposé (art. 593) que les objets déclarés insaisissables par l'article 592 ne pourront être saisis, *même pour créances de l'Etat*, ajoute : « si ce n'est pour aliments fournis à la partie saisie ou sommes dues aux fabricants ou vendeurs desdits objets, ou à celui qui aura prêté pour les acheter, fabriquer ou réparer; pour fermages ou moissons des terres à la culture desquelles ils sont employés, loyers de manufactures, moulins, pressoirs, usines dont ils dépendent, et loyers des lieux servant à l'habitation personnelle du débiteur. » Il est évident que les mêmes objets qui sont déclarés insaisissables à l'égard de l'Etat, et qui échapperaient dès lors au privilége de la contribution directe, seraient cependant soumis à celui du propriétaire et des autres créanciers indiqués dans l'article précité. Ce résultat doit sans doute sembler bizarre, et peut-être serait-on tenté de penser, contrairement à l'opinion que nous avons soutenue, que si des objets déclarés insaisissables même pour le Trésor, deviennent saisissables pour les créances dont s'agit, c'est que celles-ci paraissent préférables aux yeux du législateur, et que, par conséquent, dans tous les cas et à l'égard des autres objets mobiliers eux-mêmes, leur privilége devrait primer celui des contributions directes. — Quelque logique que puisse sembler ce raisonnement, nous devons faire remarquer que la conséquence serait certainement erronée. C'est sans doute une anomalie difficile à expliquer; mais, enfin, on ne peut s'empêcher de reconnaître que le Code n'a pas jugé cette disposition incompatible avec l'existence du privilége de certaines créances; car il n'est douteux pour aucun auteur que le *salaire des gens de service*, par exemple, n'ait un privilége supérieur à celui des *fournitures d'aliments*, et cependant cette dernière créance jouit du droit de saisir des objets insaisissables pour la première. — Le Trésor se trouve dans une position analogue.

78. Nous terminerons ce qui regarde le privilége du propriétaire locateur en rappelant qu'un arrêt de la Cour de cassation, du 16 août 1814, a décidé qu'un propriétaire ne pourrait s'opposer à ce que les créanciers, même ordinaires, du locataire fissent saisir et vendre les meubles de ce dernier, en prétendant que cela dégarnit les lieux loués et diminue son gage. A plus forte raison ne pourrait-il pas, sous ce prétexte, arrêter la poursuite du percepteur

qui a, comme nous l'avons dit, un privilége préférable au sien. (Voir le *Commentaire* sur les art. 13 et 16.)

Les principes que nous venons d'établir, au sujet du privilége du propriétaire locateur, s'appliquent entièrement aux priviléges de *l'aubergiste sur les effets du voyageur qui ont été transportés dans son auberge,* et *du voiturier sur la. chose voiturée.* Nous pensons donc que la contribution personnelle et mobilière primerait ces priviléges.

80. Il en serait de même, selon nous, à l'égard du privilége du *créancier sur le gage qui lui a été donné en nantissement et dont il est saisi.* Ce privilége, comme les deux précédents, est fondé sur des motifs absolument identiques à ceux qui ont fait établir celui du propriétaire locateur, et s'il est vrai que le Trésor doive, pour la contribution directe, être préféré à ce dernier, il ne serait pas logique de lui refuser la même faveur à l'égard du gagiste. Nous n'insisterions donc pas d'avantage sur ce point, si l'opinion contraire ne se trouvait formellement enseignée par un grave jurisconsulte, M. Duranton, dans son *Cours de Droit français.*

« Quoique la loi du 12 novembre 1808, dit cet auteur, porte en termes formels que le privilége du Trésor public s'exerce avant tout autre, en quelque lieu que se trouvent les effets appartenant au contribuable, néanmoins, nous ne pensons pas que le créancier nanti d'un gage régulier doive être primé par le Trésor. Car le Code civil lui donne indistinctement la préférence sur les autres créanciers (art. 2073) (1), et il décide, en outre, par l'article 2098, que le Trésor royal ne peut exercer de privilége au préjudice de droits antérieurement acquis à des tiers : par conséquent, si le le gage était antérieur à la dette du contribuable envers le Trésor, il n'y a pas le moindre doute que le créancier ne dût avoir la préférence. Il y a plus de difficulté, dans le cas contraire, à cause de ces termes absolus *avant tout autre.* On peut dire, en outre, que la chose donnée en gage était déjà affectée au privilége du Trésor lorsqu'elle a été remise au créancier, et, d'après cela, que le Trésor doit avoir la préférence. Mais on répond que les meubles n'ont pas de suite par hypothèque (art. 2119), ni par cela même par privilége. Le droit résultant de la possession est même généralement plus puissant que le droit de propriété lui-même (art. 2279). Or, le créancier *possède* le gage (art. 2076), le débiteur n'eût pu se le faire rendre qu'à la charge de payer sa dette, et ses

---

(1) L'article 2073 du Code civil porte en effet : « Le gage confère au créancier le droit de se faire payer sur la chose qui en est l'objet, par privilége et préférence aux autres créanciers. »

créanciers, quels qu'ils soient, n'ont pas plus de droits que lui relativement à la chose, et le Trésor n'est qu'un créancier. »

M. Duranton pousse les conséquences de cette argumentation jusqu'à accorder aussi la préférence sur le Trésor au *voiturier* et à l'*aubergiste* encore nantis des objets voiturés ou transportés dans l'auberge.

Le fond de cette doctrine n'est pas entièrement nouveau ; MM. Ferrières et Grenier se fondent aussi sur la possession réelle du gagiste et sur le droit de rétention qui lui est attribué, pour soutenir que ce créancier doit être préféré à tous les autres privilégiés, même aux créanciers pour *frais de justice et frais funéraires ;* ce qui, sans doute, dans la pensée de ces auteurs, aurait entraîné aussi l'exclusion du privilége de la contribution, comme le veut M. Duranton.

Aucune de ces objections ne nous paraît fondée.

En ce qui concerne la *possession* du gagiste, sans doute le créancier possède la chose donnée en gage ; mais cette chose n'en continue pas moins d'appartenir au débiteur ; et cela est si vrai que le gagiste ne pourrait pas s'approprier le gage et s'en servir comme de sa chose. S'il veut être payé, il faut qu'il en provoque la vente, afin d'exercer son privilége sur le prix. Le gage demeure donc, malgré le contrat de nantissement, dans le patrimoine du débiteur. Dès que celui-ci conserve la propriété de la chose, qu'importe en quelles mains elle est placée ? Le privilége des contributions directes ne s'exerce-t-il pas, aux termes de la loi du 12 novembre 1808, sur les effets mobiliers *appartenant au contribuable, en quelque lieu qu'ils se trouvent ?* (1).

Mais, dit-on, le créancier nanti a le droit, d'après l'art. 2082 du Code civil, de retenir le gage jusqu'à ce qu'il ait été payé. Il objectera donc au Trésor : « Vous ne pouvez exercer à mon égard que les droits que votre débiteur (le contribuable) a lui-même ; et celui-ci ne saurait rien prétendre sur la chose qu'il m'a donnée en gage, avant que je ne sois payé. »

Cet argument aurait quelque valeur si, en effet, le Trésor, en sa qualité de créancier du contribuable, représentait simplement ce dernier, par application de l'art. 1166 du Code civil. Sans doute, les créanciers, quels qu'ils soient, n'exercent à l'égard des tiers

---

(1) M. Duranton a si bien senti la force de ces expressions qu'il ne fonde pas sur autre chose la préférence qu'il accorde au Trésor sur le propriétaire locateur. Or, nous ne concevons pas comment cet argument, péremptoire, dans l'opinion de cet auteur, à l'égard du propriétaire, qui, au fond, n'est qu'un gagiste, n'aurait pas d'application quand il s'agit du créancier nanti, de l'aubergiste ou du voiturier. Il y a là une contradiction manifeste.

que les droits et actions que leur débiteur pourrait exercer lui-même contre ces tiers; mais ici il ne s'agit de rien de tout cela. Le tiers auquel le Trésor a affaire est un créancier du contribuable, comme il l'est lui-même. Le Trésor vient exercer, non pas les droits de son débiteur, mais les siens propres, c'est-à-dire ceux d'un créancier privilégié, qui dispute son privilége à un autre créancier opposant aussi un privilége. Ce n'est donc pas le cas de l'application du principe de l'art. 1166 du Code civil; la seule question à examiner est une question de préférence entre deux priviléges, question tout à fait indépendante du droit de rétention du gage (1).

Ce droit, en effet, comme l'observe avec beaucoup de raison M. Troplong, « est bon à opposer au débiteur lui-même; c'est une garantie donnée au gagiste contre la mauvaise foi de ce dernier. Mais lorsqu'il s'agit de créanciers qui ont aussi privilége sur l'objet mis en gage, les choses ne sont plus les mêmes; on ne peut plus leur reprocher de mauvaise foi ou de dol, et sous ce rapport leur condition est meilleure que celle du débiteur. Il ne s'agit donc que de peser la cause de leur privilége et, si elle est préférable à la cause du gagiste, ce droit de rétention ne peut être opposé. »

Ce raisonnement est sans réplique; il est seul conforme aux vrais principes en matière de privilége. En effet, il ne faut jamais perdre de vue que le privilége, comme nous l'avons dit plus haut, n'est pas un droit qui résulte des conventions des parties et des garanties particulières que le débiteur et le créancier ont voulu assurer à la créance.

C'est la volonté seule de la loi qui donne naissance au privilége, qui l'établit et lui assigne un rang à raison de la *qualité* de la créance (art. 2095 du Code civil), et non pas en considération de telle ou telle circonstance qui a pu dépendre des stipulations des contractants. En quelque lieu donc que se trouve l'objet soumis au privilége, tant qu'il n'a pas cessé d'appartenir au débiteur, tant qu'il est resté dans son patrimoine, il est le gage commun de ses créanciers (2), sauf à ceux-ci à débattre entre eux et à faire juger

_____

(1) Le droit de rétention est si indépendant du privilége, que la créance du dépositaire pour l'indemnité des pertes que le dépôt lui aurait occasionnées, jouit d'un pareil droit, bien qu'il soit reconnu qu'elle n'est pas privilégiée (art. 1947 et 1948 du Code civil).

(2) Nous ne supposons pas qu'on prétende que le droit de rétention donné au gagiste par l'article 2082 du Code civil doive être entendu et appliqué en ce sens que les autres créanciers ne pourraient jamais obliger le gagiste, lors même que le gage serait d'une valeur très supérieure à sa créance, de le laisser vendre pour

les causes de préférence. La possession est bien pour certains privilèges, et notamment pour le gage, une condition essentielle d'existence, mais elle ne saurait être une cause absolue de préférence.

Nous ne savons s'il est besoin de relever l'argument que M. Duranton tire de l'article 2095 du Code civil, pour le cas où la date du contrat de gage est antérieure à la naissance de la dette de contribution. Le rang des privilèges ne se détermine point par leur date. (Voir à cet égard ce que nous avons dit ci-dessus, nᵒˢ 58 et 60). Peu importe donc que le gage ait été donné à une époque antérieure à l'année pour laquelle la contribution est due. Du moment que ce gage n'a pas cessé, comme nous l'avons démontré, d'appartenir au contribuable, et qu'il est resté dans son patrimoine, nul n'a pu acquérir sur lui de privilège que sous les conditions déterminées par le Code civil, et nous ne pouvons que répéter que, d'après la définition même de l'article 2095 et la disposition de l'article 2096, il n'y a d'autre cause de privilège que la *qualité* de la créance, et c'est aussi la *qualité* de la créance qui règle le rang du privilège. Il n'est pas question de la date.

En résumé, nous persistons à croire que le privilège de la contribution personnelle et mobilière, des portes et fenêtres et des patentes, prime celui du *gagiste* comme celui de l'aubergiste et du voiturier. Et notre opinion est encore affermie par l'arrêt de cassation du 19 janvier 1864 (V. *sup.*, nᵒ 71). Cet arrêt déclare que « le privilège du propriétaire pour loyers échus a le même principe que le droit de gage. » Or, la priorité du privilège de la contribution personnelle et mobilière, etc., sur celui du propriétaire ne fait pas question. La Cour impériale de Caen a, d'ailleurs, jugé, par un arrêt du 15 janvier 1870 (V. 2ᵉ Partie, *Jurisprudence*, page 166), que le privilège de la Régie prime celui du créancier gagiste.

81. Après le privilège sur le gage, nous croyons devoir parler immédiatement des *créances résultant d'abus et prévarications commis par les fonctionnaires publics dans l'exercice de leurs*

---

s'en distribuer le prix chacun suivant ses droits. Autrement, il serait facile aux débiteurs, en simulant des contrats de gage, même pour des créances peu importantes, de rendre en fait insaisissables et de soustraire ainsi à leurs créanciers des valeurs considérables. — Si donc le droit de rétention du gage n'empêche pas les créanciers intéressés d'en provoquer et d'en obtenir la vente, sous la réserve des droits que peut avoir le gagiste, il doit être évident pour tout le monde qu'il ne s'agit plus que d'une distribution à faire suivant les règles ordinaires et conformément à l'ordre des privilèges, déterminé par les causes de préférence résultant de la qualité de la créance.

fonctions, sur les fonds de leur cautionnement et sur les intérêts qui en peuvent être dus. Nous y joignons celui de l'*Etat, des communes et des établissements publics sur les cautionnements de leurs comptables.*

Dans l'état actuel de la législation, les fonctionnaires, agents du gouvernement et officiers publics soumis à l'obligation de fournir un cautionnement, sont particulièrement les avocats à la Cour de cassation, les notaires, les avoués, les greffiers des Tribunaux, les huissiers, les greffiers de Justices de paix et des Tribunaux de police, les commissaires-priseurs, les agents de change et courtiers de commerce, les secrétaires des écoles de droit, les trésoriers-payeurs généraux et les receveurs particuliers des finances, les payeurs du Trésor, les percepteurs, les receveurs des communes et des établissements de bienfaisance, les économes des hospices, les receveurs des asiles d'aliénés, les préposés de l'enregistrement, les conservateurs des hypothèques, les préposés des douanes, des postes, des contributions indirectes, des tabacs, des octrois, les gardes magasins du campement et de l'habillement de l'administration de la guerre, les agents de la direction des poudres et salpêtres, les préposés de l'administration des monnaies, les caissiers des caisses d'épargne, les caissiers et gardes-magasins des monts de piété.

82. Ces cautionnements sont affectés par premier privilége, les uns à la garantie des condamnations qui pourraient être prononcées contre les fonctionnaires en faveur des tiers intéressés, pour prévarications dans l'exercice de leurs fonctions; les autres à la garantie de leur gestion comptable envers l'Etat, les communes et les établissements charitables. La loi du 25 nivôse an 13, notamment, porte article 1er :

« Les cautionnements fournis par les agents de change, les courtiers de commerce, les avoués, greffiers, huissiers, commissaires-priseurs, sont, comme ceux des notaires, affectés par *premier privilége* à la garantie des condamnations qui pourraient être prononcées contre eux par suite de leurs fonctions; par second privilége, au remboursement des fonds qui leur auraient été prêtés pour tout ou partie de leur cautionnement, et subsidiairement au payement dans l'ordre ordinaire des créances particulières qui seraient exigibles sur eux. »

83. Les autres fonctionnaires et comptables astreints à des cautionnements sont admis aussi à les faire fournir par des bailleurs de fonds, qui ont également le privilége de second ordre. (Voir les décrets des 20 août 1808 et 22 décembre 1812.)

84. Ces priviléges, établis dans des termes si précis, priment-

ils celui de la contribution personnelle et mobilière, des portes et fenêtres et des patentes ? — Ce n'est pas dans les termes seuls des lois qui ont créé l'un et l'autre priviléges qu'il est possible de trouver la solution de cette question : car si, d'un côté, la loi du 25 nivôse an 13, que nous avons citée, veut que les cautionnements soient affectés par *premier privilége* à la garantie des faits de charge des fonctionnaires; d'un autre côté, la loi du 12 novembre 1808 décide que le privilége des contributions directes s'exerce *avant tout autre*. C'est donc dans la nature même de chacune des deux créances et dans la faveur qu'elle peut mériter qu'il faut chercher les motifs de préférence de l'une à l'égard de l'autre.

Or, qu'est-ce que le cautionnement ? Plusieurs jurisconsultes semblent y voir un acte d'une espèce toute particulière, qui a pour effet d'affecter d'une manière absolue et définitive le montant du cautionnement à la gestion pour laquelle il est fourni, à tel point que non-seulement il ne serait soumis à aucun autre privilége, mais que même il deviendrait de fait insaisissable pendant toute la durée de la gestion du fonctionnaire. Aussi les auteurs n'ont-ils guère considéré ce privilége qu'isolément et sans paraître supposer qu'il pût entrer en concours avec d'autres; et plusieurs ont embrassé l'opinion des Cours royales de Bordeaux et de Grenoble, qui, par des arrêts, la première, en date des 18 et 25 avril 1833, la seconde, en date du 15 février 1833, ont décidé que « pendant que le fonctionnaire est en fonctions, le montant du cautionnement n'est pas libre dans les mains de ce dernier, et que si ses créanciers peuvent y former opposition pour la conservation de leurs intérêts, ils ne sauraient du moins en obtenir la délivrance et le détourner ainsi de l'affectation spéciale qu'il a reçue. » Cependant on est généralement d'accord qu'on ne pourrait refuser la délivrance, même durant la gestion, s'il s'agissait d'une créance résultant d'un fait de charge, puisque c'est précisément pour la garantie de ces condamnations que le cautionnement est fourni. C'est notamment l'opinion de M. Dalloz, en son *Répertoire méthodique et alphabétique.* (Voir *Cautionnement de fonctionnaires*, nº 103.)

Il résulte, en effet, de l'esprit qui a porté à exiger ce cautionnement des fonctionnaires publics que les condamnations par eux encourues dans l'exercice de leurs charges, doivent être exécutées immédiatement sur le fonds de leurs cautionnements. Autrement la garantie que la loi a voulu donner à la société ne serait qu'imparfaite. Mais il ne saurait en être de même à l'égard des créanciers ordinaires. Ce n'est point en leur faveur que la garantie du cautionnement a été établie; et en suivant les conséquences du système opposé, on irait jusqu'à soutenir que le titulaire dont le cautionnement serait saisi, devrait se démettre de son office ; ce qui est inadmissible.

Il semble, en outre, à M. Dalloz (ibid. nº 104) qu'à l'égard des créanciers autres que pour faits de charge, le cautionnement doit être assimilé à une créance à terme qu'aurait le débiteur, et dont ils ne pourraient exiger le payement de la part du tiers saisi qu'à son échéance. Ici le tiers saisi, c'est l'Etat, et le terme, le décès ou la démission du titulaire. On peut même ajouter que le cautionnement n'est pour les créanciers ordinaires qu'une ressource éventuelle, car elle peut être absorbée par les créances pour faits de charge auxquelles il est affecté essentiellement et par premier privilége.

85. Nous croyons devoir, en ce qui nous concerne, souscrire à cette opinion en ce qui regarde la créance du Trésor pour les contributions directes. Ce n'est pas en faveur des créanciers du fonctionnaire, en général, et pour leur garantie, que le cautionnement a été établi, et il ne peut devenir leur gage qu'au moment où il a cessé d'être nécessaire à la destination que la loi lui a donnée. Cette opinion, comme il a été dit plus haut, a été adoptée par deux arrêts de la Cour royale de Bordeaux desquels il résulte que la saisie-arrêt ne peut être suivie de la mainlevée du cautionnement qu'après la cessation des fonctions du titulaire, attendu que, pendant que celui-ci est dans l'exercice de ses fonctions, ses créanciers ne peuvent modifier une affectation qui ne résulte pas, comme dans le cas de simple gage, de la volonté seule du débiteur, mais bien de celle de la loi qui exige et maintient le cautionnement dans un intérêt d'ordre public. M. Roger (*Saisie-arrêt*, nº 333) et M. Bioche (*Cautionnement*, nº 26) se sont prononcés dans le même sens.

On se tromperait, d'ailleurs, si l'on pensait que la Cour de cassation, par ses arrêts des 26 mars 1821 et 4 février 1822, a sanctionné la doctrine contraire. Dans l'espèce de ces deux arrêts, il s'agissait, en réalité, de faits de charge, et la Régie de l'enregistrement, qui poursuivait le recouvrement des droits qu'un avoué devait, en vertu des obligations professionnelles, verser pour l'enregistrement d'un jugement d'adjudication, n'était nullement un créancier ordinaire. Si le premier arrêt, celui du 26 mars 1824, pouvait laisser quelques doutes, il serait dissipé par le second, où il est nettement exprimé que l'erreur condamnée par la Cour de cassation consiste à avoir cru qu'en présence d'un fait de charge, le versement du montant du cautionnement aux mains de la Régie pouvait être différé jusqu'à l'événement du décès ou de la démission du titulaire du cautionnement.

86. Le privilége pour faits de charge est donc, à nos yeux, absolu dans sa portée ; il affecte, d'une manière exclusive, le fonds du cautionnement et le percepteur essayerait vainement de se faire délivrer, sur ce capital, le montant des contributions dont le titulaire serait redevable. Il aurait seulement la faculté de frapper les intérêts d'opposition, si, toutefois, le cautionnement n'est pas fourni par un bailleur de fonds. (Voir Dalloz, ibid., n° 106.)

87. Nous nous bornons à mentionner ici le droit du percepteur, à cet égard; nous dirons, dans le *Commentaire* sur l'article 14, par quelle voie il peut poursuivre et obtenir cette délivrance.

88. Nous venons, à la fin du n° 86, de réserver le cas où les fonds appartiennent à un tiers qui les a fournis. Ce tiers, en effet, est propriétaire des fonds du cautionnement. A parler exactement, c'est la caution du fonctionnaire. Or, si sous ce dernier point de vue il est tenu de garantir les faits de charge et s'il est obligé de souffrir le prélèvement des condamnations sur les fonds du cautionnement qu'il a versés, c'est une conséquence de l'obligation qu'il a contractée en cautionnant. Mais, à l'égard de tous autres créanciers, envers qui il n'est lui-même aucunement engagé, il est évident qu'il ne saurait supporter aucune saisie des fonds ni des intérêts du cautionnement, puisqu'en définitive ceux-ci ne se présentent pas à d'autre titre que comme exerçant le droit général que l'article 2092 du Code civil donne aux créanciers de se faire payer sur tous les biens de leur débiteur, et que les fonds du cautionnement n'appartiennent pas à ce dernier. Cette considération s'applique nécessairement au Trésor, qui, comme nous le disions plus haut (n° 76) en parlant des meubles apportés par des tiers chez le contribuable, ne peut exercer son privilége que sur les objets *appartenant au redevable*.

89. Le privilége de la contribution personnelle et mobilière, des portes et fenêtres et des patentes peut encore se trouver en concours avec celui des *fournitures de semences et frais de récoltes* et celui des *frais faits pour la conservation de la chose*. Les développements dans lesquels nous sommes précédemment entré font pressentir notre opinion à l'égard de ces priviléges. Ils nous paraissent devoir être primés par celui des contributions directes. M. Duranton pense, au contraire, que les *frais pour la conservation de la chose* doivent avoir la préférence, par le motif que « le Trésor doit s'applaudir de ce que ces frais ont eu lieu, puisque sans eux son gage eût péri. » M. Duranton ne parle pas des *frais de semence et de récolte*, mais ils ne pourraient pas, dans sa pen-

sée, être traités plus défavorablememt que ceux *faits pour la conservation de la chose;* car si ceux-ci ont empêché le gage du créancier de périr, les autres l'ont fait naître.

Quelque faveur que méritent ces deux priviléges, aucun autre auteur ne les place avant celui des contributions. La plupart même, comme nous l'avons vu, ne les font venir qu'après tous les priviléges généraux de l'article 2101 du Code civil. Or, si la créance de contribution prime la généralité de ceux-ci, à plus forte raison doit-elle être préférée aux deux priviléges spéciaux dont nous parlons.

90. Nous en dirons autant du privilége du *vendeur d'effets mobiliers non payés.* Il est également primé par celui des contributions directes. Mais nous devons faire remarquer un droit particulier réservé au vendeur par le Code civil, et auquel se trouve subordonné l'exercice du privilége du Trésor. Nous voulons parler de la revendication autorisée par l'article 2102. Le résultat de cette action est de faire réintégrer le vendeur dans la propriété d'une chose qui, quoique sortie de ses mains, n'a cependant pas cessé totalement de lui appartenir, puisqu'il n'avait vendu que sous la condition du payement du prix; condition résolutoire dont l'effet légal est, dans l'espèce, le payement n'ayant pas lieu, de faire considérer la vente comme non avenue. Par conséquent, le contribuable n'étant pas propriétaire de l'objet, il est évident que le Trésor ne saurait ici exercer de privilége. Seulement cette revendication n'est admise qu'autant : 1º que la vente de l'objet a été faite sans terme; 2º que cet objet est en la possession de l'acheteur; 3º qu'il existe en nature; 4º que la revendication est exercée dans la huitaine de la livraison.

Nous n'avons pas à nous occuper ici des détails de la procédure particulière à cette action en revendication. Nous trouverons l'occasion d'en parler dans le *Commentaire* sur l'article 91.

91. Il y a encore plusieurs priviléges particuliers qui résultent de lois spéciales, et qui, d'après les principes que nous avons établis ci-dessus, doivent évidemment passer après celui de l'impôt direct. Ces priviléges sont notamment ceux créés par la loi du 26 pluviôse an 2, en faveur des *ouvriers employés par les entrepreneurs de travaux publics, sur les sommes dues à ces derniers par l'Etat,* et par le décret du 12 décembre 1806, en faveur des *sous-traitants sur les sommes dues aux traitants par l'Etat à raison des fournitures faite au service de la guerre;* celui des *facteurs de la halle aux farines de Paris,* pour le prix des farines livrées aux boulangers sur le produit des sacs de farine formant le dépôt de garantie de ces derniers (décret du 29 fé-

vrier 1811); enfin, les divers priviléges établis par le Code de commerce.

92. Le Trésor a lui-même aussi divers priviléges qui peuvent se trouver en concours avec celui de l'impôt direct, ce sont : 1° celui de la *régie des contributions indirectes* (loi du 1er germinal an 13); 2° et celui des *douanes* (loi du 22 août 1791, titre XIII, article ·22), pour les droits qui peuvent être dus à ces administrations ; 3° celui des *frais de justice criminelle, correctionnelle ou de police* (loi du 5 septembre 1807); 4° celui sur les biens des *comptables chargés de la recette ou du payement des deniers de l'Etat* (loi du 5 septembre 1807); 5° celui des *droits de timbre et amendes y relatives* (loi du 28 avril 1816, art. 76); enfin, la loi du 22 frimaire an 7 donne à la régie de l'enregistrement, pour le recouvrement des droits de mutation par décès, *une action* sur les biens à déclarer, qui peut être à certains égards assimilée à un privilége.

93. A quel rang ces divers priviléges doivent-ils être classés relativement à celui des contributions directes ? — Au premier abord, la question peut paraître oiseuse. Puisqu'en définitive les divers droits dont les priviléges sont énumérés ci-dessus doivent, comme les contributions directes, arriver dans les coffres de l'État, qu'importe que ce soit par les mains des receveurs des domaines ou des percepteurs? Ne peut-on pas dire qu'à proprement parler il n'y a pas là deux priviléges, puisque, dans les deux cas, c'est le Trésor qui est créancier? — Cette observation pourrait à la rigueur être admise, si on ne considérait l'exercice des droits du Trésor que relativement au Trésor lui-même. Mais, s'il est vrai de dire que le fisc soit sans intérêt bien réel dans la question, il n'en est pas de même des agents du recouvrement. Les percepteurs et les receveurs des domaines, ainsi que les administrations qu'ils représentent, ont leurs attributions respectives et leurs droits distincts, qu'il leur importe de ne pas laisser confondre. On sait, d'ailleurs, que les remises des comptables sont en général calculées sur le montant des sommes qu'ils perçoivent, et qu'enfin leur responsabilité peut être en certains cas engagée par le défaut de recouvrement des produits qu'ils sont chargés de recevoir. Il y a donc un intérêt positif pour les comptables à savoir dans quel ordre doivent s'exercer les différents priviléges du Trésor quand ils sont en concours.

94. En ce qui concerne les quatre premiers priviléges dont nous avons parlé ci-dessus, nous pensons qu'ils sont primés par celui de la contribution directe. En effet, si l'on se reporte aux lois constitutives de ces priviléges, on verra que celui de la *Régie des*

contributions indirectes ne s'exerce, aux termes de l'art. 47 de la loi du 1ᵉʳ germinal an 13, qu'après la créance du propriétaire pour six mois de loyers; que celui de la *Douane* (loi du 22 août 1791, tit. XIII, art. 22) ne s'exerce non plus qu'après celui du propriétaire pour six mois de loyer et après les divers frais privilégiés, c'est-à-dire, selon l'opinion assez générale des auteurs, les frais de dernière maladie, les salaires des domestiques, les fournitures de subsistances, en un mot, tous les priviléges de l'art. 2101 du Code civil (Dalloz, Duranton, Troplong); que celui des *frais de justice criminelle*, etc., ne s'exerce également qu'après tous les priviléges de l'art. 2101 et même ceux de l'art 2102 (art. 2 de la loi du 5 septembre 1807). Il en est de même du privilége sur *les biens des comptables* (art. 2 de la loi du 5 septembre 1807).

Or, si ces quatre priviléges du Trésor sont primés par les autres priviléges que nous venons d'indiquer, à plus forte raison doivent-ils l'être par celui des contributions directes qui prime tous ces derniers, ainsi que nous l'avons établi. C'est un principe vulgaire en droit, que le créancier privilégié qui en prime un autre, prime nécessairement aussi tous ceux qui étaient primés par celui-ci.

95. Quant au privilége des *droits de timbre et des amendes y relatives*, il se trouve dans une position particulière. Aux termes de l'article 76 de la loi du 28 avril 1816, ces droits et amendes jouissent du privilége des contributions directes. Par conséquent, ces deux priviléges se trouvent au même rang. C'est donc le cas de l'application de l'article 2097 du Code civil qui porte que : « les créanciers qui sont dans le même rang sont payés par concur-rence. »

Ainsi, lorsque les droits de timbre et les amendes y relatives se trouveront en concours avec les contributions directes, il faudra décider que les deux priviléges s'exerceront ensemble, au prorata du montant de chaque créance.

Cette décision a, du reste, une sorte de précédent dans l'ancienne jurisprudence des *tailles*. Nous avons lu un arrêt de la Cour des aides, en date du 6 août 1728, qui colloque par concur-rence, mais par privilége à tous autres, le fermier des aides et le collecteur de la taille sur les deniers provenant des vins et meubles saisis sur un débiteur de ces divers droits.

96. Il nous reste à parler du droit particulier attribué à la *Régie de l'enregistrement pour le recouvrement des droits de mutation par décès, sur les revenus des biens à déclarer*. Aux termes de la loi du 22 frimaire an 7, article 32, la Régie a une action sur ces re-venus, en quelques mains que les biens se trouvent.

Quelques auteurs, notamment MM. Grenier et Favart de Langlade, ont conclu de ce texte que la Régie avait un privilége qui devait primer tous les autres ; mais d'autres jurisconsultes, en tête desquels on compte MM. Duranton et Merlin, et M. Dalloz, dans la première édition de son *Répertoire*, ont émis un avis différent.

La question a été fort controversée dans la jurisprudence ; mais un arrêt de la Cour de cassation, du 2 décembre 1862, a décidé que le privilége existe « de manière à exclure au profit du Trésor le concours ou la lutte de toute créance rivale, qui ne serait pas elle-même protégée par un privilége d'un ordre supérieur. » Cette solution se fonde sur l'article 32 de la loi du 22 frimaire an 7, rapproché de l'article 15 n° 7 de la même loi, qui établit le droit de la Régie sur la valeur des biens, sans distraction des charges, et par conséquent sans égard pour ces charges. Il suit de là que la loi fait de l'action que l'article 32 accorde sur le revenu des biens à déclarer, en quelques mains qu'ils se trouvent, une action essentiellement privilégiée. (Troplong, *Priviléges et hypothèques*, n° 97.)

Il faut donc tenir pour constant, avec MM. Grenier et Favart de Langlade, que la régie de l'enregistrement possède un véritable privilége sur les revenus ; mais il faut apporter à leur opinion trop absolue la restriction que la Cour de cassation a pris le soin d'énoncer lorsqu'elle a réservé les droits de toute créance qui serait armée d'un privilége égal ou supérieur. Telle est assurément la créance privilégiée de la contribution directe et, comme nous l'avons déjà fait si souvent, nous n'avons, pour l'établir, qu'à invoquer le texte formel de l'article 1er de la loi du 12 novembre 1808. (Voir *Législation*, 2e Partie, page 35.) Aussi n'hésitons-nous nullement à penser que la contribution directe doit être colloquée avant celle des droits de mutation.

97. Nous venons de passer en revue les priviléges de toute nature qui peuvent se trouver en concours avec celui de la contribution personnelle et mobilière, des portes et fenêtres et des patentes, et nous avons essayé d'établir l'ordre dans lequel ce dernier s'exerce relativement aux autres. Il nous reste à faire le même travail en ce qui concerne la contribution foncière. A cet égard, notre tâche sera beaucoup simplifiée par les développements auxquels nous nous sommes déjà livré.

Ce privilége peut se trouver en concours avec les priviléges spéciaux : 1° du propriétaire locateur, lorsque le fermier est chargé par son bail du payement de l'impôt (1) (Voir ci-dessus n° 17) ; 2° des fournitures de semences et frais de récoltes (n° 89) ; 3° celui

(1) Encore dans ce cas peut-on dire que le propriétaire est lui-même débiteur de la contribution. (Voir le *Commentaire* sur l'article 13.)

des frais faits pour la conservation de la chose (n° 89) ; 4° de l'aubergiste et des frais de voiture et accessoires (n° 77); 5° avec les privilèges généraux de l'article 2101 du Code civil (n° 64 et suiv.) qui, affectant la généralité des effets mobiliers du débiteur, portent, par conséquent, aussi sur les fruits et revenus des immeubles, qui sont des effets mobiliers, comme nous l'avons établi ci-dessus; 6° avec les privilèges particuliers du Trésor dont nous avons parlé aux n°ˢ 92 et suivants.

98. Dans tons les cas, le privilège de la contribution foncière doit être régi par les mêmes principes que celui des contributions personnelle et mobilière; les explications que nous avons données à l'égard du dernier, s'appliquent au premier sans aucune restriction. D'après la loi du 12 novembre 1808, le privilège de la contribution s'exerce *avant tout autre*, comme celui de la contribution personnelle ; par conséquent, pour les fruits, récoltes et revenus des immeubles (1), il doit primer tous les autres privilèges que nous avons vu également primés par la contribution personnelle et mobilière, et ne céder la priorité que dans les cas exceptionnels où celle-ci rencontre elle-même un privilège supérieur au sien. (Voir que ce nous disons aux n°ˢ 64, 76, 77.)

99. Un seul doute pourrait s'élever peut-être à l'égard des privilèges généraux, à cause de la controverse dont nous avons rendu compte, sur la préférence à établir entre eux et les privilèges spéciaux (n° 71). Mais le doute doit céder ici devant la volonté du législateur formellement exprimée dans ces termes de la loi du 12 novembre 1808: s'exerce *avant tout autre.* « Le privilège du Trésor sur les fruits pour contribution foncière, » dit M. Troplong, dont nous avons eu plus d'une fois occasion d'invoquer l'autorité et de partager les doctrines, « passe avant tout autre, *même avant les privilèges généraux plus favorables, quoiqu'il ne soit qu'un privilège spécial.* » C'est, selon lui, une exception qui confirme le principe plutôt qu'il ne lui porte atteinte. — Nous croyons qu'il faut se ranger entièrement à cette opinion.

100. En examinant les divers priviviléges du Trésor avec lesquels celui des contributions directes pourrait se trouver en concours, nous n'avons pas parlé d'un cas qui peut paraître assez bizarre et qui est cependant de nature à se présenter assez fréquemment : c'est celui où le privilège des contributions directes se trouve en concurrence avec lui-même. En effet, une question de préférence peut s'élever entre deux cotes de contributions, l'une fon-

---

(1) Nous avons expliqué en détail ce qu'il faut entendre par ces mots. (V. ci-dessus n°ˢ 9 et suiv.)

cière, l'autre personnelle, ou même entre deux cotes foncières ou deux cotes personnelles, comme dans l'exemple suivant : un contribuable débiteur d'une année de contribution personnelle quitte subitement la commune où il résidait et se retire dans une autre localité où il devient également débiteur de la contribution de l'année courante. Le percepteur de la nouvelle résidence poursuit en son nom le recouvrement de cette dernière cote et en même temps il est chargé, aux termes de l'article 59 du Règlement, de faire rentrer pour son collègue de l'ancienne résidence, la cote de l'année échue. La saisie des effets mobiliers du redevable a lieu, et le produit ne suffit pas pour remplir le montant des deux cotes ; l'une devra-t-elle être préférée à l'autre, ou bien partageront-elles au prorata ? — Nous nous prononcerons en faveur de cette dernière opinion. Soit qu'il s'agisse d'une cote foncière et d'une cote mobilière, soit que les deux cotes appartiennent à la même nature de contribution, et qu'elles se rapportent à l'année échue ou à l'année courante, le privilége étant le même, aux termes de la loi du 12 novembre 1808, c'est certainement le cas de l'application du principe de l'article 2097 du Code civil, que nous avons déjà invoqué. Il y a donc lieu, suivant nous, dans le cas que nous avons supposé, de colloquer les deux percepteurs par concurrence, déduction faite des frais de poursuites, chacun au prorata de la cote dont il poursuit le recouvrement.

101. Nous avons dit ci-dessus, n° 8, que, dans aucun cas, le privilége de la contribution, soit foncière, soit personnelle et mobilière, ne portait sur les immeubles du contribuable, et que le Code civil n'avait pas conservé l'hypothèque légale antérieurement donnée au Trésor par la loi du 11 brumaire an 7. Cependant nous devons indiquer une circonstance où le percepteur pourrait obtenir une hypothèque pour sûreté des droits du Trésor. — On sait que le Code civil reconnaît trois espèces d'hypothèques : l'hypothèque *légale*, qui résulte de la loi ; l'hypothèque *judiciaire*, qui résulte des jugements, et l'hypothèque *conventionnelle*, qui dépend des conventions des parties (art. 2117). Il ne peut s'agir ni d'une hypothèque légale, ni d'une hypothèque conventionnelle ; mais nous pensons que, dans certains cas, le Trésor peut requérir *l'hypothèque judiciaire*. En effet, cette nature d'hypothèque est acquise de plein droit au créancier qui a obtenu en justice une reconnaissance de ses droits et un titre exécutoire en vertu duquel il peut mettre la main sur les biens de son débiteur. Or, supposons le cas où le percepteur, par suite d'une contestation avec le contribuable, a fait condamner celui-ci, soit par les Tribunaux civils, soit par le Conseil de préfecture, suivant que la nature

de la contestation en aura attribué la connaissance à l'autorité judiciaire ou à l'autorité administrative; dans ce cas, disons-nous, comment contesterait-on au percepteur le droit de prendre hypothèque judiciaire, en vertu du jugement ou de l'arrêté de condamnation (1)? Nous ne concevons pas d'objection possible à l'exercice de cette action, qui est de droit commun. Quand tout créancier aurait cette faculté aux termes de l'article 2123 du Code civil, comment la refuserait-on au Trésor qui, d'après l'article 3 de la loi du 12 novembre 1808, a sur les biens des redevables de l'impôt tous les droits des créanciers ordinaires?

Si, comme nous le pensons, il ne peut pas y avoir de discussion sur ce point, le percepteur serait autorisé, dans le cas que nous venons de supposer, à requérir au bureau des hypothèques l'inscription de sa créance, en vertu de l'acte de condamnation; il prendrait rang à sa date parmi les créanciers hypothécaires et primerait les créanciers chirographaires non privilégiés. Cette hypothèque porterait, conformément à l'article 2113 du Code civil sur les immeubles présents et à venir du redevable.

102. Il faut bien remarquer que cette hypothèque dont nous parlons, ne serait pas acquise seulement pour la contribution foncière: ce n'est pas, en effet, ici, un privilége résultant de la qualité de la créance, c'est le droit particulier d'hypothèque que la législation accorde à tout créancier, quelle que soit la nature de sa créance, sur les biens du débiteur contre lequel il a obtenu un jugement de condamnation. Ainsi, peu importerait qu'il s'agît de la contribution foncière ou de la contribution personnelle et mobilière de l'année échue et de l'année courante ou des années antérieures. Par cela seul qu'il y aurait jugement contre le redevable, le montant de la condamnation pourrait donner lieu à l'hypothéque judiciaire.

Cette mesure extraordiniare et qui sort des règles habituelles de la perception, est, au surplus, un de ces cas où les comptables ne devraient agir qu'après en avoir référé au receveur des finances et reçu ses instructions précises.

103. Après avoir traité de ce qui a rapport au privilége des dif-

---

(1) Les arrêtés des Conseils de préfecture ont, notamment en ce qui concerne l'hypothèque judiciaire, le même effet que les jugements des Tribunaux civils. C'est ce qui résulte positivement des termes de l'avis du Conseil d'Etat, en date du 16 thermidor an 12, qui déclare textuellement : « que les contraintes émanées des administrateurs, dans le cas et pour les matières de leur compétence, emportent l'hypothèque de la même manière et aux mêmes conditions que celles de l'autorité judiciaire.

férentes natures de contributions, il nous reste à nous occuper
d'un droit particulier inscrit au profit du Trésor, dans la disposition finale de l'article 11 du Réglement : nous voulons parler du
paragraphe de notre article qui impose, comme conséquence du
privilége du Trésor, à l'acquéreur d'une propriété, lors même qu'il
en serait devenu adjudicataire par autorité de justice, l'obligation
de s'assurer que les contributions assises sur cette propriété ont
été payées jusqu'au jour de la vente.

104. Cette disposition, bien entendu, ne peut emprunter sa force
exécutoire qu'à la loi du 12 novembre 1808. Son effet ne saurait
donc être de donner au Trésor, après la vente de l'immeuble
imposé, une sorte de droit de suite sur ledit immeuble, c'est-à-
dire, en d'autres termes, de lui assurer à certains égards les effets
de l'hypothèque. Nous avons vu déjà ci-dessus, et il ne faut jamais
oublier que la loi n'a pas voulu attribuer à la contribution foncière
de privilége sur les immeubles ; de telle sorte que si, dans une circonstance donnée, le ministère autorisait le percepteur, pour le
payement de contributions foncières arriérées, à poursuivre la
vente de l'immeuble d'un contribuable, le comptable ne pourrait
obtenir d'être colloqué sur le prix qu'en concurrence avec les autres
créanciers du redevable, et même il ne passerait qu'après eux,
s'ils avaient un privilége ou une hypothèque. Pourquoi en serait-
il autrement dans le cas où c'est le contribuable qui vend lui-même
volontairement son bien, ou qu'il est exproprié par ses créanciers ?
Evidemment la régle doit être la même; et, quels que soient les
causes et le mode de la vente, il faut reconnaître que, d'après la
loi, le Trésor ne peut prétendre à être payé de préférence à tous
autres sur ce prix, ni par conséquent, quand ce prix est payé, rendre le nouvel acquéreur responsable des cotes de contribution
échues antérieurement à son acquisition.

105. A quel titre, en effet, celui-ci pourrait-il être déclaré débiteur personnel de ces cotes ? Comme propriétaire de l'immeuble,
il ne peut devoir l'impôt qu'à dater du moment où sa propriété a
commencé. Considéré comme tiers détenteur du fonds par lui
acquis, il ne pourrait, d'après les régles du droit, être tenu des
obligations de son vendeur que dans le cas où il n'aurait pas rempli les formalités prescrites pour purger les priviléges et hypothèques existants sur l'immeuble ; et, dans ce cas encore, il est bien
certain qu'il ne pourrait être attaqué que par des créanciers ayant
droit réel sur l'immeuble, c'est-à-dire privilégiés ou hypothécaires
(art. 1269 et 1297 du C. civil) ; or, le Trésor, répétons-le, n'a pas de
privilége sur le fonds, et dès lors pas d'action contre le tiers détenteur. Nous ne voyons donc pas sur quel texte de loi il appuierait

sa prétention. La loi du 3 frimaire an 7, sur la contribution foncière, fournirait elle-même un argument contraire. Cette loi a été
si loin de vouloir donner une action au percepteur contre l'acquéreur pour les contributions arriérées, qu'elle déclare que, même
pour les contributions échues depuis la vente, le vendeur ou ses
héritiers demeureront tenus et pourront être contraints, si la mutation n'a pas été inscrite sur la matrice des rôles, sauf leur
recours contre le nouveau propriétaire. Ce texte est décisif, et il
faut écarter toute idée d'une obligation personnelle à l'adjudicataire ou portant sur le prix même de l'immeuble vendu.

106. Dans le sens de l'opinion contraire, on faisait remarquer,
en s'appuyant de l'instruction de l'Assemblée nationale sur la loi
du 1er décembre 1790, que « la contribution foncière a pour un de
ses principaux caractères d'être absolument indépendante des
facultés du propriétaire qui la paye ; qu'elle a sa base sur les propriétés foncières et se répartit à raison du revenu net de ces propriétés : *qu'on peut donc dire avec justesse que c'est la propriété
qui seule est chargée de la contribution, et que le propriétaire
n'est qu'un agent qui l'acquitte pour elle, avec une portion des
fruits qu'elle lui donne?* »

Et l'on croyait pouvoir en conclure dès lors que quiconque détient le fonds, à quelque titre que ce puisse être, et par cela seul
qu'il est détenteur, doit être tenu au payement de la contribution
due par ce fonds? C'est le fonds qui doit, c'est au fonds à payer
par les mains de celui qui l'occupe, quel qu'il soit.

Le raisonnement n'est juste que dans la mesure de son application *aux fruits* de l'immeuble. Si on prétendait lui donner une autre
extension, on ferait une interprétation bien fausse des termes de
l'instruction de l'Assemblée nationale. Il s'agissait, en effet, d'expliquer les règles de la répartition de l'impôt foncier, et de montrer qu'elles avaient en vue l'égalité la plus parfaite. Or, pour que
cette égalité existât, ce n'était pas la fortune entière du propriétaire qu'il fallait prendre pour base, mais seulement le revenu de
ses immeubles, puisqu'il n'était question que d'une contribution
foncière; et c'est en ce sens qu'il a été vrai de dire que c'est le
fonds qui doit l'impôt. Toute autre interprétation serait erronée;
ce n'est donc point de cette considération que la solution peut
être déduite.

107. La jurisprudence c'est attachée au texte de l'article 1er de la
loi du 12 novembre 1808, qui ne subordonne point l'existence du
privilége *à la condition que l'immeuble existera toujours dans la
main du même propriétaire.* « L'impôt foncier, dit un arrêt de la
Cour de cassation du 6 juillet 1852, n'est pas dû par la personne

même du propriétaire mais par le fonds, et c'est là ce qui explique pourquoi la loi de 1808 n'a pas parlé de la condition ci-dessus et a établi le privilége *d'une manière absolue*. Il n'y a pas non plus de distinction sur l'échéance de ces fruits et revenus, et le privilége frappe aussi bien sur ceux qui sont échus au moment du premier acte de la poursuite que sur ceux à échoir. »

108. Ainsi l'action subsiste, après la vente, pour les contributions arriérées, d'une part, contre l'ancien propriétaire, et, d'autre part, sur les fruits et revenus de l'immeuble, ou sur la portion du prix de la vente afférente aux fruits. L'arrêt du 6 juillet 1852, que l'on trouvera dans la deuxième Partie, *Jurisprudence*, page 155, avait été précédé de jugements du Tribunal de Draguignan, du 15 juillet 1843 (Voir *Jurisprudence*, page 148); du Tribunal de Louviers, du 27 juillet 1849, et du Tribunal de Rouen, du 23 mai 1851.

109. La forme à suivre par le percepteur est tracée par cette jurisprudence. Les fruits et revenus affectés au privilége peuvent être saisis; et l'on sait que ces fruits sont aussi bien ceux qui sont échus au premier acte de la poursuite, que ceux qui sont à échoir. S'agit-il donc d'un immeuble loué? il faudra, en ce cas, frapper les loyers ou fermages d'opposition entre les mains des locataires ou fermiers, et introduire contre le nouveau propriétaire une instance en validité de saisie-arrêt. S'agit-il d'un immeuble, dont le nouvel acquéreur entreprend lui-même l'exploitation? le percepteur devra saisir-brandonner les fruits et récoltes.

Il n'en reste pas moins vrai que l'impôt n'est pas dû par le nouvel acquéreur et que, n'étant point porté au rôle, il n'est point poursuivi personnellement. Sa situation est celle d'un tiers détenteur obligé, à cause de la possession de l'immeuble, au payement de la dette privilégiée, dans les termes de l'art. 2170 du Code civil.

110. Jusqu'ici, nous n'avons examiné la position de l'acquéreur que par rapport à l'obligation mise à sa charge par le paragraphe final de l'art. 11 du Règlement, et nous avons constamment raisonné dans l'hypothèse qu'en vertu d'une vente faite de bonne foi, il s'est mis en possession de l'immeuble et en a payé le prix; car ce n'est qu'ainsi, en effet, que la question de responsabilité se présentait nettement et sans mélange.

Mais plaçons-nous dans une autre hypothèse, et voyons si, dans le cas où l'acquéreur n'aurait pas encore payé son prix, le percepteur ne pourrait exercer aucune espèce de droit sur ces sommes? En établissant ci-dessus (n° 8) le principe que le Trésor n'avait pas de privilége sur l'immeuble imposé, nous en avons tiré la conséquence que, lorsque cet immeuble venait à être vendu et que les créanciers devaient s'en partager le prix, le percepteur ne pouvait y rien prétendre qu'après les créanciers hypothécaires et par concurrence avec les créanciers ordinaires. Cependant, quand il existe des récoltes sur l'immeuble vendu, n'y a-t-il pas dans le prix de vente une portion qui représente la valeur de ces fruits? Cela paraît incontestable; car il est certain qu'une terre s'achète plus cher avec ses récoltes sur pied que lorsque la moisson est faite : or, la contribution foncière est privilégiée sur les fruits des immeubles soumis à l'impôt, et, par une conséquence naturelle, on ne pourrait, ce nous semble, refuser au percepteur sa collocation à l'ordre sur la partie du prix de vente qui représente les fruits récoltés. C'est ce qu'indiquait le Ministre des finances dans une espèce où s'agitait précisément la question qui nous occupe, et qui a été l'objet d'une ordonnance rendue au contentieux, le 4 novembre 1824 (1). Ce Ministre, après avoir émis l'avis que le Trésor n'avait pas de privilége sur les immeubles pour la contribution foncière, ni de droit de suite, lorsque les immeubles passaient d'une main dans une autre en vertu d'une vente régulièrement faite, pensa que, dans ce dernier cas, « le percepteur devait, lors de la vente, faire valoir le privilége du Trésor sur *la portion du prix d'adjudication qui pouvait être afférente aux fruits* que la propriété portait. »

Tel serait, à notre avis, le droit du percepteur, et c'est à lui à le faire valoir, sous sa responsabilité, toutes les fois qu'il apprend la vente d'un immeuble pour lequel des contributions sont dues.

111. Ajoutons que si la vente, devant être faite aux enchères publiques, n'était encore qu'annoncée et que l'adjudication n'en fût pas définitivement passée, le percepteur aurait, de plus, le droit de faire saisir les récoltes, lors même que la vente se ferait par saisie immobilière, attendu qu'il est de principe que l'action du Trésor pour le recouvrement de l'impôt ne saurait être entravée par les formalités des procédures ordinaires suivies à la requête des créanciers des redevables. C'est ce qui a été implicitement décidé, comme nous l'avons déjà fait remarquer, par des arrêts, notamment en date des 9 mars 1808, 12 août 1811, 9 janvier 1815 et 29 août 1836, qui ont reconnu que les règles de la faillite ne sont point applicables à la créance privilégiée du Trésor sur les biens du redevable failli, et qu'en conséquence l'Administration peut en poursuivre directement la vente, à l'exclusion des syndics de la faillite.

112. A l'égard des droits du percepteur sur les récoltes, lors

---

(1) Voir la 2ᵉ Partie, *Jurisprudence*, page 119.

même qu'il existe une saisie immobilière, il peut s'élever cependant une objection que nous ne devons pas laisser sans réponse.

Nous venons de dire que le Trésor n'était privilégié que sur les fruits et non pas sur l'immeuble, et que, par une conséquence naturelle, il ne pouvait exercer de droit sur le prix des immeubles qu'après les créanciers hypothécaires. Or, aux termes de l'article 685 du Code de procédure civile, dans le cas où des créanciers poursuivent la saisie des immeubles de leur débiteur, « les loyers et fermages seront immobilisés à partir de la transcription de la saisie, *pour être distribués avec le prix de l'immeuble, par ordre d'hypothèque.* » Il semble, d'après cet article, qu'il faudrait décider que toutes les fois qu'un immeuble est vendu par expropriation, les fruits devenant immeubles, comme le fonds lui-même, et le Trésor n'ayant pas de privilège sur les immeubles, le percepteur perd ses droits sur les fruits. Mais cette conséquence est trop contraire aux intérêts de l'Etat, pour supposer qu'elle puisse être dans l'esprit de la loi.

Quand nous avons conclu des dispositions de celle de 1808 que le Trésor n'avait pas de privilège sur l'immeuble, cela doit s'entendre du fonds, abstraction faite des fruits. Q'importe après cela le nom qu'on donne aux fruits; qu'on les considère comme meubles ou comme immeubles? le privilège du Trésor à leur égard n'est pas fondé sur cette distinction; la loi du 12 novembre n'en a pas parlé. Elle assure les droits au Trésor sur les *fruits*, il suffit; et quelle que soit la qualification que des circonstances accidentelles pourront leur donner, qu'ils soient coupés ou encore sur pied, le privilège n'en peut recevoir nulle atteinte (1).

113. Que si le privilège n'est pas atteint par l'immobilisation des fruits, nul doute aussi qu'il ne doive conserver son rang dans la collocation, nonobstant ces dernières expressions de l'article 685 : « *pour être distribués avec le prix de l'immeuble, par ordre d'hypothèque;* » ces mots et l'article tout entier n'ont pas pour but d'anéantir les droits des créanciers privilégiés au profit des créanciers hypothécaires. Il ne dispose évidemment que pour ces derniers entre eux, et pour ne pas introduire une *distribution par contribution*, au milieu d'un *ordre*; mais ce n'a pu jamais être que

___

(1) Nous n'avons pas besoin de faire observer que nous ne parlons ici que du privilège de la contribution foncière. S'il s'agissait de la contribution personnelle et mobilière, comme le privilège de cette nature d'impôt ne porte que sur le mobilier, il est certain qu'il ne pourrait s'exercer sur les récoltes qu'autant qu'elles seraient détachées du sol (voir ci-dessus n° 28), ou que le percepteur aurait fait pratiquer une saisie-brandon antérieurement à la notification de la saisie-immobilière, qui a immobilisé les fruits (n° 73).

sans préjudice des priviléges spéciaux. C'est, au surplus, l'opinion qu'a exprimée M. le garde des sceaux, dans une lettre écrite le 1ᵉʳ décembre 1824, à M. le Ministre des finances, qui l'avait consulté sur la demande de M. le préfet du Pas-de-Calais. Ce dernier magistrat avait exposé la difficulté de la manière suivante :

« Aux termes de l'article 685 du Code de procédure civile (1), les fruits échus depuis la dénonciation au saisi, sont immobilisés pour être distribués avec le prix de l'immeuble, par ordre d'hypothèque, d'où il suivrait que, lorsque l'immeuble est saisi judiciairement, le Trésor n'aurait plus de privilége pour le recouvrement de la contribution foncière de ce même immeuble, et que ce bien serait ainsi soustrait à l'impôt depuis le jour de la dénonciation au saisi jusqu'au jour de la vente judiciaire, puisqu'à cette dernière époque l'adjudicataire est connu, et qu'en sa qualité de propriétaire, il devient seulement passible des charges inhérentes à la propriété. »

M. le garde des sceaux a répondu :

« Cette conséquence ne me paraît pas devoir être admise. Les fruits échus, porte l'article 685 du Code de procédure civile, depuis la dénonciation au saisi, seront immobilisés, pour être distribués avec le prix de l'immeuble par ordre d'hypothèques. »

Il résulte de ces dernières expressions, *par ordre d'hypothèques*, que l'immobilisation n'est relative qu'aux créanciers hypothécaires, qu'elle est en effet de leur droit. Mais, aux termes de l'article 2095 du Code civil, les créanciers privilégiés doivent être préférés aux hypothécaires, par conséquent, un effet résultant du droit de ces derniers ne peut nuire au droit des premiers. Il suit de là que cette immobilisation des fruits n'empêche pas les créanciers privilégiés sur ces fruits d'exercer le droit qui leur appartient et de les saisir mobilièrement.

Si le législateur eût voulu que l'immobilisation concernât aussi les créanciers privilégiés, il ne se fût pas contenté de dire dans l'article 689 du Code de procédure civile : « Les fruits immobilisés seront distribués par ordre d'hypothèques » ; il eût dit par ordre de priviléges et hypothèques. En appliquant ces principes à la question proposée, il me semble que l'immobilisation des fruits ne paralyse pas le privilége accordé au Trésor public, pour le recouvrement des contributions, par l'article 1ᵉʳ de la loi du 12 novembre 1808. Le privilége du Trésor s'exerce avant tout autre, porte cet ar-

_____

(2) Le texte de cet article a été modifié par loi du 2 juin 1841 ; c'est la cause de la différence qu'on remarque entre la citation et le texte actuel reproduit au numéro précédent.

ticle; or, il s'exercerait après le droit résultant des hypothèques, si ce droit pouvait lui porter quelque atteinte en changeant la nature des objets sur lesquels le privilége peut s'exercer. En vain dirait-on que le Trésor royal viendra avant tout autre sur le prix de l'immeuble même; aucune loi ne lui accorde ce droit; l'article 2098 du Code civil dispose que le privilége du Trésor est réglé par les lois qui le concernent : or, cette loi est celle du 12 novembre 1808, qui n'accorde au Trésor de privilége que sur les récoltes, fruits, loyers et revenus des biens immeubles sujets à la contribution, d'où l'on peut conclure que le privilége ne s'étend pas sur le prix de l'immeuble même.

Le Préfet du Pas-de-Calais proposait, pour assurer le droit du Trésor, de faire insérer au cahier des charges une clause qui obligerait l'adjudicataire de payer, sur les fruits, les contributions échues; mais une pareille clause ajouterait à la loi et serait susceptible d'être attaquée.

Une autre considération vient à l'appui de l'opinion, qui me semble préférable; les contributions étant une charge des fruits, il n'y a réellement de revenu disponible que défalcation faite des contributions. Les revenus ne sauraient donc être immobilisés que sous la déduction des impositions.

114. Ainsi, pour résumer cette discussion, nous établirons les principes suivants :

En cas de vente de l'immeuble soumis à la contribution foncière,

1° Le Trésor n'a aucun recours contre l'acquéreur personnellement, si ce n'est, comme tout autre créancier, pour l'obliger à représenter son prix, lorsque ce prix n'a pas été encore payé par lui;

2° Il n'a aucun privilége sur le prix du fonds;

3° Mais, comme il est privilégié sur les fruits, il peut, avant la vente consommée, faire saisir directement les récoltes qui existeraient sur l'immeuble; et, si l'adjudication est déjà passée, il doit être colloqué sur la portion du prix qui représente les fruits;

4° Enfin, pour ce dernier cas, nous pensons qu'on pourrait même soutenir que les notaires devant qui l'adjudication est faite, et qui en ont perçu le prix, seraient tenus de payer la contribution due, jusqu'à concurrence du moins de la valeur des fruits, sur une simple sommation du percepteur, conformément à l'art. 2 de la loi du 12 novembre 1808. (Voir le *Commentaire* sur l'art. 14.)

115. Nous rapporterons à l'appui de cette dernière opinion les passages suivants d'une lettre adressée par M. le conseiller d'État,

directeur du contentieux des finances, à M. le receveur général
de l'Hérault, en date du 27 avril 1833 :

« Les dispositions de la loi du 12 novembre 1808, rappelées dans
l'Instruction générale du 15 décembre 1826, me paraissent bien
suffisantes pour mettre le percepteur à portée d'exercer le privilége du Trésor sur les revenus des biens assujettis à la contribution foncière, sans avoir à craindre que ce gage lui échappe,
même en cas de saisie réelle, puisque, dans ce cas, il est enjoint
par l'article 2 de la loi précitée, à tous dépositaires ou débiteurs
de deniers affectés au privilége du Trésor, de payer, en l'acquit
des redevables et sur la demande du percepteur, le montant des
contributions dues par ces redevables.

« D'ailleurs, vous remarquerez que le percepteur a un moyen
facile de reconnaître les saisies réelles pratiquées sur les redevables de la perception, par les placards affichés, aux termes de
l'article 684 du Code de procédure civile (aujourd'hui 699), au domicile du saisi, à la principale porte des édifices saisis, à la principale place de la commune de la situation des biens, etc. »

116. Les principes que nous venons de développer s'applique-
raient au cas où la vente de la propriété se ferait en plusieurs
lots, et qu'il y aurait plusieurs adjudicataires. Si, comme nous l'a-
vons supposé, la vente n'avait pas encore été entièrement consommée, le percepteur aurait le droit de faire saisir les récoltes
par un seul acte de saisie et sans s'occuper de la distinction
des lots. Si, au contraire, l'adjudication avait été définitivement
tranchée, il s'adresserait aux officiers publics qui ont fait l'adjudication et demanderait à être colloqué pour chaque lot sur la
portion du prix qui représente les fruits.

117. Nous venons de voir quels peuvent être les droits du Trésor à l'égard des acquéreurs des propriétés immobilières pour le
payement de l'impôt dû antérieurement à la vente. Mais qu'arriverait-il dans le cas où il s'agirait de l'acquéreur, non plus du
fonds, mais seulement des fruits de l'immeuble ?

Posons des faits : Un contribuable vend sa récolte encore sur
pied à un tiers de bonne foi, qui lui en compte le prix. Le percepteur pourra-t-il, nonobstant cette aliénation, faire saisir-
brandonner ladite récolte et en poursuivre la vente au profit du
Trésor? En d'autres termes, et pour présenter la question d'une
manière plus générale : Le Trésor conserve-t-il et peut-il exercer son privilége sur les fruits des immeubles et sur les effets mobiliers des contribuables, lorsqu'ils ont été vendus à des tiers ?

Nous réunissons ici à dessein les effets mobiliers aux fruits des
immeubles, parce que, en ce qui concerne la question dont nous

nous occupons, les principes généraux qui doivent en déterminer la solution sont absolument les mêmes; il convient donc, pour plus de clarté, de les exposer d'abord, sauf à examiner ensuite particulièrement les points qui seraient spécialement relatifs, soit aux récoltes, soit aux meubles.

118. Avant tout, il faut se bien fixer sur une considération de fait. La vente intervenue entre le contribuable et le tiers acquéreur a-t-elle été faite de bonne foi, principalement de la part de ce dernier, et sans qu'on puisse accuser les parties d'avoir voulu frauder le privilége du Trésor? S'il y avait eu, en effet, connivence frauduleuse, il est incontestable que la vente pourrait être annulée, et que par suite les droits du Trésor demeureraient entiers. Mais il ne faut pas oublier que, dans le juste intérêt du maintien des contrats, le Code civil (art. 2268) a admis en principe que la bonne foi est en général présumée, et que c'est à celui qui allègue la fraude à la prouver. Dans l'espèce, la preuve de la mauvaise foi devrait donc être faite par le percepteur, et ce comptable aurait à cet effet à recueillir tous les documents et tous les témoignages qui pourraient servir à établir le concert frauduleux entre le contribuable et l'acquéreur. Cette preuve, au surplus, n'est pas toujours aussi difficile à faire qu'on pourrait le supposer. Il est rare qu'on ne trouve pas, dans les circonstances particulières de la vente, dans la moralité douteuse ou le degré d'intimité des contractants, dans le peu de besoin que l'acquéreur pouvait avoir de l'objet acquis, des indices graves qui portent la conviction chez les juges naturellement en défiance devant des fraudes de cette nature.

On sent bien que nous ne pouvons, à cet égard, que nous exprimer en termes généraux, et laisser à la sagacité des comptables le soin de se former une opinion sur la sincérité des actes en question et d'agir en conséquence. Remarquons seulement, qu'en supposant que la bonne foi ne pût être contestée et que la vente fût dès lors inattaquable sous ce rapport (1), tout ne serait pas encore terminé, et le fait d'une vente conclue sans fraude ne suffirait pas seul pour empêcher l'exercice du privilége du Trésor. Il resterait à examiner trois circonstances essentielles : 1º si le prix a été payé par l'acquéreur; 2º si la vente a une

---

(1) C'est l'opinion unanime des auteurs qu'en cas de vente faite de bonne foi, les créanciers privilégiés n'ont rien à prétendre. On peut consulter notamment Persil, t. I, p. 82; Delvincourt, t. 3, p. 271; Favard de Langlade, au mot *Saisie-Gagerie*; Merlin, au mot *Privilége*; Pont, *Commentaire sur les priviléges et hypothèques*, p. 36. Dalloz, etc. (Voir, en outre, les arrêts cités ci-après.)

date certaine antérieure aux poursuites; 3° enfin, si les fruits ou
meubles vendus ont été livrés à l'acquéreur et sont passés dans
ses mains.

119. Si le prix était encore dû, nous n'avons pas besoin de faire
remarquer que le percepteur aurait le droit et le devoir de faire
sur-le-champ les actes nécessaires pour obtenir du tiers acquéreur le payement de la contribution jusqu'à concurrence des sommes dont il serait encore débiteur. Ce serait purement et simplement le cas de l'application de l'art. 14 du Règlement. (Voir le *Commentaire* sur cet article.) — Si l'acquéreur se disait libéré, il faudrait que sa libération fût prouvée par une quittance régulière;
car autrement, s'il ne pouvait pas établir qu'il a vidé ses
mains des sommes dont il était débiteur envers le contribuable
pour le prix de son acquisition, il serait naturellement présumé
ne s'être pas libéré, et il resterait soumis aux poursuites autorisées contre les tiers débiteurs de sommes appartenant aux contribuables.

120. Quant à la date de l'acte de vente, il est nécessaire qu'elle
soit certaine, c'est-à-dire qu'elle soit constatée suivant les règles,
de manière qu'on ne puisse pas douter que la vente ait été consommée antérieurement aux poursuites; car, dans le cas contraire,
la mauvaise foi serait évidente et le percepteur n'aurait pas de
peine à faire valoir le privilége du Trésor. Or, le Code civil
(art. 1328) indique les conditions d'après lesquelles on assure aux
actes qui n'ont pas été passés par-devant notaire une date certaine:
c'est par l'enregistrement ou par le décès de l'une des parties
signataires. Ainsi, dans ce dernier cas, il faudrait que la vente
eût été enregistrée à une date antérieure aux poursuites du
percepteur (1).

---

(1) La jurisprudence de l'Administration. comme celle de l'autorité judiciaire,
fournissent des décisions qui seront rapportées dans la deuxième Partie (*Jurisprudence*, pages 101, 133, 134, 151), des 18 mai 1819, 9 juillet 1832, 19 juillet 1832 et 17 août 1847. Non-seulement elles appuient l'ensemble de nos opinions sur les tiers acquéreurs, mais on y trouve des exemples d'application de
diverses règles que nous avons posées au sujet de principes de procédure et de
compétence sur lesquels il est bon de s'arrêter. Ainsi, on y reconnaîtra que
les ventes faites par des contribuables ont été jugées devoir éteindre le privilége
du Trésor, lorsqu'elles avaient eu lieu avec les circonstances que nous avons
signalées : la bonne foi, la date certaine, etc. Sur ce dernier point, on remarque
que, dans les espèces sur lesquelles sont intervenues les décisions, les actes de
vente avaient été toujours enregistrés à une date antérieure aux poursuites.
Deux de ces décisions, celles de la Cour de cassation, en date des 18 mai 1819
et 17 août 1847, précisent d'une manière formelle quelles doivent être ces poursuites. Elles veulent plus qu'une simple contrainte décernée ou un commandement
signifié; elles exigent qu'il y ait eu saisie.

Dans le cas contraire, le comptable pouvant soutenir que la vente a été faite en fraude des droits du Trésor, et que dès lors les meubles n'ont pas cessé d'appartenir au contribuable, serait fondé à les revendiquer, même entre les mains du prétendu acquéreur, par application du principe de l'àrticle 1er de la loi du 12 novembre 1808, qui déclare que le privilége de la contribution s'exerce sur les biens des redevables, *en quelque lieu qu'ils se trouvent.* (Voir, pour l'exercice de cette action en revendication, ce que nous disons au *Commentaire* sur l'art. 91.)

121. Mais quand la vente aurait été faite de bonne foi, et quand elle aurait une date certaine antérieure aux poursuites, ces circonstances ne suffiraient pas pour assurer à l'acquéreur un droit préférable au privilége du Trésor ; il faudrait encore, comme nous l'avons dit, que la chose eût été matériellement livrée à l'acquéreur. En effet, si l'article 1583 du Code civil déclare que « la vente est parfaite *entre les parties*, et la propriété acquise à l'acheteur *à l'égard du vendeur*, dès qu'on est convenu de la chose et du prix, quoique la chose n'ait pas été encore livrée ni le prix payé, » il résulte bien des expressions mêmes de cette disposition qu'elle n'a rien entendu stipuler pour ce qui concerne les droits des tiers étrangers à la vente. Il suffit pour s'en convaincre de faire attention à ces mots que nous avons soulignés ; ils indiquent évidemment que ce n'est que pour l'acheteur et le vendeur entre eux que la validité de la vente est indépendante de la livraison des objets.

Pour les tiers intéressés, il n'en saurait être de même. Les droits des créanciers ne seraient jamais assurés s'il suffisait, pour les dépouiller des meubles qui forment la garantie de leurs créances, d'une vente intervenue à leur insu entre leur débiteur et un acquéreur, fût-il même de bonne foi. Concevrait-on, par exemple, que le créancier détenteur d'un gage qui lui aurait été remis par son débiteur, pût voir éteindre le privilége qui lui était acquis, par le seul fait de la vente de l'objet engagé qu'aurait consentie son débiteur ? Certainement, cela ne pourrait pas être. La vente, sans la tradition de la chose vendue, ne donne à l'acquéreur qu'un droit pour se faire délivrer cette chose. Quand ce droit se trouve en concurrence avec un privilége existant sur l'objet acheté, il y a lieu d'examiner qui des deux doit obtenir la préférence. Or, la doctrine des auteurs et la jurisprudence s'accordent à proclamer le droit du créancier privilégié au préjudice de celui de l'acquéreur, et cette décision est parfaitement juste ; car l'acquéreur, s'il eût été plus prudent, pouvait s'abstenir de payer son prix, jusqu'à ce que la chose lui eût été livrée ; tandis que le créancier privilégié n'avait aucun moyen de se garantir de la mauvaise foi de son débiteur. Pour choisir un exemple dans la matière même que nous traitons, il est clair que le percepteur n'a pu être averti de la vente qu'au moment même où l'acquéreur a voulu enlever les meubles achetés, et que ce n'est qu'alors qu'il a pu agir pour la conservation des droits du Trésor.

Ainsi le percepteur, dans l'hypothèse dont nous venons de parler, ne devrait pas hésiter, dès l'instant qu'il apprend que les meubles sont sur le point d'être enlevés par l'acquéreur, à recourir aux mesures conservatoires qu'il aurait prises contre le contribuable lui-même en cas de déménagement furtif. (Voir, à ce sujet, le *Commentaire* sur l'art. 91.)

122. Nous n'avons pas besoin de faire observer qu'il en serait de même dans le cas où il s'agirait, non pas d'effets mobiliers, mais de récoltes vendues sur pied. Nonobstant la vente qu'en aurait faite le contribuable ou même le fermier (1), le percepteur pourrait les faire saisir-brandonner pour la conservation des droits du Trésor. Non-seulement il y serait autorisé par le principe que nous avons développé ci-dessus, et qui maintient le privilége de la contribution, tant qu'il n'y a pas eu livraison de la chose vendue ; mais si la vente, comme cela arrive assez fréquemment, remontait à une époque où la saisie-brandon n'est pas permise, c'est-à-dire antérieure aux six semaines qui précèdent la maturité des fruits, cette vente serait déclarée nulle par ce seul fait. C'est ce qui a été jugé par le Tribunal civil d'Alençon, le 26 novembre 1833 (2).

123. *Compétence.* — A quelle autorité appartient-il de statuer

---

(1) Nous établissons, dans le *Commentaire* sur l'art. 13, que le fermier est comme le propriétaire, débiteur personnel de l'impôt foncier. (Voir cet article.)

(2) Voici le texte de ce jugement :

Le Tribunal,

Vu les lois des 6 et 23 messidor an 3, toujours en vigueur, lesquelles prohibent de la manière la plus absolue la vente des grains en vert pendants par racine, excepté dans certains cas spécifiés par la dernière de ces lois ;

Considérant que la vente de la récolte dont il s'agit au procès a eu lieu le 25 juin dernier, lendemain de la Saint-Jean, à une époque où elle était encore loin de sa maturité ; qu'elle n'a d'ailleurs été consentie dans aucun des cas d'exception portés par le législateur ;

Que cette vente est donc nulle aux termes desdites lois, dont la prohibition peut d'autant moins être éludée qu'elle se rattache à un objet d'ordre public et d'intérêt général, le non-accaparement des grains, en même temps qu'elle obvie aux fraudes qu'auraient continué de pratiquer les débiteurs pour soustraire leurs levées à l'action des créanciers ;

Considérant que les dispositions du Code de procédure civile sur la saisie-brandon se trouvent en harmonie avec les lois de l'an 3, en ce sens que, dans les six semaines qui précèdent l'époque ordinaire de la maturité des fruits, les

sur les difficultés qui s'élèvent à l'occasion de l'exercice du privilége du Trésor? Cette question ne peut donner lieu à aucun embarras sérieux. Comme l'a établi M. de Cormenin dans ses *Questions de droit administratif,* toutes les questions de privilége et de préférence entre des créanciers privilégiés, même en matière de contributions directes, sont du ressort des Tribunaux. Il est, en effet, de la nature des priviléges d'être régis par les principes du droit commun, et, par suite, tout ce qui touche à l'appréciation de leur étendue respective et à la fixation du rang qu'ils doivent occuper entre eux, appartient naturellement à la justice ordinaire. C'est ce qui a été jugé en diverses circonstances et notamment le 4 juin 1870, par un arrêt du Conseil d'Etat qui est rapporté dans la deuxième Partie. (*Jurisprudence,* page 169.) (Voir le *Commentaire* sur l'art. 19.)

ARTICLE 12.

Le privilége attribué au Trésor pour le recouvrement des contributions directes ne préjudicie point aux droits qu'il peut exercer sur les biens des redevables, comme tout autre créancier.

ARTICLE 12 *bis.*

Lorsqu'il y a lieu à l'expropriation forcée des immeubles des redevables, elle n'est poursuivie qu'avec l'autorisation du Ministre des finances, sur la proposition du receveur particulier et l'avis du préfet.

1. La disposition de l'article 12 est empruntée textuellement à l'article 3 de la loi du 12 novembre 1808. Celle de l'article 12 *bis*

---

créanciers sont admis à les saisir, et que si, durant le même intervalle, il était loisible de les vendre, ils seraient sans cesse exposés à être privés de ce droit;

Qu'en effet, comme le remarque un auteur judicieux, si la saisie venait à être faite plus de six semaines avant la récolte, on reprocherait au créancier de l'avoir faite trop tôt, et que s'il attendait davantage, on lui opposerait une vente déjà faite;

Considérant enfin que la question dût-elle être décidée d'après l'ancien droit normand, la vente dont il s'agit ne pourrait encore se soutenir, puisque l'arrêt du règlement du 6 juin 1682 déclarait nulles et de nul effet toutes ventes de bois ou récoltes faites par les débiteurs le lendemain de la Saint-Jean;

Par ces motifs, déclare nulle la vente invoquée par le sieur J. B..., à l'appui de son opposition à la saisie-brandon provoquée par le sieur H...; en conséquence, fait mainlevée de ladite opposition, au moyen de quoi les poursuites pourront être continuées ainsi que de droit.

n'est pas seulement dictée par l'esprit de modération et de réserve dont l'Administration doit toujours être animée ; elle a encore, comme il sera dit plus bas, pour but d'éviter des frais frustratoires et d'amener les comptables à exercer toujours de préférence leurs poursuites sur les objets spécialement soumis au privilége de l'espèce particulière de contribution qu'il s'agit de recouvrer. ·

En parlant, dans nos observations sur l'article 11 du Règlement (n°s 3 et 4), du privilége du Trésor, nous avons déjà expliqué la différence qu'il y avait entre les créanciers ordinaires et les créanciers privilégiés. Leurs droits respectifs sont bien clairement résumés dans les articles 2092 et 2093 du Code civil. « Quiconque, dit le premier de ces articles, s'est engagé personnellement, est tenu de remplir son engagement sur tous ses biens mobiliers et immobiliers, présents et à venir. » Le second porte : « Que les biens du débiteur sont le gage commun de ses créanciers, et le prix s'en distribue entre eux par contribution, à moins qu'il n'y ait entre les créanciers des causes légitimes de préférence. »

Ces causes de préférence sont précisément ce qui constitue le privilége : nous en avons développé les effets dans l'article précédent. Mais quand ces causes n'existent pas et qu'il n'y a point de privilége, il reste toujours les droits ordinaires du créancier, déterminés en termes généraux par les articles précités du Code civil. C'est de l'examen de ces droits que nous nous occuperons dans cet article.

2. Le premier principe sur lequel nous avons à nous arrêter, c'est celui de l'article 2092, d'après lequel le débiteur engagé *personnellement* est tenu sur tous ses *biens mobiliers* et *immobiliers.* Or, la contribution est une dette *personnelle* du contribuable (Voir le *Commentaire* sur les art. 4, n° 7 ; 11, n° 106, et 13, n° 11) ; par conséquent, elle affecte tous les biens des redevables, quelle qu'en soit la nature. C'est donc à tort qu'on se demanderait si la contribution foncière, par exemple, peut être poursuivie sur les effets mobiliers du contribuable. Cela ne peut faire aucun doute, d'après l'article 2092 du Code civil, applicable au Trésor par suite de l'article 3 de la loi du 12 novembre 1808. La loi du 23 novembre1^{er} décembre 1790, article 9, l'avait d'ailleurs décidé implicitement pour le cas où il n'existait ni fruits ni revenus sur l'immeuble ; de même que la loi du 1er brumaire an 5 permettait de saisir-brandonner les récoltes pour la contribution personnelle et mobilière. Sans doute la contribution foncière est particulièrement privilégiée sur les fruits, et la contribution mobilière sur les meubles ; mais cette circonstance ne peut pas faire obstacle à ce que le Trésor

exerce indistinctement ses droits de créancier ordinaire sur tous les biens de ses redevables pour toute espèce de contribution. Seulement il ne sera payé par préférence aux autres créanciers que sur l'espèce de biens auxquels s'applique le privilége de telle ou telle nature de contribution. Il viendrait en concurrence avec eux sur les autres biens. C'est là le véritable sens de l'article 12 du Règlement. (Voir le *Commentaire* sur l'art. 11, n° 4.)

3. Cependant, et quelle que soit l'étendue des droits que l'article 3 de la loi du 12 novembre 1808 et l'article 12 du Règlement assurent au percepteur pour provoquer la saisie et la vente de toutes les espèces de biens du redevable, pour quelque nature de contribution que ce soit, il est en général préférable, comme nous venons de le faire remarquer, de diriger les poursuites sur l'espèce de biens particulièrement affectée au privilége de la contribution spéciale pour laquelle la contrainte est exercée. Cette précaution est indispensable dans l'intérêt du Trésor comme dans celui du comptable. Car, en suivant la marche contraire et en pratiquant indifféremment des poursuites sur toutes les espèces de biens, sans distinction de la nature des cotes dues, le percepteur pourrait se trouver indirectement conduit à retarder le recouvrement et à faire, en outre, des frais inutiles qui, d'après l'article 105 du Règlement, seraient rejetés à sa charge. Supposons, par exemple, un contribuable qui devrait une cote foncière de 100 francs.

Le percepteur, au lieu de faire saisir les récoltes dont le produit lui serait, d'après la loi, distribué par privilége et de préférence à tous autres créanciers, pratique la saisie sur les meubles du redevable. Cet acte n'aurait rien d'irrégulier en soi, puisque, d'après ce que nous avons dit plus haut, le Trésor peut, même pour la contribution foncière, faire saisir les meubles du contribuable aussi bien que ses récoltes; mais supposons enfin la vente faite et ayant produit 200 fr.; qu'alors il se présente d'autres créanciers dont les créances s'élèvent à 300 fr.; le percepteur n'étant pas privilégié dans l'espèce, puisqu'il s'agit d'une cote foncière et que les sommes à distribuer sont le prix d'effets mobiliers, ne peut venir que par concurrence avec lesdits créanciers, et, dans la distribution, il ne touche que 50 fr. Il est donc obligé, pour les 50 fr. qui lui restent dus, d'en revenir à la saisie-brandon qu'il n'a pas d'abord voulu faire pratiquer. De là, deux saisies, et par conséquent frais frustratoires qu'il eût évités en saisissant, dès le principe, les récoltes sur lesquelles, ayant privilége, il aurait été payé intégralement. Il résulterait donc de la marche qu'il aurait suivie que des frais inutiles auraient été faits, et que les

rentrées auraient été retardées, peut-être compromises ; car ne
pouvait-il pas arriver que, pendant qu'il faisait pratiquer sur les
meubles une saisie qu'il croyait d'abord suffisante, les récoltes
eussent été enlevées ? Dans ce cas, il est évident que la responsabilité du comptable se trouverait engagée.

C'est pour éviter qu'il en soit ainsi, que l'Administration, pré-
voyant le cas le plus grave, celui de l'expropriation forcée des
immeubles, a décidé, par l'article 12 *bis*, qu'une telle mesure ne
serait prise qu'avec l'autorisation du Ministre des finances, sur la
proposition du receveur des finances et après avis du préfet, plus
particulièrement préposé à l'intérêt de la paix publique.

Mais, en général, on doit dire que si le percepteur n'est pas indispensablement obligé par la loi d'exercer ses poursuites spécialement sur les objets soumis au privilège de l'espèce particulière
de contributions à recouvrer, la prudence doit toujours lui conseiller de le faire, lorsque ces objets sont suffisants pour assurer
les droits du Trésor. Cette marche s'accorde d'ailleurs avec la
jurisprudence des Tribunaux. Il a été décidé qu'un créancier, privilégié à la fois sur les meubles et sur les immeubles, devait, s'il
y avait après lui d'autres créanciers privilégiés seulement sur
une nature de biens, exercer son privilège de préférence sur les
objets qui n'étaient pas atteints par les autres privilèges, de manière à ne pas nuire à ces derniers sans nécessité pour lui-même.
(Arrêt de la Cour d'Amiens du 24 avril 1822; de la Cour de
Bruxelles du 21 août 1810 ; Voir Paul Pont, *Privilèges*, n° 179).

4. A part l'observation qui précède, il reste établi en principe
que les droits du Trésor, pour le recouvrement de l'impôt direct,
peuvent s'exercer sur tous les biens des contribuables, quelle
qu'en soit la nature. A ce sujet, nous croyons devoir rappeler que,
dans le *Commentaire* sur l'art. 11, nous avons donné une nomenclature de tous les objets qui doivent, aux termes des lois, être
rangés dans la catégorie des biens, soit mobiliers, soit immobiliers ; nous y renvoyons nos lecteurs.

Nous insisterons seulement ici sur quelques points qui pourraient donner matière à difficultés :

5. L'article 12 *bis* suppose nécessairement le droit pour le Trésor, indépendamment de son privilège, de poursuivre, s'il y a
lieu, même le copropriétaire de l'immeuble assujetti. Cette solution n'a pas tout d'abord été acceptée ; on a douté que l'article 3
de la loi du 12 novembre 1808 l'autorisât, tout en réservant au
Trésor les droits d'un créancier ordinaire. On a prétendu même
que la procédure d'expropriation répugnait à l'esprit de la législation sur l'impôt. Cette opinion se fondait sur l'exposé des mo-

tifs de la loi du 12 novembre 1808, où on lit que le privilége de l'impôt foncier a été restreint aux fruits et récoltes, parce qu'il y aurait eu danger à laisser aux percepteurs « la faculté de vexer les redevables en intentant des procédures en expropriations forcées; ce qui pourrait arriver si le privilége s'étendait sur les immeubles. » Les paroles de M. de Montesquieu, rapporteur de la commission d'examen au Corps législatif, semblaient encore plus positives :

« Il était essentiel, disait-il, de borner l'exercice du privilége du Trésor, de manière que le droit de propriété n'en souffrît aucune atteinte. Ce serait dénaturer l'objet des contributions que de leur donner un privilége sur la propriété; car alors le Trésor pourrait la faire vendre et détruire ainsi ce qu'il est destiné à conserver. Les biens que nous possédons n'appartiennent pas à l'Etat; nous lui devons une portion de leur revenu pour nous assurer la jouissance du reste ; mais le propriétaire est seul maître de sa propriété. »

Nous ne nions pas, disions-nous dans notre première édition, ce que ces paroles ont d'imposant ; nous pensons que l'Administration doit y puiser des motifs pour n'autoriser qu'avec la plus grande réserve, et dans des cas extrêmes, les poursuites en expropriation forcée des immeubles assujettis à l'impôt. Mais il y a loin de l'assentiment donné à cette règle de bonne administration à la négation absolue du droit en lui-même. Or, nous ne concevons pas comment, en présence d'une disposition aussi générale et aussi claire que celle de l'article 3 de la loi du 12 novembre 1808, on pourrait contester au Trésor le droit plein et entier de faire saisir immobilièrement le contribuable, s'il y a lieu, comme le ferait un créancier ordinaire.

Au surplus, ajoutions-nous, c'est en ce dernier sens que s'est prononcé le Conseil d'Etat dans un avis du 27 février 1812, que nous allons rapporter textuellement dans le paragraphe suivant, en nous occupant d'une autre question à laquelle cet avis se rattache plus directement encore que celle sur laquelle nous venons de nous arrêter. Nous faisions, d'ailleurs, remarquer que l'administration des finances n'avait jamais douté de ses droits à cet égard, bien qu'elle n'en avait pas fait usage. On lit dans l'exposé des motifs du projet de Règlement sur les poursuites arrêté en 1819, par le Ministre des finances, ces expressions textuelles :

« Au nombre des droits du Trésor se trouve celui de poursuivre l'expropriation des biens des redevables. Des cas d'exception, heureusement très rares, peuvent seuls en nécessiter l'exercice rigoureux. Il paraît prudent de ne pas indiquer, à cet égard, des règles qui ne sont pas d'une application habituelle. »

6. Ce texte avertissait déjà les percepteurs qu'ils ne devaient jamais, quelles que fussent les circonstances, prendre sur eux d'entamer contre un redevable une poursuite en expropriation forcée. Ils devaient se borner, dans le cas où toute autre voie pour obtenir le payement de l'impôt serait impossible, à rendre compte à l'autorité supérieure de la situation des choses, et ne recourir au moyen extrême de la saisie immobilière que sur une autorisation formelle et écrite de leur chef immédiat. Ce qui n'était qu'un conseil de la prudence est devenu, par l'insertion de l'article 12 *bis* dans le Règlement, une prescription obligatoire.

7. Pour éviter d'en venir à la rigueur de l'expropriation, même dans le cas où le contribuable ne présente aucun revenu saisissable, quelques administrations locales avaient proposé de décider que lorsqu'un contribuable, d'ailleurs insolvable, aurait (ce qui arrive assez fréquemment) abandonné ou laissé inculte la propriété pour laquelle il était imposé au rôle de la contribution foncière, l'Administration affermerait la propriété dont il s'agit, à la charge par le fermier d'acquitter la contribution, et de garder le surplus du fermage, s'il y en avait, à la disposition du propriétaire.

Nous n'avons jamais hésité à nous déclarer contre une pareille mesure. Elle n'est autorisée par aucune loi, et elle serait contraire à tous les principes légaux, d'après lesquels aucune propriété ne peut être affermée que par le propriétaire, qui a seul le droit d'en disposer. Nous n'ignorons pas qu'une lettre du Ministre des finances, en date du 14 mai 1811, semble avoir reconnu à l'Administration la faculté dont il s'agit; mais cette lettre, écrite pour une circonstance particulière, et qui a pu être dictée par des considérations qu'il faudrait bien connaître, ne saurait avoir la force d'une décision générale, et en aucun cas elle ne prévaudrait contre la loi : il est d'ailleurs à remarquer que ni l'Instruction générale du 15 décembre 1826, ni celles qui l'ont suivie, ne contiennent aucune disposition analogue à celle de la lettre ministérielle du 14 mai 1811; d'où l'on peut conclure que le ministère lui-même n'a pas adopté en définitive cette jurisprudence, qui a d'ailleurs été condamnée par l'avis du Conseil d'Etat du 27 février 1812, dont nous avons parlé ci-dessus, et que nous rapporterons ici dans son entier :

« Le Conseil d'Etat, qui, d'après le renvoi ordonné par Sa Majesté, a entendu le rapport des sections réunies de l'intérieur et des finances, sur celui du Ministre des finances, ayant pour objet d'autoriser les communes à exploiter ou à donner à bail à ferme les biens situés dans leurs arrondissements, que les propriétaires auraient laissés sans culture et dont les contributions ne seraient pas acquittées conformément aux dispositions de l'article 66 de la loi du 3 frimaire an 7, relatif à l'assiette, à la répartition et au recouvrement de la contribution foncière ;

« 1° Vu les articles 65 et 66 de ladite loi du 3 frimaire an 7, ainsi conçus :

« Art. 65. Les terres vaines et vagues, les landes et bruyères et les terrains habituellement inondés et dévastés par les eaux, seront assujettis à la contribution foncière, d'après leur produit net moyen, quelque modique qu'il puisse être ; mais dans aucun cas leur cotisation ne pourra être moindre d'un décime par hectare.

« Art. 66. Les particuliers ne pourront s'affranchir de la contribution à laquelle les fonds désignés en l'article précédent devraient être soumis, qu'en renonçant à ces propriétés au profit de la commune dans laquelle elles sont situées.

« La déclaration détaillée de cet abandon perpétuel sera faite par écrit au secrétariat de l'administration municipale, par le propriétaire ou par un fondé de pouvoir spécial.

« 2° L'article 1er de la loi du 12 novembre 1808, lequel porte que le privilége du Trésor public, pour le recouvrement de la contribution foncière, s'exerce avant tout autre, pour l'année échue et l'année courante, sur les récoltes, fruits, loyers et revenus des biens immeubles sujets à la contribution.

« 3° Et l'art. 3 de la même loi, ainsi conçu :

« Le privilége attribué au Trésor public pour le recouvrement des contributions directes ne préjudicie point aux autres droits qu'il pourrait exercer sur les biens des redevables, comme tout autre créancier.

« Considérant que les articles 65 et 66 de la loi du 3 frimaire an 7 ne s'appliquent qu'aux terres vaines et vagues, aux landes et bruyères, et aux terrains habituellement inondés et dévastés par les eaux ;

« Que la même loi n'a aucune disposition à l'égard des terres habituellement cultivées ;

« Que les cas où les propriétaires cesseraient de les cultiver par eux-mêmes, ou de les affermer, ne peuvent être que très rares ;

« Mais que, dans ces cas mêmes, la loi du 12 novembre 1808 a pourvu aux intérêts du Trésor, en lui réservant ses droits sur les biens des redevables, comme à tout autre créancier, lorsqu'il ne peut exercer son privilége sur les fruits et revenus des immeubles sujets à la contribution ;

« Qu'il suit de cette disposition que le Trésor impérial a le droit de poursuivre l'expropriation de l'immeuble affecté à la contribution, si le redevable ne présente pas d'autre ressource ;

« Est d'avis qu'une décision spéciale de S. M. n'est pas nécessaire, et que la législation actuelle suffit aux cas énoncés dans le rapport du Ministre des finances. »

8. Les meubles qui font partie d'un usufruit pourraient-ils être saisis à la requête du percepteur pour le payement des contributions de l'usufruitier?

Pour plus de clarté, supposons une espèce : Un contribuable est débiteur de cotes personnelles et mobilières : le percepteur fait procéder à la saisie des meubles garnissant la maison occupée par ce redevable; mais les enfants de ce dernier s'opposent alors à la vente des objets saisis, par le motif qu'ils en sont propriétaires, et que leur père n'en a que l'usufruit.

Cette opposition est-elle fondée, et le percepteur doit-il y obtempérer, ou bien a-t-il le droit de faire passer outre à la saisie et à la vente des meubles?

Cette question n'est pas nouvelle, et le point de droit qu'elle soulève a déjà été l'objet de décisions judiciaires intervenues entre particuliers. Nous en rapporterons une qui est assez récente. C'est un arrêt de la Cour royale de Rennes, en date du 21 mai 1835, qui réforme un jugement du Tribunal de première instance de Ploërmel, lequel avait, dans une espèce analogue à celle qui fait le sujet de la question qui nous est soumise, rejeté l'opposition des nus-propriétaires, et maintenu la saisie-exécution des meubles faite par le créancier de l'usufruitier. Voici le texte de cet arrêt :

LA COUR; — Considérant, en droit, que l'art. 589 du Code civil dispose que si l'usufruit comprend des choses qui, sans se consommer de suite, se détériorent par l'usage, l'usufruitier n'a le droit de s'en servir que pour l'usage auquel elles sont destinées, sans les détériorer par son dol ou par sa faute;

« Considérant, en droit, que ces principes, conformes à ceux de l'ancien droit, avaient constamment fait admettre dans la pratique que l'usufruitier ne pouvait ni vendre, ni louer à des tiers l'usage des choses mobilières, et classées dans la catégorie de l'article précité;

« Considérant, en droit, que, d'après le principe que le créancier ne peut exercer plus de droits que n'en a son débiteur lui-même sur les objets qu'il a en sa possession, la même jurisprudence prohibait toute saisie mobilière, et, par suite, la vente à des tiers

des choses mobilières de la nature de celles énoncées dans l'article
559, et dont le débiteur n'avait que l'usufruit ;

« Considérant que les mêmes motifs de décision subsistaient sous
l'empire du Code ; — Considérant, en droit, que l'article 608 du
Code de procédure civile et les principes ci-dessus établis autorisaient les enfants R..... à s'opposer à la saisie et à la vente des
effets mobiliers portés dans l'inventaire du 16 mars 1830, et dont
la nue-propriété leur a été assurée par l'acte authentique du 10
juin 1831 ;

« Par ces motifs, faisant droit sur l'appel du jugement du Tribunal de Ploërmel, du 2 mai 1834, dit qu'il a été mal jugé ; décharge
les appelants des condamnations prononcées contre eux ; corri-
geant et réformant, déclare bonne et valable l'opposition faite par
les enfants R....., par acte du 26 août 1833, à la vente des effets
mobiliers saisis sur leur père, par l'intimé, et portés dans l'inventaire du 16 mars 1830, donne mainlevée aux opposants de ladite
saisie en ce qui concerne lesdits effets seulement. »

Cette décision est entièrement applicable à la question que
nous examinons. La créance de contribution n'a, dans ce cas, aucun
privilége particulier qui puisse la soustraire à l'application des
principes de droit commun proclamés par la Cour royale de
Rennes. Ces principes sont, au surplus, bien simples : le Trésor ne
peut, comme tout autre créancier, avoir le droit de faire saisir et
vendre que les biens de son débiteur. Or, les meubles dont il n'a
que l'usufruit ne lui appartiennent point ; il n'a que le droit de
s'en servir pour son usage, mais il faut qu'il les conserve pour les
rendre aux nus-propriétaires à l'expiration de l'usufruit. Tout ce
que les créanciers et, dans l'espèce, le Trésor pourraient rigoureusement faire, ce serait de faire vendre sur le redevable le droit
même d'usufruit, s'il ne résultait pas toutefois du titre constitutif
dudit usufruit qu'il est entièrement personnel à l'usufruitier, de
telle sorte qu'il fût incessible. Supposons, par exemple, que l'usufruit mobilier comprenne des sommes d'argent. Aux termes de l'article 602 du Code civil, l'usufruitier a le droit de jouir des intérêts
produits par ces sommes. Le capital ne pourrait pas sans doute
être saisi, mais les intérêts seraient saisissables, et le percepteur
pourrait et devrait en poursuivre, contre le tiers détenteur, le versement entre ses mains par voie de simple sommation, conformément à la loi du 12 novembre 1808. (Voir le *Commentaire* sur
l'art. 14 et sur l'art. 20, n° 2.)

9. Dans le cas où un percepteur aurait à payer à un redevable
de contributions une somme due par ce dernier à l'Etat, n'aurait-
il pas le droit, comme le ferait un créancier ordinaire, d'opposer

la compensation et de retenir, par conséquent, les sommes qu'il doit compter au contribuable jusqu'à concurrence des contributions dues? Par exemple, on sait que les percepteurs, en leur qualité de receveurs municipaux, sont chargés du payement des indemnités accordées par l'Etat pour le logement des gens de guerre. Dans le cas où un redevable viendrait toucher une indemnité de ce genre, le percepteur ne serait-il pas fondé, soit comme créancier ordinaire, soit comme privilégié, à imputer sur le montant de cette indemnité les cotes échues? Nous n'hésitons pas à nous prononcer pour l'affirmative. D'abord, l'article 1289 du Code civil serait certainement applicable dans l'espèce (1). L'indemnité est due par l'Etat à l'habitant qui a logé la troupe, et c'est à l'Etat que la contribution est due; les deux sommes sont liquides, et l'Etat et le contribuable se trouvent respectivement débiteurs l'un de l'autre. Il y a donc compensation entre les deux dettes, dans le sens légal : par conséquent l'Etat cesse de devoir l'indemnité à l'habitant, du moment que celui-ci doit des contributions. Il n'y a aucune raison pour refuser au Trésor cette compensation qui résulte du droit commun.

10. Mais, lors même qu'il n'y aurait pas compensation, le percepteur se trouvant nanti, à un titre quelconque, d'une somme appartenant à un contribuable arriéré, aurait toujours le droit de refuser de s'en dessaisir jusqu'au payement de l'impôt. Supposons, par exemple, que la commune fût débitrice d'un individu imposé au rôle des contributions, et qu'en sa qualité de receveur municipal il eût à lui payer une somme de 200 francs, tandis qu'en sa qualité de percepteur, il aurait à réclamer de lui une somme de 150 francs pour contributions échues : ici, il n'y aurait pas compensation, puisque d'un côté c'est la *commune* qui doit, et de l'autre c'est l'*Etat* à qui il est dû. Le débiteur et le créancier n'étant pas les mêmes, on ne peut pas compenser respectivement leurs dettes.

Cependant le percepteur devrait, quand le créancier de la commune se présentera pour toucher, lui proposer de le solder en une quittance de contribution pour 150 fr., et le reste en espèces. Si le contribuable refusait, le percepteur aurait alors, pour régler sa conduite, une distinction à observer (2). Le comptable, en

---

(1) Cet article porte : « Lorsque deux personnes se trouvent débitrices l'une envers l'autre, il s'opère entre elles une compensation qui éteint les deux dettes. »

(2) Il nous est impossible, à moins de scinder la question qui nous occupe en ce moment, de ne pas anticiper un peu sur les développements qui appartiennent à l'article 14. Nous ne faisons ici, au surplus, qu'indiquer simplement une appli-

sa qualité de receveur municipal, aurait le caractère de tiers détenteur à l'égard des sommes dues au contribuable arriéré. Il aurait à examiner si, à raison de la nature de l'impôt auquel elle se rapporte, cette cote peut être privilégiée sur le capital mobilier, ou bien si le Trésor n'a que les droits d'un créancier ordinaire. S'il s'agit, par exemple, d'une cote de contribution personnelle et mobilière, des patentes et des portes et fenêtres, le Trésor, dans ce cas, aurait privilége, puisque ces natures d'impôts sont privilégiées sur les meubles et les effets mobiliers, et que l'argent comptant est du *mobilier*. S'il s'agissait, au contraire, d'une cote foncière, le Trésor n'aurait que le droit d'un créancier ordinaire, puisque la contribution foncière n'est privilégiée que sur les fruits et revenus des immeubles imposés. Dans le premier cas, le percepteur ayant le droit de se faire payer par les tiers détenteurs, sur sa *simple demande*, se bornerait à faire recette sur son livre à souche, de la somme de 150 fr., qu'il se délivrerait comme receveur municipal, pour et au nom du contribuable, sans autre forme de procédure. Dans le second cas, le Trésor étant obligé de procéder par voie de saisie-arrêt, le percepteur se ferait, en cette dernière qualité, signifier à lui-même comme receveur municipal et tiers détenteur de sommes appartenant au contribuable, une opposition dont il suivrait l'effet, conformément aux règles ordinaires. (Voir le *Commentaire* sur les art. 14 et 88.) Il est plus que probable, au surplus, que le contribuable n'attendrait pas la suite de la procédure, et qu'il sentirait la nécessité d'éviter les frais qui retomberaient à sa charge, en consentant sans difficultés le payement de sa contribution (1).

Les malheurs de la guerre avec l'Allemagne et les indemnités qui ont été accordées à cette occasion ont fait naître une question analogue à celle qui est résolue sous le n° 9. Il faut distinguer entre les indemnités allouées pour destructions d'immeubles ordonnées par mesure de défense préventive et celles qui ont eu pour but de réparer des dommages causés pendant la lutte même. Les premières se rapprochent par leur nature de celles qui sont réglées au cas d'expropriation; elles ont leur principe dans la loi des

cation de ce dernier article. Quant au principe lui-même, nous renvoyons au *Commentaire* sur ledit article 14 et sur l'article 88.

(1) Nous rappelons que cette marche ne pourrait pas s'appliquer au cas où il s'agirait de mois de nourrices et pensions pour enfants trouvés, dus à des contribuables arriérés. Il ne peut, en ce cas, être exercé aucune retenue, si ce n'est du consentement des nourrices. Nous avons fait cette observation à l'article 8, n° 23. (Voir aussi les autres questions d'imputation de payement, traitées dans le même article.)

8-10 juillet 1791, dans celle du 17 juillet 1819 et dans le décret du 10 août 1853; elles ont donc, en quelque sorte, le caractère d'un prix de vente; les autres, procédant seulement de la loi du 28 juillet 1874 sont purement mobilières. Au premier cas, la créance du Trésor ne peut s'exercer par voie de compensation qu'après les formalités de la purge et sur ce qui reste après le payement des créanciers hypothécaires ou privilégiés, tandis que la compensation s'opère immédiatement quand l'indemnité est toute mobilière. Un jugement du Tribunal civil de Soissons, en date du 11 août 1875, a consacré ces principes, qui ont aussi été adoptés par une Circulaire de la comptabilité publique en date du 21 août 1875. Nous reproduisons ces documents :

Circulaire de la Comptabilité publique (21 août 1875).

Vous avez été informé, par la Circulaire du 11 juillet 1875, § 1er, qu'un jugement du Tribunal civil de la Seine avait assimilé les indemnités allouées par l'autorité militaire aux expropriations pour cause d'utilité publique. Je vais entrer, à ce sujet, dans quelques explications.

La jurisprudence du Tribunal paraissant fixée sur la question, les receveurs des finances s'y conformeront. Toutefois, il est une distinction à faire, selon que les indemnités sont fixées par les lois des 10 juillet 1791 et 17 juillet 1819, ou par la loi du 28 juillet 1874.

La loi du 10 juillet 1791 a consacré le droit à une indemnité pour le propriétaire en cas de dépossession nécessitée par les travaux de fortifications et places de guerre, et les indemnités de cette nature, aux termes de la loi du 17 juillet 1819, sont déterminées par les Tribunaux civils et réglées conformément aux dispositions de celles du 8 mars 1810 sur les expropriations, aujourd'hui remplacées par la loi du 3 mai 1841. Conséquemment, toute indemnité de l'espèce réglée judiciairement, en vertu de ces lois, ne peut être payée valablement aux sinistrés qu'après l'accomplissement des formalités de purge hypothécaire prescrites par la loi de 1841.

Mais cette règle n'est pas applicable aux sommes allouées, à titre de secours et par voie gracieuse, aux personnes qui ont éprouvé des dommages résultant des destructions ordonnées par l'autorité militaire en 1870-1871. (L. 28 juillet 1874; Cir. du 20 janvier 1875.) Ces secours, en effet, ne constituent pas un droit pour les intéressés et ne peuvent être considérés, dès lors, comme la représentation juridique de l'immeuble exproprié. La somme que le gouvernement alloue au propriétaire est un dédommagement personnel qui tombe dans son patrimoine de la même manière que toute autre acquisition mobilière, et qui devient, par conséquent, le gage de tous ses créanciers. (C. civ., art. 2093.) Il ne saurait donc y avoir aucune formalité de purge à remplir avant le payement desdites indemnités. Ces explications méritent l'attention la plus sérieuse des comptables.

Jugement du Tribunal civil de Soissons, 4 et 11 août 1875.

Le TRIBUNAL,

Attendu que la demande de Lange, créancier hypothécaire de Brodin, tend à obtenir la mainlevée de l'opposition formée par Gilbert sur l'indemnité allouée à Brodin pour dommages causés à sa propriété, les 12 et 18 septembre 1870;

Attendu que la solution du procès dépend du caractère de cette indemnité; que si elle est purement mobilière, elle est le gage commun de tous les créanciers ; que si, au contraire, elle est de nature immobilière, elle doit être attribuée exclusivement aux créanciers hypothécaires ;

Attendu qu'il est constant, en fait, qu'à raison de la démolition de partie de sa maison de Saint-Médard, il a été alloué à Brodin, par jugement de ce siége du 19 mai 1875, conformément aux règles prescrites par la loi du 10 juillet 1791 et par l'article 15 de la loi du 17 juillet 1819, une indemnité de 5,918 francs ;

Attendu que cette somme représente uniquement le dommage éprouvé ;

Qu'en effet Brodin est resté en possession de tout le sol sur lequel était édifiée la maison et de tous les matériaux provenant de cette démolition, de sorte que, s'il devenait nécessaire d'exécuter aujourd'hui des travaux d'utilité publique à Saint-Médard, de nature à incorporer au domaine public une portion quelconque du jardin ou des bâtiments de Brodin, il devrait, cette fois, être exproprié conformément à la loi du 3 mai 1841 ;

Attendu que cet état de fait ne peut concorder avec la prétention de Lange, que l'indemnité allouée à Brodin par le jugement précité est la représentation de tout ou partie de son immeuble ;

Attendu qu'il ne peut y avoir expropriation que si tout ou partie d'une propriété particulière est aliénée au profit de l'Etat moyennant une indemnité ; que ce principe, indiqué par le mot même d'expropriation, a été consacré par la jurisprudence du Tribunal des conflits, du Conseil d'Etat et de la Cour de cassation, qui reconnaissent unanimement aujourd'hui que les dommages, même permanents, ne peuvent être assimilés à l'expropriation, et que, dans ce cas, l'indemnité allouée au propriétaire lésé est essentiellement mobilière ;

Attendu d'ailleurs que l'hypothèque suit le sort de la chose sur laquelle elle repose ; qu'elle subsiste tant qu'il en reste une parcelle, mais qu'elle ne peut lui survivre, qu'elle périt avec elle et ne peut s'exercer sur les débris de cette chose qui, détachés du sol, sont devenus objets mobiliers ;

Attendu que la législation spéciale invoquée par Lange n'a en rien modifié ces principes ;

Attendu que la loi du 10 juillet 1791 ne s'est pas occupée des intérêts des tiers ;

Que l'article 15 de la loi du 17 juillet 1819, en se référant à celle du 8 mars 1810, n'a en vue que le mode de règlement de l'indemnité, mais n'en a pas changé le caractère, qui doit être déterminé d'après les règles du droit commun ;

Attendu qu'il en est de même de la loi du 30 mars 1831, qui renvoie, pour les formalités d'expropriation, à la loi du 8 mars 1810, sans rien préjuger sur la nature même de l'indemnité ;

Qu'enfin le décret réglementaire du 10 août 1853 renvoie, pour la procédure à suivre, aux lois du 30 mars 1831 et du 3 mai 1841 ;

Attendu que si le législateur avait entendu apporter une aussi importante dérogation aux règles du Code civil, il l'eût exprimé par une disposition formelle qui ne se trouve dans aucune des lois précitées et spéciales à la matière ;

Attendu que toute l'organisation du système légal en matière de transcription et de purge suppose nécessairement qu'il y a changement de propriétaire, et, au cas d'expropriation pour utilité publique, dépossession au profit de l'Etat ; que si, au contraire, le propriétaire, comme Brodin dans l'espèce, n'a pas cessé d'être maître de sa chose, il devient impossible d'appliquer les règles de la transcription et de la purge ; qu'il y aurait contradiction évidente à prétendre que l'immeuble est représenté pour le créancier par l'indemnité allouée, alors que cet immeuble n'est pas sorti des mains du propriétaire ;

Attendu, enfin, que, dans l'hypothèse de dommages causés par l'inondation de

abords d'une place ou par le comblement de fossés ou étangs, la nature de l'indemnité est certainement mobilière et non susceptible d'hypothèque, bien qu'elle soit déterminée dans les mêmes formes que celles relatives aux démolitions de propriétés bâties ;

Attendu qu'il ne serait pas exact de dire que cette théorie blesse les intérêts des créanciers hypothécaires ;

Qu'en effet la maxime *vigilantibus jura subveniunt* trouve ici son application ;

Que le créancier, en prenant hypothèque sur un immeuble voisin d'une place de guerre, peut se faire subroger aux droits éventuels de son débiteur pour tous dommages et indemnités prévus par les lois, et s'assurer par des moyens réguliers le versement entre ses mains, et à l'exclusion de tous autres créanciers, de l'indemnité allouée à son débiteur ;

Attendu que Lange, en omettant de prendre cette précaution, ne peut que s'en prendre à lui-même de la perte de son droit de préférence ;

Attendu qu'il résulte de toutes les considérations qui précèdent que sa demande est mal fondée ;

Par ces motifs :

Donne acte aux parties de ce que Brodin s'en rapporte à justice ;

Déclare Lange mal fondé en sa demande en mainlevée de l'opposition formée par Gilbert sur le montant de l'indemnité allouée à Brodin par le jugement du 19 juin 1875 ;

Dit, en conséquence, que cette indemnité sera répartie, s'il y échet, au marc le franc, entre tous les créanciers de Brodin ;

Et condamne Lange aux dépens.

11. Nous venons de voir (n° 9) que le Trésor pouvait, comme tout créancier ordinaire, faire compensation des sommes qu'il doit aux contribuables avec le montant des contributions dont ceux-ci se trouvent débiteurs envers lui. Cette compensation pourrait-elle également avoir lieu s'il s'agissait de rentes sur l'Etat ? Nous ne le pensons pas, et nous tirerons argument en faveur de cette opinion de l'article 1293 du Code civil. Le paragraphe troisième de cet article déclare, en effet, que la compensation n'a pas lieu à l'égard d'une dette qui a pour cause des aliments déclarés insaisissables. La raison de cette disposition est facile à comprendre. « La loi, dit M. Rogron, s'opposant à ce qu'une pension alimentaire qui m'est due puisse être saisie par des tiers (art. 581 du Code civil) et employée à payer mes dettes, devait s'opposer aussi à ce que celui qui me la doit pût me la retenir sous prétexte que je suis son débiteur ; car ce serait une espèce de saisie qu'il ferait à l'aide de la compensation. » — Ce motif est entièrement applicable aux rentes sur l'Etat, qui sont, comme on le sait, déclarées insaisissables par les lois des 8 nivôse an 6 et 22 floréal an 7. Il est vrai que l'article 4 de la première de ces lois fait une exception en faveur du Trésor public ; mais ce n'est qu'à l'égard des débets de ses comptables. Hors ce cas, le Trésor ne peut pas, plus que les autres créanciers, saisir les rentes sur l'Etat appartenant à ses débiteurs.

12. La compensation légale ne pourrait donc pas être invoquée à l'égard desdites rentes pour la dette de contribution ; elle ne peut s'opérer que du consentement du contribuable, conformément à la loi du 14 avril 1819, qui autorise tout propriétaire d'inscriptions à en compenser les arrérages avec ses contributions ou celles d'un tiers. (Voir cette loi et l'ordonnance d'exécution rendue à la même date. 2ᵉ Partie, *Législation*, page 38.)

13. Les développements dans lesquels nous venons d'entrer ont dû suffire pour bien faire comprendre la portée de notre article 12, et nous ne croyons pas que le principe de droit commun qu'il établit ait besoin de plus amples explications. Cependant nous demanderons la permission d'exposer ici, comme se rattachant plus ou moins à l'application de ce principe, quelques difficultés que nous avons vu s'élever dans la pratique et dont l'examen pourra tout à la fois servir à montrer par quels minutieux embarras se trouve souvent entravée la perception de l'impôt, et à guider les agents du recouvrement dans l'exercice des droits qu'ils tiennent de la législation générale.

14. Comment doit agir le percepteur à l'égard d'un contribuable qui habite la seule maison qu'il possède et qui est d'ailleurs insolvable ? — Ce cas se présente plus fréquemment qu'on ne pourrait le penser au premier abord. Dans certaines localités pauvres, il existe des habitants qui sont en quelque sorte dans l'indigence et qui possèdent cependant une petite masure où ils résident avec leur famille. A part les outils de leur profession, ils n'ont le plus souvent aucun meuble, et ils ne sont pas même imposés à la contribution personnelle ; mais on ne peut s'empêcher de les comprendre dans le rôle de la contribution foncière, à raison de leur immeuble, quelque modique qu'en soit la valeur. Le percepteur ne pourrait donc pas demander pour eux la décharge de leur cote, comme ayant été *indûment imposée*. Cette décharge ne saurait guère d'ailleurs être accordée ; car, d'après la disposition de l'article 66 de la loi du 3 frimaire an 7, que nous avons eu occasion de rappeler ci-dessus, les particuliers ne peuvent s'affranchir du payement de la contribution foncière de leur propriété, qu'en faisant, par un acte spécial, abandon de cette propriété au profit de la commune. (Voir le *Commentaire* sur l'article 20.) Tant que cet abandon n'a pas eu lieu, le propriétaire doit être maintenu au rôle, et le percepteur ne peut se dispenser de réclamer l'impôt. Dans l'espèce, la cote n'ayant d'autre garantie que le fonds de la propriété elle-même, puisque celle-ci ne présente pas de revenu saisissable et que le contribuable ne possède non plus d'ailleurs aucun mobilier, c'est le cas, pour le percepteur, de réclamer près

du receveur des finances l'autorisation de poursuivre la saisie
immobilière. Que si ce comptable supérieur fait connaître que
cette poursuite ne peut pas être autorisée (ce qui arrivera presque
toujours d'après la répugnance de l'Administration à ordonner
l'expropriation forcée des immeubles imposés), alors le percepteur
procéderait, comme il est dit à l'article 78 du Règlement,
pour faire constater l'insolvabilité. (Voir le *Commentaire* sur cet
article.)

15. Un contribuable a vendu à un tiers une prairie de quelques
ares d'étendue avec un moulin qui y était construit. Il n'a pas fait
la déclaration de mutation. Le nouveau propriétaire enlève nui-
tamment les meules du moulin, en sorte que celui-ci est entièrement hors de service et ne donne plus de produit. La prairie a
quelques pâtures, mais le propriétaire y introduit des vaches qui
en paissent l'herbe à mesure qu'elle croît. Comment, dans ces circonstances, assurer le recouvrement de l'impôt foncier ? — Ce cas
rentre tout à fait dans le précédent, et il ne paraîtrait guère rester
au percepteur qu'à provoquer l'expropriation de l'immeuble,
comme nous le disions au n° 14. Nous remarquerons seulement
que, si les bestiaux qui paissent l'herbe de la prairie appartiennent au propriétaire du terrain, rien n'empêcherait le percepteur
de les faire saisir. Car nous n'avons pas besoin de rappeler que
les objets mobiliers peuvent être saisis même pour le recouvrement de la contribution foncière (Voir ci-dessus, n° 2.) Ce ne serait
donc que, dans le cas où les vaches n'appartiendraient pas au propriétaire de la prairie, qu'il paraîtrait, en effet, qu'il n'y a rien de
saisissable : car les foins ne sauraient être saisis avant leur maturité.

Mais, d'autre part, l'ancien propriétaire n'ayant pas fait opérer
la mutation, demeure responsable sans aucune difficulté, conformément à l'article 36 de la loi du 3 frimaire an 7. Par conséquent, le
percepteur pourrait, et il devrait même, si ce dernier est solvable, poursuivre contre lui le payement des cotes assises, en son
nom, sur la prairie et le moulin. (Voir le *Commentaire* sur l'art. 20,
n° 5.)

16. Une commune possède un marais communal dans lequel
chaque chef de famille a le droit de faire pâturer une jument ou
une vache, en payant un droit de marque. — Quelques chefs de
famille, n'ayant pas de bestiaux, cèdent leurs droits moyennant une
somme convenue entre eux et les concessionnaires. Or, dans le
nombre de ces chefs de famille et des cédants, il s'en trouve qui
sont redevables de contributions pour lesquelles ils n'offrent
aucun bien saisissable. Le percepteur se demande s'il n'y aurait

pas, dans le droit de jouissance exercé ou cédé par le redevable, quelque moyen d'obtenir le payement des cotes échues.

Les termes dans lesquels se présente cette question nous suggèrent d'abord une observation, qui touche moins à la matière des contributions qu'à la législation communale. Nous voulons parler du droit de marque, dont il s'agit dans l'espèce que nous examinons.

La loi ne reconnaît point aux communes le droit de percevoir des taxes pour la marque des bestiaux admis aux pâturages communs, et nous devons dès lors faire observer que, sous une pareille dénomination, le droit dont il s'agit manquerait de base légale; mais rien ne s'oppose à ce que les Conseils municipaux établissent, avec l'autorisation du gouvernement, des taxes pour la jouissance des pâturages communaux, parce que, dans ce cas, c'est véritablement le prix de location d'une propriété que la commune pourrait mettre en ferme : c'est un mode de jouissance que la législation autorise.

Il faut penser que, dans l'espèce, il s'agit au fond d'une taxe de cette nature, improprement désignée sous le nom de droit de marque, et à ce titre elle rentre dans la catégorie de celles qui sont prévues et autorisées par l'article 44 de la loi du 18 juillet 1837. (Voir cet article dans la deuxième Partie, *Législation*, p. 41.)

Cela admis, lorsque le redevable se présente pour payer au receveur sa taxe de pâturage, à l'effet d'introduire ses bestiaux dans le marais, ce dernier, en sa qualité de percepteur, pourrait-il, au lieu de lui délivrer quittance de cette taxe, en retenir le montant pour l'imputer sur la dette de contribution? Evidemment non. Comme nous l'avons établi dans le *Commentaire* sur l'article 8, n° 17, l'imputation des payements est facultative pour le débiteur (1).

Il ne pourrait pas davantage, comme nous l'avons entendu proposer, refuser de recevoir la taxe, de manière à empêcher le contribuable de conduire ses bestiaux au marais, et par cette privation l'obliger indirectement à acquitter sa cote d'impôt. Cette dernière mesure serait tout à fait arbitraire. L'habitant qui remplit les conditions exigées pour jouir des droits d'usage dans les biens communaux, ne peut être privé de l'exercice de ces droits sous le

---

(1) Il en serait de même pour des taxes d'affouages. Le percepteur ne pourrait pas, contrairement à la volonté du redevable, les appliquer au payement des cotes arriérées de l'impôt de ce dernier; mais il pourrait saisir les lots de bois qui lui reviennent. Il procéderait à cet égard comme nous le disons pour le cas dont nous nous occupons ici.

prétexte qu'il n'acquitte pas ses contributions directes; car la loi n'a pas fait du payement régulier de l'impôt une condition de la jouissance des biens communaux. Ce sont, en effet, deux choses tout à fait distinctes et qu'il n'est pas permis au percepteur de confondre. Il serait même, en cela, doublement blâmable, puisque la mesure qu'il prendrait comme percepteur, pour favoriser le recouvrement de l'impôt, nuirait à la rentrée de la taxe qu'il doit encaisser comme receveur municipal.

Mais, si le percepteur ne peut adopter aucun des deux moyens précités, il pourrait, quand le contribuable amène ses bestiaux au marais, se mettre en mesure de les saisir pour la dette de contribution, sauf à se conformer à l'article 592 du Code de procédure civile, qui déclare insaisissables une vache, ou trois brebis, ou deux chèvres, au choix du saisi. Il conviendrait pour cela que le comptable eût soin de se munir d'une contrainte contre le redevable, de lui faire commandement, et de prévenir le porteur de contraintes pour qu'il se tînt prêt à agir contre le contribuable récalcitrant.

C'est là, nous le pensons, la marche la meilleure, dans le cas où le redevable envoie ses bestiaux au pâturage.

Mais il arrive, dans quelques communes, que certains redevables cèdent leurs droits à d'autres habitants. Ne pourrait-on pas, dans ce cas, former une saisie-arrêt entre les mains de ces derniers pour les sommes dues par eux, comme prix de la cession du droit?

Une observation préalable se présente : c'est que le droit dont il s'agit ne devrait jamais être cédé, et c'est seulement par un abus que l'usage contraire a pu prévaloir dans ces localités. La loi du 28 septembre-6 octobre 1791 est formelle à cet égard. Elle porte que l'habitant ne saurait céder son droit à un tiers; et la raison en est simple : les droits d'usage sont les droits personnels à l'habitant, et dont il ne jouit qu'à certaines conditions. Or, une condition essentielle, quant il s'agit de pâturages, c'est d'être propriétaire de bestiaux. Quiconque n'en possède aucun, n'a pas de droit : il ne peut donc rien céder.

Par conséquent, le percepteur peut bien, si le cessionnaire se reconnaît débiteur, former une saisie-arrêt entre ses mains, ou lui adresser une sommation directe; mais il ne doit pas se dissimuler que, s'il fallait introduire une instance en validité de saisie, le Tribunal déciderait sans doute que ces sortes de traités entre les habitants et les prétendus cessionnaires ne peuvent devenir le fondement d'une obligation régulière dont le percepteur puisse se prévaloir, puisqu'ils sont entachés d'une nullité radicale, et que même, en sa qualité de receveur municipal, le comptable devrait se concerter avec le maire pour que l'entrée du marais fût refusée aux bestiaux.

Au surplus, il y aurait un moyen de faire cesser ces transactions illégales. Les cessionnaires ne pouvant, comme nous l'avons dit, être régulièrement substitués aux droits des usagers, ne sauraient continuer leur jouissance frauduleuse qu'en présentant leurs bes-- tiaux comme appartenant auxdits usagers et sous le nom de ces derniers. Dans ce cas, le percepteur devrait tenter de les saisir, puisque, de l'aveu du prétendu cessionnaire comme de celui de l'usager, c'est à celui-ci qu'ils sont censés appartenir. Le comptable serait certainement dans son droit pour exercer cette action. L'embarras où cette poursuite jetterait les deux parties procurerait sans doute le payement des contributions arriérées.

17. Un contribuable est resté jusqu'en 1876 sans payer ses contributions des années 1872, 1873, 1874 et 1875. Le percepteur avait cependant fait quelques poursuites pendant ce laps de temps; en 1873, il y avait eu garnison collective pour 1872 et l'année courante; en 1874, avant l'expiration de la troisième année, commandement de payer l'arriéré et le courant.

En 1875, le percepteur, pressé de faire le dépôt des rôles de 1872, fut conduit à faire lui-même l'avance de la portion due pour cette dernière année. En 1875 et 1876, les poursuites par garnison et par commandement, tant pour l'arriéré que pour le courant, continuèrent, mais sans amener aucun résultat, parce qu'elles n'allèrent pas jusqu'à la saisie et la vente des meubles.

Cependant les créanciers du contribuable, prévenus du mauvais état de ses affaires, se réunirent, et prirent avec lui un arrangement par suite duquel il les autorisait à tout vendre par eux-mêmes. Le percepteur fut appelé à faire connaître ce qui lui était dû, et il déclara toutes les contributions arriérées depuis 1872. Le montant de la dette ne fut pas contesté; mais un des créanciers observa que les percepteurs n'ont, d'après la loi, de recours que pendant trois ans contre les contribuables; qu'ils ne conservent aucun privilége pour le surplus, et que, par conséquent, dans l'espèce, on ne devait payer que les années postérieures à 1872.

Les créanciers confondaient ici évidemment deux choses bien distinctes, savoir : le droit du percepteur d'être payé comme tout autre créancier sur les deniers provenant des biens du contribuable, et le droit d'être payé par préférence à tous autres.

Or, aux termes de la loi du 3 frimaire an 7, les percepteurs sont déchus du droit même d'être payés d'aucune manière, lorsqu'ils sont demeurés trois ans sans faire de poursuites depuis la mise en recouvrement du rôle, ou bien lorsque, ayant commencé des poursuites, ils les ont suspendues pendant trois années (1). Quant au droit d'être payés *par privilége*, la loi du 12 novembre 1808 ne leur assure ce droit, comme nous l'avons vu, que pour l'année échue et l'année courante.

Ainsi, dans le cas qui se présente, les créanciers avaient tort de soutenir que le percepteur devait être déchu de tous droits pour l'année 1872 ; il avait fait des poursuites avant l'expiration des trois années ; il les avait même renouvelées plusieurs fois ; par conséquent, il n'avait pas encouru la prescription ; mais, pour cette année-là, il ne pouvait prétendre que d'être payé par concurrence avec les autres créanciers au prorata de la somme due ; il n'avait pas non plus d'autre droit pour 1873 et 1874. Mais pour 1875 et 1876, il devait, en outre, être payé par privilége, avant tout autre créancier, en vertu de la loi du 12 novembre.

Cette distinction fondamentale doit faire comprendre aux percepteurs l'importance qu'il y a pour eux à ne pas laisser arriérer les recouvrements au-delà de l'année échue ; car autrement ils perdent le privilége qui assure leur payement, et ils s'exposent par là à des non-valeurs qui restent à leur charge. En effet, lorsqu'ils n'ont plus que le droit d'être payés par concurrence avec les autres créanciers, ils courent de grands risques, par la raison qu'un contribuable qui a pu demeurer plus de deux ans sans payer ses contributions, malgré les contraintes décernées contre lui, est probablement mal dans ses affaires, et ses biens suffisent rarement à solder tous ses créanciers.

Nous croyons donc qu'il est de l'intérêt bien entendu des percepteurs de ne laisser jamais écouler la deuxième année d'un exercice sans poursuivre jusqu'à la vente, s'il est nécessaire, le payement de l'année échue, pour ne pas perdre leur privilége.

18. Les faits qui ont donné lieu à la question que nous venons d'examiner présentent une circonstance sur laquelle nous croyons utile de fixer l'attention des comptables. On a vu que, dans la réunion des créanciers, il y avait eu un arrangement d'après lequel le contribuable avait autorisé ceux-ci à vendre ses biens par eux-mêmes, afin d'éviter que les frais judiciaires n'absorbassent une partie de l'avoir. Des conventions de cette nature ont lieu quelquefois entre les créanciers ; mais il faut que tous y consentent. Or, le percepteur, qui est créancier comme les autres, pourrait s'opposer à l'arrangement, s'il craignait que cette vente amiable ne fût nuisible à ses intérêts ; car tout créancier a droit de faire

---

(1) Voir le *Commentaire* sur l'article 18.

exproprier le débiteur, et les autres créanciers ne peuvent que former opposition sur les deniers provenant de la vente. (Art. 609 du Code de procédure civile.) Ce ne serait donc que sous sa responsabilité personnelle que le percepteur souscrirait à un arrangement de la nature de celui dont nous parlons, à moins qu'il n'en obtînt l'autorisation du receveur des finances sous l'autorité duquel il est placé.

ARTICLE 13.

Tous fermiers et locataires sont tenus de payer, à l'acquit des propriétaires ou usufruitiers, la contribution des biens qu'ils tiennent à ferme ou à loyer, et peuvent être poursuivis comme les propriétaires eux-mêmes.

Les propriétaires ou usufruitiers sont tenus de recevoir les quittances du montant de ces contributions sur le prix des fermages et loyers, à moins que les fermiers ou locataires n'en soient chargés par leur bail.

ARTICLE 13 *bis*.

Les propriétaires peuvent, dans les limites et sous les conditions fixées par l'Administration, déléguer le payement de l'impôt -foncier à un certain nombre de fermiers ; toutefois, ils n'en restent pas moins soumis personnellement aux poursuites du percepteur, lorsque l'intérêt du recouvrement l'exige.

1. L'obligation imposée aux fermiers et locataires par l'article 13 a été écrite dans les premières lois qui ont établi la contribution foncière : celle du 1er décembre 1790 en faisait expressément mention, et cette disposition a été confirmée par toutes les lois subséquentes, comme nous aurons occasion de le faire ressortir plus positivement ci-après. Il était naturel, en effet, que pour mieux assurer le recouvrement de l'impôt, assis sur les fonds de terre et les propriétés bâties, le gouvernement en rendît garants ceux qui les premiers, et avant les propriétaires eux-mêmes, devaient avoir entre les mains les fruits et revenus qui servent de base audit impôt et qui sont spécialement affectés à son privilége. Comme il fallait bien que le Trésor eût le droit, en cas de non payement des

cotes échues, de saisir les récoltes et les loyers, on est arrivé au même résultat par une voie plus prompte, en constituant les fermiers débiteurs personnels de l'impôt concurremment avec les propriétaires, et en les obligeant à le payer aux mêmes époques et de la même manière que ces derniers.

Mais quelle est précisément l'étendue de cette obligation ?

1° Les fermiers peuvent-ils être contraints de payer, à la décharge du propriétaire, les cotes foncières dues par ce dernier, même antérieurement à leur entrée en jouissance, ou seulement celle de l'année courante ?

2° Ne sont-ils tenus de payer que jusqu'à concurrence du montant de leurs fermages, et seulement à l'époque de l'échéance des termes, ou bien sont-ils assujettis à faire l'avance de l'impôt, sauf à retenir au propriétaire, sur le prix du bail, les sommes payées par eux à sa décharge ?

3° Si le fermier a régulièrement payé au propriétaire les termes échus de ses fermages, avant que le percepteur ait fait à son égard aucune diligence, peut-il être contraint néanmoins à payer les contributions dues par anticipation sur les loyers à échoir ?

3. Ces questions ont été débattues dans une contestation sur laquelle est intervenu un jugement du Tribunal de première instance de Nantes. Nous allons rapporter ce jugement avec les faits qui y ont donné lieu, et en combattant sur quelques points la décision du Tribunal, nous aurons occasion de bien préciser le caractère de l'obligation imposée aux fermiers et de résoudre par cela même les questions que nous venons de poser.

Mlle Rivière-Déshéros devait ses contributions foncières de l'année 1831. Au mois d'avril 1832, le percepteur n'ayant pu être payé d'elle, s'est adressé à M. Decoussy, fermier des immeubles imposés au nom de ladite demoiselle, et il a fait saisir ses meubles. Le fermier a formé opposition et actionné le percepteur devant le Tribunal civil, pour faire annuler la saisie, prétendant qu'il ne devait rien à sa propriétaire, et qu'il ne pouvait pas être tenu à faire l'avance du prix de son fermage pour le payement des contributions dues. Il se fondait surtout sur les dispositions de la loi du 12 novembre 1808, qui semblent n'obliger les fermiers au payement de la contribution que jusqu'à concurrence des sommes qu'ils doivent ou qu'ils ont entre les mains.

Remarquons, dès à présent, que la poursuite contre le fermier avait lieu au mois d'avril 1832, et qu'il s'agissait de contributions pour 1831. Nous insistons sur cette circonstance dont nous aurons à nous occuper plus tard.

Le Tribunal de Nantes, saisi de cette contestation, a examiné :

1° S'il était constant que le sieur Decoussy ne devait rien au propriétaire ?

2° Si, dans tous les cas, les lois sur la matière autorisaient la poursuite des contributions foncières contre les fermiers, et obligeaient ceux-ci à en faire l'avance pour le compte des propriétaires ?

3° Enfin, s'il y avait lieu de valider la saisie et d'ordonner qu'il serait passé outre à la vente ?

Le jugement a été rendu dans les termes suivants :

« LE TRIBUNAL, etc.;—Considérant que le sieur Decoussy est fermier de biens immeubles ruraux appartenant à la demoiselle Rivière-Déshéros ;

« Que cette demoiselle devait bien réellement les contributions exigées par l'Administration, et que ce n'est qu'après avoir légalement été mis en demeure de les payer que le sieur Decoussy a été saisi dans une partie de son mobilier ;

« Considérant que, fût-il justifié (ce qui n'est pas) que le sieur Decoussy ne devait rien à la demoiselle Rivière-Déshéros au moment qu'on l'a sommé de payer les contributions dont il s'agit, il n'en aurait pas moins dû déférer à ce commandement ;

« Qu'en effet il résulte de l'article 8 de la loi du 17 brumaire an 5, que les fermiers sont tenus de faire l'avance des contributions pour leurs propriétaires, sauf à s'en faire rembourser ou à les retenir sur le prix de leurs fermages, ce qui prouve que le fermier doit verser provisoirement aux mains du percepteur les contributions assises sur la propriété dont il jouit, qu'il soit d'ailleurs libéré ou non envers son propriétaire ;

« Que l'article 147 de la loi du 3 frimaire an 7 ne déroge point non plus aux lois précitées de l'an 5 ; qu'il est dans la nature même des choses que les fruits d'un immeuble soient affectés aux payements des contributions mises sur cet immeuble, et que l'Administration s'adresse au fermier qui perçoit les fruits et qui représente sous ce rapport le propriétaire ;

« Que l'article 2 de la loi du 12 novembre 1808 n'a point évidemment le sens abrogatif que lui suppose le sieur Decoussy ; que ces mots *sur le montant des fonds qu'ils doivent, ou qui sont en leurs mains,* ne se rapportent qu'aux dépositaires des redevables, et non aux fermiers dont parlent les lois de l'an 5 et de l'an 7 ;

« Que l'article 1er de la loi du 18 avril 1831 prouverait encore au besoin que rien n'a changé à cet égard, puisqu'il porte que les 30 centimes ajoutés à la contribution foncière, pour l'année 1831,

seront payés *en entier* directement (comme pour les contributions ordinaires) par les fermiers, qui donneront pour comptant dans le payement du prix de leurs baux, la moitié des sommes qu'ils justifieront *avoir payées* pour l'acquit de 30 centimes,
rédaction qui emporte nécessairement l'idée qu'antérieurement
à l'échéance du fermage le fermier avait fait l'avance de la contribution ;

« Considérant que, puisqu'aux termes des lois précitées, le fermier devait *directement* à l'Administration, et était *tenu* de lui
payer, en l'acquit du propriétaire, les contributions exigibles,
l'Administration ne pouvait procéder par voie de saisie-arrêt, et
qu'il n'était pas besoin d'un jugement prononçant préalablement
une condamnation contre le fermier ;

« Qu'enfin le payement fait (depuis la saisie) par ou pour la
demoiselle Rivière-Déshéros ne porte aucune atteinte à la validité de cette saisie, autorisée, dans l'origine, par l'injuste résistance du sieur Decoussy, qui devrait encore les frais de poursuites
occasionnés par cette résistance ;

« En premier lieu, déboute le sieur Decoussy de son opposition
et de ses conclusions, ordonne qu'il sera, conformément à la loi,
passé outre à la saisie dont il s'agit, et condamne le sieur Decoussy
aux dépens, etc. (13 avril 1832.) »

Par ce jugement, le Tribunal de Nantes, comme on voit, a décidé
en principe que les fermiers sont tenus d'avancer la contribution
due par les propriétaires des biens qu'ils tiennent à ferme, lors
même qu'ils se sont libérés envers ces derniers par le payement
de leurs fermages. La justesse de cette décision ne saurait être
contestée en thèse générale ; mais, dans l'espèce, le Tribunal nous
paraît en avoir fait une fausse application, faute d'avoir admis une
distinction qui nous semble essentielle et qui n'a été, il est vrai,
indiquée jusqu'à ce jour par aucun auteur, bien que, selon nous,
elle résulte formellement des dispositions de la loi. Nous appelons
l'attention sur ce point, parce que nous avons la confiance que la
solution que nous proposons ci-après est la seule qui explique
d'une manière exacte et satisfaisante le véritable caractère de
l'obligation des fermiers.

4. Il s'agissait, dans l'espèce jugée par le Tribunal de Nantes, non
pas de la contribution de l'année courante, mais de contributions
arriérées : le Tribunal n'a pas distingué, et il a condamné simplement le fermier à payer ces contributions. Or, nous pensons qu'il
y avait à faire ici une distinction fondamentale. En effet, la loi a
bien pu vouloir obliger le fermier, qui allait faire la récolte de
l'année, à payer, par avance et à la décharge du propriétaire, la

contribution assise précisément sur les fruits à recueillir, mais non pas le contraindre à payer indéfiniment toutes les contributions arriérées qui pourraient être dues par le propriétaire. Il n'y aurait pas même d'équité dans une telle mesure : le fermier qui a la récolte à faire, et qui n'a pas encore dû payer ses fermages, puisqu'ils ne sont pas échus (1), a dans ses propres mains de quoi solder l'impôt, et le Trésor, en lui demandant la cote foncière due par le propriétaire, ne l'expose à aucun risque à l'égard de ce dernier, puisqu'il est garanti du remboursement de ses avances par la faculté, qui lui est accordée, de les retenir sur les sommes qu'il devra lui-même au propriétaire, pour le montant de ses fermages. Mais, si l'on exigeait du fermier le payement des contributions arriérées de l'année précédente, n'est-il pas évident que ses intérêts seraient gravement compromis, et qu'il resterait soumis, sans garantie, à une foule de chances désavantageuses? Car, si le percepteur, par exemple, n'a fait aucune poursuite pendant l'année qui a précédé, le fermier que rien n'a averti que les contributions étaient encore dues, a pu payer ses fermages en entier, et se dessaisir ainsi de bonne foi des sommes qui seules auraient formé sa garantie.

Au surplus, le texte des lois est, dans cette circonstance, entièrement d'accord avec ce que l'équité semble prescrire. Pour le démontrer, nous rapporterons textuellement toutes les dispositions légales où se trouve rappelée l'obligation imposée aux fermiers de payer l'impôt foncier, à la décharge du propriétaire :

5. *Loi du 2 thermidor an 3 (art. 9).* — Les fermiers dont le prix des baux est stipulé payable en argent, seront tenus d'*avancer* ladite moitié payable en nature (2).

Loi du 3 nivôse an 4. — Les fermiers qui auront acquitté la contribution foncière pour les propriétaires, en exécution de la loi du 2 thermidor an 3, ne pourront en faire la retenue au propriétaire qu'aux différentes époques de l'échéance du fermage et en proportion du montant de chaque payement.

Loi du 18 brumaire an 5 (art. 8). — Les fermiers seront tenus de faire l'*avance* des contributions pour leurs propriétaires, sauf

(1) Lorsque le fermier paye ses fermages par anticipation, c'est une convention particulière entre le propriétaire et lui, dont le Trésor ne doit pas tenir compte ; car le premier devait savoir que la contribution étant privilégiée sur les fruits à recueillir, il ne pouvait lui être loisible d'anéantir ce privilége par un acte privé. (Voir ci-après, n° 12.)

(2) En l'an 3, la contribution foncière était payable, par moitié, en argent et en nature.

à s'en faire rembourser ou à les retenir sur le prix de leurs fermages.

Loi du 18 *prairial an* 5 (*art.* 27). — Les fermiers des biens ruraux et usines payeront la contribution foncière pour et à la décharge des propriétaires, sauf à précompter, s'il y a lieu, sur le prix de leurs fermages, les sommes qu'ils auront *avancées*.

Loi du 3 *frimaire an* 7 (*art.* 147). — Tous fermiers ou locataires seront tenus de payer, à l'acquit des propriétaires ou usufruitiers, la contribution foncière pour les biens qu'ils auront pris à ferme ou à loyer, et les propriétaires ou usufruitiers de recevoir le montant des quittances de cette contribution pour comptant sur le prix des fermages ou loyers, à moins que le fermier ou locataire n'en soit chargé par son bail.

On a vu en quels termes la loi du 12 novembre 1808 parle de cette obligation des fermiers : nous aurons occasion plus loin d'y revenir.

Enfin, la loi du 18 avril 1831, qui avait ordonné que, pour cette année, il serait ajouté temporairement trente centimes au principal de la contribution foncière, lesquels seraient payés par moitié par le propriétaire et le fermier, contient la disposition suivante :

« Le payement (de ces trente centimes) en sera fait en entier directement, *comme pour les contributions ordinaires*, par les fermiers, qui donneront pour comptant, dans le payement du prix de leurs baux, la moitié des sommes qu'ils justifieront avoir payées pour l'acquit de ces trente centimes, »

6. Il suffit de la lecture attentive de ces textes pour se convaincre que, dans l'obligation que la loi a imposée aux fermiers de payer les contributions assises sur les immeubles qu'ils tiennent à ferme, elle n'a jamais entendu parler que de la contribution de l'année courante. La loi dispose, en effet, constamment dans ce sens qu'il y aura *avance* de la part du fermier, qui s'en remboursera sur le montant du fermage : cela suppose évidemment que le fermage est à échoir, c'est-à-dire qu'au moment où la contribution est exigible le fermier ne devait pas encore au propriétaire le prix de sa ferme ; de sorte que la loi, en l'obligeant au payement de la cote foncière du propriétaire, lui impose véritablement une *avance* de la contribution de l'année imputable sur les fruits à recueillir et garantie par eux.

La loi du 3 nivôse an 4 ne laisse aucun doute à cet égard par le soin qu'elle prend de régler la manière dont le fermier, dans le cours de l'année, payera les termes échus du fermage. Enfin, une dernière considération démontre jusqu'à l'évidence que l'obligation du fermier ne doit pas s'étendre aux années arriérées. Lorsqu'à l'expiration d'un bail le fermier est remplacé par un autre fermier, la question s'est élevée de savoir qui, du fermier entrant ou du fermier sortant, devait payer la contribution de l'année? Il pouvait sembler, au premir abord, que le fermier sortant, ayant recueilli la récolte, devait solder l'impôt. Cependant la Cour de cassation, par un arrêt du 18 août 1813, et la Cour royale de Paris, par un arrêt du 31 décembre 1816, ont décidé autrement cette question, en déclarant que la contribution foncière devait être payée par le fermier entrant sur les fruits de l'année courante. Les motifs de ces décisions ont été que la récolte de chaque année était légalement affectée au payement de la contribution de l'année même, et que, depuis son établissement, cette contribution est acquise à partir du 1er janvier de chaque année, par *avance*, sur les fruits à récolter.

Or, d'après ces décisions, si l'on appliquait aux fermiers la jurisprudence du Tribunal de Nantes, c'est-à-dire si on les contraignait à payer les contributions arriérées, même quand ils ne doivent rien au propriétaire, il en résulterait que le fermier entrant, et qui ne doit encore aucun fermage, pourrait être tenu de payer les contributions des années antérieures à sa jouissance, c'est-à-dire d'une époque à laquelle il n'avait pas la qualité de fermier, qui seule, cependant, constitue pour lui l'obligation de payer l'impôt à la décharge du propriétaire; de sorte qu'en définitive les fermiers ne pourraient prendre un immeuble à bail, sans être exposés le lendemain de leur entrée en jouissance, à solder l'arriéré de deux ou même de trois années de contributions remboursables sur le prix de leur fermage dont la durée peut être, d'ailleurs, assez courte pour qu'ils ne trouvent pas même à rentrer dans leurs avances.

Évidemment ce résultat est inadmissible, et telle n'a pas pu être l'intention du législateur. Que le fermier puisse être contraint d'*avancer* les contributions de l'année, rien de mieux, puisqu'il se remboursera sans peine des deuzièmes qu'il aura payés, et que, d'ailleurs, comme il est dépositaire des fruits affectés au privilége du Trésor, il est naturel qu'il soit garant du payement de l'impôt. Mais il y aurait injustice à le rendre responsable et à lui faire solder des contributions assises sur des récoltes ou des revenus qu'il n'a pas recueillis, ou qui ont pu sortir régulièrement de ses mains.

7. Le Tribunal de Nantes a donc fait ici une fausse application des lois de la matière. Aussi, pour établir un système, il lui a fallu nier le texte formel de la loi du 12 novembre 1808, et c'est ce qu'il

a fait dans le sixième *considérant* de son jugement. En effet,. comme le sieur Decoussy soutenait que l'article 2 de cette loi avait abrogé implicitement toutes les dispositions des lois antérieures relatives à l'obligation des fermiers, le Tribunal, pour détruire cet argument, a établi : que « l'article 2 de la loi du 12 novembre 1808 n'avait pas le sens abrogatif que lui supposait le sieur Decoussy; que ces mots *sur le montant des fonds qu'ils doivent, ou qui sont entre leurs mains*, ne se rapportaient qu'aux dépositaires et débiteurs des redevables, et non aux fermiers dont parlent les lois de l'an 5 et de l'an 7. »

Il suffit, de relire l'article 2 de la loi pour reconnaître qu'il y a erreur dans ce considérant du jugement; cet article ne porte-t-il pas, en propres termes : « Tous *fermiers*, locataires, receveurs, économes, notaires, commissaires-priseurs et autres dépositaires et débiteurs de deniers provenant du chef des redevables et affectés au privilége du Trésor public, seront tenus, sur la demande qui leur en sera faite, de payer, en l'acquit des redevables et *sur le montant des fonds qu'ils doivent ou qui sont entre leurs mains*. jusqu'à concurrence de tout ou partie des contributions dues par ces derniers? » Comment dire, en présence de ce texte si clair, si positif, que la disposition qu'il contient ne s'applique pas aux fermiers?

Que signifieraient donc ces expressions : *tous fermiers*, et pour qui auraient-elles été mises dans la loi? Il n'y a pas plus de raison d'admettre, comme le Tribunal, que l'article s'applique aux dépositaires et débiteurs qu'aux fermiers et locataires; car les uns et les autres sont dans l'article en termes aussi formels : ainsi, il faut de deux choses l'une: ou passer complétement sous silence la loi du 12 novembre 1808, comme si elle n'existait pas, ou bien l'admettre franchement avec toutes ses dispositions.

8. Mais, s'il n'est pas possible de méconnaître la loi du 12 novembre, faut-il en tirer la conséquence que le sieur Decoussy voulait en déduire dans l'espèce, et conclure de la disposition de l'article 2 que toutes les lois antérieures relatives aux fermiers sont abrogées, et que ces derniers ne sont obligés, comme tous les autres dépositaires et débiteurs des contribuables, à payer la contribution que jusqu'à concurrence des sommes qu'ils doivent? Nous ne le pensons pas, et il suffirait, pour justifier cette opinion, de renvoyer à la loi du 18 avril 1831, ci-dessus indiquée, qui rappelle, en termes exprès, l'obligation imposée aux fermiers de faire l'avance de la contribution due par la propriété affermée.

La loi du 12 novembre 1808 peut parfaitement se concilier avec les lois antérieures, si l'on admet la distinction que nous avons établie plus haut entre la contribution de l'année courante et celle qui peut être due pour les années précédentes.

La loi de 1808 a eu pour objet de régler d'une manière générale le privilége du Trésor sur les biens des contribuables; elle a ordonné que ce privilége s'exercerait *pour l'année échue et l'année courante*, et elle a donné une action directe au percepteur contre les dépositaires et débiteurs des sommes affectées au privilége. D'un autre côté, les lois que nous avons rapportées et qui sont évidemment confirmées par celle du 18 avril 1831, prescrivent aux fermiers de faire l'*avance* de la contribution due par leur propriétaire, et nous avons conclu des termes de ces lois qu'elles ne s'appliquaient qu'à la contribution de l'année courante. C'est un privilége particulier, une extension du privilége général établi par la loi de 1808. Le Trésor, qui a le droit de se faire payer par privilége pour toutes les natures de contributions, et par tous dépositaires et débiteurs, les cotes dues pour l'année échue et l'année courante, a, en outre, en ce qui concerne la *contribution foncière*, le droit particulier de poursuivre personnellement les fermiers pour les contraindre à faire l'avance, au compte du propriétaire, des contributions de l'année courante; mais lorsqu'il ne s'agit plus de l'*année courante*, le privilége particulier cesse, et alors les fermiers ne sont plus soumis qu'à l'effet du privilége général.

Or, ce privilége s'étendant à *l'année échue*, il fallait bien que la loi de 1808 mentionnât les fermiers, aussi bien que les autres dépositaires et débiteurs des contribuables; car ils doivent être, comme eux, soumis à l'action directe du percepteur pour le payement des contributions dues *pour l'année échue, jusqu'à concurrence des sommes qu'ils ont entre les mains*. Autrement, il aurait fallu les poursuivre par voie de saisie-arrêt. L'art. 2 de la loi du 12 novembre 1808, en mentionnant les fermiers, ne commettait donc pas une erreur, comme paraît le croire le Tribunal de Nantes, puisque la disposition de cet article leur est véritablement applicable en ce qui concerne le privilége de l'année échue; il n'abrogeait pas non plus, comme le prétendait M. Decoussy, les lois antérieures relatives à l'obligation imposée aux fermiers et locataires de faire l'avance de la contribution pour l'année courante : ce qui est prouvé par la loi du 18 avril 1831.

Ainsi, nous avons raison de dire que la loi de 1808 se concilie parfaitement avec toutes les dispositions des autres lois relatives à l'obligation des fermiers.

9. En résumé, nous pensons, et ceci répond à nos deux premières questions, que les percepteurs ne peuvent agir contre les fer-

miers pour le payement de la contribution foncière que de la manière suivante :

1° Pour l'*année courante*, le percepteur peut contraindre les fermiers à payer, *par avance*, sur le prix de leurs fermages ou loyers, le montant des douzièmes échus, à la décharge du propriétaire. (*Lois citées au commencement de cet article.*)

2° Pour l'*année échue*, le percepteur peut également poursuivre directement les fermiers, mais seulement jusqu'à concurrence des sommes qu'ils doivent au propriétaire. (*Loi du* 12 *novembre* 1808.)

3° Enfin, s'il s'agissait d'années antérieures à l'année échue et l'année courante, le percepteur ne pourrait plus agir que par voie de saisie-arrêt pour obtenir la délivrance des sommes que le fermier aurait entre les mains appartenant au propriétaire, par la raison que, dans ce dernier cas, il n'y a plus de privilége d'aucune espèce, et que le fermier est comme un dépositaire ordinaire.

10. On a fait à ce système l'objection suivante : « Vous établissez que le fermier ne peut être poursuivi que pour l'année courante, et que, par conséquent, le percepteur ne serait pas autorisé à faire saisir les meubles de ce dernier pour le payement des contributions de l'année échue, s'il justifiait par des quittances régulières qu'il a acquitté ses fermages. Cependant la contribution foncière étant assise sur les récoltes, le percepteur doit pouvoir les faire saisir, même pour l'année échue, puisque la loi du 12 novembre 1808 lui assure à cet égard un privilége sur les fruits. Ce privilége cesse-t-il parce qu'il y a un fermier ? »

Il ne faut pas perdre de vue l'objet de notre discussion. Il s'agit de savoir dans quel cas et de quelle manière le fermier peut être poursuivi personnellement pour la contribution des biens qu'il tient à ferme. Nous disons *personnellement*, parce que le fermier, comme nous l'avons rappelé, a un double caractère : il est d'abord, comme détenteur d'objets mobiliers appartenant au contribuable, soumis aux poursuites générales autorisées par la loi du 12 novembre 1808 contre les tiers débiteurs et détenteurs ; et ensuite, à raison de sa qualité de fermier, il est exposé à une action particulière et personnelle. Dans le premier cas, la poursuite n'est en quelque sorte qu'indirecte, en ce sens qu'elle n'a lieu, à son égard, qu'à l'occasion des sommes qu'il doit au propriétaire ou des objets mobiliers provenant de ce dernier, et dont il est détenteur ; de sorte que s'il ne devait rien, où s'il ne se trouvait détenteur d'aucune valeur mobilière venant du chef du contribuable, il ne pourrait pas être poursuivi ; dans le second cas, la poursuite est directe et personnelle, et peu importe qu'il soit libéré envers le propriétaire, qu'il ne soit détenteur d'aucun objet mobilier provenant de ce dernier, il n'en est pas moins tenu d'*avancer* la contribution foncière. Dans le premier cas, il n'a, d'après la langue du droit, qu'une obligation *réelle*, c'est-à-dire qu'il est débiteur pour le compte d'un autre et seulement à l'occasion de valeurs qui sont entre ses mains; dans le second cas, l'obligation est *personnelle*, c'est-à-dire qu'il est obligé pour son propre compte et personnellement (1).

Ce n'est que de cette dernière obligation que nous avons à nous occuper ici, et nous croyons avoir prouvé que le percepteur ne pourrait contraindre le fermier et faire saisir ses meubles que pour l'année courante. Quand il s'agit de saisir les récoltes, on sent que l'action n'a plus le même caractère. Ce n'est pas, en effet, contre le fermier, mais contre le propriétaire qu'elle est dirigée; de sorte que le fermier est considéré à leur égard, non pas sous sa qualité de fermier, mais comme détenteur d'objets provenant du contribuable. En d'autres termes, et pour expliquer plus clairement encore la distinction que nous établissons, posons un exemple :

11. Un contribuable doit la contribution foncière de 1875 et les termes de 1876. Ce propriétaire a un fermier. Le percepteur veut faire saisir les récoltes; contre qui agira-t-il? Sera-ce contre le propriétaire lui-même ou contre le fermier? Pour que le privilége ait tout son effet, c'est contre le propriétaire qu'il doit diriger les poursuites, car le propriétaire est le débiteur principal; c'est lui dont le nom est inscrit au rôle; en affermant sa terre, il n'a pu transmettre au fermier, et celui-ci n'a pu acquérir les récoltes présentes et à venir que sous l'affectation du privilége du Trésor. Dans ce cas donc les récoltes répondent de l'année échue comme de l'année courante, en vertu de l'article 1er de la loi du 12 novembre 1808. Les récoltes étant un produit de la propriété imposée, le fermier est considéré à leur égard comme détenteur, et il est soumis à toutes les conséquences du privilége du Trésor sur lesdites récoltes. Mais supposons que, par une circonstance quelconque, les récoltes ne suffisent point pour payer la contribution de l'année échue et de l'année courante, le percepteur pourra encore poursuivre personnellement le fermier sur son propre mobilier; mais seulement dans ce cas, pour l'année courante, comme nous l'avons établi ci-dessus. A l'égard des fruits, en effet, c'est un tiers détenteur d'objets mobiliers qui proviennent du chef

---

(1) Voir, au *Commentaire* sur l'article 4, n° 7, ce que nous disons de l'*action personnelle* et de l'*action réelle.*

du propriétaire, puisqu'ils sont le produit de la propriété; et
alors, quelle que soit l'année de la contribution, le fermier est obligé
d'en souffrir la saisie jusqu'à due concurrence; mais, à l'égard de
son propre mobilier, qui n'a jamais appartenu au propriétaire et
qui ne provient pas du chef de ce dernier, il est évident que ce
n'est qu'en sa qualité de fermier, laquelle donne contre lui au
percepteur une action personnelle, qu'il pourrait être saisi; et
c'est alors, c'est-à-dire quand il est poursuivi directement et à
cause de son titre de *fermier*, qu'il n'est tenu que pour la contribution de l'année courante.

12. Si l'on a bien voulu suivre avec attention les développements
dans lesquels nous venons d'entrer, on en déduira naturellement
la solution de la troisième question que nous nous sommes posée
au commencement de ces remarques; à savoir, si le fermier qui,
de bonne foi et avant toute diligence du percepteur, a payé ses
fermages, peut être contraint en vertu du privilége du Trésor?

La distinction que nous avons faite entre l'année échue et l'année courante doit encore ici servir de règle. Dans le premier cas,
en effet, le fermier ne devant être considéré que comme un tiers
détenteur, et n'étant, à ce titre, obligé de payer à la décharge du
propriétaire que jusqu'à concurrence des sommes qu'il a entre les
mains, il est clair que, dès qu'il s'est de bonne foi libéré du montant de ses fermages, sa qualité de détenteur a cessé, et qu'on ne
saurait l'obliger au payement des cotes échues; c'était au percepteur à faire ses diligences en temps utile. Mais il en est autrement
quand il s'agit de l'année courante. Ici, en effet, ce n'est plus
comme débiteur du propriétaire, comme tiers détenteur de sommes lui appartenant, mais comme *fermier*, qu'il est tenu à l'égard
du Trésor; c'est une obligation personnelle. Par conséquent, il n'y
a pas à s'occuper de la question de savoir s'il a ou non acquitté
ses fermages, et s'il est libéré envers le propriétaire.

Lors même que ce payement aurait été incontestablement fait
de bonne foi, que la quittance en serait régulière et d'une date
antérieure aux poursuites du percepteur (ce qui exclurait tout
soupçon de fraude), le fermier n'en resterait pas moins soumis,
en son propre et privé nom, à payer par douzièmes échus l'impôt
dû pour la terre qu'il tient à ferme. Dans le cas même où il aurait
payé ses fermages par anticipation, en exécution d'une clause
d'un bail authentique, ce serait là une convention particulière
entre le propriétaire et lui, qui est étrangère au Trésor et dont il
a voulu courir la chance. Il devait savoir que la contribution
étant privilégiée sur les fruits à recueillir, il ne pouvait lui être
loisible d'anéantir ce privilége par un acte privé. Il ne pourrait

ARTICLES 13 ET 13 *bis* 267

donc pas se plaindre que ses intérêts sont lésés; car nul n'est sensé ignorer la loi. C'est en ce sens qu'un arrêt du Conseil d'Etat, en date du 15 octobre 1826 (2ᵉ Partie, *Jurisprudence*, page 122), a décidé que les acquéreurs de plusieurs coupes successives de bois, et qui en avaient payé le prix d'avance, restaient soumis au payement de l'impôt. Evidemment le Conseil d'Etat a considéré l'acquisition des coupes à venir, pour plusieurs années successives, comme ayant les caractères d'un bail, et il a appliqué aux acquéreurs les règles relatives aux fermiers. (Voir le *Commentaire* art. 11, n° 18.) Nous sommes porté à tirer les mêmes conséquences de l'arrêt par lequel la Cour de cassation a jugé, le 6 juillet 1852 (2ᵉ Partie, *Jurisprudence*, page 155.), que pour l'application du § 1ᵉʳ de l'article 1ᵉʳ de la loi du 12 novembre 1808 il n'y a pas à distinguer si les biens ont changé de maître ou s'ils sont restés aux mains du propriétaire. S'il est vrai, en principe, qu'une convention particulière n'a pu empêcher que le revenu restât affecté au payement de l'impôt, il en doit être ainsi au cas de bail comme au cas de vente.

Ainsi, par ce seul fait que la loi l'a soumis à une obligation directe et personnelle pour le payement de l'impôt de la terre qu'il exploite, sans considération des sommes qu'il doit ou devra au propriétaire, nous regardons comme indubitable que le fermier ne peut pas opposer aux poursuites du percepteur les payements qu'il aurait faits par anticipation, même de bonne foi, au propriétaire. Libéré valablement envers celui-ci, il n'en reste pas moins l'obligé du Trésor, sauf son recours et l'action en répétition contre le propriétaire pour l'impôt qu'il aura payé à sa décharge.

13. Il en serait de même de toute autre circonstance particulière au fermier, et qui tendrait à diminuer les droits du Trésor; comme si, par exemple, le propriétaire se trouvant actuellement débiteur du fermier, celui-ci avait stipulé dans son bail la compensation de sa créance avec le prix de ses fermages à échoir. Cette stipulation, bonne pour les parties entre elles, ne pourrait pas être opposée au Trésor. Cela a été décidé formellement pour la Régie, par un arrêt de la Cour de cassation du 3 janvier 1809.

14. La même décision s'appliquerait encore au cas où le propriétaire aurait, même avec le consentement du fermier, délégué à un tiers le prix des loyers. Cette délégation, quoique faite par acte régulier et ayant une date certaine antérieure aux poursuites, n'éteindrait pas les droits du Trésor à l'égard du fermier.

15. Des principes que nous venons d'exposer, il résulte que l'obligation du fermier de faire l'avance de la contribution ne peut s'entendre que de l'impôt foncier de l'immeuble qu'il

tient spécialement à ferme; c'est-à-dire que si l'on suppose un propriétaire possédant plusieurs terres louées à divers fermiers, chacun de ces fermiers ne serait directement et personnellement responsable que de l'impôt de la terre à lui affermée; de telle sorte qu'à l'égard de la contribution des autres terres du même propriétaire, il ne pourrait être soumis qu'à une saisie-arrêt sur les sommes dont il se trouverait débiteur pour ses propres fermages. Il importe au percepteur qui ne veut pas s'engager dans des poursuites irrégulières, de ne pas perdre de vue cette distinction essentielle. A l'égard de la terre qu'il tient à ferme, le fermier est débiteur personnel de l'impôt et, comme nous l'avons dit, il doit en faire l'avance pour l'année courante. Mais, à l'égard des autres terres, comme il n'en est pas le *fermier*, il ne saurait être tenu aux obligations particulières qui résultent de cette qualité : ce n'est donc qu'autant qu'il a entre les mains des sommes appartenant au propriétaire qu'il peut être, comme tout autre tiers détenteur, soumis à l'action du percepteur; et encore celui-ci ne pourrait-il agir contre lui que par voie de saisie-arrêt; car, dans ce cas, le Trésor n'aurait pas de privilège, puisqu'il s'agirait de fermages provenant d'un immeuble autre que celui dont la contribution est due. (Voir le *Commentaire* sur l'art. 11, n° 22.)

16. Nous ferons observer en passant, au sujet de cette double action qui peut être exercée contre le fermier, que, dans le cas où celui-ci, par suite d'une saisie-arrêt pratiquée par le percepteur, aurait vidé ses mains du prix de ses fermages, pour la contribution d'une terre du même propriétaire autre que celle qui lui est affermée, il ne pourrait plus être contraint à faire l'avance de l'impôt de sa propre ferme, comme dans les cas ordinaires.

Si nous avons dit plus haut que le fermier qui s'est libéré du montant de ses fermages n'en est pas moins soumis à faire l'avance de la contribution de l'année, cela ne peut évidemment pas s'appliquer au cas où c'est au Trésor lui-même qu'il a payé, à la décharge du propriétaire, une portion d'impôt dont il n'était pas personnellement responsable. Il est clair que, dans la circonstance, le Trésor se trouverait constitué en mauvaise foi et serait non-recevable à vouloir faire payer deux fois au fermier le prix de son fermage. C'est ici le cas d'appliquer la régle de l'imputation des payements (voir le *Commentaire* sur l'art. 8, n° 17), et le devoir du percepteur aurait été, si le fermier, par ignorance ou par oubli de ses droits, avait omis de le demander, d'appliquer avant tout le montant des fermages à la contribution afférente à la terre tenue par ledit fermier.

17. La solution donnée dans le n° 15 ci-dessus serait, selon nous, également applicable au cas où il s'agirait non plus de plusieurs terres appartenant au même propriétaire et affermées à diverses personnes, mais d'un seul domaine exploité en plusieurs portions par differents fermiers. Chacun d'eux ne serait responsable que de la portion d'impôt afférente à la portion de terre qu'il a affermée.

Une seule objection pourrait être faite contre cette opinion : c'est la difficulté qu'il y aurait à distinguer dans la cote d'impôt assise sur le domaine entier, la quote-part de chacune des portions occupées par les divers fermiers. Mais cette objection trouverait une réponse facile dans une mesure adoptée d'abord par l'administration des finances et sanctionnée plus tard législativement, dont c'est ici le lieu de parler avec quelques détails.

18. Une décision ministérielle, en date du 7 avril 1819, avait donné aux propriétaires la faculté de diviser leur cote foncière entre leurs fermiers et de charger ceux-ci de payer en leur acquit, chacun au prorata de la portion de biens qu'il tenait à ferme. Cette disposition n'était pas moins dans l'intérêt du Trésor que dans celui du propriétaire lui-même ; car elle avait pour objet de rendre la perception moins gênante pour ce dernier et en même temps plus prompte pour le percepteur, qui, lorsque le contribuable ne résidait pas sur les lieux, trouvait ainsi un représentant substitué à sa dette ; mais elle n'avait pas tardé à être poussée à l'abus dans l'application. Les propriétaires en sont venus à considérer cette faculté comme un droit, et ont successivement élevé des prétentions plus ou moins embarrassantes pour le service de la perception.

19. L'Administration, en face de ces difficultés, a cru d'abord pouvoir en triompher par de simples mesures réglementaires. Elle se trouvait autorisée à prendre ces mesures par cette considération que la faculté de diviser la cote foncière entre les fermiers pour le payement de l'impôt n'était pas un *droit* pour le propriétaire, mais une facilité que l'Administration lui accordait, et qu'elle pouvait lui retirer dès qu'elle deviendrait trop gênante pour le service, sans qu'il pût être fondé à se plaindre. La décision ministérielle du 7 avril 1815 n'était qu'une instruction pour les agents de la perception, qui ne liait en aucune manière le Trésor, et que l'Administration pouvait modifier dans toutes les circonstances où elle le jugerait nécessaire à l'intérêt du recouvrement.

20. C'est aussi ce qu'elle avait fait par une circulaire du 20 février 1838, qui est encore utile à reproduire, parce qu'elle sert,

en quelque sorte, d'exposé de motifs à la loi du 4 août 1844, bien qu'elle n'ait eu pour but que de déterminer les rapports des propriétaires et des percepteurs, pour l'exécution de la décision du 7 avril 1819 :

« L'Administration des finances a constamment recommandé, par des Instructions générales et particulières, d'apporter dans le recouvrement de l'impôt direct tous les ménagements et de procurer aux contribuables toutes les facilités qui ne pourraient nuire aux intérêts du Trésor. Ainsi, des tempéraments sont accordés aux redevables hors d'état de se tenir au courant des douzièmes échus. Les percepteurs se prêtent, autant que possible, aux convenances particulières, aux usages locaux, aux circonstances difficiles, et des avis officieux et réitérés doivent toujours précéder l'emploi des moyens de contrainte. C'est dans le même esprit de condescendance que l'Administration avait autorisé les percepteurs, lorsque des propriétaires auraient mis leur propre contribution foncière à la charge d'un certain nombre de fermiers, à recouvrer directement sur ces fermiers la somme portée au rôle à l'article des propriétaires.

« Mais cette dernière facilité a, sur quelques points, dégénéré en abus : au lieu de restreindre leurs délégations à un nombre peu considérable, les propriétaires ont réparti leur cote sur la totalité de leurs fermiers ou locataires; de telle sorte qu'un seul article de rôle s'est trouvé quelquefois divisé entre vingt-cinq ou cent individus, auxquels le percepteur avait à réclamer, tous les mois, le payement du douzième de la portion d'impôt laissé à la charge de chacun d'eux.

« Dans les départements où cet usage s'est introduit, les percepteurs n'ont trouvé d'autre moyen de suivre le recouvrement des articles du rôle ainsi subdivisés, que celui de former, à l'aide des listes de répartition établies par les propriétaires, des sommiers ou rôles particuliers sur lesquels ils inscrivent les fermiers et locataires, avec la portion de contribution afférente aux biens que chacun d'eux tient à ferme ou à bail; c'est sur ces rôles auxiliaires et non officiels, que les percepteurs sont, la plupart du temps, obligés d'émarger les payements qui leur sont faits, à défaut d'un espace suffisant sur le rôle général, à l'article du propriétaire imposé.

« Les inconvénients de cette marche sont faciles à saisir :

1° Elle impose aux percepteurs un travail considérable qui n'est point exigé par la loi, et elle jette dans leur comptabilité une confusion qui ne permet d'établir leur situation qu'au moyen de rapprochements pénibles, et souvent d'un appel de quittances devenu presque impraticable, par la multiplicité des parties versantes;

2° Elle oblige ces comptables à recouvrer l'impôt sur un rôle qui n'a aucune authenticité, ni aucun caractère légal, puisqu'il n'est ni confectionné par le directeur des contributions directes, ni homologué par le préfet;

« 3° Enfin, elle s'oppose à ce que les percepteurs puissent émarger en *toutes lettres*, sur les rôles officiels, à côté des articles respectifs, et au moment de la recette, les différents payements qui leur sont faits, disposition prescrite formellement par l'article 141 de la loi du 3 frimaire an 7.

« D'après ces explications, vous concevrez, Monsieur le préfet, l'impossibilité où se trouve l'Administration de tolérer plus longtemps un état de choses irrégulier, qui ne peut s'appuyer sur aucune des lois de la matière.

« Ce serait à tort, en effet, qu'on voudrait induire de l'article 147 de la loi du 3 frimaire an 7, que la faculté de déléguer à des tiers le payement de l'impôt foncier est écrite dans la loi. Cet article oblige les fermiers à payer la contribution foncière des biens qu'ils occupent, en l'acquit des propriétaires, et par là il les constitue débiteurs personnels de l'impôt, concurremment avec ces derniers; mais il ne faut voir dans cette disposition qu'une double garantie, un double recours que le législateur a voulu donner au Trésor, et non pas un privilège qui conférerait aux propriétaires le droit de substituer d'autres débiteurs à leurs obligations personnelles. Les conventions qu'un propriétaire peut avoir faites avec ses fermiers ou locataires ne l'empêchent pas de demeurer le débiteur direct de la cote pour laquelle il est inscrit au rôle : c'est à lui seul que les avertissements doivent être adressés, c'est lui qui reste passible personnellement de toutes les mesures de contrainte que les retards de payement rendraient nécessaires.

« C'est dans ce sens que la loi a toujours été entendue et expliquée par l'Administration, lorsqu'elle a été consultée à l'occasion des difficultés locales dont je viens d'indiquer l'objet. Dès l'année 1829, l'un de mes prédécesseurs, M. le comte Roy, a répondu à plusieurs préfets qui désiraient être fixés sur l'interprétation à donner à l'article 147 de la loi du 3 frimaire an 7, que cet article, conçu dans l'intérêt du recouvrement, ne reconnaissait pas aux propriétaires le droit de substituer d'office leurs fermiers à leurs propres obligations, pour le payement de l'impôt foncier; qu'une pareille substitution ne pouvait être admise par les percepteurs qu'à titre de tolérance et qu'autant que les propriétaires se feraient représenter par un fort petit nombre de fermiers. Il serait difficile, en effet, que ce nombre prît de l'extension sans que les inconvénients qu'on a énumérés plus haut vinssent se reproduire, et sans que les percepteurs fussent dans l'impossibilité de se conformer exactement à la disposition de la loi qui leur prescrit d'émarger en toutes lettres, à l'article du rôle de chaque redevable, les différents payements qu'ils en reçoivent dans le courant de l'année. Je me suis donc arrêté à cette interprétation de la loi qui m'a paru concilier toutes les convenances, et je m'y suis référé, dans ma correspondance, lorsque la question m'a été soumise.

« Il existe cependant des départements où les propriétés sont tellement divisées, où le payement de la contribution foncière par les occupants est tellement passé dans les habitudes du pays, qu'il serait difficile d'amener les propriétaires à renoncer à ce mode de libération, ou seulement à limiter le nombre de leurs délégations à un petit nombre de fermiers. Pour les départements où cette coutume est généralement établie, et où les fermiers et les locataires sont substitués de fait aux propriétaires pour le payement de l'impôt, il a été trouvé un moyen de concilier les convenances locales avec les exigences du service : ce moyen consiste à comprendre, dans le rôle général qui est dressé par les soins du directeur des contributions directes, et homologué par le préfet, les délégations présentées par les propriétaires. Dans ce système, il est ouvert autant d'articles distincts au nom d'un propriétaire que celui-ci a de fermiers et de locataires payant leur cote-part de l'impôt foncier du bien à eux donné à location. Chaque article relate, à la fois, le nom du propriétaire, celui de l'occupant et le détail des contributions dont ce dernier est constitué débiteur, tant de son chef que pour le compte du propriétaire; et le percepteur se trouve ainsi pourvu, contre les occupants, d'un titre exécutoire qui lui offre toute latitude pour faire les émargements prescrits par la loi.

Ce mode suffit pour faire disparaître toute difficulté; mais il est évident que les frais extraordinaires de confection des rôles qu'il occasionne ne pourraient être mis régulièrement à la charge du budget, c'est-à-dire de la généralité des contribuables, puisque cette augmentation de dépense résulte d'une situation particulière et exceptionnelle; ce serait alors la localité dans l'intérêt de laquelle le travail aurait été fait qui devrait en supporter les frais, au moyen d'une allocation spéciale de fonds que voterait le le Conseil général. C'est ainsi que déjà les choses se passent dans quelques départements où l'usage de répartir l'impôt foncier sur les fermiers et les locataires a pris une grande extension. Dans ces localités, l'Administration prête le concours des directeurs et des contrôleurs des contributions directes pour confectionner les matrices, établir les rôles et les avertissements, et pour recueillir les nombreuses mutations qui surviennent chaque année; elle impose aux percepteurs le travail considérable qu'entraîne la nécessité de recouvrer l'impôt et de poursuivre les retardataires; et, de leur côté, les Conseils généraux votent, chaque année, sur les fonds départementaux, la somme nécessaire pour indemniser les agents de la Direction des frais extraordinaires de confection des rôles. Le surcroît de travail des percepteurs reste ainsi sans rétribution, et il n'est pourvu qu'au payement de la dépense matérielle du service.

En résumé, monsieur le préfet, l'Administration ne saurait se montrer facile au-delà de ces obligations légales, et pousser la condescendance au point de consentir au maintien de délégations indéfinies, qui amèneraient du désordre et de la confusion dans la comptabilité; qui substitueraient à des rôles authentiques et exécutoires des rôles particuliers, dressés par les percepteurs, le plus souvent d'une manière informe, et qui rendraient la surveillance beaucoup plus difficile. En conséquence les propriétaires doivent être avertis que les percepteurs sont autorisés à refuser les délégations de cotes qui leur seraient offertes, si ces délégations s'appliquaient à un nombre d'occupants trop considérable pour que les émargements sur le rôle pussent être faits successivement et en toutes lettres, à l'article du contribuable. Il demeure entendu, d'ailleurs, que l'Administration se montrera toujours empressée de prêter le concours de ses agents pour faire comprendre, avec les distinctions nécessaires, dans les rôles, les répartitions de cotes foncières, toutes les fois que ce concours lui sera réclamé dans l'intérêt d'un département, et que le Conseil général aura voté la dépense que cette opération pourra réclamer. »

21. Les principaux inconvénients signalés par cette Circulaire étaient la multiplicité des délégations, la nécessité pour les percepteurs de dresser eux-mêmes des rôles auxiliaires dépourvus d'authenticité, enfin, la confusion produite dans l'émargement. L'article 6 de la loi de finances du 4 août 1844 nous paraît y avoir très heureusement remédié, tout en évitant de contrarier des habitudes depuis longtemps formées : « tout propriétaire ou usufruitier ayant plusieurs fermiers dans la même commune et qui voudra les charger de payer à son acquit la contribution des biens qu'ils tiennent à ferme ou à loyer, devra, dit cet article, remettre au percepteur une déclaration indiquant sommairement la division de son revenu imposable entre lui et ses fermiers. — Cette déclaration sera signée par le propriétaire et par les fermiers. — Si le

nombre des fermiers est de plus de trois, la déclaration sera transmise au directeur des contributions directes qui opérera la division de la contribution, et portera dans un rôle auxiliaire la somme
à payer par chaque fermier. — Les frais d'impression et de confection de ce rôle seront payés par les déclarants, à raison de
5 centimes par article. » Ainsi, les propriétaires ont un droit absolu à faire des délégations de contributions sur leurs fermiers;
mais, d'autre part, ils supportent les frais de confection d'un rôle
auxiliaire où les émargements ont lieu sans difficulté.

23. D'après les Circulaires des 21 septembre et 26 octobre 1844
et l'article 81 de l'Instruction générale des finances, les propriétaires qui veulent user de ce droit, ont à remettre leurs déclarations au percepteur dans le mois de décembre au plus tard ; celles
qui parviendraient au directeur des contributions postérieurement au 5 janvier, n'auraient d'effet que l'année suivante.

Les déclarations servent tant qu'elles n'ont pas été retirées
ou modifiées par de nouvelles déclarations faites dans la même
forme.

24. Pour les déclarations qui ne contiennent pas au-delà de trois
délégations, le percepteur fait lui-même le partage de la contribution proportionnellement au revenu compris dans chacune de
ces délégations. Il continue d'émarger, à l'article du propriétaire,
dans le rôle général, les payements successifs qui lui sont faits,
soit par le propriétaire, soit par les fermiers. L'inspecteur et le
contrôleur des contributions directes sont chargés de vérifier
l'exactitude des calculs faits par les percepteurs.

Les déclarations qui comprennent quatre délégations et au-
dessus sont adressées par le percepteur au directeur des contributions directes qui dresse un rôle auxiliaire par commune. Ce
rôle auxiliaire est transmis par la voie ordinaire au percepteur,
qui y émarge les payements effectués par les fermiers et en reporte, chaque mois, le total à l'article des propriétaires dans le
rôle général.

25. L'article 6 de la loi du 4 août 1844 n'a en réalité pour but
que de régler une mesure d'ordre ; il a été expliqué, dans le rapport fait à la Chambre des députés, le 26 juillet 1844, qu'il
n'affaiblissait pas la responsabilité des propriétaires et n'appor-
tait aucun changement aux principes de la législation en matière
d'impôt. Les propriétaires ne seraient donc nullement recevables
à prétendre que la délégation donnée par eux sur leurs fermiers
les met eux-mêmes à l'abri de toute demande de la part du percepteur, de sorte que celui-ci ne pourrait s'adresser à eux qu'après
avoir exercé contre les fermiers des poursuites menées jus-

qu'à leur dernier terme, et cependant restées sans résultat. Le Trésor n'a pas changé de débiteur et la délégation dont parle l'article 13 *bis* ne constitue qu'une simple indication faite par le contribuable d'une personne qui doit payer à sa place, laquelle, aux termes de l'article 1277 du Code civil, ne décharge pas la personne directement obligée. Si donc le percepteur constate que le recouvrement sur le fermier est incertain et peut donner lieu à des frais de poursuites inutiles qui resteraient en définitive à la charge du propriétaire, il est convenable qu'il avertisse ce dernier et l'invite à acquitter lui-même l'impôt, puisque la délégation qu'il a faite demeure sans effet. Au cas de refus, le propriétaire aurait à supporter, outre le principal de l'impôt, tous les frais occasionnés par la nécessité d'établir l'insolvabilité de son délégataire.

La question s'était élevée dès avant la loi du 4 août 1844; elle était implicitement résolue, comme on l'a pu voir par la Circulaire ci-dessus rapportée du 20 février 1838; mais, d'ailleurs, le Ministre des finances l'avait traitée à fond dans une lettre écrite à M. le préfet des Deux-Sèvres, le 17 décembre 1831, et dont voici le texte :

« Monsieur le préfet, par votre lettre du 23 novembre dernier, vous m'avez fait connaître que plusieurs paopriétaires de l'arrondissement de Parthenay, dont le domicile est éloigné du département des Deux-Sèvres, prétendaient ne pouvoir être poursuivis qu'après que les fermiers qu'ils auraient désignés aux percepteurs comme étant chargés de payer les contributions dues sur chacune de leurs propriétés, auraient eux-mêmes été soumis, à défaut de payement, à tous les degrés de poursuites.

« En me faisant aussi connaître que ces contribuables se fondent sur une décision ministérielle du 7 avril 1819, vous me demandez si elle existe réellement et si vous devez vous y conformer.

« Cette dernière décision, Monsieur le préfet, n'a eu pour objet que d'indiquer la marche qui pourrait être suivie dans le département de la Seine-Inférieure, lorsque les propriétaires délégueraient leurs fermiers pour le payement des contributions; mais elle n'a point établi de règle générale et absolue qui puisse s'appliquer aux autres départements, et qui ôte aux percepteurs la faculté que leur donne la loi, de s'adresser, pour le payement de l'impôt foncier, soit aux fermiers délégués, soit aux propriétaires eux-mêmes.

« Quoi qu'il en soit, lorsqu'un propriétaire ne réside pas dans la perception où il est imposé pour plusieurs immeubles, le percepteur peut consentir à ce qu'il divise sa cote entre un certain

nombre de fermiers; dans ce cas, ce comptable doit se faire indiquer la somme assignée sur chaque fermier, et avoir soin de s'assurer que les délégations sont acceptées. Mais cette substitution
ne dégage point le contribuable des obligations personnelles que
la loi lui impose, et il n'en reste pas moins assujetti aux poursuites qui peuvent devenir nécessaires pour assurer les droits de
l'Etat.

« J'ajouterai que si tous les fermiers, ou quelques-uns d'entre
eux, n'acquittent pas volontairement les douzièmes échus des
contributions dont ils sont respectivement chargés, le percepteur
peut exercer contre eux les poursuites ordinaires, afin d'éviter
les lenteurs qui auraient lieu s'il s'adressait d'abord au propriétaire résidant à une distance éloignée de la perception; mais si ces
poursuites restent sans effet, le propriétaire peut être actionné au
lieu de son domicile, *même avant que tous les degrés de poursuites soient épuisés*, suivant la marche tracée par l'article 59 du
Règlement de 1824 *sur les poursuites*. »

Ces principes nous paraissent encore applicables; le percepteur
devra savoir se retourner contre le propriétaire dès que l'insolvabilité du fermier ou locataire lui apparaîtra clairement.

On a demandé si la taxe des biens de mainmorte pourrait,
comme la contribution foncière, faire l'objet d'une division de cote
entre les fermiers, quand ils sont au nombre de plus de trois. L'affirmative ne paraît pas douteuse, puisque la taxe des biens de
mainmorte est assise sur les mêmes biens et se recouvre de la
même manière que la contribution foncière.

26. Nous avons examiné ci-dessus (n°s 12 et suiv.) les droits du
Trésor à l'égard des fermiers, dans les diverses positions particulières où ceux-ci peuvent se trouver placés. Nous nous sommes
notamment occupé du cas où le même domaine est exploité par
plusieurs fermiers (n° 17); mais nous n'avons rien dit de l'hypothèse opposée, c'est-à-dire de celle où le même fermier tient à bail
plusieurs terres appartenant à différents propriétaires.

Que, dans ce cas, le fermier soit responsable, pour la contribution de chacun de ces domaines suivant les règles ci-dessus établies, ce n'est pas là ce qui peut faire question. Mais, en supposant, ce qui arrive souvent, que le fermier n'ait qu'une seule grange
où il enferme confusément les récoltes provenant de ces diverses
terres, comment le percepteur exercera-t-il le privilège du Trésor?
Lorsqu'il s'agira uniquement de contraindre le fermier à faire
l'avance de l'année courante, il n'y aura à son égard aucune difficulté; le fermier, dans ce cas, étant débiteur personnel de l'impôt,
comme nous l'avons établi (n° 10), le percepteur pourra indifférem-

ment saisir les récoltes appartenant au fermier, quelle que soit la terre d'où elles proviennent; mais, s'il s'agit de l'année échue ou même si, pour l'année courante, d'autres créanciers du fermier se présentent, le Trésor ne pouvant alors faire valoir son privilége que sur la récolte provenant spécialement de la terre à laquelle se rapporte la cote foncière qui donne lieu à la poursuite, il y a nécessité de distinguer parmi les fruits engrangés confusément. Or, comment faire cette distinction ?

Basnage, qui parle de ce cas, pour établir le privilége des deux propriétaires, n'est pas arrêté par cette difficulté. Il pense qu'on peut arriver à constater par commune renommée le nombre ou la quantité des fruits provenant de chaque ferme. Nous croyons aussi que ce genre de preuve, qui n'est pas du reste nouveau dans notre droit (voir les art. 1415 et 1504 du Code civil, qui le consacrent formellement), pourrait, à défaut d'autres, être admis dans l'espèce.

27. Dans la discussion à laquelle nous nous sommes livré jusqu'ici sur l'exécution de l'article 13, nous n'avons parlé que des *fermiers*, sans mentionner les *locataires* de maisons, bien que l'article les confonde dans la même disposition : c'est que nous pensons que si, en général, et à beaucoup d'égards, les locataires peuvent être assimilés aux fermiers quant au privilége du Trésor, il est un point essentiel sur lequel il n'est pas possible de leur appliquer la même règle. Nous voulons parler de l'obligation imposée aux fermiers de faire *l'avance* de la contribution lors même qu'ils ne doivent encore aucune somme au propriétaire pour le prix de leur fermage, ou qu'ils ont payé ce prix par anticipation. A notre avis, le Trésor n'a pas, à l'égard des locataires de maisons, un pareil privilége; il n'a que le droit de se faire remettre par ceux-ci, sur la simple demande du percepteur, à la décharge du propriétaire, les termes de loyers dont ils peuvent être débiteurs. En un mot, nous pensons qu'ils ne sont tenus que comme tout autre tiers détenteur et, conformément à l'article 2 de la loi du 12 novembre 1808 (Voir le *Commentaire* sur l'art. 14), que jusqu'à concurrence des sommes qu'ils ont entre les mains; de sorte qu'ils ne sauraient être poursuivis par le percepteur, s'ils se sont valablement libérés envers le propriétaire, fût-ce même par anticipation, si toutefois ce payement anticipé a été fait de bonne foi et à une date certaine, antérieure aux poursuites (1).

---

(1) Voir, à l'égard de la valeur des actes faits sans fraude, au préjudice du privilége du Trésor, ce que nous disons au *Commentaire* sur l'article 11, n° 18, au sujet de la vente du mobilier du contribuable.

28. Prenons, pour asseoir notre raisonnement, l'exemple d'un cas qui se présente fréquemment :

Le propriétaire d'une maison a acquitté, au 1ᵉʳ septembre 1875, les termes échus à cette époque de son impôt foncier. Dans le même mois, les locataires acquittent entre ses mains le montant de leurs loyers, qui, d'après l'usage établi dans la contrée, sont payables *d'avance*, moitié au 1ᵉʳ septembre, et moitié à Pâques. Peu de temps après, le propriétaire devient insolvable et ne paye pas à l'échéance les termes échus de sa cote foncière.

Le percepteur peut-il recourir contre les locataires, bien que ces derniers ne doivent plus rien au propriétaire ? Peut-il exciper contre eux de ce que leur libération anticipée a rendu illusoire le privilége que le Trésor a invoqué, et se prévaloir des dispositions dont nous avons parlé plus haut en ce qui concerne les fermiers ?

Sur la question de libération anticipée, remarquons d'abord que, dans l'espèce, la libération *par avance* du locataire ne peut être en aucune manière contestée, sous le rapport des règles du droit commun, comme étant *indûment* faite au préjudice des tiers. C'est en vertu de l'usage des lieux, usage qui, comme on sait, en matière de location, fait foi devant les Tribunaux, que le locataire s'est libéré; c'était une obligation pour lui de le faire. Il n'y a donc pas là, légalement parlant, payement par anticipation, c'est-à-dire payement de ce qui n'était pas exigible, et c'est au contraire le cas d'appliquer la règle de l'article 1753 du Code civil, qui, en disposant, à l'égard du propriétaire dont la maison est sous-louée par un principal locataire, que le sous-locataire ne pourra exciper des payements faits par anticipation, ajoute que *les payements faits par le sous-locataire, soit en vertu d'une stipulation portée en son bail, soit en conséquence de l'usage des lieux, ne sont pas réputés faits par anticipation.*

29. Quant à l'application aux locataires des lois relatives aux fermiers, nous avons dit que nous ne la croyons pas possible: examinons sur quels arguments l'opinion contraire pourrait s'étayer. On dira peut-être : « Si le fermier est obligé personnellement au payement de l'impôt, par cela seul qu'il est détenteur naturel des fruits nés et à naître sur l'immeuble imposé, pourquoi soustraire à la même obligation le locataire qui, jouissant d'une maison, est évidemment aussi le détenteur des fruits que produit cette maison ? S'il faut admettre que ce dernier, lorsque ses loyers sont acquittés d'avance, ou qu'il les compense avec une créance antérieure, ou encore lorsqu'il est logé gratuitement, ne peut être tenu au payement de l'impôt foncier, pourquoi donc ne pas accorder, dans les mêmes conditions, la même faveur au

fermier, dont la position d'ailleurs semblerait peut-être susceptible d'un plus grand intérêt; car le fruit qu'il peut se promettre de l'immeuble affermé est exposé à des chances, tandis que la jouissance du locataire est certaine? — Ou plutôt, si l'on décide, à l'égard de l'un, qu'il doit toujours être obligé de payer à l'acquit du propriétaire, parce que, soit en soldant ses loyers d'avance, soit en les compensant avec une créance antérieure, il n'a pu ignorer que, dans l'un et l'autre cas, il se remboursait sur des objets soumis au privilége du Trésor, et qu'il ne peut dépendre de lui d'anéantir ce privilége ou de le détourner à son profit; pourquoi ne pas le décider également à l'égard de l'autre, puisque, sous ce rapport, la position de tous d'eux est évidemment la même? D'un autre côté, la législation ne met-elle pas formellement sur la même ligne, pour l'obligation dont il s'agit, et les fermiers et les locataires ? L'article 147 de la loi du 3 frimaire an 7 ne porte-t-il pas : « *Tous fermiers ou locataires seront tenus de payer, à l'acquit des propriétaires ou usufruitiers, la contribution foncière pour les biens qu'ils auront pris à ferme ou à loyer;* » disposition reproduite presque textuellement par l'article 13 du Règlement? »

A ces objections la réponse nous paraît toute simple :

Est-il bien vrai, d'abord, que la similitude de position du fermier et du locataire soit telle que, sans une anomalie aussi choquante qu'injuste, il faille nécessairement reconnaître que tous deux doivent être soumis à la même obligation?

Sans doute, le locataire d'une maison peut, jusqu'à un certain point, être, de même que le fermier, considéré comme le détenteur naturel du gage affecté au privilége du Trésor : cependant, à cet égard même, il y a une distinction bien importante à faire. Le fermier, outre le prix de son fermage, qui, comme le loyer du locataire, est affecté à la garantie de la contribution, est détenteur d'un gage réel et certain, de la conservation duquel il est spécialement chargé, c'est-à-dire des fruits nés et à naître sur l'immeuble imposé : le locataire est simplement débiteur du prix de son loyer; il n'a d'ailleurs entre les mains aucun autre objet sur lequel le Trésor ait un privilége spécial et qu'il lui soit possible d'enlever à l'action du percepteur : il n'est détenteur que de la jouissance essentiellement insaisissable de la maison imposée. D'autre part, le fermier, à bien dire, ne peut être considéré comme un simple occupant; c'est plutôt l'associé, le gérant du propriétaire, dont il cultive le fonds ; c'est lui qui administre réellement la propriété affermée, et qui en est en quelque sorte l'usufruitier. Le locataire, au contraire, ne gère en rien la maison ou l'appartement qu'il prend à loyer; de fait, comme de droit, la maison reste toujours sous l'administration directe du propriétaire. Enfin, tandis que le prix du fermage n'est qu'un moyen de spéculation pour le fermier, le prix de la location, si légitime qu'il soit, n'est qu'une charge pour le locataire, en tant que l'habitation ne sert qu'à son logement et à celui de sa famille; et quand il veut en faire un moyen de spéculation, y former un établissement de commerce ou y exercer son industrie, la patente, dont est dispensé le fermier, vient l'atteindre. Sous tous les rapports donc, l'équité serait blessée que la même responsabilité qui pèse sur le fermier de biens ruraux pesât également sur le locataire de maisons,

Si l'on considère d'un autre côté, et cette considération n'est pas la moins grave de toutes, que le plus souvent la location d'une maison qui ne fait l'objet que d'un seul article de rôle, est divisée entre plusieurs locataires; que, de plus, ces locataires étant à courts termes, peuvent être remplacés plusieurs fois dans le cours d'une même année, il faut reconnaître que, dans la plupart des cas, la division entre eux de la cote d'impôt foncier, ainsi que les poursuites à exercer, deviendraient ou impossibles ou injustes; tandis qu'il y a toute facilité de recourir sur le fermier qui en général détient à lui seul la propriété affermée, et dont la jouissance d'ailleurs ne peut être moindre que d'une année.

Enfin, si on sort de ces considérations générales pour chercher dans le texte des lois la solution de la question, on reconnaîtra que les objections que nous examinons reposent sur une interprétation erronée de la législation existante.

La loi du 3 frimaire an 7 met, il est vrai, sur la même ligne *les fermiers* et *les locataires* pour l'obligation de payer l'impôt foncier en l'acquit du propriétaire, mais il faut bien faire attention qu'elle laisse tout entière la question de savoir si les uns comme les autres y sont tenus personnellement au lieu et place du propriétaire, ou seulement sur les fonds dont ils seraient débiteurs.

Ce n'est pas de cette disposition que nous avons induit l'obligation personnelle du fermier de faire *l'avance* de la contribution, mais d'un grand nombre de dispositions législatives spéciales aux fermiers, et qui n'enjoignent textuellement qu'à eux seuls de faire *l'avance* de la contribution foncière des immeubles qu'ils tiennent à ferme.

Nous ne reviendrons pas sur ces lois; mais si l'on veut bien s'y reporter et en peser attentivement les expressions, on ne pourra pas s'empêcher d'en conclure que cette obligation de faire *l'avance* de la contribution foncière, sans qu'il y ait sommes dues, n'existe qu'à l'égard des fermiers. — Pour les locataires, ils restent sous l'application des dispositions générales de la loi du 3 frimaire an 7 et de celle du 12 novembre 1808; ce n'est que comme détenteurs de loyers, c'est-à-dire qu'autant qu'*il y a sommes dues,* qu'ils peuvent être tenus de l'impôt à la décharge du propriétaire. L'art. 6 de la loi du 4 août 1844, en n'autorisant la délégation du payement de l'impôt foncier qu'aux fermiers, à l'exclusion des locataires, confirme encore cette décision.

30. On fera sans doute remarquer, en sens contraire, que dans les localités où, d'après l'usage local, les loyers sont payés d'avance, les garanties du Trésor pourront se trouver sensiblement diminuées. Nous reconnaissons que cet inconvenient existera dans certains cas.

Mais d'abord il faut observer, ce qu'on perd trop souvent de vue dans les questions de cette nature, et ce que nous avons déjà eu ailleurs occasion de faire remarquer, que c'est la loi même qui a voulu qu'il en fût ainsi. Du moment qu'elle a refusé au Trésor un privilége sur l'immeuble lui-même, en ne lui réservant qu'un droit sur les revenus, elle l'a volontairement privé de la garantie la plus certaine. Il faut donc se résigner à un état de choses qui est la conséquence de la loi elle-même, qui a jugé que, dans la circonstance, l'intérêt du Trésor ne devait pas prévaloir sur celui des particuliers.

31. Cependant il est un cas dont nous n'avons pas particulièrement parlé, et à l'égard duquel nous avouerons avoir éprouvé un moment d'hésitation : c'est celui où il s'agit d'un *principal locataire,* c'est-à-dire d'un preneur qui occupe par lui, ou par ceux auxquels il sous-loue, une maison toute entière; il administre l'immeuble, il l'exploite, il en perçoit les fruits par des sous-locations : en un mot, il est dans une position à peu près identique à celle du fermier. Ici, nous en convenons, la raison et l'intérêt du Trésor sembleraient d'accord pour rendre commune à l'un et à l'autre l'obligation personnelle de payer l'impôt foncier au lieu et place du propriétaire, et par *avance,* avant même qu'il y ait sommes dues par eux à ce dernier. Mais, quelle que fût la convenance de cette assimilation, il faut en revenir à dire qu'aucun texte de loi ne l'autorise. Or, en matière de privilége, tout est de droit étroit, et on ne saurait procéder par induction et par analogie. Cette considération a entraîné notre conviction; et nous nous résumons à penser que, quels que puissent être le caractère et l'étendue de la location, le privilége particulier dont jouit le Trésor à l'égard des fermiers ne saurait être étendu aux locataires de maison, même quand il s'agit d'un *principal locataire.*

32. Au surplus, pour revenir à notre espèce, le percepteur, dans le cas dont nous avons parlé, ne serait pas entièrement privé de moyens d'action. En effet, pour éviter que le locataire ne payât par anticipation, il aurait incontestablement le droit, même avant l'échéance des loyers, d'user de la faculté que l'article 2 de la loi du 12 novembre 1808 lui attribue, de demander la remise des sommes appartenant au redevable et d'empêcher que ces loyers ne soient payés entre les mains de ce dernier.

Par exemple, un contribuable doit quatre ou cinq douzièmes de sa contribution foncière; l'époque où, suivant l'usage des lieux, les loyers sont avancés par le locataire, approche, le percepteur a des craintes que le contribuable ne les reçoive sans acquitter l'impôt. En s'opposant au payement des loyers avant l'époque où ils doivent être payés (V. le *Comm.* sur l'art. 14, n° 39), il mettra le contribuable dans l'impossibilité de faire disparaître le gage de l'impôt pour ce qu'il peut déjà devoir, et de cette manière il sera toujours facile d'empêcher l'accumulation de la contribution.

33. Mais il peut arriver que le contribuable se soit mis au courant avec le percepteur, que par conséquent aucun terme de l'impôt ne soit dû à l'époque où le loyer va être touché d'avance; le comptable pourra-t-il également faire arrêt sur ce loyer pour les termes de l'impôt *à échoir?* (Voir le *Commentaire* sur l'art. 88.)

Sur ce point, la question présente plus de difficultés; d'une part, la jurisprudence paraît bien fixée en ce sens que la saisie-arrêt ne peut avoir lieu que pour des créances *exigibles*. Or, on peut dire que l'impôt n'est exigible que par douzième *échu*.

Sans doute, ce dernier principe n'est pas contestable; mais on peut puiser dans la disposition de l'article 1188 du Code civil le droit de rendre la contribution de toute l'année immédiatement exigible. Cet article dispose que, bien qu'une dette ne puisse être payée en général qu'à l'époque de l'exigibilité, le débiteur est déchu du bénéfice du terme lorsque, par son fait, il diminue les sûretés de son créancier; et il a été jugé en matière civile que cette disposition s'étend non-seulement, au cas où le débiteur diminue le gage de sa dette par un fait postérieur à son obligation, mais encore au cas où l'insuffisance de ce gage, bien qu'elle existât déjà à l'époque du contrat, vient à être démontrée au créancier.

C'est bien là la position du Trésor à l'égard du propriétaire contribuable qui, d'après l'usage des lieux, perçoit d'avance les loyers qui sont le gage de l'impôt. L'insuffisance de ce gage est évidente, puisqu'au cas de vente il échappe à toutes les poursuites, et nous ne voyons pas par quels motifs, fondés en droit, le Trésor serait privé, en un tel cas, du droit de faire des actes conservatoires pour la totalité de l'impôt; droit analogue, du reste, à celui qui lui a été reconnu pour la contribution mobilière, au cas de vente, de faillite ou de déménagement.

34. Toutefois, quelque fondé que nous paraisse ce raisonnement, nous ne pensons pas que les agents du Trésor puissent l'appliquer d'une manière générale et en faire la base d'un système de perception différent de celui autorisé par les dispositions textuelles de la loi. En matière administrative et en matière d'impôt surtout, il faut se garder de recourir d'une manière trop absolue aux dispositions du droit civil. Ce ne serait donc que dans des cas tout à fait particuliers, celui, par exemple, où la mauvaise position du contribuable serait notoire, que nous conseillerions de faire arrêt sur les loyers, non-seulement pour les contributions échues, mais encore pour les contributions à échoir.

En dernière analyse, un percepteur habile peut tirer facilement parti de ce que nous venons de dire, pour amener en fait ses redevables à se libérer d'avance, alors que ceux-ci touchent également d'avance les loyers affectés à la garantie de l'impôt. En faisant connaître le droit qu'il aurait rigoureusement d'exercer des saisies, il fera comprendre qu'il est de l'intérêt même des propriétaires d'agir avec le Trésor comme les locataires agissent à leur égard, et de se libérer par avance au moment même où ils touchent leurs revenus.

35. Il arrive parfois que des individus, amis ou parents des propriétaires occupent gratuitement des appartements dans des maisons pour lesquelles il est dû des cotes foncières. — Ces locataires gratuits peuvent-ils être contraints au payement de tout ou partie de ces cotes?

Nous avons vu, dans la pratique, la même question s'élever à l'égard du créancier d'un propriétaire que celui-ci logeait dans sa maison sans qu'il eût été stipulé aucun loyer, attendu que cette location se compensait soit avec les intérêts, soit avec une portion du capital.

Nous réunissons ces deux espèces, parce qu'elles ont entre elles une grande analogie, et doivent être décidées par les mêmes principes :

Ainsi que nous l'avons établi ci-dessus, les locataires ne sont pas, comme les fermiers de biens ruraux, débiteurs personnels de l'impôt foncier de la maison où ils demeurent. Ils ne sont tenus envers le Trésor que jusqu'à concurrence des sommes qu'ils doivent au propriétaire. Il faut donc qu'il y ait *sommes dues* pour qu'on puisse recourir sur eux. Or, quand la location est gratuite, ou que du moins il ne peut pas être établi qu'elle soit faite à prix d'argent, le locataire n'étant débiteur d'aucune somme ne saurait évidemment être contraint. Bien qu'il ait garni la maison de meubles, il n'en est pas davantage exposé à une saisie pour la contribution imposée sur la propriété ; car la loi n'a pas donné au Trésor privilége sur les meubles qui garnissent les maisons, quel que soit le propriétaire de ces meubles.

Ainsi, dans la première espèce, le locataire *gratuit* est incontestablement à l'abri de toutes poursuites de la part du percepteur, pour le fait des contributions dues par le propriétaire.

36. Il nous semble qu'il ne doit pas en être autrement pour la seconde espèce. Peu importent les motifs pour lesquels le locataire est dispensé du payement d'un loyer : il suffit qu'en réalité aucun prix ne soit stipulé ni dû, pour qu'il y ait lieu à l'application pure et simple des principes posés ci-dessus.— D'ailleurs, le principe de la compensation protégerait le locataire contre l'action du percepteur. La compensation éteint la dette de plein droit par la seule force de la loi et même à l'insu des débiteurs (art. 1290 du Code civil). Il s'ensuit donc, dans l'espèce, qu'un prix de loyer eût-il été stipulé, le locataire s'en trouverait invinciblement libéré au moment même de l'échéance du terme, jusqu'à concurrence de la dette du propriétaire. Aussi, pensons-nous qu'il ne pourrait être l'objet d'aucune poursuite utile de la part du percepteur.

37. Il est bien entendu, toutefois, que nous raisonnons ici dans l'hypothèse où les actes sont sincères. Car, s'il pouvait être établi que les circonstances alléguées cachent un concert frauduleux entre le propriétaire et le particulier qu'il a logé dans sa maison, soit à titre de locataire gratuit, soit à titre de créancier, dans le but d'échapper au payement de l'impôt, nous n'avons pas besoin de faire observer que le percepteur pourrait les faire déclarer responsables et les contraindre au payement, conformément à la loi du 12 novembre 1808.

ARTICLE 14.

Tous receveurs, agents, économes, notaires, commissaires-priseurs et autres dépositaires et débiteurs de deniers provenant du chef des redevables et affectés aux priviléges du Trésor, sont tenus, sur la demande qui leur en est faite par le percepteur, de payer à l'acquit des contribuables, sur le montant et jusqu'à concurence des fonds qu'ils doivent ou qui sont entre leurs mains, les contributions dues par ces derniers.

Les commissaires-priseurs, séquestres et autres dépositaires, sont même autorisés à payer d'office les contributions dues, avant de procéder à la délivrance des deniers. Les quittances du percepteur (pour les sommes légitimement payées) leur sont allouées en compte.

1. Le premier paragraphe de cet article est emprunté textuellement à l'article 2 de la loi du 12 novembre 1808, comme le § 2 est la reproduction du principe établi par la loi du 18 août 1791. (Voir ces deux lois dans la 2ᵉ Partie, *Législation*, pages 35 et 7).

2. En général, lorsque des sommes ou des objets mobiliers appartenant à un débiteur sont entre les mains d'un tiers, le créancier ne peut s'en faire mettre en possession qu'en suivant les formalités de procédure relatives à la saisie-arrêt ou opposition. C'est en se rattachant à ce principe de droit commun, que l'Administration avait, pendant quelques temps, incliné à penser que, pour l'exécution forcée de l'obligation imposée par l'article 14 du Règlement aux tiers détenteurs de sommes appartenant aux redevables, il fallait recourir contre eux à la voie de la saisie-arrêt. L'article 88 est évidemment rédigé sous l'empire de cette préoccupation.

3. Cependant, si l'on étudie avec soin le texte de l'article 2 de la loi du 12 novembre 1808, reproduit par l'article 14 du Règlement, on reconnaîtra que l'action réservée ici au percepteur contre les tiers détenteurs ne suppose nullement la nécessité d'une saisie-arrêt : elle constitue, au contraire, en faveur de ce comptable, le droit d'agir directement contre eux pour obtenir la délivrance des deniers. « Les dépositaires et débiteurs, dit en effet la loi, sont tenus de payer, *sur la demande qui leur en sera faite.* » A quoi bon, dans ce cas, la saisie-arrêt? Si le tiers détenteur est obligé de payer sur la simple demande du percepteur, quel serait le but d'un acte qui, comme on sait, n'a d'autre effet que d'empêcher les tiers de se dessaisir des sommes jusqu'à ce qu'on se soit fait autoriser par justice à en exiger la délivrance? Cette autorisation est donnée de plein droit par la loi au percepteur; il est donc inutile qu'il la demande au juge; et la saisie-arrêt, dans ce cas, loin d'assurer les droits du Trésor, ne ferait que retarder la marche du recouvrement et augmenter, sans nécessité, les frais de poursuites. C'est précisément pour éviter ce

double inconvénient que la loi du 12 novembre a voulu ouvrir au percepteur une voie plus prompte (1).

4. L'Administration n'a pas, au surplus, tardé elle-même à reconnaître le privilége particulier que lui assure cette loi, et elle l'a formellement exprimé dans une Circulaire du 31 mars 1831, qui établit et explique la différence de cette action avec la saisie-arrêt. Cette différence consiste surtout en ce qu'au lieu d'emporter, comme la saisie-arrêt, la nécessité, pour le percepteur, d'introduire une instance judiciaire à l'effet de faire décider par le Tribunal que le tiers saisi versera entre ses mains les sommes dont il est détenteur du chef des redevables, elle permet à ce comptable, après une simple sommation et sans autres formalités de procédure, de contraindre le tiers détenteur par les voies ordinaires de droit, comme nous le dirons ci-après.

5. Mais ce droit de se faire délivrer, sur simple demande et *sans saisie-arrêt*, par les tiers détenteurs, les sommes qui appartiennent aux redevables de contributions, ne s'exerce pas dans tous les cas ; et la loi précitée a elle-même pris soin d'en déterminer

---

(1) Une disposition analogue existait dans l'ancien Droit. Ainsi, on trouve dans l'édit de mai 1749, relatif aux *vingtièmes*, les dispositions suivantes :

« Art. 12. Voulons que le vingtième du revenu des biens, ordonné être levé par notre présent édit, soit payé suivant les rôles qui en seront arrêtés en notre Conseil, en quatre termes égaux, dans les mois de janvier, avril, juillet et octobre de chaque année, par préférence à tous créanciers, douaires et autres dettes privilégiées ou hypothécaires, de quelque nature qu'elles soient, même à nos autres deniers, et que les redevables, leurs fermiers, locataires ou autres débiteurs y soient contraints par les voies ordinaires et accoutumées.

« Art. 13. Défendons à tous fermiers, locataires, receveurs, économes, procureurs, régisseurs, commissaires aux saisies-réelles, trésoriers, receveurs, commis aux recettes, débiteurs, dépositaires, et tous autres tenant et exploitant des biens de quelque nature que ce soit, dont le revenu est sujet à la levée du vingtième, de vider leurs mains de ce qu'ils doivent ou devront ci-après, qu'en justifiant préalablement par les propriétaires ou usufruitiers, avoir payé le quartier courant et les précédents, du vingtième du revenu, que lesdits fermiers, locataires et autres, chacun à leur égard, auraient à payer auxdits propriétaires ou usufruitiers, si mieux n'aiment lesdits propriétaires ou usufruitiers consentir que leurs fermiers, locataires et autres, payent en leur acquit le vingtième du prix des baux et revenus dont ils sont chargés : ce que lesdits fermiers, locataires et autres, seront tenus de faire dans les termes ci-dessus prescrits, à peine d'y être contraints, nonobstant toutes saisies, arrêts, cessions, transports et délégations, quoique acceptées, même nonobstant les payements d'avance qui pourraient avoir été faits par eux; et en rapportant, par lesdits fermiers, locataires et autres, les quittances de ce qu'ils auront payé pour le vingtième, en l'acquit desdits propriétaires ou usufruitiers, ils en demeureront d'autant quittes et déchargés envers lesdits propriétaires ou usufruitiers ou autres, ayant leurs droits, qui seront tenus d'allouer et passer lesdites quittances du vingtième dans les comptes desdits fermiers, locataires et autres qui en auront fait le payement. »

les limites. Elle **porte**, en effet : « Tous dépositaires et détenteurs de deniers provenant du chef des redevables et *affectés au privilége du Trésor public*, seront tenus de payer, etc. » Ces derniers mots sont remarquables : ils contiennent tout le système de la loi relativement à l'action directe qu'elle a voulu donner au percepteur contre les tiers détenteurs, et déterminent précisément les cas où elle a lieu et ceux où elle cesse, et, où dès lors, il devient nécessaire de recourir à la saisie-arrêt. La distinction est tout entière dans l'existence ou la non existence du privilége. Quand le Trésor a privilége sur les sommes détenues par des tiers, il peut se les faire délivrer en vertu du droit extraordinaire établi en sa faveur par la loi du 12 novembre. Quand le privilége n'a pas lieu, l'action directe cesse; le Trésor n'est plus qu'un créancier ordinaire obligé de se conformer aux règles du droit commun ; il doit agir alors par voie de saisie-arrêt.

Or, comme nous l'avons dit dans les Notes sur l'art. 11 du Règlement, le Trésor n'a pas privilége pour le recouvrement des contributions directes, dans tous les cas et sur tous les biens des contribuables. La loi du 12 novembre 1808 a affecté un privilége particulier à deux natures de contributions directes. La contribution foncière est privilégiée, pour l'année échue et l'année courante, sur les fruits et récoltes des immeubles sujets à la contribution. La contribution personnelle et mobilière, celle des patentes et des portes et fenêtres, sont privilégiées sur les objets mobiliers. D'où il résulte, en faisant application de ces principes à la question qui nous occupe, que, s'il s'agit, par exemple, de cotes foncières, et que les sommes appartenant au redevable et qui se trouvent entre les mains d'un tiers détenteur ne proviennent pas de fruits, revenus ou loyers des immeubles soumis à la contribution, le percepteur ne pourrait pas se faire délivrer ces sommes sur sa simple demande, par la raison que le Trésor n'a pas, dans ce cas, privilége sur elles; il serait obligé d'agir par voie de saisie-arrêt. Ce serait le contraire, et l'action directe contre le tiers détenteur lui serait ouverte, sur les sommes provenant des loyers de l'immeuble imposé, parce que, dans ce cas, la créance du Trésor se trouverait privilégiée sur ces loyers, conformément à la loi du 12 novembre 1808.

Il faut donc poser, comme règle générale, que toutes les fois qu'un tiers se trouve détenteur, à quelque titre que ce soit, de deniers appartenant à un redevable de contributions directes, il convient, avant de procéder contre lui pour obtenir la délivrance des sommes qu'il a entre les mains, d'examiner si, à raison de la nature de la contribtion et de l'origine des deniers, le Trésor a privilége, et, dans ce cas, on agit conformément à l'art. 2 de la loi du 12 novembre, c'est-à-dire par action directe. Si, au contraire, le Trésor n'a pas privilége et n'est alors qu'un créancier ordinaire, il faut suivre la marche tracée dans l'article 88 du Règlement, c'est-à-dire la saisie-arrêt.

6. Cette marche, que nous avions indiquée dès l'année 1825, a été adoptée par M. le Ministre des finances, et recommandée formellement par la Circulaire précitée du 31 mars 1831. — La légalité en avait été, au surplus, reconnue par un arrêt de la Cour de cassation du 21 avril 1819, qui a décidé que, dans le cas où le Trésor avait privilége sur les deniers existant entre les mains d'un tiers, non-seulement il n'était pas nécessaire de procéder par voie de saisie-arrêt, mais que même le percepteur devait en obtenir délivrance sur sa simple demande, *lors même qu'il existerait des oppositions précédemment formées par d'autres créanciers du contribuable.*

Cet arrêt, dont l'autorité est d'autant plus grande qu'il a été rendu dans l'intérêt de la loi, est rapporté, avec le réquisitoire du procureur général, dans la 2ᵉ Partie, *Jurisprudence*, page 97.

Il n'y a donc plus à cet égard la moindre difficulté. Cependant le Conseil d'État a eu l'occasion de décider que si le droit du percepteur venait à être contesté, les Tribunaux de l'ordre judiciaire seraient seuls compétents, puisqu'il s'agit d'une question de privilége (Arr. du 4 juin 1870, 2ᵉ Partie, *Jurisprudence*, page 169.), comme nous allons l'établir.

7. La disposition de la loi du 12 novembre 1808, que nous avons soulignée, est extrêmement importante ; elle indique nettement la portée du droit particulier conféré au Trésor par l'art. 2 de la loi précitée, et en précise par cela même la nature. Ce droit, en effet, il faut bien le remarquer, n'est qu'une conséquence du privilége absolu attribué à la créance des contributions directes par l'art. 1ᵉʳ de la loi précitée. C'est parce que ce privilége s'exerce *avant tout autre*, que le Trésor a reçu le pouvoir exorbitant de se faire délivrer par les tiers, sur une simple demande, les sommes appartenant aux redevables de contributions, et dont ils se trouvent détenteurs. Il fallait que la priorité du privilége de la contribution ne pût être contestée par aucune espèce de créanciers, pour que la loi ouvrît au percepteur la voie exceptionnelle dont nous nous occupons ; considération qui, pour le dire en passant, est elle-même un argument décisif à l'appui de l'opinion que nous avons professée sur l'article 11, de la priorité absolue du privilége des contributions directes.

8. Il y a donc, pour le percepteur, deux voies pour obtenir la

délivrance des sommes qui, appartenant aux redevables, se trouvent entre les mains de tiers débiteurs ou dépositaires : la demande directe et la saisie-arrêt. Ce dernier mode étant indiqué dans les articles 88 et 89, nous nous en occuperons dans nos remarques sur ces articles. Ici, nous ne nous arrêtons qu'à ce qui concerne la demande directe. Dans quelle forme cette demande doit-elle être faite? Par quels agents? Quelles poursuites peuvent en être la suite? Devant qui, en cas de contestation, l'instance doit-elle être portée? Toutes ces questions importantes sont en dehors du Règlement, qui n'avait rien déterminé sur ce mode d'action contre les tiers détenteurs. La Circulaire du 31 mars 1831, elle-même, n'entre pas non plus, à cet égard, dans des explications fort détaillées. Il ne sera donc pas inutile d'indiquer, avec quelques développements, les détails de cette procédure.

9. Nous nous arrêterons, avant tout, sur deux points :

Nous remarquerons que l'action ouverte par l'article 2 de la loi du 12 novembre 1808 ne s'applique, d'après le texte même de la disposition, qu'aux *sommes* dont le tiers pourrait être détenteur. S'il s'agissait d'autres *objets mobiliers*, le percepteur pourrait, sans doute, les poursuivre entre les mains des tiers, pour l'exercice du privilége du Trésor; mais ce ne pourrait pas être par la voie exceptionnelle dont il s'agit ici. La raison en est facile à comprendre. A l'égard des sommes d'argent, tout est liquide, et l'exécution n'entraîne avec soi aucune formalité particulière. Mais à l'égard d'effets mobiliers, la chose n'est plus aussi simple. Il faut arriver à les convertir en argent, et cette transformation exige une procédure spéciale. Aussi, pour ce dernier cas, n'hésitons-nous pas à penser qu'il faut nécessairement recourir aux voies ordinaires de la *saisie-arrêt*, ou de la *saisie-exécution*, conformément aux distinctions et aux règles que nous aurons occasion d'établir dans le *Commentaire* sur les articles 88 et 89.

10. Quels sont les *tiers* auxquels peuvent être appliquées les dispositions de l'article 2 de la loi du 12 novembre? Cet article dénomme les *fermiers*, les *locataires*, les *receveurs* et *économes*, les *notaires*, les *commissaires-priseurs* et *tous autres dépositaires* et *débiteurs*, etc., et par la généralité de ses termes il semble devoir atteindre indistinctement et sans exception tous les détenteurs, à quelque titre que ce soit, de deniers provenant du chef des redevables. Sous ce rapport, on pourrait croire toute explication superflue. Cependant quelque claire et positive que soit la disposition, l'application n'en est pas tout à fait exempte de difficultés : nous croyons donc devoir passer successivement en revue les diverses classes de tiers détenteurs indiqués dans l'article.

11. En ce qui concerne les *fermiers* et les *locataires*, nous avons eu occasion de nous expliquer dans le *Commentaire* sur l'article 13, et de dire dans quelles circonstances il y avait lieu d'agir contre eux par l'application de notre article 14. (Voir n°s 7 et 8.)

12. Par *receveurs* et *économes*, la loi nous paraît vouloir désigner les agents qui sont chargés par les propriétaires de la conservation et de la gestion de leurs biens, de la perception de leurs rentes et fermages, les gérants de leurs exploitations, leurs mandataires et hommes de confiance, etc. A quelque titre qu'ils se trouvent en possession de sommes provenant du chef des redevables, ils sont soumis à l'action du percepteur pour le payement de l'impôt.

13. Les *notaires* rentrent dans la même catégorie, car c'est le plus souvent comme mandataires qu'ils ont entre les mains des deniers appartenant à leurs clients ou à leur succession. Mais, en outre, à l'égard de ces fonctionnaires, lorsqu'ils agissent dans l'exercice de leurs fonctions, on trouve dans la loi des 5-18 août 1791, une règle plus rigoureuse, puisque non-seulement ils sont tenus, comme le veut la loi du 12 novembre, de délivrer les sommes qu'ils ont entre les mains, sur la demande qui leur en est faite, mais que, même en l'absence de toute demande, ils ne peuvent s'en dessaisir sans s'être assurés, au préalable, que les contributions ont été acquittées (loi précitée du 18 août 1791). Nous parlerons de cette obligation, qui est commune aux *commissaires-priseurs*, lorsque nous arriverons à nous occuper du § 2 de notre article 14.

14. Quant aux *dépositaires*, faut-il entendre cette expression dans le sens vulgaire et usuel, c'est-à-dire comme désignant toute personne entre les mains de laquelle on laisse momentanément un objet qu'on y a remis? ou bien ces termes doivent-ils s'appliquer dans le sens légal et étroit d'un dépositaire constitué par un acte en forme, dans les conditions de l'article 1923 du Code civil? Nous n'hésitons pas à penser que la loi veut être interprétée dans le sens le plus large, et que *dépositaires* doit s'entendre ici de tous ceux qui, avec ou sans titre, et par l'effet d'une confiance spontanée ou nécessaire, bénévolement ou légalement, ont reçu en dépôt des deniers appartenant aux redevables de contributions.

15. Mais, doit-on aller jusqu'à prétendre que les dépositaires publics, la Caisse des dépôts et consignations, par exemple, ou le Trésor public, peuvent être tenus, en exécution de l'article 2 de la loi du 12 novembre 1808, de verser au percepteur, sur sa simple demande, jusqu'à concurrence des contributions dues, les sommes consignées?

Nous avons, dès la première édition de cet ouvrage, soutenu cette opinion, qu'on pouvait alors trouver hasardée et qui n'est plus aujourd'hui sujette à discussion.

Quelle serait, au fond, la raison sérieuse de douter? La Caisse des dépôts et consignations, le Trésor et les autres administrations publiques, dépositaires à divers titres des fonds des particuliers n'ont, en réalité, rien qui les distingue des dépositaires ordinaires. Ils ont les mêmes obligations, comme ils ont les mêmes droits; ils sont soumis aux mêmes exceptions, comme ils peuvent les opposer à leur tour. Il n'y a rien que de très légitime à les comprendre dans l'expression si générale de *tous autres dépositaires* dont se sert l'article 2 de la loi du 12 novembre 1808.

Par cela seul, d'ailleurs, que ces administrations reçoivent les oppositions des tiers créanciers sur les deniers dont elles sont dépositaires, n'est-il pas évident qu'elles doivent être soumises à l'action autorisée par l'article 2 de la loi du 12 novembre, qui, au fond, n'est autre chose qu'un mode particulier de saisie-arrêt, plus rapide seulement que la procédure ordinaire?

Nous croyons donc que le percepteur aurait le droit de se faire délivrer, sur sa simple demande, jusqu'à concurrence des contributions privilégiées, le montant des sommes appartenant à un redevable, et déposées, soit à la Caisse des dépôts et consignations, soit au Trésor, soit dans un Mont-de-Piété, à titre de consignation judiciaire ou volontaire, ou de dépôt.

L'Instruction du 27 août 1845, émanée de la direction du contentieux des finances, et approuvée par le Ministre, enjoint aux payeurs de se conformer à l'art. 2 de la loi du 12 novembre 1808, lors même qu'il existerait entre leurs mains des oppositions précédemment formées par d'autres créanciers du contribuable.

Au surplus, nous établissons ici le principe dans toute sa rigueur; mais nous avons fait observer ci-dessus que le Trésor, comme tout autre créancier qui a un privilége général sur tous les biens mobiliers, doit épuiser d'abord ce privilége sur ceux de ces biens qui ne sont affectés à aucun privilége spécial, afin de ménager aux autres créanciers privilégiés l'exercice de leurs droits, puisqu'il peut le faire sans se nuire à lui-même. Ce ne serait donc guère qu'à défaut d'autres biens saisissables que le percepteur devrait entreprendre de se faire délivrer des fonds déposés aux mains des comptables publics, et il conviendrait d'en référer préalablement au receveur des finances. — Ce qui nous confirme dans cette manière de voir, c'est que le Ministre des finances, consulté sur la question ee savoir si l'on devait procéder, à l'égard de la Caisse des dépôts suivant le mode prescrit

par l'art. 14 du Règlement, s'est refusé à autoriser cette poursuite ; décision qui, dans la pensée du Ministre, se fondait, non
pas sur le défaut de légalité de cette procédure, mais sur la
crainte que les agents de la perception ne vinssent à en faire un
usage abusif et à troubler ainsi les opérations du Trésor, ou à diminuer la confiance et la sécurité qu'un dépôt public doit toujours
inspirer.

16. Notre article parle encore des *débiteurs*. C'est l'application de
l'article 1166 du Code civil qui donne au créancier le droit d'exercer les actions qui peuvent appartenir à son débiteur. Or, le Trésor étant créancier du contribuable, peut, en vertu du principe de
droit commun, agir à l'égard du débiteur de ce contribuable, comme
celui-ci en aurait lui-même le droit. Ainsi considérée, la disposition de notre article, en ce qui concerne les débiteurs de deniers
appartenant aux contribuables, est nécessairement très générale :
elle s'applique aux débiteurs de toute nature. Aussi nous n'hésiterons pas à répondre par l'affirmative à une question que nous
avons vue faire doute pour quelques comptables, et qui consistait
à savoir si le percepteur peut se faire délivrer, en suivant le mode
indiqué dans notre article 14, par les pratiques d'un marchand les
sommes qu'elles doivent à ce dernier pour les fournitures à elles
faites. Il n'y a aucune raison pour refuser ce droit au comptable ;
car il faut reconnaître que ce ne serait là qu'une application toute
simple de l'article 2 de la loi de 1808.

Cependant, comme il est dans la prudence de l'Administration
de ménager, autant que possible, les contribuables et d'éloigner
du recouvrement de l'impôt toutes les mesures qui pourraient paraître gênantes et vexatoires, nous pensons que le mode de procéder dont nous venons de parler ne devrait pas être employé
inconsidérément et au risque d'entraver les affaires commerciales
et de nuire au crédit des négociants. Ce ne serait donc guère qu'à
l'égard des contribuables de mauvaise foi que la mesure pourrait
se légitimer entièrement, et peut-être serait-ce encore le cas pour
les percepteurs, comme nous le disions dans une autre espèce, de
n'y recourir qu'après en avoir référé au receveur des finances, à
moins qu'il n'y eût danger pour le recouvrement et qu'il n'y eût
nécessité d'agir d'urgence.

17. Que faut-il décider à l'égard des débiteurs du prix d'un
immeuble acquis sur adjudication publique ? — On sait que, lorsqu'une propriété productive de revenus a été vendue par expropriation forcée, aux termes de l'article 1652 du Code civil, l'adjudicataire doit les intérêts du prix jusqu'à ce qu'il s'en soit libéré.
Le percepteur, dans ce cas, pourrait-il se faire délivrer, sur simple

demande, le montant de ces intérêts, comme représentant les fruits sur lesquels est assis le privilége du Trésor?

Il le pourrait, sans doute, comme à l'égard de tout autre tiers détenteur, si, en effet, la créance de contribution était privilégiée sur les intérêts dont il s'agit. Mais il n'en est pas ainsi : d'abord, en ce qui concerne la contribution foncière, il faut observer que ces intérêts ne sont pas, à proprement parler, des fruits de l'immeuble imposé. Ils ne sont dus, il est vrai, que dans le cas où la propriété produit des fruits, et on a pu dire, par manière de parler, que ces intérêts représentent les fruits ; mais l'expression ne serait plus juste si l'on voulait en tirer une conséquence légale et en faire le fondement d'un droit. Qu'à l'égard de l'acquéreur ce soit en considération des fruits qu'il retire de la propriété que l'obligation de servir les intérêts de son prix lui ait été imposée et que, sous ce rapport, ces intérêts représentent les fruits avec lesquels ils se compensent : fort bien ; mais, à l'égard des tiers créanciers, cela n'est plus vrai. Effectivement, du moment que l'immeuble a été vendu, il cesse de produire des fruits pour l'ancien propriétaire, c'est-à-dire, dans l'espèce, pour le contribuable débiteur de contributions.

Les intérêts du prix d'adjudication ne sont autre chose que les fruits d'un capital et non les fruits de l'immeuble. S'ils sont distribués d'après la loi aux créanciers hypothécaires qui avaient droit sur l'immeuble, c'est par la raison que le capital formant le prix de l'immeuble hypothéqué leur appartient, et il est juste dès lors qu'ils en touchent les intérêts. Le Trésor n'est pas dans le même cas ; il n'avait aucun droit privilégié sur le capital provenant de la vente (Voir le *Commentaire* sur l'art. 11, n° 104) : il n'en peut avoir davantage sur les intérêts de ce prix.

18. Ce raisonnement s'applique à la contribution personnelle et mobilière, comme à la contribution foncière ; car cette espèce de contribution n'est, comme nous l'avons dit (*Commentaire* sur l'article 11, n° 25), privilégiée que sur le mobilier ; et les intérêts dont il s'agit sont immobilisés par la disposition de l'article 685 du Code de procédure civile.

Ainsi, dans aucun cas, le percepteur ne pourrait exercer l'action ouverte par l'article 2 de la loi du 12 novembre 1808, sur les intérêts dus par l'adjudicataire de l'immeuble d'un contribuable, à raison du prix non payé de son adjudication.

19. Nous arrivons maintenant à l'examen des questions dont nous avons parlé au n° 8 ci-dessus, et qui ont pour objet d'établir de quelle manière la demande du percepteur contre le tiers détenteur doit être formée. Et d'abord, cette action peut-elle être

exercée sans qu'au préalable le contribuable lui-même ait été mis en demeure de se libérer ?

Nous ne pensons pas que cette mise en demeure soit nécessaire. D'abord, la loi ne l'exige point, et il ne nous semble pas qu'on puisse suppléer à son silence et introduire dans la procédure un acte qui occasionnerait des frais qui, par cela même que la loi ne les prescrit pas, pourraient être considérés comme frustratoires et laissés à la charge du percepteur qui les aurait faits. En second lieu, cette mise en demeure n'aurait souvent d'autre résultat que de prévenir le redevable et de lui donner le temps de se faire remettre par le tiers détenteur les sommes que celui-ci a entre les mains, avant même que le percepteur eût pu faire sa demande : elle irait par conséquent contre le but de la loi. Quelle en serait d'ailleurs l'utilité ? Comme la poursuite ne peut avoir lieu que pour des contributions *qui sont dues*, le contribuable n'est exposé à éprouver aucun préjudice, puisqu'il eût été dans tous les cas obligé de payer immédiatement lesdites contributions, et que le tiers détenteur n'a fait qu'acquitter en son lieu et place des cotes échues, qu'il n'aurait pu se dispenser de solder lui-même. En nous prononçant, au surplus, contre la nécessité de la mise en demeure du contribuable, nous voulons parler d'une *mise en demeure légale;* car il est toujours à supposer que, puisqu'il s'agit du payement de cotes échues, le percepteur n'aura pas manqué de les réclamer déjà au redevable, qui ne pouvait pas d'ailleurs ignorer qu'il les devait; de façon qu'il y a eu une sorte de mise en demeure officieuse.

Nous faisons cette observation, afin de bien faire remarquer aux agents de la perception que si, dans notre *Commentaire*, nous établissons d'abord leur droit strict à l'égard des redevables du Trésor, nous ne perdons pas non plus de vue une considération qui doit aussi leur être toujours présente : c'est qu'ils ne doivent user des voies de contrainte que la loi met à leur disposition que lorsque l'intérêt du recouvrement l'exige. Ainsi, par exemple, une poursuite intentée contre le tiers détenteur de sommes appartenant à un contribuable serait-elle bien à propos si le contribuable, homme habituellement exact, n'inspirait aucune crainte légitime au percepteur? Celui-ci serait-il entièrement exempt de reproches si, pouvant obtenir facilement du contribuable le payement de l'impôt, il allait faire des sommations à ses débiteurs ou des saisies-arrêts entre leurs mains? Nous pensons que toutes ces circonstances doivent être mûrement pesées, et que le comptable ne saurait jamais apporter trop d'attention à agir de manière à con-

cilier les intérêts du recouvremeut avec les justes ménagements
que l'Administration veut assurer aux contribuables.

20. D'après ce que nous venons de dire, il reste établi que le
tiers détenteur ne pourrait s'opposer à l'action du percepteur, en
prétendant que ce comptable ne justifie pas avoir fait préalablement contre le contribuable des poursuites infructueuses ; il peut
être directement actionné, aussitôt que l'intérêt du recouvrement
l'exige. Ceci nous amène à l'examen de la question de savoir,
lorsque le tiers détenteur ne consent pas amiablement la délivrance des sommes qu'il a entre les mains, par quel mode de poursuites on doit procéder pour l'y contraindre. Faut-il, comme on le
ferait à l'égard du contribuable lui-même, agir d'abord par voie
de garnison et passer successivement aux autres degrés de poursuites déterminées par le Règlement?

Nous nous prononçons pour l'affimative, sans nous dissimuler
cependant les objections qu'on pourrait opposer à cette opinion. Ne serait-il pas, en effet, possible, en s'appuyant de la
distinction que nous avons établie dans le *Commentaire* sur l'article 4, n° 7, entre *l'obligation personnelle* et *l'obligation réelle* (1),
de soutenir que celle du tiers détenteur, dans le cas dont il s'agit
ici, doit être rangée dans cette dernière catégorie; que ce tiers
n'est pas tenu *personnellement* envers le Trésor; que n'étant pas
le contribuable, ce n'est pas lui qui doit personnellement l'impôt;
qu'il détient seulement les deniers affectés au privilége du Trésor,
et que cette détention ne l'oblige que *réellement*, c'est-à-dire jusqu'à concurrence des sommes qu'il a entre les mains ; de sorte que
quand le percepteur s'adresse à lui, il lui demande, à proprement
parler, non pas de payer une contribution, qu'en fait il ne doit
pas et qui lui est entièrement étrangère, mais de délaisser les sommes qu'il a entre les mains du chef du contribuable, jusqu'à concurrence de ce qui est nécessaire pour solder l'impôt dû par ce
dernier; sommes que le comptable aurait eu le droit de saisir en
quelques lieux qu'elles se fussent trouvées ; qu'ainsi, au fond,
ce n'est pas lui qui est poursuivi, mais bien les deniers dont il est
dépositaire ? D'où il suit que la poursuite à exercer contre le tiers
détenteur n'est qu'une espèce de saisie-revendication qui ne saurait avoir rien de commun, pas plus dans la forme que dans le

---

(1) Nous engageons nos lecteurs à se reporter aux développements que nous
avons donnés à cet égard dans l'article précité : nous nous bornons à rappeler
sommairement ici que l'action est *personnelle*, quand celui qu'on poursuit est
obligé personnellement, et que l'action est *réelle* quand celui contre qui on procède n'est tenu qu'en sa qualité de détenteur d'une chose sur laquelle le créancier a un droit spécial.

fond, avec l'action personnelle intentée contre le redevable lui-même, pour la dette de contribution directe.

Cette argumentation, qui serait fort juste si on l'appliquait au cas où le percepteur, n'ayant pas privilége, est obligé d'agir par voie de saisie-arrêt, nous paraît, pour le cas de l'action directe, tout à fait inadmissible, en présence des termes formels de l'article 2 de la loi du 12 novembre 1808. Si on étudie attentivement cette disposition dans son texte et dans son esprit, on reconnaîtra qu'elle crée précisément une obligation *personnelle* à la charge du tiers détenteur ou débiteur en faveur du Trésor, et que c'est bien une *action personnelle* contre ce tiers qu'elle a voulu assurer au percepteur dans l'intérêt de la promptitude du recouvrement.

Qu'on réfléchisse, en effet, à ce qui arriverait au cas où l'on ne verrait pas, dans l'article 2 de la loi du 12 novembre, le fondement d'une obligation personnelle pour le tiers détenteur; et on reconnaîtra que l'action autorisée par cet article retomberait inévitablement dans les lenteurs et les frais de la saisie-arrêt, dont on a voulu précisément dispenser le Trésor. Si le percepteur n'avait d'autre droit que celui de demander le délaissement des sommes que le tiers peut devoir au redevable, et s'il n'exerçait, en un mot, que le droit ordinaire de saisir sur ce dernier, entre les mains de ce tiers, les deniers affectés au privilége du Trésor, qu'arriverait-il lorsque ce tiers refuserait d'obtempérer à la sommation du comptable? Celui-ci ne pouvant pas mettre la main sur les deniers qui ne sont pas représentés, ferait-il purement et simplement pratiquer une saisie-exécution sur les biens propres du tiers détenteur? Mais, comment le faire légalement, si ce tiers n'est pas soumis de plein droit à une obligation personnelle?

Si le percepteur n'a que le droit de saisir les deniers appartenant au contribuable, cette poursuite n'a plus d'objet dès que ces derniers ont disparu. Il faut que l'action *réelle* qu'il exerçait sur les sommes mobilières provenant du contribuable se transforment en action *personnelle* contre le tiers détenteur; mais alors il deviendra indispensable de l'assigner devant les Tribunaux pour le faire déclarer personnellement débiteur des sommes qu'il était tenu de représenter. Ce qui, sous une autre forme, revient précisément à la saisie-arrêt, comme nous le disions tout à l'heure, c'est-à-dire aux lenteurs et aux frais de la procédure ordinaire.

Ce n'est certainement pas le résultat que s'est proposé le législateur en 1808, en déclarant, dans l'article 2 de la loi du 12 novembre, que le tiers détenteur *serait tenu de payer*, en l'acquit du contribuable, la contribution due, jusqu'à concurrence des sommes qu'il doit ou qu'il a entre les mains. Il a considéré que, par le fait de la détention de sommes affectées au privilége de la contribution, le tiers devenait, à l'égard de ces sommes, débiteur personnel du Trésor, et, par une conséquence légitime, il a dû entendre qu'il serait soumis aux mêmes poursuites que les contribuables. Cette opinion se trouve implicitement confirmée par l'arrêt de la Cour de cassation du 21 avril 1819, que nous avons cité ci-dessus. Dans une des espèces de cet arrêt, les poursuites avaient eu lieu par voie administrative, et cette marche ne fut point critiquée.

21. Cela posé, résumons, dans son ensemble, la marche à suivre pour l'exercice de l'action ouverte contre les tiers détenteurs ou débiteurs, par l'article 2 de la loi du 12 novembre 1808 : Quand le percepteur est informé qu'un tiers est dépositaire ou débiteur, à quelque titre que ce soit, de sommes provenant du chef d'un redevable de contributions et affectées au privilége du Trésor, il doit, si le contribuable lui inspire des craintes pour le recouvrement, s'adresser à ce tiers détenteur et lui réclamer officieusement le montant de l'impôt privilégié, jusqu'à concurrence des sommes que celui-ci a entre les mains.

A défaut par ce dernier d'obtempérer à la réquisition amiable, il lui fait signifier par le porteur de contraintes, qui a, comme nous le démontrons dans le *Commentaire* sur l'article 88, qualité pour cette sorte d'acte, une *sommation* dans la forme du modèle nº 17. (Voir le *Formulaire*.) Cette *sommation* fait au tiers détenteur demande de payer sans délai au percepteur porteur du rôle, et en exécution de la loi, à la décharge du contribuable, le montant de l'impôt privilégié, jusqu'à concurrence des sommes qu'il doit ou qui sont entre ses mains, le tout sous peine d'y être contraint par les voies de droit, et notamment par la garnison individuelle, la saisie et la vente de ses meubles.

En même temps, et comme acte conservatoire, dans la même sommation, il lui fait défense expresse, sous toutes réserves et à peine d'en être personnellement responsable, de se dessaisir, au préjudice du Trésor, de toutes autres sommes dont il pourrait être dépositaire (1).

Cet acte met le tiers-détenteur en demeure de verser les deniers entre les mains du percepteur et l'en constitue débiteur personnel, au cas où, nonobstant la sommation, il en aurait fait postérieurement la délivrance, soit au contribuable, soit à d'autres. Si le tiers, sur ce premier acte, ne conteste pas qu'il détient les

---

(1) Voir, pour le cas où il pourrait y avoir lieu de poursuivre à la fois par action directe et par saisie-arrêt, le *Commentaire* sur l'article 88.

sommes et refuse néanmoins, sans motifs légitimes, de les verser au percepteur, ou bien encore s'il ne fait aucune réponse, le comptable demande au receveur des finances de décerner, conformément à l'article 23 du Règlement, une contrainte nominative contre le tiers détenteur.

Cet acte est indispensable pour procéder aux poursuites, attendu que c'est, comme nous l'établissons dans le *Commentaire* sur l'article 23, le véritable titre exécutoire, en vertu duquel le rôle peut obtenir exécution forcée. Par conséquent, cette contrainte est nécessaire même à l'égard du tiers détenteur qui, par le seul fait de la détention de deniers affectés au privilège des contributions directes, devient, comme nous l'avons dit, débiteur personnel des contributions dues, jusqu'à concurrence desdits deniers, comme l'est le contribuable lui-même. Muni de cette contrainte, le percepteur fait procéder ensuite, dans les formes ordinaires, à l'établissement de la garnison, et successivement au commandement, à la saisie, et même à la vente avec l'autorisation du sous-préfet, conformément à l'article 79 du Règlement (1).

22. On a remarqué que nous avons toujours placé sur la même ligne les tiers détenteurs et les tiers débiteurs. C'est ce que fait la loi de 1808, et la poursuite serait la même dans les deux cas. Que le tiers ait seulement, entre les mains, des sommes provenant du contribuable ou qu'il les lui doive, en vertu d'une obligation qui l'en constitue débiteur, le résultat n'est pas différent en ce qui concerne les droits du Trésor. Le tiers, d'après ce que nous avons dit, en devient, à son égard, personnellement redevable. Le percepteur a donc le droit d'agir de la même manière et par les mêmes voies.

23. S'il s'agissait cependant d'une dette à terme, le Trésor ne pourrait pas exiger que le tiers payât avant l'échéance; car la loi de 1808 porte textuellement : que les tiers *sont tenus de payer, en l'acquit des redevables, jusqu'à concurrence des sommes qu'ils doivent.* Or, c'est un principe que qui a terme ne doit rien. Dans ce cas, le percepteur ne pouvant se faire délivrer immédiatement la somme, procéderait comme il est indiqué ci-après, n° 38.

24. Il ne peut s'élever aucun doute sérieux sur la régularité de la procédure que nous venons d'indiquer. Comme nous l'avons fait remarquer, le tiers détenteur étant, par l'effet de la disposition de la loi du 12 novembre 1808, obligé *personnellement*, une contrainte a pu légalement être décernée contre lui, et les poursuites

(1) Une Note de l'article 85 de l'Instruction générale du 20 juin 1859 exprime, conformément à cette doctrine, que les poursuites contre les tiers détenteurs et dépositaires, ont lieu dans la même forme que contre les redevables eux-mêmes.

ont pu être dirigées conformément aux dispositions du Règlement. La différence qui distingue cette voie exceptionnelle de la saisie-arrêt ordinaire, c'est qu'elle n'est pas assujettie à la nécessité d'un jugement qui, sur la déclaration affirmative du tiers saisi, confirme la saisie et ordonne la délivrance des deniers, ou en déclare le tiers saisi débiteur pur et simple. Ici, dès que le fait de la détention n'est pas contesté, non plus que la dette de contribution ni le privilége qu'elle comporte, il n'y a aucune question à décider et toute procédure en justice serait bien superflue. Si le percepteur ne pouvait poursuivre immédiatement par voie de garnison, commandement, saisie et vente, et qu'il lui fallût, pour obtenir la délivrance des deniers affectés au privilége du Trésor, recourir aux Tribunaux, lors même que rien n'est contesté, ce serait bien inutilement que la loi du 12 novembre 1808 aurait cherché à éviter les délais et les frais d'une saisie-arrêt, puisque ces inconvénients se reproduiraient sous une autre forme.

25. Mais, si le tiers s'oppose aux poursuites du percepteur, alors les poursuites s'arrêtent naturellement jusqu'à ce que l'opposition soit jugée par l'autorité compétente. Or, comment déterminer la compétence dans ce cas? Est-ce devant l'autorité judiciaire ou devant l'autorité administrative que l'affaire doit être portée?

Si l'on se réfère à ce que nous disons dans nos remarques sur l'article 19 du Règlement, en ce qui concerne les règles de la compétence administrative ou judiciaire pour le recouvrement des contributions directes, on reconnaîtra que la question est subordonnée à la nature même des motifs sur lesquels l'opposition est fondée. Ainsi, si le tiers s'oppose à la contrainte en niant, par exemple, qu'il ait entre les mains les deniers sur lesquels le percepteur prétend avoir privilége, ce ne serait pas au Conseil de préfecture, mais au Tribunal civil, à connaître de l'opposition. En effet, le tiers n'étant considéré comme débiteur de contributions, et à ce titre soumis aux poursuites administratives, que par le fait de la détention de deniers affectés au privilége du Trésor, tant que cette détention n'est pas établie, il ne peut être justiciable des Conseils de préfecture chargés du contentieux des contributions.

26. Il en serait de même si le tiers, en avouant la détention des deniers, prétendait que lui-même est créancier du contribuable et qu'il y a compensation; et dans tous les cas analogues où le tiers opposerait une exception qui lui serait personnelle, et étrangère en même temps à la matière des contributions directes, les

Tribunaux ordinaires seraient seuls compétents. C'est sans doute en vue des difficultés de cette nature que la Circulaire du 31 mars 1831 a aussi indiqué d'une manière générale la compétence du juge civil pour les contestations qui pourraient s'élever entre les percepteurs et les tiers détenteurs.

Observons toutefois que, même dans le cas où la connaissance de l'opposition appartiendrait aux Tribunaux, il pourrait arriver qu'elle dût être préalablement soumise au préfet, en Conseil de préfecture, conformément à la loi du 5 novembre 1790. (Voir à cet égard les remarques sur l'art. 69 du Règlement.)

27. Si l'opposition n'était fondée que sur des motifs personnels au redevable, comme si, par exemple, le tiers détenteur, avouant le dépôt ou la dette, et consentant à payer la contribution due, n'en contestait que la quotité, ce serait au Conseil de préfecture à statuer. Or, cette difficulté peut se présenter plus fréquemment qu'on ne le croirait au premier abord. Le tiers détenteur payant en l'acquit du redevable, comme subrogé en quelque sorte à ses obligations, l'est aussi à ses droits, et il peut faire valoir toutes les exceptions que le contribuable aurait pu invoquer lui-même. Puisque la loi déclare qu'on lui allouera en compte les sommes *légitimement dues*, il faut bien qu'il ait le moyen de se pourvoir devant l'autorité compétente, c'est-à-dire le Conseil de préfecture dans ce cas, pour faire prononcer, contradictoirement avec le percepteur, sur la validité de la réclamation de ce dernier, s'il la croit mal fondée.

28. Nous ne terminerons pas ce qui concerne l'action que l'art. 2 de la loi du 12 novembre 1808 attribue au percepteur contre les tiers détenteurs ou débiteurs de sommes provenant de redevables de contributions, sans faire remarquer que ce mode exceptionnel de procédure, introduit dans l'intérêt du Trésor seul, est facultatif et non pas obligatoire pour ce dernier, en ce sens que s'il arrivait que le percepteur, au lieu d'user à l'égard du tiers détenteur de la voie autorisée par l'art. 2 de la loi du 12 novembre, eût pratiqué une saisie-arrêt, cet acte ne pourrait pas être attaqué comme irrégulier, soit par ce tiers, soit par le contribuable, ni annulé sur leur demande par les Tribunaux civils. Tout au plus, les intéressés pourraient-ils se pourvoir devant le sous-préfet, pour faire rejeter de la taxe et mettre à la charge du percepteur, conformément à l'art. 105 du Règlement, les frais d'une saisie-arrêt qui auraient pu être évités, en suivant la voie moins dispendieuse d'une simple sommation. Mais ce pourvoi ne saurait avoir qu'un caractère officieux; il ne serait qu'un appel à la protection de l'autorité qui, préposée au recouvrement de l'impôt, défend les contribuables

contre les frais abusifs ; on ne saurait y voir un recours à la justice
qui règle les droits des citoyens ; car, nous le répétons ici, les tiers
ou le contribuable n'ont aucun droit : c'est pour le Trésor et non
pour eux que l'art. 2 de la loi du 12 novembre a fait exception aux
règles de la procédure ordinaire, et ils ne seraient pas fondés à
critiquer, comme entachée de nullité, une saisie-arrêt faite d'après
le droit commun, et qu'ils auraient, d'ailleurs, évitée en déférant,
comme ils le devaient, à une simple demande.

29. Nous arrivons à l'examen du deuxième paragraphe de notre article, qui est relatif à l'obligation spéciale des commissaires-priseurs, séquestres et autres dépositaires, de payer les contributions
dues, avant de procéder à la délivrance des deniers provenant
des contribuables.

Si l'on s'en tenait littéralement aux termes dans lesquels est
conçue la disposition du Règlement, on pourrait être conduit à
penser que les commissaires-priseurs, séquestres, etc., ne sont
qu'*autorisés* à payer, sur les fonds qu'ils ont entre les mains, les
contributions dues, sans que ce soit pour eux une obligation positive. Mais on arrivera à une conclusion tout opposée, si l'on rap-
proche de cette disposition du Règlement le texte même des lois
auxquelles elle est empruntée. Nous voulons parler de l'édit
relatif aux vingtièmes que nous avons cité en note au commencement de cet article, et plus particulièrement de la loi du 5-18
août 1791 et celle du 12 novembre 1808, article 2. (Voir ces lois à
la deuxième Partie, *Législation*, p. 7 et 35.)

En effet, si nous nous reportons à ces deux dernières lois qui
sont restées pleinement en vigueur, nous nous convaincrons
d'abord qu'il résulte des dispositions de celle du 5-18 août 1791
que les commissaires-priseurs et autres dépositaires y dénommés
ne peuvent remettre aux personnes ayant droit de toucher les
sommes déposées, qu'autant qu'il leur a été préalablement justifié
du payement des impositions dues par les contribuables du chef
desquelles lesdites sommes proviennent. C'est, comme on voit, une
espèce de saisie-arrêt légale qui frappe d'office, entre leurs mains,
les deniers qui y sont déposés ; de telle sorte que, s'ils s'en dessai-
sissaient au préjudice du percepteur, ils pourraient en être déclarés personnellement responsables, comme serait en pareil cas
un tiers-saisi ordinaire. Voilà la première *obligation* des dépositaires publics à l'égard du Trésor ; c'est de ne pas se dessaisir des
sommes déposées. Mais la même loi de 1791 alla plus loin, et, afin
de ne pas les laisser sous le coup de cette saisie-arrêt perpétuelle,
elle les *autorisa* à payer directement les contributions dues, sans
attendre que la distribution fût réglée judiciairement. Ce sont ces

termes que le § 2 de notre article du Règlement a seuls rappelés.

Or, sur ce second point de la loi de 1791, c'est-à-dire le verse-ment des deniers au percepteur, il n'y avait qu'*autorisation* pour les dépositaires et pas encore *obligation*. Ce dernier pas a été fait par l'article 2 de la loi du 12 novembre 1808, qui, comme nous l'avons vu, prescrit impérativement aux dépositaires d'acquitter les contributions dues, sur la demande qui leur en est faite.

Ainsi, en résumé : 1° obligation pour le dépositaire public de ne pas se dessaisir des sommes qu'il a entre les mains sans s'assurer que la contribution a été payée ; 2° obligation de la payer lui-même sur le montant des sommes déposées, si le percepteur en fait la demande ; 3° enfin, autorisation de faire ce payement avant de vider ses mains, lors même que le percepteur n'aurait fait encore aucune demande.

Ce système est pleinement confirmé par un jugement du Tribu-nal de première instance de la Seine, en date du 24 mai 1828, des jugements du Tribunal de Douai du 12 février 1864 ; du Tribunal de Blois, du 10 avril 1866 et du Tribunal de Nevers, du 19 juin 1866. Le législateur, d'ailleurs, a donné une nouvelle sanction à la loi de 1791, qu'on prétendait à tort avoir été de tous points abrogée et remplacée par celle de 1808. En effet, la loi du 18 juin 1843, dans son article 1er, accorde aux commissaires-priseurs, dont elle règle le tarif, une vacation « pour payement des contributions, *confor-mément aux dispositions des lois des 5-18 août 1791 et 12 no-vembre 1808;* » et le rapporteur de la loi, à la Chambre des pairs, énonçait, pour motiver cette disposition, que « ces lois imposent aux commissaires-priseurs, sous leur responsabilité, l'obligation d'acquitter l'impôt dû par les propriétaires de meubles. » La conci-liabilité des deux lois précitées ne peut donc, à notre sens, laisser le moindre doute; elle a été niée, cependant, par un jugement du Tribunal de Lisieux du 31 mars 1870 qu'on trouvera dans la 2e Par-tie (*Jurisprudence*, p. 167.), de même que les autres jugements cités ci-dessus et dont nous adoptons la doctrine (P. 125, 162, 163.).

30. Après avoir bien déterminé le caractère de l'obligation qui résulte des lois précitées, et que rappelle le § 2 de notre article, nous avons à indiquer quels sont les dépositaires auxquels elle est spécialement imposée. La loi de 1791 désigne nominativement les *huissiers-priseurs*, les *receveurs des consignations*, les *commis-saires aux saisies réelles*, les *notaires*, les *séquestres :* elle ajoute, d'une manière plus compréhensive, *tous autres dépositaires de deniers*. Cette dernière disposition est très générale, comme on le voit, et elle permet d'atteindre ceux des dépositaires publics qui auraient été omis dans la nomenclature.

31. Nous disons dépositaires *publics*, parce qu'il nous paraît résulter évidemment de l'esprit de la disposition de la loi de 1791, qu'elle ne concerne que les agents qui se trouvent constitués dépositaires par l'effet de la loi et dans l'exercice de leurs fonctions, et non pas ceux qui n'auraient en dépôt des fonds appartenant aux redevables que par la confiance de ces derniers, comme seraient, par exemple, des mandataires chargés de gérer leurs affaires. Cette dernière classe de dépositaires est atteinte par la disposition de l'article 2 de la loi du 12 novembre 1808.

Parmi les dépositaires non dénommés se trouvent rangés les *syndics* de faillite. La jurisprudence n'est pas encore fixée à leur égard. Un règlement sur les poursuites, arrêté le 24 décembre 1859 par M. le préfet de la Seine, mentionne les *syndics* de faillite comme tenus au même titre que les commissaires-priseurs, huissiers, notaires, séquestres et autres *dépositaires publics* de deniers, de ne remettre aux ayants-droit les sommes qui sont entre leurs mains que sur la justification du payement des contributions. Un jugement du Tribunal civil de la Seine, en date du 7 janvier 1875, subordonne à la réclamation la remise des fonds que le syndic tient en séquestre; ce jugement a, du reste, été frappé d'appel. Nous inclinerions, pour notre part, à considérer le *syndic* non pas comme un dépositaire public, mais comme le représentant de la faillite, qui constitue une réunion d'intérêts privés, et, dans l'état de controverse où se trouve la question, nous agirions à l'égard du syndic par voie de sommation, comme il est dit ci-desus n° 21. La sommation déterminera le payement dans la plupart des cas; si le syndic n'y consent pas, il se trouvera du moins amené à opérer le versement prescrit par l'article 489 du Code de commerce, et alors les fonds se trouvant aux mains de la Caisse des dépôts et consignations, la marche à suivre est toute tracée. (Voir ci-dessus, n° 15.)

32. Parmi les fonctionnaires nominativement désignés dans la loi du 5-18 août 1791, la plupart existent encore avec leur ancienne dénomination ou sous une nouvelle; tels sont les *notaires*, les *séquestres*, les *huissiers-priseurs*, les *receveurs des consignations*. Les *commissaires aux saisies réelles* dont les fonctions consistaient à affermer les biens saisis réellement, n'existent plus : ils ont été supprimés en 1791, et leurs fonctions ont même disparu tout à fait par suite de la suppression des baux judiciaires.

33. En ce qui concerne les *receveurs des consignations*, nous croyons devoir faire remarquer que la *Caisse des dépôts*, et les *receveurs des finances* qui en font le service, le Trésor public, dans les cas où il est dépositaire de sommes appartenant à des particuliers, sont naturellement compris dans cette dénomina-

tion, et sont soumis par conséquent aux dispositions de la loi du 5-18 août 1791. (Voir ci-dessus, n° 15.)

34. Les *huissiers* qui font les ventes mobilières, dans les endroits où il n'y a pas de commissaires-priseurs, bien qu'ils ne soient pas dénommés par la loi précitée, ne sont pas moins compris implicitement dans la disposition générale qui frappe tous les *dépositaires*. Il n'y a pas, à cet égard, à distinguer entre les ventes volontaires et les ventes forcées; l'art. 1er de la loi du 12 novembre 1808 ne distingue pas, et la jurisprudence décide qu'il suffit que l'huissier ait entre les mains des fonds appartenant au redevable, quelle qu'en soit l'origine, pour que cet officier ministériel soit obligé de céder à la sommation de payer que lui fait le percepteur. (Voir dans la deuxième Partie, *Jurisprudence*, p. 153, un arrêt de la Cour de Riom, du 4 mai 1852.)

35. A ce sujet, on s'est demandé si un huissier, qui aurait fait la vente des meubles d'un débiteur et entre les mains duquel des oppositions auraient été formées par des tiers créanciers, sur le prix de ladite vente, serait autorisé, nonobstant la demande du percepteur, à verser les sommes dont il était dépositaire à la Caisse des dépôts et consignations, conformément à l'art. 657 du Code de Procédure civile qui porte que, faute par le saisi et les créanciers de s'accorder pour la distribution des sommes provenant des meubles vendus, l'officier qui aura fait la vente sera tenu de consigner, et à la charge de toutes les oppositions, le montant de la vente? Nous ne le pensons pas, et les motifs de notre opinion se tirent de ce que nous avons dit dans le *Commentaire* sur l'art. 11, n° 61. Le Trésor ayant, aux termes de la loi de 1808, un privilége qui *prime tous les autres*, il ne peut jamais y avoir contestation sur la distribution des deniers en ce qui le concerne, et dès lors il est inutile de consigner les fonds jusqu'à ce que le juge ait prononcé, et d'arrêter par là le recouvrement de la contribution. C'est précisément pour empêcher une pareille procédure et un pareil résultat qu'ont été introduites les dispositions des lois de 1791 et 1808. La consignation serait donc irrégulière, et nous ne doutons pas que l'huissier ne fût, dans ce cas, condamné à représenter les sommes au percepteur et passible même, suivant les circonstances, de dommages-intérêts. Le percepteur pourrait donc purement et simplement le poursuivre par les voies que nous avons indiquées ci-dessus, n° 21, nonobstant toute opposition de sa part fondée sur le versement qu'il aurait fait à la Caisse des dépôts et consignations. L'arrêt de la Cour de Riom, cité au numéro précédent, met ce point hors de doute.

36. Nous avons dit plus haut, n° 31, qu'il fallait distinguer dans

les dépositaires ceux qui agissent en vertu d'un caractère public et ceux qui ne sont que les mandataires privés des contribuables. Cette observation doit s'appliquer particulièrement aux *notaires*. L'obligation qui est imposée à ces fonctionnaires par la loi du 5-18 août 1791 ne saurait exister lorsqu'ils procèdent à des ventes amiables, comme lorsqu'ils font des ventes judiciaires. Dans le premier cas, en effet, ils agissent véritablement non pas en leur qualité d'*officiers publics*, mais simplement comme *mandataires* des parties qui leur ont accordé leur confiance. Il nous semble donc qu'on ne pourrait pas, dans l'hypothèse d'une vente amiable, soumettre ces agents à l'obligation de ne se dessaisir du prix de la vente qu'après s'être assurés que les contributions ont été payées ; et nous pensons, au contraire, qu'ils seraient à l'abri de toute responsabilité s'ils avaient remis aux intéressés les sommes qu'ils auraient reçues, lorsqu'il n'était intervenu de la part du percepteur aucune opposition ni demande.

37. Aussi, le comptable qui aurait connaissance de ventes amiables et volontaires auxquelles un notaire serait sur le point de procéder, ne devrait pas hésiter, pour assurer ses droits, à se présenter à la vente et à requérir le notaire de recevoir, dans le procès-verbal d'adjudication, la déclaration qu'il s'oppose à la délivrance des deniers, et qu'il en requiert la remise après la vente, jusqu'à concurrence des contributions dues, conformément à l'article 2 de la loi du 12 novembre 1808.

38. Lorsque, au contraire, les notaires procèdent à des ventes judiciaires ou forcées, ils agissent alors comme officiers publics, et, par suite, ils sont tenus, sous leur garantie personnelle, même quand il n'y aurait eu aucune opposition ou sommation, de ne remettre les sommes dont ils sont dépositaires qu'après justification du payement des contributions qui peuvent être dues par les personnes auxquelles ces sommes doivent être remises, conformément aux dispositions de la loi du 5-18 août 1791.

39. Le commissaire-priseur ou l'huissier qui a été chargé de vendre les effets mobiliers appartenant à un redevable de contributions directes, peut-il se refuser à payer au percepteur le montant desdites contributions, sous le prétexte que la vente ayant eu lieu à terme, il n'a eu, ni n'a entre les mains aucune somme appartenant au redevable ? La solution de cette question exige l'examen préalable d'une autre question qui n'est pas sans quelques difficultés : nous voulons parler de celle de savoir si les commissaires-priseurs et les huissiers peuvent faire des ventes de meubles avec stipulation de *termes* pour le payement. On conçoit, en effet, que si de pareilles ventes ne pouvaient pas avoir lieu, la

question dont il s'agit tomberait d'elle-même; mais l'affaire n'est pas aussi simple.

Diverses Cours d'appel et la Cour de cassation se sont divisées sur ce point : les premières ont pensé que les huissiers (et les commissaires-priseurs sont dans le même cas) ne pouvaient procéder aux ventes mobilières *à terme*, et que ce droit appartenait exclusivement aux notaires. Les commissaires-priseurs et les huissiers, disait-on, n'ont pour mission que de constater des faits ou des déclarations; de sorte que leurs procès-verbaux de vente de meubles doivent se réduire à la simple constatation des circonstances de la vente. Dès l'instant que les termes sont stipulés, il y a des engagements contractés par les adjudicataires; or, les huissiers ne peuvent les certifier, parce que leur qualité d'huissier ne leur donne pas le droit de recevoir des obligations. L'adoption du système opposé, disait-on encore, aurait pour effet de donner aux huissiers des attributions plus étendues que celles des notaires, puisque seuls, sans huissier en second et sans témoins, ils auraient le droit de constater des obligations et les stipulations qui les accompagnent d'ordinaire, de certifier les signatures des adjudicataires, et de suppléer au défaut de signatures de ceux qui ne sauraient ou ne pourraient signer; ce qui serait en opposition manifeste avec toutes les règles reçues. Ces principes avaient été proclamés par le garde des sceaux lors de la discussion du projet de loi présenté aux Chambres, en 1836, pour régler les attributions des divers officiers ministériels en ce qui touche la vente des fruits pendants par racine. Ce fut sur la proposition d'un amendement portant que, quand la vente aurait lieu à terme, les notaires seuls pourraient y procéder, que M. le garde des sceaux déclara formellement que « c'était un principe reconnu que les commissaires-priseurs ne pouvaient faire que les ventes au comptant. » (*Moniteur* du 29 janvier 1836.)

Enfin, on observait qu'il est d'autant plus nécessaire de recourir à un notaire pour une vente à terme, que les notaires seuls peuvent donner à leurs actes l'exécution parée, et que si, à l'époque fixée dans une vente faite par un commissaire-priseur, l'acheteur ne paye pas, on ne pourra l'y contraindre qu'en obtenant un jugement.

On ne saurait se dissimuler que ce système était basé sur des raisons et des considérations d'une grande gravité, et, pour notre compte, nous aurions été disposé à y adhérer.

Cependant la Cour de cassation a adopté une doctrine tout à fait contraire par des arrêts du 8 mars 1837 et du 6 août 1861. Elle a consacré par ces arrêts deux points importants, à savoir : 1° que les commissaires-priseurs ont, dans le chef-lieu de leur établissement, exclusivement aux notaires, le droit de procéder aux ventes aux enchères d'effets mobiliers; 2° qu'ils peuvent faire ces ventes avec stipulation de terme pour le payement. Les motifs principaux de ces décisions sont que les lois de l'an 9 et de 1816 ne défendent pas aux commissaires-priseurs d'accorder aux adjudicataires crédit et délai pour le payement; qu'il n'y avait pas, en effet, de raison pour prononcer une telle prohibition, qui n'aurait pu profiter aux notaires ou autres officiers publics, lesquels, en aucun cas, ne peuvent, dans le lieu de l'établissement des commissaires-priseurs, faire des ventes de meubles aux enchères, soit au comptant, soit à crédit; qu'enfin il y a avantage à ce que ces sortes de ventes à crédit qui, seules, en grand nombre de cas et de lieux, portent à leur juste valeur les objets qui sont à vendre, puissent avoir lieu par le ministère des commissaires-priseurs par la volonté du vendeur (1), sous la responsabilité de l'officier public, qui l'un et l'autre peuvent bien, à leurs risques et périls, suivre la foi des adjudicataires, en se conformant à un usage presque universel. D'après l'arrêt du 6 août 1861, si quelque doute subsistait, il aurait disparu devant le texte des lois du 25 juin 1841 et 5 juin 1851. La première, en conférant aux courtiers de commerce le droit de vendre *à terme* les marchandises en gros, autorise les commissaires-priseurs à procéder à ces mêmes ventes, dans les lieux où il n'y à pas de courtiers; la seconde reconnaît aux commissaires-priseurs le droit de faire les ventes à terme des récoltes et fruits pendants par branches et par racines, disposition qu'on ne saurait concilier avec la prohibition de procéder aux ventes à terme d'effets mobiliers ordinaires.

Conformément à cette doctrine de la Cour de cassation, il faut reconnaître que les commissaires-priseurs ont le droit de vendre, avec stipulation de terme pour le payement, des meubles et effets mobiliers, et qu'ils ne peuvent être attaqués sous ce rapport comme ayant irrégulièrement procédé. Par suite, on ne voit pas trop comment on pourrait les contraindre à payer au percepteur le montant des contributions dues par le redevable dont les effets mobiliers ont été vendus; car leur obligation à cet égard, qu'on la fasse résulter de la loi du 18 août 1791 ou de la loi du 12 novembre 1808, n'existe que sur les sommes qu'ils peuvent avoir ou qu'ils ont eues entre les mains, provenant des ventes effectuées par eux. Or, dans l'espèce, cette circonstance n'existe pas, puisque les ventes

(1) Voir le *Commentaire* sur l'article 11, où nous avons eu occasion d'examiner quelques questions relatives aux ventes faites par les contribuables, de leurs meubles et effets mobiliers, et aux droits du percepteur dans ce cas.

ont été faites avec stipulation d'un terme pour le payement. Le seul moyen qu'aurait donc, en pareil cas, le percepteur pour assurer le payement des contributions dues serait, après avoir pris connaissance sur le procès-verbal de vente du commissaire-priseur des noms des acquéreurs à crédit des effets mobiliers du redevable, de faire à ces derniers, par une simple sommation, en exécution de l'article 2 de la loi du 12 novembre 1808, inhibition et défense de se dessaisir des sommes qu'ils doivent payer, jusqu'à concurrence des contributions dues par celui dont ils ont acquis les effets mobiliers. Nous n'avons pas besoin d'ajouter que ce ne serait toutefois qu'à l'expiration du terme accordé que le percepteur pourrait obtenir la délivrance des sommes, ainsi que nous l'avons fait observer ci-dessus, n° 23.

40. Il est, au surplus, important de faire remarquer que ce n'est qu'en matière de ventes volontaires de meubles, d'après les lois des 27 ventôse an 9 et 28 avril 1816, que les commissaires-priseurs ont le droit d'insérer dans les procès-verbaux de vente à l'enchère des stipulations de termes, et qu'il n'en serait pas de même dans le cas de vente d'effets mobiliers sur saisie-exécution. Cette distinction est faite expressément par l'arrêt de la Cour de cassation du 8 mars 1837, que nous avons cité. Il y a lieu alors d'appliquer les articles 624 et 625 du Code de procédure civile. Le premier de ces articles exige que l'adjudication soit faite au plus offrant, *en payant comptant*, et veut que, faute de payement, l'effet mobilier soit revendu sur-le-champ à la folle-enchère de l'adjudicataire. Le second déclare les commissaires-priseurs personnellement responsables du prix des adjudications. En pareil cas, il est incontestable que le commissaire-priseur ne pourrait pas se refuser à payer au percepteur qui le lui réclamerait le montant des contributions dues par le redevable dont les effets mobiliers ont été vendus, sous le prétexte qu'ayant vendu à crédit, il n'a eu ni n'a entre les mains aucune somme appartenant au redevable; car il n'en demeure pas moins responsable du prix des adjudications, aux termes de l'article 625 du Code de procédure, et il est en faute de n'avoir pas vendu au comptant, comme la loi le lui prescrivait.

41. Nous n'avons examiné la question qu'à l'égard des commissaires-priseurs; elle peut l'être aussi à l'égard des notaires. En ce qui les concerne, il ne peut y avoir de doute sur le point de savoir s'ils peuvent faire des ventes à terme. En leur qualité d'officiers publics, ils ont le droit de rédiger les conventions des parties et de leur donner force exécutoire. Ils ont incontestablement celui d'insérer dans leurs procès-verbaux des ventes à l'enchère d'effets mobiliers, de meubles incorporels, de bois de futaie, des

stipulations de termes, et de procéder à ces ventes en accordant terme et délai. Dans ce cas, comme pour celui où les commissaires-priseurs font des ventes mobilières avec délai pour le payement, le percepteur qui veut assurer le recouvrement des contributions dues par le redevable dont les meubles sont ainsi vendus doit, comme nous l'avons déjà dit, faire une sommation aux adjudicataires, contenant défense de se dessaisir du prix d'adjudication jusqu'à concurrence du montant des contributions dues, et injonction de payer ces dernières à échéance des termes stipulés.

42. Notre article 14, dans sa disposition finale, ajoute que les quittances du percepteur pour les sommes légitimement payées par les tiers détenteurs, seront allouées en compte à ces derniers.

Nous n'avons pas à nous occuper de cette disposition. Les difficultés qui pourraient naître à cet égard ne concerneraient que les tiers détenteurs et les contribuables à la décharge desquels ils auraient payé. Or, notre intention, comme nous l'avons exprimé au commencement de cet ouvrage, n'est et ne peut être de traiter que de ce qui se rapporte aux contestations directement relatives au recouvrement de l'impôt et qui s'éleveraient entre les redevables et les agents du Trésor.]

ARTICLE 15.

Les propriétaires et principaux locataires des maisons doivent, un mois avant l'époque du déménagement de leurs locataires ou sous-locataires, se faire représenter par ces derniers les quittances de leurs contributions personnelle et mobilière, comprenant toutes les sommes exigibles à l'époque du déménagement, et, à défaut de cette présentation, en donner immédiatement avis au percepteur, et retirer une reconnaissance par écrit de cet avertissement.

Si le percepteur refuse de recevoir la déclaration faite à l'époque prescrite et d'en délivrer une reconnaissance, elle peut lui être notifiée par ministère d'huissier; et, dans ce cas, les frais de l'acte sont à la charge du percepteur.

ARTICLE 16.

Dans le cas de déménagement furtif, les propriétaires et, à leur place, les principaux locataires, sont responsables des termes échus de la contribution de leurs locataires, s'ils n'ont pas fait constater, dans les trois jours, le déménagement par le maire, le juge de paix ou le commissaire de police.

La remise au percepteur d'une expédition du procès-verbal de déménagement furtif, dressé dans le délai voulu, dispense le propriétaire ou le principal locataire de toute garantie, si la remise est prouvée par une reconnaissance du percepteur.

Le percepteur exerce son privilége sur les meubles enlevés, partout où ils se trouvent, conformément à l'article 11 ci-dessus.

ARTICLE 16 *bis*.

Dans tous les cas, et nonobstant toute déclaration de leur part, les propriétaires ou principaux locataires demeurent responsables de la contribution des personnes logées par eux en garni.

1. Ces trois articles concernent les obligations et la responsabilité imposées aux propriétaires et principaux locataires à l'égard des contributions dues par leurs locataires ou sous-locataires qui déménagent. Nous les réunissons, afin de traiter en une seule série d'observations cette partie du privilége du Trésor.

Le principe de la garantie des propriétaires est emprunté à notre ancienne législation : l'arrêt du Conseil d'Etat de 1783, maintenu formellement en ce point par la loi des 5-18 août 1791, et qui se référait lui-même à de précédents règlements, établissait la responsabilité des propriétaires de maisons ou principaux locataires *qui laissaient déménager les contribuables logés chez eux, sans avoir donné avis par écrit au receveur, un mois avant leur déménagement.*

2. Mais ce règlement n'avait, aux termes mêmes de la loi du 5-18 août 1791, de force obligatoire qu'à Paris ; de sorte qu'il pouvait être difficile d'assurer l'exécution des articles 15, 16 et 16 *bis* du Règlement dans les autres parties du royaume. Enfin, les lois des 26 mars 1831 et 21 avril 1832 ont généralisé ces dispositions et en ont mieux précisé l'application. Celle du 25 avril 1844 a édicté pour les patentes une prescription analogue. Les articles 22 et 23 de la loi du 21 avril 1832 et l'article 25 de la loi du 25 avril 1844 doivent désormais remplacer les articles 15, 16 et 16 *bis* du Règlement, et c'est sur leurs termes mêmes que nous établirons notre *Commentaire.* Ces trois articles sont ainsi conçus :

Loi du 21 avril 1832, art. 22. « En cas de déménagement hors de la perception, comme en cas de vente volontaire ou forcée, la contribution personnelle et mobilière sera exigible pour la totalité de l'année courante.

« Les propriétaires et, à leur place, les principaux locataires devront, un mois avant l'époque du déménagement de leurs locataires, se faire représenter par ces derniers les quittances de leurs contributions personnelle et mobilière. Lorsque les locataires ne représenteront point ces quittances, les propriétaires ou principaux locataires seront tenus sous leur responsabilité personnelle de donner dans les trois jours avis du déménagement au percepteur.

Art. 23. « Dans le cas de déménagement furtif, les propriétaires et, à leur place, les principaux locataires, deviendront responsables des termes échus de la contribution de leurs locataires, s'ils n'ont pas fait constater dans les ~~trois~~ jours leur déménagement par le maire, le juge de paix ou le commissaire de police.

« Dans tous les cas, et nonobstant toutes déclarations de leur part, les propriétaires ou principaux locataires demeureront responsables de la contribution des personnes logées par eux en garni. »

Loi 25 avril 1844, art. 25. « Les propriétaires et, à leur place, les principaux locataires qui n'auront pas, un mois avant le terme fixé par le bail ou par les conventions verbales, donné avis au percepteur du déménagement de leurs locataires, seront responsables des sommes dues par ceux-ci pour la contribution des patentes.

« Dans les cas de déménagements furtifs, les propriétaires et, à leur place, les principaux locataires deviendront responsables de la contribution de leurs locataires, s'ils n'ont pas, dans les ~~trois~~ jours, donné avis du déménagement au percepteur. La part de contribution laissée à la charge des propriétaires ou principaux locataires, par les paragraphes précédents, comprendra seulement le dernier douzième échu et le douzième courant dû par le patentable. »

3. Nous avons traité ce qui se rapporte au premier paragraphe de l'article 22 dans notre *Commentaire* sur l'article 3 du Règlement, nous n'avons pas à y revenir ici; nous passons à l'examen des autres dispositions. Nous considérerons l'obligation qui en résulte, 1° quant aux personnes à qui elle est imposée; 2° quant à l'obligation en elle-même, aux formalités qu'elle exige, à l'étendue de la responsabilité qu'elle entraîne; 3° nous traiterons à part de ce qui concerne la responsabilité des personnes logeant en garni;

4° enfin, nous examinerons à quelle autorité appartient la connaissance des contestations auxquelles peut donner lieu l'application des dispositions précitées.

4. La première question qui se présente, en ce qui concerne la contribution personnelle et mobilière, est celle de savoir si tous les propriétaires sans distinction doivent être soumis à la garantie dont il s'agit. En d'autres termes, les dispositions des articles 22 et 23 de la loi du 11 avril 1832 s'appliquent-elles exclusivement aux propriétaires de maisons, ou bien doivent-elles être étendues aux propriétaires des biens ruraux, en ce qui concerne la contribution due par le fermier? La question est décidée dans le premier sens par un arrêté du Conseil de préfecture du département du Var, en date du 4 juin 1833, que nous rapportons dans la deuxième Partie de cet ouvrage. (*Jurisprudence*, p. 135.)

Le Conseil a pensé que la garantie ne devait être imposée qu'aux propriétaires de maisons : c'est bien aussi de cette manière qu'avait disposé l'article 15 du Règlement. Mais les lois des 26 mars 1831 et 21 avril 1832 n'ont point fait la même distinction, et c'est là ce qui pourrait donner lieu au doute. Cependant, si l'on considère que ces articles n'ont été véritablement que la confirmation des dispositions du Règlement, et si on se reporte à l'arrêt du Conseil de 1783, on reconnaîtra qu'ils ne sauraient avoir une application plus étendue que celle de l'ancienne législation, et on pensera avec le Conseil de préfecture du Var qu'ils n'imposent aucune obligation aux propriétaires de biens ruraux, pour la contribution personnelle et mobilière de leurs fermiers, en cas de sortie de la ferme, soit par expiration du bail, soit par déménagement furtif.

5. L'obligation dont nous nous occupons est commune au principal locataire.

Or, que faut-il entendre par *principal locataire?* La loi ne l'a pas défini; mais on désigne en général sous cette dénomination l'individu qui a pris à bail une maison entière, ou du moins un corps de logis, qu'il sous-loue ensuite par partie à différents locataires. Dans ces conditions, un locataire supplée véritablement le propriétaire ; il en exerce tous les droits à l'égard des sous-locataires; il touche les loyers; au fond, il administre la maison. De même que le propriétaire, il est en position d'empêcher la sortie des meubles, dont il se trouve de fait, et dans son intérêt personnel, constitué gardien; il est donc juste que l'obligation des articles 22 et 23 de la loi du 21 avril 1832 lui soit imposée, ainsi qu'elle l'est au propriétaire.

Mais, pourrait-on considérer comme principal locataire celui qui, ayant loué, dans une maison gérée par le propriétaire, un appartement qu'il ne peut occuper, le sous-loue accidentellement à un tiers ? La question n'est pas sans quelque difficulté : en effet, si d'un côté il est vrai de dire que, dans l'hypothèse, le locataire qui sous-loue son appartement ne présente pas le caractère d'administrateur de maison auquel nous reconnaissions tout-à-l'heure le principal locataire, d'un autre côté, il est certain que, d'après les règles ordinaires, il reste garant envers le propriétaire des faits de celui à qui il a sous-loué; et peut-être soutiendrait-on avec avantage que, de même qu'il est tenu de garantir au propriétaire le payement des loyers et des réparations locatives, de même il doit le mettre à l'abri de toute responsabilité qu'il pourrait encourir par le fait du déménagement du sous-locataire. Et, en effet, ce n'est pas lui qui a fait cette sous-location; il n'est censé connaître ni le sous-locataire, ni l'époque même de son déménagement; car il n'a pas traité avec lui.

Pour concilier les deux systèmes, qui, l'un et l'autre, il faut le reconnaître, s'appuient sur des considérations imposantes, nous proposerons une distinction qui nous paraît fondée sur la juste appréciation de la position respective de toutes les parties. Il est impossible de nier que le locataire qui a sous-loué, ne doive être responsable des faits de son sous-locataire et, par suite, des conséquences de son déménagement. Mais cette responsabilité nous semble ne pouvoir être que la matière d'un débat privé entre ledit locataire et le propriétaire. A l'égard du Trésor, le propriétaire est l'obligé; car le locataire, nonobstant la sous-location accidentelle, ou pour mieux dire la cession de sa location à un tiers, n'a pas les caractères généraux qui constituent le principal locataire et qui le désignent au percepteur. Comment, en effet, celui-ci pourrait-il connaître ces sous-locations isolées ? La plupart du temps, elles sont ignorées, même dans des localités peu étendues, parce qu'elles n'emportent, de la part des locataires qui les ont faites, aucun acte d'administration. Or, c'est véritablement l'administrateur de la maison que, selon nous, la loi a voulu atteindre, et nous en trouverions la preuve dans ces termes mêmes de la loi du 21 avril 1832 : « les propriétaires et à *leur place* les principaux locataires, etc. » En substituant le principal locataire au propriétaire, le législateur indique évidemment que la responsabilité n'est pas attachée au droit de propriété, mais à la gestion de l'immeuble.

Nous pensons donc que, dans l'espèce que nous avons supposée, c'est le propriétaire qui, à l'égard du Trésor, est tenu des obligations et de la responsabilité déterminées par les articles 22 et 23 de la loi du 21 avril 1832, sauf à lui à exercer particulièrement son recours contre le locataire, à raison du déménagement du sous-locataire.

7. La question que nous venons d'examiner n'aurait pas, au surplus, d'importance réelle si la loi eût, comme elle l'a fait à l'égard du propriétaire et du fermier, en ce qui concerne le payement de l'impôt foncier, établi la solidarité du propriétaire et du principal locataire pour les obligations résultant des articles 22 et 23 précités. Mais elle n'a pas étendu jusque-là le privilége du Trésor en ce dernier point. C'est, selon nous, du moins, ce qui résulte des termes mêmes de la disposition de la loi du 21 avril 1832. En effet, si on se reporte au texte des articles 22 et 23, on y remarque ces mots que nous avons soulignés ci-dessus : « Les propriétaires et à *leur place* les principaux locataires deviendront responsables, etc.» Ces mots à *leur place*, qui se retrouvent encore dans l'article 25 de la loi de 1844, nous paraissent indiquer une dévolution réelle de l'obligation du propriétaire au principal locataire, lorsqu'il en existe un. Elle passe de l'un à l'autre parce que, lorsque la maison est l'objet d'une location principale, le propriétaire n'en a plus l'administration directe. Si la loi eût entendu créer en faveur du Trésor une obligation subsidiaire de la part du principal locataire, elle se fût servie d'une expression autre que celle de : *à la place* du propriétaire, elle aurait dit : *à son défaut*, ou *et solidairement*.

Les termes dans lesquels la disposition est conçue indiquent bien positivement une substitution du principal locataire au lieu et place du propriétaire; et, quoiqu'on pût objecter que le locataire n'est lui-même, à l'égard du propriétaire, qu'un locataire pur et simple, et que, par conséquent, le Trésor devrait soutenir que le déménagement du sous-locataire doit être considéré comme fait par le principal locataire lui-même, et emporter la responsabilité du propriétaire; cependant nous persistons à croire, en présence des termes si précis des articles 22 et 23 de la loi du 21 avril 1832 et de l'article 25 de la loi du 25 avril 1844, que le propriétaire ne peut être recherché, quand il existe un principal locataire.

8. Que faudrait-il décider dans le cas où un contribuable aurait déménagé deux fois dans le cours de l'année, et aurait successivement occupé deux maisons appartenant à des propriétaires différents? Sur lequel de ces deux propriétaires retomberait la responsabilité de la non-déclaration du déménagement?

Que le premier propriétaire puisse être recherché par le percepteur, cela ne nous paraît pas pouvoir être douteux. Peu importe qu'il y ait eu déménagement ultérieur. Le premier déménagement a laissé échapper le gage de l'impôt confié à la vigilance du propriétaire : il n'y a donc aucune raison pour soustraire celui-ci à la responsabilité légale.

9. Y aurait-il plus de motifs de le faire à l'égard du second propriétaire ? — Nous ne le pensons pas davantage. La responsabilité du premier propriétaire ne saurait dégager celle du second. Ils ne pourraient même prétendre ni l'un ni l'autre qu'ils ne doivent être tenus que chacun pour portion. Evidemment ils sont solidaires pour la totalité, et le percepteur peut s'adresser indifféremment à tous deux, puisque tous deux également se trouvent par la nature des choses soumis à la même obligation.

Lorsqu'un patentable a déménagé deux fois dans le cours d'une année, sans que le percepteur ait été averti, la responsabilité de chaque propriétaire est déterminée par la situation du redevable au moment du déménagement. Si le redevable était en arrière, à ce moment, de termes échus, le premier propriétaire, qui n'a pas fait la déclaration du déménagement, doit répondre du dernier terme échu à cette époque, et du terme qui courait alors. Le nouveau propriétaire, de son côté, répondra du terme échu et du terme courant à l'époque du déménagement qu'il lui appartenait de déclarer.

10. La responsabilité établie par la loi du 21 avril 1832 peut-elle être invoquée même contre une commune, dans le cas, par exemple, où il s'agirait d'un fonctionnaire logé par elle dans un bâtiment communal ? — On sait que les fonctionnaires logés gratuitement dans les bâtiments de l'Etat ou des communes, ce logement leur fût-il acquis de droit, comme il arrive pour les curés et desservants, par exemple, n'en sont pas moins assujettis à la contribution personnelle et mobilière. S'ils viennent à déménager, la commune doit-elle, sous peine de responsabilité, faire la déclaration prescrite par la loi ?

Il n'y a pas d'abord à s'arrêter à cette circonstance que le propriétaire est ici une commune. C'est un point indifférent dans la question, attendu que les communes sont, comme les particuliers, soumises, quant à leurs biens, aux lois générales de l'impôt. Peu importerait aussi que le fonctionnaire fût logé gratuitement et que la commune ne retirât aucun prix de loyer. Ce n'est pas dans la considération du bénéfice qu'il tire de la location de sa maison que nous avons trouvé le principe de l'obligation légale du propriétaire, mais bien dans cette circonstance qu'il est constitué naturellement gardien nécessaire des objets mobiliers affectés au privilége du Trésor. Ce ne serait donc que par pure subtilité qu'on essayerait de prétendre que le fonctionnaire qui est logé gratuitement n'est pas, à proprement parler, un locataire, puisqu'il n'y a pas eu acte de location entre lui et la commune, celle-ci ne faisant en le logeant qu'accomplir une obligation légale ou une nécessité du service. Selon nous, locataire, dans l'esprit de la loi du 21 avril 1832, signifie occupant, et puisque le fonctionnaire logé gratuitement est soumis à l'impôt, et qu'on suppose le loyer qu'il devrait payer s'il louait l'appartement, il semble logique de le considérer aussi sous les autres rapports comme un locataire ordinaire.

11. Si cette observation est fondée, la chose la plus importante à examiner dans l'espèce, c'est de savoir si les meubles qui garnissent l'appartement du fonctionnaire lui appartiennent ou sont la propriété de la commune. Dans ce dernier cas, nous ne pensons pas que la commune pût être obligée, parce qu'elle ne se trouve pas gardienne des meubles sur lesquels le Trésor a dû compter pour l'exercice de son privilége. Elle ne pourrait pas même être considérée comme logeant en garni ni être par conséquent responsable à ce dernier titre. (Voir ce que nous disons ci-après, n° 55.)

12. Mais si le mobilier appartient au fonctionnaire, alors la commune ne saurait se soustraire à la responsabilité, pas plus que tout autre propriétaire. Rien ne l'empêcherait, en effet, de faire les déclarations prescrites par les articles 22 et 23 de la loi du 21 avril, dans le cas où le fonctionnaire, pour une raison ou pour une autre, quitterait le logement qui lui était assigné par la commune.

Seulement il pourrait s'élever contre le percepteur une fin de non-recevoir que nous devons signaler. Bien qu'en principe ce fût au maire, comme administrateur des biens communaux, à faire les déclarations requises par la loi, cependant le percepteur, en sa qualité de receveur municipal, n'étant pas étranger aux affaires de la commune, a dû naturellement connaître le déménagement prochain du fonctionnaire; et s'il était, en effet, prouvé qu'il n'a pas pu l'ignorer, nous ne doutons pas que l'Administration ne le déclarât responsable de la cote à la décharge de la commune.

Cette observation serait, à plus forte raison, applicable en matière de contributions des patentes. Il ne peut être douteux qu'une commune louant, dans un bâtiment communal, une boutique ou un magasin à un patentable, ne soit assujettie à la responsabilité de droit commun; mais la perception d'un revenu correspondant à la location rendrait plus strict le devoir du receveur municipal de veiller à la rentrée de l'impôt.

13. Après nous être occupé d'indiquer les personnes sur lesquelles repose particulièrement la garantie stipulée par les articles 22 et 23 de la loi du 21 avril 1832 et 25 de la loi du 25 avril

1844, nous avons à préciser les caractères et l'étendue de cette garantie, et à indiquer les formalités nécessaires pour s'y soustraire.

14. La loi prévoit deux cas : le déménagement ordinaire, au terme de la location, et le déménagement furtif. Nous examinerons parriculièrement les dispositions applicables à l'un et l'autre de ces deux cas ; mais, dés à présent, nous nous arrêterons sur quelques observations générales qui serviront à bien caractériser le déménagement dont la loi a entendu parler.

Suffit-il, pour donner ouverture à l'obligation du propriétaire, que le contribuable sorte de la maison qu'il habitait, si d'ailleurs il va occuper dans le voisinage un appartement ou un local industriel ou le percepteur pourrait facilement le suivre ; ou bien faut-il que le déménagement ait eu lieu hors du ressort de la perception ? Cette dernière opinion se fonde sur un argument très spécieux. Les lois du 21 avril 1832 et du 25 avril 1844, dit-on, ne s'occupent pas seulement de déterminer les effets du déménagement des contribuables eu égard aux propriétaires ou principaux locataires ; elles font aussi du déménagement le principe d'une obligation nouvelle et spéciale, celle de payer la totalité de la contribution de l'année. Mais ce n'est que dans le cas où le déménagement a lieu hors du ressort que cette obligation existe, parce que la loi a pensé qu'un tel déménagement pouvait toujours être connu du percepteur et que, dès lors, les droits du Trésor peuvent être facilement exercés.

Or, cette considération ne doit-elle pas aussi militer en faveur du propriétaire comme en faveur du contribuable lui-même ? Le texte même de la loi s'accorde avec cette manière de voir : car il est à remarquer que c'est dans les mêmes articles (l'article 22 de la loi de 1832 et l'article 25 de la loi de 1844), que les obligations des contribuables et celles des propriétaires sont indiquées; et lorsque ces articles, dans l'un de leurs paragraphes, parlent de l'obligation du propriétaire en cas de *déménagement* du contribuable, il faut croire qu'en employant cette expression, ils l'entendent dans le sens même du déménagement hors du ressort dont ils viennent de se servir dans un paragraphe précédent, à l'égard de l'obligation du contribuable de payer la cote entière de l'année. — On peut répondre à cette argumentation qu'en principe il n'y a aucune corrélation nécessaire entre les deux obligations dont il s'agit. Elles sont l'une et l'autre réglées d'une manière différente, et elles reposent sur des bases qui n'ont rien de commun entre elles. En ce qui concerne le contribuable, c'est un principe essentiel de notre législation de l'impôt que les cotes de contributions directes sont payables par douzièmes. Pour qu'une exception y pût être faite, il ne fallait rien moins qu'une circonstance qui, du fait du contribuable, mît bien évidemment en péril les droits du Trésor. Or, à moins que le contribuable ne sorte du ressort et ne se trouve par là soustrait à l'action du percepteur porteur du rôle où sa cote est inscrite, il ne change pas assez sensiblement les conditions dans lesquelles il était primitivement placé envers le Trésor, pour qu'on aggrave ses obligations, en le privant d'une faculté inhérente à la constitution même de la contribution directe. Le déménagement ne dénature enfin ni ne détruit son obligation : il est après ce qu'il était avant, c'est-à-dire débiteur pur et simple de cotes d'impôts. Il n'en est pas de même en ce qui concerne le propriétaire de maison. Puisqu'il est constitué, par le fait de la location et dans l'intérêt de son propre privilége, gardien nécessaire du mobilier de son locataire, il est de la nature de son obligation, et c'est en cela même qu'elle consiste, que les meubles ne sortent point de ses mains sans qu'il en donne avis. Si l'on distinguait, en ce qui le concerne, les cas où le déménagement a lieu dans le ressort ou au dehors, on ferait dépendre son obligation d'un fait qui lui est entièrement étranger, qui peut même lui être totalement inconnu ; on dénaturerait véritablement cette obligation, qui n'est autre que de veiller sur le mobilier qui garnit sa maison, pour le compte du Trésor, comme il le fait pour lui-même. Or, le déménagement, quel qu'il soit, intéresse le propriétaire et éveille sa sollicitude. Il ne peut pas manquer d'en être informé, dans tous les cas. Quelle rigueur y a-t-il donc à exiger que, dans tous les cas, il en donne avis au percepteur ? Observons, en outre, qu'un des motifs qui ont fait décider que le contribuable qui déménage sans quitter le ressort ne serait pas tenu de payer la cote entière de l'année, a été sans contredit que le percepteur prévenu, dans toute hypothèse, du déménagement par le propriétaire, aurait les moyens de surveiller ce déménagement, qui se passe dans le cercle de sa juridiction et de prendre à temps les mesures nécessaires pour la garantie du recouvrement.

Nous estimons donc, en nous résumant, qu'il faut s'en tenir aux termes exprès du § 2 de l'article 22 de la loi du 21 avril 1832, de l'article 23 de la même loi et de l'article 25 de la loi du 25 avril 1844, et décider que tout déménagement du contribuable, dans le ressort comme au dehors, donne naissance à l'obligation des propriétaires et principaux locataires.

15. Par déménagement, au surplus, il ne faudrait pas entendre toute espèce de déplacement de meubles. Un contribuable, par exemple, qui, pour un motif quelconque, enlèverait de chez lui

quelques parties de son mobilier, ne pourrait être considéré comme déménageant. Il est assez difficile de tracer des règles absolues à cet égard; mais il nous semble qu'on peut s'en référer à ce qui se passe ordinairement en cette matière entre les locataires et les propriétaires. Un enlèvement de meubles qui ne paraîtrait pas assez considérable pour mettre en danger la garantie des loyers ne serait pas considéré comme un déménagement; mais il en serait autrement si les meubles qu'on veut faire sortir de la maison sont en grand nombre ou sont précisément ceux qui ont le plus de prix. Alors le propriétaire ne manquerait pas d'agir dans l'intérêt de son propre privilége. C'est d'après des règles analogues qu'il y a lieu, selon nous, de se déterminer pour apprécier les circonstances qui constituent le fait du déménagement d'où naît l'obligation des propriétaires et principaux locataires à l'égard du Trésor.

16. Si un contribuable, après avoir quitté une maison, y était revenu demeurer dans le cours de l'année, ce retour dégagerait-il la responsabilité que le déménagement primitif aurait fait encourir au propriétaire? — Nous ne pouvons nous prononcer que pour la négative. Le motif de la responsabilité des propriétaires et principaux locataires, c'est qu'ils ont laissé disparaître, sans prévenir le percepteur, le gage du Trésor, dont leur position les rendait gardiens. Or, le retour du contribuable n'empêche pas que celui-ci n'ait, en déménageant d'abord, emporté ses meubles, que peut-être il a vendus en partie, et qu'il n'ait ainsi altéré ou diminué le gage du Trésor. Il est donc juste que la responsabilité continue dans ce cas, bien qu'en fait le contribuable se retrouve dans le même appartement qu'il occupait primitivement.

17. Nous n'avons pas besoin de dire que l'obligation n'existerait pas au cas où le contribuable ne ferait que changer d'appartement, ou le patentable de magasin, sans sortir de la maison elle-même. Dans ce cas, en effet, le gage de l'impôt n'éprouve aucune altération. Il reste toujours sous la main du percepteur. Ce n'est, à notre avis, que lorsque l'enlèvement des meubles a lieu hors de la maison qu'il y a déménagement dans le sens légal.

18. D'après ce dernier principe, ne faudrait-il pas considérer comme un déménagement la vente forcée des meubles d'un contribuable? Cette question est délicate; nous la traitons ci-après, n° 39, en parlant des différentes sortes de déménagements.

19. La responsabilité des propriétaires et principaux locataires porte-t-elle sur toutes les cotes de contributions qui peuvent être dues par le locataire, ou, dans le cas contraire, quelles limites la loi a-t-elle entendu lui assigner?

Dans la première rédaction de l'article 15 du Règlement sur les poursuites, le Ministre avait parlé, quant à la responsabilité des propriétaires et principaux locataires, de la *contribution personnelle et mobilière* et de celle des *patentes*, ce qui excluait les cotes *foncières* et celles des *portes* et *fenêtres*. Mais on pouvait douter que les patentes mêmes y fussent comprises, car les anciens règlements auxquels il fallait se référer, comme nous l'avons dit plus haut, n'étaient pas tellement explicites qu'on pût légitimement les déclarer applicables aux patentes aussi bien qu'à l'impôt mobilier, que la loi du 2-17 mars 1791 avait mis sur la même ligne quant aux voies de recouvrement.

La loi du 25 avril 1844 s'en est expliquée; il n'y a donc plus de doute quant à la contribution des patentes; il ne saurait y en avoir non plus quant aux autres contributions et aux taxes assimilées; il s'agit ici d'un privilége, c'est-à-dire d'une disposition de droit rigoureux; il ne saurait donc être permis de procéder par voie d'induction et de l'étendre à des cas autres que ceux qui ont été formellement prévus.

20. Cette responsabilité, ainsi limitée, porte-t-elle sur toutes les cotes arriérées de la contribution personnelle et mobilière qui peuvent être dues par le locataire? Nous ne le pensons pas.

A ne consulter que la seule équité, on sent qu'il ne serait pas juste qu'un propriétaire, qui généralement n'a dû et n'a pu exiger de son locataire que les meubles suffisants pour répondre d'une année de location, devînt garant de toutes les cotes arriérées dont ce locataire peut être débiteur : car il n'avait aucun moyen de s'assurer de l'existence de cette dette ; et d'ailleurs, comme l'obligation de déclarer le déménagement des locataires existe pour tous les propriétaires, ce dernier est naturellement en droit de supposer que celui qui l'a précédé a rempli cette obligation ou a été constitué responsable, et que, par conséquent, il n'y a de dû tout au plus que la contribution de l'année courante. Aussi, la raison d'équité nous porterait-elle à croire que la responsabilité du propriétaire ou principal locataire ne doit pas remonter en deçà de l'année pendant laquelle la location a commencé. Décider autrement serait donner à la disposition des art. 22 et 23 de la loi du 21 avril 1832, une sorte de rétroactivité contraire à tous les principes du droit et que ne justifieraient d'ailleurs ni le texte ni l'objet de ces articles. L'obligation des propriétaires et principaux locataires prend naissance dans le fait de la location; elle ne peut donc s'appliquer à ce qui est antérieur à cette location, c'est-à-dire à la cause même de l'obligation.

21. Mais, si nous admettons que la responsabilité ne devrait pas s'étendre aux cotes dues antérieurement à l'année de l'emménagement du locataire, nous ne pensons pas qu'on pût aller jusqu'à la limiter strictement à l'époque précise à laquelle le locataire a occupé l'appartement : qu'ainsi, par exemple, si le contribuable était venu habiter la maison au mois d'avril, le propriétaire ne serait pas responsable des trois premiers termes de l'année qui pourraient être dus, de même que s'il déménageait au mois d'octobre, le propriétaire ne serait pas non plus garant pour les trois derniers mois. — Si l'on voulait induire une pareille conclusion des principes que nous venons de poser, ce serait en forcer la portée et méconnaître notre pensée. En repoussant l'opinion que le propriétaire pût être déclaré responsable des cotes arriérées antérieures à la location, nous nous sommes particulièrement déterminé par cette considération que le propriétaire devait supposer que ces cotes avaient été soldées à la diligence du percepteur du dernier domicile. Mais la même présomption ne peut pas s'appliquer avec la même force à ce qui concerne l'année courante. On doit supposer, au contraire, que les premiers douzièmes n'ont pas encore été acquittés, parce qu'il n'est pas toujours facile que la perception en soit faite mois par mois, avec une entière régularité.

Ainsi, par exemple, à Paris, les rôles de la contribution personnelle et mobilière ne sont guère mis en recouvrement que dans le courant du mois de mars. Il est évident qu'un locataire qui déménagerait au mois de février ne pourrait pas produire de quittances, puisque le percepteur ne peut percevoir en l'absence d'un rôle exécutoire, et que, par la même raison, le propriétaire de la maison d'où le contribuable déménage ne pourrait pas non plus lui-même être recherché; cependant la contribution n'en serait pas moins due, après la publication du rôle, à partir du 1er janvier. Quelle serait donc, dans ce cas, la garantie de ces premiers termes, si le second propriétaire n'était responsable que des termes postérieurs à l'entrée en jouissance du locataire? La loi aurait été bien imprévoyante. Aussi, ne distingue-t-elle pas. Si l'on se reporte à son texte, on verra qu'elle ne s'explique en aucune manière sur les termes antérieurs à la location, et que la conclusion qu'on pourrait tirer de son silence à cet égard conduirait plutôt à étendre qu'à restreindre la responsabilité du propriétaire. Nous croyons donc concilier tous les intérêts et rester dans les limites rigoureuses des principes de la loi et de l'équité, en nous résumant à dire que les propriétaires et les principaux locataires ne doivent pas être garants des contributions personnelles et mobilières dues par leurs locataires ou sous-locataires pour les années antérieures à la location, mais que leur responsabilité s'applique à toute l'année courante.

Cette opinion trouve sa confirmation dans la disposition si restrictive de la loi du 25 avril 1844, qui limite la responsabilité du propriétaire au dernier douzième échu et au douzième courant dû par le patentable.

22. Faut-il conclure de ce que nous avons dit jusqu'ici, à l'occasion de la contribution personnelle et mobilière, que, si le déménagement avait lieu dans le cours de l'année, le propriétaire qui n'en aurait pas fait la déclaration serait responsable de la totalité de la cote de l'année ; ou bien ne devrait-il au Trésor que la garantie des termes échus au moment du déménagement? Cette question n'est pas sans difficulté. Au premier abord, elle semble résolue par les termes mêmes de l'article 23 de la loi du 21 avril 1832. Cet article porte qu'en cas de déménagement les propriétaires et principaux locataires sont responsables des *termes échus* de la contribution de leurs locataires ? D'où il semble qu'on peut conclure que la garantie s'arrête aux termes échus. Mais, d'un autre côté, le paragraphe 1er de l'article 22 de la même loi oblige les contribuables qui déménagent à payer la contribution de l'*année entière*.

Peut-on admettre logiquement que le locataire, en déménageant au milieu de l'année, sera tenu de payer la totalité de sa cote, tandis que, dans le même cas, la garantie du propriétaire ne porterait que sur les termes échus ? N'y aurait-il pas là une anomalie tout à fait inexplicable? Sans doute la raison et l'analogie veulent ici que la garantie soit aussi étendue que l'obligation principale, et que le propriétaire soit, comme le locataire dont il répond, tenu de la contribution entière de l'année. Cependant les termes de la loi sont bien précis. Or, peut-il être permis de s'en écarter, en matière de privilége surtout, où tout est de droit rigoureux? Quel sens donnerait-on d'ailleurs aux expressions: *termes échus*, employés dans l'article 23 de la loi du 21 avril 1832? Le législateur qui, dans l'art. 22, venait d'obliger le contribuable qui déménage à payer sa cote entière de contribution, ne pouvait pas avoir oublié cette disposition quand il formulait l'article 23. Il faut donc penser qu'il a bien mesuré la portée des expressions dont il s'est servi dans ce dernier article, et qu'il a réellement voulu limiter aux termes *échus* la responsabilité du propriétaire.

Quelque spécieux que paraisse ce raisonnement, nous ne pouvons nous résoudre cependant à admettre dans la loi une anomalie qu'aucun motif plausible ne justifierait. Nous avons donc cherché, et nous croyons avoir trouvé une explication plus naturelle et qui concilie d'une manière complétement satisfaisante les dispositions des articles 22 et 23 précités. Remarquons d'abord que l'article 22 n'impose l'obligation de payer la contribution de l'année entière qu'au contribuable qui déménage hors du ressort de la perception ; de sorte que, lorsque le déménagement a lieu dans la circonscription, la contribution demeure payable par douzièmes comme à l'ordinaire. Or, dans ce cas, le propriétaire ne devait pas être obligé d'une autre manière que le locataire lui-même. Il ne pouvait pas être garant d'une obligation plus forte que celle du principal obligé. Dans ce cas-là, par conséquent, la loi ne devait parler que des termes échus ; et c'est ici que l'article 23 reçoit une application toute naturelle. Le propriétaire n'est garant que des termes échus que le locataire peut devoir.

Dans le cas, au contraire, où le déménagement a lieu hors du ressort et où le contribuable est tenu de payer sa cote entière de contribution, le propriétaire est évidemment responsable de la même manière, de la totalité de la contribution de l'année, et il ne pourrait pas argumenter de l'expression de *termes échus* que nous avons signalée dans la loi de 1832 ; car nous venons de voir à quel cas spécial s'appliquent ces expressions, si on veut les prendre dans leur sens littéral. D'ailleurs, ne peut-on pas dire que la loi ayant ordonné, en cas de déménagement hors du ressort, le payement de la contribution entière, a par cela même prononcé l'exigibilité et, en d'autres termes, l'échéance de tous les termes, Par conséquent, dans le cas dont il s'agit, les termes sont véritablement échus ; dès lors, l'art. 23 de la loi du 21 avril 1832 est textuellement applicable.

Ainsi, en résumé, il y a, quant à l'étendue de l'obligation des propriétaires et principaux locataires, et en ce qui concerne la contribution personnelle et mobilière, à distinguer les cas où le locataire déménage hors du ressort ou sans sortir du ressort de la perception. Dans le premier cas, la responsabilité porte sur la cote entière de l'année ; dans le second cas, sur les termes échus seulement à l'époque du déménagement.

En matière de patentes, la responsabilité du propriétaire ne s'étend jamais au-delà du douzième échu et du douzième courant ; le percepteur ne doit donc, en aucun cas, négliger de faire rentrer l'impôt, comptant sur la responsabilité du propriétaire. (Voir, à la 2ᵉ Partie, *Jurisprudence*, p. 163, l'arrêté du 5 août 1867.)

23. Dans le cas où il y a lieu à responsabilité de la part des propriétaires et principaux locataires, ceux-ci peuvent-ils être tenus de payer immédiatement la contribution au lieu et place des loca-

taires, ou bien ne sont-ils soumis qu'à une garantie subsidiaire à défaut de payement des locataires ?

La loi n'est pas très explicite à cet égard. Celle du 21 avril 1832 se borne à dire, dans l'art. 22, que les propriétaires, etc., sont tenus, *sous leur responsabilité personnelle;* et l'art. 23 porte qu'ils s eront *responsables des termes échus,* etc. Les mêmes expressions se trouvent reproduites dans l'art. 25 de la loi du 25 avril 1844; mais la question reste entière de savoir quel est le caractère de cette responsabilité. Est-ce une garantie, comme celle qui résulte des obligations de la caution? Est-ce, au contraire, une solidarité? Dans la première hypothèse, le propriétaire pourrait, par application des art. 2021 et suivants du Code civil, demander la discussion préalable du contribuable et exiger que celui-ci fût poursuivi avant tout recours sur lui-même. Dans l'autre cas, au contraire, il serait soumis séparément du contribuable, ou concurremment avec lui, aux poursuites du percepteur, conformément aux art. 1203 et 1204 du Code civil.

Nous croyons que c'est à cette dernière obligation, à une obligation solidaire, que la loi a entendu soumettre les propriétaires et principaux locataires de maisons. Si l'on se demande, en effet, ce que le législateur devait raisonnablement prescrire, on reconnaît aussitôt qu'il ne pouvait pas admettre le propriétaire à réclamer le bénéfice de discussion. C'eût été d'abord donner ouverture à une contestation certaine, chaque fois qu'il y aurait eu lieu à l'application de la responsabilité ; car tous les propriétaires auraient recouru à ce moyen dilatoire pour ne pas payer l'impôt à la place du locataire. De là des procédures longues et coûteuses, qui auraient eu le double inconvénient d'entraîner des retards et des frais auxquels toutes les lois de la matière se sont toujours efforcées de soustraire la perception et l'impôt. Que si l'on se reporte aux textes mêmes des lois du 21 avril 1832 et du 25 avril 1844, tout vagues qu'ils paraissent, il est cependant facile, à l'examiner de bonne foi, d'y découvrir l'intention que nous signalons. Il ne faut pas perdre de vue que ces lois ne sont pas des lois de procédure, mais des lois de finances; par conséquent, c'est au langage financier, si l'on peut s'exprimer ainsi, qu'il convient plus particulièrement de demander l'interprétation des termes qu'elles emploient. Or, le mot de *responsabilité*, dont elles se servent pour désigner l'obligation du propriétaire, est d'un usage fréquent en matière de comptabilité. Dans les relations du Trésor avec ses agents, il signifie constamment l'obligation de payer au lieu et place de celui à l'occasion duquel la responsabilité est encourue, sauf son recours contre lui. C'est ainsi que l'ordonnance du 19 novembre 1826 et le décret du 31 mai 1862 (art. 358), en déclarant les receveurs des finances responsables de la gestion des percepteurs placés sous leurs ordres, les oblige à faire l'avance, sauf leur recours, des déficits de ces derniers. De même, pour rentrer dans la matière spéciale dont nous nous occupons, les percepteurs sont obligés, après deux années, de solder les rôles de leurs deniers personnels, sauf leur recours contre les contribuables; mais, ni dans l'un ni dans l'autre cas, l'agent responsable ne serait admis à demander la discussion du principal obligé, et à ne recourir à lui qu'après avoir constaté l'insolvabilité de ce dernier.

La *responsabilité personnelle* à laquelle le propriétaire est soumis par les lois des 21 avril 1832 et 25 avril 1844, doit donc le faire considérer comme *personnellement* débiteur de la contribution, sauf son recours contre le locataire. C'est, au surplus, ce que décidait l'ancienne législation. L'arrêt du Conseil de 1783, auquel ont été empruntées, comme nous l'avons dit, les dispositions relatives à la garantie des propriétaires et principaux locataires, disposait par son article 11 : « Les propriétaires habitant leurs maisons ou principaux locataires, qui auront été contraints à payer, par garantie, en l'acquit de leurs locataires déménagés, se pourvoiront pour se faire accorder leurs recours par-devant les sieurs commissaires du Conseil, chacun en ce qui le concerne, et non ailleurs par un simple mémoire auquel ils *annexeront les quittances des sommes qu'ils auront payées et dont ils réclameront le remboursement.* »

Cette disposition nous paraît bien concluante dans le sens que nous indiquions ci-dessus. Il est évident que, dans le système de l'arrêt de 1783, le propriétaire était d'abord tenu de payer la contribution dont il était garant, sauf son recours. Le même principe nous paraît encore devoir être appliqué aujourd'hui, à cette différence près qu'il ne serait plus nécessaire, pour le propriétaire, d'une autorisation à l'effet d'exercer son recours contre le locataire, et que la subrogation aux droits du Trésor, qu'il aurait désintéressé, serait de droit aux termes de l'article 1251 du Code civil.

24. Par quelle voie doit être poursuivi le propriétaire ou principal locataire, lorsqu'il y a lieu à la responsabilité prévue par les lois des 21 avril 1832 et 25 avril 1844? — Les explications dans lesquelles nous sommes entré dans le *Commentaire* sur l'article 14, au sujet du mode de poursuite à exercer contre les tiers détenteurs nous paraissent pouvoir convenir également au cas qui nous occupe en ce moment. Les propriétaires et les principaux locataires étant constitués débiteurs personnels de l'impôt, il y aurait lieu

d'agir à leur égard comme envers les contribuables eux-mêmes, c'est-à-dire par voie de garnison, etc.

Le percepteur devrait donc faire d'abord au propriétaire ou principal locataire qui a laissé déménager le locataire sans donner avis ou sans faire dresser procès-verbal, suivant les cas, une demande amiable de payer la somme due par le locataire. Nous donnons la formule de cet acte (Modèle n° 55). En cas de refus, le comptable demanderait qu'une contrainte fût décernée contre lui, et les poursuites, s'il y avait lieu, se feraient conformément aux dispositions du Règlement. Nous ne pouvons que nous référer à notre *Commentaire* sur les articles qui concernent les actes d'exécution des différents degrés.

25. Nous n'avons pas besoin de dire que les porteurs de contraintes auraient qualité pour faire les actes, dans ce cas, comme s'ils étaient faits contre le contribuable lui-même. (Voir à cet égard nos observations sur l'article 89 du Règlement.)

26. Nous ne pouvons pas parler des poursuites à exercer contre les propriétaires et principaux locataires, sans être naturellement amené à nous occuper de la question de savoir à quelle autorité il appartiendrait de connaître des contestations qui pourraient s'élever entre ces redevables et les percepteurs. Le Conseil de préfecture serait-il compétent ou bien les parties devraient-elles porter leurs demandes devant le Tribunal civil ?

Si l'on veut bien se reporter à notre *Commentaire* sur l'article 19, où nous avons essayé de poser, d'après la jurisprudence du Conseil d'Etat et celle des Cours et Tribunaux, quelques règles générales sur la compétence en matière de contributions directes, on y verra qu'un des principes le mieux établi, c'est que la juridiction ne peut pas se déterminer d'une manière absolue et qu'elle résulte de la question même qui fait le sujet particulier de la contestation. Ainsi, en appliquant ce principe à l'espèce, il faut se demander avant tout quelle est la chose en discussion. Les considérations par lesquelles le propriétaire s'oppose à l'action du percepteur peuvent être de différentes natures. Elève-t-il une fin de non recevoir tirée des règles du droit commun, ou bien allègue-t-il quelque irrégularité dans les actes administratifs eux-mêmes? La compétence ne serait effectivement pas la même dans l'un et l'autre cas. Posons quelques espèces pour rendre nos développements plus précis et plus clairs.

27. Le propriétaire conteste, par exemple, la qualité même à l'occasion de laquelle on le poursuit. Il soutient qu'à l'époque du déménagement, il avait vendu la maison et qu'il avait cessé d'avoir aucun droit sur elle; ou bien, il prétend que c'est à tort

qu'on s'adresse à lui, attendu qu'il existe un principal locataire ;
ou bien encore, il nie qu'il y ait location et que le contribuable
ait à son égard le caractère de locataire, qui seul entraînerait la
responsabilité. Ces questions, où il s'agirait de l'examen d'actes et
de faits qui ne peuvent être appréciés que par les règles du droit
commun, seraient incontestablement du ressort des Tribunaux
civils. Il en serait de même si la contestation portait sur la régularité des actes de poursuites, du commandement ou de la saisie.
Dans ce cas-là, encore, l'autorité judiciaire serait compétente.
(Voir le *Commentaire* sur l'art 19, et à la 2ᵉ Partie, *Jurisprudence*,
p. 160, l'arrêt du Conseil d'Etat du 31 juillet 1856.)

28. Mais, dans une autre hypothèse, s'il n'élevait de réclamation
que sur la quotité de la somme qui lui est demandée par le percepteur, comme il en aurait la faculté en sa qualité de garant du
locataire, naturellement subrogé à ses droits; s'il soutenait que
la cote de ce dernier a été mal établie, ou bien qu'il y a eu des
à-comptes payés par lui qui ont diminué la dette; s'il élevait la
question, que nous avons nous-mêmes examinée plus haut, de
savoir si sa responsabilité doit s'étendre à la cote de l'année entière ou seulement aux termes échus, dans ces divers cas, le jugement de la contestation appartiendrait au Conseil de préfecture.
(Voir, à la 2ᵉ Partie, *Jurisprudence*, p. 163, l'arrêté du 5 août 1867.)
Nous ne pensons pas qu'il puisse y avoir doute à cet égard.

29. Ce serait aussi, selon nous, à l'autorité administrative à
statuer sur les difficultés qui s'élèveraient, de la part du propriétaire ou principal locataire, sur l'exécution des obligations qui
leur sont imposées par les articles 22 et 23 de la loi du 21 avril
1832, et 25 de la loi du 25 avril 1844, et que nous avons indiquées
ci-dessus. Par suite, ce serait à elle à reconnaître le caractère du
déménagement et à prononcer s'il doit être considéré comme furtif
ou comme ordinaire, dans le sens de la loi précitée. Ce serait elle
qui statuerait sur la question de déménagement avant terme dont
nous nous sommes occupé. (Voir à la 2ᵉ Partie, *Jurisprudence*,
p. 160, l'arrêt du 31 juillet 1856.)

En un mot, et pour résumer de la manière la plus générale qu'il nous est possible notre opinion sur une matière où nous
ne pouvons guère prévoir et détailler tous les cas, nous dirons que
le Conseil de préfecture nous semble appelé spécialement à connaître des questions qui touchent au principe même du privilége
particulier consacré en faveur du Trésor par les articles 22 et 23
de la loi du 21 avril 1832, et l'article 25 de la loi du 25 avril 1844
et à l'exécution des formalités prescrites par ces articles et que
l'Administration a dû réglementer. Les Tribunaux civils ne devien-

draient compétents que lorsque la contestation sortirait en quelque sorte du cercle desdites dispositions; qu'il s'agirait, non pas d'interpréter ni d'appliquer les règles des lois spéciales de 1832 et de 1844, mais bien de décider des questions qui pourraient s'élever sur des points accessoires et où la législation générale pourrait seule être invoquée, ou bien des contestations engageant les droits des tiers.

30. Nous ne nous étendrons pas plus loin sur ce point. Nous croyons en avoir assez dit pour faire comprendre la distinction sur laquelle se fonde, suivant nous, la compétence de l'une ou de l'autre autorité. Les comptables feront eux-mêmes l'application de ces principes aux cas particuliers qui se présenteront, et nous nous bornerons, comme complément des explications auxquelles nous venons de nous livrer, à renvoyer nos lecteurs aux développements que nous avons eu occasion de présenter dans le cours de cet ouvrage sur la matière des compétences. (Voir, indépendamment de l'article 19, les articles 14 et 89 et les décisions citées aux deux numéros précédents.)

31. Comme toutes les obligations civiles, la garantie des propriétaires et principaux locataires doit s'éteindre par la prescription. Mais, par quel laps de temps cette prescription est-elle acquise? Les lois de 1832 et de 1844, pas plus que le Règlement, ne statuent rien à cet égard. L'ancienne législation n'est pas plus positive et ne peut fournir aucune induction. Un arrêté du préfet de la Seine, en date du 22 février 1808, fixait, il est vrai, à quinze mois la durée de cette garantie. Il indiquait en même temps comment les propriétaires seraient mis en demeure. Cette formalité consistait en une contrainte décernée par le percepteur, et que ce comptable envoyait par la poste, cachetée en forme de lettre, au domicile du propriétaire; si, dans les dix jours, celui-ci ne payait pas, commandement lui était fait.

Toute cette procédure paraît assez arbitraire, et nous ne saurions croire qu'elle pût être suivie aujourd'hui. D'abord, ces dispositions n'ont pas été admises dans le Règlement général du ministère; elles n'ont même pas été reproduites dans le Règlement particulier de la préfecture de la Seine, rédigé en exécution de la loi du 15 mai 1818. D'ailleurs, un règlement préfectoral ne pourrait avoir, en aucun cas, autorité suffisante pour déterminer un terme fatal de prescription et des conditions rigoureuses de mise en demeure. C'est donc à l'ensemble de la législation, qu'à défaut d'une disposition spéciale, il convient de recourir pour y puiser la solution de la difficulté qui nous occupe.

32. En ce qui concerne la prescription, il nous semble que la

législation de la matière fournit elle-même la règle à suivre. La
dette de contribution se prescrit, comme on sait, par trois ans, à
dater des dernières poursuites. (Voir l'art. 18 du Règlement.) Cette
prescription nous semble devoir être également appliquée à la
garantie des propriétaires et principaux locataires. De quelque
manière, en effet, qu'on les considère, soit comme cautions du contribuable, soit comme débiteurs solidaires, dans tous les cas ils
deviennent personnellement redevables de la contribution du locataire. Leur obligation est de même nature que celle du contribuable lui-même; ils sont soumis à la même action : ils doivent pouvoir opposer les mêmes exceptions. Il n'y a donc aucune raison
pour que la prescription de trois ans ne leur soit pas également
acquise.

33. Quant à la mise en demeure, qui aurait pour effet d'interrompre le cours de cette prescription, qui commence naturellement à partir de l'époque du déménagement, ou qui daterait du
jour de l'abandon des dernières poursuites, s'il y en avait eu
d'exercées, nous ne pensons pas qu'une simple lettre adressée par
la poste pût être considérée comme suffisante. Car ce ne serait
pas là un acte de poursuite, et il ne faut rien moins qu'un acte de
cette nature pour interrompre les prescriptions. Le percepteur n'obtiendrait sûrement ce résultat que par les mêmes moyens qu'il
serait dans la nécessité d'employer s'il s'agissait du contribuable
lui-même. (Voir ce que nous disons des actes interruptifs de la
prescription dans le *Commentaire* sur l'article 18.)

34. Pour compléter nos explications sur le principe et les conséquences de la responsabilité imposée aux propriétaires et principaux locataires, par les lois du 21 avril 1832 et du 25 avril 1844,
il nous reste à examiner les formalités que ces derniers ont à
remplir pour se soustraire à toute garantie. Ces formalités varient suivant qu'il s'agit d'un déménagement ordinaire ou d'un
déménagement furtif.

35. Dans le premier cas, l'obligation du propriétaire consiste à
se faire représenter par le locataire qui doit déménager, un mois
avant l'époque du déménagement, la quittance de sa contribution,
et, à défaut de cette représentation, il doit donner immédiatement avis du déménagement au percepteur.

Dans le second cas, c'est un procès-verbal de déménagement furtif qu'il doit faire dresser. On conçoit tout d'abord l'importance qu'il y a à bien préciser les deux cas de déménagement;
car, par cela même que les formalités sont différentes, la responsabilité serait encourue si l'on avait appliqué à un cas les règles
prescrites pour un autre. Cette confusion ne serait pas seule-

ment, en effet, un simple défaut de forme; ce serait une atteinte véritable portée aux intérêts du Trésor. Quand il s'agit d'un déménagement ordinaire, c'est-à-dire de celui qui n'a lieu qu'en suite d'un congé signifié à l'avance ou par l'expiration du bail, le percepteur, étant prévenu un mois auparavant, peut faire les démarches nécessaires pour obtenir le payement de l'impôt avant l'enlèvement des meubles. Mais, en cas de déménagement furtif, les facilités sont bien moindres : le gage du Trésor a disparu, et le procès-verbal qui lui est remis, dans les trois jours, ne fait que le prévenir de l'enlèvement des meubles, sans lui donner les moyens d'en suivre la trace.

Or, si un propriétaire, qui aurait laissé déménager son locataire, au terme naturel de sa location, sans donner avis au percepteur, pouvait indifféremment, dans les trois jours de l'enlèvement des meubles, faire dresser et remettre au percepteur un procès-verbal, comme s'il s'agissait d'un déménagement furtif, il est évident que les intérêts du recouvrement auraient à en souffrir d'une manière plus ou moins grave. Il importe donc, comme nous le disions plus haut, de bien préciser les deux cas et d'empêcher la confusion qu'en voudrait faire le propriétaire pour échapper à la responsabilité.

Cela posé, nous passons à l'examen détaillé des formalités particulières à chaque nature de déménagement. Nous allons suivre exactement, pour les expliquer, les termes mêmes de la loi du 21 avril 1832, que celle du 25 avril 1844 a reproduits presque textuellement.

36. Les propriétaires et principaux locataires doivent se faire *représenter les quittances* de la contribution personnelle et mobilière de leurs locataires. D'après ce que nous avons dit ci-dessus, n° 22, les quittances à représenter sont celles des *termes échus*, si le déménagement a lieu dans l'intérieur du ressort de la perception, et celle de *l'année entière*, en cas de déménagement hors du ressort. Si le propriétaire s'était contenté de la représentation de la quittance des termes échus, il demeurerait responsable du reste de la cote.

37. Ils doivent se faire faire cette représentation *un mois avant l'époque du déménagement*, et si les locataires ne représentent pas les quittances, donner, *dans les trois jours*, avis du déménagement au percepteur.

L'article 25 de la loi du 25 avril 1844 ne parle même pas de la communication à demander au locataire par le propriétaire; il laisse ce dernier juge des moyens de couvrir sa responsabilité, et, en conséquence, il supprime le délai de trois jours imparti par la loi de 1832.

Dans le cas du déménagement ordinaire, l'époque où doit se faire ce déménagement, et c'est là particulièrement ce qui le distingue du déménagement furtif, est toujours connue, à l'avance, du propriétaire; car elle est indiquée, soit par le congé respectivement accepté par le propriétaire et le locataire, soit par le bail lui-même. C'est un mois avant cette époque que le propriétaire ou le principal locataire doit se mettre en mesure de s'assurer si le contribuable logé chez lui et qui déménage, a payé sa contribution. Si la preuve ne lui en est pas fournie, il doit, dans les trois jours, prévenir le percepteur du déménagement. Nous n'avons pas besoin de faire observer que c'est du *déménagement qui doit se faire* qu'il est ici question, et non point du *déménagement fait;* c'est-à-dire que le propriétaire ne pourrait pas attendre que le déménagement ait eu lieu pour faire sa déclaration : autrement, ce serait le cas de responsabilité que nous avons signalé plus haut, n° 35.

Exemple : le déménagement, d'après le congé et conformément aux usages des lieux, est fixé au 15 juillet, à midi : le jour du terme n'étant pas en général compté dans les délais de rigueur, ce serait le 19 juin qu'il faudrait que la déclaration au percepteur eût été faite pour être valable, s'il s'agit de la contribution mobilière, et le 16 juin, en matière de contribution des patentes.

38. Mais, à cet égard, une question assez délicate peut se présenter. Supposons, ce qui arrive d'ailleurs assez fréquemment, un contribuable qui doit, à Paris, par exemple, d'après l'usage des lieux et aux termes d'un congé signifié avant le 1er avril, déménager le 15 juillet. Il lui convient de devancer l'époque de son déménagement.

Dès le mois de mai, il paye son loyer et enlève ses meubles. L'époque fixée pour le déménagement par l'usage ordinairement suivi, étant le 15 juillet, le propriétaire n'avait, d'après la loi, à s'occuper de sa déclaration qu'au mois de juin. Par un fait qui lui est étranger et qu'il ne pouvait pas connaître, le déménagement se trouve rapproché de telle sorte qu'il lui est impossible de faire sa déclaration dans les délais de la loi. Quelle conduite doit-il tenir? S'il prévient le percepteur, celui-ci ne sera-t-il pas fondé à répondre qu'il ne peut accepter la déclaration comme valable, attendu qu'elle ne remplit pas la condition de la loi, qui exige que l'avis du déménagement soit donné vingt-sept jours ou un mois avant l'époque où il doit avoir lieu. Le propriétaire fera-t-il dresser un procès-verbal, comme en cas de déménagement furtif?

Mais, ici, le déménagement n'a pas ce caractère. Le locataire

déménage à la clarté du jour, après un congé régulier et le payement de ses loyers. Rien n'est furtif dans cette conduite. Dans
l'impossibilité d'accomplir exactement, en cette circonstance, les
prescriptions des lois du 21 avril 1832 et du 25 avril 1844, faudra-t-il décider que le propriétaire est dégagé de toute responsabilité ?

Nous ne saurions adhérer à cette conclusion, qui comprome-
trait évidemment l'intérêt du Trésor, et qui serait contraire à
l'esprit des lois précitées. A notre sens, le propriétaire, dans l'espèce, doit demeurer responsable, et voici nos raisons : les dispositions de la loi sont précises ; elles ordonnent, dans l'intérêt du
recouvrement de l'impôt, des formalités que les propriétaires de
maisons doivent remplir à peine de responsabilité personnelle.
Ces formalités, le législateur a dû, en les prescrivant, en apprécier
la possibilité, et, quand il s'est prononcé sans faire ni réserve ni
exception, il n'appartient à personne, pour se soustraire à la responsabilité légale, de prétexter des difficultés plus ou moins
grandes que présente l'exécution de la loi. Mais, à part cette considération de droit rigoureux, est-il vrai que la situation où la
loi place le propriétaire soit telle qu'il soit soumis, dans l'espèce,
à une garantie dont il n'a aucun moyen de se défendre? Non,
sans doute, et nous allons trouver, dans la rigueur même du principe de responsabilité que nous avons posé, des moyens, pour le
propriétaire, de se mettre à couvert de l'action récursoire du
Trésor.

Quelle est la cause de l'impossibilité où nous avons vu que se
trouvait placé le propriétaire, d'accomplir, dans les délais prescrits, l'obligation de l'article 22 de la loi du 21 avril 1832 et de la
loi du 25 avril 1844? C'est le fait du locataire, à qui il convient de
déménager avant le terme de sa location, sans que le propriétaire
en ait été informé en temps utile pour faire sa déclaration.

Mais, si le locataire a le droit de déménager avant terme en
acquittant le montant de ses loyers, il n'a pas celui de constituer
le propriétaire garant et responsable de contributions qu'il aurait
dû payer avant l'enlèvement de ses meubles. C'est ce qu'il ferait
cependant, dans l'espèce, en déménageant sans représenter ses
quittances d'impôt, et à une époque telle qu'il met le propriétaire
dans l'impossibilité de remplir ses obligations légales. Or, par
cela seul que le déménagement dont il s'agit créerait forcément
une responsabilité pour le propriétaire, celui-ci aurait le droit
d'exercer une action contre le locataire, en réparation du dommage qu'il lui occasionne. Ce dommage a son origine dans les
obligations respectives du locateur et du locataire ; c'est un fait

de location, à l'égard duquel le propriétaire jouit de tous les droits attachés à sa qualité. Il peut donc incontestablement empêcher la sortie des meubles jusqu'à ce que le locataire ait justifié du payement de son impôt, et par là mettre sa responsabilité à couvert, soit en s'assurant que le locataire est libéré envers le Trésor, soit en se donnant le temps, par le retard apporté au déménagement, de prévenir le percepteur dans les délais voulus.

Telle est, selon nous, la marche qui pourrait être suivie pour concilier l'exécution de la loi du 21 avril 1832, avec les intérêts des propriétaires. Que si, nonobstant les mesures conservatoires que ces derniers auraient pu prendre et la surveillance qu'ils auraient exercée pour empêcher le déménagement, le locataire parvenait à enlever ses meubles, alors il y aurait véritablement déménagement furtif, et les propriétaires seraient suffisamment autorisés à agir conformément aux règles prescrites par l'art. 23 de la loi du 21 avril 1832, et l'art. 25 de la loi du 25 avril 1844.

39. La même décision nous paraîtrait devoir être adoptée, dans le cas où il s'agirait de l'enlèvement des meubles d'un locataire, non pas par suite de déménagement, mais par suite de vente soit amiable, soit forcée : on ne pourrait sérieusement révoquer en doute que la vente, dans l'un comme dans l'autre cas, qu'elle se fasse volontairement de la part du locataire, ou qu'elle se poursuive par autorité de justice, n'équivaille au déménagement. Il y a déménagement lorsqu'il y a enlèvement de meubles. Aussi n'est-ce pas sous ce point de vue que nous voulons envisager la question. Notre intention seulement est de faire observer que le propriétaire ne pourrait, pas plus dans ce cas que dans l'espèce précédente, faire considérer ces ventes comme déménagement furtif, et se borner à le faire constater dans les trois jours, si d'ailleurs il n'était pas établi que la vente et l'enlèvement du mobilier ont été effectués à son insu.

Or, en ce qui concerne particulièrement la vente en suite de saisie mobilière, il serait difficile qu'il l'eût ignorée; car des placards annonçant le jour de la vente ont été nécessairement apposés à la porte de la maison. Il a donc pu, comme nous l'avons dit plus haut, arrêter la sortie des meubles jusqu'à la représentation des quittances d'impôt. Sa responsabilité ne saurait donc, dans ce cas, être dégagée par un procès-verbal de déménagement furtif.

40. Le cas de *déménagement furtif*, auquel nous sommes naturellement amené, n'exigera pas beaucoup de développements. La formalité à remplir par le propriétaire, pour se soustraire à la garantie est fort simple. Elle consiste à faire constater, dans les trois jours, par le maire ou par le juge de paix, ce déménagement.

Nous donnons, dans le *Formulaire*, un modèle de ce procès-verbal. (Voir le n° 53.)

41. C'est dans les *trois jours*, dit la loi, que cette constatation doit avoir lieu. Elle n'indique pas expressément de quelle époque partent ces trois jours. Est-ce du jour du déménagement lui-même, ou seulement du jour où ce déménagement a pu être connu du propriétaire? Il eût été à désirer que la loi se fût expliquée plus catégoriquement à cet égard; il peut, en effet, exister quelque doute sur le véritable sens de la disposition. Si le propriétaire se trouvait absent, par exemple, ou si la maison, comme il arrive souvent, n'ayant point de concierge, le déménagement est resté ignoré même des voisins, n'y a-t-il pas une rigueur bien grande à rendre le propriétaire responsable du défaut de dénonciation d'un fait qu'il n'a pas pu savoir? D'autre part, trop de facilité donnée sur ce point au propriétaire ne tournerait-elle pas sur-le-champ en abus et ne compromettrait-elle pas les intérêts du Trésor?

Cette dernière considération nous paraît devoir dominer et elle est certainement plus conforme à l'esprit de la loi, et sans doute aussi à son texte lui-même, si l'on veut adopter sans prévention le sens le plus naturel qu'il présente. Le propriétaire, nous ne saurions trop le répéter, a véritablement le caractère d'un gardien de mobilier. C'est pour lui une obligation rigoureuse de veiller à sa conservation.

42. Au surplus, l'observation que nous avons faite plus haut (n° 37), pour le calcul des trois jours, est applicable au cas de déménagement furtif. En supposant donc que ce déménagement ait eu lieu le premier d'un mois, c'est le quatre de ce mois au plus tard que le procès-verbal de constatation devrait être dressé et remis au percepteur.

43. Ce procès-verbal, aussi bien que l'avis du déménagement ordinaire que le propriétaire doit donner par écrit au percepteur, doivent-ils être rédigés sur papier timbré? Nous ne le pensons point. Il n'est pas dans l'esprit de la loi d'occasionner des frais aux propriétaires pour des actes qui sont faits dans l'intérêt du Trésor. Dans la pratique, on ne l'exige pas.

44. L'avis du déménagement ordinaire, comme le procès-verbal de déménagement furtif, doivent être remis au percepteur. Ce point ne paraît pas de nature à occasionner de difficulté. Cependant nous devons prévoir un cas où il serait possible qu'un doute s'élevât. Supposons qu'un contribuable soit venu d'un département voisin, au mois de janvier, par exemple, habiter une ville dont il déménage ensuite dans le cours de l'année. N'y aurait-il

pas lieu de se demander si c'est au percepteur de cette dernière ville ou bien à celui de la commune d'où il est venu que la déclaration doit être faite? Il faut remarquer, en effet, que, comme la confection des rôles a toujours lieu avant le mois de janvier, le contribuable, dans l'espèce, a été imposé dans la commune de son ancien domicile. Ne pourrait-on pas se fonder sur cette circonstance pour penser qu'il serait assez rationnel que la déclaration fût faite au percepteur porteur du rôle? Ne faudrait-il pas même, d'autre part, aller jusqu'à dire qu'en tout cas le propriétaire du nouveau domicile ne saurait être responsable d'une cote qui a été imposée dans une autre commune et en raison d'un loyer autre que celui de l'appartement loué par lui; car il ne serait pas juste que lui, qui a loué un logement de 500 fr., se trouvât garant d'une cote qui a été établie ailleurs sur un loyer de 1,000 fr.

Ces considérations ne sont que subtiles, et ne résistent pas à un examen attentif. D'abord, en ce qui concerne la première objection, il ne serait pas possible d'obliger le propriétaire à faire sa déclaration au percepteur du domicile primitif du contribuable, par le motif qu'il peut fort légitimement l'ignorer et qu'il n'y a aucune loi qui l'autorise à exiger du locataire cette indication. Non-seulement il ne saurait être légalement présumé savoir dans quelle commune le locataire est imposé; mais il doit même naturellement supposer qu'il a été porté au rôle dans le lieu où il est venu résider. D'ailleurs, de ce que ce dernier est imposé dans le rôle d'une autre commune, ce n'est pas une raison pour qu'il n'y ait pas utilité à ce que la déclaration soit faite au percepteur de la nouvelle résidence. C'est là, au contraire, qu'elle est le plus indispensable. Il a dû arriver, en effet, que le percepteur de l'ancien domicile, instruit du départ de son contribuable, n'aura pas négligé de faire parvenir à son collègue, conformément à l'article 59 du Règlement sur les poursuites, les pièces nécessaires pour le poursuivre, et alors on ne peut nier l'utilité de l'avis donné au percepteur de la seconde commune, puisque cet avis peut lui permettre d'exercer à temps les actes de contrainte et d'empêcher la disparition du gage du Trésor. — C'est donc à ce dernier comptable que la déclaration devrait être faite.

45. Quant à l'observation subsidiaire qui, de la part du nouveau propriétaire, tend à décliner la responsabilité de la cote établie sur le loyer d'une habitation autre que l'appartement donné par lui en location, on ne saurait s'y arrêter : peu importe que le prix de location de l'appartement occupé doive entraîner pour le

locataire une cote d'impôt plus ou moins élevée. La loi n'a pas mesuré l'étendue de la garantie imposée au propriétaire sur le chiffre du loyer. Elle le rend responsable de la contribution due par un motif tout à fait indépendant de la quotité de cette contribution, à savoir qu'il a laissé enlever le gage du Trésor confié à sa garde.

46. Les lois du 21 avril 1832 et du 25 avril 1844, en disant que l'avis du déménagement ordinaire ou le procès-verbal du déménagement furtif devait être remis au percepteur, n'a pas indiqué comment il serait justifié de cette remise. Cette lacune se trouve comblée par les articles 15 et 16 du Règlement. D'après ces articles, le percepteur doit donner une reconnaissance par écrit de cette remise. (Voir les modèles n⁰ˢ 52, 53, 54). Si ce comptable refuse, le propriétaire est suffisamment autorisé à lui notifier ces actes par le ministère d'un huissier. Les frais de cette signification sont à la charge du comptable; mais ce ne peut être que dans le cas où ce dernier, par un refus mal fondé, aurait rendu cette notification nécessaire. Si le percepteur avait eu raison de refuser la déclaration ou le procès-verbal comme ayant été faits, par exemple, après les délais légaux, les frais extrajudiciaires que ferait le propriétaire resteraient sans difficulté à sa charge personnelle.

47. La demande du propriétaire tendant à faire supporter au percepteur les frais de signification, devrait être adressée au sous-préfet, qui aurait qualité pour prononcer à cet égard conformément à l'article 103 du Règlement. (Voir cet article.)

48. L'article 16 du Règlement indique, dans une disposition finale, que la responsabilité des propriétaires et principaux locataires, en cas de déménagement des locataires et sous-locataires, n'en laisse pas moins au percepteur le droit d'exercer son privilége sur les meubles enlevés partout où ils se trouvent; ce droit est, en effet, assuré au comptable par l'article 2 de la loi du 12 novembre 1808, et nous ne pouvons que renvoyer aux développements dans lesquels nous sommes entré, en ce qui concerne l'exercice de ce droit, au *Commentaire* sur les articles 11, 91 et 92.

49. Mais, nous examinerons ici une question que nous avons vue se présenter dans la pratique, et qui, en même temps qu'elle touche à l'exercice du droit dont nous nous occupons, se rattache aux art. 15 et 16, parce qu'elle continue à mettre les percepteurs en contact avec les propriétaires à l'occasion du déménagement des locataires, bien que ce soit sous un rapport autre que celui de la garantie résultant des art. 22 et 23 de la loi du 21 avril 1832, et 25 de la loi du 25 avril 1844. — Un contribuable débiteur de contributions a quitté la maison qu'il habitait; le propriétaire

n'a pas fait la déclaration préalable du déménagement, de sorte que le percepteur ne s'est pas mis en mesure de saisir les meubles avant la sortie du locataire. Mais il a entamé les poursuites dans le nouveau domicile du contribuable, et il y a fait pratiquer une saisie-exécution. Le propriétaire de la maison où le contribuable est venu se loger, voyant, par le fait de cette saisie, diminuer le gage de ses loyers, s'oppose à ce que le percepteur passe outre à la vente. Il soutient que le percepteur doit préalablement poursuivre le propriétaire qui a laissé déménager le contribuable, pour lui faire appliquer les dispositions aux termes desquelles celui-ci est responsable, à défaut d'avoir fait la déclaration prescrite. Il ajoute que, d'ailleurs, le privilége du percepteur ne pouvait s'exercer à son préjudice que pour les contribuions échues depuis l'emménagement de son locataire, et non pour celles qui se trouvaient dues antérieurement. — Le premier propriétaire, qui n'a pas fait la déclaration du déménagement, est responsable aux termes des lois du 21 avril 1832 et du 25 avril 1844. Mais cette responsabilité, établie uniquement dans l'intérêt et au profit du Trésor, ne peut être invoquée par le second propriétaire, et celui-ci ne saurait être fondé à exiger que le percepteur poursuive l'effet de cette garantie, au lieu de faire saisir et vendre les meubles du contribuable. La responsabilité du propriétaire et la garantie à laquelle il est soumis ne déchargent pas le contribuable des cotes dont il est débiteur.

Comment pourrait-on expliquer que le législateur eût entendu, par cela seul qu'un propriétaire n'a pas donné avis du déménagement de son locataire, déclarer celui-ci quitte et libéré de sa dette de contribution et en charger uniquement l'autre? Cela serait aussi imprudent qu'injuste; car le Trésor aurait perdu par là un avantage précieux, celui d'avoir deux débiteurs au lieu d'un, le contribuable d'abord et le propriétaire ensuite concurrement. La loi condamne donc la prétention du second propriétaire sous ce rapport.

Reste à examiner l'autre objection, qui consiste à soutenir que les meubles du contribuable ne peuvent être saisis au préjudice du second propriétaire que pour le montant des cotes échues depuis l'emménagement du locataire dans cette maison. Cette demande nous paraît aussi peu fondée que la première; quelques mots suffiront pour le démontrer.

Nous avons prouvé (art. 11, n° 71) que le privilége du Trésor pour le recouvrement des contributions directes prime celui du propriétaire lui-même. Cela posé, sur quelle disposition de loi, ou par quel raisonnement établirait-on que cela n'a lieu que pour les cotes échues depuis l'emménagement? Qui autorise cette distinction que la loi ne fait pas? Ce n'est pas la loi du 12 novembre 1808, qui porte expressément que le privilége du Trésor, pour l'année échue et l'année courante de la contribution personnelle et mobilière, s'exerce avant tout autre sur les meubles et effets du contribuable, *en quelque lieu qu'ils se trouvent*. Cette disposition est bien précise, le propriétaire la connaissait, lorsqu'il a loué son appartement, car nul n'est censé ignorer la loi. C'était à lui, s'il craignait que son privilége sur les meubles apportés par son locataire ne fût compromis par des priviléges rivaux, à se tenir en garde et à exiger du preneur, avant son entrée en jouissance, la représentation de ses quittances d'impôt. Comme il avait tous les moyens nécessaires pour se garantir, il n'y aurait aucun motif pour lui donner la préférence sur le Trésor, et il n'obtiendrait certainement pas des Tribunaux d'être colloqué, avant le percepteur, dans la distribution des deniers provenant de la vente des meubles du contribuable.

51. Quant à la vente elle-même, il ne pourrait en aucun cas l'empêcher, d'après les termes de l'article 606 du Code de procédure civile qui porte « que les créanciers du saisi, *même pour loyers*, ne pourront former opposition que sur le prix de la vente » : ce qui a toujours été entendu en ce sens, que le propriétaire d'une maison ou d'une ferme ne pourrait arrêter la vente des meubles saisis sur son locataire ou son fermier, à la requête d'un créancier de ce dernier, sous le prétexte que ces meubles formant son gage, on ne doit pas avoir le droit de les lui enlever. C'est ce qui a été reconnu par différentes décisions, et notamment par arrêt de la Cour de cassation du 16 août 1814.

52. *Responsabilité des propriétaires logeant en garni.* — Après avoir déterminé les règles de la garantie imposée aux propriétaires et principaux locataires en cas de déménagement de leurs locataires et sous-locataires, la loi du 21 avril 1832, dans une disposition reproduite par l'art. 16 *bis* du Règlement, les soumet par le deuxième paragraphe de l'art. 23 à une responsabilité particulière pour la contribution des personnes qu'ils logeraient en garni. Cette responsabilité est absolue; elle n'est subordonnée à aucune condition, et ne serait pas dégagée par la déclaration au percepteur du déménagement ordinaire ou par la constatation par le maire du déménagement furtif. Il suffit que le fait du logement en garni soit établi, et lors même qu'il n'y aurait pas de déménagement, pour que la responsabilité fût encourue (1).

_____

(1) Voir, dans le même sens : Serrigny, Dalloz et plus récemment C. Fournier

53. L'étendue de cette responsabilité doit, selon nous, être la même que celle qui, dans les autres cas dont nous avons eu à nous occuper ci-dessus, retombe sur les propriétaires et principaux locataires. Ainsi, tout ce que nous avons dit, sous ce rap-

---

dans son *Traité des contributions directes*, où il s'exprime ainsi : « La responsabilité du propriétaire ou du principal locataire est celle d'un garant solidaire ; lorsqu'il s'agit de location en garni, la loi est encore plus rigoureuse, puisque aucun avertissement ne peut mettre à l'abri de la responsabilité qu'elle impose. Peut-être, au moins, eût-il été juste de restreindre l'obligation aux personnes qui retirent un profit quelconque de leur location et qui, à ce titre, sont imposées à la patente, mais le Conseil d'Etat a refusé d'admettre cette distinction. » (Ord. 30 mars 1844, Maria Delhom, dont nous donnons le texte, en résumant l'affaire.)

Par conventions intervenues, à la suite de l'abandon d'un legs que lui avait fait son mari de l'usufruit de tous ses biens, la veuve Vicens demeurait avec sa fille et son gendre, le sieur Maria Delhom, dans la maison d'habitation à l'usufruit de laquelle elle avait renoncé en leur faveur. Les meubles de l'appartement occupé par cette dame appartenaient à la fille et au gendre. Cette dame, à partir de 1839, demeurait seule dans la maison : elle fut portée à la cote de la contribution personnelle et mobilière. Elle se pourvut en décharge en 1839, 1840 et 1841 ; ses pourvois furent successivement rejetés par arrêtés du Conseil de préfecture. Le percepteur dirigea alors ses poursuites contre Delhom comme personnellement responsable, aux termes de l'article 23, § 2 de la loi du 21 avril 1832. Delhom réclama devant le Conseil de préfecture, prétendant que sa belle-mère ne pouvait être considérée comme locataire, puisqu'elle ne payait et ne devait payer aucun loyer, et que, par suite, il n'était point lui-même un propriétaire ayant loué sa maison. Il soutenait encore que sa belle-mère, qui n'avait aucune fortune, n'aurait pas dû être imposée. Mais le Conseil de préfecture, par arrêté du 9 mai 1842, a accueilli les prétentions du percepteur.

Pourvoi.

Le Ministre des finances a présenté des observations tendant à l'annulation de l'arrêté attaqué ; nous en extrayons le passage qui a trait à notre espèce :

« Cette loi, dit le Ministre, n'a évidemment entendu parler que des personnes qui retirent un profit quelconque de leur location et qui, à ce titre, sont imposées à la patente. Elle a voulu les obliger, en engageant leur responsabilité, à prendre, vis-à-vis de leurs locataires, pour assurer le payement des sommes dues à l'Etat, les mêmes garanties que s'il s'agissait de créances qui leur fussent propres. Or... »

Le Conseil d'Etat a rejeté le pourvoi en ces termes :

Louis-Philippe, etc. ;

Vu la loi du 21 avril 1832, art. 23 ;

Considérant qu'il résulte de l'instruction que la dame Vicens avait été maintenue à la contribution personnelle et mobilière par arrêtés du Conseil de préfecture des Pyrénées-Orientales, en date du 7 octobre 1839, 5 juin 1841 et 9 mars 1842, à raison du logement garni qu'elle occupait dans la maison du sieur Delhom, son gendre ; qu'aux termes du deuxième paragraphe de l'article 23 de la loi du 21 avril 1832, les propriétaires demeurent responsables de la contribution des personnes logées par eux en garni ; que, dès lors, c'est avec raison que le Conseil de préfecture des Pyrénées-Orientales a décidé que le sieur Delhom était responsable de la contribution personnelle et mobilière à laquelle la dame Vicens avait été assujettie :

Art. 1er. La requête du sieur Maria Delhom est rejetée.

port, des conséquences des art. 22 et 23 de la loi du 21 avril 1832, doit recevoir ici son application, soit en ce qui concerne la responsabilité respective du propriétaire et du principal locataire, soit en ce qui touche à la désignation de la nature et des termes de la contribution sur laquelle porte la garantie.

54. Il ne nous reste donc plus guère qu'à nous occuper de déterminer exactement ce qu'il faut entendre par le *logement en garni*. Faut-il comprendre dans la disposition du deuxième paragraphe de l'art. 23 toute personne qui loge un contribuable dans une maison ou partie de maison dont le mobilier lui appartient? ou bien cette disposition ne doit-elle atteindre que ceux qui exercent la profession de *logeur en garni?* — Nous ne pensons pas qu'on puisse résoudre cette question d'une manière aussi tranchée que le comporteraient les termes dans lesquels nous venons de la présenter. Si l'on consulte l'esprit et la lettre de la disposition, on doit reconnaître que la loi, par la généralité de ses termes, a eu pour but d'atteindre non-seulement les individus qui font profession de loger en garni, mais aussi les propriétaires qui, même accidentellement, auraient loué à un tiers, moyennant un prix de loyer, leur maison ou leur appartement meublé. En leur imposant, dans ce cas, une responsabilité rigoureuse, elle a naturellement supposé qu'ils avaient pris à l'égard de leur locataire les précautions nécessaires pour être garantis du payement de la location; que même, d'après le Code civil, ils étaient privilégiés sur les effets mobiliers, apportés dans la maison par lesdits locataires; que par conséquent ils pouvaient, sans injustice, être astreints à veiller en même temps aux intérêts du Trésor; que ce n'était pas en réalité leur imposer une obligation exorbitante que de les rendre solidaires d'une dette pour laquelle ils avaient ou devaient avoir des garanties, puisque enfin ils se trouvaient par le fait détenteurs d'un certain nombre d'effets mobiliers appartenant au contribuable.

55. Mais faudrait-il conclure de la généralité des termes de la loi que, même si le logement en garni était donné gratuitement par le propriétaire, la responsabilité serait également encourue? Posons quelques espèces.

Un fils majeur, jouissant de ses droits et par conséquent imposé au rôle, habite dans la maison de ses parents. A défaut par lui d'acquitter sa contribution, les parents sont-ils responsables, aux termes de la loi du 21 avril 1832? Nous ne le pensons pas. Les motifs qui ont porté le législateur à rendre garants les propriétaires logeant en garni ne nous paraissent pas applicables aux parents qui logent chez eux leurs enfants majeurs, attendu qu'en général ce n'est pas entre eux une affaire d'intérêt, au contraire de l'espèce Delhom citée ci-dessus. Le plus souvent les enfants devenus majeurs continuent à rester chez leurs parents au même titre qu'ils y demeuraient pendant leur minorité, c'est-à-dire sans indemnité. Dans ce cas, il serait injuste évidemment d'exiger d'eux le payement de la contribution due par leurs enfants, puisque, d'un côté, ils n'ont aucun avantage pécuniaire à les loger, et que, d'un autre, ils n'ont pas dû exiger d'eux des garanties, comme les logeurs à l'égard de leurs locataires. Ceux-ci, d'ailleurs, n'ont pas, si l'on veut s'en tenir au texte de la loi, le caractère de locataires en garni: ils sont des hôtes, et non des locataires.

56. Cependant, s'il était établi que l'enfant logé chez ses parents leur paye une indemnité, alors, sans contredit, ceux-ci pourraient être assimilés aux individus qui logent en garni, et nous ne faisons pas de doute qu'ils ne fussent légalement déclarés responsables et solidaires de la contribution personnelle et mobilière due par l'enfant logé chez eux.

57. La position des notaires, avoués, marchands, etc., qui logent chez eux leurs clercs et leurs commis, nous paraîtrait rentrer dans cette dernière catégorie. Loin d'être de leur part un sacrifice, le plus souvent le logement des individus qu'ils emploient tourne tout à leur avantage. Ce n'est même, au fond, qu'une partie du salaire des services que ces commis leur rendent. En les déclarant responsables, on serait d'autant moins rigoureux que, la plupart du temps, ces services donnent lieu, indépendamment du logement, à une rétribution en argent sur laquelle ces propriétaires ont toute facilité de retenir le montant de la contribution de ces derniers.

58. Au surplus, il doit arriver habituellement que l'enfant majeur, dans le premier cas, ou le commis dans le second, possède chez les parents ou le patron chez qui il est logé, quelques effets mobiliers, ne serait-ce que le linge, les habits et autres objets à son usage personnel. Or, le percepteur aurait certainement le droit de les faire saisir : car le Règlement (art. 77) ne déclare insaisissables que les vêtements dont le contribuable est vêtu et couvert. Dans ce cas, ce contribuable ne pourrait pas s'opposer à la saisie, sous le prétexte que ces objets, se trouvant dans l'appartement d'une tierce personne, sont censés appartenir à cette dernière en vertu de l'axiome de droit: « En fait de meubles, possession vaut titre; » attendu que la loi du 12 novembre 1808 porte expressément, comme on sait, que le privilége du Trésor s'exerce sur les effets mobiliers appartenant aux redevables, *en quelque lieu qu'ils se trouvent*, et que les parents ou le patron, dans cette hypothèse,

pourraient être directement actionnés comme détenteurs d'objets provenant d'un contribuable. (Voir le *Commentaire* sur les articles 14 et 88.)

59. Si les meubles n'appartiennent pas au propriétaire de la maison, mais à un tiers de qui ils ont été pris en location et qui est patenté comme loueur de meubles, il est clair d'abord que ce dernier n'est point un loueur en garni, au sens de l'article 23 de la loi du 21 avril 1832. A l'égard du propriétaire ou du principal locataire de la maison, il convient d'examiner successivement les diverses hypothèses qui peuvent se présenter. ⹀

1° Il est possible que le propriétaire ou principal locataire ait pris lui-même les meubles en location pour garnir l'appartement de son locataire. Dans ce cas, la responsabilité doit peser sur lui aussi bien que si les meubles lui appartenaient, car la raison de décider est la même. Du moment que le mobilier est fourni par le propriétaire ou principal locataire de la maison, ce propriétaire ou principal locataire est réellement logeur en garni et doit subir les obligations que la loi du 21 avril 1832 attache à cette qualité.

2° Le mobilier peut avoir été pris en location par le locataire, au su du propriétaire et avec son assentiment au moins tacite. Dans ce cas, nous pensons qu'il serait excessif d'appliquer par analogie la solution qui précède. Sans doute, on peut reprocher au propriétaire d'avoir, par son fait ou sa négligence, diminué les garanties du Trésor; mais lui-même a renoncé à son privilége de bailleur sur le mobilier garnissant les lieux loués; il serait étrange qu'un pareil acte, s'il a, d'ailleurs, été fait de bonne foi et sans fraude, fût pour lui une cause de responsabilité envers un tiers.

3° Enfin, il peut arriver que le propriétaire ou principal locataire ait ignoré la circonstance que les meubles introduits dans l'appartement n'appartenaient point au preneur. Dans ce dernier cas, il est, à plus forte raison, à l'abri de toute responsabilité, car on ne peut admettre qu'il soit loueur en garni à son insu et sans son propre consentement.

ARTICLE 17

Les droits et priviléges attribués au Trésor public pour le recouvrement des contributions directes s'étendent au recouvrement des frais dûment taxés.

1. Le principe de cette disposition, qui n'est au fond qu'une application de l'article 2101 du Code civil et de l'article 662 du Code de

procédure civile, a été implicitement consacré par deux décisions du Conseil d'Etat, qu'on trouvera dans la deuxième Partie, *Jurisprudence*, pages 74 et 79, à la date des 25 mars 1807 et 28 février 1810. Ces arrêts ont reconnu que le remboursement des frais faits pour le recouvrement des contributions doit être poursuivi par les mêmes voies que le principal de la contribution. Le dernier de ces arrêts a même étendu ce principe au cas où il s'agit des frais faits à l'occasion du recouvrement de l'impôt contre des tiers autres que le contribuable. Enfin, un jugement du Tribunal de Nantes, en date du 15 janvier 1838 (2ᵉ Partie, *Jurisprudence*, p. 143.) a décidé que la poursuite des frais pouvait être faite en vertu du même commandement qui avait été primitivement signifié pour le principal. Ces diverses décisions ont déclaré, en outre, que les contestations qui pourraient naître ressortissent à l'autorité administrative. (Voir, sous ce dernier rapport, le *Commentaire* sur l'art. 19.)

2. Nous ne pouvons donc que renvoyer aux différents articles de cet ouvrage, où nous nous occupons des diligences à faire par le percepteur et des privilèges particuliers qui lui sont acquis. Nous ne nous arrêterons que sur les points suivants :

On se rappelle qu'en traitant, sur l'art. 11, ce qui concerne le privilège des contributions directes, nous avons fait remarquer (n° 8) que la contribution foncière n'étant, aux termes de l'article 1ᵉʳ de la loi du 12 novembre 1808, privilégiée que sur les fruits des immeubles imposés, le percepteur ne pourrait pas obtenir d'être payé de préférence aux autres créanciers du contribuable sur des sommes mobilières ou qui proviendraient des fruits d'une autre propriété que celle sur laquelle cette cote due est assise. — Cette distinction ne serait pas à faire en ce qui concerne les frais. Peu importerait qu'ils eussent été faits à l'occasion d'une cote foncière ou d'une cote personnelle et mobilière ; ils n'en seraient pas moins privilégiés sur toutes sommes réalisées par les poursuites ; car c'est non pas à titre de créance de contribution que le privilège leur est acquis, mais bien à titre de *frais de justice*, et nous avons établi, au *Commentaire* sur l'article 11, n° 64, que le privilège de ces frais est général et prime tous les autres.

3. Notre article parle du recouvrement des frais *dûment taxés*. La taxe, pour être régulière, doit être faite par le sous-préfet (art. 103 du Règlement) et être conforme au tarif, fixé par l'arrêté du préfet et approuvé par l'autorité supérieure, en exécution de la loi des finances du 15 mai 1818. (Voir l'art. 96 du Règlement.)

4. Enfin, pour que le recouvrement puisse être légalement poursuivi par le percepteur, et que le contribuable ne puisse pas être fondé à repousser les poursuites comme étant faites sans titre exé-

cutoire, il faut que l'état des frais taxés, comme nous venons de le dire, soit en outre rendu exécutoire par le sous-préfet. (Voir le *Formulaire*, n° 10 et suiv.) Cet *exécutoire de frais* devient un titre équivalent à ce qu'est le rôle pour la contribution elle-même et autorise suffisamment le receveur des finances à décerner contrainte, s'il y a lieu, et le percepteur à procéder par voie de garnison, commandement, saisie et vente, conformément aux dispositions du Réglement. (Voir le *Commentaire* sur l'art. 109.)

ARTICLE 18.

Les percepteurs qui ont laissé passer trois années, à compter du jour où les rôles leur ont été remis, sans faire de poursuites contre un contribuable, ou qui, après avoir commencé des poursuites, les ont abandonnées pendant trois ans, sont déchus de leurs droits contre les redevables. Passé ce délai, toutes poursuites leur sont interdites.

1. Nous avons fait remarquer, à l'article 7, que ce n'était pas seulement dans l'intérêt du prompt recouvrement de l'impôt que les lois avaient prescrit des poursuites contre les contribuables retardataires aussitôt après l'échéance de chaque douzième; mais qu'elles avaient eu aussi pour but d'éviter que la libération de ces derniers ne devînt plus difficile par l'accumulation des termes. Cette pensée se retrouve dans les dispositions légales, qui ont fixé un délai assez court, passé lequel la dette de contribution est prescrite et le percepteur déchu de toute action contre les redevables. Ce délai, qui est de trois ans, à partir de la remise des rôles au percepteur ou de la suspension des dernières poursuites, a été primitivement établi par les lois des 23 novembre-1er décembre 1790 et 5 frimaire an 7, en ce qui concerne la contribution foncière. L'article 17 de l'arrêté du 16 thermidor an 8 a généralisé la disposition, qui est aujourd'hui applicable, sans distinction, à toutes les natures de contributions directes; mais c'est particulièrement au texte des articles 149 et 150 de la loi du 3 frimaire an 7 qu'est empruntée la rédaction de notre article 18.

D'après cet article, la prescription s'établit, comme nous l'avons dit, de deux manières : 1° à partir du jour où le rôle est remis au percepteur; 2° à partir du jour où les poursuites, d'abord commencées contre le contribuable, ont été suspendues.

2. Dans la première hypothèse, où la prescription court à partir

du jour de la remise du rôle du percepteur, il est indispensable de se fixer préalablement sur la question de savoir comment s'effectue cette remise, et comment elle est authentiquement constatée; car, en matière de prescription, le jour du départ a besoin d'être déterminé d'une manière incontestable, puisque c'est ce qui donne ouverture au droit lui-même. Or, d'après les instructions ministérielles, les rôles doivent, aussitôt qu'ils ont été rendus exécutoires, être remis aux percepteurs par les receveurs des finances. (Circul du ministère des finances, du 29 novembre 1828 et Inst. génér. du 20 juin 1859, art. 53.) Les percepteurs en donnent un reçu sur un état d'émargement, que les receveurs des finances font parvenir aux directeurs des contributions directes. (Circul. du 29 novembre 1828 et Inst. génér. du 20 juin 1859, art. 54.) Cet état d'émargement constate donc le jour de la remise du rôle au percepteur. En cas de contestation, il servirait aux parties de pièce probante et ferait foi en justice (1).

3. Le second cas, où la prescription part du jour de la suspension des poursuites, suppose qu'il y a déjà eu des actes de contrainte dirigés contre le contribuable. Plus loin (n° 10 et suiv.) nous verrons de quelle nature doivent être ces actes pour produire cette interruption de prescription. Quant à présent, nous n'en parlerons que sous le rapport du point de départ du délai de trois ans, et nous nous bornerons à faire remarquer que ce délai court à dater du dernier de ces actes. Ainsi, s'il y avait eu, par exemple, *commandement* et *saisie*, c'est de la date de la saisie que commencerait à courir la prescription.

Ces deux points établis, nous indiquerons sommairement les règles de droit commun applicables en général à la prescription, et qui sont nécessairement communes aux deux hypothèses dont nous venons de parler.

4. La prescription se compte par jour et non par heures. (Code civil, art. 2260.) Elle est acquise lorsque le dernier jour du terme est accompli. (Art. 2261.)

5. Le jour du point de départ n'est pas compris dans le calcul

(1) Il nous est impossible de ne pas faire remarquer une sorte de bizarrerie dans la disposition qui fait courir la prescription du jour de la remise du rôle au percepteur. D'après les Instructions, ces rôles sont nécessairement remis aux comptables avant le 1er janvier, et ce n'est qu'au commencement de février que, ainsi qu'on le voit à l'article 20, les poursuites peuvent légalement commencer. Ainsi, la loi fait courir la prescription contre le percepteur pendant un temps où ce comptable est dans l'impossibilité d'agir : ce qui est, suivant les règles ordinaires, une cause d'interruption de la prescription. (Voir ci-après n° 29.) Mais enfin la loi le veut ainsi.

des jours : c'est ce que décidait l'ancienne jurisprudence, et ce qui est généralement admis dans la nouvelle. MM. Toullier, Troplong, etc., professent cette doctrine, combattue, il est vrai, par MM. Merlin et Dalloz, mais qui est parvenue à réunir en sa faveur le plus grand nombre de décisions judiciaires et qui n'est pas controversée.

6. Au contraire, le jour du délai fatal est compris dans le terme, comme il résulte de l'article 2261 précité du Code civil.

7. Ainsi, en supposant que le jour de la remise du rôle au percepteur, ou le jour de la signification du dernier acte de poursuites, eût été le 25 décembre 1874, la prescription serait définitivement acquise le 26 décembre 1877, à la fin de la journée.

8. Peu importerait que ce jour fût un *jour férié*, il n'en serait pas moins compté pour compléter la prescription. C'est l'opinion de MM. Toullier, Troplong, Dalloz, Vazeilles, etc. Elle n'est pas sujette à discussion.

9. La prescription doit-elle être comptée pour la contribution de l'année tout entière, ou bien pour chaque douzième échu, considéré isolément ?

Cette dernière opinion nous paraît la seule admissible. Les meilleurs auteurs enseignent que, lorsqu'il s'agit d'une créance payable par termes successifs, et c'est bien le cas de la contribution directe (Voir le *Commentaire* sur l'art. 3, n° 1), la prescription se divise comme la dette, et court contre chacune de ses parties, à compter de son échéance. C'est ce que pensent MM. Dalloz et Troplong. Cela était ainsi décidé en droit romain.

10. Après avoir indiqué les délais et les conditions de la prescription, nous avons à parler des causes qui peuvent en interrompre ou en suspendre le cours. L'article 2244 du Code civil en énumère plusieurs; nous en emprunterons quelques autres exemples à la jurisprudence ou à la doctrine des auteurs.

11. D'après l'article 224 du Code civil, une citation en justice, un commandement ou une saisie, signifiés à celui qu'on veut empêcher de prescrire, forment l'interruption civile. Mais, dans la matière spéciale des poursuites pour contributions, n'y a-t-il pas d'autres actes qui auraient cet effet? par exemple, la *sommation gratis*, la *garnison collective* ou *individuelle*, la *contrainte* même décernée par le receveur des finances, ne devraient-elles pas être considérées comme des actes de poursuite interruptifs de la prescription ?

Cette question n'est pas sans intérêt.

Il ne faudrait pas conclure de l'article 2244 du Code civil qu'aucun autre acte que ceux qui y sont énumérés ne peut être interruptif de la prescription en matière de contribution directe. Pour cette matière, en effet, il est une législation spéciale qu'il ne faut pas perdre de vue, et qu'on peut invoquer même dans les questions qui touchent au droit commun, lorsque l'application n'en est pas inconciliable avec les principes fondamentaux de ce droit. Ainsi, pour la question qui nous occupe, la loi du 3 frimaire an 7, comme l'arrêté du 16 thermidor an 8, subordonnent la prescription au défaut ou à la cessation des poursuites. Or, que faut-il entendre par *poursuites?* Le Code civil a dû naturellement indiquer les actes qui seuls, en droit civil, constituent les poursuites, avec date certaine, tendant au payement, et témoignent incontestablement, de la part du créancier, l'intention d'obtenir l'exécution de son titre : car c'est là le caractère auquel tous les auteurs s'accordent à reconnaître les actes interruptifs. Mais, en matière d'impôts directs, ces caractères ne se rencontrent-ils pas au même degré dans les actes de poursuites qui, indépendamment de ceux énumérés dans l'article 2244 précité, sont prescrits par la législation spéciale des contributions? Il nous semble qu'on ne saurait raisonnablement résister à cette dernière conséquence, et qu'en effet toute la question doit consister à rechercher et à établir quels sont, en matière de recouvrement des contributions directes, les *actes de poursuites* qui ont date certaine, et qui, dans l'intention du percepteur, qui y procède, comme dans l'opinion que doit en concevoir le contribuable contre qui ils sont dirigés, tendent bien évidemment à l'exécution forcée du rôle.

12. Si nous examinons à ce point de vue les divers actes dont nous avons parlé plus haut, nous avouerons d'abord que la *sommation gratis* ne nous semble pas présenter les caractères de *poursuites* interruptives de la prescription. D'abord, cette sommation n'est, à proprement parler, comme nous le disons au *Commentaire* sur l'article 21, n° 1, qu'un second avertissement; ce n'est pas un acte d'exécution forcée. En second lieu, comme elle n'est pas nécessairement signifiée par le ministère d'un porteur de contraintes, elle n'a pas date certaine. Nous ne pouvons donc y voir une *poursuite* dans le sens de la loi du 4 frimaire an 7 et de l'arrêté du 16 thermidor an 8.

13. La *contrainte* délivrée par le receveur des finances nous paraît être dans le même cas. Cette contrainte, en effet, n'est pas un acte d'exécution, elle a, comme nous l'établissons dans le *Commentaire* sur l'article 25, pour but et pour effet de donner un titre exécutoire au percepteur; c'est l'acte en vertu duquel les poursuites sont faites, mais elle n'est pas une poursuite. Donc, on ne doit pas considérer la publication de cette contrainte comme pou-

vant interrompre cette prescription. Ajoutons cette dernière considération, que la contrainte n'est individuelle et ne désigne nominativement le contribuable à poursuivre que lorsqu'il s'agit de procéder par voie de commandement. (Art. 56 du Règlement.) Or, à ce moment, le percepteur a déjà employé le premier degré de poursuite, la *garnison*, qui, selon nous, et comme nous allons essayer de le démontrer, est un acte interruptif de la prescription; de telle sorte que la prescription se trouverait déjà interrompue par cette poursuite, quand la *contrainte* pourrait utilement l'interrompre.

14. Nous venons de dire que la *garnison* interrompt la prescription. Cette opinion s'applique, dans notre pensée, à la *garnison collective* comme à la *garnison individuelle*. Il nous reste à justifier cette manière de voir.

Nous avons établi ci-dessus, n° 11, qu'aux termes de la loi du 3 frimaire an 7 et de l'arrêté du 16 thermidor an 8, la prescription était interrompue par un acte de poursuites, et que les poursuites dont il s'agissait devaient être celles autorisées par la législation spéciale à la matière des contributions directes. Si cette considération est juste, elle doit entraîner nécessairement l'opinion que nous venons d'exprimer à l'égard de la *garnison*. Qui pourrait contester, en effet, que la *garnison collective* ou *individuelle* ne soit réellement une poursuite? Non-seulement le Règlement, dans son article 41, lui assigne le premier degré dans l'ordre des moyens de contraintes autorisés contre le redevable, mais il suffit de lire l'arrêté du 16 thermidor an 8 pour se convaincre que l'envoi des garnisaires dans la commune et chez les contribuables est un véritable acte d'exécution; c'est une poursuite qui tend au recouvrement forcé de l'impôt, qui donne lieu à la signification d'un bulletin, lequel a date certaine; par conséquent, elle réunit tous les caractères que nous avons assignés ci-dessus aux actes interruptifs de la prescription. Nous pensons donc que la *garnison* ne saurait avoir, à cet égard, moins d'effet que le *commandement* lui-même.

15. Quant à ce dernier acte et à la *saisie*, cela ne peut pas faire de doute, d'après l'article 2244 précité du Code civil.

Mais le mot de *saisie* s'entendrait-il non-seulement de la *saisie-exécution* ou de la *saisie-brandon*, mais même de la *saisie-arrêt?*

Un arrêt de la Cour royale de Bordeaux, du 21 mars 1828, s'est prononcé pour la négative, par le motif que la saisie-arrêt était une mesure conservatoire plutôt qu'un acte d'exécution. Mais cette doctrine est repoussée, avec raison selon nous, par MM. Troplong, Vazeilles, et par des arrêts de la Cour royale de

Nîmes du 6 mars 1832, et de la Cour d'appel de Lyon du 7 janvier 1868. La saisie-arrêt tend non-seulement à empêcher les deniers de sortir des mains du tiers-saisi, mais, en outre, à en faire mettre le créancier en possession; c'est donc un acte d'exécution : d'ailleurs, l'article 2244 parle sans distinction de *saisie signifiée*. Il n'est pas permis de distinguer là où la loi ne distingue pas.

16. En cas de saisie, l'interruption date-t-elle seulement du jour de la signification de cette saisie, ou se continue-t-elle au moyen des actes ultérieurs? — Tant que la saisie se poursuit, c'est-à-dire tant que le créancier en suit l'effet, l'interruption subsiste, et prend date du jour du dernier acte signifié, comme, par exemple, le procès-verbal de récolement qui précède la vente. Si, au contraire, il laisse périmer la saisie (Voir le *Commentaire* sur l'article 80), l'interruption cesse; mais, comme la péremption de la saisie n'entraîne point celle du commandement qui l'a précédée, l'interruption remonte à la date de ce commandement. Enfin, si la vente a eu lieu et que les fonds n'aient pas suffi pour payer le percepteur, la prescription de trois ans ne recommence à courir, pour le surplus de la dette, qu'à partir du dernier acte qui a complété la poursuite, par l'effet de laquelle la cote a été payée en partie.

17. Parmi les actes qui interrompent la prescription, l'article 2244 du Code civil indique la *citation en justice*. Par ces mots, il faut entendre toute demande formée par le créancier devant les Tribunaux et tendant à obtenir le payement forcé de sa créance.

Ainsi, s'il arrivait que, par suite de difficultés élevées par le redevable, le percepteur eût été amené à actionner ce dernier, soit devant les juges civils, soit devant le Conseil de préfecture, la prescription serait interrompue à dater du jour de la citation.

18. A cet égard, nous ferons remarquer que, s'il était intervenu une condamnation sur cette instance portée devant les Tribunaux ou devant le Conseil de préfecture, la prescription, interrompue par la citation, et qui devrait recommencer à courir à dater du jugement, s'il n'y avait pas été donné d'autre suite, ne serait plus la prescription de trois ans établie par la loi du 3 frimaire an 7 et l'arrêté du 16 thermidor an 8; ce serait la prescription ordinaire de trente ans, attendu que la décision judiciaire aurait été substituée au titre primitif, et que ce serait désormais en vertu de cette décision, et non plus en vertu du rôle, que le contribuable resterait débiteur. Il y a en un mot, dans ce cas, novation dans la dette.

19. Si, dans l'instance contre le redevable, le percepteur avait, par erreur, assigné celui-ci devant une autorité autre que celle qui

devait connaître de la contestation, devant le Conseil de préfecture, par exemple, quand la matière était du ressort des Tribunaux civils, et réciproquement, l'irrégularité de cette procédure
aurait-elle pour effet d'empêcher que la prescription n'eût été
interrompue par la citation? — Non; bien que la poursuite fût
dans le cas d'être annulée pour incompétence, la citation n'en vaudrait pas moins comme acte interruptif de la prescription. L'article 2246 a été appliqué en ce sens par un arrêt de la Cour de
cassation du 30 juin 1825.

20. Dans le cas où, aux termes de la loi du 5 novembre 1790, il
y a lieu, avant de porter la demande devant les Tribunaux civils,
de la soumettre préalablement à l'autorité administrative, ce référé interrompt-il la prescription? — Si l'on se reporte à ce que
nous disons de ce préalable dans le *Commentaire* sur l'art. 69, on
verra que nous le considérons comme une sorte de citation en conciliation. Dès lors, nous inclinerions à faire à ce cas application
des règles relatives à cette dernière procédure. En conséquence,
il faudrait décider, par application du principe de l'article 2245 du
Code civil, que la prescription est interrompue par le référé devant le préfet, et du jour de la date dudit acte, si ce référé a été
suivi d'une action en justice dans les délais, c'est-à-dire à l'expiration du mois pendant lequel l'autorité a dû statuer. Mais si le
percepteur, après avoir obtenu du préfet l'autorisation d'agir,
laisse écouler un long temps sans assigner devant le Tribunal, le
référé devant le préfet n'aurait pas pour effet d'interrompre la
prescription; car, pour bien faire comprendre notre pensée, nous
dirons que ce n'est pas, à proprement parler, le référé qui, dans le
cas dont nous avons parlé plus haut, interromprait la prescription, mais plutôt l'assignation en justice, avec effet rétroactif à la
date du référé. Cette opinion, toutefois, est combattue par M. Dalloz (*Impôts directs*, n° 563), et le plus sûr est d'accomplir dans
le délai légal des actes de poursuite dont le caractère ne puisse
être contesté.

21. Si le litige avait été porté directement devant l'autorité judiciaire, sans avoir été préalablement communiqué à l'autorité administrative, cette omission, dans le cas où le référé est requis,
pourrait sans doute vicier la procédure; mais la citation donnée
en justice n'en aurait pas moins eu l'effet d'interrompre la prescription. Ce cas rentrerait dans celui dont nous avons parlé ci-
dessus au n° 19.

22. Une raison analogue ferait considérer comme valable à l'effet d'interrompre la prescription un acte de poursuite fait par le
percepteur, sans l'autorisation du receveur des finances, dans le

cas même où cette autorisation est requise, comme, par exemple, dans ceux des articles 56 et 79 du Règlement. (Voir le *Commentaire* sur ces articles.) Les défauts de capacité de la partie, telle que le mineur, la femme mariée, les communes et les établissements publics pouvant être réparés par une autorisation postérieure, l'acte conserve son effet interruptif. C'est ce qu'enseignent MM. Dalloz et Troplong.

23. Mais, si l'acte de poursuite dont on voudrait faire résulter l'interruption était annulé pour vice intrinsèque de forme, il ne pourrait pas valoir, dans ce cas, pour interrompre la prescription. Il en serait de même de l'assignation en justice nulle pour défaut de forme, ou bien si le percepteur s'était désisté de sa demande ou s'il avait laissé périmer l'instance, ou enfin s'il avait perdu sa cause. Dans ces cas, l'interruption serait comme non avenue. (C. civ., art. 2247.)

24. On ne considérerait pas comme actes interruptifs de la prescription la réquisition des scellés ou l'opposition à leur levée. (Voir *Commentaire* sur l'art. 4, n° 2.) Ce sont là des actes conservatoires, mais non pas des actes de poursuites.

25. La prescription ne serait pas non plus interrompue par une simple réserve exprimée dans la quittance d'un à-compte. (Arr. de la Cour de cass., 23 janvier 1809.)

26. Il en serait de même si, par exemple, le percepteur, en recevant la contribution de l'année 1875, sur laquelle le redevable aurait voulu imputer son versement (Voir l'art. 8, n° 19), avait mis sur la quittance : *sans préjudice des termes antérieurs*. Cette mention n'empêcherait pas la prescription de courir.

27. Par le même motif, si le percepteur, en poursuivant, n'avait indiqué dans ses actes qu'une des années dues, la plus ancienne par exemple (1873), sans parler des plus récentes (1874 et 1875), il n'aurait interrompu la prescription que pour 1873 et non pour 1874 et 1875. Chaque année d'impôt forme, en effet, une dette séparée. (Voir le *Commentaire* sur l'art. 22, n° 6.)

28. La même décision s'appliquerait à la poursuite du principal sans les frais ou des frais sans le principal : la prescription, interrompue à l'égard de l'un, courrait à l'égard des autres, s'ils n'avaient pas été compris dans la demande, et réciproquement.

29. Il en serait autrement si le percepteur, dans l'acte de poursuite, avait réclamé en termes généraux *tout ce qui lui était dû*. (Troplong.)

30. L'impossibilité absolue où serait le percepteur d'agir, comme il arriverait, par exemple, de la peste, de la guerre, de l'inondation ou d'autres désastres, suspendrait le cours de la prescrip-

tion; mais ces fléaux ne produiraient cet effet qu'autant qu'ils auraient, en réalité, rendu toute poursuite impossible. Cette distinction résulte d'un avis du Conseil d'Etat du 27 juin 1814. Elle est aussi admise par MM. Dalloz et Merlin. Personne n'ignore que, pendant la guerre de 1870-1871 avec l'Allemagne, des décrets spéciaux des 9 septembre et 3 octobre 1870 ont suspendu le cours de toutes les prescriptions civiles.

31. L'état de maladie du percepteur ne suspendrait pas la prescription à son égard, non plus que son décès à l'égard de ses héritiers.

32. La prescription continuerait aussi à courir nonobstant la suspension du comptable. Ce fait est étranger au contribuable et ne peut pas lui nuire.

33. Il en serait de même pour le cas de mutation. La prescription commencée contre le percepteur continuerait à courir contre le nouveau. (C. civ., art. 2235.)

34. Le décès du redevable ne suspendrait pas non plus la prescription. Le percepteur pouvait agir contre la succession.

35. Il en serait de même du cas de faillite. (Arr. de la C. de Bruxelles, 10 novembre 1824.)

36. Enfin, l'indigence constatée du contribuable ne suspendrait pas non plus la prescription. Rien n'empêchait le percepteur de faire des actes conservatoires.

37. Cependant si le redevable lui-même avait demandé des délais pour s'acquitter et que la cessation des poursuites de la part du percepteur ne fût que le résultat de la promesse d'un payement prochain? — Cette circonstance n'aurait quelque valeur qu'autant qu'on pourrait en induire, de la part du contribuable, une reconnaissance de la dette, qui serait, d'après l'article 2248 du Code civil, une cause d'interruption de la prescription.

Or, cette reconnaissance peut être expresse et résulter d'un acte écrit et formel; mais les auteurs s'accordent aussi à penser qu'elle peut être tacite, c'est-à-dire résulter de tout acte émané du débiteur, comme d'une lettre missive, par exemple. (Vazeille, Dalloz, Troplong.) Ainsi, nous n'hésiterons pas à penser qu'on pourrait considérer comme emportant reconnaissance de la dette, et par conséquent interruption de la prescription, une lettre par laquelle le redevable aurait écrit au percepteur qu'il le prie de ne pas donner cours à ses poursuites pour ses douzièmes en retard, s'engageant à s'acquitter dans un bref délai. Mais encore faudrait-il que les cotes dues fussent bien désignées; car, s'il pouvait y avoir un doute à cet égard, il s'interpréterait contre le comptable.

38. La reconnaissance de la dette pourrait résulter aussi de diverses circonstances, comme si, par exemple, le redevable avait payé une partie de la dette réclamée sans protestation pour le surplus; s'il avait donné une caution ou un gage au percepteur; s'il avait consenti une délégation sur un tiers, etc., etc.

39. Il a été jugé que les *offres réelles* faites par un débiteur, non-seulement interrompaient la prescription, mais le rendaient même irrecevable à réclamer ensuite la prescription exceptionnelle que son titre primitif lui assurait (celle de trois ans, par exemple, en matière de contribution), et le soumettaient à la prescription générale de trente ans. (Arr. C. de Paris, 29 juillet 1808.)

40. Si le redevable avait écrit au percepteur qu'il veut régler son compte avec lui, en rappelant qu'il lui a déjà payé divers à-comptes, il y aurait dans ces déclarations présomption grave de reconnaissance de la dette, qui interromprait la prescription. C'est ce qu'on peut induire d'un arrêt de la Cour royale d'Amiens, du 11 mars 1826.

41. Enfin, le contribuable pourrait renoncer à la prescription acquise (C. civ., art. 2220), mais il ne pourrait y renoncer par anticipation. Ainsi, serait sans effet la clause d'un acte par laquelle un contribuable, dans le but d'obtenir des délais, se serait engagé à ne pas invoquer plus tard la prescription qui pourrait arriver à son term e.

42. Que si un contribuable avait payé, nonobstant la prescription accomplie, même quand ce serait par erreur de droit, il y aurait présomption légale qu'il y a volontairement renoncé et il ne pourrait pas répéter ce qu'il a payé. (Merlin, Vazeille, Dalloz.)

43. Au surplus, les juges ne peuvent jamais suppléer d'office le moyen de la prescription. Il faut qu'il soit opposé par le débiteur lui-même ou ses ayants-cause. (C. civ., art. 2223.)

44. Jusqu'ici nous n'avons considéré la prescription, soit dans les moyens par lesquels elle s'accomplit, soit dans les moyens par lesquels elle s'interrompt, que par rapport au contribuable lui-même. Il nous reste à l'examiner par rapport aux tiers qui, dans certains cas, sont, comme nous l'avons notamment vu dans les articles 13, 14, 15 et 16 du Règlement, tenus avec le redevable ou en son lieu et place. L'obligation du fermier, celle des commissaires-priseurs, notaires, etc., celle des tiers détenteurs, celle des propriétaires de maisons urbaines, ne sont-elles pas également prescriptibles? Le délai de cette prescription est-il le même que celui de la dette principale? Enfin les actes de poursuites faits contre le contribuable et qui suspendent ou interrompent la prescription à son égard ont-ils simultanément le même résultat à l'égard des

tiers dont il s'agit, et réciproquement les poursuites dirigées contre ces derniers sont-elles interruptives de la prescription contre le redevable lui-même?

45. Que l'obligation des tiers mentionnés au numéro précédent soit prescriptible, cela ne peut pas faire l'objet d'un doute. La prescription est de droit commun et il est de l'essence de toute obligation d'y être soumise. La seule question à examiner serait celle de savoir si cette prescription est une prescription générale de trente ans, ou bien si c'est celle de trois ans spéciale aux contributions directes ?

Nous nous sommes prononcé déjà en ce dernier sens, en ce qui concerne l'obligation des propriétaires et principaux locataires (Voir *Commentaire* sur les art. 15 et 16, n° 32) : nous ne voyons aucune raison pour ne pas étendre la même règle aux fermiers et aux tiers détenteurs. C'est à l'occasion d'une dette de contribution que leur obligation est née ; c'est avec le contribuable ou en son lieu et place qu'ils sont tenus, nous ne concevrions pas que leur position fût différente. L'accessoire doit suivre le principal ; ils doivent donc profiter, comme le contribuable lui-même, du bénéfice de la prescription à court terme que la loi a cru devoir, dans un intérêt d'ordre public, accorder à ce dernier.

46. L'interruption de la prescription à l'égard du contribuable conserve-t-elle les droits du percepteur contre les tiers obligés?

Aux termes de l'art. 2249 du Code civil, « l'interpellation faite à l'un des débiteurs solidaires ou sa reconnaissance interrompt la prescription contre tous les autres, même contre leurs héritiers. » Et, d'après l'article 2250, « l'interpellation faite au débiteur principal interrompt la prescription contre la caution. » Pour savoir si ces règles sont applicables aux tiers obligés dont nous nous occupons, il faut se demander si ces tiers sont *débiteurs solidaires* ou *cautions* du contribuable. Or, ces tiers, dont nous avons eu déjà à nous occuper dans différents articles du *Commentaire*, sont ceux que nous indiquions au n° 45 ci-dessus.

Si l'on veut bien se reporter à ce que nous avons dit de l'obligation de ces diverses personnes, on verra que nous lui avons assigné, suivant les cas, le caractère de la solidarité ou de la caution. (Voir l'art. 13, n°s 1 et 25 ; l'art. 14, n° 20 ; les art. 15 et 16, n° 23 ; l'art. 20, n° 4.)

Nous devons donc penser que la poursuite qui aurait interrompu la prescription à l'égard du contribuable aurait eu le même effet en ce qui concerne l'obligation des tiers, personnellement tenus avec lui ou pour lui et réciproquement. De telle sorte que le droit du Trésor aurait été conservé contre tous les coobligés par les poursuites faites à l'égard de l'un d'eux, lors même qu'aucun acte n'aurait été dirigé contre les autres.

47. La prescription étant un moyen péremptoire de libération, il n'y a aucun titre à lui opposer, dès qu'elle est acquise et que le contribuable s'en prévaut. Cependant le percepteur ne devrait-il pas conserver au moins le droit que l'article 2275 du Code civil accorde au créancier, de déférer le serment au débiteur ou à ses héritiers sur la question de savoir si la dette prescrite a été réellement payée? — Au premier abord, l'application de ce principe à la dette de contribution semblerait assez naturelle. En effet, toutes les prescriptions à courts termes, admises par le Code civil, c'est-à-dire celles qui s'accomplissent par un laps de cinq ans et au-dessous, sont fondées sur la présomption du payement; et il est dès lors aussi juste que moral que cette présomption légale soit subordonnée au serment de la partie. Or, ce motif n'existe-t-il pas aussi pour la dette de contribution, qui est soumise à une prescription à court terme? — Quelque logique que ce raisonnement puisse paraître, nous ne croyons pas cependant qu'il faille s'y arrêter, et nous estimons, au contraire, que le comptable ne saurait déférer au contribuable le serment décisoire. Selon nous, la prescription de trois ans, en matière de contributions directes n'est pas fondée sur une présomption de payement; le système de comptabilité établi pour la perception de l'impôt ne permettrait pas d'admettre l'hypothèse que le contribuable ait pu s'acquitter depuis trois années sans que le percepteur ait passé écriture du recouvrement, ou sans que l'Administration supérieure ait découvert la dissimulation de recette. C'est donc dans un autre ordre d'idées qu'il faut en chercher les motifs; or, ces motifs sont que la prescription en matière d'impôt est une mesure d'*ordre public*. Comme nous l'avons dit, la loi ne veut pas que les termes de la contribution puissent, en s'accumulant, rendre plus difficile la position des contribuables et que le recouvrement amène ainsi des réclamations et des résistances capables de compromettre la tranquillité du pays. A ce point de vue, on comprend qu'il n'y a plus lieu de rechercher s'il y a ou non présomption de payement : le contribuable est libéré non pas parce que la loi présume qu'il a payé, mais uniquement parce qu'on a négligé de le poursuivre et qu'il est contraire à l'ordre public que les agents du fisc puissent avoir indéfiniment entre les mains des titres de contrainte contre les citoyens.

Aussi est-il à remarquer que le texte de la loi du 3 frimaire an 7 et de l'arrêté du 16 thermidor on 8, précités, ne porte pas l'expression de *prescription*. Il déclare simplement le percepteur *déchu de toute action;* ce qui, dans la rigueur du droit, doit s'entendre même de l'action en prestation de serment, qui est, au fond, une action judiciaire comme toute autre; cela est si vrai que ces deux règlements ajoutent qu'après les trois années les rôles seront retirés au percepteur. Or, retirer des mains des comptables les rôles qui sont le titre exécutoire du recouvrement, n'est-ce pas implicitement confirmer, par une nouvelle disposition, la déclaration fort explicite faite précédemment : qu'après trois ans les percepteurs sont déchus de toute action contre les redevables et que toutes poursuites leur sont interdites?

Nous pensons donc que, la prescription une fois acquise, le percepteur ne peut pas la combattre en déférant le serment au contribuable.

48. Les frais se prescrivent-ils par le même délai que la contribution elle-même? — Nous croyons qu'il faut se prononcer pour l'affirmative. Les frais ne sont que l'accessoire de la dette et il est de règle que l'accessoire suit le principal.

49. Cependant il convient de faire ici une distinction essentielle : ce que nous venons de dire au numéro précédent s'applique aux frais dont le percepteur réclame le remboursement au contribuable contre qui ils ont été faits. Mais, s'il s'agissait de la demande du porteur de contraintes ou de l'huissier qui aurait fait les actes pour obtenir le payement des droits alloués par le tarif, cette demande serait soumise à la prescription d'un an établie par l'article 2272 du Code civil, qui porte : « L'action des huissiers pour le salaire des actes qu'ils signifient et des commissions qu'ils exécutent, se prescrit par un an. » Cette prescription court à dater du jour où leur acte ou leur commission est terminée.

Ainsi, si, par quelque cause que nous ne saurions du reste prévoir, les agents de poursuites ou leurs héritiers n'avaient pas fait régler leurs frais, conformément à l'article 102 du Règlement, où ne s'en étaient pas fait solder le montant, ils se trouveraient déchus de leurs droits par la prescription d'un an.

50. Nous ne terminerons pas ce que nous avions à dire sur la prescription en matière de contributions directes, sans faire une dernière observation qui n'est pas sans importance. Si la prescription n'est acquise au contribuable que par le laps de trois ans en ce qui concerne la cote de l'impôt, il ne faut pas oublier que le *privilége* ne dure que deux ans, puisqu'il ne s'exerce que pour l'année échue et l'année courante; de telle sorte qu'un percepteur qui aurait, par exemple, à la fin de l'année 1876, à recouvrer des cotes de 1874, 1875, 1876, ou qui, s'il s'agissait même d'années antérieures à 1874, aurait interrompu la prescription, conserverait

sans doute le droit d'obtenir le payement, pour toutes ces années, sur les biens du contribuable; mais il ne serait *privilégié* que pour les deux dernières, 1875 et 1876; il aurait perdu ce privilége pour toutes les autres, et, au lieu d'être payé par préférence à tous les créanciers, il ne viendrait qu'en concurrence avec eux, faute d'avoir poursuivi et de s'être fait payer tandis qu'il était encore dans les délais de l'année courante. Il aurait par là en réalité encouru, si l'on peut s'exprimer ainsi, la *prescription du privilége*, qui seul, la plupart du temps et à l'égard des contribuables peu solvables, assure le recouvrement de l'impôt. — Nous avons déjà fait cette observation sur l'article 12, n° 17.

51. Du reste, la nécessité pour les comptables de ne pas retarder les poursuites au-delà d'une certaine limite résulte pour eux, non moins expressément, de l'article 95 de l'Instruction générale du 20 juin 1859. D'après cet article, « les percepteurs qui auraient laissé écouler trois années sans terminer le recouvrement, sont tenus de solder de leurs propres deniers le montant des cotes ou portions de cotes restant alors à recouvrer, et ils doivent en faire recette à titre de contributions directes, en s'en délivrant eux-mêmes une quittance à souche; ils demeurent créanciers particuliers des contribuables et sont subrogés aux droits du Trésor. »

Ainsi, alors même que ces comptables auraient fait tous les actes nécessaires pour interrompre la prescription à l'égard des contribuables, et qu'ils auraient conservé tous leurs droits contre eux, ils n'en seraient pas moins tenus envers le Trésor à faire compte des cotes non recouvrées, comme si le recouvrement avait eu lieu, sauf à exercer personnellement leurs recours contre les redevables. (Voir aussi décret du 31 mai 1862, art. 320, 325, 326 et 327.)

52. Ce recours s'exerce au moyen de la subrogation légale qui s'opère en faveur du percepteur par l'effet du payement qu'il a été forcé de faire de ses deniers personnels au lieu et place du contribuable; c'est une application de l'article 1251 du Code civil, qui porte: « La subrogation a lieu de plein droit au profit de celui qui étant tenu, avec d'autres ou pour d'autres, au payement de la dette, avait intérêt de l'acquitter. » — C'est bien là précisément le cas où se trouve le percepteur: aux termes des règlements auxquels il est nécessairement soumis par le fait seul de l'acceptation de son emploi, il est contraint de solder, à l'expiration de la troisième année, les cotes non recouvrées sur les contribuables; il est donc tenu pour eux, suivant la disposition du Code, et quand il en verse le montant de ses deniers personnels, en exécution de

l'aricle 95 de l'Instruction générale, il a, non-seulement intérêt, mais obligation de le faire.

Il est impossible de ne pas reconnaître, dans cette situation, tous les caractères de la subrogation légale et de lui en refuser tous les effets.

53. Or, ces effets sont de mettre celui qui a payé la dette d'une tierce personne, à la place du créancier, de telle façon qu'il ait contre le débiteur les mêmes *droits,· actions* et *priviléges* qui appartenaient au créancier primitif. (Art. 1250 du Code civil.) Il en résulte donc que le percepteur, subrogé aux droits du Trésor contre le contribuable dont il a été forcé de solder la dette de ses deniers personnels, pourra poursuivre ce dernier par voie de contrainte administrative, d'après le mode et avec les priviléges autorisés par le Règlement, en exécution des lois de la matière (1).

54. C'est ainsi que l'a considéré l'Administration des finances lorsque dans son Instruction générale, article 95, elle a déterminé que, lorsqu'à l'expiration de la troisième année de leur émission, les rôles devaient être retirés des mains du percepteur pour être déposés aux archives de la sous-préfecture, les comptables devraient dresser un *état de restes à recouvrer*, qui leur servirait de titre pour les poursuites qu'ils auraient à faire en leur nom personnel. Une décision particulière de la même Administration, en date du 20 juin 1827, contient à cet égard des explications qu'il nous paraît utile de faire connaître : « Les articles 79 et 90 de mon Instruction générale (2), dit le Ministre, en obligeant les percepteurs à payer les cotes des contributions directes, ainsi que les

---

(1) Il faut bien remarquer que ces principes ne regardent que la subrogation *légale*, c'est-à-dire le cas où le comptable a été *forcé* de payer la cote du redevable. Car il n'en serait pas de même si le percepteur n'avait fait qu'avancer de ses propres deniers, par suite d'une convention particulière, la contribution due, après émargement au rôle du nom du contribuable débiteur. Sans doute il resterait créancier de ce dernier ; mais il n'y aurait pas subrogation légale, et les poursuites ne pourraient pas avoir lieu administrativement. Le percepteur, en effet, dans ce cas, n'était pas obligé de payer au lieu et place du contribuable. Le payement n'a pas été le résultat de la loi, mais celui d'une convention privée. Or, pour que celle-ci pût valoir comme subrogation et en produire les effets, il faudrait qu'au moment du payement le contribuable eût consenti, en faveur du percepteur, un engagement *par-devant notaire*, par lequel il aurait reconnu que sa dette envers le Trésor a été acquittée au moyen des deniers prêtés par le percepteur, et qu'il eût déclaré expressément subroger ce comptable dans tous les droits et actions du Trésor à son égard. (C. civ., art. 1250, § 2.)

(2) Cette citation se réfère à l'Instruction du 15 décembre 1826, remplacée par celle du 20 juin 1859 ; l'article correspondant de cette dernière est l'article 95.

frais de poursuites dont ils auraient négligé de faire le recouvrement dans les délais déterminés, n'ont pu vouloir déroger
au principe résultant de l'article 1251 du Code civil, d'après lequel le tiers qui a désintéressé un créancier se trouve subrogé
aux droits et actions de celui-ci contre le débiteur. Ainsi le percepteur qui a désintéressé le Trésor public, en soldant de ses propres deniers les sommes restant dues par les contribuables à l'expiration des trois années de l'exercice, demeure subrogé aux
droits du Trésor, et les exerce par les moyens de poursuites établis en matière de contributions directes, si toutefois il n'a pas
perdu ce recours par une interruption de poursuites pendant trois
années consécutives. — Mais il n'est point nécessaire que les extraits de rôles ou états de restes à recouvrer, dressés conformément
aux articles 79, 80 et 90 de l'Instruction générale, pour constater
les sommes dont les percepteurs ont à suivre la rentrée pour leur
compte personnel, soient revêtus de la formule exécutoire prescrite pour les rôles eux-mêmes, puisque ces rôles étant déposés
aux archives des sous-préfectures seraient consultés s'il y avait
lieu à contestation : il suffit que l'exactitude des relevés soit certifiée par la signature du sous-préfet de l'arrondissement. »

55. Mais, par cela même que le percepteur est autorisé à poursuivre pour *son propre compte* et par la voie administrative la
rentrée des sommes qu'il a payées à la décharge du contribuable,
il doit en résulter qu'il demeure soumis, pour tout ce qui concerne
ces poursuites, aux mêmes principes et aux mêmes conditions de
surveillance que lorsqu'il s'agit de suivre le recouvrement pour le
compte du Trésor; c'est pour cela que l'Administration a voulu
que ces sortes d'avances, ainsi que les rentrées opérées pour leur
remboursement, fussent particulièrement constatées dans les écritures des percepteurs, de manière à ce que le ministère pût,
jusqu'à libération définitive, contrôler toutes les opérations faites
sur ces restes à recouvrer et veiller à la légalité des poursuites.
L'article 1500 de l'Instruction générale du 20 juin 1859 trace les
règles à observer pour la constatation des rentrées ainsi obtenues.

56. Par application des mêmes principes, nous pensons que si le
percepteur poursuivant pour son compte personnel contre le contribuable le remboursement des sommes qu'il aurait payées à sa
décharge, n'avait d'autre moyen que de provoquer l'expropriation
forcée de l'immeuble du redevable, il ne pourrait pas le faire sans
une autorisation formelle de l'autorité supérieure. (Voir ce que
nous avons dit à ce sujet sur l'art. 12, n° 6.) En vain dirait-il qu'étant devenu créancier personnel du contribuable, il doit pouvoir

poursuivre son débiteur comme il convient le mieux à ses intérêts ; on lui répondrait qu'il n'agit que par subrogation aux droits
du Trésor ; qu'il ne saurait donc pousser ses poursuites plus loin
que n'aurait fait le Trésor lui-même, et puisque le gouvernement
a subordonné à un examen particulier et à une autorisation spéciale la poursuite en expropriation forcée de l'immeuble imposé,
cette mesure devient une affaire d'*ordre public*, sur laquelle le
percepteur ne peut pas passer outre dans son intérêt particulier.

57. La discussion qui précède (nᵒˢ 52, 53, 54, 55 et 56) a eu pour
objet d'établir comment le percepteur subrogé aux droits du Trésor contre le contribuable pouvait et devait poursuivre ce dernier
d'après le mode spécial aux contributions directes. Mais ce comptable ne peut évidemment exercer ce droit par lui-même qu'autant
qu'il est demeuré en fonctions. Dans l'hypothèse où il serait sorti
de charge, il est bien clair qu'il y aurait impossibilité à ce qu'il
exerçât personnellement les poursuites. L'Administration ne
pourrait pas confier une contrainte exécutoire à un tiers dépourvu
de tout caractère public et mettre à sa disposition des garnisaires
et des porteurs de contraintes. Le percepteur seul a qualité pour
diriger contre les redevables des poursuites conformes aux dispositions du Règlement.

On peut voir une application implicite de ce principe dans un
arrêt du Conseil d'Etat, du 16 février 1826. (Voir 2ᵉ Partie, *Jurisprudence*, page 121.)

58. Aussi, pour échapper à cet inconvénient, l'Administration
a-t-elle ordonné, en cas de mutation de receveurs, que le percepteur entrant poursuivrait la rentrée des cotes arriérées, pour le
compte de son prédécesseur. (Circulaire du Ministre des finances,
du 21 janvier 1836.) La part de responsabilité que cette obligation
impose aux anciens et aux nouveaux titulaires et les droits ainsi
que les devoirs respectifs de ces comptables sont réglés par les
articles 1340 et suivants de l'Instruction générale du 20 juin
1859.

59. De cette manière, tout est dans l'ordre. Cependant ne pourrait-on pas faire ici une objection, et se demander si, en droit, le
Trésor ou le percepteur en exercice qui agit en son nom, a bien
qualité pour continuer à faire exercer des poursuites contre un
contribuable qui n'est plus, en fait, son débiteur, puisqu'à son
égard il a été libéré par l'apurement des rôles fait des deniers de
l'ex-percepteur? N'y a-t-il pas dès lors à lui opposer une fin de
non recevoir tirée de son défaut d'intérêt? — Cette objection, qui
n'est pas, en effet, sans gravité, a été repoussée par un arrêt de la

Cour de cassation, rendu le 16 mai 1821, dans une circonstance analogue à celle dont nous nous occupons. (On trouvera cet arrêt dans la 2e Partie, *Jurisprudence*, page 109.) Il en résulte que le Trésor, bien qu'il soit matériellement désintéressé dans le recouvrement, puisque les rôles sont soldés, veut cependant, dans un intérêt d'ordre public, qu'aucune cote d'impôt ne reste irrecouvrée, tant qu'elle n'est pas définitivement irrecouvrable; et, d'ailleurs, il faut observer qu'en réalité, et dans la pensée même de l'Administration, telle qu'elle est exprimée dans la Circulaire précitée du 21 janvier 1836, le percepteur entrant poursuit au lieu et place du percepteur sortant; il est en quelque sorte son mandataire, puisque c'est pour son compte que le recouvrement doit se faire. Il représente donc un intérêt bien réel et tout à fait incontestable, puisque c'est celui du créancier lui-même.

60. Par combien de temps se prescrit le recours du percepteur qui a soldé de ses deniers personnels la cote d'un contribuable? — Il est évident qu'on ne peut appliquer ici que la prescription de trois ans.

Le percepteur, par cela même que, par suite de la subrogation légale, il exerce contre les contribuables les droits et actions du Trésor, est soumis, par réciprocité, aux mêmes exceptions. Il ne prend ces droits et actions que tels qu'ils se comportent, par conséquent avec les prescriptions auxquelles ils sont sujets d'après les lois de la matière, c'est-à-dire, dans l'espèce, la prescription de trois ans.

61. Cependant nous avons vu mettre en doute cette opinion dans une espèce où il s'agissait du payement fait par les héritiers d'un percepteur qui, au moment de son décès, avait laissé des cotes à recouvrer antérieures aux trois années de la date de la remise des rôles, sans avoir fait de poursuites contre les redevables. Ces héritiers prétendaient qu'ils ne pouvaient, à l'égard des contribuables dont ils avaient, comme succédant aux obligations du percepteur, soldé les cotes de leurs deniers personnels, être passibles de la prescription de trois ans, attendu qu'il existe un arrêt de la Cour de cassation, en date du 22 janvier 1828, qui a déclaré que lorsqu'un tiers avait acquitté la cote d'un contribuable, celui-ci ne pouvait lui opposer que la prescription trentenaire, et que la prescription triennale n'était applicable qu'entre le Trésor et les contribuables. Mais cette décision ne pouvait pas avoir d'application dans l'espèce. En effet, les héritiers n'ont pas payé les cotes des contribuables dont il s'agit, simplement en leur qualité de tiers agissant au lieu et place d'autrui; ils ont acquitté lesdites cotes à titre d'ayants-cause du percepteur et comme il eût été

obligé de le faire lui-même. C'est donc bien une question qui s'agite entre l'agent du Trésor et les contribuables. Il y a donc lieu, aux termes mêmes de l'arrêt précité de la Cour de cassation, d'appliquer la prescription de trois ans spéciale à la créance de l'impôt direct.

ARTICLE 19

Les réclamations concernant la perception des contributions directes et les poursuites auxquelles cette perception donne lieu, sont du ressort de l'autorité administrative.

1. Le règlement des compétences est une des questions les plus difficiles du droit administratif en général, et peut-être, en ce qui concerne particulièrement les poursuites relatives au recouvrement des contributions directes, la difficulté a-t-elle un degré de plus. En effet, les contestations auxquelles donne lieu l'exécution des contraintes sont bien souvent complexes et peuvent ressortir simultanément à la juridiction administrative et à la juridiction ordinaire; de sorte que la ligne de démarcation est en cette matière, plus qu'en toute autre, délicate à établir. Aussi, avons-nous jugé nécessaire d'entrer, à cet égard, dans quelques développements, et de donner une certaine étendue au commentaire de l'article 19.

2. Cet article parle à la fois des *réclamations* et des *poursuites*. Les réclamations qui se rapportent plus spécialement à la répartition même de l'impôt, et qui s'élèvent, avant même toute poursuite, aussitôt après la publication du rôle, où le contribuable veut faire réformer sa cote, sont plus ou moins étrangères à notre plan. Nous n'avions qu'à en parler accidentellement, et nous l'avons fait au *Commentaire* sur l'article 20.

Il ne nous reste donc ici à nous occuper que des *poursuites*.

A cet égard, la législation est à peu près muette, et la jurisprudence a tout fait, comme nous allons le voir. Mais, avant tout, il est indispensable de nous arrêter sur quelques principes généraux qui doivent servir à l'intelligence de nos développements ultérieurs.

3. Le principe de la séparation des autorités administrative et judiciaire a été posé par la loi organique du 16-24 août 1790, titre II, article 13. « Les fonctions judiciaires, dit cet article, sont dis-

tinctes et demeurent toujours séparées des fonctions administratives; les juges ne pourront, à peine de forfaiture, troubler de
quelque .manière que ce soit les opérations des Corps administratifs, ni citer devant .eux les administrateurs pour raison de
leurs fonctions. »

La règle qui établit l'indépendance respective des Tribunaux et
de l'autorité administrative a été proclamée d'une manière non
moins explicite à la suite de l'intitulé de la Constitution du
16 fructidor an 3.

Diverses lois ont fait application de ces principes aux différentes
matières du droit administratif; mais aucune d'elles n'a tracé
assez nettement la ligne de démarcation entre les questions attribuées à l'autorité administrative et aux Tribunaux pour que, dans
le contact inévitable de ces deux pouvoirs, il n'y eût pas souvent
lutte et empiètement respectif. C'est au Tribunal des conflits que
la loi du 24 mai 1872 a conféré le droit de faire cesser ces conflits
d'attributions, en prononçant sur la question de compétence entre
les deux autorités (1).

4. Les lois particulières, nous ne dirons pas qui ont déterminé,
mais d'où on a pu déduire la règle de la compétence administrative en ce qui concerne les poursuites en matière de contributions
directes se réduisent à celle du 22 décembre 1789, sanctionnée
dans le mois de janvier 1790, sur la constitution des assemblées
administratives, et à celle du 28 pluviôse an 8.

La section 3 de la première de ces lois, intitulée *Des Fonctions
des assemblées administratives*, porte :

« Art. 1er. Les Administrations de département sont chargées,
sous l'inspection du Corps législatif et en vertu de ses décrets :

« 1° De répartir toutes les contributions directes imposées à
chaque département;

---

(1) Le Tribunal des conflits est saisi par les arrêtés des préfets, qui revendiquent pour l'Administration le jugement de l'affaire. C'est ce qu'on appelle un
arrêté de conflit. Cette matière a été réglée par une ordonnance royale du 1er juin
1828. L'effet de l'arrêté de conflit, dès qu'il est signifié, est d'obliger l'autorité
judiciaire à suspendre toute délibération sur l'affaire qui lui avait été soumise,
jusqu'à ce que le Conseil d'Etat ait définitivement réglé la compétence en prononçant sur l'arrêté de conflit. S'il n'est pas pris d'arrêté de conflit, la question de
compétence s'agite devant les Tribunaux de l'ordre judiciaire; elle est tranchée en
dernier ressort par la Cour de cassation, qui ne peut pas être dessaisie par la
voie du conflit. Devant les Tribunaux administratifs, il n'y a jamais lieu au
conflit qui a pour but de défendre l'Administration des empiètements possibles du
pouvoir judiciaire; le Conseil d'Etat, statuant au contentieux, se trouve donc le
juge suprême des questions de compétence qui se sont élevées au cours d'une
instance administrative.

« 2° D'ordonner et de faire faire, suivant les formes qui seront établies, les rôles d'assiette et de cotisation entre les contribuables de chaque municipalité;

« 3° De *régler et de surveiller tout ce qui concerne tant la perception et le versement du produit de ces contributions, que le service et les fonctions des agents qui en sont chargés.*

« Art. 7. Elles ne pourront être troublées, dans l'exercice de leurs fonctions administratives, par aucun acte de pouvoir judiciaire. »

La loi du 28 pluviôse an 8, qui a créé les Conseils de préfecture, après avoir déclaré (art. 3) que le préfet sera chargé seul de l'administration, ajoute (art. 4) que *le Conseil de préfecture prononcera sur la demande des particuliers tendant à obtenir la décharge ou la réduction de leur cote de contributions directes.*

Cette disposition, si on s'en tenait à son texte, ne conférerait guère d'attributions aux Conseils de préfecture qu'en ce qui concerne les demandes en décharge ou réduction; mais la jurisprudence a successivement donné à la loi une signification plus étendue, et on a fini par admettre définitivement en principe que le *Conseil de préfecture est juge de tout le contentieux des contributions directes.* (Voir Merlin, Macarel, de Cormenin.)

C'est ce que porte même d'une manière formelle un arrêté du gouvernement du 12 brumaire an 11, qui, sur un conflit d'attributions entre les autorités administrative et judiciaire en matière de contributions directes, déclare « que, d'après toutes les lois de la matière, la surveillance de la perception des contributions et le *contentieux relativement au recouvrement entre le contribuable et le percepteur,* sont attribués à l'autorité administrative. » Cédant à cette impulsion, notre article 19 n'a pas hésité à déclarer que les poursuites auxquelles donnait lieu la perception des contributions directes étaient du ressort de l'autorité administrative. Les lois des 21 avril 1832, art. 29; 3 juillet 1846, art. 6; 8 juillet 1852, art. 13; 22 juin 1854, art. 16, ont expressément chargé les Conseils de préfecture de diverses attributions relatives au contentieux des contributions directes, et ces textes ont été visiblement inspirés par la pensée qui se formule dans la règle dont nous venons de parler. On verra cependant que cette règle souffre de nombreuses exceptions.

5. Quoi qu'il en soit, on peut dire véritablement ici que la jurisprudence a pris la place de la loi; mais il faudrait se féliciter de cette usurpation si elle avait du moins abouti, en résultat, à établir des principes de compétence assez précis pour que le doute ne fût plus possible. Malheureusement il n'en est pas ainsi; et si,

dans l'insuffisance de la loi, on étudie attentivement les anciennes
décisions du Conseil d'Etat, pour y trouver des règles certaines de
compétence, on sera frappé de l'incertitude même de ces décisions. Dans plusieurs cas, elles n'étaient pas même motivées, et,
le plus souvent, quand des *considérants* y étaient exprimés, la
question y était décidée par la question même. Ainsi, pour prendre
quelques exemples parmi les arrêts rapportés dans la deuxième
Partie de cet ouvrage, qu'il s'agisse de savoir, comme dans l'arrêt
du 18 juillet 1809, quelle autorité est compétente pour décider
une contestation entre un percepteur et un contribuable, au sujet
de l'imputation de la somme versée par ce dernier, au lieu d'examiner si, par leur nature, les questions d'imputation de payement,
étant essentiellement réglées par le droit commun, ne doivent pas
être jugées par les juges ordinaires, le Conseil d'Etat se borne à
déclarer que c'est au Conseil de préfecture à statuer, attendu que
la *contestation portant sur des actes de perception, se classe ainsi
dans le contentieux des contributions directes, et rentre dans les
attributions de l'autorité administrative :* ce qui ne décide rien
comme principe, puisqu'il résulte de la propre jurisprudence du
Conseil que, dans beaucoup de cas, certaines questions *contentieuses en matière de contributions directes,* et *ayant la perception
pour objet,* appartiennent à l'autorité judiciaire. Même manière
de décider dans l'arrêt du 30 juin 1824, où il s'agissait de savoir si
un contribuable avait ou non payé les douzièmes réclamés par le
percepteur : le Conseil attribue la compétence au Conseil de préfecture par le motif que *la contestation est relative au recouvrement des contributions directes;* décision d'où on ne peut induire
aucune règle de compétence, puisqu'il y a beaucoup de cas où
l'autorité judiciaire statue sur des *contestations relatives au recouvrement des contributions.*

Autre exemple : La question s'élève de savoir si c'est aux Tribunaux civils qu'appartient le droit de prononcer la contrainte par
corps contre les gardiens d'une saisie pratiquée pour contributions.
Le Conseil d'Etat se borne à décider que la contestation est du
ressort du Tribunal, attendu « *qu'au Tribunal seul appartient de
décerner une contrainte par corps contre le sieur Morel pour la
représentation des objets saisis sur lui, et dont il avait été constitué gardien.* » C'est bien là, comme nous le disions, décider la
question par la question même. Pas un principe auquel on puisse
se rattacher pour la solution des espèces qui, n'étant pas entièrement identiques, ne peuvent se décider par la seule similitude du
précédent.

6. Au surplus, après avoir fait la légitime part de la critique, il

faut aussi rendre un hommage là où il est dû; et il serait injuste
de ne pas reconnaître la haute portée administrative et la véritable science du droit qui se rencontrent dans plusieurs des anciennes décisions du Conseil. S'il en était qui fussent peu ou point
motivées, il en était aussi dont les *considérants*, fondés sur l'application des vrais principes de la matière, très bien développés,
ont servi, sinon à établir, du moins à préparer une jurisprudence
aussi claire que solide et homogène.

En définitive, à travers beaucoup d'hésitations, fâcheuses sans
doute, mais inévitables peut-être dans les vicissitudes politiques
au milieu desquelles s'est développé notre droit administratif, le
Conseil d'Etat a posé, par ses décisions, les véritables règles de la
compétence, notamment en ce qui concerne la matière dont nous
nous occupons dans ce *Commentaire*. Il ne s'agit que d'en rechercher l'esprit dans l'étude attentive des arrêts et dans le rapproche-
ment de leurs dispositions avec les circonstances de fait qui ont
donné lieu aux contestations.

7. M. de Cormenin, dans ses *Questions de Droit administratif*,
a entrepris ce travail, suivant en cela la voie ouverte par M. Macarel dans ses *Eléments de Jurisprudence administrative*, ouvrage qui, au mérite d'avoir été le premier sur la matière, a joint
celui d'une classification habile et savante des décisions du Conseil.
Mais M. de Cormenin, en empruntant à M. Macarel le plan de son
livre et en profitant de ses recherches, ne s'était pas peut-être suffisamment occupé de développer et de compléter les parties qui
auraient eu besoin d'une étude plus approfondie. Spécialement,
dans la matière des contributions directes, la seule dont nous
ayons à parler ici, il avait adopté sans examen les erreurs mêmes
échappées à son prédécesseur. Ainsi M. Macarel (t. Ier, p. 263)
confond avec la perception des contributions directes ce qui concerne le recouvrement des revenus communaux. M. de Cormenin
reproduit identiquement la même erreur. (Voir t. II, p. 276 de la
troisième édition.) Nous reprocherons aussi à ce dernier auteur
d'avoir accepté, sans en discuter la valeur ou en expliquer suffisamment les motifs, les arrêts dont il faisait ressortir tel ou tel
principe, qu'il énonçait en forme d'axiome général. Aussi, parta-
geait-il la plupart des contradictions dans lesquelles le Conseil
d'Etat est tombé, et n'en conciliait-il aucune. Par exemple,
après avoir indiqué que les questions de validité des actes de
poursuites, à dater du commandement, étaient du ressort de l'autorité judiciaire, il mettait au nombre des questions dont les Conseils de préfecture doivent connaître, la validité des saisies. D'autres fois, il omettait de mentionner les arrêts qui auraient contre-

dit le principe, juste d'ailleurs, qu'il exposait. Ainsi, en établissant que les questions d'ordre et de privilége, et notamment celle de savoir si l'acquéreur d'un immeuble qui a payé son prix peut être recherché pour la contribution due par l'immeuble antérieurement à son entrée en possession, sont du ressort des Tribunaux civils, il fondait ce principe sur les arrêts du Conseil d'Etat des 11 août 1808, 1er mai 1816, 25 février 1818, 23 juin 1819, 19 mars 1820; mais il ne parlait pas des arrêts des 9 juin 1813 et 19 juillet 1837, qui décident le contraire. Sans doute la doctrine de ces derniers arrêts ne doit pas être suivie, et nous le disons ci-après; mais encore fallait-il révéler leur existence et en combattre les dispositions.

En nous expliquant avec franchise sur des auteurs aussi recommandables que ceux que nous venons de citer, nous n'avons pas besoin d'excuser la liberté de notre langage. Ces écrivains ont beaucoup fait pour la science du droit administratif; tout en le reconnaissant, il est naturel de regretter qu'ils aient laissé en quelques points leur œuvre imparfaite.

8. Qu'on nous permette maintenant d'exposer les principes les plus généraux qui, selon nous, doivent servir de fondement au réglement de la compétence, tant administrative que judiciaire, en ce qui concerne les poursuites en matière de contributions directes. Nous essayerons ensuite de faire application de ces principes aux principaux cas qui peuvent se présenter, et nous trouverons dans la jurisprudence du Conseil d'Etat et des Tribunaux civils des exemples et des arguments à l'appui de notre système (1).

9. Avant tout, si l'on veut bien embrasser par la pensée les

---

(1) On remarquera plus d'une fois, dans le dépouillement que nous allons faire des décisions du Conseil d'Etat, que le même arrêt, dont nous avons combattu la doctrine dans telle circonstance, nous sert ailleurs pour appuyer un autre principe. Nous tenons à ce qu'on ne voie pas là une contradiction, et nous nous empressons de prévenir à cet égard une objection qui tombe d'elle-même devant un examen attentif de notre travail. En effet, le même arrêt présente souvent plusieurs *considérants*, et il nous arrive de n'en accepter qu'un seul et de critiquer les autres. Dans d'autres cas, c'est le dispositif de l'arrêt qui nous paraît mal s'appliquer à la difficulté soulevée dans l'espèce, tandis que les motifs n'ont rien que de conforme aux principes. Dans ces circonstances, nous sommes naturellement conduit à n'employer, pour ainsi dire, que par parties certains arrêts du Conseil d'Etat qui, vus d'ensemble et considérés seulement dans le point précis de la décision qu'ils contiennent, n'auraient qu'une autorité insuffisante comme doctrine et ne consacreraient véritablement aucun principe de jurisprudence générale. — Nous avons jugé cette explication indispensable pour bien faire comprendre la méthode que nous avons suivie et qui nous paraît la seule propre à faire ressortir de l'étude des arrêts du Conseil d'Etat tout l'enseignement qu'elle comporte.

principales dispositions du Règlement dont nous présentons ici le commentaire et les développements auxquels nous nous sommes nous-même livré dans le cours de cet ouvrage, on verra que le recouvrement de l'impôt soulève des questions fort diverses et dont la solution depend de l'application de principes légaux de différents ordres. Quand un citoyen est poursuivi pour le payement d'une cote d'impôt, il peut contester l'existence même de l'obligation pour laquelle la poursuite se fait; il peut soutenir que c'est à tort qu'il a été compris dans le rôle, attendu qu'il n'est pas propriétaire de l'objet ou qu'il n'a pas la qualité qui donne lieu à l'imposition; il peut prétendre que la répartition a été mal faite à son égard et qu'on l'a imposé pour une somme plus forte qu'il n'aurait dû l'être.

Il peut contester le titre en vertu duquel la poursuite a été intentée, en soutenant, soit que l'impôt n'a pas été légalement voté par les Chambres, soit que le rôle n'a pas été rendu exécutoire, ou qu'il n'a pas été publié, soit que la contrainte qui donne exécution forcée au titre n'est pas revêtue des formes extérieures qui commandent obéissance.

Il peut contester la qualité même des agents qui ont autorisé, qui dirigent ou exécutent les poursuites.

Il peut contester le montant de la somme réclamée de lui, en soutenant qu'il en a payé une partie, ou en opposant la prescription; ou, s'il n'est poursuivi que comme héritier du contribuable, par exemple, en prétendant qu'il n'est tenu que dans telle ou telle proportion de la cote due par son auteur.

Il peut, une fois la poursuite engagée, contester la régularité des actes de procédure pratiqués contre lui.

D'autre part, ce n'est pas le contribuable seul qui peut se trouver en cause; des tiers interviennent qui contestent les droits du Trésor, comme lorsqu'il s'agit, par exemple, de faire prévaloir le privilége de la contribution contre d'autres créanciers du contribuable, ou bien lorsqu'il s'agit d'une poursuite dirigée contre des tiers, que la loi déclare, dans certains cas, garants et solidaires du contribuable, comme les fermiers, les propriétaires et principaux locataires, les commissaires-priseurs, les notaires, les tiers détenteurs de sommes affectées au privilége, etc.

La poursuite peut encore se compliquer de diverses circonstances accessoires; ainsi, par exemple, s'il s'agit de cotes anciennes, le percepteur peut avoir été contraint par l'Administration de solder les rôles, sauf son recours, et, la poursuite se faisant pour son compte personnel, il peut s'élever des questions de subrogation.

Le règlement et le recouvrement des frais peut aussi donner lieu à des difficultés toutes spéciales, indépendamment de celles qui leur sont communes avec la poursuite du principal.

10. Ces diverses contestations doivent, chacune en raison de la nature particulière de la question en litige, être décidées par l'application soit des règlements administratifs, soit des dispositions du droit commun. Sous ce premier rapport, elles ressortissent naturellement à des juridictions différentes ; car, si les juges administratifs doivent être appelés à connaître, et à connaître seuls, de l'exécution des actes que l'Administration a faits en vertu des règles qui lui sont propres, d'un autre côté, on ne verrait pas de motifs pour ne pas laisser aux juges ordinaires la connaissance des actes exécutés en dehors des règles administratives et qui ne peuvent être réguliers qu'à la condition d'être conformes au droit commun.

D'autre part, s'il s'agit de difficultés avec des tiers autres que les contribuables, qui contestent le privilège du Trésor, ou revendiquent des biens sur lesquels le percepteur prétend des droits, n'est-il pas évident qu'on ne saurait, sans troubler l'ordre général des juridictions, enlever ces tiers à leurs juges naturels et les traîner devant l'Administration, pour y faire apprécier des droits qui sont déterminés par la législation générale, quand d'ailleurs ils ne sont ni ne peuvent être actionnés ni comme contribuables, ni comme garants de ceux-ci ; et qu'ainsi, soit par leur qualité, soit par la nature du droit en litige, ils sont en dehors des règlements particuliers au recouvrement de l'impôt et ne se trouvent en rapport avec le percepteur que d'une manière tout à fait accidentelle et indirecte.

Il est donc nécessaire et conforme à la nature des choses que les poursuites en matière de contributions ressortissent à une double juridiction, suivant le caractère de la contestation et, par conséquent, ce ne serait pas une raison suffisante pour attribuer la connaissance de la difficulté à l'autorité administrative que de dire, comme le font les arrêts du Conseil d'Etat des 18 juillet 1809 et 30 juin 1824, « que la contestation a pour objet le recouvrement des contributions directes, ou qu'il faut préserver de toute atteinte les lois qui assurent le recouvrement des contributions. » Il faudrait encore examiner quelle est la nature même de la question en litige ; et, en fait, c'est de cette manière que procède le Conseil d'Etat.

11. Le principe de la double juridiction pour les contestations relatives au recouvrement de l'impôt direct étant établi, il faut bien déterminer ce que nous devons entendre par les mots *auto-*

rité administrative et *autorité judiciaire*, dont on se sert communément et qui ne nous paraissent pas assez explicites.

L'autorité administrative pourrait s'entendre, en effet, et la question s'est effectivement élevée, soit du Ministre, du préfet, ou du sous-préfet, soit du Conseil de préfecture; l'autorité judiciaire elle-même se compose de plusieurs degrés de juridiction : les juges de paix, les Tribunaux de première instance, les Cours d'appel.

Occupons-nous d'abord de *l'autorité administrative.*

Un des principes les mieux établis par la jurisprudence du Conseil d'Etat, c'est que les Ministres, non plus que les préfets ni les sous-préfets, ne sont jamais compétents pour connaître des difficultés contentieuses relatives au recouvrement des contributions directes. C'est aux Conseils de préfecture seuls que la loi du 28 pluviôse an 8 a entendu conférer cette attribution. De nombreuses décisions du Conseil d'Etat ont été rendues sous l'influence de ce principe, formellement proclamé, au surplus, par les arrêts des 19 juin 1813, 16 juillet 1817, 4 novembre 1824, 15 mars 1826 et 19 juillet 1837.

C'est par le même motif qu'un arrêt du 15 juin 1825 déclare, en outre, que les instructions émanées d'un Ministre ne sont que l'expression d'une opinion, des ordres d'exécution donnés aux agents inférieurs, et que les Conseils de préfecture ne sauraient y voir des décisions contentieuses devant lesquelles ils devraient s'abstenir de juger.

Ainsi, dans les arrêts du Conseil d'Etat, comme dans les auteurs qui ont écrit sur la matière et dans notre *Commentaire* lui-même, quand il est parlé de l'autorité administrative pour le jugement des contestations relatives au recouvrement de l'impôt, il faut entendre exclusivement le Conseil de préfecture (1).

---

(1) Il nous a paru utile de présenter ici un exposé sommaire des principales règles qui régissent cette juridiction.

La loi du 28 pluviôse an 8, qui a institué les Conseils de préfecture, n'avait pas déterminé d'une manière précise le mode de procéder devant eux; il y a été suppléé par une loi du 21 juin 1865, suivie d'un décret du 12 juillet de la même année. Ce décret règle tout ce qui concerne l'introduction des affaires, la formation des dossiers, les communications aux administrations et aux parties intéressées, l'organisation de la séance publique, la rédaction, l'expédition et la conservation des décisions.

La publicité des séances et le débat oral ont été institués par la loi du 21 juin 1865. L'instruction se fait par écrit; un rapporteur, désigné au début de l'instance, veille à la régularité des communications; il fait, à l'audience, son rapport au Conseil sur les productions des parties, et les parties sont ensuite entendues en

12. Quant à l'autorité judiciaire, on sait qu'elle se divise entre les juges de paix (1), les Tribunaux de première instance (2) et les

---

leurs observations, soit qu'elles les présentent elles-mêmes, soit qu'elles aient constitué un mandataire.

Les conseillers de préfecture, suivant MM. Trolley et Serrigny, peuvent être récusés, conformément à l'article 382 du Code de procédure civile. (Voir *Traité de l'organisation et de la compétence*, etc., t. III, n° 1239.)

Les arrêtés des Conseils de préfecture sont, quant à leur forme et à leur effets, assimilés aux jugements des Tribunaux ; ils doivent mentionner qu'ils ont été pris en séance publique, contenir les noms et conclusions des parties, le vu des pièces principales et les dispositions législatives dont ils font l'application. Mention y est faite que le commissaire du gouvernement a été entendu. Ils sont motivés. Les noms des membres qui ont concouru à la décision y sont mentionnés. La minute est signée par le président, le rapporteur et le secrétaire-greffier. (D. 12 juillet 1865, art. 13.)

La juridiction des Conseils de préfecture est circonscrite par les limites du territoire départemental. (Voir, à ce sujet, le n° 79 ci-après.)

Ils ne peuvent élever le *conflit* à l'effet de revendiquer les affaires de leur compétence portées mal à propos devant les Tribunaux. Ce droit appartient exclusivement aux préfets.

Si, dans le cours d'un litige porté devant eux, il s'élève une question incidente qui de sa nature n'est pas administrative, telle qu'une question de compensation, d'inscription de faux, d'acceptation de succession ou de communauté, etc., ils doivent la renvoyer aux Tribunaux compétents. (A. 26 avril 1811, 2 février 1826 et 10 février 1835.)

Ils doivent s'abstenir de prononcer même sur des affaires qui, au fond, seraient de leur compétence, mais qui auraient été terminées par des jugements passés en force de chose jugée.

Les Conseils de préfecture n'étant que des juges d'exception, ne peuvent connaître que des questions qui leur sont spécialement déférées par les lois.

Leurs arrêtés étant susceptibles d'appel devant le Conseil d'Etat, ils ont le caractère de juges de première instance. Par suite, ils reçoivent l'opposition à leurs arrêtés par défaut jusqu'à l'exécution. (A. 18 janvier-25 mars 1813, 27 mai 1848, 15 décembre 1859 et 5 janvier 1860.) Leurs arrêtés interlocutoires, lorsqu'ils préjugent le fond, peuvent être déférés au Conseil d'Etat. (A. 12 février 1812, 6 mars 1816 et 7 juillet 1863.)

Ils reçoivent la tierce-opposition à leurs arrêtés définitifs. (A. 22 décembre 1812, 22 février 1821 et 16 mars 1850.) Mais leurs arrêtés ne peuvent être attaqués par voie de requête civile, conformément aux règles posées par l'article 37 du décret du 22 juillet 1806. (A. 14 janvier 1824 et 24 octobre 1827.)

Ils ne peuvent juger au-delà de la demande. (A. 25 brumaire an 12 et 2 janvier 1838.) Ainsi, ils ne pourraient pas allouer les dépens, s'ils n'étaient demandés. (A. 21 juin 1826. —Voir ci-après le n° 87.)

Quels que soient les motifs de la décision exprimés dans les arrêtés, on ne doit s'arrêter qu'à leur dispositif. (A. 12 janvier 1825 et 31 janvier 1838.)

Lorsqu'ils sont régulièrement saisis d'une affaire qui est de leur compétence, ils doivent prendre un arrêté portant décision et ne pas se borner à exprimer un simple avis. (A. 11 août 1824.)

Leurs arrêtés, une fois rendus, ne peuvent être ni rétractés ni réformés par eux, soit sous prétexte d'interprétation, soit même pour erreur reconnue ou contravention à la loi, ou vices de formes, parce que les pouvoirs du juge sont alors

Cours d'appel (3). La Cour de cassation n'est pas un degré de juridiction. Etablie pour maintenir l'unité dans la jurisprudence,

---

épuisés et que son jugement ne lui appartient plus : il est devenu la propriété de
la partie qui l'a obtenu. (A. 30 septembre 1807, 5 janvier, 21 juin et 23 novembre 1813, 8 mai, 14 août 1822, 4 juin, 13 août 1823, 8 juin 1847, 20 janvier 1853.)

Cependant le Conseil de préfecture n'excéderait pas ses pouvoirs en se renfermant dans l'interprétation demandée par les parties d'un arrêté précédemment
rendu. (A. du 23 juillet 1823.)

Les arrêtés des Conseils de préfecture emportent l'hypothèque judiciaire, comme
les jugements des Tribunaux. (Avis du Conseil d'Etat du 16 thermidor an 12, et
du 17 avril 1812 ; L. 29 floréal an 10, art. 4.).

Ils sont exécutoires par eux-mêmes et n'ont besoin, pour être exécutés, ni de
l'intervention des préfets, ni du mandement des Tribunaux.

Ce principe important a été proclamé par l'avis déjà cité du 16 thermidor an 12.
qui porte dans ses considérants que « les administrateurs auxquels les lois ont
conféré, pour les matières qui y sont désignées, le droit de prononcer des condamnations ou de décerner des contraintes, sont de véritables juges, dont les actes
doivent *produire les mêmes effets et obtenir la même exécution* que ceux des Tribunaux ordinaires, et que ces actes ne peuvent être l'objet d'aucun litige devant les
Tribunaux sans troubler l'indépendance de l'autorité administrative, garantie par
les constitutions de l'empire français. »

Ils n'ont pas même besoin, pour être mis à exécution, d'être précédés de l'intitulé et suivis du mandement exécutoire exigés pour les jugements des Tribunaux.
C'est ce qui a été reconnu par une lettre du grand juge, adressée le 18 février 1809
aux procureurs-généraux, et où on lit : « On se plaint de ce que les huissiers refusent de mettre à exécution des arrêtés rendus par le Conseil de préfecture, et
qu'ils fondent leur refus sur ce que ces arrêtés n'ont point la forme indiquée par
l'acte de constitution de l'empire, en date du 24 floréal an 12.

« Ce motif ne saurait dispenser les huissiers de prêter leur ministère lorsqu'ils
en sont requis : ils doivent mettre à exécution tous les actes de l'autorité administrative, tels qu'ils leur sont présentés. Il est donc de votre devoir de les y contraindre toutes les fois que l'occasion se présente. »

Cette décision a été confirmée d'une manière solennelle par un avis plus récent
des comités réunis du contentieux et de l'intérieur du Conseil d'Etat, en date du
5 février 1826 et qui décidait en même temps la question aujourd'hui tranchée en
sens contraire, de savoir si les parties pouvaient être admises à comparaître en
personne devant les Conseils de préfecture et à plaider leur cause.

Voici le texte de cet avis :

« Vu les lois des 6, 7-11 septembre 1790, article 1er ; du 28 pluviôse an 8,
article 4 ; du 29 floréal an 10, article 4 ; l'arrêté du gouvernement du 19 fructidor
an 9 ;

« Vu les avis du Conseil d'État, du 16 thermidor an 12, 29 octobre 1811 et
24 mars 1812 ;

« Vu les décrets des 17 avril 1812 et 21 juin 1813 ;

« Vu le règlement du 22 juillet 1806 ;

« Sur la première question,

« Considérant que la juridiction administrative exercée par les Conseils de préfecture, et celle qui appartient aux Cours et Tribunaux, formant deux ordres de juridiction essentiellement distincts dans leur contexture et leur objet, il y a aurait

elle ne connaît pas, comme on sait, du fond des affaires, et ne juge que la question de violation de la loi, sans s'occuper de la question de fait.

13. C'est ici le lieu de parler du pouvoir conféré aux présidents

inconvénient à assimiler les formules employées dans les jugements qui émanent de l'une et de l'autre;

« Sur la seconde question,

« Considérant que les décisions des Conseils de préfecture, en matière contentieuse, ne sont regardées comme contradictoires que lorsqu'elles visent les mémoires et les défenses régulièrement communiquées; d'où il suit que l'instruction par écrit est établie devant ces Conseils; que, l'instruction se faisant par écrit au Conseil d'Etat du roi, dans les affaires contentieuses, aux termes du règlement du 22 juillet 1806, l'analogie demande que le même mode d'instruction subsiste devant les Conseils de préfecture, qui exercent, en première instance, le même ordre de juridiction;

« Sont d'avis qu'il n'y a lieu de donner aux décisions des Conseils de préfecture un intitulé, ni d'y joindre un mandement, semblables à ceux qui sont déterminés pour les arrêts des Cours et Tribunaux, ni d'appeler les parties à comparaître en personne, et à plaider leur cause devant les mêmes Conseils. »

Il est à remarquer, cependant, que l'article 434 du décret du 31 mai 1862, sur la comptabilité prescrit d'apposer la formule exécutoire aux arrêtés des Conseils de préfecture.

Les arrêtés des Conseils de préfecture doivent être signifiés régulièrement et intégralement à la requête de la partie intéressée, à personne ou à domicile et par le ministère d'un huissier (ou d'un porteur de contraintes, en matière de contributions directes), pour être mis à exécution et pour faire courir le délai de l'appel. (A. 17 avril 1812, 27 et 29 novembre 1814, 6 mars 1816 et 30 mars 1821.)

Dans la pratique, on se conforme à l'article 90 de l'Instruction du 10 mai 1849, en adressant aux contribuables dont les demandes ont été rejetées, en tout ou en partie, de simples lettres d'avis qui énoncent les motifs de la décision et indiquent la faculté du recours au Conseil d'Etat; mais ce procédé est critiqué par les auteurs. (Voir M. Fournier, *Traité des Contributions*, n° 535 et 545.)

Les arrêtés des Conseils de préfecture ne peuvent plus être attaqués, quoique irréguliers, lorsqu'ils ont été librement acquiescés par parties capables. (Avis du Conseil d'Etat des 21 ventose an 13 et 3 novembre 1809.)

Les arrêtés pris en matière contentieuse par les Conseils de préfecture ressortissent en appel au Conseil d'Etat.

Ils doivent être attaqués dans le délai de trois mois à partir de la date de la signification régulière, lorsqu'ils sont contradictoires, ou de la date de l'exécution lorsqu'ils sont par défaut.

Les Ministres doivent également les déférer au Conseil d'État dans le délai utile, lorsque les arrêtés lèsent les intérêts de l'Etat. (D. 22 juillet 1806.)

Les percepteurs ne pourraient former leurs pourvois par l'intermédiaire du préfet et sans frais, en exécution de l'article 30 de la loi du 21 avril 1832. Cet article n'est applicable qu'aux réclamations des contribuables surtaxés. Dans les autres cas, le ministère des avocats aux Conseils est obligatoire, à moins que le recours ne soit formé pour excès de pouvoirs. (Lettre du Ministre des finances au préfet de la Creuse, 24 mai 1837.)

A la différence des jugements des Tribunaux, dont l'exécution est suspendue par l'appel, les arrêtés du Conseil de préfecture sont toujours exécutoires par provision et de plein droit, nonobstant le recours au Conseil d'Etat. (A. 20 juin 1812,

des **Tribunaux** de première instance, de juger les difficultés qui se présentent dans le cours d'une exécution.

Cette matière, qui fait l'objet de ce qu'on appelle les *référés*, est réglée par les articles 806 à 811 du Code de procédure civile. Cette procédure expéditive a été établie pour qu'il pût être statué provisoirement sur les causes urgentes, où tout retard porterait aux parties un préjudice irréparable. De ce nombre sont les incidents qui s'élèvent dans le cours d'une exécution, et ce sont véritablement les seules affaires de *référés* dont nous pourrions avoir à nous occuper ici (4).

---

7 juillet et 20 octobre 1819, 24 mars 1820, 31 juillet 1822); à moins que le Conseil d'Etat n'accorde un sursis. Mais la section du contentieux ne s'y détermine que fort rarement et seulement pour des causes graves et urgentes.

(1) Les *juges de paix* connaissent sans appel jusqu'à la valeur de 100 francs et à la charge de l'appel devant les Tribunaux de première instance, jusqu'à la valeur de 200 francs, de toutes les causes purement personnelles et mobilières. (Voir loi du 25 mai 1838, art. 1er.)

(2) Les Tribunaux de première instance ont la *juridiction ordinaire* en matière civile. Les cas où ils sont compétents forment la règle; ceux où ils sont incompétents, l'exception. Ainsi, toutes les fois qu'en la matière dont nous nous occupons, les Conseils de préfecture ou l'Administration active ne doivent pas connaître de la contestation, elle appartient nécessairement aux Tribunaux de première instance, sauf la compétence spéciale du juge de paix dans les cas dont nous avons parlé.

Les Tribunaux de première instance connaissent des appels des jugements des juges de paix, sur lesquels ils statuent en dernier ressort. (Loi du 25 mai 1838, art. 2.)

Ils connaissent de l'exécution de leurs jugements.

(3) Les Cours d'appel statuent sur les appels des jugements de première instance, ainsi que des ordonnances de *référé*. (Voir le n° 13 ci-après.)

(4) Les cas où les percepteurs peuvent, dans le cours de leurs poursuites, être engagés dans des *référés*, sont assez fréquents pour que nous croyions devoir donner quelques explications détaillées sur cette procédure.

On distingue trois natures de *référés*, savoir : les référés tenus par le président aux jours indiqués à l'avance (C. de proc., art. 807); les référés en l'hôtel du juge ou en son cabinet au Palais de justice, à l'heure fixée par lui par une ordonnance particulière (art. 808); enfin les référés sur l'heure, sans indication préalable. (Voir M. Debelleyme.) — On recourt à ces différentes espèces de référés suivant le degré d'urgence.

La voie du référé est ouverte aux parties : 1° en cas d'urgence; 2° lorsqu'il s'agit de statuer provisoirement sur les difficultés relatives à l'exécution d'un jugement ou d'un acte exécutoire, comme est, par exemple, *la contrainte en matière de contributions directes*. (C. de proc., art. 806.)

Les cas d'urgence de nature à motiver un *référé* sont nécessairement abandonnés à l'appréciation du juge (A. Cour royale de Rouen du 25 avril 1826, et Cour royale de Paris du 28 janvier 1842), lequel renverrait à l'audience du Tribunal les affaires qui ne seraient portées devant lui en référé que par une indiscrète et avide précipitation. Ce qui constitue l'urgence et la distingue de la célérité, c'est surtout, comme le disent **MM.** Carré et Thomine, la nécessité de faire lever des obstacles d'exécution, d'aplanir des difficultés sur les saisies, de

Ce qu'il nous importe surtout de bien préciser dans ce *Commentaire*, c'est l'étendue des pouvoirs du président du Tribunal dans les *référés* où la perception de l'impôt direct est intéressée. Un arrêt de la Cour royale de Paris, rapporté dans la 2ᵉ Partie, *Jurisprudence*, page 129, à la date du 28 janvier 1832, a décidé que le juge des *référés* ne pouvait pas arrêter l'exécution des contraintes administratives. Cette décision, conforme à la jurisprudence de la Cour de cassation, fait une juste application du principe constitutionnel qui interdit à l'autorité judiciaire de s'immiscer dans la connaissance des opérations des corps admi-

---

conserver un fait ou une chose sans lesquels l'action n'aurait plus d'intérêt. Ainsi, sont considérées comme causes urgentes : 1° la demande de décharge introduite par un gardien de meubles saisis, et les réclamations que peut faire naître l'établissement d'un nouveau gardien ou le récolement des objets saisis (C. de proc., art. 606 et 607); 2° la demande de faire vendre les meubles et effets saisis dans un lieu plus avantageux que la place du marché; 3° l'opposition à la saisie-revendication ou le refus d'ouverture des portes pour y procéder (art. 829); 4° les difficultés relatives à l'apposition ou à la levée des scellés ; 5° en général, les demandes tendantes à faire ordonner par provision la continuation ou la discontinuation des poursuites commencées.

Cependant il faut bien remarquer que le juge du référé ne saurait rien statuer de définitif. Si les actes pratiqués pour l'exécution paraissaient entachés de violence et d'illégalité, il pourrait sans doute arrêter provisoirement la poursuite et empêcher par là le préjudice irréparable d'une exécution forcée qui probablement serait ultérieurement déclarée nulle; mais il n'aurait pas qualité pour prononcer lui-même cette nullité ; c'est au Tribunal qu'il est réservé de statuer dans ce cas. (A. Cour royale de Bordeaux du 30 avril 1829.)

Il ne pourrait pas, par conséquent, ordonner un sursis à des poursuites régulières d'ailleurs, exercées en vertu d'un titre régulier, uniquement dans la vue d'accorder terme et délai au débiteur pour le payement (A. Cour royale de Paris du 11 avril 1810), particulièrement en matière de contraintes pour contributions directes, comme nous le disions au n° 13 du présent article.

L'assignation en référé doit être formée par exploit d'huissier (ou porteur de contraintes, si c'est le percepteur qui assigne) signifié à personne ou à domicile, et sans qu'il soit obligatoire de constituer un avoué. (Voir MM. Demiau, Carré, Favart, Berriat, Thomine, Chauveau, Bilhard.) Nous donnons un modèle d'*assignation en référé*, au *Formulaire*, n° 35.

L'assignation n'a pas besoin d'être autorisée préalablement par le juge dans les cas ordinaires. Cette formalité n'est exigée que pour les *référés* en l'hôtel du président. (Voir les auteurs précités et les arrêts de la Cour royale de Montpellier, du 6 août 1810; d'Amiens, 16 août 1825 ; de Pau, 21 mai 1832, et M. Debelleyme, t. 1ᵉʳ, p. 402.)

Dans ce dernier cas, la permission s'obtient par une ordonnance du juge mise au bas d'une requête (Voir le *Formulaire*, n° 36) signée par la partie, sans qu'il soit besoin du ministère d'avoué. (Bilhard, Thomine.)

L'article 808 du Code de procédure civile réserve, pour ce cas, au président le droit de commettre un huissier pour faire l'assignation. Mais nous pensons que ce magistrat, pour se conformer à la disposition de l'article 18 de l'arrêté du 16 ther-

nistratifs et d'entraver l'exécution de leurs actes. Dans l'espèce, en effet, il s'agissait d'apprécier le fond même de la contrainte et, dès lors, les juges civils étaient incompétents pour arrêter, même provisoirement, l'exécution. Un sursis ne pouvait être accordé que par l'autorité administrative, à qui il appartenait de juger la contestation elle-même.

Mais si la demande, au lieu de soulever une question de fond, n'avait été relative qu'à une irrégularité de forme, par exemple, dans les actes de la saisie, la matière, dans ce cas, étant essentiellement de la compétence de l'autorité judiciaire (Voir n° 66), il n'est pas douteux que le juge, président du Tribunal de première instance, aurait pu être saisi en référé de l'opposition, et qu'il aurait pu arrêter provisoirement l'exécution des poursuites irrégulières.

Cette distinction rentre dans l'application du principe que nous avons posé comme fondement de la compétence, tant de l'autorité judiciaire que de l'autorité administrative. (Voir le n° 15 ci-après. Voir, en outre, l'art. 67, où nous examinons, à propos de la saisie, les pouvoirs respectifs de l'Administration et du juge civil pour

---

midor an 8 (Voir le *Commentaire* sur l'art. 34), devrait nécessairement désigner le porteur de contraintes.

Au surplus, dans les cas de la dernière urgence, les contestations peuvent, comme nous l'avons dit plus haut, être portées à l'hôtel du juge, sans assignation et sans permission préalable. Cette voie prompte et expéditive, que pourrait jusqu'à un certain point autoriser, en général, l'intérêt toujours pressant qui s'attache au recouvrement de l'impôt, aurait en outre, en cette matière, l'avantage d'éviter les frais d'une assignation.

En vue du même but, il a été admis que les parties, même dans les cas ordinaires, pouvaient d'un consentement mutuel se présenter sans assignation devant le juge, le jour de son audience des *référés*, pour faire statuer sur leur différend.

L'article 809 du Code de procédure civile décide que les ordonnances de référé sont susceptibles d'appel dans les délais qu'il indique. Cet appel peut avoir lieu dans les mêmes circonstances que contre les jugements du Tribunal lui-même; et il n'est pas nécessaire, pour que l'ordonnance du président puisse être ainsi attaquée, que le Tribunal de première instance ait préalablement prononcé sur leur mérite. (A. Cour de Paris, 15 nivôse an 13; de Turin, 19 août 1807; de Poitiers, 24 août 1831.)

L'appel des ordonnances de référé est porté devant les Cours d'appel, comme nous l'avons dit plus haut. (Note 3 de la page 374.)

Au surplus, et d'après l'article 809 précité du Code de procédure civile, les ordonnances de référé sont toujours, nonobstant l'appel, exécutoires par provision. — Dans le cas même d'absolue nécessité, le juge a le droit d'ordonner l'exécution de son ordonnance sur la minute. (C. de proc. civ., art. 811.) Mais cette ordonnance n'en doit pas moins être enregistrée à la diligence de l'huissier. Elle est passible du droit fixe de 3 francs, augmenté de moitié par la loi du 28 février 1872. (Loi du 22 frimaire an 7, art. 68, § 2, n° 6.)

statuer provisoirement et d'urgence sur les difficultés qui s'élèvent dans le cours de l'exécution des contraintes.)

14. Ces préliminaires établis, nous avons à déterminer les caractères d'après lesquels on peut assigner aux contestations la juridiction dont elles relèvent. A cet égard, il nous a paru que la distinction à faire entre l'autorité administrative et l'autorité judiciaire pourrait être rapportée à un principe général, sous lequel se rangeraient facilement les divers cas dont nous avons parlé ci-dessus, n° 9, et en particulier les contestations dont les espèces nous sont fournies par les décisions insérées dans la deuxième Partie. Ce principe, qu'on a pu pressentir dans l'exposé que nous avons fait au susdit n° 9, des principaux cas, où des difficultés peuvent naître dans le cours d'une poursuite, consiste à poser en thèse générale, que *toutes les fois que la contestation doit être décidée par l'application des règles spéciales établies par le législateur pour le recouvrement de l'impôt, c'est aux Conseils de préfecture à en connaître; et qu'au contraire c'est aux Tribunaux civils à prononcer, lorsque la contestation exige l'application des dispositions du droit commun.*

Compétence de l'autorité administrative.

15. Ainsi, les Conseils de préfecture statueront, en général, dans les circonstances suivantes :

1° Sur toutes les *contestations qui tiennent à l'établissement même de l'obligation du redevable.*

Par conséquent ils décideront, conformément à l'article 4 de la loi du 28 pluviôse an 8, si le contribuable a été régulièrement imposé et dans une juste proportion, même quand le contribuable contesterait la légalité de l'impôt (1).

---

(1) A. C. de cassation du 13 vendémiaire an 9; A. C. d'Etat des 20 novembre 1815, 16 juillet 1817, 26 août et 4 novembre 1824, 26 juillet 1854, 23 janvier 1864; A. C. de Bruxelles du 28 juillet 1823. (Voir aussi, pour exemple, divers arrêts cités dans les Notes du *Commentaire* sur l'article 1er.) — Un arrêt du 23 janvier 1820 renvoie aux Tribunaux civils à fixer la part pour laquelle les copropriétaires successifs d'un domaine vendu plusieurs fois et en plusieurs lots dans le cours de l'année, contribueront au payement de l'impôt foncier établi au rôle sous le nom de l'un d'eux; mais cette décision n'a rien de contraire à notre principe, car le même arrêt décidait que celui des propriétaires qui figurait au rôle payerait la totalité de la cote au percepteur. Ce n'était donc que pour l'exercice de son recours contre les autres propriétaires qu'il était renvoyé devant les Tribunaux; et cela était fort logique, puisque le montant de la contribution elle-même n'étant pas contesté, il ne s'agissait plus que de régler la part de chaque copropriétaire dans la dette commune; fixation qui dépendait de la portion des droits et de la jouissance de chacun d'eux; or, c'est là certainement une question de droit commun — (Voir, en outre, le n° 71 du *Commentaire* sur le présent article 19.)

16. Si le redevable qui réclame est encore dans les délais accordés pour l'admission des réclamations (Voir le *Commentaire* sur l'art. 6, n° 1 et suiv.) (1);

17. S'il doit réellement la somme réclamée et pour laquelle il est porté au rôle (2), même quand il s'agirait de contributions spéciales ou locales, comme, par exemple, celles relatives au desséchement des marais, les taxes de pavage, les taxes pour trottoirs, les taxes de pâturage, etc. (3);

18. Si le contribuable, qui n'a pas fait opérer la mutation après la vente de la propriété et qui est resté inscrit au rôle, peut être poursuivi, en exécution de l'article 36 de la loi du 3 frimaire an 7 (4).

Ce sont là évidemment des questions qui tiennent à l'imposition elle-même et qui ne peuvent être résolues que par l'application des règles relatives à l'établissement et à la répartition de l'impôt et aux effets de l'inscription des contribuables dans les rôles, matières qui ne sauraient rentrer en aucune façon dans le droit commun.

19. Mais, dans le cas où le contribuable soutiendrait qu'il a payé des à-comptes et qu'il ne reste pas débiteur d'une somme aussi forte que celle qui lui est réclamée, les Conseils de préfecture décideraient-ils le *quantum* de la somme qui est encore due? Le Conseil d'Etat s'est prononcé pour l'affirmative par ses arrêts des 18 août 1807 et 18 juillet 1809; mais il a jugé le contraire par un autre arrêt du 8 octobre 1810, qui, il faut le reconnaître, est beaucoup mieux motivé que les deux premiers.

« Considérant, dit cet arrêt, que les contribuables poursuivis ne contestent ni la légalité des contributions rappelées au procès, ni la justesse de leur répartition, ni la qualité du demandeur pour en poursuivre le recouvrement, seuls cas où s'agissant d'interprétation de lois dont l'exécution est déférée à l'autorité administrative ou d'appréciation d'actes émanés de cette autorité, celle-ci serait seule compétente pour en connaître;

Considérant que le Trésor est sans intérêt dans cette contestation (5);

---

(1) A. 28 juillet 1819. (V. en outre A. 9 mars 1831, avec la Note qui l'accompagne, et A. 24 mars 1832.

(2) A.C. de cassation 17 frimaire an 8 et 29 thermidor an 11; A. C. d'Etat, 22 février 1821, 14 juillet 1824, 15 mars 1826.

(3) A. 5 novembre 1828, 8 mars 1847, 3 juin 1863, 19 décembre 1861, 27 février 1862.

(4) A. 1er novembre 1826, qui décide implicitement la question de compétence en confirmant un arrêté de C. de préfecture qui avait statué en ce sens.

(5) Il s'agissait d'un ancien percepteur réclamant contre des contribuables des sommes avancées pour leur compte et qu'il avait versées au Trésor.

« Considérant enfin qu'il ne s'agit entre les parties que d'une discussion d'intérêt privé qui doit être portée devant les Tribunaux;

« Les parties sont renvoyées à se pourvoir devant les Tribunaux. »

On voit que le Conseil d'Etat a été particulièrement déterminé, dans cette espèce, par cette considération qu'il ne s'agissait nullement de l'appréciation d'un fait dépendant de l'exécution des règlements administratifs, puisque ni la *légalité des contribution* ni la *justesse de leur répartition*, ni la *qualité de l'agent du recouvrement* n'étaient contestées; mais qu'il s'agissait seulement de juger la question de savoir si, en fait, l'ancien percepteur qui poursuivait les contribuables avait payé à leur décharge les portions de contributions dont ils réclamaient le remboursement : question où il ne pouvait guère y avoir à appliquer que les règles du droit commun.

Ces principes nous paraissent fort justes ; mais que faut-il penser dès lors des arrêts des 18 août 1807 et 18 juillet 1809, que nous avons mentionnés ci-dessus, et qui décident le contraire dans des circonstances identiques? Dans l'espèce du premier de ces arrêts il s'agissait, comme dans celui du 8 octobre 1810, d'un ancien percepteur réclamant le payement d'un arriéré de contributions contre des contribuables qui prétendaient s'être libérés dans le temps. De plus, ces derniers opposaient la prescription : matière essentiellement de droit commun, ainsi que le Conseil d'Etat l'a lui-même reconnu en d'autres circonstances. (Voir ci-après, n° 64.) — Dans l'arrêt du 18 juillet 1809, il y avait cette circonstance remarquable, que le point de la difficulté consistait en ce que le contribuable ayant apporté une somme d'argent au percepteur, ce comptable, au lieu d'appliquer ce versement à la cote dudit contribuable, avait voulu l'imputer à une cote étrangère, attendu que ledit contribuable avait promis de l'acquitter. En d'autres termes, il s'agissait d'apprécier une imputation de payement; matière essentiellement de droit commun.

Ces deux arrêts, en différant de celui de 1810, lui sont bien inférieurs par la manière dont ils sont motivés. L'arrêt du 18 août 1807 se borne à dire « que l'incompétence des Tribunaux de paix, dans les contestations de ce genre, est une suite nécessaire du principe consacré pour toutes les lois qui en réservent exclusivement la connaissance à l'autorité administrative. » Et, comme celui-ci, l'arrêt du 18 juillet 1809 décide aussi la question par la question.

Sous tous ces rapports, la doctrine de l'arrêt du 8 octobre 1810

doit paraître éminemment préférable (1). Cependant nous proposerons une distinction qui nous semble être dans l'esprit des
décisions du Conseil d'Etat. Lorsqu'un contribuable, poursuivi par
un percepteur ne conteste pas son obligation en elle-même, mais
qu'il prétend l'avoir acquittée, sans doute, le fait contesté de ce
payement peut donner lieu le plus souvent à des questions de
droit commun, comme nous l'avons vu dans les trois espèces ci-
dessus. Mais, dans d'autres cas, et quand il ne s'agit que de faire
compte entre ce que le contribuable devait et ce que le percepteur
a reçu, il est évident que, pour juger ce compte, il faut non-seulement prononcer sur le *quantum* de la somme que devait primitivement le redevable, mais aussi rechercher sur les écritures du percepteur quelles sont les sommes qu'il a reçues (2). Ici, il y application nécessaire des règles administratives. Suivant donc que
l'affaire devra être envisagée sous l'un ou sous l'autre de ces
points de vue, la contestation devra être renvoyée aux Tribunaux
civils où aux Conseils de préfecture (3).

20. C'est d'après ce principe et parce qu'on a considéré que la surveillance du recouvrement et, par suite, l'émargement aux rôles
des sommes versées par les contribuables et la délivrance des quittances étaient subordonnées aux règlements administratifs, qu'il a
été décidé que c'étaient aux Conseils de préfecture à connaître de
la régularité et de la force libératoire des quittances délivrées par
les percepteurs aux contribuables (4).

---

(1) Elle est confirmée par les arrêts des 16 février 1826 et 3 décembre 1828.
(2) Voir le premier *considérant* de l'arrêt du 15 mars 1826, A. de la Cour de
Toulouse du 30 janvier 1824, de la Cour de Douai du 25 janvier 1875 (Voir
Jurisprudence, page 178), et M. Serrigny, 2e édit., n° 531.
(3) Un arrêt du Conseil du 20 novembre 1815 semblerait établir une doctrine
d'après laquelle, lorsqu'il y aurait contestation sur la somme due, le percepteur
devrait d'abord aller devant le Conseil de préfecture pour faire fixer la quotité de
la dette et se retirer ensuite devant les Tribunaux civils pour faire condamner le
redevable à la payer et être autorisé à poursuivre. Cette doctrine serait évidemment erronée : lorsque l'autorité administrative, dans les limites de sa compétence, fixe la somme due, elle condamne en même temps le redevable à la payer,
et elle a qualité pour donner force exécutoire à sa décision. C'est, au surplus, ce
qui résulte implicitement des divers arrêts que nous avons cités plus haut et d'où
nous avons induit la compétence du Conseil de préfecture pour statuer sur la fixation de la dette du contribuable. (Voir le n° 17.) — Il est vrai que, dans l'espèce
de l'arrêt du 20 novembre 1815, la contestation s'agitait entre l'ex-percepteur et
son successeur, au sujet des impositions que celui-ci avait touchées pour le compte
de l'autre ; qu'en fait la contribution était payée par les contribuables, et que dès
lors le Trésor était sans intérêt ; mais ce n'était pas même là un motif suffisant.
(Voir ci-après, n° 74.)
(4) Louis ; Sur le rapport du Comité du contentieux ; vu la requête présentée au
nom du sieur Pujols, ex-percepteur de la commune de Juines, département du

21. Il en serait de même du cas dont nous avons eu occasion de parler dans le *Commentaire* sur l'article 8, n° 30, et où il est question de décider si la quittance à défaut d'émargement, et réciproquement l'émargement à défaut de quittance, libèrent le contribuable. Ce serait à l'autorité administrative à statuer, parce qu'il s'agirait là encore d'apprécier, dans le cercle des lois spéciales aux contributions, la nécessité et la valeur, soit de l'émargement, soit de la quittance, comme preuve du payement et aussi leur régularité sous le rapport de la forme.

22. Mais si le contribuable, comme nous le disions à l'article 8 précité, n° 34, à défaut de preuves écrites de sa libération, déférait le serment décisoire au percepteur, ce serait là une procédure de droit commun sur laquelle les Tribunaux seuls pourraient statuer.

23. Nous n'avons pas besoin de dire que si, dans la poursuite, les pièces produites, soit par le percepteur pour établir ses droits, soit par le redevable pour prouver sa libération, étaient arguées de faux par l'une des parties, la procédure en inscription de *faux incident civil* s'instruirait nécessairement devant les Tribunaux civils, dans les formes prescrites par les articles 214 et suivants du Code de procédure civile, sans préjudice, d'ailleurs, de l'action criminelle, s'il y avait lieu.

24. M. de Cormenin met au rang des questions sur lesquelles doit statuer le Conseil de préfecture les demandes en restitution de trop perçu.

Lot, enregistrée au secrétariat-général de notre Conseil d'Etat, le 9 juillet 1819, et tendant à ce qu'il nous plaise annuler un arrêté du Conseil de préfecture du même département, du 10 mai 1816, qui lui a ordonné de verser dans les mains du percepteur actuel de ladite commune la somme de 336 fr. 08 cent. formant le montant de deux quittances par lui fournies au sieur Doligne en acquit de ses contributions, exercice 1814, lesquelles ne se trouvent pas émargées sur le rôle et dont il n'a pas tenu compte au sieur Molinier, son successeur...

Considérant que le Conseil de préfecture du département du Lot était compétent pour statuer sur le débet du sieur Doligne envers notre Trésor, et qu'il a justement déclaré *ledit contribuable libéré par la présentation des quittances*, dont le montant a été par lui versé dans les mains du receveur général de ce département; avons ordonné, etc. : « L'arrêté du Conseil de préfecture est maintenu en ce qu'il décide que le sieur Doligne est libéré envers notre Trésor de la somme de 336 fr. 08 cent., montant des quittances délivrées par le sieur Pujols à ce contribuable. » (24 mars 1820.) Un autre arrêt du 15 juin 1825 consacre la même doctrine; elle est professée par M. Serrigny, t. II, n° 531, 2° édit.

(Voir, dans la 2° Partie, *Jurisprudence*, page 119, un arrêt du 15 juin 1825, qui applique le même principe et décide qu'il appartient au Conseil de préfecture de reconnaître si les quittances représentées par le contribuable ne sont pas l'effet d'un concert frauduleux entre ce dernier et l'ex-percepteur. Le Tribunal de Beaune s'était lui-même déclaré incompétent, dans cette espèce, par un jugement du 5 juillet 1820.)

Ce n'est là qu'une conséquence du principe qui attribue à l'autorité administrative la connaissance de la question de savoir si le
contribuable est réellement débiteur et pour quelle somme. S'il a
payé plus qu'il ne devait, c'est à l'autorité, qui aurait eu qualité
pour déterminer le montant de la dette, à ordonner le remboursement de ce qui a été indûment payé au delà. Le Conseil de préfecture, en cette circonstance, fait, après le payement, ce qu'il aurait
eu droit de faire avant (1).

25. Cependant il pourrait se présenter des cas où les Tribunaux
civils seraient compétents à l'exclusion des Conseils de préfecture : par exemple, si le contribuable réclamait le remboursement
d'une somme qu'il aurait payée, en fondant sa prétention sur ce
que la prescription lui était acquise au moment du payement et
que dès lors ne devant rien, c'est à tort qu'il a payé. Cette question, qui consiste à savoir si le débiteur, qui a payé nonobstant
la prescription acquise, peut être admis à répéter la somme payée
(Voir le *Commentaire* sur l'art. 18, n° 43) est évidemment une
question de droit commun.

Nous retrouvons donc ici une application nouvelle de notre
principe, le seul qui, pour nous, réponde à tous les cas d'une manière satisfaisante.

26. 2° *Contestations sur la régularité du titre.* — Les Conseils
de préfecture seraient compétents pour prononcer sur les oppositions aux contraintes, qui auraient pour motif que l'impôt n'a pas
été légalement établi (2);

Sur la régularité de la confection des rôles (3) et toutes les
questions de forme qui s'y rattachent, telles que leur publication
dans la commune, leur formule exécutoire et sur la validité des
contraintes (4).

---

(1) Voir l'arrêt de la Cour royale de Toulouse du 30 janvier 1824. La même
solution résulte d'un arrêt du Conseil d'État du 16 février 1853.

(2) Voir les *considérants* de l'arrêt du 8 octobre 1810 et *suprà*, n° 15. Cependant l'autorité judiciaire pourrait se trouver saisie et aurait qualité pour statuer,
si le contribuable, au lieu de se borner à résister à la contrainte par voie de
simple opposition aux poursuites, attaquait le percepteur par une action en
concussion. Dans ce cas, la loi annuelle de finances permet de saisir les Tribunaux ordinaires directement et sans aucun préalable.

(3) Voir, néanmoins, un arrêt du 5 novembre 1828, qui déclare compétemment
rendu un jugement du Tribunal de Montreuil, qui avait annulé une saisie faite en
vertu d'un rôle non revêtu de la formule exécutoire. Nous indiquons dans la
2e Partie, p. 125, comment cet arrêt n'a rien de contraire à la jurisprudence qui
attribue à l'Administration l'appréciation des actes émanés d'elle, et notamment
des actes qui ont précédé le commandement.

(4) Voir l'arrêt du Conseil du 22 février 1821 et l'arrêt de la Cour royale de

28. 3° *Contestations sur la régularité des actes de poursuites qui ont précédé le commandement*, notamment la garnison collective ou individuelle. Dans cette catégorie rentreraient nécessairement aussi les contestations qui pourraient s'élever entre les contribuables et les percepteurs à l'occasion du défaut de remise, soit des avertissements, soit des sommations gratis, ainsi que de l'omission des formalités essentielles dans la rédaction de ces actes (1).

29. Les Conseils de préfecture connaîtraient aussi des questions relatives à l'époque de l'exigibilité des douzièmes (2), des délais à observer, soit avant de commencer les poursuites, soit entre chacune d'elles, jusqu'au commandement exclusivement.

30. 4° *Qualité des agents.* — Ils seraient également compétents pour statuer, lorsque c'est la qualité des agents, soit du recouvrement, soit des poursuites, qui est mise en question (3), et pour décider si, par exemple, les quittances données par un percepteur sorti de fonctions ont pu libérer le contribuable.

31. Aussi serait-ce à eux à statuer sur la question de savoir si le fondé de pouvoirs du percepteur a qualité pour faire le recouvrement et les poursuites, aux lieu et place du titulaire (4).

Il est évident, en effet, que l'appréciation de la qualité de l'agent dépend essentiellement de l'application des règlements administratifs relatifs à sa nomination (5). Si la qualité de l'agent était contestée à l'occasion des actes de poursuites postérieurs au commandement, les Tribunaux devraient, en cas de contestation

---

Bruxelles du 28 juillet 1823. — Un arrêt du Conseil, du 15 octobre 1826, paraît contenir un principe contraire, puisqu'il admet que les Tribunaux sont compétents pour connaître de la validité d'une *contrainte* qui était attaquée comme ne contenant pas signification des articles du rôle. Mais, entre les deux opinions du Conseil, nous ne saurions hésiter à préférer celle de l'arrêt du 22 février 1821, qui est seule conforme aux principes et à l'ensemble des doctrines du Conseil d'Etat sur la matière.

(1) Voir l'arrêt du 22 février 1821, où il s'agissait d'une sommation gratis et de bulletins de garnisaires. Cependant la Cour de cassation, dans l'arrêt du 19 mars 1873, rapporté à la deuxième Partie, page 173, a paru se prononcer sur la forme d'un avertissement ou sommation gratuite; elle ne l'a fait que parce que, s'occupant de la question de validité d'une saisie, elle avait à apprécier les actes qui avaient précédé cette saisie, mais elle n'a certainement voulu porter aucune atteinte au principe que l'autorité administrative est seule compétente pour statuer sur la régularité des actes qui précèdent le commandement.

(2) A. de la Cour royale de Bruxelles du 28 juillet 1823.

(3) A. du 8 octobre 1810.

(4) A. du 17 janvier 1814.

(5) A. des 19 mars 1808 et 17 janvier 1814.

sur la qualité de l'agent, renvoyer les parties devant l'autorité administrative pour faire vider cette question préalable.

32. Par suite du même principe, les Conseils de préfecture statueraient sur la question de validité des quittances délivrées par les commis des percepteurs.

33. Ils jugeraient également les contestations qu'élèveraient les contribuables contre la qualité des porteurs de contraintes pour défaut d'investiture de la part du sous-préfet, défaut de prestation de serment ou défaut de qualité pour instrumenter dans tel ou tel arrondissement.

34. Le Conseil de préfecture nous paraîtrait aussi compétent pour décider si, dans le cas où l'Administration emploie le ministère des huissiers, ceux-ci ont été régulièrement commissionnés porteurs de contraintes. (Voir le *Commentaire* sur l'art. 35, n° 2.)

35. Cependant si, dans le cours d'une exécution, un contribuable s'opposait aux poursuites, en prétendant que l'agent procède sans avoir été commissionné en aucune manière, alors la question ne serait plus de savoir si la commission est plus ou moins régulière; il ne s'agirait plus d'apprécier la validité d'un acte administratif, mais de déclarer simplement la poursuite nulle, attendu que l'agent d'exécution ne justifie pas du titre qui l'institue. Or, cette déclaration rentre dans les attributions du Tribunal qui connaît de l'exécution; et, autant ce Tribunal eût dû s'abstenir d'apprécier une commission de porteur de contraintes dont la régularité aurait été contestée, pour en laisser connaissance au Conseil de préfecture, autant il serait contraire à la raison qu'il renvoyât à ce Conseil l'examen de la question de savoir si cette commission, qu'on reconnaît ne pas exister, est nécessaire, puisqu'il est trop évident que nul officier public ne peut exercer sans titre.

Ainsi, il reste bien établi pour nous que le Conseil de préfecture, en cas de contestation sur la qualité de l'agent de poursuites, n'aurait à juger que de la régularité de l'acte administratif qui a délivré la commission.

36. Quant à la qualité de l'agent relativement à tel acte de procédure spécialement déterminé, l'autorité compétente pour en connaître serait celle à qui il appartient de statuer sur la validité de l'acte attaqué. Ainsi, dans le cas d'une saisie-arrêt, si on soutenait que le porteur de contraintes n'a pas qualité pour assigner le tiers saisi en déclaration affirmative, et que cet acte doit être nécessairement signifié par le ministère d'un huissier près les Tribunaux (Voir le *Commentaire* sur l'art. 89), ce serait au Tribunal qui doit connaître de la saisie-arrêt à statuer sur cette question, d'après

le principe qui attribue à l'autorité judiciaire tout ce qui tient aux poursuites à partir du commandement, et que l'incident dont il s'agit n'exige évidemment ni l'interprétation, ni l'application d'un acte administratif. Nous ne pouvons donner d'autre interprétation à un arrêt du Conseil d'État, du 28 mai 1868, qui déclare que si des contribuables se croient fondés à se plaindre de ce que des poursuites auraient été dirigées contre eux par un percepteur autre que celui qui aurait eu qualité pour le recouvrement des taxes, c'est devant l'autorité judiciaire qu'ils doivent porter leurs réclamations contre *les poursuites* dont ils auraient été l'objet. Les poursuites, évidemment, avaient été continuées postérieurement au commandement.

37. Si, au contraire, il s'agissait d'apprécier la qualité d'un porteur de contraintes pour l'exécution d'un acte de poursuites antérieur au commandement, ce serait au Conseil de préfecture à prononcer, en vertu du principe qui lui attribue la connaissance des actes de poursuites administratives, c'est-à-dire qui précèdent le commandement.

38. 5° *Poursuites contre des tiers.* Lorsque les poursuites sont dirigées contre des tiers, la règle de compétence doit s'induire du même principe que nous avons posé à l'égard du contribuable lui-même. On remarquera seulement que le plus habituellement, dans ce cas, l'autorité judiciaire est saisie, précisément parce que la législation exceptionnelle des contributions directes a été plus particulièrement faite pour régler la perception sur le contribuable et que l'action du Trésor à l'égard des tiers est restée, par la volonté même de la loi, subordonnée aux règles du droit commun, excepté cependant dans les circonstances déterminées où le législateur a assimilé ces tiers aux contribuables eux-mêmes, et leur a imposé une obligation personnelle, comme nous l'avons vu aux articles 13, 14, 15 et 16 du Règlement.

39. Dans ce dernier cas, l'application à faire des règlements administratifs, qui déterminent l'obligation personnelle des tiers envers le Trésor à l'occasion du recouvrement de l'impôt, entraîne la compétence administrative. Ainsi, la question de savoir si un propriétaire est responsable de la contribution des patentes et de la contribution mobilière dues par son locataire est, sans difficulté, du ressort du Conseil de préfecture. (Voir l'arrêt du 31 juillet 1856 dans la 2° Partie, *Jurisprudence*, page 160.) De même, quand il s'agira d'apprécier l'étendue de l'obligation que la loi impose aux fermiers pour le payement de la contribution foncière des biens qu'ils tiennent à ferme; qu'il y aura à décider, par exemple, s'ils doivent payer la contribution due par avance sur le prix de leur

fermage et alors même qu'ils seraient libérés à l'égard du propriétaire (Voir le *Commentaire*, sur l'art. 13, n° 4.) ; s'ils peuvent être soumis aux mêmes poursuites que le contribuable lui-même (1), et être admis comme lui à payer par douzièmes. Dans tous ces cas, les Conseils de préfecture auraient qualité pour statuer.

40. Ils jugeraient également dans quelle proportion doivent être obligés les divers fermiers du même propriétaire qui exploiteraient par partie un domaine cotisé sous un seul article du rôle. Cette appréciation tient, en effet, à la répartition même de l'impôt.

Cependant si, pour apprécier l'obligation des fermiers, il y avait nécessité de discuter les clauses du bail en elles-mêmes, et qu'il fallût les interpréter par les dispositions du droit commun, les Tribunaux civils deviendraient compétents. Par exemple, le fermier à qui le percepteur demande le payement de l'impôt pour la

---

(1) Nous pensons, par conséquent, que les Conseils de préfecture seraient compétents pour statuer sur la question de savoir spécialement si les tiers dont il s'agit aux articles 13, 14, 15 et 16 du Règlement, peuvent être contraints en vertu des rôles où figurent les cotes pour lesquelles ils sont obligés, bien qu'ils ne soient pas eux-mêmes nominativement portés dans lesdits rôles ; en d'autres termes, si les rôles exécutoires contre les contribuables peuvent le devenir aussi virtuellement à l'égard des tiers qui n'y sont pas inscrits.

Cette doctrine trouve sa confirmation dans le premier considérant de l'arrêt du 15 octobre 1826, que nous avons déjà cité ailleurs. Nous pouvons aussi rapporter, dans le même sens, un arrêt du 27 janvier 1843. Dans l'espèce de cet arrêt, un fils aîné, dans son contrat de mariage, reçut la donation d'immeubles pour lesquels le père avait continué d'être inscrit au rôle ; poursuivi en payement des impôts de ces immeubles, le donataire avait formé opposition devant le Conseil de préfecture, qui avait déclaré l'opposition mal-fondée et autorisé le percepteur à donner suite à la saisie. Il avait alors introduit un recours devant le Conseil d'Etat, et soutenait que le Conseil de préfecture avait statué incompétemment et, au fond, avait mal jugé. Le Conseil a prononcé en ces termes :

« En ce qui touche la question de compétence : Considérant que, dans l'espèce, *le sieur Chanard fils prétendait n'être point contribuable* et que, dès lors, aux termes des lois du 22 décembre 1789 et du 28 pluviôse an 8, c'était au Conseil de préfecture qu'il appartenait de statuer sur la contestation. »

Le sieur Chanard fils prétendait n'être point contribuable ; mais sa qualité de propriétaire des biens imposés était constante ; il s'agissait uniquement de savoir si, en vertu de cette qualité, il devait l'impôt et si l'Administration avait, par l'inscription au rôle, rempli la formalité nécessaire pour être en droit de se recouvrer contre lui ; mais la question serait tout autre si un tiers, poursuivi en payement de l'impôt, contestait la qualité même à raison de laquelle on voudrait l'y assujettir. Par exemple, dans l'espèce de l'arrêt du 3 avril 1856, rapporté dans la 2ᵉ Partie, *Jurisprudence*, page 158, il a été jugé que si un individu, poursuivi comme détenteur de fruits, loyers ou valeurs, contestait ces allégations, en soutenant qu'il n'avait antérieurement acquitté les impôts qui lui étaient réclamés qu'à titre purement officieux, la nature des rapports existant entre ce prétendu détenteur de loyers et le propriétaire ne pouvait être appréciée que par l'autorité judiciaire.

contribution (soit des années 1874 et 1875) d'un domaine entier, soutient qu'il n'a été, en 1874, fermier que d'une partie, et que sa location pour la totalité n'a commencé qu'en 1875. Le bail primitif d'une partie du domaine remonte à une époque assez ancienne, et c'est seulement par conventions verbales avec le propriétaire qu'il est devenu fermier de la totalité. Pour fixer la date précise de cette seconde location, il faut donc recourir aux moyens de droit commun sur la preuve des obligations, notamment au serment, conformément aux dispositions de l'article 1715 du Code civil. Il est certain qu'en pareil cas ce serait aux Tribunaux civils que l'affaire devrait être déférée, le Conseil de préfecture ne pouvant connaître de semblables procédures.

41. Au surplus, remarquons que la juridiction administrative n'aurait lieu, en aucun cas, que s'il s'agissait d'une contestation entre le percepteur et le fermier. Si la question s'agitait entre les fermiers eux-mêmes pour savoir, par exemple, dans quelle proportion chacun doit contribuer dans le payement de la cote entière du domaine exploité par eux, c'est devant les Tribunaux qu'ils auraient à débattre leurs droits (1). En général, la juridiction exceptionnelle des Conseils de préfecture en matière de contributions directes n'a été établie que pour les contestations où le Trésor est partie. (Voir ci-après, n° 75.)

42. A l'égard de l'action que l'article 2 de la loi du 12 novembre 1808 réserve au percepteur contre les tiers détenteurs des sommes appartenant aux redevables de contributions et affectées au privilége du Trésor, nous avons déjà parlé, au *Commentaire* sur l'article 14, n°s 25, 26, 27, des autorités devant lesquelles elle devait être exercée. Les principes que nous y avons exposés sont les mêmes au fond que ceux que nous venons d'établir en ce qui concerne les fermiers. Nous nous y référons, et nous n'aurons que peu de chose à ajouter ici. Nous rappellerons seulement que, par cela même que l'obligation à laquelle ces tiers détenteurs sont soumis est une obligation personnelle envers le Trésor, ce qui concerne l'étendue de cette obligation doit appartenir à l'autorité administrative. C'est ce que faisait remarquer le procureur général à la Cour de

---

(1) Voir les deux arrêts du 23 janvier 1820 et par argument l'arrêt du 14 novembre 1821. — La même chose a été jugée pour une contestation entre le propriétaire et le fermier au sujet de contributions acquittées par ce dernier pour le compte de l'autre. Nous n'avons pas rapporté cet arrêt, qui est du 7 novembre 1814, dans notre 2e Partie, par la raison même que, le procès n'existant pas avec le percepteur, il était étranger à notre matière. Nous n'en parlons ici que par occasion et comme confirmation du principe que nous établissons, au n° 74 du *Commentaire*, sur le présent article 19.

cassation (M. Mourre) dans le réquisitoire qui a donné lieu à l'arrêt du 21 avril 1819, et que nous avons rapporté en entier dans la 2ᵉ Partie, *Jurisprudence*, page 97 : « Il ne faut pas, dit ce magistrat, juger de la compétence administrative par la qualité des personnes. La présence de tiers ne change rien à la nature de la difficulté (1); et c'est essentiellement dans la nature de la difficulté qu'est placée la compétence en matière de contributions. Dira-t-on, ajoute-il, que l'autorité administrative sera juge et partie? Elle ne le sera pas davantage à l'égard des tiers qu'à l'égard de la partie elle-même. La loi ne s'arrête pas à cette méfiance injurieuse. Partout où elle établit un Tribunal quelconque, elle répute qu'il y a justice et impartialité. »

43. Nous disons que le Conseil de préfecture serait compétent pour juger ce qui tiendrait à la nature même de l'obligation des tiers détenteurs. Par exemple, si celui-ci niait que la loi de 1808 le soumette à une action personnelle, et qu'il soutînt qu'on ne saurait le poursuivre par voie de contrainte administrative, comme on ferait à l'égard du contribuable lui-même (Voir le *Commentaire* sur l'art. 14, nº 20); s'il soutenait qu'on ne pourrait le faire, en tout cas, sans avoir mis préalablement le débiteur principal en demeure, et sans avoir même établi par des poursuites son insolvabilité (art. 14, nº 19), le Conseil de préfecture devrait en connaître, ainsi que de toutes autres questions analogues.

44. Mais si le tiers contestait que les sommes qu'il a entre les mains et dont le percepteur demande la délivrance appartiennent au redevable, ou bien qu'elles soient affectées au privilége de la nature de contribution pour laquelle se fait la poursuite (Voir art. 14, nº 5), ces questions rentrant dans l'application des règles du droit commun (Voir ci-après, nº 68), appartiendraient aux Tribunaux ordinaires (2).

45. Il en serait de même dans tous les cas où il y aurait à agir par voie de saisie-arrêt : cette procédure ne pourrait être suivie que devant les Tribunaux civils. Ici, en effet, le tiers saisi n'est soumis à aucune obligation personnelle qui l'assimile au contribuable, et qui puisse le rendre justiciable des règlements et des Tribunaux administratifs. Au surplus, nous ne pouvons que nous référer aux développements dans lesquels nous sommes entré sur ce dernier point, dans le *Commentaire* sur l'article 88.

46. En ce qui concerne la responsabilité des propriétaires et des

---

(1) Voir néanmoins ce que nous disons ci-après, nº 74.
(2) Voir la Note sous le nº 39 et l'arrêt du 3 avril 1856, dans la 2ᵉ Partie, *Jurisprudence*, page 158.

principaux locataires dont il est question aux articles 15 et 16 du Règlement, la discussion à laquelle nous nous sommes livré, sur ces articles (n⁰ˢ 26, 27, 28 et 29), et l'exposé des principes que nous avons éu occasion de faire plus haut, à l'égard des fermiers, nous dispensent d'entrer ici dans de plus amples explications. Nous rappellerons seulement que les arrêtés de Conseils de préfecture et l'arrêt du Conseil d'Etat du 31 juillet 1856, que nous rapportons dans la 2ᵉ Partie (*Jurisprudence*, page 160), présentent des exemples de la juridiction administrative appliquée dans des cas où il s'agissait de déterminer l'étendue même de l'obligation qui résulte, pour les propriétaires et les principaux locataires, de la loi du 21 avril 1832 et de celle du 25 avril 1844. On pourrait encore citer dans le même sens un arrêt du Conseil d'Etat du 19 février 1863 (1).

47. Il nous reste à parler de la responsabilité des commissaires-priseurs, notaires, etc., dans le cas prévu par la loi du 5-18 août 1791, et dont nous nous sommes occupé dans le *Commentaire* sur l'art. 14, n⁰ 29 et suivants. Comme nous venons de le dire pour les fermiers, les tiers détenteurs, les propriétaires et les principaux locataires, nous pensons aussi qu'il doit appartenir aux Conseils de préfecture de statuer sur tout ce qui tient au principe et à l'étendue de la garantie à laquelle la loi précitée soumet ces officiers publics, et qu'ils ne pourraient invoquer la juridiction des Tribunaux que pour les exceptions de droit commun, qu'ils auraient à opposer à l'action du percepteur.

48. Ainsi, les Conseils de préfecture prononceraient, selon nous, sur la question de savoir quels agents sont particulièrement soumis à la garantie; si les notaires y sont assujettis dans tous les cas, ou seulement lorsqu'ils procèdent en leur caractère d'officiers publics (Voir *Commentaire* sur l'art. 14, n⁰ 36); s'ils sont tenus seulement de remettre au percepteur les sommes dont ils sont dépositaires, lorsque ce comptable leur en fait la demande, ou s'ils sont obligés de ne pas s'en dessaisir, sans en avoir payé eux-mêmes l'impôt. (Art. 14, n⁰ 29.)

49. Sur ce dernier point, notre opinion pourrait paraître contredite par le jugement du Tribunal civil de la Seine, en date du 24 mai 1828, rapporté dans la 2ᵉ Partie, *Jurisprudence*, page 125, et qui a statué précisément sur cette question. Mais il faut obser-

---

(1) Aux termes de cet arrêt, la demande formée par un propriétaire contraint par le percepteur de payer la *totalité* de la patente due par son locataire qui a quitté son établissement industriel sans la payer, a le caractère d'une demande en décharge, et dès lors rentre dans la compétence du Conseil de préfecture.

ver : 1° que la question de compétence n'a point été élevée dans
la cause et que le Tribunal ne s'en est pas occupé ; 2° que, dans
l'espèce, la difficulté ne s'agitait pas entre le percepteur et le commissaire-priseur. C'était le propriétaire de la maison qui, après
avoir soldé l'impôt comme garant du locataire, exerçait une action
récursoire contre le commissaire-priseur qui s'était dessaisi des
deniers provenant de la vente des meubles dudit locataire, sans
s'assurer que la contribution avait été payée ; de sorte qu'en fait
le Trésor était désintéressé, et qu'il s'agissait d'un débat privé
entre des particuliers : ce qui empêchait que la connaissance de
l'affaire ne tombât sous la juridiction administrative. (Voir ci-
après, n° 74.)

50. Mais, dans le cas où l'officier public soutiendrait, par exemple, qu'ayant vendu à terme (Voir art. 14, n° 39), il n'a eu aucune
somme entre les mains, et que, par conséquent, il ne peut pas être
tenu de la responsabilité qui résulte de la loi du 5-18 août 1791, les
Tribunaux civils seraient seuls compétents pour statuer, attendu
que la question à décider, qui serait de savoir si les commissaires-
priseurs peuvent faire des ventes à terme, ne pourrait être résolue
que par l'application des règles du droit commun.

51. On voit que nous ne faisons ici qu'appliquer toujours le
même principe que nous avons établi comme ligne fondamentale
de démarcation entre les deux juridictions, relativement aux poursuites en matière de contributions directes. Il nous semble que
nous avons donné assez d'exemples d'application, pour qu'on puisse
y trouver un guide dans toutes les autres circonstances qui pourraient se présenter.

52. Dans ce que nous venons de dire sur la compétence lorsque
des tiers sont parties au procès, nous n'avons parlé que des tiers
qu'une disposition expresse de la loi soumet à une obligation personnelle envers le Trésor. Mais, lorsqu'il s'agit de tiers qui ne se
trouvent en contact avec le percepteur que parce qu'ils ont, à
l'égard des contribuables, des droits opposés à ceux du Trésor,
comme, par exemple, des créanciers privilégiés (Voir ci-après,
n° 68) ; des acquéreurs de biens mobiliers ou immobiliers provenant desdits contribuables et sur lesquels le percepteur voudrait
poursuivre le recouvrement de l'impôt auquel ils étaient primitivement affectés (Voir ci-après, n° 68) ; des tiers qui revendiquent
des meubles qui leur appartiennent et qui auraient été saisis au
domicile des contribuables (Voir, pour ce cas, le *Commentaire* sur
l'art. 69 du Règlement) : dans ces divers cas, l'autorité judiciaire
est exclusivement compétente, par la double raison, déjà indiquée,
que la question rentre dans l'application du droit commun, et

qu'il n'y a pas d'ailleurs de motif suffisant pour enlever les parties à leurs juges naturels, qui sont les Tribunaux civils.

53. Cependant, si les tiers dont nous parlons n'opposaient aux poursuites du percepteur que des motifs personnels au redevable; comme si, par exemple, sans méconnaître d'ailleurs le privilége, ils contestaient seulement la quotité de la somme due, alors l'affaire rentrerait dans la compétence du Conseil de préfecture, parce qu'au fond ils agiraient alors, non plus comme tiers défendant leurs droits propres contre le Trésor, mais comme représentant le contribuable, et en son lieu et place, pour faire déterminer e montant de la dette de ce dernier.

54. 6° *Liquidation et recouvrement des frais.* — Divers arrêts du Conseil d'Etat ont aussi reconnu que les Conseils de préfecture sont compétents pour connaître des difficultés relatives au payement des frais de poursuites, soit que la contestation s'agite entre les percepteurs et les redevables (1) ou même avec des tiers, quand c'est pour le recouvrement de l'impôt que les poursuites ont été faites (2), soit qu'elle ait pour objet le règlement du salaire des agents de poursuites (3) ou même des gardiens (4).

55. Les motifs de la compétence administrative, tels qu'on peut les déduire des *considérants* qui précédent les arrêts du Conseil, sont que les frais étant l'accessoire du principal, doivent suivre la même juridiction. Mais ces motifs ne semblent pas suffisants; car, si l'on faisait une application rigoureuse du principe qu'ils établissent, il faudrait en conclure que toutes les fois qu'il s'agira de

---

(1) Arrêts des 25 janvier 1807, 18 janvier 1813 et 22 janvier 1824.

(2) Arrêt du 28 février 1810. Il s'agissait, dans cette espèce, des frais d'une sommation faite à un huissier pour le contraindre à réintégrer des meubles enlevés par lui au préjudice d'une saisie opérée au nom du percepteur. Les motifs de cet arrêt sont que, bien que l'huissier ne fût pas poursuivi pour fait de contributions directes, le Conseil de préfecture n'avait pas moins dû connaître de la contestation, attendu que c'était par suite d'actes relatifs au recouvrement des contributions directes que ledit huissier avait été traduit devant le Conseil de préfecture, et que l'action accessoire avait dû suivre l'action principale.

(3) Arrêts des 25 mars 1807, 22 janvier 1824; arrêt de la Cour de cassation du 6 frimaire an 7.

« Considérant, dit le premier de ces arrêts, qu'il s'agit de frais faits pour le recouvrement des contributions directes, en vertu d'un arrêt du préfet et sous le régime de la législation relative à la perception des contributions directes; que, dès lors, toutes les actions et demandes, soit contre les contribuables, soit contre les divers agents du recouvrement, sont par leur objet, par le titre qui leur sert de fondement et par les lois qui les régissent, sous l'influence et la direction de l'autorité de l'Administration. »

(4) Arrêt du 8 mars 1811. — M. de Cormenin cite, en outre, un arrêt du 29 ventôse an 10 et un décret du 22 fructidor an 12 (inédits).

frais engagés pour des actes de poursuites dont la connaissance appartient aux Tribunaux civils, comme le commandement, par exemple, la contestation pour le payement des frais devra, en qualité d'accessoire, être jugée par l'autorité judiciaire, qui avait qualité pour connaître de ce qui concerne le commandement. Mais cette doctrine serait opposée aux propres arrêts du Conseil d'Etat, qui renvoient à l'autorité administrative la connaissance des contestations où il s'agit de frais faits pour des actes de poursuites postérieurs au commandement.

La véritable raison qui, selon nous, doit faire prévaloir ici la compétence administrative relativement aux frais, c'est que, d'après la loi de finances du 15 mai 1818, les frais de poursuites en matière de contributions directes étant fixés dans les tarifs arrêtés par les préfets, les contestations qui peuvent s'élever sur le règlement desdits frais exigent l'application d'un acte administratif. Et quant aux questions relatives au payement desdits frais, lorsque leur quotité n'est pas contestée, comme le recouvrement s'en poursuit par les mêmes voies que la contribution elle-même, la compétence des difficultés auxquelles cette poursuite peut donner lieu rentre naturellement dans la règle générale que nous avons établie : c'est-à-dire qu'il faut examiner la nature des questions en litige et les renvoyer soit au Conseil de préfecture, soit aux Tribunaux, suivant qu'elles se rapportent à la législation exceptionnelle des contributions directes ou au droit commun. C'est ce que le Conseil d'Etat a lui-même reconnu en déclarant, par l'arrêt du 3 décembre 1828, que l'autorité judiciaire était compétente pour connaître d'une contestation élevée entre un percepteur et un huissier au sujet de frais dont ce dernier réclamait le remboursement, « attendu que les parties s'opposaient respectivement des exceptions tirées du droit commun (la prescription et le serment décisoire) dont l'application appartient aux Tribunaux. »

56. Ainsi, le Conseil de préfecture connaîtra des contestations relatives aux frais quand il s'agira, par exemple :

1° De la taxe des frais à l'égard du redevable et à l'égard des agents de poursuites, soit qu'il s'agisse d'apprécier si le tarif sur lequel cette taxe est établie a été régulièrement arrêté, soit que la question consiste à savoir si l'application des prix aux actes a été exactement faite, soit enfin que la contestation porte sur la validité de l'exécutoire. Nous dirons, à l'occasion de l'article 103 du Règlement, à qui il appartient de faire la liquidation des frais et quelle est la nature des actes que comporte cette liquidation (1);

_____

(1) Il y aurait exception à cette règle en ce qui concerne les droits des commis-

2° Des actes de poursuites pratiqués pour le recouvrement des-dits frais, si la question en litige est de la nature de celles que nous avons vues, en parlant ci-dessus des poursuites pour le principal, ressortir à l'autorité administrative.

57. Les Tribunaux civils n'auront pas à apprécier les contestations relatives à la taxe du coût des actes, lors même qu'il s'agirait d'actes qui tombent sous leur compétence, attendu que, quels que soient les actes, il appartient à l'Administration d'en déterminer le prix, conformément à la loi précitée du 15 mai 1818 (1); mais ils connaîtront des difficultés qui peuvent s'élever dans le cours de la poursuite, lorsque les questions seront de la nature de celles que nous avons vues leur appartenir, comme se rattachant à l'application du droit commun.

58. 7° *Sursis aux poursuites*. — Les Conseils de préfecture auraient seuls qualité pour accorder des sursis aux poursuites, jusqu'à ce qu'il ait pu être statué définitivement sur la réclamation (2).

58 bis. *Mutations de cote. Cotes irrecouvrables*. — Il nous resterait, pour remplir le tableau des attributions du Conseil de préfecture, à traiter des mutations de cote et des cotes irrecouvrables; mais l'article 20 va nous donner l'occasion de revenir sur ce sujet.

Compétence de l'autorité judiciaire.

59. En nous occupant de déterminer les questions sur lesquelles les Conseils de préfecture peuvent être appelés à prononcer dans

---

saires-priseurs sur le produit des ventes pour contributions. L'article 2 de la loi du 18 juin 1843 veut que les vacations soient taxées par le président du Tribunal de première instance ou par un juge délégué.

(1) Nous avons fait remarquer, dans le *Commentaire* sur l'article 96 du Règlement, que la fixation des frais d'actes de poursuites par le préfet ne pouvait s'appliquer qu'aux actes faits par le percepteur contre le contribuable ou les tiers, mais non pas à ceux qui seraient signifiés en défense, soit par les tiers, soit par le contribuable. Il en résulte que la taxe de ces derniers actes se ferait par le juge civil, et que dès lors les difficultés qu'elle pourrait occasionner, même à l'égard du percepteur (dans le cas, par exemple, où le Trésor, ayant succombé dans l'instance contre le redevable poursuivi, devrait payer les frais), seraient du ressort de l'autorité judiciaire, à l'exclusion de l'autorité administrative.

(2) Arrêts du Conseil du 10 mars 1807 et 28 juillet 1819. — Quand un percepteur reçoit l'ordre de surseoir aux poursuites, le comptable et le Tribunal qu'il aurait saisi doivent s'abstenir de passer outre; mais, en cela, il y a moins une question de compétence que l'application de ce principe, que, l'Administration donnant ordre de surseoir, le percepteur n'a plus qualité pour *demander*, et que dès lors le Tribunal n'a rien à juger. C'est ce qui fait que l'arrêt du 10 mars 1807 a annulé les poursuites, bien que, dans l'espèce, le sursis eût été ordonné par le préfet, au lieu de l'être par le Conseil de préfecture.

le cours des poursuites en matière de contributions directes, nous avons été plus d'une fois amené à indiquer aussi des cas dans lesquels les Tribunaux devaient statuer, et nous avons toujours fait ressortir la raison de cette compétence. Nous n'aurons donc guère à cet égard qu'à résumer ce que nous avons dit précédemment, en le complétant par quelques explications, et par la citation des arrêts du Conseil d'Etat ou des Tribunaux qui fondent la jurisprudence.

Ainsi, les Tribunaux civils devant connaître, comme nous l'avons dit, des difficultés dont la solution exige l'application des règles du droit commun, ils statueront en général sur les questions :

60. 1° D'hérédité (1);

61. 2° De solidarité entre des propriétaires indivis (2);

62. 3° De subrogation (3);

63. 4° D'imputation de payement (4);

---

(1) Voir arrêts des 14 novembre 1821 et 10 février 1855.

(2) Voir arrêt du 9 avril 1817. Dans l'espèce de cet arrêt, le Conseil de préfecture avait déclaré solidaires pour le payement d'une taxe deux époux séparés de biens. Le Conseil d'Etat en annulant, pour incompétence, l'arrêté du Conseil de préfecture, a fait une application du même principe, qui se retrouve dans l'arrêt du 23 janvier 1820, et où l'on voit que, dès que l'impôt est établi et que la contestation ne porte plus que sur la question de savoir dans quelle proportion doit y contribuer chacun des propriétaires qui a possédé successivement l'immeuble dans le cours de l'année, c'est aux Tribunaux à décider.

(3) La question de savoir si le percepteur qui a été contraint d'apurer les rôles de ses deniers personnels, est subrogé aux droits du Trésor contre les contribuables, aux lieu et place desquels il a payé, et quels sont les effets de cette subrogation (Commentaire sur l'article 18, n° 52), est essentiellement une question de droit commun, dont la connaissance appartient, par conséquent, aux Tribunaux civils; mais il y a cependant une distinction à faire : s'il s'agissait de décider si le percepteur a réellement payé pour le compte du contribuable la cote à l'égard de laquelle le percepteur se prétendrait subrogé, ce préalable devrait être jugé par l'autorité administrative. (Voir A. 30 juin 1824). Ce cas rentrerait dans l'application du principe établi au n° 19 ci-dessus.

(4) Nous avons déjà eu occasion (ci-dessus, n° 5) de dire que les questions d'imputation de payement, devant se régler par le droit commun, ne pouvaient ressortir qu'à l'autorité judiciaire, et nous avons mentionné l'arrêt du Conseil du 18 juillet 1809, qui semble contredire ce principe. Mais, si l'on étudie attentivement cet arrêt dans son dispositif, comme dans les circonstances qui y ont donné lieu, on reconnaîtra que le Conseil d'Etat n'a aucunement considéré l'affaire sous le rapport de l'imputation du payement, et qu'il n'a entendu rien décider sur cette question. Le contribuable qui avait versé la somme que le percepteur voulait appliquer à une cote autre que la sienne, demandait que le comptable fût obligé de lui délivrer quittance de sa contribution; le Conseil n'a envisagé l'affaire que sous le rapport du refus de quittance, et c'est pour cela qu'il a pensé qu'il n'appartenait qu'à l'autorité administrative de prononcer sur une difficulté qui se rattachait à un acte de perception. Il n'y a donc pas à s'arrêter à cette décision.

64. 5° De prescription (1) ;

65. 6° De serment décisoire (2) ;

66. 7° De régularité des poursuites, à dater du commandement (3);

67. 8° D'établissement et de remplacement des gardiens aux saisies et de contrainte par corps contre lesdits gardiens pour la représentation des objets saisis (4);

---

(1) Voir les arrêts des 14 novembre 1821 et 3 décembre 1828.

(2) Voir l'arrêt du 3 décembre 1828.

(3) Voir les arrêts du Conseil d'État des 25 février 1818, 15 mars et 15 octobre 1826, et 10 février 1835 ; les arrêts de la Cour royale de Bruxelles, des 19 février 1821 et 28 juillet 1823, l'arrêt de la Cour royale de Bordeaux, du 5 juin 1832 ; l'arrêt de la Cour de cassation, du 12 février 1845 et celui du 19 mars 1873. D'après les dispositions formelles du Règlement, les actes relatifs à l'exécution forcée des rôles, à dater du commandement, doivent être conformes au Code de procédure civile : ils sont donc entièrement régis par le droit commun. C'est dès lors une conséquence nécessaire, que les contestations sur leur régularité ressortissent à l'autorité judiciaire ; et ce principe est, en effet, proclamé dans les *considérants* des divers arrêts précités.

(4) Il semblerait assez conséquent au principe posé dans la Note précédente que tous les incidents qui peuvent s'élever dans le cours des poursuites, et qui tiennent à l'exécution des actes à dater du commandement, fussent également soumis à l'autorité judiciaire. Et cela a été effectivement reconnu, notamment en ce qui concerne la contrainte par corps à prononcer contre les gardiens pour la représentation des objets saisis. (Voir le *Commentaire* sur l'art. 75 du Règlement.) Deux arrêts du Conseil d'État, en date des 30 mai 1821 et 14 juillet 1824, ont décidé que l'autorité judiciaire était seule compétente dans ce cas. Il est superflu d'ajouter qu'elle le serait également pour juger les difficultés qui s'élèveraient sur la régularité de l'incarcération. C'est, au surplus, ce qui a été jugé par un arrêt du Conseil du 26 floréal an 12, mentionné par M. de Cormenin.

Mais un arrêt du 2 juin 1819 a décidé que le président d'un Tribunal n'avait pas pu autoriser un gardien préposé à la garde de récoltes saisies sur un contribuable, à se faire remplacer, et que l'autorité administrative était seule compétente à cet effet. Cet arrêt exprime, dans son *considérant*, que « l'établissement des gardiens n'est qu'un moyen de conservation et d'exécution des contraintes, et que par l'article 18 de l'arrêté du 16 thermidor an 8, les porteurs de contraintes, investis des fonctions d'huissiers, en matière de contributions directes, sont seuls chargés de cette exécution, et que l'autorité à qui appartient le droit de les nommer a seule aussi le droit de les changer. » M. de Cormenin paraît admettre sans contestation la doctrine de cet arrêt. En ce qui nous concerne, nous devons avouer qu'elle nous paraît entièrement erronée. Le Code de procédure civile donne aux gardiens des saisies, dans certains cas, le droit de demander leur remplacement (Voir à cet égard le *Commentaire* sur l'art. 72 du Règlement), et ce remplacement est autorisé en référé par le président du Tribunal civil, avec certaines formalités. C'est donc un acte de procédure ordinaire, un simple incident dans l'exécution de la saisie, et qui, d'après toutes les règles de l'analogie, doit suivre la juridiction à laquelle serait soumise la saisie elle-même. Dire, comme le fait le Conseil d'État, que l'autorité qui nomme les gardiens a seule le droit de les changer, c'est non-seulement méconnaître le principe qui veut que tout ce qui concerne l'exécution des poursuites, à dater du commandement, ressortisse à l'autorité judiciaire, mais c'est aussi, ce nous semble, se rendre mal compte des faits. L'autorité adminis-

68. 9° D'ordre et de privilége, tant à l'égard des tiers créanciers que des tiers acquéreurs (1) ;

---

trative ne nomme pas, en effet, les gardiens. Ils sont préposés, soit sur leur demande, soit d'office, à la garde des objets saisis, par les porteurs de contraintes, qui agissent à cet égard comme les huissiers ordinaires, en vertu du droit que leur attribue l'article 597 du Code de procédure civile, et non par suite d'aucune délégation de l'Administration. Nous ne voyons donc pas, dans le système même du Conseil d'Etat, à quelle autorité il faudrait recourir, à moins qu'on ne s'adressât au porteur de contraintes, qui seul, dans la réalité, nomme les gardiens : conséquence qui ne peut être évidemment dans la pensée du Conseil. Au fond, il s'agit, dans le remplacement des gardiens, d'un incident d'exécution qui peut donner lieu à contestation si les parties, par exemple, prétendaient que le gardien doit conserver la garde ; et le jugement de cet incident ne saurait être raisonnablement attribué qu'au Tribunal du lieu de la saisie.

Nous considérerons également comme un incident de l'exécution les contestations auxquelles peuvent donner lieu les actes des porteurs de contraintes. L'arrêté du 16 thermidor an 8 (art. 25) porte que « les contribuables pourront adresser leurs plaintes au sous-préfet, qui statuera sommairement sur toutes celles qui lui parviendront contre les porteurs de contraintes, » et (art. 26) que « si les délits donnent lieu, par leur nature, à des poursuites extraordinaires, le préfet adressera les pièces au juge compétent. » De là, la question s'est élevée de savoir si les parties plaignantes étaient nécessairement obligées de formuler leurs plaintes administrativement devant le sous-préfet, ou si elles pouvaient dénoncer les faits directement à l'autorité judiciaire. Un arrêt du Conseil d'Etat du 5 septembre 1810 a décidé la question dans ce dernier sens. Cependant ce principe paraît contredit par un autre arrêt du même Conseil, en date du 8 janvier 1813 ; mais il est difficile d'accorder quelque autorité à ce dernier arrêt, car non-seulement il tendrait à dépouiller les citoyens du droit, qui leur est assuré par la législation générale, de dénoncer aux Tribunaux les délits commis à leur préjudice ; mais, en outre, si l'on examine les circonstances dans lesquelles il est intervenu, on verra que ce ne peut être que par une véritable erreur que le Conseil d'Etat a visé l'article 25 de l'arrêté du 16 thermidor an 8 ; il ne s'agissait pas, en effet, dans l'espèce, de délits reprochés au porteur de contraintes, mais de saisies irrégulières, de procédure à annuler pour vices de formes et de frais frustratoires à rejeter à la charge de l'agent qui les avait faits. Sous le rapport de l'annulation des saisies, la contestation appartenait évidemment aux Tribunaux, et si, sous le rapport de l'appréciation des faits, elle pouvait rentrer dans la compétence de l'Administration, en aucun cas il n'y avait lieu à appliquer ici l'article 25 de l'arrêté du 16 thermidor an 8, lequel n'a pas eu en vue les actions en nullité des actes de procédure pratiqués par les porteurs de contraintes ; matière dont les sous-préfets ne sauraient connaître et dont les parties sont nécessairement toujours libres de saisir les Tribunaux compétents. —Nous ne pouvons donc considérer l'arrêt du 8 janvier 1813 que comme une erreur judiciaire, et nous rallier entièrement à la doctrine de l'arrêt du 5 septembre 1810, dont les *considérants*, clairs et précis, nous paraissent contenir une appréciation fort juste de l'arrêté du 16 thermidor an 8. Ils portent que « si d'après les dispositions des articles 25 et 26 de l'arrêté, les contribuables peuvent adresser leurs plaintes à l'autorité administrative contre les porteurs de contraintes *qui se seraient mal conduits*, sauf à cette autorité à renvoyer les pièces devant les juges compétents, dans le cas où les délits donneraient lieu à des poursuites extraordinaires, il ne s'ensuit pas que les parties lésées ne puissent, dans ce dernier cas, saisir directement les Tribunaux compétents. »

(1) Ce principe est un des mieux établis en cette matière. Il peut invoquer de

69. 10° De revendication de meubles saisis sur des contribuables ou sur des tiers, sauf communication préalable de la demande au préfet (1);

70. 11° De distraction des objets insaisissables (2).

71. Il peut arriver, et il arrive en effet assez fréquemment que, dans une contestation, il se présente des questions dont les unes ressortissent à l'autorité administrative et les autres à l'autorité judiciaire. Dans ce cas, il est tout simple que chacune des juridictions retienne à juger les questions qui sont de sa compétence, et renvoie les parties à se pourvoir pour le surplus devant l'autre autorité (3); mais, dans certaines circonstances, l'une des décisions doit être nécessairement subordonnée à l'autre, de sorte qu'il peut s'élever une question de priorité. Alors, il est nécessaire que l'une des deux autorités s'abstienne jusqu'à ce que l'autre ait prononcé. On ne saurait guère prévoir tous ces cas et indiquer la règle à suivre à cet égard, la priorité de l'une ou de l'autre autorité ne pouvant résulter que des circonstances particulières de l'affaire. Nous nous bornerons à mentionner pour exemple deux précédents tirés de la jurisprudence du Conseil d'Etat. Dans la première espèce, celle de l'arrêt du 23 janvier 1820, dont nous avons déjà eu à parler sous un autre rapport, il s'agissait de savoir dans quelle proportion devaient supporter l'impôt foncier divers pro-

_____

nombreuses décisions du Conseil d'Etat, rendues à toutes les époques. (Voir A. 11 août 1808, 2 juin 1815, 25 février 1818, 19 mars 1820, 30 juin, 26 août et 4 novembre 1824.) Nous ne devons cependant pas dissimuler qu'il existe deux arrêts contraires, en date des 9 juin 1813 et 19 juillet 1837. Mais ces arrêts, fort peu motivés, sont trop évidemment erronés pour que nous croyions devoir nous y arrêter. On trouvera encore des exemples de la juridiction civile, en cette matière, dans les deux jugements du Tribunal de Montauban et de Versailles, rapportés à la 2e Partie (*Jurisprudence*, pages 136 et 140), et surtout dans l'arrêt de la Cour de cassation du 15 juillet 1868, *Jurisprudence*, page 164. (Voir, en outre, le *Commentaire* sur l'article 11, n° 107.)

(1) Ce principe, qui résulte textuellement de l'article 4 de la loi du 12 novembre 1808, avait déjà été consacré par un arrêt du Conseil d'Etat du 16 septembre 1806, qui avait reconnu qu'une demande en revendication de meubles saisis constitue une question de propriété, dont la solution appartient essentiellement aux Tribunaux civils. (Voir, dans le même sens, A. 20 novembre 1816, 9 avril 1817, 18 mars 1818, 1er novembre 1820, 20 février 1822, 17 février 1853 et 28 février 1856. Voir, au surplus, le *Commentaire* sur l'article 69 du Règlement, où nous traitons de tout ce qui concerne l'action en revendication par des tiers, des meubles et effets saisis sur les contribuables.)

(2) Voir l'arrêt du 29 août 1809. Ce cas rentre dans celui de la demande en revendication des meubles saisis, et, comme lui, il doit, avant d'être soumis aux Tribunaux, être porté devant l'autorité administrative. (Voir le *Commentaire* sur l'art. 77 du Règlement.)

(3) Voir la Note 3 de la page 394 ci-dessus.

priétaires qui avaient successivement, dans le cours de l'année, possédé l'immeuble imposé. La question était nécessairement subordonnée à celle de savoir quelle avait été, d'après les titres de propriété, la durée de la jouissance de chacun des propriétaires, question dont la décision appartenait inconstestablement aux Tribunaux.

Qu'a fait le Conseil d'Etat? Il a considéré que, sans rechercher quelle pouvait être la part de chacun dans la dette commune, on devait poursuivre celui des copropriétaires dont le nom était porté au rôle, sauf auxdits intéressés à débattre entre eux et faire ultérieurement régler par les Tribunaux compétents leur obligation respective.

Dans la seconde espèce, celle de l'arrêt du 14 novembre 1821, le sieur Héraud était poursuivi pour les contributions dues par une succession à laquelle il prétendait avoir renoncé. Le Conseil d'Etat, « considérant que la question de savoir si les contributions en litige étaient dues par le sieur Héraud, était subordonnée à la question d'hérédité, » ordonne que le Conseil de préfecture surseoira à statuer sur la quotité de la dette, jusqu'après le jugement des Tribunaux sur la question de validité de renonciation à la succession.

72. Ces deux espèces présentent, comme on voit, deux exemples opposés, ou la juridiction administrative a la priorité de la décision sur l'autorité judiciaire, et réciproquement. Dans l'une comme dans l'autre, la décision du Conseil d'Etat est, sous le point de vue dont nous nous occupons, parfaitement conforme aux principes. Lorsque l'Administration peut déterminer le montant de la dette à recouvrer et le débiteur à poursuivre, indépendamment de la décision de l'autorité judiciaire, il est évident qu'elle n'a pas à surseoir à statuer en ce qui la concerne. Lorsque, au contraire, la qualité même de la personne est contestée, et que cette qualité, qui seule la rendrait passible de l'impôt, ne peut être déterminée que par les Tribunaux, il faut bien que l'autorité administrative surseoie jusque après la décision judiciaire. Ainsi l'a encore décidé le Conseil d'Etat dans l'espèce de son arrêt du 3 avril 1856, rapporté dans la 2e Partie (*Jurisprudence*, page 158).

Ces principes, fort simples, peuvent servir de règle pour la décision de toutes les espèces analogues.

73. Telles sont, dans leur principe et dans leurs applications, les règles de la compétence pour les poursuites en matière de contritions directes.

Ces règles ne sont changées ni parce que c'est un fondé de pouvoirs qui procède aux poursuites aux lieu et place du percepteur (1), ni parce que des tiers sont mêlés à la contestation : nous en avons vu de nombreux exemples aux numéros ci-dessus, ni parce que les parties auraient volontairement consenti à suivre une autre juridiction (2).

74. Mais en serait-il de même dans le cas où, la contribution ayant été payée, le Trésor serait désintéressé? La jurisprudence du Conseil d'Etat fournit à cet égard plusieurs décisions contradictoires. Ainsi, les arrêts des 8 octobre 1810, 23 janvier 1820, 16 février 1826, se prononcent contre la juridiction administrative ; ils renvoient l'affaire aux Tribunaux ordinaires, parce que le Trésor n'a aucune espèce d'intérêt dans la contestation. Dans l'arrêt du 23 janvier 1820, en effet, ce sont des tiers qui débattent entre eux la question de savoir qui doit, aux termes d'un bail, rester chargé de l'impôt foncier. Dans les deux autres arrêts, il s'agit bien de demandes dirigées contre des contribuables, mais par des percepteurs sortis de fonctions et qui réclament le remboursement de cotes arriérées, qu'ils ont soldées de leurs deniers personnels.

A part les autres motifs qui, dans ces différentes espèces, auraient pu déterminer la compétence des Tribunaux civils (tels que la question de subrogation, par exemple), le Conseil d'Etat donne pour *considérant* à ses décisions que « le Trésor est sans intérêt dans la contestation, et que le percepteur n'étant plus en exercice, il ne s'agit que d'un débat d'intérêt privé. »

En opposition avec ces arrêts, la jurisprudence du Conseil d'Etat fournit ceux des 18 août 1807, 20 novembre 1815 et 30 juin 1824, corroborés par un arrêt de la Cour royale de Toulouse, du 30 janvier 1824. Nous avons déjà eu occasion de combattre sous d'autres rapports l'autorité des deux premiers arrêts qu'ici encore nous trouvons contraires aux principes, aussi bien que celui de la Cour royale de Toulouse. Quant à l'arrêt du Conseil du 30 juin 1824, il faut remarquer que, dans l'espèce, le percepteur qui poursuivait le remboursement d'une cote qu'il avait acquittée à la décharge du contribuable était en exercice, et que, sous ce point de vue, le Conseil d'Etat a pu juger que le Trésor n'était pas sans intérêt dans la contestation ; en effet, il est essentiel pour le service que les agents de la perception ne soient pas détournés de leurs fonctions par la nécessité de comparaître devant les Tribunaux civils : et ç'a été là effectivement une des raisons, entre autres, qui ont fait établir une juridiction exceptionnelle pour les affaires d'impôt direct.

---

(1) Arr., 17 janvier 1814.
(2) A. C. de cassation, 20 thermidor an 11, et A. C. d'État, 8 janvier 1813.

75. Mais, hors ce cas, nous ne pouvons que nous ranger à la doctrine exprimée par le Conseil d'Etat dans les décrets précités des 8 octobre 1810, 23 janvier 1820 et 16 février 1826. La juridiction administrative, si on l'étudie bien dans son principe, n'a pour objet que de régler les rapports des citoyens avec les administrations publiques. Si des autorités ont été créées, indépendantes de l'autorité judiciaire, pour juger, dans beaucoup de cas, les contestations où l'Etat se trouve partie, ce n'est pas que les Tribunaux ordinaires ne fussent très aptes à connaître des matières administratives comme des autres parties de la législation, et qu'il y eût nécessité, sous ce rapport, d'établir une juridiction spéciale : telle n'était pas la question. Ce qu'il s'agissait de faire, c'était de ne pas entraver l'action de l'Administration en la soumettant aux formalités et aux lenteurs inséparables de la justice ordinaire, et de ne pas laisser à un des corps de l'Etat, puissant par ses attributions, la possibilité de céder au désir d'accroître son importance en empiétant sur les fonctions administratives ; ce qui aurait pu arriver, au grand préjudice de l'harmonie des pouvoirs, si on eût donné à l'autorité judiciaire un droit de contrôle et de réformation sur les actes de l'Administration. De là, la séparation si tranchée, hautement proclamée par la Constitution de l'an 3.

Mais ce danger n'existe plus dès que ni l'Administration ni ses agents en exercice ne sont en cause, et qu'il ne s'agit que d'apprécier des droits et des intérêts de tiers étrangers à l'action administrative. Dans ce cas, bien qu'il puisse y avoir nécessité de recourir à l'application des règlements administratifs, les motifs de l'exclusion de l'autorité judiciaire n'existent plus, puisque cette autorité ne se trouve pas, dans la circonstance, en contact avec l'autorité administrative, et qu'il n'en peut résulter entre elles aucun conflit préjudiciable aux services publics.

76. Nous avons indiqué plus haut (p. 374), d'une manière générale, les cas où les juges de paix et les Tribunaux de première instance sont respectivement compétents pour statuer sur les difficultés qui ressortissent par leur nature à l'autorité judiciaire, dans le cours des poursuites en matière de contributions directes. Nous avons aussi fait connaître que l'autorité administrative, que la loi déclarait compétente dans d'autres cas, à l'exclusion de l'autorité judiciaire, était le Conseil de préfecture. Mais ces données générales sont insuffisantes, et nous nous sommes réservé de les compléter. Il nous paraît, en effet, indispensable de préciser quelle est, parmi les différentes juridictions du territoire, celle qui doit connaître spécialement de l'affaire en litige.

En général, pour ce qui concerne les actions judiciaires, le législateur, dans le but d'en rendre l'exercice plus facile et moins dispendieux, s'est efforcé de rapprocher le juge, soit de la personne actionnée, soit de l'objet même en litige. Ainsi, il a posé en principe qu'en matière *personnelle*, l'action doit être portée devant le Tribunal du domicile du défendeur, ou, à défaut de domicile, de sa résidence (Code de proc. civ., art. 59), parce qu'il est juste que la partie attaquée puisse se défendre sans déplacement onéreux ; en matière *réelle* (1), devant le Tribunal de la situation de l'objet litigieux, parce qu'étant sur les lieux, le juge peut plus facilement connaître et apprécier les circonstances qui tiennent aux localités mêmes (*Id.*); en matière *mixte* (2), l'exécution est portée, au choix du demandeur, devant le juge de la situation ou devant celui du domicile du défendeur. Enfin, en cas d'élection de domicile pour l'exécution d'un acte, le défendeur peut valablement être assigné devant le Tribunal du domicile élu (*même article*), parce que, sans doute, puisque les parties en sont ainsi convenues, elles trouvent plus d'avantage à ce que l'action soit exercée dans telle localité que dans telle autre.

77. C'est aussi dans la pensée indiquée plus haut, que les difficultés qui s'élèvent sur l'exécution d'un jugement sont portées devant le Tribunal qui l'a rendu (Code de proc. civ., art. 472), et qui, mieux que tout autre, peut en déterminer le sens.

78. De même, les contestations qui surviennent sur les actes faits pour l'exécution d'un titre, comme une saisie, par exemple,

---

(1) Nous avons déjà eu occasion d'expliquer ce que c'est qu'une *action personnelle* et une *action réelle*, dans le *Commentaire* sur l'art. 4, n° 7. Les demandes tendant au recouvrement de l'impôt sont presque toujours des *actions personnelles*, parce que la dette de contribution produit une obligation personnelle, tant pour le contribuable que pour les tiers qui sont tenus, soit concurremment avec lui, comme le fermier, soit, à son défaut, comme le propriétaire de maison en cas de déménagement.

Cependant il est plusieurs cas où le recouvrement donne lieu à des *actions réelles*, comme, par exemple, les demandes en revendication de meubles saisis.

Mais le plus grand nombre des actions qui prennent naissance dans le cours des poursuites, matière dont nous avons à nous occuper plus particulièrement ici, sont des incidents d'*exécution*. (Voir, à cet égard, la Note 2 ci-dessous.)

(2) L'action est *mixte*, quand le défendeur est obligé personnellement et tenu comme détenteur. Telle serait, par exemple, la demande dirigée pour le payement de la contribution foncière contre un héritier auquel l'immeuble imposé serait échu dans le partage. Ainsi que nous l'avons dit au *Commentaire* sur l'art. 4, n° 10, cet héritier, dans ce cas, serait obligé d'abord *personnellement*, en sa qualité d'héritier ayant succédé aux obligations du défunt, et ensuite *réellement*, comme détenant les fruits de l'immeuble soumis à la contribution et affectés au privilége du Trésor.

sont portées devant le juge du lieu où ces actes sont pratiqués (Code de proc. civ., art. 606, 608) (1).

Telles sont les règles les plus générales en ce qui concerne la juridiction des Tribunaux civils, et il y aura à en faire l'application aux divers cas où les contestations pour poursuites en matière de contributions directes ressortissent à la compétence des juges ordinaires.

79. Mais, d'après quels principes faut-il se diriger pour la juridiction des Conseils de préfecture? La loi du 28 pluviôse an 8, qui a créé cette juridiction d'exception, n'en parle en aucune manière. Les auteurs ne s'en sont pas non plus occupés; ils ont pensé sans doute qu'en matière de contributions directes, le Conseil de préfecture, devant qui l'action devait être portée, était toujours celui du département où l'impôt avait été établi. En effet, si l'on voit qu'en matière civile le législateur s'est efforcé, comme nous le faisions observer, de renvoyer la connaissance des affaires aux juges qui étaient le plus à portée d'en apprécier toutes les circonstances, comment ne pas admettre que, lorsqu'il s'agira de déterminer la quotité de l'impôt dû par le contribuable, de prononcer sur la va-

---

(1) Cette règle aura de nombreuses applications dans la matière des poursuites, comme nous le disions plus haut, et on a pu voir, en effet, que les contestations qui tiennent à l'exécution des contraintes ne sont pas les moins fréquentes parmi celles que nous avons eues à examiner dans le cours de cet ouvrage.

C'est un principe professé par tous les auteurs, que les juridictions d'exception ne connaissent pas de l'exécution de leurs jugements. Cependant il ne faudrait pas l'admettre d'une manière trop absolue, en ce qui concerne la compétence des Conseils de préfecture : car on verra qu'en matière de contributions directes, ces Tribunaux exceptionnels statuent sur les actes d'exécution. Ainsi, après avoir décidé que le contribuable en réclamation doit réellement la portion d'impôt qui lui est demandée, le Conseil de préfecture connaîtrait ensuite des actes de poursuites jusqu'au commandement, pratiqués contre lui pour le contraindre à payer la somme déterminée par son arrêté.

Par application du principe que le Tribunal du lieu où se fait la poursuite connaît des difficultés qui s'élèvent dans le cours de l'exécution, il résulte que la demande en nullité d'emprisonnement (d'un gardien, par exemple, contraignable par corps) doit être portée devant le Tribunal du lieu où il est détenu. (Code de proc., art. 794 et 895.) A moins cependant que la demande en nullité soit basée, non sur des vices de forme, mais sur des moyens tirés du fond de la cause, auquel cas l'action devrait être portée devant le Tribunal auquel appartient l'exécution du jugement qui a prononcé la contrainte par corps. (Code de proc., art. 794.)

En matière de *saisie-foraine*, c'est-à-dire de saisie pratiquée sur des meubles qui se trouvent dans la commune qu'habite le créancier, mais où le débiteur n'est pas domicilié, c'est le juge du lieu où sont les objets à saisir qui autorise la saisie. (Argument du C. de proc. civ., art. 822.) (Voir, au surplus, ce que nous disons, au n° 13, des ordonnances de *référé*.)

lidité des actes de répartition ou la régularité du rôle et autres questions analogues, c'est dans le département même où ces actes ont été faits qu'on peut le mieux les juger? Si l'on se reporte, d'ailleurs, au principe même de la contribution, et qu'on examine les circonstances qui donnent lieu à l'imposition sur le contribuable, on reconnaîtra que l'assignation de celui-ci devant le Conseil de préfecture du département où il est relevé aux rôles, se justifierait au besoin par la seule application de la règle du *domicile* ou de la *situation*, suivant qu'il s'agit de la contribution personnelle et mobilière et des patentes, ou de l'impôt foncier et des portes et fenêtres. On pourrait aussi aller jusqu'à dire qu'en matière d'impôt, par cela seul que le contribuable possède dans une localité les facultés qui le rendent passible de la taxe, il y a fait élection de domicile et doit y répondre pour tous les actes de la perception. C'est ainsi qu'en ce qui concerne l'enregistrement, c'est le Tribunal du lieu où est situé le bureau du receveur, qui connaît des difficultés auxquelles le recouvrement donne lieu.

Cependant, si la contestation, au lieu de porter sur l'obligation même du redevable, se rattachait aux actes de poursuites, il pourrait arriver qu'un Conseil de préfecture, autre que celui du département où l'impôt a été établi, fût compétent pour en connaître. Par exemple, si l'on suppose un contribuable ayant son domicile réel, ou seulement possédant des biens saisissables dans un département autre que celui où il est imposé, en cas de poursuites devenues nécessaires, on agira conformément à l'article 59 du Règlement, et c'est le percepteur et les porteurs de contraintes de la résidence du contribuable qui procéderont contre lui. (Voir le *Commentaire* sur les art. 59, 60 et 61 du Règlement.) En exécution de l'article 61, les frais faits dans ce cas seront taxés par le sous-préfet de l'arrondissement dans lequel la poursuite s'exécute. Or s'il s'élève des difficultés sur cette taxe, ce sera certainement au Conseil de préfecture du département où se fait la poursuite qui a donné lieu aux frais, et non pas à celui du département où l'impôt a été établi, qu'il appartiendra d'en connaître. La raison s'en trouve dans ce que nous avons dit au n° 55 ci-dessus : c'est qu'il s'agit d'appliquer le tarif spécial au département où les frais ont été faits; qu'enfin, c'est une règle que les questions qui se rattachent à l'*exécution* (Voir ci-dessus, n° 78) appartiennent nécessairement à l'autorité du lieu où l'exécution se poursuit; et, en fait, le percepteur de la résidence, en poursuivant pour le compte et au nom de son collègue, n'aura pas manqué, dans les actes signifiés, d'élire domicile dans la commune du contribuable poursuivi.

80. Après avoir tracé la ligne de démarcation qui sépare la

compétence de l'autorité administrative et celle de l'autorité judiciaire et ce qui concerne les contestations auxquelles peut donner
lieu le recouvrement des contributions directes, et après avoir indiqué, dans chacun de ces ordres de compétence, la juridiction
spéciale à laquelle l'affaire devait ressortir dans les diverses cir-
conscriptions territoriales, il nous reste à parler de quelques incidents relatifs à l'introduction et à la poursuite des instances devant ces autorités.

On sait qu'en général toutes les demandes principales portées
devant les Tribunaux de première instance doivent être précé-
dées du préliminaire de la conciliation devant le juge de paix.
(C. de proc. civ., art. 48.) Mais il y a une exception formelle à cet
égard pour les demandes qui intéressent l'Etat. (Même Code,
art. 49.)

Les percepteurs n'ont donc pas à s'occuper de cette formalité,
qui, nous n'avons pas besoin de le dire, n'existe en aucun cas pour
les instances devant les Conseils de préfecture.

81. Mais la loi du 12 novembre 1808 n'établit-elle pas un préliminaire analogue par la disposition de son article 4, qui veut que
les demandes en revendication des meubles saisis sur les contribuables ne soient portées devant les Tribunaux qu'après avoir été
soumises à l'autorité administrative ?

Nous traitons de tout ce qui concerne cette formalité au *Commentaire* sur l'article 69. Nous nous bornons à y renvoyer.

82. Nous renverrons également aux articles 34 et 89 pour la
question de savoir si les exploits d'ajournement devant l'autorité
judiciaire peuvent être signifiés par les porteurs de contraintes,
ou s'il faut nécessairement employer, pour les actes de cette nature, le ministère des huissiers près les Tribunaux.

83. Dans les contestations relatives à la perception des contributions directes, et qui sont portées devant les Tribunaux, le percepteur est-il tenu de constituer avoué ?

Le ministère des avoués est nécessaire dans toutes les causes
portées devant les Tribunaux de première instance et les Cours
d'appel. Telle est la règle générale. Certaines Administrations en
sont, il est vrai, affranchies; mais, il faut bien le remarquer, cette
exception en leur faveur résulte d'une loi spéciale. Ainsi, il est
facultatif à la Régie des contributions indirectes et à la partie
plaidant contre elle de se servir ou non du ministère des avoués :
l'Administration des douanes peut également se dispenser de l'assistance d'un avoué, à moins qu'elle ne renonce à l'instruction des
affaires sur simple mémoire; dans ce dernier cas, elle ne peut se
faire représenter à l'audience par ses agents, sans se servir du

ministère, des avoués. (A. Cour de cassation 10 décembre 1821.)

La Régie de l'enregistrement et l'Administration des domaines sont également dispensées de l'obligation de se faire représenter par un avoué. Il importe, toutefois, d'observer que cette obligation existerait pour ces Administrations publiques, si l'instance, au lieu d'être engagée seulement avec elles et le redevable, l'était, en outre, avec des tiers; comme, par exemple, lorsque, dans une instance en validité d'une saisie-arrêt, la déclaration du tiers saisi est contestée, ou bien lorsqu'il s'élève des contestations, soit dans un ordre, soit dans une contribution. C'est dans ce sens que la Cour de cassation s'est prononcée, notamment à l'égard de la Régie de l'enregistrement, par un arrêt du 29 avril 1818. Elle a jugé que, si la Régie plaide contre un tiers-saisi et non contre les redevables eux-mêmes, elle a besoin d'un avoué.

Mais, si des lois particulières et spéciales ont, comme nous l'avons dit, dispensé les diverses Administrations dont nous venons de parler de l'obligation de constituer avoué, cette exception ne saurait être étendue aux Administrations qui ne sont pas expressément désignées par ces lois; car il est de règle que les exceptions sont de droit étroit, et doivent être restreintes rigoureusement aux cas pour lesquels elles ont été créées. Aussi, nous ne faisons nul doute que, comme on ne saurait invoquer aucune loi particulière qui prononce une exception en faveur du Trésor en matière de contributions directes, le percepteur ne doive être soumis à la règle générale, et que, par conséquent, il ne soit dans l'obligation de constituer avoué pour plaider devant les Tribunaux, conformément à la loi du 28 ventôse an 8, qui a créé les avoués, et à l'article 61 du Code de procédure civile.

Au surplus, la question qui nous occupe a été en quelque sorte décidée par un arrêt de la Cour de cassation du 12 août 1818, dans une contestation où figurait l'administration de la Caisse des invalides de la marine, laquelle prétendait être exempte de l'obligation d'employer le ministère des avoués dans les procédures relatives aux droits dont la perception lui est confiée, et profiter de l'exception établie en faveur de l'Administration des douanes et des contributions indirectes. La Cour de cassation a condamné les prétentions de cette Administration, par la seule raison qu'aucune loi spéciale ne l'affranchissait des règles générales établies par l'article 61 du Code de procédure civile. Cette décision pourrait donc être invoquée avec succès contre le percepteur des contributions directes, puisqu'il se trouve placé dans la même situation.

Au surplus, en supposant qu'on pût prétendre que, comme en matière de contributions indirectes, le Trésor doit, pour les instances relatives à la perception de l'impôt direct, être dispensé de la constitution d'avoué, il serait impossible de ne pas reconnaître qu'il doit aussi, comme en matière de douane et d'enregistrement, être obligé de constituer avoué, toutes les fois que des tiers sont intéressés dans les instances engagées entre lui et les redevables, parce qu'alors on rentre dans le droit commun. Or, il est à remarquer que, dans les constestations entre les percepteurs et les contribuables, portées devant les Tribunaux civils, il y a presque toujours des tiers intéressés; telles sont les contestations relatives aux demandes en revendication de meubles saisis; celles concernant les difficultés élevées en matière d'ordre et de privilége. De sorte qu'en résultat l'exception se trouverait bien souvent sans application.

Nous pensons donc qu'il y a lieu, pour les percepteurs, de constituer avoué dans les instances qu'ils sont conduits à engager devant les Tribunaux pour le recouvrement de l'impôt direct. Mais nous n'avons pas besoin de faire remarquer que cette règle ne concerne pas les instances suivies devant les Conseils de préfecture, où les avoués ne représentent les parties qu'à titre de mandataires (1).

84. Lorsque, dans une contestation devant les Tribunaux, le percepteur succombe, peut-il être condamné aux dépens envers la partie adverse? Nous ne croyons pas que l'affirmative puisse être le moins du monde douteuse. C'est un principe de droit commun et d'équité, que la partie qui perd sa cause et qui, par conséquent, est reconnue avoir injustement intenté ou soutenu le procès, soit passible des frais qu'elle a occasionnés.

Il existe des cas, il est vrai, où certains magistrats ou fonctionnaires de l'ordre administratif ne peuvent être condamnés aux dépens; mais c'est seulement lorsqu'ils agissent dans l'intérêt général de la société.

L'Administration est placée, quant aux dépens, sous l'empire du droit commun, pour toutes les instances dans lesquelles elle n'agit pas comme exerçant la puissance publique. (D. 2 novembre 1864, art. 2.) Or, bien que la perception des contributions soit une affaire qui intéresse au plus haut degré l'Administration générale de l'Etat, ce n'est cependant pas seulement dans cet intérêt d'ordre public, et pour assurer l'exécution des lois, que le comptable agit; c'est une question de fiscalité qu'il débat contre le contribuable ou les tiers opposants. Le fisc, en matière de recouvrement des produits de l'Etat, a toujours été considéré comme *partie privée*, poursui-

---

(1) Voir, ci-dessus, les Notes de la page 370.

vant ses droits contre les redevables, comme un créancier particulier à l'égard de ses débiteurs. Par conséquent, il doit, lorsqu'il
succombe, être condamné aux dépens, d'après la règle générale
écrite dans l'article 130 du Code de procédure civile.

85. Nous n'avons pas besoin d'ajouter que ce n'est pas à la charge
personnelle du percepteur que retomberaient ces dépens, lors
même que le jugement porterait condamnation contre lui nominativement; car il n'a agi que comme représentant le Trésor. C'est
sur les fonds de l'Etat (1) que le montant de ces condamnations
serait imputé, à moins toutefois que le comptable n'eût irrégulièrement engagé et dirigé les poursuites et n'eût ainsi lui-même
occasionné les frais. Dans ce cas, ils pourraient être mis à sa
charge, conformément à l'article 105 du Règlement.

86. Nous devons parler ici d'une autre question qui se rattache
à celle que nous venons de traiter. Dans une instance judiciaire,
un percepteur avait cru devoir recourir au ministère d'un avocat
pour défendre les droits du Trésor. Bien que ce comptable eût
obtenu, en définitive, gain de cause, et que la partie adverse eût
été condamnée aux dépens, cependant, d'après la règle, comme les
honoraires de l'avocat ne pouvaient pas entrer en taxe, la question
s'éleva de savoir comment ils seraient acquittés. L'Administration
hésita à s'en charger, parce qu'elle pensait que le ministère public
devait prendre d'office la défense du Trésor, et que son intervention était suffisante. M. le garde des sceaux, consulté à ce sujet,
émit, par une lettre du 24 septembre 1834, à M. le Ministre des
finances, l'avis que l'obligation dont il s'agit n'était nullement imposée au ministère public, qui doit seulement, dans toutes les
affaires intéressant l'Etat, prendre des conclusions; conclusions
qui peuvent être, si telle est son opinion, contraires aux prétentions de l'Administration. D'après cet avis, les honoraires de
l'avocat furent alloués sur le fonds général des frais de perception.

87. La condamnation aux dépens aurait également lieu contre le
percepteur qui succomberait dans les instances portées devant les
Conseils de préfecture, et ces Conseils seraient compétents pour
prononcer cette condamnation et taxer ces dépens. Cette attribution leur a été reconnue par un arrêt du Conseil du 12 décembre 1818.

88. Mais, de même que les Tribunaux civils, les Conseils de pré-

_____

(1) Les demandes en non-valeurs pour les frais de poursuites sont comprises
dans les états de cotes irrecouvrables; elles donnent lieu à des mandats spéciaux.
(Inst. gén. 20 juin 1859, art. 144, 184 et 586.)

fecture pourraient-ils condamner à des *dommages-intérêts?*

M. Macarel, dans ses *Eléments de Jurisprudence administra-tive*, cite un arrêt du Conseil, du 3 mai 1810, d'où il fait résulter ce principe : « Que les Tribunaux seuls ont le droit de prononcer sur les dommages-intérêts réclamés par les parties devant les Conseils de préfecture (1). » Nous craignons qu'il y ait erreur dans la con-séquence que cet auteur induit de l'arrêt du 3 mai 1810. Dans l'es-pèce de cet arrêt, il s'agissait de dommages-intérêts réclamés par un propriétaire contre l'adjudicataire d'une coupe de bois doma-niaux, lequel était, suivant le demandeur, sorti des limites de son exploitation et avait coupé des bois à lui appartenant. Cette demande était évidemment de droit commun et de la compétence des juges ordinaires ; mais, au préalable, il fallait faire déterminer par l'autorité administrative quelle avait été l'étendue de la coupe vendue par l'Etat à l'adjudicataire.

Sous ce dernier rapport, le Conseil de préfecture était sans con-tredit compétent ; mais une fois ce préalable vidé, il est bien clair que, s'il y avait eu de la part de l'adjudicataire empiétement sur le bois du demandeur, c'était là une question de propriété qui s'agi-tait entre particuliers, et dont l'appréciation, en ce qui concerne la réparation du dommage causé, ne pouvait regarder que les Tribu-naux civils ; car l'Etat était complétement désintéressé dans la contestation, et les dommages-intérêts réclamés ne pouvaient d'ailleurs, par la nature même du droit en litige, être évalués que d'après les règles du droit commun. C'est aussi ce qu'a jugé le Con-seil d'Etat, et sa décision ne nous paraît pas avoir d'autre portée.

On pourrait en dire autant d'un autre arrêt du 22 juillet 1818, également cité par M. Macarel.

D'un autre côté, la jurisprudence elle-même du Conseil d'Etat fournit des décisions contraires, notamment un arrêt du 31 octobre 1821 (2), où le Conseil a précisément statué sur les dommages-inté-rêts dans une espèce à peu près analogue à celle de l'arrêt du 3 mai 1810. Nous citerons, en outre, l'arrêt de la Cour royale de

---

(1) M. de Cormenin (*Questions de Droit administratif*, 4e édit., t. 1er, p. 124) adopte le même principe ; mais, comme M. Macarel, il ne fait que l'énoncer et ne le discute pas. Il renvoie bien à ses Notes sur les articles 34 et 35 du *Règlement du Conseil d'Etat*; mais on n'y lit que ces mots : « L'exécution de ces articles n'a jamais engendré de difficultés. » Nous avons vainement cherché ailleurs d'autres passages de son livre auxquels le renvoi pût s'appliquer.

(2) En rapportant cette décision dans son *Recueil des arrêts du Conseil*, M. Ma-carel ajoute en Note : « Il en est autrement dans les autres cas de demande de dommages-intérêts. » Mais il n'indique pas les motifs de la différence entre ces autres cas et celui de l'espèce de l'arrêt du 31 octobre.

Bordeaux, rapporté dans la deuxième Partie, sous la date du 17 juin 1830, *Jurisprudence*, page 128, et qui renvoie à l'autorité administrative la demande en dommages-intérêts formée par un contribuable contre un percepteur pour des poursuites abusives et vexatoires.

Nous ne saurions donc admettre, en thèse générale, que les Conseils de préfecture ne peuvent pas prononcer des dommages-intérêts contre la partie dont ils condamnent les prétentions, sur des matières de leur compétence. Ainsi, par exemple, si un percepteur ou un agent de poursuites avait fait des actes de garnison irréguliers, vexatoires pour le contribuable, à qui ils auraient, en outre, occasionné un préjudice matériel, dirait-on que le Conseil de préfecture, compétent pour déclarer la nullité des actes, n'aurait pas qualité pour rejeter les frais à la charge de l'agent de poursuites et le condamner à des dommages-intérêts envers la partie? On renverrait cette dernière à se pourvoir devant les Tribunaux pour obtenir la réparation d'un préjudice que l'autorité administrative peut certes apprécier en jugeant les circonstances qui l'ont occasionné! Cela ne serait pas logique, et on ne peut supposer cette intention au législateur.

Ne serait-ce pas créer bien inutilement une double procédure et de doubles frais? D'ailleurs, le Conseil de préfecture étant saisi de la question du fond à raison de la matière du litige, qui motive sa compétence exclusive, n'est-il pas conforme à tous les principes de droit qu'il exerce sa juridiction dans toute sa plénitude et l'épuise dans toutes ses applications?

Sans doute on pourrait, jusqu'à un certain point, et nous ne voulons pas le dissimuler, soutenir que la question de savoir à quelle somme doit être évalué le préjudice causé par des poursuites illégales dépend de circonstances de fait personnelles au réclamant, et qui peuvent être étrangères à l'application des règlements administratifs; que, dès lors, il n'y a aucun motif pour soustraire l'appréciation de ces circonstances et du préjudice souffert à la juridiction ordinaire. Mais, même sous ce point de vue, l'objection ne serait pas complètement juste; car, en matière de dommages-intérêts, non-seulement on évalue le préjudice en lui-même, mais on tient compte aussi des torts que la partie lésée a pu avoir, et qui expliquent, s'ils ne les justifient, les actes vexatoires auxquels se sont laissé aller les agents des poursuites. Or, n'arrivera-t-il pas, le plus souvent, que ces torts ne pourront être convenablement appréciés que par la connaissance même de la marche ordinaire suivie pour la perception de l'impôt? Sous ce rapport, ne faut-il pas reconnaître que la compétence du Conseil de préfecture, déjà saisi de l'action principale, serait pleinement justifiée, et qu'il y aurait motif suffisant pour adopter la jurisprudence de l'arrêt du Conseil du 31 octobre 1821, et de l'arrêt de la Cour royale de Bordeaux du 17 juin 1830? Depuis que nous avons proposé cette solution dans la première édition de cet ouvrage, elle a été adoptée et soutenue par MM. Serrigny (2ᵉ édit., nᵒ 368) et Dufour (3ᵉ édit., t. II, nᵒ 384.)

ARTICLE 20

Le contribuable qui n'a pas acquitté, au 1ᵉʳ du mois, le douzième échu pour le mois précédent est dans le cas d'être poursuivi.

1. Nous présenterons nos observations sur cet article, en reprenant successivement les termes dans lesquels il est conçu :

Les contribuables. — En exposant avec détail, dans le *Commentaire* sur l'article 1ᵉʳ, les éléments d'après lesquels sont établies les différentes natures de contributions directes, nous avons implicitement indiqué sur quelles personnes ces contributions devaient porter. Nous n'aurons donc pas à nous occuper longuement de la question de savoir à qui appartient la dénomination de *contribuable*, et qui doit supporter les conséquences qui en dérivent. Nous nous bornerons à l'examen de quelques circonstances qui nous paraissent devoir être plus particulièrement signalées.

2. Lorsqu'un particulier jouit de l'usufruit d'un immeuble dont un autre à la nue-propriété, lequel du propriétaire ou de l'usufruitier est le contribuable? — C'est certainement l'usufruitier. Cela résulte : 1ᵒ de l'article 608 du Code civil, qui porte que « l'usufruitier est tenu de toutes les charges annuelles de la propriété, telles que les *contributions*, etc. » C'est une conséquence du principe que l'impôt est une charge des fruits; 2ᵒ de la loi du 4 août 1844, qui déclare, article 6, que les propriétaires ou *usufruitiers* peuvent charger les fermiers de payer la contribution foncière en leur acquit; » 3ᵒ enfin, de la formule même du rôle, annexée à l'Instruction de l'Assemblée constituante pour l'exécution de la loi du 14 décembre 1790, et qui indique nominativement les usufruitiers dans la colonne destinée à l'inscription des noms des contribuables.

Mais si l'usufruitier est personnellement imposé dans les rôles, et s'il est débiteur principal de la contribution foncière, le propriétaire n'est-il pas du moins tenu solidairement avec lui? Et, dans le cas, par exemple, où l'usufruitier laissant le terrain en friches, n'offrirait rien de saisissable, ne pourrait-on pas poursuivre l'expropriation de l'immeuble, comme le Trésor a le droit de le faire lorsque l'usufruit est réuni à la propriété? (*Commentaire* sur l'art. 12, n° 5.) Nous ne le pensons pas. Le système de la solidarité du propriétaire ne pourrait se soutenir que par un argument que nous avons déjà combattu (*Commentaire* sur l'art. 11, n° 106), et qui consiste à dire que c'est la propriété plutôt que le contribuable lui-même, qui doit l'impôt. Nous croyons avoir démontré que cet argument n'a rien de solide.

Si donc la contribution foncière, comme charge des fruits, est imposée à l'usufruitier, c'est une dette qui lui est entièrement personnelle et à laquelle le propriétaire doit rester complétement étranger. A quel titre le Trésor pourrait-il donc le faire exproprier? Quand nous avons reconnu que l'Administration avait rigoureusement le droit de poursuivre la vente des immeubles des redevables pour obtenir le payement de l'impôt, nous avons eu soin de faire remarquer que ce n'était pas là un droit particulier à la contribution foncière, une sorte de droit réel qui lui était attribué sur l'immeuble imposé; mais que c'était simplement l'application du principe de l'article 2092 du Code civil, qui affecte au créancier les biens tant immobiliers que mobiliers du débiteur. D'où il suit que, si le propriétaire peut, quand l'usufruit est réuni à la nue-propriété, être exproprié de son immeuble, ce n'est pas précisément parce que cet immeuble est grevé de l'impôt; mais c'est parce qu'il est lui-même débiteur personnel du Trésor, et que celui-ci a par conséquent une action sur tous les biens qui lui appartiennent. Dans l'espèce, il n'en est point ainsi : le propriétaire ne doit rien; il serait donc injuste de saisir et de faire vendre une nue-propriété qui est sa chose et non pas celle de l'usufruitier, seul redevable de l'impôt. Il serait d'autant plus exorbitant de vouloir rendre ainsi garant de la contribution le nu-propriétaire, qu'il lui est impossible de mettre le terrain en valeur, et qu'on ne peut lui imputer de l'avoir laissé en friches. Ce fait lui est complétement étranger, et il n'a pas même eu le droit de l'empêcher.

Ainsi, nous n'hésitons pas à dire que, dans le cas où l'usufruit d'un immeuble est distinct de la nue-propriété, cet immeuble ne saurait être l'objet d'une saisie immobilière au préjudice du nu-propriétaire. Le percepteur, dans ce cas, n'aurait de recours que contre l'usufruitier, et, à défaut de fruits, revenus ou tous autres biens mobiliers saisissables, il ne pourrait que poursuivre sur ce dernier la vente du droit même d'usufruit. (Voir, au *Commentaire* sur l'art. 89, les formes à suivre pour la saisie des meubles incorporels. — Voir, en outre, le *Commentaire* sur l'article 12, n° 8.)

Le locataire qui, en exécution des clauses de son bail, a élevé à ses frais, risques et périls, des constructions devant appartenir au propriétaire, seulement à la fin du bail, est assimilable à l'usufruitier, et doit, par conséquent, être imposé, pour ces constructions, à l'exclusion du propriétaire. (A. du C., des 7 janvier et 24 juin 1857.)

3. Nous avons vu, dans le *Commentaire* sur l'article 13, que les fermiers étaient, en ce qui concerne la contribution foncière de l'année courante, assimilés aux propriétaires, et contraignables comme eux. Ils ont donc, à cet égard, toutes les obligations des contribuables eux-mêmes.

4. D'après la loi du 4 frimaire an 7, la contribution des portes et fenêtres (1) est imposée au nom des propriétaires des maisons, bâtiments et usines, et, s'il y a lieu, des usufruitiers; les fermiers et principaux locataires en sont également tenus. Cependant ni les uns ni les autres ne sont, à proprement parler, les contribuables; car la loi leur réserve leur recours contre les locataires particuliers, à la charge de qui retombe, en définitive, la contribution au prorata des locaux occupés par chacun d'eux. (A. de la C. de cassation, 26 octobre 1814.) Ainsi, au fond, le véritable contribuable est ici le locataire; les propriétaires et usufruitiers, comme les fermiers et les principaux locataires, sont seulement, à l'égard du Trésor, garants et débiteurs solidaires de l'impôt. Le percepteur, au surplus, peut indifféremment poursuivre les uns ou les autres, sans qu'ils puissent réciproquement décliner la poursuite, en invoquant leur responsabilité respective. (Argument des art. 12 et 14 de la loi du 4 frimaire an 7.) Cependant, dans la pratique et pour la facilité du recouvrement, c'est ordinairement au propriétaire ou à l'usufruitier, s'il y en a un, que le payement est demandé. Nous n'avons pas besoin de dire que, lorsqu'il y a un usufruitier, l'obligation n'existe pas pour le nu-propriétaire. L'observation que nous avons faite à cet égard, pour la contribution foncière, s'applique entièrement à l'impôt des portes et fenêtres.

5. Le contribuable étant, en général, celui qui est porté au rôle, il en résulte que, lorsqu'une propriété est vendue, si les parties

_____

(1) Voir particulièrement, pour l'assiette de cet impôt, le *Commentaire* sur l'article 1er du Règlement, n° 11.

intéressées ne se mettent pas en mesure de faire opérer la mutation sur la matrice des rôles, et que la cote reste sous le nom de l'ancien propriétaire, celui-ci continue, lui et ses héritiers, à être tenu, envers le Trésor, sauf son recours contre le nouveau propriétaire. (Art. 36 de la loi du 3 frimaire an 7.) Application de ce principe a été faite plus d'une fois par le Conseil d'Etat. (Voir notamment, dans la 2e Partie, les arrêts des 23 janvier 1820 et 1er novembre 1826, *Jurisprudence*, pages 105 et 123.) Le premier de ces arrêts décide la question pour le cas même où la propriété appartient par indivis à divers propriétaires. Le percepteur doit poursuivre, pour la totalité de la cote, celui dont le nom figure au rôle; il n'est pas obligé de diviser sa poursuite entre tous les copropriétaires, au prorata de leurs droits respectifs dans la propriété.

Le second fait application aux héritiers de l'article 36 précité de la loi du 3 frimaire an 7. Il décide que, tant que la mutation n'a pas été opérée sur le rôle, c'est l'héritier qui doit, sauf son recours, être poursuivi pour le payement de l'impôt, et non pas le nouvel acquéreur.

6. Le motif de ces décisions et de la loi sur laquelle elles sont fondées sera facilement compris, si l'on réfléchit que, le rôle étant le titre exécutoire en vertu duquel s'opère le recouvrement, et force étant due à ce titre jusqu'à ce qu'il ait été détruit par un autre, le percepteur doit exercer son action sur le contribuable que le rôle lui désigne, et qui est, en effet, débiteur aux termes de ce rôle, jusqu'à ce qu'il s'en soit fait effacer. Le comptable, en effet, n'est pas juge de la question de savoir si l'individu inscrit à son rôle est bien le véritable propriétaire, et si, par suite, il doit encourir les obligations du contribuable. Indépendamment de ce qu'il pourrait être exposé à des erreurs contraires à l'intérêt du recouvrement, s'il voulait entrer dans l'appréciation de ce fait, il rencontrerait d'assez sérieux embarras pour intenter des poursuites contre le nouvel acquéreur. Non pas que nous voulions soutenir qu'il n'en aurait pas légalement les moyens; nous avons prouvé, au contraire (*Commentaire* sur l'article 111, n° 103), que, par cela que la loi du 3 frimaire an 7 réservait à l'ancien propriétaire son recours contre l'acquéreur, le percepteur pourrait toujours exercer utilement ce recours, aux lieu et place du redevable, par application du principe de l'article 1166 du Code civil. Mais, en supposant ce nouvel acquéreur tracassier ou de mauvaise foi, cette action exigerait une procédure assez délicate et dont nous n'avons pas encore vu d'exemple.

En effet, bien que, par le fait de son acquisition, le nouvel ac-

quéreur soit devenu contribuable et doive l'impôt assis sur sa
propriété, cette circonstance, même non contestée, ne suffit pas
pour donner au percepteur la possibilité de le poursuivre. Pour
arriver à contraindre quelqu'un, il faut avoir non-seulement un
droit à exercer contre lui, mais, de plus, un titre exécutoire, qui
permette l'exercice de ce droit. Or, dans l'espèce que nous supposons, où est le titre du percepteur? Le nouvel acquéreur
n'étant pas porté au rôle, où trouverait-on le fondement légal
d'une contrainte qui pût être régulièrement délivrée et mise à
exécution?

Nous ne verrions qu'un moyen, pour le percepteur, de se
procurer un titre exécutoire (et nous pensons qu'à défaut
d'autre voie de recouvrement, il devrait y recourir avec l'autorisation du receveur des finances); ce serait d'assigner le nouvel
acquéreur devant le Conseil de préfecture pour faire déclarer
qu'attendu la mutation dans la propriété, c'est lui qui aurait dû
être porté au rôle, et que, par suite, il est redevable de la cote
foncière, et contraignable à ce titre. Nous ne doutons pas que
cette marche ne fût jugée régulière, et que le nouvel acquéreur
ne fût condamné par le Conseil de préfecture. Dès lors, en vertu
de l'arrêté qui formerait un titre exécutoire, le receveur particulier des finances décernerait contrainte conformément à l'article 23 du Règlement, et le percepteur poursuivrait.—Mais, nous
le répétons, mieux vaudrait toujours s'adresser à l'ancien propriétaire porté au rôle, et n'avoir recours à la procédure que nous venons d'indiquer, que dans le cas où l'insolvabilité de ce redevable
ne laisserait aucun moyen de recouvrer l'impôt.

7. Nous parlerons ici d'une difficulté que nous aurions cru à
peine pouvoir se produire, si nous n'en avions eu un exemple réel
sous les yeux : il s'agissait d'une cote foncière inscrite sur le rôle
avec indication de la propriété imposée, mais sans que le contribuable y fût désigné autrement que comme *inconnu*. A qui le
percepteur devait-il s'adresser dans ce cas? Où était le contribuable?

Évidemment, il y avait là, dans la confection du rôle, un vice
radical dont la responsabilité devait peser sur les agents qui
l'avaient rédigé ; et, chose étrange ! le contrôleur élevait la prétention de rejeter sur le percepteur l'obligation de rechercher le
propriétaire imposable. Cette prétention méritait à peine une réfu-
tation sérieuse. Nous nous y arrêterons cependant, parce que nous
trouverons par là l'occasion d'exposer quelques principes qui tiennent au système de la répartition et de la perception de l'impôt,
et qui se rattachent ainsi à la matière dont nous nous occupons

en ce moment; c'est-à-dire, aux règles d'après lesquelles s'établit la qualité du contribuable.

8. Les lois constitutives des contributions directes ont distingué les opérations de l'imposition de celles du recouvrement, et elles en ont confié le soin à des fonctionnaires différents. Les uns, qui ont le titre de contrôleurs et de directeurs, sont chargés, après que la répartition des contingents communaux a été arrêtée par les répartiteurs, de confectionner les rôles et les avertissements.; les autres, sous le titre de percepteurs, sont chargés d'opérer le recouvrement sur les contribuables dénommés aux rôles. Or, ces attributions se trouveraient complétement déplacées si les agents de la répartition pouvaient exiger que les agents du recouvrement prissent la peine de se livrer à toutes les recherches qui doivent servir d'éléments à la confection des rôles; ou, en d'autres termes, devinssent les commis obligés des contrôleurs. Tel n'a point été le but de la loi lorsqu'elle a divisé le travail de l'imposition et celui de la perception : elle a senti qu'indépendamment des autres inconvénients si graves que présentait, sous ce rapport, l'ancienne législation des *tailles*, qui donnait aux *collecteurs* la double fonction de répartir et de percevoir l'impôt, il y aurait dans le recouvrement des retards inévitables, si le percepteur était obligé de se procurer par lui-même les renseignements les plus indispensables, c'est-à-dire le nom du contribuable et le lieu de sa demeure.

La nécessité de ne pas détourner le comptable du service de la perception a été, en effet, si bien dans la pensée du législateur, que, dans le principe, le percepteur restait même étranger au travail des mutations, puisque, d'après la loi du 3 frimaire an 7, c'était au secrétaire de la mairie qu'était imposé le soin de tenir registre des changements survenus parmi les contribuables de la commune.

Si, plus tard, cette attribution a été transportée de fait aux percepteurs, ce n'a été que parce que les relations habituelles de ces comptables avec les contribuables les mettaient naturellement à même de connaître les mutations presque aussitôt qu'elles survenaient, et de donner, sous ce rapport, des renseignements utiles au travail de la répartition. Mais l'Administration supérieure, avant qu'elle n'eût été amenée à régler définitivement cette matière, n'avait jamais admis que leur concours eût pour objet de dégrever les contrôleurs d'un travail qui est de l'essence de leurs fonctions. La Circulaire de la direction générale des contributions directes du 17 août 1853, en transmettant l'arrêté ministériel du 5 du même mois, qui règle le concours des percep-

teurs au travail des mutations (1) et qui détermine la mesure de
ce concours, insiste même sur ce point que les agents des contributions directes restent, en tous cas, responsables du service des
mutations, et que les directeurs et contrôleurs sont tenus d'assurer ce service.

---

(1) Le travail des mutations comprend notamment la réception des déclarations
de mutation des propriétés foncières et la rédaction des extraits de matrice ou
feuilles de mutation indiquant les parcelles objet des changements; la recherche
des propriétés non bâties devenues imposables ou ayant cessé de l'être; celle des
constructions et des démolitions totales ou partielles, ainsi que des changements
de destination susceptibles d'affecter le revenu imposable des propriétés bâties; la
formation des états de changement concernant la contribution des portes et fenêtres
et la contribution personnelle mobilière, et le redressement des erreurs commises
antérieurement dans la désignation des contribuables; enfin, l'application des mutations sur les matrices. Les nombreuses Circulaires qui avaient réglé ces opérations se trouvent résumées dans une Instruction du 18 décembre 1853, modifiée,
elle, en quelques parties, par des Circulaires plus récentes.
D'après cette Instruction, comme aussi d'après l'Instruction générale des
finances du 20 juin 1859, l'opération même de la mutation est l'œuvre du contrôleur, assisté, suivant les cas, des répartiteurs ou du maire; mais les percepteurs sont appelés à prendre une part active aux travaux préparatoires, sans pourtant qu'il soit porté atteinte à ce principe essentiel de la séparation des deux
services de l'assiette et de la perception. Autre chose est, en effet, comme l'exprime une Circulaire du 19 août 1853 (Comptabilité des finances), de déterminer
le chiffre de la contribution et le montant des taxes à porter d'office à la charge
des contribuables, ou d'aider, d'après les déclarations des parties elles-mêmes, à
répartir entre les débiteurs les cotes afférentes aux propriétés qui ont changé de
main. Or, cette partie du travail est la seule qui concerne les percepteurs.
Le détail des opérations relatives aux mutations de cotes et les règles qui président à ces opérations sont consignées dans l'arrêté ministériel du 5 août 1853,
l'Instruction du 18 décembre 1853 et les Circulaires postérieures; il convient de
se reporter à ces documents très étendus, et dont la nature ne comporte pas un
résumé; mais nous ne devons pas omettre les textes législatifs qu'ils ont mis en
action, et qui, suivant la remarque de M. Serrigny (Questions de droit administratif, p. 472.), ne sont rien moins qu'uniformes. Ces textes nous font considérer
non plus l'action de l'Administration travaillant à mettre les rôles au courant des
changements survenus dans la matière imposable, mais celle du contribuable pro-
voquant lui-même une modification dont les agents préposés à l'assiette de l'impôt
n'ont pas pris l'initiative.
Quand il s'agit d'une mutation foncière, le Conseil de préfecture est compétent
pour la prononcer. (A. 24 floréal an 8, art. 2.) L'instruction est faite avec le
concours des répartiteurs, selon les formes prescrites pour les demandes en
décharge et réduction. (L. 2 messidor an 7, art. 5.) La réclamation peut émaner
du véritable propriétaire, qui, non encore inscrit au rôle, demande décharge ou
réduction; la mutation de cote est le préalable nécessaire de l'examen d'une
demande de cette nature : en ce cas, le Conseil de préfecture doit ordonner la
mise en cause de l'ancien propriétaire, pour qu'il soit statué contradictoirement
avec lui. Réciproquement, l'ancien propriétaire, et ce sera le cas le plus fréquent
de ceux qui sont prévus par l'article 5 de la loi du 2 messidor an 7, a qualité
pour demander que la propriété restée sous son nom soit cotisée au nom de l'ac-

La division établie par la loi entre les opérations de la répartition et celles du recouvrement subsiste donc encore aujourd'hui. Autre chose est, en effet, de déterminer le chiffre de la contribution et le montant des taxes à porter d'office dans les rôles, à la

---

quéreur. Celui-ci devra alors être mis en cause par le Conseil de préfecture, s'il y a la moindre apparence de contestation possible (A. du Conseil 22 mars 1854, 27 décembre 1854, 23 mai 1873.); car le même arrêté qui raye du rôle le contribuable indûment imposé doit y inscrire le propriétaire réel.

Si la personne indiquée comme propriétaire réel dénie cette qualité, il s'élève un litige qui échappe à la compétence du Conseil de préfecture; de même encore, si l'acquéreur, ou celui qui prétend l'être, rencontre de la résistance de la part de l'ancien propriétaire mis en cause. Dans l'un et l'autre cas, le Conseil de préfecture doit renvoyer les parties devant les Tribunaux de l'ordre judiciaire et surseoir à statuer jusqu'à ce que la question de propriété se trouve tranchée. (A. du Conseil 7 novembre 1873, 15 mai 1874.)

Les mêmes règles sont applicables aux mutations de cote en matière de contributions des portes et fenêtres, aux termes de l'article 13 de la loi du 8 juillet 1852, ainsi conçu : « Les dispositions de l'article 5 de la loi du 2 messidor an 7 et de l'article 2 de l'arrêté du Conseil du 24 floréal an 8, concernant les mutations de cote en matière de contributions foncières, seront appliquées à la contribution des portes et fenêtres. » Cette mesure législative empêche qu'un contribuable, comme il arrivait souvent autrefois, ne puisse se faire rayer du rôle sans qu'un autre contribuable y vienne prendre sa place, et qu'ainsi la cote dont la décharge a été prononcée ne puisse être imputée que sur le fonds de non-valeurs.

Cet inconvénient subsiste pour la contribution personnelle-mobilière; en cette matière, lorsqu'une décharge est prononcée, le produit en est réimposé, en sorte qu'il est en définitive supporté par les contribuables, et ne grève en rien le fonds de non-valeurs; de là vient sans doute que le gouvernement ne s'est pas préoccupé du soin d'appliquer à la contribution personnelle-mobilière, comme à celle des portes et fenêtres, la législation relative aux mutations de cote. Le Conseil de préfecture devra donc, quand il y aura lieu, se borner à prononcer décharge; il ne pourra pas, en la prononçant, décider que telle ou telle personne devra être imposée au lieu et place de celle qui était indûment portée au rôle. Le préfet, à plus forte raison, n'a aucune qualité pour prononcer des mutations de cote en matière de contribution mobilière. (A. du Conseil 17 juin 1852.) La différence qui s'établit ainsi entre la contribution des portes et fenêtres et la contribution mobilière est d'autant plus bizarre que sa cause originaire a disparu depuis que la loi du budget de 1863 a remis en vigueur l'article 22 de la loi du 13 floréal an 10, aux termes duquel les décharges et réductions de la contribution des portes et fenêtres sont réimposées l'année suivante.

Le préfet, aux termes de l'article 23 de la loi du 25 avril 1844, règle les mutations de cote qui ont pour objet le transfert des patentes, en cas de cession d'établissement. « La patente, dit cet article, sera, sur la demande du cédant, transférée à son successeur; la mutation de cote sera réglée par arrêté du préfet. »

Si la mutation de cote est refusée, le contribuable a la ressource de se pourvoir devant le Conseil de préfecture en décharge de la contribution que le préfet a refusé de transférer. Mais, en pareil cas, on comprend que le délai de trois mois ne pouvait courir de la publication des rôles. La jurisprudence lui donne pour point de départ le jour de la notification de l'arrêté préfectoral qui rejette la demande en transfert. (A. du Conseil 19 juillet 1854, 18 juillet 1855.)

charge des contribuables, ou d'aider, *d'après les declarations des parties elles-mêmes*, à répartir entre les débiteurs les cotes afférentes aux propriétés transférées. Le percepteur, qui n'a pas d'autre mission que cette dernière, a le droit de demander que les fonctionnaires chargés de la confection des rôles remplissent leurs obligations comme il remplit lui-même les siennes à l'égard du recouvrement, et ne rejettent point sur lui une charge que la loi ne lui impose pas; il ne nous paraît pas douteux que MM. les receveurs des finances ne s'empressassent de faire prévaloir en ce point les justes prétentions de leurs subordonnés.

Dans l'espèce, comment un percepteur pourrait-il être constitué responsable d'une cote portée au rôle, sans indication du nom ni du domicile du contribuable qui doit l'acquitter? Ne lui serait-il pas absolument impossible de remplir, à cet égard, les obligations prescrites par les règlements? A qui délivrera-t-il l'avertissement, si la direction des contributions le lui envoie sans indication de nom? Comment dirigera-t-il les poursuites? L'article 56 du *Règlement sur les poursuites* ne permet de faire commandement à aucun contribuable qu'en vertu d'une contrainte qui le désigne *nominativement* : comment le receveur des finances décernera-t-il cette contrainte? Le recouvrement n'est donc pas possible, même dans le cas où le percepteur parviendrait à découvrir le nom et le domicile du redevable ; car celui-ci pourrait repousser tout acte de poursuites en soutenant que, n'étant pas porté au rôle, il n'existe pas de titre exécutoire contre lui. Cet argument serait sans réplique, et le percepteur ne pourrait pas passer outre. Ainsi, il est évident que le comptable, dépourvu de tout moyen d'action pour opérer le recouvrement, ne saurait être constitué responsable. Ce n'est pas à lui qu'il appartient de faire le rôle, et nous avons démontré que c'est précisément au vice du rôle qu'il faudrait, dans l'espèce, attribuer l'impossibilité du recouvrement.

9. Mais comment et devant qui ce comptable doit-il réclamer?

Il nous semble qu'attendu ce que la circonstance offre d'exceptionnel, le comptable, sans attendre de porter l'article dans son état de cotes indûment imposées, suivant les règles ordinaires, devrait en instruire provisoirement le receveur des finances, afin que ce comptable pût, s'il le jugeait convenable, dénoncer le fait au préfet, à l'attention duquel il avait sans doute échappé lorsqu'il a vérifié le rôle pour le rendre exécutoire. Ce magistrat donnerait alors au directeur des contributions les ordres nécessaires pour éviter le retour d'une semblable irrégularité, et la cote serait rectifiée, dans le rôle suivant, d'après les renseignements qui auraient dû être pris à la diligence du contrôleur. Quant à la cote de l'année, elle serait allouée au percepteur dans son état de cotes indûment imposées. (Voir ci-après la Note du n° 10.)

10. Comme nous l'avons dit ailleurs, la contribution foncière, aussi bien que la contribution mobilière, est une dette personnelle qui est imposée au contribuable dès la formation du rôle, et au payement de laquelle il ne peut se soustraire, si ce n'est en vertu d'une décision rendue par l'autorité compétente et dans les cas prévus par la loi. Nous avons signalé dans le *Commentaire* sur l'article 1er différents cas d'exemption, et dans le *Commentaire* sur l'article 6, nous avons indiqué sommairement les principales règles à suivre pour l'admission des réclamations. (Voir aussi le *Commentaire* sur les art. 19 et 78.)

Mais, à part ces cas où l'autorité intervient pour déclarer, soit que la cote a été mal imposée, soit qu'il y a lieu à la réduire, soit enfin qu'il faut renoncer aux poursuites (1), il est une circonstance

---

(1) Il ne peut entrer dans notre plan d'exposer avec détail les règles à suivre pour l'instruction et le jugement des réclamations en matière de contributions directes. Comme nous l'avons fait en ce qui concerne l'imposition et la répartition (*Commentaire* sur l'art. 1er, n° 6), nous renverrons aux ouvrages spéciaux qui ont traité de ces matières. Ici, nous n'avons à nous occuper de ces réclamations et des décisions qui interviennent qu'en tant qu'elles pourraient empêcher les poursuites ou les arrêter quand elles sont commencées. Nous nous bornerons, par conséquent, à quelques explications très sommaires.

Les contribuables peuvent opposer à leur inscription aux rôles des contributions quatre sortes de réclamations : ils peuvent demander la décharge, la réduction, la remise ou la modération de leurs cotes. Il y a lieu : 1° à *décharge*, lorsque le réclamant a été mal à propos compris dans un rôle; si, par exemple, il a été cotisé à raison de biens ou d'une industrie qu'il n'a point, ou dans une commune autre que celle où l'imposition devait être faite, ou bien, enfin, s'il est relevé deux fois dans le même rôle; 2° à *réduction*, si la cote, régulièrement établie d'ailleurs, est seulement trop forte; 3° à *remise*, si le contribuable, justement taxé dans le principe, a perdu les valeurs ou revenus à raison desquels sa taxe avait été établie; 4° à *modération*, s'il n'a perdu qu'une partie seulement de ces valeurs.

La décharge ou la réduction sont de justice rigoureuse, et le contribuable a *droit* de les obtenir quand il se trouve dans les cas prévus par la loi, puisqu'il ne réclame, au fond, que pour être dispensé de payer ce qu'il ne doit pas. Ces réclamations sont donc contentieuses de leur nature. Aussi sont-elles jugées par le Conseil de préfecture, sauf recours au Conseil d'État. Les remises et modérations sont, au contraire, des actes de justice gracieuse. Elles sont abandonnées à l'appréciation de l'Administration, et leur quotité peut être subordonnée à la latitude du fonds destiné à y pourvoir. Le contribuable *peut* donc les obtenir, mais il n'a pas droit de les exiger. Aussi la loi remet-elle à l'autorité purement administrative du préfet le soin de prononcer à cet égard. La marche à suivre pour l'instruction et le jugement de ces diverses demandes est réglée par l'arrêté du 24 floréal an 8 et par les instructions de l'Administration des contributions directes, notamment par l'Instruction sur les réclamations du 10 mai 1849.

D'un autre côté, il arrive qu'après la mise à exécution des rôles, lorsque les

où la loi donne au contribuable la faculté de s'affranchir de la contribution.

Nous voulons parler de l'abandon qu'aux termes des lois du

---

délais pour présenter les réclamations sont expirés, ou qu'enfin elles ont été rejetées, les cotes ne peuvent être recouvrées, parce que les redevables sont insolvables. Dans ce cas, il n'y a pas lieu non plus à accorder décharge ou réduction, remise ou modération, mais seulement d'ordonner la suspension de poursuites dont les frais seraient faits en pure perte. La procédure à suivre, à cet effet, n'a pendant longtemps été réglée que par les Instructions de l'Administration; elle prescrivait aux percepteurs de dresser et de lui soumettre des états de *cotes irrecouvrables*. Mais, en principe, ce n'était pas le Conseil de préfecture qui devait prononcer sur ces cotes irrecouvrables, c'était le préfet, sous l'autorité du Ministre des finances, chargé de la haute surveillance et de la direction du recouvrement de l'impôt.

Il en était de même à l'égard des états de *cotes indûment imposées*, que les mêmes comptables doivent dresser dans l'intérêt de la régularité de leur comptabilité.

Cependant il arrivait, en fait, que les Conseils de préfecture étaient saisis de l'examen des états des cotes indûment imposées et des cotes irrecouvrables présentés par les percepteurs, bien que cette attribution ne leur eût jamais été conférée par une disposition légale. Et voici comment les percepteurs avaient été amenés à présenter ces états aux Conseils de préfecture; l'exposé sommaire de ces précédents fera mieux comprendre la législation qui est venue régulariser la pratique administrative.

Nous avons vu qu'aux termes de la loi du 28 pluviôse an 8, art. 4, les Conseils de préfecture connaissent des réclamations des contribuables qui demandent soit la rectification, soit l'annulation de la cote ouverte en leur nom au rôle de la commune, d'après les lois des 21-28 août 1791, 26-31 août 1792, 3 nivôse et 2 messidor an 7, 26 mars 1831 et 21 avril 1832, ces réclamations, à peine de déchéance, doivent être formées dans les trois mois de la publication du rôle; mais nonobstant la facilité de réclamer et le délai fatal imposé pour le faire, il est des contribuables qui ne formeraient point de réclamations, soit par négligence, soit par suite de la conviction où ils sont que, comme ils ont été imposés à tort, ils ne peuvent être poursuivis. Cette dernière idée est tout à fait fausse, puisqu'il est, au contraire, de principe, comme nous l'avons dit à l'article 6, n° 4, que foi est due au rôle, et qu'il doit être exécuté jusqu'à rectification.

La sévérité de ce principe suffit sans doute à assurer les intérêts du Trésor; cependant il n'en est pas moins fâcheux de poursuivre des citoyens qui évidemment ont été portés au rôle par erreur ou en double emploi, ou pour une somme qu'on reconnaît supérieure à celle qu'ils doivent en réalité. S'ils négligent de réclamer dans les délais, par insouciance, oubli et souvent même ignorance des formes à suivre, le devoir d'une administration paternelle est de les protéger eux-mêmes contre leur propre faute, de manière à éloigner, autant que possible, du recouvrement de l'impôt toutes les causes secondaires de collision entre les citoyens et les agents du Trésor. De là l'obligation imposée, par l'Instruction du 15 décembre 1826, aux percepteurs de former, dans les deux premiers mois de l'émission des rôles, des états présentant les cotes qu'ils reconnaissaient avoir été indûment ouvertes. Ces états, dont la forme était indiquée par les modèles joints à cette Instruction, s'instruisaient d'après les mêmes règles que les réclamations formées par les contribuables eux-mêmes, et, comme l'auraient été ces dernières,

23 novembre-1ᵉʳ décembre 1790, titre 3, article 3, et du 3 frimaire an 7, article 66, les propriétaires sont autorisés à faire de leurs terres vaines et vagues, landes et bruyères, et terrains habituelle-

---

ils étaient soumis au jugement du Conseil de préfecture qui admettait ou rejetait les articles, suivant que l'erreur d'imposition lui paraissait bien ou mal justifiée. Or, il est bien évident que ce n'était pas en son propre nom, mais en réalité au nom et pour le compte du contribuable, que le percepteur réclamait, et c'est ainsi que les Instructions ministérielles l'avaient entendu. C'était une intervention offi-cieuse dans l'intérêt du contribuable, qui, si la réclamation était fondée, se trouvait dégrevé en tout ou en partie de sa cote, sans avoir fait aucune démarche. (Voir le *Commentaire* sur l'art. 6, n° 2.)

Cette disposition avait été étendue, toujours dans la même pensée bienveillante pour le contribuable, et aussi dans l'intérêt général du bon ordre et de la régula-rité du service de la perception, aux cotes qui, quoique bien imposées dès le principe, étaient devenues irrecouvrables par suite de l'état d'insolvabilité dans lequel étaient tombés les contribuables. Conformément aux instructions du minis-tère, l'état de ces cotes devait être également dressé par le percepteur dans les deux mois qui suivaient l'année pendant laquelle le rôle avait été mis en recou-vrement et être soumises aux Conseils de préfecture. Celui-ci cependant n'avait jamais été appelé par aucune loi à juger de l'insolvabilité des contribuables, ni à prononcer l'imputation de leur cote sur le fonds de non-valeurs; mais c'était par analogie avec ce qui se pratiquait pour les *cotes indûment imposées* qu'il avait été saisi également de l'examen des états de *cotes irrecouvrables* présentés par les percepteurs.

Cette lacune a été remplie par la loi du 3 juillet 1846, qui ordonne, art. 6, que, dans les trois mois de la publication des rôles, les percepteurs formeront, s'il y a lieu, pour chacune des communes de leur perception, des états présen-tant, par nature de contribution, les cotes qui leur paraîtront avoir été indûment imposées et adresseront cet état aux préfets et aux sous-préfets par l'intermédiaire des receveurs des finances. Les états dont il s'agit, ajoute le même article, seront renvoyés aux contrôleurs des contributions directes, qui vérifieront les faits et les motifs allégués par les percepteurs et donneront leur avis, après avoir pris celui du maire ou des répartiteurs. Le directeur des contributions directes fera son rapport, et le Conseil de préfecture statuera. Le montant des décharges pronon-cées sur les contributions foncière, personnelle et mobilière sera réimposé aux rôles de l'année suivante.

Ainsi, les Conseils de préfecture se sont trouvés légalement investis d'un droit de juridiction qui leur avait manqué jusque-là; mais l'attribution avait besoin d'être définie d'une manière plus précise, à cause d'une confusion qui s'établissait trop facilement entre les états de cotes *indûment imposées* et les états de *cotes irrecouvrables*. Les percepteurs, qui ne sont pas toujours en mesure de découvrir, dans les trois premiers mois de l'exercice, les cotes *indûment imposées*, compre-naient celles qui leur avaient échappé dans l'état des *cotes irrecouvrables*, que l'article 98 de l'Instruction du 17 juin 1840 les invitait à dresser dans les deux premiers mois de la seconde année de chaque exercice, et qui ne devait régulière-ment contenir que des cotes devenues irrecouvrables *dans le cours de l'année*, pour cause d'absence, de décès, d'insolvabilité, etc., et destinées à rester à la charge du fonds de non-valeurs. Il s'ensuivait que ce fonds supportait le montant de cotes, à la vérité imposées à tort, mais pour lesquelles des contribuables sol-vables et en état de réclamer auraient pu et dû former eux-mêmes une demande

ment inondés ou dévastés par les eaux, à la commune où ces propriétés sont situées. Ces dispositions sont encore en vigueur, et
nous les avons vu citées dans un avis du Conseil d'Etat rapporté

en décharge, dont le résultat eût été la réimposition et non point l'imputation sur
le fonds de non-valeurs.

Le Conseil d'Etat, gardien des intérêts du Trésor, n'a pas tardé à démêler cette
confusion, et il a décidé qu'on ne devait pas s'attacher à la dénomination donnée
par le percepteur aux cotes dont il demandait la décharge; que le préfet restait
seul compétent pour relever le percepteur de sa responsabilité, quand il s'agissait
de toutes cotes autres que celles qui avaient été comprises aux états dressés dans
les trois mois de la publication des rôles, et que le Conseil de préfecture ne pouvait relever de la déchéance encourue un percepteur qui n'avait pas, dans ce
délai, présenté son état de cotes *indûment imposées*. (A. du Conseil, 17 mars
1853 et 17 septembre 1854.) Cette jurisprudence, il faut le reconnaître, pouvait
peser bien lourdement sur les percepteurs, puisque, d'une part, le Conseil de préfecture devait refuser toute décharge pour les cotes *indûment imposées* non comprises dans les états du commencement de l'année et que, d'autre part, le préfet,
s'il a compétence pour prononcer sur les cotes irrecouvrables et exonérer les percepteurs de leur responsabilité sous ce rapport (A. 24 floréal an 8, art. 28), est,
au contraire, sans aucun droit pour accorder la décharge de cotes *indûment imposées*. C'est ce qui a obligé l'Administration à demander au pouvoir législatif le
vote de la disposition suivante, qui est devenue l'article 16 de la loi du 22 juin
1854 : « Les cotes *indûment imposées* aux rôles des contributions directes, qui
n'avaient pas été comprises dans les états présentés par les percepteurs dans les
trois premiers mois de l'exercice, et dont l'irrecouvrabilité serait, d'ailleurs, constatée, pourront être portées sur les états de cotes irrecouvrables rédigés en fin
d'année et *être allouées en décharge par le Conseil de préfecture*. » Ainsi, les
cotes indûment imposées non comprises aux états du commencement de l'année
peuvent être réimposées et ne tombent pas nécessairement à la charge soit du
fonds de non-valeurs dont le préfet a la disposition, soit des percepteurs eux-
mêmes, par le refus que ferait le préfet de les exonérer.

Toutefois, cette intervention du législateur n'a pas mis fin à toute difficulté;
l'Administration d'une part, et le Conseil d'Etat de l'autre, sont en divergence sur
la portée de l'article 16 de la loi du 22 juin 1854.

Le Conseil d'Etat décide constamment que les Conseils de préfecture ne peuvent prononcer sur les états de cotes irrecouvrables présentés par les percepteurs
qu'autant qu'il s'agit de cotes qui auraient été *indûment imposées*. (A. du Conseil, 22 avril 1857, 30 juin 1858, 7 septembre 1864, 20 janvier 1869, 10 novembre 1870, 6 octobre 1871 et 24 janvier 1872.)

L'Administration, préoccupée de l'intérêt du fonds de non-valeurs, voudrait, au
contraire, qu'il fût possible de considérer comme susceptibles de décharge et par
suite comme donnant lieu à réimposition, des cotes dont on ne peut dire à la
rigueur qu'elles aient été irrégulièrement imposées, mais qui sont, d'ailleurs,
absolument irrecouvrables. La question se pose le plus souvent à l'occasion des
cotes des indigents, non désignés par les Conseils municipaux comme devant être
exemptés de la contribution personnelle-mobilière ; elle offre assez d'intérêt pour
que nous entrions, à cet égard, dans quelques détails.

Aux termes de l'article 12 de la loi du 21 avril 1832, « la contribution personnelle et mobilière est due par chaque habitant français et par chaque étranger de
tout sexe, *jouissant de ses droits et non réputé indigent*. »

L'article 17 de la même loi dispose que « les commissaires répartiteurs, assistés

dans le *Commentaire* sur l'article 12, article 7. Aux termes de l'article 66 précité de la loi du 3 frimaire an 7, l'abandon dont il s'agit doit être fait à perpétuité ; la déclaration détaillée en est rédigée par écrit, et déposée au secrétariat de la mairie, par le proprié-

---

du contrôleur des contributions directes, rédigeront la matrice du rôle de la contribution personnelle-mobilière, qu'ils porteront sur cette matrice tous les habitants *jouissant de leurs droits et non réputés indigents* et détermineront les loyers qui doivent servir de base à la répartition individuelle. »

Enfin, l'article 18 porte que « lors de la formation de la matrice, le travail des répartiteurs sera soumis au Conseil municipal, qui désignera les habitants qu'il *croira devoir* exempter de toute cotisation et ceux qu'il jugera convenable de n'assujettir qu'à la taxe personnelle. »

Dans la combinaison de ces articles résident, suivant l'Administration, les principes qui déterminent l'action respective des répartiteurs et des Conseils municipaux ; les répartiteurs sont chargés de déclarer quels habitants sont passibles de la contribution personnelle-mobilière ; au nombre de ces habitants, ils ne doivent pas comprendre les indigents, puisque l'état d'indigence est un cas légal d'exemption. Par conséquent, les erreurs des répartiteurs, lorsqu'elles consistent à ne pas retrancher de la matrice du rôle des indigents véritables, constituent des infractions à la loi et peuvent motiver des demandes en décharge ; or, ces demandes sont de la compétence du Conseil de préfecture et les dégrèvements auxquels elles donnent lieu doivent être réimposés dans les rôles de l'année suivante, en vertu de l'article 4 de la loi du 7 brumaire an 7.

On voit tout de suite que ce système ne tient pas un compte suffisant de l'article 18 ; l'Administration, cependant, explique cet article en disant qu'il confère au Conseil municipal une sorte de droit discrétionnaire d'exemption, plus étendu que celui des répartiteurs, et qui permet d'accorder des exonérations totales ou partielles aux contribuables dont la situation paraît mériter des ménagements et qui ne se trouvent pas, d'ailleurs, précisément dans l'état d'indigence qui aurait rendu l'exemption obligatoire pour les répartiteurs. L'intervention des Conseils municipaux aurait ainsi un caractère purement gracieux ; elle ne pourrait avoir pour objet de faire éliminer les indigents de la matrice, puisque déjà les répartiteurs ont dû les éliminer à l'époque où ils ont révisé et arrêté la liste. Suivant le Conseil d'Etat, au contraire, le Conseil municipal exerce sur les appréciations des répartiteurs un véritable droit de révision, en sorte que les éliminations qu'il prononce ont absolument le même objet. C'est ce qui résulte, notamment, d'un arrêt du 24 janvier 1872, le dernier en date qui ait été publié au moment où nous écrivons :

« Considérant, dit cet arrêt, qu'aux termes de l'article 12 de la loi du 21 avril 1832, la contribution personnelle et mobilière est due par tout habitant jouissant de ses droits et non réputé indigent, et que si, aux termes de l'article 17 de la même loi, les répartiteurs doivent ne pas porter sur la matrice du rôle les individus réputés indigents, leur travail, *purement préparatoire* sur ce point, doit, aux termes de l'article 18 de la loi précitée, être soumis au Conseil municipal, qui désigne les habitants qu'il croit devoir, à cause de leur état d'indigence, exempter de toute cotisation ou n'assujettir qu'à la taxe personnelle ; que, dans l'espèce, le sieur Delaruelle et autres n'ont pas été exemptés comme indigents par les Conseils municipaux et que la situation précaire de ces contribuables ne peut, dès lors, donner lieu qu'à une *demande en remise ou modération*, sur laquelle il appartient au préfet de statuer, conformément à l'arrêté du 24 floréal an 8 ; qu'ainsi, c'est

taire lui-même ou par un fondé de pouvoir spécial. Nous donnons un modèle de cet acte. (Voir le *Formulaire*, n° 56.)

11. Une fois que cet abandon est ainsi effectué et constaté, le contribuable se trouve affranchi de la contribution foncière des pro-

---

avec raison que le Conseil de préfecture de l'Eure s'est déclaré incompétent pour statuer sur les demandes des sieurs Delaruelle et autres. »

De cette décision, il résulte que les cotes des habitants non désignés comme indigents ne peuvent, quelle que soit l'indigence réelle de ces contribuables et malgré l'impossibilité absolue du recouvrement, être portées sur les états de cotes irrecouvrables et, à ce titre, être allouées en décharge par les Conseils de préfecture : suivant le Conseil d'Etat, elles n'étaient pas *indûment imposées*, puisque ni les répartiteurs, ni le Conseil municipal n'avaient proposé l'exemption; or, *il n'est aucune disposition législative qui confère aux Conseils de préfecture le droit de prononcer sur des cotes non indûment imposées, mais purement irrecouvrables, qui figurent sur les états des percepteurs; il n'appartient qu'au préfet, sauf recours au Ministre des finances, de décider quelles sont celles de ces cotes qui doivent être imputées sur le fonds de non-valeur.*

En 1872, l'Administration combattait encore cette jurisprudence; elle était appuyée dans sa résistance par la très grande majorité des Conseils de préfecture, qui accordaient décharge des cotes *simplement irrecouvrables*, et comme le Conseil d'Etat ne peut être saisi que par la voie d'un recours que le percepteur n'a intérêt à former que si la décharge lui est refusée, il s'ensuit que la divergence se perpétue et que, dans certains départements, celui de l'Eure, par exemple, le fonds de non-valeurs supporte le montant de cotes irrecouvrables qui, dans les départements voisins, sont réimposées. A Paris, la jurisprudence du Conseil de préfecture est conforme à celle du Conseil d'Etat.

Les instructions administratives, et notamment l'Instruction générale des finances du 20 juin 1859, dans les articles 128 à 136, ont posé des règles relatives à la formation des états de cotes irrecouvrables, aux pièces dont ces états doivent être appuyées, au contrôle à exercer par les receveurs des finances, à l'instruction et au jugement des mêmes états par les Conseils de préfecture. Nous n'hésitons donc pas : Il suffit de relever la recommandation adressée aux percepteurs de n'exercer leur initiative que dans les cas où elle est indispensable, par exemple lorsqu'il s'agit de contribuables décédés ou disparus avant le 1er janvier ou inconnus, et qu'il y a impossibilité constatée de poursuivre le recouvrement des cotes indûment assises. Les percepteurs, dit à ce sujet l'article 129 de l'Instruction générale, ne seraient pas admis à inscrire sur leurs états des cotes indûment imposées qui concerneraient des contribuables connus et solvables : à l'égard de ceux-ci, ils doivent se borner à des indications officieuses, afin de les mettre en mesure de réclamer eux-mêmes la décharge de leurs cotisations dans les délais prescrits.

Nous parlions à l'instant des recours exercés par les percepteurs contre les décisions des Conseils de préfecture; il faut noter, à cet égard, qu'en général chaque Ministre, dans son département, ayant seul compétence pour saisir le Conseil d'Etat, le pourvoi d'un percepteur n'est point recevable par lui-même; mais la section du contentieux le communique toujours au Ministre des finances, et si ce dernier se l'approprie, le Conseil d'Etat tient le pourvoi pour régulier et statue au fond. (A. du Conseil 17 septembre 1853; 27 avril 1857, etc.) Néanmoins, les percepteurs doivent, de préférence, consulter l'Administration supérieure qui, si elle le juge convenable, introduit elle-même le recours; c'est ainsi qu'il a été

priétés abandonnées ; mais ce n'est que pour l'avenir, et les *cotisa-tions*, dit la loi précitée, *dans les rôles faits antérieurement à l'abandon, restent à la charge de l'ancien propriétaire.*

Ces expressions doivent être remarquées. Elles décident que le contribuable restera débiteur, non-seulement des douzièmes échus au moment de l'abandon, mais de la cote de l'année tout entière pour laquelle avait été fait le rôle où la propriété était cotisée en son nom. En d'autres termes, l'abandon qui ne serait fait qu'au mois de juillet, par exemple, n'affranchirait le propriétaire du payement de sa cote, pas plus pour les six mois à échoir que pour les six mois échus. Pour qu'il en fût autrement, il faudrait que

---

procédé dans l'affaire dont nous rendions compte à l'instant. (A. du Conseil, 24 janvier 1872.)

Quand, de manière ou d'autre, la décision du Conseil de préfecture est devenue définitive, la décharge prononcée ne saurait donner lieu à difficulté ; mais supposons qu'il ait refusé la décharge et que, néanmoins, l'insolvabilité et l'inutilité des poursuites apparaissent comme certaines. Dans ce cas, le percepteur, dans l'alternative ou de compromettre sa responsabilité en restant dans l'inaction, ou d'exposer inutilement des frais en poursuivant un redevable qui ne présente aucun bien saisissable, demandera des instructions au receveur des finances, qui en référera au Ministre ; et celui-ci, sans doute, autorisera la suspension des poursuites, qui ne pourraient aboutir qu'à des frais superflus, et admettra la cote en non-valeurs : de même pour tous les cas analogues. Il est bien évident, en effet, que du moment que, par la forme même de leurs décisions, et on ne pouvait pas en adopter une autre, les Conseils de préfecture, en rejetant les états du percepteur, renvoient ces comptables à l'exécution des rôles, il resté toujours à décider par l'autorité supérieure, c'est-à-dire par le Ministre, la question de la possibilité de cette exécution. L'Administration, en possession de son droit contre les contribuables, examine si elle doit laisser entreprendre ou continuer contre eux les poursuites légales ; elle examine aussi si le percepteur, qui est placé sous son autorité directe n'a pas, par sa négligence, laissé au contribuable le temps de soustraire ou de dissiper ses valeurs, et n'a pas compromis les intérêts du Trésor en n'agissant point avant que l'insolvabilité fût devenue complète ; et dans ce cas elle rejette la cote à sa charge. La plupart du temps, sans doute, elle maintiendra la décision du Conseil de préfecture, en ce sens qu'elle renverra le comptable à se pourvoir ainsi qu'il avisera, et à ses risques et périls, parce qu'en effet il est à présumer que la détermination du Conseil qui a refusé d'admettre la cote en non-valeur, est fondée en raison. Mais, enfin, cette décision à l'égard de l'Administration n'est qu'un avis qui ne saurait la lier, et elle peut toujours la réformer sur la demande du comptable, lorsqu'elle est contraire aux principes.

Dans ces différents cas, lorsque la décision du Conseil de préfecture ou du préfet qui accorde la décharge, la réduction, la remise ou la modération de la cote est rendue, ou bien quand celle-ci est reconnue irrecouvrable, l'exécution du rôle se trouve naturellement arrêtée, et il n'y a plus lieu à exercer de poursuites ; mais les réclamations seules n'ont pas d'effet suspensif, comme nous l'avons établi dans le *Commentaire* sur l'article 6, n° 4, auquel nous nous référons. (Voir également le *Commentaire* sur l'article 7.)

l'abandon fût antérieur au 1ᵉʳ janvier. Les percepteurs doivent bien prendre garde à cette distinction.

12. Les termes des dispositions tant de la loi du 23 novembre-1ᵉʳ décembre 1790, que de celle du 3 frimaire an 7, relatives à l'abandon, donnent encore lieu à la question de savoir si la faculté dont il s'agit pourrait être exercée pour toute espèce d'immeubles? Si l'on s'attache aux expressions textuelles des articles que nous avons cités, il est certain que le législateur n'a entendu statuer que pour les espèces de propriétés qu'il a énumérées : les terres vaines et vagues, les landes, etc. Il n'a pas pu supposer, en effet, qu'un propriétaire voudrait faire abandon d'une propriété productive de revenu, dans la pensée de s'affranchir du payement de l'impôt, qui ne s'évalue, en général, qu'au cinquième du produit.

Aussi, sans examiner autrement la question, croyons-nous, dans tous les cas, que les administrations municipales devant qui des contribuables se présenteraient pour faire abandon de propriétés cultivées et productives, ne devraient pas recevoir les déclarations sans avoir préalablement éclairé les propriétaires sur leurs intérêts et leur avoir fait toutes les représentations nécessaires.

Le percepteur, au surplus, n'aurait jamais à s'immiscer dans le plus ou moins de régularité de l'abandon, au fond; il lui suffirait, pour sa responsabilité, que la déclaration, dont il devrait se faire représenter un certificat, fût régulière en la forme.

13. *Qui n'a pas acquitté, au 1ᵉʳ du mois, le douzième échu pour le mois précédent, est dans le cas d'être poursuivi.*—Nous avons établi, dans le *Commentaire* sur l'article 1ᵉʳ (nᵒˢ 23 et suiv.), que les contributions directes de toute nature étaient payables par douzièmes, exigibles le 1ᵉʳ de chaque mois, pour le mois précédent. Une conséquence naturelle, c'est que le contribuable qui n'a pas satisfait à cette obligation soit passible de poursuites. Cependant il ne serait pas inconciliable avec cette disposition, que la loi eût accordé quelque délai de grâce au redevable, et c'est effectivement ce qu'elle a fait en réservant un intervalle entre chaque degré de poursuites. C'est ce qu'on peut voir dans les articles 21, 42, 45, 49, 55, 63 et 80 du Règlement. Ici, nous n'avons à nous occuper que de l'époque où ces poursuites peuvent légalement commencer.

Les lois des 1ᵉʳ décembre 1790, titre 5, article 5, et 18 février 1791, article 47, sur l'établissement de la contribution foncière et de la contribution mobilière, ordonnaient que *la cotisation de chaque contribuable serait divisée en douze portions égales, payables, chacune, le dernier jour de chaque mois*. Mais en même temps, ces lois, et celle du 2 octobre 1791 qui en reproduisit les dispositions, n'autorisaient les poursuites contre les redevables qu'à l'expiration de chaque trimestre, pour les sommes échues et non acquittées (1) ; en sorte que les contributions, quoique payables par douzième, et à la fin de chaque mois, n'étaient pourtant exigibles par voie de contrainte qu'à l'expiration du trimestre.

Les dispositions des lois de 1790 et de 1791, quant aux délais dans lesquels les poursuites devaient s'exercer contre les retardataires, cessèrent d'avoir leur effet, par suite de la loi du 17 brumaire an 5. Cette loi porte :

« Art. 3. Les contribuables qui n'auront pas acquitté le montant de leurs taxes en contribution directe, dans les dix jours qui suivront l'échéance des délais fixés par les lois, y seront contraints, dans les dix jours suivants, par la voie des garnisaires, envoyés dans leur domicile, et auxquels ils seront tenus de fournir le logement et les subsistances, et de payer de plus un franc par jour. Ce premier délai expiré, le payement sera poursuivi par la saisie et vente des meubles des contribuables en retard, même des fruits pendants par racines. »

Ainsi, d'après cette disposition, qui s'applique à toutes les contributions directes et qui n'a point été abrogée, ce n'est qu'à l'expiration des dix jours qui suivent l'échéance de chaque douzième que les percepteurs peuvent diriger des poursuites contre les contribuables retardataires. (Voir le *Commentaire* sur l'art. 21, n° 14.)

14. Mais les comptables doivent-ils nécessairement les commencer à cette époque ?

La loi du 3 frimaire an 7, article 148, porte : « Les percepteurs des communes ou des cantons sont responsables de la non-rentrée des sommes qu'ils ont été chargés de percevoir. Ils pourront être contraints, par la vente de leurs biens, à remplacer les sommes pour la perception desquelles ils ne justifieront point avoir fait les diligences de droit dans les *vingt jours de l'échéance*, sauf leur recours contre les redevables (2). »

Cette disposition est précise, et il est bien positif qu'elle fait

---

(1) Art. 6 à 9 du titre V de la loi du 1er décembre 1790 ; art. 49 de la loi du 18 février 1791 ; art. 12 de la loi du 2 octobre 1791.

(2) De ce que la loi du 3 frimaire an 7 concerne spécialement la contribution foncière, il ne faudrait pas en induire que la disposition que nous rapportons ici ne pourrait être appliquée que pour cette nature de contribution. Il résulte des lois des 3 nivose an 7, art. 59 ; 26 brumaire et 13 floréal an 10 ; 26 mars 1831, art. 30, et 25 avril 1844, art. 24, que toutes les dispositions relatives au recouvrement de l'impôt foncier, et notamment celles qui sont prescrites par la loi du 3 frimaire an 7, sont également applicables aux contributions personnelle et mobilière, des portes et fenêtres et des patentes.

peser sur les comptables la responsabilité entière des délais qu'ils peuvent accorder aux contribuables. Cependant il est rare qu'elle soit suivie à la lettre et que les poursuites commencent dans les vingt jours de l'échéance de chaque douzième. Les percepteurs, dans l'intérêt même du recouvrement, consultent, à cet égard, beaucoup moins la rigueur de leurs droits que la possibilité même de les faire valoir. Il ne faut pas, en effet, se dissimuler que la stricte observation des délais prescrits rencontrerait souvent de graves difficultés, rendrait la perception odieuse, et ajouterait par là au poids de l'impôt. Aussi l'Administration comprend-elle la nécessité des circonstances, et, en général, elle applaudit au zèle éclairé des percepteurs qui savent, par des démarches sagement combinées et des ménagements convenables, obtenir le payement des contributions sans faire des frais onéreux (1). Mais, d'un autre côté, ces comptables ne sauraient agir avec trop de prudence et de discernement à l'égard des facilités qu'ils accorderaient aux contribuables, et ne jamais oublier qu'une tolérance qui nuirait au recouvrement engagerait en définitive et nécessairement leur responsabilité à l'époque fixée pour l'apurement des rôles. (Voir le *Commentaire* sur l'art. 18.) Nous avons eu l'occasion de nous expliquer déjà sur la conduite à tenir par les percepteurs dans ces circonstances, nous ne pouvons que renvoyer aux détails donnés sur l'article 7, n° 3.

15. Au nombre des moyens d'action que peut employer le percepteur avant de recourir aux actes de poursuites, quelques comptables ont proposé de ranger l'affiche des noms des redevables à la porte de la maison commune, avec indication de la somme qu'ils doivent.

Cette mesure n'est certainement pas régulière. Le mode de poursuites pour le recouvrement des contributions directes se trouve positivement déterminé tant par le droit commun que par les règlements particuliers arrêtés par l'Administration. En général, les comptables ne doivent rien changer aux dispositions prescrites, et ils s'exposeraient, en voulant y ajouter, à tomber dans des voies illégales. Cette observation nous paraît particulièrement applicable à l'espèce; dans aucun des degrés de poursuites indiqués par le Règlement, l'acte de publicité dont il s'agit n'est prescrit ni même autorisé; et il est à croire que s'il se fût présenté à la pensée de l'Administration supérieure, elle ne l'aurait pas consacré. Il faut reconnaître, en effet, que l'affiche, à la porte de la mairie, des noms des contribuables en retard est une mesure tout

_____

(1) Voir le *Commentaire* sur l'art. 105.

à fait exorbitante. Cette sorte de flétrissure publique imprimée aux débiteurs n'a été admise, dans aucun cas, par la loi. Ainsi, dans les placards qui, aux termes de l'article 618 du Code de procédure civile, doivent annoncer la vente des objets saisis, le législateur fait indiquer seulement les lieu, jour et heure de la vente, la nature des objets, *sans détail particulier*. Il n'a pas voulu qu'on y énonçât le nom du saisi, pas plus que celui du saisissant; c'est même ce qu'on peut induire des expression *sans détail particulier*, qui terminent l'article précité.

Les contraintes qui, d'après l'article 40 de l'arrêté du 16 thermidor an 8, devaient être publiées dans les communes, ne désignaient pas non plus publiquement les noms des contribuables en retard.

La mesure proposée ne nous semblerait donc conforme ni au texte ni à l'esprit des lois générales de la procédure et des règlements administratifs sur les poursuites en matière de contributions directes, et peut-être les contribuables y trouveraient-ils le fondement d'une action en dommages-intérêts contre le percepteur.

Depuis longtemps, d'ailleurs, la tendance bien manifeste de l'Administration a été d'écarter des actes d'exécution faits pour le recouvrement de l'impôt, tout ce qui peut présenter un caractère vexatoire. Elle refuserait donc à coup sûr son assentiment à l'affiche du nom des redevables, soit à la porte d'un lieu public, soit dans l'intérieur même du bureau du percepteur, qui, d'ailleurs, dans le sens légal, est également un lieu public.

16. Les à-compte payés par les contribuables devraient-ils empêcher les poursuites, ou arrêter celles qui auraient été commencées?

Nous examinons cette question dans le *Commentaire* sur l'article 68.

17. Quoi qu'il en soit, les retards que mettraient les redevables à s'acquitter, lors même que ces retards seraient la suite de délais accordés par les percepteurs, n'autoriseraient pas ces comptables à réclamer des intérêts moratoires pour les sommes échues. Un arrêt de la Cour de cassation, en date du 12 juin 1810 (voir 2e Partie, *Jurisprudence*, page 81), le décide formellement, en déclarant en termes exprès que *la loi n'autorise pas les percepteurs à exiger des intérêts*, et la solution consacrée par cet arrêt est aujourd'hui certaine en jurisprudence. (A. Cour de cass., 27 avril 1863.)

18. Le domaine de l'Etat, qui est imposé aux rôles des contributions à raison des propriétés productives de revenus qu'il pos-

sède, est-il soumis, comme les autres contribuables, aux règles ordinaires de la prescription, et notamment au payement par douzième? — Plusieurs instructions et décisions émanées de l'Administration de l'enregistrement et des domaines ont tracé les règles à suivre par les receveurs de cette Administration pour le payement des impôts assis sur les propriétés de l'Etat. En voici les principales dispositions, que nous empruntons au *Dictionnaire de l'enregistrement*, publié par MM. Rolland et Trouillet :

« 1° Tous les receveurs, indistinctement, doivent acquitter séparément, et de mois en mois, les contributions des biens dont ils ont la régie et dont ils perçoivent un revenu. (Circ. 27 nivôse an 12, n°ˢ 1814, 1861, 1918 et 1999, Instr. 916.)

« 2° La contribution foncière des domaines régis par l'Administration doit être entièrement soldée avant l'expiration de l'année que le rôle concerne. (Instr. 919.)

« 3° Les quittances que les percepteurs leur remettront devront exprimer l'article de l'imposition, la nature du bien cotisé, et être d'ailleurs visées par le sous-préfet. (Art. 75 des ordres généraux.)

« 4° . . . .

« 5° Quoique les fermiers aient été chargés de payer la contribution, le receveur ne doit pas moins en faire l'avance, sauf à s'en faire rembourser aux époques de payement du prix des loyers. (Circul. 719.)

« 6° Elle doit être acquittée par les receveurs lorsque le bien taxé sous une seule cote est affermé par portions à plusieurs fermiers ou locataires. (Circul. 2016.) »

19. On voit, d'après ces textes, qu'en ce qui concerne d'abord le payement par douzième, les receveurs de l'enregistrement et des domaines y sont assujettis comme tous les autres contribuables. Le paragraphe 2 indique même que l'intention de l'Administration est que ces comptables n'introduisent point d'arriéré dans ce service. Ce qui prouve, d'ailleurs, jusqu'à l'évidence, que la Régie ne doute pas qu'elle ne soit soumise, pour le payement de l'impôt, à toutes les dispositions des lois de la perception, c'est l'obligation qu'elle impose à ses agents de faire l'avance de la contribution, même lorsque les biens sont affermés (§ 5 et 6), et que le fermier est chargé par le bail d'acquitter l'impôt. Par là se trouve solennellement reconnu et proclamé, même à l'égard de l'Etat, le droit que nous avons revendiqué pour le percepteur, de s'adresser directement au propriétaire, bien qu'il y ait un fermier, si l'intérêt du recouvrement l'exige.

La Régie, d'après les instructions anciennes, et notamment d'après une décision ministérielle du 20 novembre 1821, avait reconnu le principe que la contribution est portable au bureau du percepteur et elle obligeait le receveur de l'enregistrement et des domaines à aller y effectuer le payement; mais, par une décision en date du 18 avril 1829, le Ministre des finances a, d'abord, adopté une jurisprudence différente, en ce qui concerne le payement des contributions dues par les successions en déshérence. Il a réglé que, dans ce cas, les percepteurs se transporteraient, pour toucher l'impôt, au bureau du receveur de l'enregistrement et des domaines, et depuis, l'Instruction du 20 juin 1859, article 66, a décidé d'une manière générale que « le payement des contributions à la charge de l'Etat, des départements ou des communes ayant lieu en vertu de mandats délivrés sur des comptables publics, les percepteurs ont à en faire toucher le montant aux caisses de ces comptables. »

20. Dans certaines localités où l'Etat se trouve appelé à contribuer pour diverses parcelles de propriétés, quelques receveurs de l'enregistrement et des domaines avaient élevé la prétention d'obliger les percepteurs à leur produire, pour obtenir le payement des cotes d'impôt, autant d'extraits de rôles qu'il y avait de communes où l'Etat était imposé, lesdits extraits certifiés par les maires et légalisés par les sous-préfets; cette prétention n'était nullement fondée. La décision ministérielle du 20 novembre 1821 ne demande autre chose au percepteur que la quittance détachée du journal à souche. Il est vrai que les instructions antérieures (§ 3) parlent de quittances qui doivent énoncer : 1° l'article de l'imposition; 2° la nature du bien cotisé; et qui enfin doivent être visées par les sous-préfets. Mais il faut observer, en ce qui concerne les deux premiers points, que la quittance à souche comprend les énonciations demandées. Quant au *visa* du sous-préfet, en supposant que la décision du 20 novembre 1821 n'ait pas implicitement abrogé cette formalité, il est évident qu'elle ne peut être remplie que par le receveur de l'enregistrement et des domaines, et non pas par le percepteur. Ce dernier comptable, en effet, doit détacher sa quittance de son journal à souche, au moment même où le payement lui est fait, et dès ce moment aussi la quittance passe dans les mains du receveur de l'enregistrement. Si le percepteur devait la faire viser avant de la détacher de son journal, cela ne serait pas possible; car les opérations du recouvrement se trouveraient nécessairement entravées par le déplacement du livre à souche et par les délais qu'entraînerait l'accomplissement de cette formalité par le percepteur. Nous croyons donc qu'il y a

lieu de penser ou que ce *visa* n'est nullement exigible depuis la décision du 20 novembre 1821, ou que c'est au receveur de l'enregistrement et des domaines à le faire apposer sur sa quittance, comme justification de sa propre comptabilité. Quant aux extraits de rôles certifiés par les maires, il est bien démontré que rien n'exige cette production, qui ferait d'ailleurs un double emploi assez inutile avec l'avertissement qui a dû être remis au receveur de l'enregistrement et des domaines, au commencement de l'année.

21. Nous n'avons pas, au surplus, besoin d'ajouter que si des difficultés sur ces divers points ou sur d'autres venaient à s'élever d'une manière sérieuse entre les receveurs de l'enregistrement et les percepteurs, ces comptables ne devraient pas, pour obtenir le payement de la contribution due par l'Etat, agir par voie de contrainte. Ils sentiront que le mieux serait, dans ce cas, de s'adresser au receveur des finances sous les ordres duquel ils sont placés, et qui prendrait ou provoquerait les mesures nécessaires pour défendre leurs droits et en même temps pour assurer le recouvrement.

22. Au sujet du payement par douzièmes, quelques comptables avaient élevé la question de savoir s'ils étaient obligés, lorsque les contribuables venaient payer le douzième échu de leur cote d'impôt, d'établir eux-mêmes le décompte de ce donzième.

L'affirmative ne nous a jamais semblé douteuse. C'est au créancier à établir ses droits lorsqu'il veut les exercer. Or, le percepteur étant chargé par la nature de ses fonctions de percevoir la créance du Trésor, et ne pouvant l'exiger du contribuable que par douzième échu, est dans l'obligation nécessaire de faire lui-même la division de la cote, pour pouvoir réclamer exactement du débiteur la somme que celui-ci est tenu de payer. C'est une condition indispensable du recouvrement, et le percepteur doit s'y soumettre, sans plus de répugnance qu'il n'en met à remplir les autres parties de ses fonctions, qui, pour la plupart, lui imposent des soins non moins minutieux et non moins pénibles.

23. Nous donnerons une solution pareille à une autre question, qui fait ressortir aussi l'immense travail qu'occasionne la multiplicité des détails de la perception : dans le cas où le même contribuable a plusieurs cotes inscrites à son nom, soit dans le rôle de la même commune, soit dans les rôles d'autres communes du ressort de la perception, quelques comptables auraient voulu qu'au lieu de partager le douzième apporté par le contribuable en autant de fractions qu'il y a de cotes, et d'en appliquer une partie à chacune, ils pussent être autorisés à imputer les payements suc-

cessifs à une seule cote, jusqu'à ce que celle-ci fût entièrement soldée.

C'est là évidemment une question d'imputation de payement, et nous avons établi (art. 8, n° 17) que cette imputation était toujours facultative pour le redevable. Si donc celui-ci exige que la somme qu'il verse soit émargée proportionnellement à ses diverses cotes, de manière à le libérer du douzième échu de chacune d'elles, le percepteur ne pourrait guère s'y refuser sans violer l'article 1253 du Code civil. Cependant on ne peut s'empêcher de reconnaître que la marche proposée simplifierait beaucoup les écritures du percepteur, sans aucun préjudice pour le contribuable; mais, enfin, il faudrait que ce dernier ne s'y opposât point, et c'est au comptable à l'y déterminer par la persuasion.

ARTICLE 21.

Le percepteur ne peut commencer les poursuites avec frais qu'après avoir prévenu le contribuable retardataire par une sommation *gratis*. (Modèle n° 1.)

Cette sommation gratis est donnée au domicile du redevable s'il réside dans la commune ; s'il n'y réside pas, elle est remise à son principal fermier, locataire ou régisseur et, à défaut, à la personne qui le représente. Elle doit être remise, huit jours avant le premier acte de poursuite qui donne lieu à des frais; mais le percepteur n'est pas tenu de la renouveler pour la contribution d'un contribuable dans le courant de l'exercice.

ARTICLE 21 *bis.*

La date de la remise de la sommation gratis doit toujours être constatée sur le rôle.

1. L'obligation pour les percepteurs de délivrer *gratis*, indépendamment de l'avertissement, une sommation aux contribuables, huit jours avant le premier acte de poursuite qui doit donner lieu à des frais, a été formellement prescrite à ces comptables par les lois des 25 mars 1817 et 15 mai 1818.

Cette sommation n'est point un acte de poursuite. C'est un second avertissement donné au contribuable et qui lui rappelle qu'à défaut de payement dans la huitaine, il y sera contraint par les voies de droit. (Voir le *Formulaire*, modèle n° 1.)

2. Pas plus que l'*avertissement*, la *sommation gratis* ne doit donc être assujettie au timbre. (Voir le *Commentaire* sur l'article 10, n° 3.)

3. Il n'est pas nécessaire qu'elle soit, comme les actes de poursuites, rédigée sur papier de couleur. Ni l'avertissement, ni la sommation gratis ne constituent une poursuite à proprement parler. L'un n'est que la notification du rôle et l'autre n'est qu'un second avertissement. Au surplus, la loi ne déterminant pas la forme de la sommation gratis, il a été jugé qu'elle avait pu valablement être remplacée par une lettre personnelle du percepteur au contribuable. (Voir l'arrêt du 19 mars 1873, dans la 2ᵉ Partie, *Jurisprudence*, page 173.) Mais on conçoit que cette appréciation de l'autorité judiciaire, émise à l'occasion d'une procédure de saisie, n'autorise en aucune manière les comptables à s'écarter du mode de notification qui leur est prescrit. Nous ne la citons que pour assigner à cette notification son véritable caractère.

4. Les frais de confection et de distribution de la sommation gratis n'ont pas été, comme ceux de l'avertissement, l'objet d'une allocation spéciale en faveur des agents du Trésor. Il en résulte que ce service gratuit est entièrement à la charge du percepteur, sans aucune répétition contre qui que ce soit. (Décision minist. 23 juillet 1822.)

5. Bien que la sommation gratis, comme nous venons de le dire, ne soit pas un acte de poursuite, il n'en faudrait pas conclure que sa remise au contribuable dans les délais prescrits ne soit pas pour les agents du Trésor une obligation rigoureuse. Si la loi n'a pas cru devoir ordonner que la notification de cet acte serait faite par les porteurs de contraintes qui, revêtus d'un caractère public, donnent date certaine aux actes qu'ils signifient, c'est simplement parce qu'il ne s'agissait pas ici d'une voie d'exécution; mais il n'en est pas moins évident, par le soin qu'elle prend d'établir la sommation gratis comme un préliminaire indispensable de toute poursuite et d'en déterminer les délais, qu'elle a bien entendu que les percepteurs ne pourraient jamais, par leur négligence, priver les contribuables de cette garantie, et que, par conséquent, ils devraient se tenir prêts à justifier de l'accomplissement régulier de l'obligation qui leur est imposée à cet égard. Ce que nous disons sur ce point s'applique à l'*avertissement* aussi bien qu'à la *sommation gratis*. Il est, en effet, dans l'esprit de notre législation en cette matière, que nul contribuable ne puisse être contraint par les voies de rigueur qu'après qu'il y a eu à la fois avertisse-

ment et mise en demeure ; c'est-à-dire que, prévenu d'abord de la
somme qu'il a à payer, il soit ensuite sommé de se libérer chez le
percepteur. L'avertissement n'a pas d'ailleurs seulement pour but
d'éviter les poursuites aux contribuables, il est destiné aussi à
mettre ces derniers à même de faire leurs réclamations en temps
utile s'ils ont à critiquer l'imposition, et ce serait en quelque sorte
rendre le droit de réclamation illusoire pour eux que de les priver
de l'un des moyens de connaître l'époque de la publication du rôle
et le montant de la cote pour laquelle ils y sont compris.

6. C'est donc là une affaire de responsabilité pour le percepteur.
A la vérité, le contribuable ne serait pas admis à demander la nullité des poursuites, sous le prétexte qu'on ne produit pas une
preuve authentique de la notification de l'avertissement et de la
sommation gratis (arr. du C. 5 janvier 1853) ; mais au moins serait-il toujours indispensable que le percepteur eût la possibilité
de donner à l'Adminitration supérieure la certitude que cette notification a eu lieu.

7. Pour lui en assurer les moyens, peut-être l'Administration des
finances eût-elle pu prendre, à l'égard des avertissements et des
sommations relatives aux contributions directes, la mesure qu'elle
a adoptée à l'égard de ces mêmes actes en ce qui concerne le recouvrement des droits d'enregistrement. Elle a autorisé les receveurs de ces droits à transmettre ces pièces aux redevables par
l'intermédiaire du maire. Mais, tant qu'aucune disposition n'aura
été faite à cet égard, les percepteurs devront, dans l'intérêt de leur
responsabilité, avoir soin de confier à des personnes sûres la distribution des avertissements et sommations. Dans la plupart des
localités où la perception n'est pas assez importante pour que le
comptable ait un commis *ad hoc*, les percepteurs s'entendent,
pour ce service, soit avec les garnisaires, soit avec les gardes
champêtres, à moins qu'ils ne préfèrent recourir à l'intermédiaire
de la poste qui, aux termes de l'article 1438 de l'Instruction générale du 20 juin 1855, reçoit les avertissements et sommations gratis
au taux des imprimés, malgré les indications manuscrites que leur
texte comporte. Une Circulaire du 10 juillet 1865 a précisé les
limites de cette tolérance. « On ne saurait, y est-il dit, comprendre
sous la dénomination d'indications manuscrites que le texte de
formule comporte, que les annotations ayant trait, par exemple,
à la nature des contributions, à leur quotité, à l'exercice, à la résidence du percepteur, au jour et à l'heure de la tournée, etc.,
c'est-à-dire à des blancs à remplir ; mais il ne serait pas loisible,
sans s'écarter du but qu'on s'est originairement proposé, d'étendre
le bénéfice de la taxe réduite aux annotations d'un caractère plus

complexe et affectant une forme de correspondance, fût-elle
même relative au service. » Depuis la date de cette Circulaire,
l'administration des postes a été fréquemment obligée de réprimer,
contre les officiers ministériels, notaires, huissiers, commissaires-
priseurs, l'abus des annotations manuscrites ; elle a même obtenu
de la Cour de cassation des arrêts qui tendent à limiter l'usage
des circulaires imprimées susceptibles de remplacer la correspondance ordinaire. Les comptables ne doivent donc jamais perdre
de vue qu'ils usent d'une tolérance plus qu'ils n'exercent un droit,
en insérant dans les imprimés des indications manuscrites, et ils
ne peuvent trop soigneusement s'attacher à éviter jusqu'à l'apparence d'une correspondance personnelle.

8. Nous avions, dans notre première édition, exprimé l'avis que,
dans tous les cas, les comptables feraient bien de tenir un carnet
sur lequel ils inscriraient à leur date les sommations *gratis* qu'ils
auraient remises ou fait remettre aux redevables, carnet qu'ils
pourraient produire pour justification, le cas échéant. L'insertion,
dans le Règlement de 1839, d'un article 21 *bis* a donné, sous une
forme que l'Administration seule pouvait prescrire, satisfaction au
besoin que nous avions constaté, la date de la remise de la sommation gratuite doit toujours être mentionnée sur le rôle. L'article
98 de l'Instruction du 20 juin 1859 ajoute que la mention doit être
inscrite en tête de la colonne d'émargement.

9. Le Règlement, d'ailleurs, non plus que les autres instructions
ministérielles, ne tracent aux percepteurs de règle de conduite
obligatoire pour la distribution des avertissements ou des sommations, et n'indiquent pas les agents que ces comptables devront
employer. Notre article 21 dit seulement que cet acte sera remis
au domicile du contribuable, s'il réside dans la commune, et, dans
le cas contraire, à son principal fermier, locataire ou régisseur,
et à défaut, à la personne qui le représente.

10. Mais, à cet égard encore, une question assez délicate peut
se présenter. Lorsqu'un contribuable n'est pas domicilié dans le
ressort de la perception où sont imposés ses immeubles, et qu'il
n'y est représenté par personne, comment le percepteur doit-il
remettre l'avertissement et la sommation gratis ?

Les personnes peu familiarisées avec les détails et les difficultés
de la perception dans les communes rurales se figureraient à peine
au premier abord que la question ci-dessus pût s'élever. On ne
conçoit guère, en général, qu'une propriété foncière, que le propriétaire n'habite pas, ne soit pas du moins occupée par un fermier ou des serviteurs à gage qui la cultivent pour le maître.
Le contraire arrive cependant. Dans un assez grand nombre de

localités, il existe des parties de terrain peu importantes et qui appartiennent à des citoyens domiciliés dans des communes environnantes, mais plus ou moins éloignées ; ces propriétaires n'y viennent presque jamais, ou ils n'y passent que quelques heures pour les cultiver, à des époques indéterminées, que le percepteur ne peut connaître, surtout lorsqu'il ne s'agit pas de la commune même de sa résidence ; la récolte se fait de la même manière : pour ainsi dire, à la dérobée ; de sorte qu'il est très difficile de faire, à l'égard de ces contribuables, même les actes préliminaires des poursuites.

Dans ces circonstances, quelle conduite doit tenir le percepteur ? L'absence du contribuable ne saurait dispenser ce comptable de l'obligation de lui adresser l'avertissement et la sommation gratis. La loi du 15 mai 1818 ne distingue pas si le contribuable est ou non domicilié dans le ressort de la perception : le premier cas est, en effet, le plus ordinaire, et le législateur n'a pas supposé que les exceptions fussent telles qu'elles pussent créer des embarras assez graves pour exiger des dispositions particulières. Ainsi, dans l'application rigoureuse de la loi, le percepteur doit aviser aux moyens de faire parvenir l'avertissement, en exécution de ce qui lui est prescrit. Nous ne serions donc pas disposé à admettre la proposition que nous avons entendu faire d'assimiler d'une manière générale la remise des avertissements et celle des sommations gratis aux contribuables résidant hors du ressort de la perception, à ce qui se pratique pour les actes de poursuites, en vertu des articles 59 et 60 du Règlement ; c'est-à-dire d'ordonner que ces avertissements et sommations seraient remis au receveur des finances de l'arrondissement, qui les ferait parvenir aux contribuables par l'intermédiaire du percepteur de leur résidence. Cette marche, en effet, il faut le reconnaître, ne serait pas sans difficultés, et l'expérience qui en a été faite en a signalé les inconvénients. Dans quelques arrondissements où cette mesure avait autrefois été introduite par tolérance, il en était résulté une confusion extraordinaire dans le service. Les percepteurs, autorisés à s'envoyer ainsi réciproquement des avertissements et des sommations à distribuer, usaient de cette voie, même quand il s'agissait de débiteurs domiciliés dans des communes presque contiguës à celles de leur perception, de sorte que quelques-uns, dans la vue de s'épargner de légères démarches, occasionnaient dans les écritures beaucoup d'embarras et de travail : car ces renvois, en se multipliant, finissaient par équivaloir en quelque sorte à de nouveaux rôles.

Il y avait là un véritable abus qui naissait précisément de ce qu'on avait voulu appliquer une règle absolue à une circonstance qui ne devait être considérée que comme exceptionnelle. En effet, quelle que soit la commune de la résidence du contribuable, il suffit qu'elle ne soit pas à une distance trop considérable de la perception dans laquelle il est imposé, pour que le percepteur ait la possibilité, comme, d'après la loi, il en a l'obligation, de lui faire parvenir l'avertissement et la sommation; et c'est là plutôt ce qui nous semblerait devoir être posé comme principe général. Si, au contraire, l'éloignement était tel que le percepteur ne pût pas y envoyer cet avertissement sans de trop grands frais, c'est alors qu'il y aurait lieu, par le receveur des finances, d'autoriser exceptionnellement le comptable à employer la voie établie, en ce qui concerne les poursuites, par les articles 59 et 60 du Règlement. Mais ce seraient là des exceptions particulières, autorisées spécialement sur la demande du percepteur, pour telles cotes déterminées.

En résumé, l'avertissement et la sommation gratis doivent, à notre sens, être remis aux contribuables, même domiciliés hors du ressort de la perception, par les soins du percepteur au rôle duquel ils sont imposés, toutes les fois que l'éloignement n'est pas tel qu'il doive en résulter des embarras évidemment nuisibles au comptable et au recouvrement. Si l'éloignement est considérable, le receveur des finances autorise, sur la demande motivée que lui en fait le percepteur, l'application de la mesure des articles 59 et 60 du Règlement, et charge le percepteur du domicile de la remise dont il s'agit. (Voir le *Commentaire* sur ces deux articles.)

11. Cette marche, qui nous semble la plus simple et la plus favorable au service, nous paraîtrait devoir être suivie, non-seulement lorsque le contribuable, quoique domicilié hors de la commune où ses biens sont imposés, réside cependant dans l'arrondissement, mais aussi quand il habite l'arrondissement ou même le département voisin. En effet, si nos explications ont été comprises, il a dû en résulter pour nos lecteurs cette conclusion, que le seul motif de faire exception n'est pas la circonscription du territoire de la perception, mais seulement l'éloignement du contribuable et, par suite, la difficulté du recouvrement.

Ce qui nous confirme dans cette opinion et nous détermine à la produire avec confiance, ce sont les dispositions mêmes des articles 59 et 60 du Règlement. Ces dispositions ne décident pas, en effet, et, il faut bien le remarquer, que toutes les fois qu'un contribuable est domicilié hors de l'arrondissement où il est imposé, le recouvrement de sa cote passe au percepteur du lieu de la résidence. Cette transmission n'a été admise en principe que pour les poursuites, parce qu'en effet ces actes exigent une suite de démarches d'où dépend leur régularité, et qui ne peuvent être exactement faites que par un agent qui est près du débiteur. Mais tant que les poursuites ne sout pas devenues nécessaires, le percepteur, au rôle duquel est porté le contribuable, n'est pas dispense du soin du recouvrement : c'est à lui qu'il appartient de l'opérer, et par conséquent de faire toutes les démarches et tous les actes préliminaires, c'est-à-dire de faire remettre l'avertissement et la sommation gratis; sauf l'exception que, selon nous, le receveur des finances a la faculté d'autoriser, à raison de l'éloignement du contribuable et dans le double intérêt du percepteur et du recouvrement.

12. Au surplus, et après avoir essayé de traiter la question en droit rigoureux, nous devons faire connaître la marche suivie dans plusieurs départements; les percepteurs sont dans l'usage de s'entendre amiablement avec leurs collègues des autres communes, et il s'établit entre eux un échange de services; ces comptables se chargent ainsi réciproquement de faire remettre par leurs garnisaires les avertissements et les sommations gratis destinés aux contribuables domiciliés dans leurs communes, bien qu'imposés dans une autre. Ils se tiennent compte entre eux des frais de cette remise. La faculté d'affranchissement au taux des imprimés et l'abaissement de la taxe, qui est en outre devenue indépendante des distances, ont, d'ailleurs, singulièrement facilité la remise des avertissements, en dehors du ressort de la perception.

13. Notre article 21 rappelle la disposition des lois des 25 mars 1817 et 15 mai 1818, qui veut que la sommation gratis précède de huit jours les premières poursuites. Suivant le principe ordinaire de procédure, ces huit jours doivent être *francs;* c'est-à-dire que si la remise de la sommation a été faite le 1er, ce ne serait que le 9 que les poursuites pourraient commencer.

14. Comment, ensuite, faut-il concilier ce délai de huit jours avec la disposition de la loi du 17 brumaire an 5, dont nous avons parlé dans le *Commentaire* sur l'article 20, n° 13, et d'après laquelle les poursuites ne doivent être intentées qu'à l'expiration de la dizaine qui suit l'échéance du douzième?

Un exemple va rendre sensible l'application de ces différentes règles combinées ensemble. Nous supposons que le rôle pour les contributions de 1876 aura été publié du 1er au 5 janvier. Les percepteurs auront fait immédiatement la distribution des avertissements.

Le 1er février, au plus tard, les contribuables doivent payer le premier douzième échu au 31 janvier. A défaut, le percepteur peut, dès le 2 février, délivrer aux retardataires la sommation sans frais portant qu'ils aient à se libérer du douzième échu, dans le délai de huit jours, à peine d'y être contraints.

Ce délai conduit au 11 février, c'est-à-dire à l'expiration de la dizaine déterminée par la loi du 17 brumaire an 5. Et, afin que, s'il y a lieu, le percepteur soit en mesure d'agir immédiatement après ces délais de grâce, il peut, dès le 2 février, demander au receveur de l'arrondissement de décerner une contrainte par voie de garnison contre les contribuables retardataires. (Voir le *Commentaire* sur l'art. 24.) De cette manière, le comptable peut se tenir dans la limite rigoureuse de tous les délais fixés, tant par la loi du 17 brumaire an 5 que de celles des 25 mars 1877 et 15 mai 1818.

15. Le même article porte que « le percepteur n'est pas tenu de renouveler la sommation gratis pour la contribution d'un même contribuable dans le courant de l'exercice. » Ainsi, lorsque le comptable a délivré une sommation gratis pour le recouvrement du premier douzième de la contribution d'une année, il n'est pas tenu, à l'expiration des douzièmes subséquents, en cas de retard de payement aux échéances, de faire une nouvelle sommation; mais si la sommation n'avait pas eu lieu pour le premier douzième, le deuxième, le troisième, et que le contribuable, exact jusqu'alors dans ses payements, se mît plus tard dans le cas d'être poursuivi, les poursuites ne pourraient être commencées sans une sommation préalable.

16. De même si, dans le courant de l'année, le percepteur recevait un rôle supplémentaire pour droits de patente, ou un rôle de contribution locale, il ne pourrait diriger légalement des poursuites contre les redevables qu'après les avoir prévenus par une *sommation gratis*. De même encore, un receveur municipal est évidemment tenu, avant d'exercer des poursuites, d'adresser une sommation sans frais aux contribuables portés aux rôles des prestations pour les chemins vicinaux ; l'article 888 de l'Instruction générale du 20 juin 1859 assimile en tout le recouvrement des prestations à celui des contributions directes.

17. En cas de mutation de comptables dans le cours de l'année, le nouveau percepteur serait-il obligé de recommencer, par la sommation gratis et successivement, les poursuites entreprises par son prédécesseur contre le contribuable ; ou bien pourrait-il les continuer simplement en partant du point où elles étaient lorsqu'il a pris le service ?— L'affirmative, en ce dernier sens, ne peut pas être douteuse. Les percepteurs représentent le Trésor, véritable créancier du contribuable, et les droits du créancier ne changent point, quelles que soient les mutations qui surviennent dans le personnel des agents qu'il emploie. D'ailleurs, les divers

percepteurs qui se succèdent seraient les ayants-cause les uns des autres, et, sous ce rapport, la même personne se continue en eux.

On pourrait dire la même chose des agents de poursuites.

Ainsi, les uns comme les autres, ont, sans aucun doute, qualité pour suivre les actes de contraintes au point où ils ont été laissés par leurs prédécesseurs.

18. Avant le Règlement de 1824, l'Administration usait d'un mode de poursuites qui consistait en une *sommation avec frais*. Cet acte a été implicitement supprimé, et le Règlement de 1839 ne l'a pas admis non plus au nombre des voies de contraintes. Une Circulaire du Ministre des finances, en date du 26 février 1826, déclare que ce moyen de poursuites, s'il était encore employé par les percepteurs, serait considéré comme une véritable concussion.

ARTICLE 22

Les poursuites comprennent, sans division d'exercices, toutes les sommes dues par le même contribuable.

1. Cet article, qui n'a au fond rien de contraire aux règles de la procédure ordinaire, a été adopté par l'Administration, dans le but de ne pas laisser multiplier outre mesure les frais de poursuites. On conçoit, en effet, jusqu'où ils pourraient s'élever, si le percepteur allait signifier des actes particuliers pour chaque somme que peut devoir un contribuable, soit en considérant séparément les différentes natures de contributions dont sa cote se compose, soit en distinguant dans son arriéré les douzièmes qui se rapportent à tel ou tel exercice.

On évite cet inconvénient en comprenant dans la même poursuite toutes les sommes dues par le contribuable, en exécution des rôles. Mais l'application de cette mesure, toute simple qu'elle soit, exige cependant quelques éclaircissements.

2. Il est d'abord trop évident, et à peine est-il besoin de faire remarquer que la disposition embrasse le cas où le contribuable est porté dans les rôles pour des cotes de différentes natures, par exemple, pour la contribution foncière, l'impôt personnel et mobilier, et la taxe des patentes, il n'y aurait qu'une seule poursuite pour ces diverses cotes. Cela serait encore de même lorsque le rôle de l'une de ces contributions se trouverait publié à une époque postérieure à la mise en recouvrement du rôle général, comme

il arrive, par exemple, pour le rôle supplémentaire des patentes, etc.

3. Si le contribuable devait, avec la cote de l'année courante,
des termes des années antérieures, la poursuite se ferait aussi
cumulativement pour toute la dette, mais en observant toutefois
de spécifier dans les actes les sommes afférentes à chaque exercice.

4. Les frais précédemment faits y seraient compris, car ils se
rattachent naturellement à la dette principale, dont ils sont l'accessoire.

5. Une autre conséquence de notre article 22, c'est que si, une
poursuite ayant été commencée pour le recouvrement d'un douzième échu, un nouveau douzième venait à échoir, il ne serait pas
nécessaire de faire pour ce douzième des poursuites particulières;
il se trouverait compris dans la première poursuite, sans que le
contribuable poursuivi pût se plaindre qu'à l'égard de ce dernier
douzième on a négligé de passer par les différents degrés prescrits
par le Règlement. (Voir le *Commentaire* sur l'art. 43 *bis*.)

Cette prétention serait, en effet, repoussée par le droit commun. Un arrêt de la Cour d'Orléans, en date du 29 août 1816, a décidé qu'il n'est pas nécessaire de signifier un nouveau commandement pour les intérêts échus depuis le premier, et qu'il suffit
qu'il ait été signifié avec réserve des intérêts à échoir. (Voir également l'arrêt du 12 janvier 1848, *Jurisprudence*, page 152.)

6. Mais il faut bien remarquer que nous ne parlons ici que de
douzièmes appartenant à la même année et faisant par conséquent
partie de la même dette, comme nous l'avons expliqué dans le
Commentaire sur l'article 1er, n° 5. S'il s'agissait de douzièmes
afférents à deux exercices, comme si, par exemple, le percepteur
ayant entamé des poursuites en 1876 pour le recouvrement de cet
exercice, et ces poursuites, à défaut de libération du contribuable, se continuant en 1877, des douzièmes de cette nouvelle année
venaient à échoir, dans ce cas, ces nouveaux douzièmes ne pourraient pas être virtuellement compris dans la poursuite primitive,
et il faudrait des actes particuliers pour leur recouvrement. En
effet, on ne doit pas perdre de vue que la contribution est une
dette de chaque année; elle s'établit par le vote annuel des Chambres, elle est l'objet d'une répartition nouvelle et ne peut être
mise en recouvrement qu'en vertu d'un rôle propre à chaque exercice. Chacun de ces rôles forme véritablement le titre d'une
créance particulière du Trésor envers le contribuable. Il est donc
clair qu'il faut, pour chacune d'elles spécialement, exercer les degrés de poursuites prescrits par le *Règlement*, et que, par consé-

quent, les actes signifiés en 1876 ne sauraient s'étendre à la dette qui ne commencera à exister qu'en 1877. Que les poursuites comprennent sans division d'exercices, aux termes de l'article 22, toutes sommes dues à la date de ces poursuites ou qui sont à échoir en vertu de droits constatés dans les rôles déjà exécutoires, cela se conçoit fort bien; mais il ne saurait en être de même à l'égard de cotes qui n'étaient pas établies au moment où la poursuite a commencé. En effet, dans l'hypothèse que nous avons établie, il est certain qu'en 1876, c'est-à-dire avant l'ouverture de l'exercice 1877, la contribution de cette dernière année et le droit du Trésor à cette contribution n'étaient pas encore créés. Lors même qu'on aurait touché au 1er janvier, et que les rôles en eussent déjà été confectionnés et publiés, la dette du contribuable ne commençait qu'avec le premier jour de l'année 1877, et ce n'était même qu'à la fin du mois que naissait pour lui l'obligation légale d'acquitter le premier douzième. Comment donc pourrait-on comprendre que le percepteur fût admis, même par prévision, à faire des réserves pour un droit qui n'a pas d'existence? Ainsi, en résumé, il serait indispensable, dans l'espèce, de faire pour les actes de 1877 des poursuites nouvelles, celles qui ont été commencées en 1876 n'ayant pu comprendre que les termes *échus antérieurement ou à échoir pendant cette dernière année.*

Une Note, ajoutée par l'Administration à l'article 43 *bis* du Règlement, s'en explique, d'ailleurs, d'une manière formelle : « Lorsqu'un contribuable, poursuivi pour des contributions d'anciens exercices, devient débiteur sur un rôle nouvellement émis, il convient, dit cette Note, de laisser les poursuites commencées en l'état où elles se trouvent (sauf, s'il y avait lieu de craindre la disparition du gage du Trésor, à les pousser exceptionnellement jusqu'à la saisie), et de recommencer tous les degrés de poursuites pour la nouvelle dette, en comprenant toutefois l'ancienne dette dans les actes à signifier. »

7. Si un contribuable débiteur de sa cote d'imposition se trouvait en même temps tenu pour le compte d'un autre, comme il arrive, par exemple, du fermier ou du tiers détenteur, le percepteur pourrait-il le contraindre à ces deux différents titres par une seule et même poursuite, conformément à notre article 22? Nous ne le pensons pas. Il s'agit ici de deux obligations parfaitement distinctes, qui résultent de deux titres différents, et qui peuvent entraîner des poursuites spéciales à chacune d'elles. Il nous semble donc qu'on ne saurait les confondre sans s'exposer à des embarras plus ou moins sérieux, et qui peut-être pourraient occasionner quelques nullités dans les poursuites. D'ailleurs, en lisant atten-

tivement le texte de notre article 22, on doit trouver, dans l'expression de *sommes dues par le même contribuable*, une grave présomption que le Règlement n'a entendu parler dans cet article que de poursuites des cotes arriérées qu'un citoyen peut devoir pour son compte personnel, en exécution du rôle où il est nominativement porté, inscription qui seule, en effet, lui confère la qualité de *contribuable*, par laquelle il est désigné dans ledit article.

Par contre, il n'y a aucun doute que les poursuites peuvent être exercées collectivement pour les contributions directes et pour les taxes communales qui leur sont assimilées et qui sont indiquées dans l'article 651 de l'Instruction générale du 20 juin 1859. (Voir aussi notre *Commentaire* sur l'article 1er, nos 12 et suivants.) Le coût en est alors imputé au service qui présentait la plus forte dette et devait, dès lors, être présumée avoir motivé la poursuite. Cette solution résulte notamment de Circulaires de la comptabilité publique des 26 janvier 1863 et 15 décembre 1864.

ARTICLE 23.

Aucune poursuite donnant lieu à des frais ne peut être exercée dans une commune qu'en vertu d'une contrainte décernée par le receveur particulier de l'arrondissement, visée par le sous-préfet, et qui désigne nominativement les contribuables à poursuivre.

Cette contrainte est dressée en double expédition, dont l'une reste entre les mains du percepteur et l'autre est remise par lui à l'agent de poursuites.

1. Le rôle est, comme nous l'avons dit dans le *Commentaire* sur l'article 9, le titre exécutoire en vertu duquel s'opère le recouvrement de l'impôt direct; mais, indépendamment du mandement fait par la formule de ce rôle à tous les contribuables en général, la loi a voulu qu'il y eût un mandement particulier qui précédât toutes poursuites, et qui fût pour les agents du recouvrement une autorisation, ou plutôt un ordre de procéder par voie d'exécution forcée contre les retardataires : c'est l'acte que les règlements appellent la *contrainte*, laquelle, pour être valable, doit être décernée par le receveur des finances et visée par le sous-préfet. (Arrêté du 16 thermidor an 8, art. 30.)

Notre article prescrit de dresser la contrainte en double expédition. L'article 100 de l'Instruction générale du 20 juin 1859 recommande aux percepteurs de ne délivrer à l'agent de poursuites celle qui lui est destinée qu'après avoir vérifié la situation des contribuables qui y sont portés et avoir biffé le nom de ceux qui se sont libérés dans l'intervalle. Il est du devoir des agents de poursuites de présenter, aussi souvent que possible, leurs contraintes aux percepteurs, afin que les contribuables qui se seraient libérés puissent être rayés. Dans les villes et, en général, dans les localités qui le permettent, les garnisaires et porteurs de contraintes doivent remplir cette formalité *chaque jour*, avant d'aller en tournée.

Nous donnons le modèle de la contrainte au *Formulaire*, n° 2.

2. Aucune poursuite donnant lieu à des frais ne peut être entreprise sans qu'au préalable une contrainte ait été délivrée; si bien que si le percepteur faisait procéder, soit à la garnison, soit au commandement, avant cette formalité essentielle, les actes de poursuites dont il s'agit pourraient être annulés comme faits sans titre, et les frais resteraient à la charge du comptable, sans préjudice des dommages-intérêts auxquels il pourrait être condamné, suivant les cas, envers la partie. (Voir un arrêt du Conseil d'Etat du 19 février 1821, *Jurisprudence*, page 108. — Voir, en outre, le *Commentaire* sur l'article 14, n° 21, et sur les articles 56 et 88.) Il n'en serait toutefois pas de même de la saisie-arrêt, acte purement conservatoire, qui n'exige pas de mise en demeure préalable. (Voir, *Jurisprudence*, page 173, l'arrêt de la Cour de cassation du 19 mars 1873.)

3. La contrainte est, au surplus, exécutoire par elle-même et sans mandement des Tribunaux, ainsi qu'il résulte de l'avis du Conseil d'Etat du 16 thermidor an 12, approuvé le 25 du même mois, qui pose en principe « que les administrateurs auxquels les lois ont attribué, pour les matières qui y sont désignées, le droit de prononcer des condamnations ou de décerner des contraintes, sont de véritables juges dont les actes doivent produire le même effet et obtenir la même exécution que ceux des Tribunaux ordinaires; — que ces actes ne peuvent être l'objet d'aucun litige devant les Tribunaux ordinaires sans troubler l'indépendance de l'autorité administrative; — que les condamnations et les contraintes émanées des administrateurs, dans les cas et pour les matières de leur compétence, emportent hypothèque de la même manière et aux mêmes conditions que celles de l'autorité judiciaire. »

4. Nous n'avons rappelé ici cet avis du Conseil d'Etat que pour établir le principe qui assure aux contraintes administratives une

autorité propre, sans l'intervention des Tribunaux civils, et qui interdit, de plus, à ces derniers d'en contester la régularité et d'en arrêter l'effet; principe qui se trouve reconnu et appliqué, au surplus, par un arrêt de la Cour royale de Paris, en date du 28 janvier 1832. (Voir le *Commentaire* sur l'art. 19, n° 13.)

Mais on ne saurait aller jusqu'à attribuer aux contraintes décernées par les receveurs des finances, en matière de contributions directes, tous les effets indiqués dans l'avis susrelaté. Ainsi, ce serait une erreur de croire qu'elles pourraient emporter hypothèque. Ce n'est pas aux contraintes de la nature de celles dont il s'agit dans notre article 23 que l'avis du Conseil d'Etat a voulu faire produire ce résultat. Il faut, en effet, distinguer deux natures de contraintes : 1° celles qui émanent des corps administratifs, auxquels la législation confère des attributions judiciaires, comme les Conseils de préfecture, par exemple; celles-là ont évidemment le caractère de véritables jugements, et elles doivent dès lors en produire tous les effets, entre autres emporter hypothèque; 2° celles qui ne sont que des *exécutoires* délivrés par les administrateurs désignés par la loi pour l'exercice des droits et actions de l'Etat. Celles-ci ne sauraient avoir l'effet des condamnations judiciaires, puisqu'au fond elles ne décident rien, et que le fonctionnaire qui les décerne ne fait pas acte de juge; elles ne tendent qu'à l'exécution forcée d'un titre, et la loi a fait tout ce qui était utile en leur assurant une force exécutoire propre et en les dispensant de l'intervention des Tribunaux ordinaires. Cette distinction est enseignée par M. Favard de Langlade, dans son *Répertoire de la législation nouvelle*, au mot *Exécution des jugements*. Elle a été consacrée par un arrêt de la Cour de cassation du 23 janvier 1828 qui décide que l'hypothèque judiciaire n'est pas attachée aux contraintes que décerne la Régie de l'enregistrement pour le recouvrement des droits fiscaux. Les contraintes délivrées en exécution de l'article 23 du Règlement par les receveurs des finances pour le recouvrement des contributions directes sont de la même nature et ne peuvent produire que les mêmes effets.

5. Un avis du Conseil d'administration de l'enregistrement et des domaines, en date du 25 juin 1833, et approuvé le 2 juillet suivant par le Ministre des finances, avait décidé que les contraintes décernées par les receveurs des finances, en exécution de l'article 23 du Règlement, devaient être rédigées sur papier timbré. Mais cette décision, qui en droit pouvait être contestée, et qui, dans l'exécution, présentait de graves embarras, a été rapportée par une seconde délibération du même Conseil, mentionnée dans la Circulaire du Ministre des finances, en date du 12 avril

1837. La question est aujourd'hui tranchée par le texte même du Règlement. (Voir ci-dessous, art. 25.)

6. On a élevé la question de savoir si les fondés de pouvoirs des receveurs des finances avaient qualité pour décerner les contraintes ? — Le Ministre des finances s'est prononcé pour l'affirmative, dans une lettre adressée au préfet de la Manche, le 22 octobre 1836. Il a pensé que dès que le fondé de pouvoirs du receveur était agréé par l'Administration, il recevait par là une sorte d'investiture publique, qui lui permettait d'exercer officiellement et dans leur plénitude les fonctions du receveur des finances. (Voir à ce sujet ce que nous avons dit des fondés de pouvoirs des percepteurs au *Commentaire* sur l'art. 8, n° 5.)

ARTICLE 24

Les percepteurs demandent aux receveurs d'arrondissement qu'il soit décerné des contraintes contre les communes en retard, toutes les fois qu'ils le jugent nécessaire pour l'exactitude du recouvrement. Néanmoins, les receveurs d'arrondissement peuvent d'office décerner ces contraintes, en se conformant à l'ordre et aux règles établies pour les degrés de poursuite. (Modèles n°s 2 et 3.)

1. Cet article prévoit deux cas dans lesquels les contraintes peuvent être décernées par les receveurs particuliers des finances : 1° sur la demande du percepteur; 2° d'office. Nous parlerons successivement de ces deux cas.

2. Nous avons vu, dans le *Commentaire* sur l'article 20, à quelle époque un contribuable est en retard et peut être poursuivi, et dans le *Commentaire* sur l'article 21, à quel moment les sommations gratis doivent être délivrées. C'est à la même époque qu'il convient que le percepteur se mette en mesure de demander une contrainte au receveur des finances, afin de pouvoir poursuivre, s'il y a lieu, les retardataires à l'expiration du délai indiqué par la sommation.

3. Pour obtenir cette contrainte, le percepteur doit avoir soin d'envoyer au receveur des finances, à l'appui de sa demande, la liste des contribuables en retard, ainsi qu'il est prescrit par la Circulaire du 26 décembre 1824. (Voir *Formulaire*, modèle n° 3 *bis*.)

4. En ce qui concerne les contraintes d'office, l'article 30 de l'arrêté du 16 thermidor an 8 autorise suffisamment les receveurs

d'arrondissement à les décerner contre les contribuables en retard
de se libérer, et l'article 24 du Règlement veut que ces contraintes
ne s'exercent que dans l'ordre établi pour les degrés de poursuites,
c'est-à-dire par voie de garnison d'abord, et ensuite par voie de
commandement et de saisie.

L'article 1300 de l'Instruction générale du 20 juin 1859 a précisé
les circonstances dans lesquelles les receveurs des finances doivent décerner les contraintes d'office dont il est question ici (1).
En rapprochant les dispositions de cet article du modèle de la
contrainte annexé au Règlement, sous le n° 3 (Voir le *Formulaire*),
on verra que cette mesure a pour objet de suppléer au défaut d'activité des percepteurs ou de neutraliser les ménagements que ces

---

(1) Cet article porte : « Les receveurs des finances doivent donner une grande
attention et des soins personnels aux détails du service des poursuites.— Ils n'ont
pas seulement à faire faire l'application des divers moyens de contrainte autorisés
par le Règlement sur les poursuites ; ils doivent aussi prévenir les abus qui con-
sisteraient à faire de ces moyens un emploi rigoureux et intempestif contre certains
contribuables, tandis que d'autres seraient l'objet de ménagements illicites. A cet
effet, ils se font remettre, quand ils le jugent nécessaire, et indépendamment de
l'état des contribuables en retard dont la formation est prescrite par le Règlement précité, une liste des plus imposés (Voir, au *Formulaire*, le modèle de cette
liste, n° 3 *bis*.), au moyen de laquelle ils peuvent reconnaître si ces contribuables
ne seraient pas indûment ménagés, et donner, s'il y a lieu, l'ordre de les poursuivre. — Dans ce cas, les receveurs des finances décernent d'office des contraintes et les
remettent aux agents de poursuites, lesquels doivent, toutefois, ne faire aucun
acte avant de s'être présentés chez les percepteurs, attendu que ces comptables
ont, préalablement, à s'assurer sur les rôles si les contribuables n'ont pas fait des
versements qui atténueraient d'autant l'arriéré ou devraient même faire suspendre
les poursuites, et que, d'ailleurs, ils sont tenus de surveiller et de diriger les porteurs de contraintes. — Les receveurs des finances doivent enfin se constituer les
directeurs des poursuites dans leur arrondissement respectif. Afin de fournir à
l'Administration les moyens de juger s'ils s'acquittent de cette obligation et de
suivre la marche du recouvrement, les receveurs généraux adressent à la Direction
générale de la comptabilité des finances : 1° Le 8 de chaque mois, au plus tard,
un relevé sommaire de la situation de ces deux branches de services dans chaque
arrondissement au dernier jour du mois précédent; 2° Au commencement de
chaque semestre, un rapport et des états présentant avec détail la même situation
dans chaque perception. Sur le relevé sommaire du mois de janvier doivent
figurer, dans les premières colonnes, les restes à recouvrer de l'exercice qui finit,
et, dans les colonnes suivantes, les recouvrements effectués par anticipation sur
l'exercice qui commence. » — Une Circulaire du 15 novembre 1861 a recommandé aux receveurs des finances de maintenir plutôt que de surexciter le zèle des
percepteurs. Une autre Circulaire du 25 décembre 1864 porte que les résumés de
situation des percepteurs, que les receveurs généraux devaient établir tous les
trimestres et les receveurs généraux envoyer tous les semestres au ministère, ne
seront plus établis que tous les semestres par les receveurs particuliers et envoyés
au ministère que tous les ans.

comptables pourraient garder envers certains contribuables, contrairement à l'intérêt du recouvrement.

5. Néanmoins, il reste de principe que les poursuites pour le recouvrement des contributions directes ne doivent être exercées que par le percepteur. L'article 1300 de l'Instruction générale des finances, que nous venons de reproduire en note, rappelle ses obligations à cet égard et le met en mesure de les remplir en prescrivant aux agents des poursuites de ne faire aucun acte avant de lui avoir communiqué les contraintes décernées d'office.

ARTICLE 25.

La contrainte délivrée par le receveur particulier n'est pas sujette au timbre. Elle est décernée collectivement pour celles des communes de l'arrondissement de perception où le recouvrement est arriéré; elle ne peut être spéciale que dans le cas où une commune seule est en retard de payement. Dans aucun cas, l'effet de la contrainte décernée par le receveur particulier ne peut, à moins qu'elle ne soit renouvelée, se prolonger, pour chaque degré de poursuites, au-delà de dix jours, employés, soit consécutivement, soit alternativement, à des poursuites contre une même commune; et les agents de poursuite doivent cesser leurs opérations plus tôt, si, d'après la situation des rentrées, le percepteur leur en donne l'ordre.

ARTICLE 25 *bis*

Le délai de dix jours fixé par l'article ci-dessus ne partira, pour chacune des communes de la même circonscription de perception, que du jour de la publication qui doit être faite de la contrainte, comme l'indique l'article 27 ci-après, laquelle publication aura lieu dans les trois jours de la date de la contrainte ou, au plus, dans un délai calculé à raison d'un jour d'intervalle pour chacune des communes comprises dans ladite contrainte.

1. L'ancien Règlement sur les poursuites, du 16 septembre 1819, lequel a été remplacé d'abord par celui de 1824, et ensuite par celui de 1839, qui est l'objet du présent *Commentaire*, n'admettait

que des contraintes spéciales par communes. Ce système avait de graves inconvénients, que les Règlements postérieurs ont fait cesser. Ce changement, qui rentre, au surplus, dans l'exécution plus exacte de l'arrêté du 16 thermidor an 8, est expliqué en ces termes dans la Circulaire du Ministre des finances, en date du 30 août 1824 :

« La contrainte collective par arrondissement de perception, ou seulement pour les communes en retard d'une même perception, est substituée à la contrainte spéciale par commune, sans cependant qu'un agent de poursuites puisse exercer plus de dix jours, soit consécutivement, soit alternativement, dans une même commune en vertu d'une même contrainte. — Ce changement diminuera les frais, et ne les fera peser que sur les principaux retardataires. » (Voir, pour la répartition des frais, l'article 48 du Règlement.)

2. Ainsi, la même contrainte a son effet dans les différentes communes du ressort qui y sont désignées. Le porteur de contraintes, d'après l'ordre qui lui en est donné par le percepteur, se transporte successivement dans chacune de ces communes (article 41 de l'arrêté du 16 thermidor an 8), et il demande, comme il est dit à l'article 27 ci-après, que la contrainte soit publiée, afin que les poursuites puissent être suivies contre les retardataires.

3. D'après le texte de nos articles 25 et 25 *bis*, l'effet de la contrainte était restreint à dix jours, c'est-à-dire qu'elle cessait d'avoir son exécution à l'expiration de ce délai et ne pouvait plus servir de fondement légal aux poursuites. Cette limite de dix jours avait été écrite dans l'article 44 de l'arrêté du 16 thermidor an 8, pour obliger les percepteurs à presser les recouvrements, et à rendre dans un bref délai compte de leurs diligences à cet effet; et à la fois pour empêcher les abus graves qui résultaient anciennement de la possibilité qu'avaient les agents de la perception de diriger leurs poursuites d'une manière arbitraire, en conservant plus ou moins longtemps entre leurs mains des titres exécutoires contre les contribuables.

4. Mais les dispositions des articles 25 et 25 *bis*, ayant pour objet de limiter la durée des contraintes, n'ont pas été reproduites dans l'Instruction générale du 20 juin 1859, comme on peut le voir notamment par l'article 99, correspondant à l'article 80 de l'Instruction de 1840. En effet, du moment où, comme l'exige le texte nouveau de l'article 23 du Règlement, il ne peut être exercé de poursuites qu'en vertu d'un état *nominatif* des contribuables en retard, dûment arrêté, cette limitation resterait sans motif.

5. Il n'y a donc plus d'utilité à rechercher de quelle époque devaient se compter les dix jours. Il n'y a non plus aucun intérêt

à savoir si la règle qui fixe à dix jours la durée de la contrainte doit s'entendre de la contrainte collective ou de la contrainte publiée dans chaque commune. Mais l'usage du séjour alternatif de l'agent des poursuites, qui s'est formé sous l'empire des articles 25 et 25 *bis*, subsiste et ne peut que continuer d'être pratiqué.

6. Ainsi, si nous nous rendons bien compte de la manière dont les poursuites s'engagent et se continuent dans le système du Règlement, une fois qu'une contrainte est délivrée pour plusieurs communes, le percepteur envoie d'abord le porteur de contraintes dans l'une d'elles (ordinairement celle où il va lui-même faire la perception), de manière à obéir à la recommandation de l'article 26, et de faciliter par sa présence la libération des contribuables. Le porteur passe ensuite dans une autre des communes, et s'y établit également en garnison ; mais il peut et il doit arriver que, lorsqu'il se rend dans la seconde commune, le recouvrement n'est pas complété dans la première, de manière qu'il a besoin d'y revenir, et ainsi des autres communes comprises dans la contrainte. Cette possibilité de revenir à des intervalles rapprochés dans la même commune (seul moyen de rendre la poursuite prompte et efficace) rentre parfaitement dans les termes et dans l'esprit de la disposition de l'article 44 de l'arrêté du 16 thermidor an 8, d'après laquelle le porteur de contraintes ne peut séjourner plus de *dix jours* dans la *même commune*.

7. Si, d'après l'article 25, l'effet de la contrainte pouvait durer seulement dix jours, il n'a jamais été nécessaire qu'elle se prolongeât pendant tout ce temps. Le percepteur conserve le droit de faire cesser les opérations des agents de poursuites aussitôt qu'il le juge convenable d'après la situation des rentrées.

ARTICLE 26

Les percepteurs sont tenus de se rendre, à des jours déterminés, dans les communes de leur perception autres que celles où ils sont obligés de résider. Les poursuites contre les contribuables en retard coïncideront, autant que possible, avec les époques où le percepteur peut, par sa présence, faciliter aux redevables le moyen de se libérer.

1. L'obligation imposée aux agents du gouvernement de se rendre successivement dans les différentes communes de leur perception, résulte du principe que les contributions sont *quérables* dans

le lieu où réside le contribuable, ainsi que nous l'avons dit dans les Notes de l'article 1er. Ce principe n'est pas, il est vrai, écrit dans notre législation en termes fort exprès: aussi a-t-il été quelquefois contesté; mais un examen plus approfondi ne permet pas de douter que cette mesure, que recommandaient les lois antérieures à 1789, n'ait été adoptée et consacrée par nos lois nouvelles. Une décision du Ministre des finances, que nous rapportons ci-après, résout, au surplus, la question en faveur des contribuables.

2. Sous les lois en vigueur antérieurement à 1789, les impositions levées en vertu de rôles étaient *quérables* ou *portables*, selon leur nature. On lit dans le *Code des tailles*, tome VI, article *Collecte :*

« La *taille* est une imposition *cueillable;* les collecteurs sont obligés d'aller la recevoir chez les contribuables : au lieu que la *capitation des nobles et privilégiés* et les *vingtièmes* sont des impositions *portables*, qui doivent être portées chez les préposés à leur perception. »

Ces différentes natures de contributions furent supprimées, comme on l'a vu ailleurs, par le décret du 26-27 septembre 1789; et, à leur place, on établit la contribution foncière et la contribution mobilière. Les lois des 1er décembre 1790 et 18 février 1791, qui les créèrent, réglèrent en même temps le mode d'après lequel elles seraient assises et perçues. Quant aux détails de la perception et au mode de poursuites et de contrainte, ils ne furent déterminés que par la loi du 2 octobre 1791, et, plus tard, par l'arrêté du gouvernement du 16 thermidor an 8. Mais cette loi ni cet arrêté ne contiennent aucune disposition formelle sur la question de la *quérabilité*.

Faudrait-il en conclure que les dispositions des règlements antérieurs devraient être encore suivies? Mais comment l'application textuelle en serait-elle possible, quand la distinction des diverses natures d'impôts, sur laquelle étaient établies les règles de la quérabilité, ont disparu pour faire place à un nouveau système d'impositions?

C'est donc seulement à l'esprit des lois nouvelles, puisque leur texte n'a rien de précis, qu'il est possible de recourir. Or, le mandement des rôles, dont le modèle est annexé, sous le n° 8, à la loi du 1er décembre 1790, relative à la contribution foncière, est ainsi conçu :

« Enjoignons à tous propriétaires, possesseurs et usufruitiers, leurs représentants ou ayants-cause, à quelque titre que ce soit, et à tous fermiers, locataires, régisseurs et administrateurs des biens cotisés au présent rôle, d'acquitter les sommes y contenues, *entre les mains du percepteur*, dans les termes prescrits, sous peine d'y être contraints. »

Pareille disposition se trouve dans la loi du 4 messidor an 7, relative aux publications et affiches en matière de contribution foncière; cette loi ordonne, article 5, « qu'il sera apposé une affiche portant avertissement aux citoyens que le rôle, revêtu des formalités prescrites par la loi, est entre les mains de N....., percepteur, *demeurant à*..... et que chaque contribuable doit acquitter la somme pour laquelle il est porté audit rôle, *entre les mains* dudit percepteur, dans les délais de la loi; faute de quoi il y sera contraint. »

La rédaction générale de ces articles ne semble-t-elle pas annoncer que c'est à l'endroit de la commune où le percepteur tient son bureau que le payement des cotes doit être effectué, lorsqu'on voit surtout le soin qui y est pris d'indiquer le nom et le domicile du préposé à la perception?

Ces dispositions se fortifient encore de celles qui ont réglé le mode de recouvrement et de poursuites.

D'après les anciens règlements, la taille était payable par quartiers, et, lorsqu'il y avait lieu d'envoyer la garnison chez le contribuable en retard de payer, le collecteur était tenu d'accompagner le sergent ou chef de garnison *pour travailler conjointement avec lui au recouvrement.*

Aujourd'hui, le mode de recouvrement et de poursuites est changé. Les contributions sont payables par douzièmes, de mois en mois, ce qui en rend la perception plus laborieuse. Les lois n'ordonnent plus au percepteur d'accompagner le porteur de contraintes chez le contribuable contre qui les poursuites sont dirigées; et, d'un autre côté, il est interdit au redevable, sous peine de nullité du payement, de se libérer entre les mains du porteur de contraintes. Il en faut donc conclure que la loi a entendu obliger le contribuable à porter au percepteur le montant de sa contribution.

Plus tard, la loi du 5-15 ventôse an 12 (voir *Législation*, page 33, dans la 2ᵉ Partie) ayant autorisé la réunion de plusieurs communes en une seule perception, il devint alors nécessaire de déterminer les règles d'après lesquelles le recouvrement s'opérerait dans ces diverses communes, dans celles notamment où le percepteur ne faisait pas sa résidence habituelle. Une Circulaire du Ministre des finances, du 30 ventôse an 12, s'explique en ces termes :

« Dans les villes, les contribuables se transporteront au bureau que le percepteur doit tenir journellement ouvert à des heures fixes; et, dans les communes peu populeuses, les percepteurs doivent se transporter au moins une fois par mois dans chacune et prendre des mesures pour donner de l'activité au recouvrement, afin d'éviter autant qu'ils peuvent les poursuites qu'ils sont obligés de faire, après les termes échus, contre les contribuables en retard. »

3. Cette décision, statuant formellement sur le mode de recouvrement dans les villes, ne prononçait pas suffisamment sur les obligations des percepteurs des communes rurales; ces agents devaient à la vérité se transporter, au moins une fois par mois, dans chaque commune de leur perception; mais, rendus dans la commune, devaient-ils aller chez le contribuable demander le payement de ses contributions, ou le contribuable devait-il se libérer au bureau du percepteur?

L'ancien usage de la *quérabilité* s'étant perpétué dans plusieurs localités, et l'autorité ayant reconnu combien ce mode était favorable à l'activité du recouvrement et pouvait éviter de frais, il paraît que le ministère qui, par la Circulaire précitée, interdisait la *quérabilité* dans les villes, n'avait pas cru devoir l'abroger formellement à l'égard des communes rurales; et que, se tenant dans la même réserve que la loi, il avait abandonné aux préfets le soin d'ordonner ce qu'ils jugeraient le plus convenable aux intérêts du Trésor et à ceux des contribuables.

Cependant, de nouvelles contestations s'étant élevées au sujet des obligations respectives des percepteurs et des redevables, le Ministre des finances, consulté par un préfet, écrivit, le 9 juin 1824, la lettre suivante, de laquelle il résulte que les contributions directes sont *quérables* de la part du percepteur dans les communes de sa perception, et *portables* de la part du contribuable dans l'endroit de la commune où le percepteur tient son bureau; sans que néanmoins le percepteur puisse se croire entièrement dispensé de toutes les démarches de convenance qu'exigerait l'intérêt du recouvrement :

« J'ai sous les yeux, Monsieur le préfet, votre lettre du 18 mai dernier, par laquelle, en me rendant compte d'une difficulté élevée par un contribuable de votre département, vous demandez si les percepteurs sont obligés d'aller recevoir les contributions au domicile même de chacun des contribuables, ou bien s'ils sont seulement tenus de se rendre dans chacune des communes de leur perception, le jour qu'ils ont à l'avance fait connaître, et d'attendre les contribuables dans le bureau indiqué comme lieu de recouvrement.

La Circulaire du 21 mars 1804 (30 ventôse an 12), sur laquelle se fonde le contribuable qui a refusé de se transporter, porte, il est vrai, que les contributions directes continueront d'être *quérables* de la part des percepteurs; mais cette disposition, qui date de l'époque où l'Administration commençait à former des réunions de plusieurs communes, a eu pour objet d'obliger les percepteurs à se rendre, chaque mois, dans toutes les communes, afin d'y recevoir l'impôt et d'épargner ainsi aux contribuables la peine de sortir de leur commune et de se transporter au domicile même du percepteur.

« Ce serait donner une trop grande extension à cette mesure, et une fausse interprétation à l'expression *quérable* que d'en inférer que le percepteur doit aller de maison en maison quérir la portion exigible de chaque taxe; l'accomplissement de ce devoir eût été physiquement impossible au plus grand nombre des percepteurs. L'expérience a, d'ailleurs, démontré depuis longtemps qu'il est plus convenable et même plus commode pour les contribuables d'apporter le montant de leurs impositions au bureau, que le percepteur doit tenir à jour fixe dans l'intérieur de leur commune. Ce mode, suivi dans les villes, est surtout indispensable pour les perceptions qui se composent de plusieurs communes rurales où, comme vous l'observez, les habitations sont souvent très écartées les unes des autres.

« L'autorité locale doit veiller, de son côté, à ce que le bureau de chaque commune soit établi dans un local décent où tous les redevables puissent se présenter, Il ne leur reste alors aucun prétexte pour s'y refuser.

« Dans ce même système, au surplus, les percepteurs ne seraient nullement fondés à prétendre qu'ils n'ont, dans aucun cas, à se transporter au domicile des contribuables. L'Administration doit attendre de leur zèle qu'ils ne négligeront aucunes démarches qui seraient nécessaires pour amener, par la persuasion, un contribuable à se libérer sans frais (1).

« C'est dans ce sens, Monsieur le préfet, que je vous invite à fournir aux percepteurs ou aux contribuables de votre département les explications dont ils auraient besoin sur les obligations que la loi leur impose. »

4. La difficulté pour les percepteurs de trouver dans certaines

---

(1) L'article 58 de l'Instruction générale du 20 juin 1859 dispose également que les percepteurs doivent même se transporter chez les redevables lorsque, dans des circonstances extraordinaires, les receveurs des finances jugent cette démarche utile.

communes des locaux convenables pour y établir leur bureau de
perception, le jour où ils se rendent dans ces communes, a donné
lieu à la question de savoir si ces comptables ont le droit de
s'établir, à cet effet, dans la mairie, ou bien s'ils doivent se procurer un local à leurs frais?

Le Ministre des finances, consulté à ce sujet, dès l'année 1831,
par M. le préfet de la Sarthe, fit connaître son opinion dans la
lettre suivante du 23 juin de la même année:

« Monsieur le préfet, vous m'avez consulté sur la question de
savoir si les percepteurs, lorsqu'ils se rendent dans les communes
de leur arrondissement pour recouvrer les contributions, ont le
droit de s'installer dans la maison commune, ou s'il sont tenus de
louer à leurs frais un appartement dans une maison particulière,
pour y faire leur recette.

« Il résulte des recherches que j'ai fait faire sur la circonstance
dont vous m'entretenez, qu'elle n'a donné lieu jusqu'à présent à
aucune réclamation dans laquelle le ministère des finances ait eu
à intervenir.

« Je pense, au surplus, Monsieur le préfet, que si les percép-
teurs n'ont pas un droit positif à s'établir dans la maison commune, ils peuvent néanmoins obtenir officieusement des maires
ou des secrétaires des mairies d'y déposer leurs registres et d'y
recevoir les contribuables. Si le défaut d'un local suffisant ou
d'autres empêchements s'opposent à ce que cette facilité leur soit
accordée, ils doivent recourir à des arrangements, soit avec des
maîtres d'école, soit avec d'autres particuliers, pour le jour où
ils viennent en recouvrement. Mais comme ce cas ne se présente
ordinairement que douze fois par an pour chaque commune, ils
ne sauraient être assujettis, comme vous paraissez le croire, à retenir des logements à l'année dans toutes les communes de leur
perception.

« MM. les préfets et sous-préfets doivent, d'ailleurs, s'interpo-
ser au besoin pour que les percepteurs obtiennent des maires
toute l'assistance et les facilités qui leur sont nécessaires dans
l'exercice de leurs fonctions. »

La difficulté résolue dans la lettre du Ministre n'avait pas pu
être prévue dans les premières lois constitutives du système des
contributions directes et de la perception, parce que, jusqu'en
l'an 12, il devait y avoir, d'après la loi du 3 frimaire an 7, un percepteur par chaque commune, et que ce comptable devait naturellement y tenir son bureau de perception. Mais la loi du 5 ventôse
an 12, après avoir déclaré, art. 10, qu'il y aurait, *autant que possible*, un percepteur par chaque ville, bourg ou village, donna ce-

pendant, art. 11, aux préfets le droit de proposer un seul percepteur pour plusieurs communes, lorsque les localités l'exigeraient.
Depuis, ces réunions de communes pour former des arrondissements de perception sont devenues plus fréquentes, et, au lieu de
l'exception, c'est aujourd'hui la règle générale. Mais, comme cet
état de choses n'est arrivé que progressivement jusqu'à l'organisation actuelle, on n'a pas songé, dès le principe, aux embarras qui
pourraient résulter pour le percepteur de la nécessité de s'établir
successivement dans chaque commune du ressort de perception,
pour y faire le recouvrement. Ce n'est donc à aucune disposition
particulière de nos lois qu'on peut recourir pour résoudre la difficulté; mais les dispositions générales de la législation ne permettent pas de douter qu'elle n'eût été tranchée dans le sens indiqué
par la lettre de M. le Ministre des finances. En effet, les lois des
14 décembre 1789, 23 novembre-1er décembre 1790, 26 novembre-
2 octobre 1791, 17 brumaire an 5, 3 frimaire an 7, et l'arrêté du
gouvernement du 16 thermidor an 8, ont attribué aux administrations municipales une surveillance spéciale sur le recouvrement
des contributions, et un de leurs principaux devoirs est de favoriser, par tous les moyens convenables, le service de la perception.
Elles y manqueraient entièrement si elles refusaient au percepteur
un abri à la maison commune, ou dans tout autre établissement
municipal, pour y recevoir les contribuables et faire la recette.

On ne peut pas dire que la perception de l'impôt soit une chose
étrangère à la commune; il y a intérêt pour tous à ce que ce service se fasse régulièrement et le plus commodément possible pour
les habitants. C'est dans ce dernier but que l'Administration supérieure exige que ses comptables se transportent, à jour fixe, dans
chaque commune sans distinction; les agents du recouvrement ont
droit d'attendre, par conséquent, que les maires des communes
leur rendront facile, autant qu'il sera en leur pouvoir, l'accomplissement d'une obligation créée dans l'intérêt de leurs administrés.
Si ce concours leur était refusé, les comptables devraient adresser
leur réclamation au préfet par l'entremise de la trésorerie générale. Il n'est pas douteux que le préfet ne s'interpose et n'obtienne
l'adhésion du Conseil municipal, surtout s'il est constaté que la
présence du percepteur et des contribuables à la mairie, aux jours
indiqués pour la recette, ne présente pas d'inconvénient pour les
autres services de la commune.

5. Quel que soit, au surplus, le lieu choisi pour le bureau de
perception dans chaque commune, il doit être indiqué, ainsi que
les jours et heures de recette, dans l'affiche apposée pour la publication des rôles. Les percepteurs sont même obligés, aux termes

d'une décision du Ministre des finances du 30 janvier 1835 et de l'article 71 de l'Instruction générale du 20 juin 1859, d'inscrire eux-mêmes ces renseignements sur les avertissements à délivrer aux contribuables, conformément à la loi du 15 mai 1818. (Voir le *Commentaire* sur l'art. 10, n° 2.)

6. Une Circulaire du 25 octobre 1834 veut, en outre, que les jours de tournées de percepteurs soient constamment affichés dans les bureaux de ces comptables, ainsi que dans ceux de la recette particulière de l'arrondissement; c'est aussi la disposition de l'article 73 de l'Instruction générale précitée.

7. Cette indication des lieu, jour et heure de recette dans chaque commune ayant été réglée officiellement, les percepteurs ne pourraient y faire de changement qu'avec le concours de l'Administration et en prévenant les contribuables par de nouveaux avis.

8. Le bureau de la perception ainsi déclaré devient le domicile élu par le percepteur, dans chaque commune de son ressort, pour les actes de poursuites.

9. A qui appartient le droit de fixer les jours et heures où le percepteur doit se rendre dans chacune des communes de son arrondissement de perception?

L'article 26 n'ayant rien statué à cet égard, des maires avaient élevé la prétention qu'à eux seuls appartenait la fixation des jours de recette et même des heures de l'ouverture des bureaux des percepteurs. Ces comptables ont contesté ce droit.

D'un autre côté, les contribuables se sont plaints de l'irrégularité et du retard apportés dans les jours de recette, et dans les heures d'ouverture des bureaux des perceptions.

Toutes ces difficultés entravant nécessairement les recouvrements, un receveur particulier d'arrondissement en a rendu compte au Ministre des finances, qui a répondu, le 15 janvier 1828, dans les termes suivants :

« L'article 26 du Règlement sur les poursuites, du 26 août 1824, notifié par l'arrêté de M. le préfet de la Seine du 30 octobre de la même année, oblige le percepteur à se transporter dans les communes de sa perception à des époques périodiques et déterminées. Pour exécuter convenablement ces dispositions, le percepteur doit, avec l'autorisation du maire, faire publier et afficher, dans chaque commune, les jours où il doit s'y rendre, et le local où on le trouvera. Il doit, dans l'intérêt du service, dans celui des contribuables et dans le sien propre, choisir les jours fériés, comme étant ceux où les contribuables ont le plus de loisir et se trouvent réunis en plus grand nombre dans les communes. Là se borne, sous ce rapport, les obligations du percepteur ; et le seul droit du maire est d'en requérir l'accomplissement, sauf à porter plainte en cas de négligence ou d'infraction, soit à l'autorité administrative, soit au receveur des finances, surveillant immédiat du percepteur, et responsable de ses actes envers le ministère. L'autorité municipale n'est, du reste, nullement fondée à fixer d'office des jours et des heures de recette autres que ceux dont les agents de la perception ont fait choix, comme plus favorables au recouvrement ; mais, d'un autre côté, les percepteurs et les receveurs des finances doivent la consulter sur l'opportunité de ce choix, et donner à ses observations toutes les suites convenables. »

10. Il faut remarquer que cette lettre du Ministre indique aux percepteurs de choisir de préférence, pour aller faire la perception dans les communes, les *jours fériés*. Il n'y a rien là de contraire à la loi, et il faut reconnaître que les dimanches et les fêtes sont, en effet, des jours favorables au recouvrement. Les contribuables ont réservé pour ces jours quelques économies, et la présence du percepteur peut les déterminer à en appliquer une partie à solder leurs contributions. Cependant l'état des mœurs a bien changé depuis la date de la lettre dont il s'agit, et, d'autre part, l'Etat qui s'est fait constamment un devoir d'imposer le repos du dimanche aux entrepreneurs de travaux publics, nous paraîtrait inconséquent en prescrivant de choisir de préférence, pour les recettes, des jours fériés. Nous croyons donc qu'à moins de circonstances exceptionnelles, les percepteurs doivent préférer les jours de marché, où la population a coutume de se déplacer et de se porter au chef-lieu de la commune. Il ne faut pas, au surplus, confondre le travail du recouvrement avec la signification des actes de poursuites, lesquelles, aux termes des dispositions générales du Code de procédure civile, ne peuvent avoir lieu le dimanche. (Voir le *Commentaire* sur l'art. 42, n° 5.)

11. Quelles sont les heures de la journée pendant lesquelles le bureau du percepteur doit être ouvert ?

D'après une Circulaire de la comptabilité générale du 5 mai 1862, il est de règle que les heures auxquelles les bureaux des receveurs des finances, des payeurs et des percepteurs, sont ouverts au public doivent être les mêmes que celles qui ont été adoptées pour les bureaux de la préfecture et de la sous-préfecture. Ces heures, suivant un usage à peu près général, sont : neuf heures du matin pour l'ouverture et quatre heures de relevée pour la fermeture.

Ordinairement, il est vrai, ajoute la même Circulaire, la caisse est fermée à trois heures pour procéder à l'arrêté des écritures de la journée ; cet usage répond à une nécessité de service et ne saurait être changé ; toutefois, le bureau doit rester ouvert jusqu'à quatre heures, afin de donner plus de facilités aux contribuables, comme aux porteurs de mandats, qui auraient à faire des réclamations et qui pourraient, quelquefois et par exception, être expédiés avant la clôture définitive des opérations.

12. Lorsque les jours et les heures de recette, pour chaque commune d'une perception, ont été réglés comme nous venons de le dire, le comptable pourrait-il être contraint à recevoir à toute heure les sommes que voudrait lui verser un contribuable ?

Sans doute, hors le temps de la tenue obligatoire de son bureau, le percepteur pourrait être fondé à refuser de recevoir l'argent des contribuables qui, par négligence ou par esprit de tracasserie, se présenteraient tardivement ; car les dispositions que nous avons citées peuvent, nous le pensons, être considérées comme fixant légalement pour le public, de même que pour le comptable, les heures de recette ; elles empruntent, en effet, leur autorité à un arrêté du gouvernement du 5 vendémiaire an 7 qui, fixant l'ordre du travail dans les administrations publiques, décidait que la durée du travail des bureaux serait de neuf heures du matin à quatre heures du soir. Toutefois, dans l'intérêt du Trésor, comme dans celui du percepteur lui-même, il conviendrait de n'user de cette faculté qu'avec circonspection ; et il doit être bien entendu, d'ailleurs, qu'elle ne s'étendrait pas au cas où les heures d'ouverture et de fermeture du bureau auraient été indiquées arbitrairement par le percepteur, au lieu d'être réglées comme nous l'avons dit. Dans ce dernier cas, le contribuable pourrait être fondé à contraindre le comptable à recevoir son versement et à faire, à cet effet, des *offres réelles* (Voir le *Commentaire* sur l'art. 38) dont les frais retomberaient à la charge de ce dernier : car il ne saurait être lié par une règle établie pour la seule convenance du percepteur et en dehors du contrôle régulier de l'Administration supérieure.

13. Mais, si le percepteur ne peut être obligé, hors les heures de la tenue légale de son bureau, de recevoir les sommes que les contribuables voudraient lui verser, pourrait-il, de son côté, diriger des poursuites avant ou après ces heures ? ou bien le contribuable poursuivi ne serait-il pas fondé, au moins pour ce cas, à exiger que le percepteur fût en mesure de recevoir le montant des sommes pour lesquelles la contrainte est exercée ? En un mot, la disposition de notre article 26, qui porte que « les poursuites contre les contribuables en retard coïncideront, autant que possible, avec les époques où le percepteur peut, par sa présence, faciliter aux

redevables les moyens de se libérer, » cette disposition, disons-
nous, doit-elle être entendue en ce sens, qu'un contribuable non
domicilié au lieu de la résidence du percepteur, et qui aurait reçu,
comme il vient d'être supposé ci-dessus, un acte de poursuite
après la fermeture du bureau de ce comptable, pourrait prétendre
que celui-ci est obligé de retourner dans la commune pour recevoir le payement, ou bien serait-ce au contribuable à se rendre à
la résidence du percepteur ?

Cette question présente, comme on voit, de l'analogie avec celle
que nous venons de traiter au numéro précédent; mais elle n'est
cependant pas tout à fait identique, puisque, dans cette seconde
espèce, le contribuable est, en quelque sorte, forcé de venir se
libérer pour arrêter les poursuites et qu'il est provoqué par les
actes signifiés à la requête du percepteur. Quoi qu'il en soit, nous
ne lui donnerons pas une solution différente.

Ainsi que nous l'avons établi, du moment que le percepteur s'est
transporté, au jour indiqué, dans une de ses communes pour y
faire la perception, et qu'il y a tenu son bureau ouvert pendant le
temps déterminé par les règlements, l'obligation de *quérabilite*
est complétement remplie, et le contribuable qui n'a pas profité
du séjour du percepteur pour se libérer, ne peut s'en prendre qu'à
lui-même du déplacement que lui occasionne la nécessité d'aller
porter son impôt au lieu de la résidence ordinaire du comptable.
Ainsi, nous n'hésitons pas à penser que, passé le jour de recouvrement dans la commune, c'est au contribuable en retard à se
transporter chez le percepteur, et non pas au comptable à retourner dans la commune du redevable pour y recevoir la cote arriérée.
Une marche contraire compromettrait évidemment le service dans
les autres communes, et il ne pourrait dépendre du caprice ou du
mauvais vouloir d'un contribuable de multiplier à son gré les
démarches de l'agent du Trésor et d'augmenter les embarras de
la perception.

Si ce principe est vrai, l'application en doit être générale, et
nous ne voyons pas dès lors ce qui s'oppose à ce que, même après
la fermeture de son bureau, le percepteur, qui a attendu tout le
jour que le contribuable vînt se libérer, fasse signifier un acte de
poursuite; et, s'il arrive que le percepteur ait déjà quitté la commune, le redevable sera tenu d'aller payer chez le comptable, au
lieu de la résidence ordinaire de celui-ci.

Sans doute, l'article 26 du Règlement prescrit, avec raison, de
faire coïncider les poursuites avec l'époque où le percepteur peut,
par sa présence dans la commune, faciliter la libération du contribuable. Mais l'Administration ne s'est pas dissimulé que cette

règle ne saurait, sans entraver le service, être déclarée absolue. Il peut arriver, par exemple, que le percepteur ait à faire à la fois des poursuites dans deux ou trois communes de sa réunion, et comme il est impossible qu'il se trouve dans toutes en même temps, il faut nécessairement, ou qu'il ajourne une partie des poursuites, ou qu'il puisse les faire signifier par le porteur de contraintes, tandis qu'il est lui-même dans une autre commune. Aussi, notre article 26, au lieu d'être conçu en termes impératifs, a soin de dire seulement que les poursuites coïncideront avec la présence du percepteur dans les communes AUTANT QUE POSSIBLE. Or, cette possibilité résulte de circonstances diverses, parmi lesquelles il faut compter l'éloignement de la commune du lieu de la résidence du percepteur, et la nécessité où ce comptable peut se trouver de se rendre, pour d'autres poursuites ou d'autres recouvrements, dans d'autres communes de sa réunion. L'Administration est seule juge de ces circonstances, et seule aussi elle a qualité pour apprécier les motifs qui ont dirigé la conduite du percepteur. La présence du comptable dans la commune où se fait la poursuite est une obligation qui lui est imposée par l'Administration dans l'intérêt du service, mais le contribuable ne pourrait cependant pas s'en prévaloir comme d'un droit. Il est bon d'insister sur cette distinction, à savoir que toutes les prescriptions que le gouvernement fait à ses agents établissent bien, pour ces derniers, des devoirs impérieux dont l'inobservation peut engager leur responsabilité; mais elles ne créent pas toutes également, en faveur des justiciables, des droits que ceux-ci puissent rigoureusement invoquer. En matière de perception, comme en toute autre matière, il n'y a que ce que la loi prescrit, dont les citoyens puissent exiger l'exécution sous peine de nullité des actes. Or, la loi n'ordonne pas que le percepteur se tiendra constamment à la disposition des contribuables pour recevoir l'impôt. Le comptable doit se transporter dans la commune du redevable au jour déterminé; il doit tenir son bureau ouvert pendant les heures légalement fixées. Ces obligations remplies, les contribuables ne sauraient légitimement exiger davantage. Si la négligence qu'ils mettent à se libérer les expose à des déplacements gênants et onéreux, ils ne peuvent imputer cet inconvénient qu'à eux-mêmes. Nous pensons donc que, dans l'espèce dont nous nous occupons, le redevable ne serait pas fondé à exiger que le percepteur revînt dans la commune pour y recevoir le montant de la cote qui fait l'objet de la poursuite, et que s'il entreprenait de faire à ce comptable des *offres réelles*, les frais en resteraient à sa charge.

14. En serait-il de même dans le cas où il s'agirait, non plus du

contribuable lui-même, mais d'un tiers détenteur auquel le percepteur aurait fait sommation de payer la contribution privilégiée sur les fonds qu'il a entre les mains et provenant du chef du redevable? Ce tiers serait-il obligé, si le percepteur ne se trouvait plus dans la commune, d'aller faire le versement au bureau de la résidence du comptable? — Nous ne voyons pas quels motifs sérieux il y aurait d'en douter. Comme nous l'avons dit dans le *Commentaire* sur l'article 14, n° 20, la détention des sommes affectées au privilége de la contribution soumet le tiers détenteur à une obligation personnelle, qui l'assimile au contribuable lui-même et le place dans les mêmes conditions, en ce qui concerne l'application des règles des poursuites et du recouvrement.

15. Plusieurs percepteurs, pour indiquer aux contribuables l'heure de leur arrivée dans la commune, ont adopté l'usage de se faire annoncer au bruit du tambour par le publicateur de la mairie. Cette publication peut être, en effet, très utile dans certaines localités, surtout aux époques de l'année où les habitants répandus dans les champs et occupés de leurs travaux pourraient bien oublier le jour de recette du percepteur et négliger de lui apporter le montant de leurs douzièmes. Mais on s'est demandé par qui devait être payé, dans ce cas, le salaire du publicateur?

La loi n'exigeant autre chose des contribuables que le payement de leurs cotes, il est certain que la dépense dont il s'agit ne pourrait pas être mise à leur charge : elle doit rester à celle du comptable. Néanmoins, si le prix exigé par le publicateur était exagéré, il nous semble que le percepteur pourrait réclamer utilement l'intervention du maire de la commune. La publication dont il s'agit étant faite bien plutôt dans l'intérêt des habitants que dans celui du comptable, l'autorité municipale, qui est d'ailleurs particulièrement chargée de protéger le recouvrement, jugerait sans doute convenable de ramener le publicateur à des prétentions plus justes; et comme, en définitive, celui-ci est l'agent de la commune, et qu'à ce titre il est obligé de faire les publications ordonnées par l'autorité municipale, le maire aurait certainement le pouvoir de lui prescrire de prêter, même gratuitement, son ministère au percepteur, s'il pensait que la publication dont il s'agit est une mesure utile au service communal. Il y a une distinction facile à comprendre et qui résout complètement la question : lorsque c'est le percepteur qui requiert le publicateur, c'est entre eux une affaire particulière, et ils ont à se mettre d'accord sur le salaire que doit payer le comptable. Mais, si ce dernier peut obtenir du maire qu'il requière lui-même le publicateur, en considérant la publication comme un service fait dans l'intérêt de la généralité des habitants, il n'y a lieu alors à aucune indemnité de la part du percepteur; ou du moins elle peut être fixée amiablement par le maire, de manière à ce qu'elle ne soit pas trop onéreuse pour l'agent de recouvrement.

16. Si les percepteurs sont tenus de se rendre successivement, une fois au moins par mois, dans toutes les communes de leur perception, ils doivent nécessairement résider dans l'une d'elles. La loi du 12 septembre 1791 porte : « Les fonctionnaires publics seront tenus de résider, pendant toute la durée de leurs fonctions, dans les lieux où ils exercent, s'ils n'en sont point dispensés pour causes approuvées. Les causes ne pourront être approuvées, et les dispenses leur être accordées que par les Corps dont ils sont membres, ou par leurs supérieurs, s'ils ne tiennent pas à un Corps, ou par les Directoires administratifs dans les cas spécifiés par la loi.

« Les fonctionnaires qui contreviendront aux dispositions de ces deux articles seront censés, par le seul fait de contravention, avoir renoncé sans retour à leurs fonctions et devront être remplacés. »

Ces dispositions sont appliquées aux percepteurs par les articles 1247 et suivants de l'Instruction générale du 20 juin 1859. Ils sont tenus, dit l'article 1247, de résider au chef-lieu de leur perception, à moins qu'une ville ou commune étrangère à cette perception n'ait été désignée comme résidence par mesure organique; ils ne peuvent fixer leur domicile dans une autre commune qu'avec l'autorisation expresse du Ministre. Les formes de la demande en autorisation sont réglées par les articles précités de l'Instruction générale et par une Circulaire de la Comptabilité générale du 25 janvier 1862, à laquelle il faut joindre une Circulaire aux préfets, émanée de la direction du personnel, du 27 décembre 1861.

ARTICLE 27.

A l'arrivée d'un agent de poursuites dans une commune, le maire ou l'adjoint, et à défaut l'un des membres du Conseil municipal, devra faire publier la contrainte décernée par le receveur particulier; le jour de la publication est constaté par la date du visa du maire apposé sur ladite contrainte.

Dans aucun cas on ne doit proclamer ni afficher les noms des contribuables portés en tête de ladite contrainte.

1. Cet article est emprunté à l'article 40 de l'arrêté du 16 thermidor an 8. Ce dernier article ne parle cependant que du *maire* et de l'*adjoint*.

Le Règlement ajoute, *et à défaut l'un des membres du Conseil municipal*. Cette addition est dans l'esprit de la loi; elle se trouve, au surplus, conforme à la disposition de l'article 5 de la loi du 21 mars 1831 sur l'organisation municipale, qui veut qu'en cas d'absence ou d'empêchement du maire et des adjoints, ces fonctionnaires soient remplacés par le conseiller municipal le premier dans l'ordre du tableau, lequel est dressé suivant le nombre des suffrages obtenus.

Nous pensons que notre article 27 devrait s'interpréter par cette disposition, et que le conseiller municipal qui y est indiqué pour faire la publication de la contrainte, en cas d'absence ou d'empêchement du maire et des adjoints, ne pourrait pas être indifféremment le premier venu; mais qu'il faudrait, pour la régularité de l'opération, que ce fût le premier dans l'ordre du tableau, conformément à l'article 5 de la loi précitée du 21 mars, et à l'esprit de l'article 14 de la loi du 18 juillet 1837, sur l'Administration municipale.

2. Au surplus, la publication dont il s'agit ici ne concerne que les contraintes décernées par arrondissement de perception ou par communes. (Voir l'art. 25.) Elle ne serait nullement nécessaire dans le cas, par exemple, où il s'agit de poursuivre par voie de commandement, conformément à l'article 56 du Règlement.

DEUXIÈME PARTIE

AGENTS DES POURSUITES

ARTICLE 28

Les poursuites en matière de contributions directes sont exercées par des porteurs de contraintes et par des garnisaires; les porteurs de contraintes agissent dans tous les degrés de poursuites; les garnisaires ne sont employés que pour la garnison collective ou individuelle.

1. La loi du 2 octobre 1791 donne la dénomination de *porteurs de contraintes* aux agents des poursuites pour le recouvrement des contributions directes. Mais elle ne parle point de garnisaires. La garnison à domicile chez les redevables n'est point, en effet, au nombre des poursuites indiquées par cette loi.

Cependant la contrainte par voie de garnison, autorisée par la déclaration et le règlement de 1761, à l'égard des contributions personnelles, n'avait pas été expressément abrogée; elle pouvait être légalement employée par suite de la loi du 18 août 1791, qui maintenait provisoirement en vigueur tous les règlements faits précédemment pour le recouvrement des impôts, tant qu'il n'y aurait pas été dérogé par une loi.

La garnison a été enfin indiquée comme moyen de poursuite en matière de contributions directes, par la loi du 17 brumaire an 5, qui s'occupe en même temps du mode de nomination des garnisaires. (Voir le *Commentaire* sur l'art. 30.)

L'arrêté du 16 thermidor an 8, qui a posé l'ensemble des règles relatives au recouvrement de l'impôt direct et à l'exercice des contraintes, admet aussi la voie de garnison à domicile. Mais rien n'indique que l'exercice de cette poursuite soit attribuée à des agents spéciaux sous le titre de *garnisaires*. Il n'est, en effet, question dans l'arrêt que de l'organisation des *porteurs de contraintes*, qui, d'après l'article 18, sont chargés exclusivement d'exécuter les contraintes décernées pour le recouvrement des contributions directes, et qui font seuls en cette matière les fonctions d'huissier. Les porteurs de contraintes s'établissent à domicile chez les percepteurs et chez les contribuables en retard. (Art. 28, 29, 32, 39, 42, 43, 44 de l'arrêté.) Ainsi les porteurs de contraintes peuvent être employés et comme huissiers et comme garnisaires, et ils agissent ainsi, comme le dit notre article, dans tous les degrés de poursuites.

2. En créant pour la *garnison* une classe particulière d'agents, l'Administration a eu surtout en vue de diminuer les frais de poursuites. Le prix des journées de garnison a pu, en effet, être réglé à un taux moins élevé dès que l'on a confié l'exécution de cette voie de contrainte à des agents dont on n'exige pas le même degré d'instruction que des porteurs de contraintes, qui ont à faire des actes d'huissiers, fonction difficile et qui emporte aussi une plus grande responsabilité.

Au surplus, les garnisaires régulièrement commissionnés, sont, comme les porteurs de contraintes, des agents d'exécution : comme eux, ils ont un caractère public, et à ce titre ils seraient protégés contre les injures qui leur seraient faites, par la disposition de l'article 40 (Voir le *Commentaire* sur cet article); et également ils pourraient être poursuivis, comme eux, en cas de **malversations**.

3. L'article du Règlement que nous analysons dispose que les *porteurs de contraintes agissent dans tous les degrés de poursuites*. Il y a une exception à cet égard, c'est celle des *ventes*, qui, dans certains cas, doivent être faites par les commissaires-priseurs, à l'exclusion des porteurs de contraintes. (Voir l'art. 34 du Règlement.)

ARTICLE 29.

Le nombre des porteurs de contraintes est réglé, pour chaque arrondissement, par le préfet, sur la proposition du receveur général.

ARTICLE 30.

Les porteurs de contraintes et garnisaires à employer dans un arrondissement sont désignés par le sous-préfet, sur la proposition du receveur particulier.

Les porteurs de contraintes sont commissionnés par le préfet. Ils prêtent serment devant le sous-préfet.

1. Le système qui confie à des agents particuliers l'exécution des contraintes n'est pas nouveau dans nos lois. L'édit de septembre 1581 avait institué des sergents chargés, exclusivement à tous autres, de faire les actes de poursuites pour le recouvrement des tailles. Le même édit fixait leur salaire, et il permettait qu'ils réunissent plusieurs paroisses dans leur ressort lorsqu'elles étaient petites.

Le même principe s'était continué dans la déclaration du roi du 12 février 1663 portant règlement sur le fait des tailles, où il était dit : « Pour éviter là multiplicité et excès des frais des huissiers et sergents employés audit recouvrement, nous enjoignons auxdits commissaires départis et aux officiers des élections de régler avec les receveurs des tailles, et sur leur avis, le nombre nécessaire pour y travailler, et de faire des taxes convenables auxdits huissiers, en sorte qu'ils puissent subsister, et les contribuables être soulagés de l'excès des taxes. »

2. La législation nouvelle a reproduit presque identiquement les mêmes dispositions, comme on peut le voir principalement par les articles 28 à 40, qui forment la 2e Partie du Règlement. En ce qui concerne particulièrement les articles 29 et 30, que nous examinons en ce moment, les dispositions en sont empruntées à la loi du 2 octobre 1791 et à l'arrêté du 16 thermidor an 8.

« Le nombre des porteurs de contraintes, dit ce dernier arrêté, sera calculé sur la population des communes composant l'arrondissement communal, et il ne pourra pas excéder celui de deux par quinze communes rurales.

« Dans les villes et gros bourgs, le nombre de porteurs de contraintes sera calculé proportionnellement à la population de vingt communes rurales. (Art. 23.)

« Les porteurs de contraintes seront nommés par le sous-préfet, sur la proposition du receveur particulier.

« Les choix du sous-préfet seront soumis à l'approbation du préfet. (Art. 20.)

« Le sous-préfet recevra du porteur de contraintes la promesse de fidélité à la constitution prescrite par la loi ; il en sera fait mention sur la commission, laquelle ne sera délivrée qu'après avoir été visée par le préfet. (Art. 21.) »

La loi du 2 octobre 1791 avait déjà disposé dans des termes à peu près semblables :

« Les receveurs de district remettront, chaque année, aux Directoires de district (aujourd'hui les sous-préfets), un état nominatif des porteurs de contraintes qu'ils proposeront d'employer.

« Les Directoires de district en fixeront le nombre, les choisiront parmi ceux qui auront été proposés, et leur donneront des commissions conformes au modèle joint à la loi. Ces porteurs de contraintes prêteront serment devant les Directoires de district. (Art. 17.) »

3. De ces diverses dispositions combinées, il résultait : 1° que le nombre des porteurs de contraintes, calculé d'après les bases indiquées par l'article 23 de l'arrêté du 16 thermidor an 8, devait être fixé par les sous-préfets, sur la proposition des receveurs particuliers ; 2° que c'était aussi aux sous-préfets, sur la désignation du receveur particulier, à nommer les porteurs de contraintes, à recevoir leur serment, et à leur délivrer leur commission. Les préfets n'avaient à intervenir que pour approuver les choix des sous-préfets, et viser les commissions délivrées.

Le Règlement, dans ses articles 29 et 30, confirme en principe toutes ces dispositions ; seulement, il remet aux préfets eux-mêmes l'exercice de l'attribution, qui avait été déléguée aux sous-préfets de fixer le nombre des porteurs de contraintes par arrondissement et de les commissionner. Mais ces derniers magistrats continuent encore à désigner les porteurs de contraintes et garnisaires pour leur arrondissement respectif, sauf l'approbation du préfet, qui les commissionne.

Le personnel, des porteurs de contrainte a été réorganisé en 1861. Les motifs de l'arrêté ministériel du 14 septembre de cette année, qu'on trouvera dans la deuxième Partie, *Législation*, page 53, ont été l'insuffisance des salaires et la difficulté du recrutement qui en était la conséquence. Il a été reconnu que le seul moyen efficace de pourvoir à cette situation était d'ajouter aux frais de poursuites taxés au profit de ces agents une indemnité fixe, payée sur les fonds du budget. Cette indemnité est de 300 francs et payable à raison de 75 francs par trimestre. Le Receveur des finances peut porter le chiffre de l'indemnité à 100 francs par trimestre, en faveur des agents qui auront mérité cette marque de satisfaction par leurs bons services, et continuer l'allocation sur ce pied, tant que l'agent s'en montrera digne.

Au surplus, il appartient aux préfets de régler, d'après les convenances locales, ce qui concerne l'organisation, la surveillance et la direction des porteurs de contraintes, à la seule condition de ne point s'écarter des règlements généraux et spécialement de l'arrêté du 16 thermidor an 8.

4. Aucune loi ne détermine positivement l'âge nécessaire pour être apte à remplir les fonctions de porteur de contraintes. Le décret du 14 juin 1813 exige pour les huissiers l'âge de vingt-cinq ans; mais on peut induire de l'article 19 de l'arrêté du 16 thermidor an 8 qu'il suffit pour les porteurs de contraintes d'avoir atteint leur vingt-unième année. Cet article, en effet, veut que ces agents soient choisis parmi les *citoyens* de la municipalité sachant lire, etc. Or, d'après la constitution du 22 frimaire an 8, la qualité de *citoyen* s'acquérait à vingt-un ans accomplis. Par conséquent, à défaut d'une disposition restrictive, comme celle qui existe pour les huissiers ordinaires, il faut penser que les porteurs de contraintes ont l'âge suffisant dès qu'ils sont citoyens français, c'est-à-dire qu'ils ont l'âge de vingt-un ans.

5. La commission des porteurs de contraintes, dont nous donnons le modèle au *Formulaire*, n° 57, indique l'arrondissement auquel les agents sont attachés.

Ce point est essentiel; car ils ne peuvent instrumenter légalement que dans l'étendue territoriale dudit arrondissement. Les actes et significations qu'ils pourraient faire au dehors de cette limite seraient radicalement nuls (Voir dans la 2e partie, *Jurisprudence*, page 180), comme seraient ceux des huissiers ordinaires qui exploiteraient hors du ressort du Tribunal auquel ils sont immatriculés. C'est là un des motifs qui, dans le cas prévu par les articles 59 et 60 du Règlement (Voir le *Commentaire* sur ces articles), où le contribuable réside hors du département ou de l'arrondissement dans lequel il est imposé, rendent indispensable le renvoi de la contrainte et des actes de poursuites à exercer au receveur des finances du lieu de la résidence.

6. La commission doit aussi mentionner que le porteur de contraintes a prêté serment de *remplir fidèlement les fonctions qui lui sont confiées.* (Voir une décision du Ministre des finances en date du 14 décembre 1813, rapportée au *Dictionnaire de l'Enregistrement*, par MM. Rolland et Trouillet.) Ce serment est reçu par le sous-préfet, comme l'indique notre article 30, § 2, conforme en cela à l'article 17 de la loi du 2 octobre 1791.

L'acte de prestation de ce serment est soumis à un droit fixe de 3 fr., aux termes d'une décision ministérielle du 3 floréal an 13. (*Dictionnaire de l'Enregistrement* de MM. Rolland et Trouillet et *Répertoire alphabétique* de Dalloz, vᵛ *Enregistrement*, n° 678.)

ARTICLE 31.

Aucun des individus attachés au service des autorités administratives, des receveurs et des percepteurs, ne peut remplir les fonctions de porteur de contraintes ni de garnisaire.

1. Cette prohibition, qui a pour but de conserver aux agents des poursuites la dignité qui convient au caractère public dont ils sont revêtus, est empruntée à l'article 19, § 3, de l'arrêté du 16 thermidor an 8.

Elle existait dans l'ancienne législation des tailles, ainsi que l'attestent des actes nombreux, et notamment l'arrêt du Conseil du 4 juillet 1664, article 16; l'arrêt de la Cour des Aides du 5 octobre 1665, article 13, et, plus récemment, le Règlement du 8 mai 1761.

2. Les termes dans lesquels ces dispositions sont conçues ne permettent pas de douter que, par ces mots: *attachés au service*, il ne faille entendre le *service de la personne*, c'est-à-dire les domestiques, comme le portait textuellement les anciens règlements précités.

ARTICLE 32.

Les porteurs de contraintes et les garnisaires sont à la disposition du receveur particulier des finances dans chaque arrondissement, et ne peuvent être employés par les percepteurs que d'après son ordre. Ils doivent résider dans la commune chef-lieu de l'arrondissement, sauf les exceptions autorisées par le préfet.

1. Cette disposition est conforme aux principes de l'arrêté du 16 thermidor an 8, qui ne paraît, dans aucun de ses articles, avoir voulu donner aux percepteurs la disposition des porteurs de contraintes. L'esprit de cet arrêté semble, au contraire, à en juger par l'ensemble de ses articles, avoir été de placer auprès des autorités chargées de la surveillance du recouvrement, des agents qu'ils pussent, suivant le cas, employer contre les contribuables ou contre les percepteurs eux-mêmes.

Il faut, en effet, remarquer qu'à cette époque la perception était considérée comme une charge, et que les percepteurs, simples adjudicataires de la perception, souvent nommés d'office malgré eux, ne pouvaient inspirer au gouvernement la même confiance qu'il leur accorde aujourd'hui. Il était donc tout simple que l'autorité, au lieu de mettre les porteurs de contraintes à la disposition du percepteur, eût en quelque sorte placé les percepteurs eux-mêmes sous le contrôle des porteurs de contraintes, qui avaient l'avantage d'être nommés par elle, et qui, sous ce rapport, lui présentaient une garantie de plus.

La position des percepteurs est aujourd'hui bien différente, puisqu'ils ont le titre et les prérogatives de fonctionnaires publics. Mais le principe de l'arrêté du 16 thermidor an 8 est resté le même, parce que la législation des contributions directes n'a jamais été l'objet d'une révision complète.

2. Cependant l'Administration entend bien qu'une fois que le porteur de contraintes a été envoyé dans une commune pour y exécuter les poursuites contre les redevables, cet agent procède d'après les ordres et sous la direction du percepteur. C'est ce que porte expressément la formule même de la contrainte, laquelle enjoint à l'agent des poursuites de se transporter au lieu de la résidence du percepteur, à l'effet d'exercer, *d'après ses ordres et sous sa direction*, les poursuites, etc. (Voir le *Formulaire*, Mod. n° 2.)

Cette intention résulte bien positivement aussi de l'article 25 du Règlement, qui ordonne que ces agents de poursuites cessent leurs opérations lorsque, d'après la situation des rentrées, le percepteur leur en donne l'ordre.

Enfin, elle n'est pas moins clairement écrite dans les articles 99 et 100 de l'Instruction générale du 20 juin 1859, qui reconnaissent au percepteur le droit d'adresser des injonctions aux porteurs de contraintes, et obligent ces derniers à venir chaque jour prendre, en quelque sorte, les ordres du percepteur.

3. Au surplus, la disposition de l'article du Règlement que nous examinons est une conséquence du principe qui veut qu'aucune poursuite donnant lieu à des frais, ne puisse être exercée qu'en vertu d'une contrainte délivrée par le receveur particulier de l'arrondissement. Il est dès lors tout simple que les porteurs de contraintes soient à la disposition de ces comptables supérieurs.

C'est ce qui explique aussi que ces agents soient tenus de résider au chef-lieu d'arrondissement, sauf les exceptions autorisées par le préfet. Une lettre adressée, le 18 octobre 1832, par le Ministre des finances au préfet de la Haute-Savoie, peut servir à indiquer dans quelle mesure ces exceptions peuvent être admises. « Je viens, disait M. le Ministre, d'être informé par le receveur général de votre département, que vous n'aviez pas jugé devoir accorder la demande qui vous a été faite par les receveurs particuliers, et dans l'intérêt du recouvrement, d'autoriser la résidence de quelques porteurs de contraintes dans des localités autres que le chef-lieu de l'arrondissement. Vous avez pensé que l'Administration se trouvait liée, en cette circonstance, par une disposition contraire, contenue dans l'arrêté sur les poursuites, adopté dans votre département le 16 septembre 1829, et auquel mon prédécesseur a donné son approbation.

« La nomination des porteurs de contraintes, la fixation de leur nombre et de leur résidence dépendent entièrement de MM. les préfets, ainsi que l'expliquent les articles 29 et 30 du Règlement général de 1824 sur les poursuites ; vous pouvez donc, si vous le jugez convenable, Monsieur le préfet, modifier la mesure relative à la résidence des porteurs de contraintes, qui a du être ordonnée par votre prédécesseur, en exécution des dispositions insérées dans l'arrêté du 16 septembre 1829 sus-énoncé, et il ne sera même pas nécessaire que le nouvel arrêté que vous aurez à prendre pour cet objet d'administration locale soit soumis à l'approbation ministérielle. »

4. Les articles 89 et 91 du Règlement indiquent les cas où, nonobstant la règle générale ci-dessus, les percepteurs sont autorisés à employer les porteurs de contraintes sans l'ordre préalable du receveur des finances. En dehors des cas que ces articles spécifient, et notamment si le percepteur voulait confier au porteur de contraintes la distribution des avertissements, il conviendrait de s'assurer d'abord du consentement du receveur des finances, alors même que le porteur de contraintes ne se trouverait pas actuellement requis pour le service des poursuites.

ARTICLE 33

Les porteurs de contraintes, dans l'exercice de leurs fonctions, doivent être munis de leur commission. Ils la mentionnent dans leurs actes et la représentent quand ils en sont requis.

1. Cette disposition résulte de l'arrêté du 16 thermidor an 8. C'est, en outre, une application du principe de l'article 62 du Code de procédure civile, qui prescrit à l'huissier, *sous peine de nullité*, de faire mention dans les actes de son immatricule. (Voir le *Commentaire* sur l'art. 34, nº 19.) Cette mention est, en effet, nécessaire pour prouver d'abord que le porteur de contraintes a réellement cette qualité, et, en second lieu, qu'il est bien attaché

à l'arrondissement où il exécute les poursuites. (Voir le *Commentaire* sur les art. 29 et 30, n° 5.) (1).

2. La représentation de la commission au contribuable qui la requiert a le même objet. Elle sert à justifier, lorsque le porteur de contraintes se présente au domicile de ce dernier pour y instrumenter ou pour s'y établir en garnison, qu'il est revêtu du caractère public qui commande le respect dû aux agents de l'autorité.

Un porteur de contraintes, insulté dans l'exercice de ses fonctions, n'obtiendrait pas les garanties qui résultent de l'article 40 (Voir cet article) si, requis par le redevable, il n'avait pas été en mesure de justifier de sa commission, parce que celui-ci pourrait, jusqu'à un certain point, soutenir qu'il n'a pas pu reconnaître qu'il avait affaire à un porteur de contraintes.

ARTICLE 34.

Les porteurs de contraintes remplissent les fonctions d'huissier pour les contributions directes, et, en cette qualité, ils font les commandements, saisies et ventes, à moins qu'il n'existe des commissaires-priseurs dans le lieu où ils exercent leurs poursuites. Dans ce cas, les commissaires-priseurs sont chargés de préférence des ventes, conformément aux dispositions de l'article 31 de la loi de finances du 23 juillet 1820, et ils sont tenus de se soumettre, pour le payement de leurs frais, aux fixations déterminées par les préfets.

Les porteurs de contraintes ne sont pas assujettis au droit de patente.

1. Aux termes de l'article 18 de l'arrêté du 16 thermidor an 8, les porteurs de contraintes font *seuls* les fonctions d'huissiers, pour les contributions directes. — Cette disposition, comme on le voit, est plus absolue que celle de l'article du Règlement que nous

---

(1) D'après la jurisprudence de la Cour de cassation, l'immatricule d'un huissier dans un exploit est suffisamment indiquée par la mention du Tribunal auprès duquel il exerce. Il n'y a aucune raison de se montrer plus exigeant à l'égard des porteurs de contraintes; leurs actes sont donc réguliers à la condition de contenir, conformément aux Modèles du *Formulaire*, l'indication de l'arrondissement et de a perception.

commentons : elle attribue, en effet, aux porteurs de contraintes le droit d'instrumenter pour les poursuites en matière d'impôt direct, à l'exclusion de tous autres officiers ministériels.

2. Cependant on verra, à l'article 25 du Règlement, que l'Administration admet, dans certain cas, le ministère des huissiers près les Tribunaux. Mais, comme l'exprime l'article 35 *bis*, il faut alors, pour la régularité des opérations, que ces huissiers soient commissionnés eux-mêmes porteurs de contraintes ; autrement leur qualité pour faire les actes d'exécution relatifs aux contributions directes pourrait être contestée, et en présence des termes si précis de l'arrêt du 16 thermidor an 8, il est évident que le défaut de cette investiture entraînerait la nullité des actes signifiés par eux.

Un huissier, suivant l'exemple fourni par l'avis du Conseil d'Etat du 13 août 1841, s'il n'était commissionné par le sous-préfet, n'aurait pas qualité pour s'établir à domicile et tenir garnison chez le contribuable en retard.

3. Réciproquement, un porteur de contraintes n'aurait pas qualité pour signifier un exploit d'ajournement, ni en général pour signifier les exploits, en demande ou en défense, devant les Tribunaux où le percepteur aurait à soutenir les intérêts du Trésor, Ainsi que l'a exprimé le Conseil d'Etat, dans l'avis cité au numéro précédent, « l'une des deux qualités ne supplée pas l'autre, et elles ne sauraient être confondues. »

4. Au surplus, il est à peine besoin de faire observer que le ministère des porteurs de contraintes n'a été établi que pour la poursuite des droits du Trésor, et que les contribuables ou autres tiers intéressés dans les contestations relatives aux contributions directes ne pourraient pas y recourir pour les actes en défense qu'ils auraient à faire signifier aux percepteurs. Ils devraient employer les huissiers ordinaires.

5. Par suite de la disposition qui les institue huissiers pour les contributions directes, les porteurs de contraintes participent du caractère des huissiers près les Tribunaux : ils en ont à la fois les droits et les obligations.

6. Ainsi, ils sont fonctionnaires publics, et jouissent, dans l'exercice de leurs fonctions, de la protection que la loi accorde à ce titre. (Voir le *Commentaire* sur l'art. 40.)

7. Mais, de même que les huissiers ordinaires, ils pouvaient, au temps où la garantie constitutionnelle, résultant de l'article 75 de la loi du 22 frimaire an 8 était en vigueur, être poursuivis pour faits relatifs à leurs fonctions, sans l'autorisation préalable du Conseil d'Etat. (Argument de l'arrêt de la Cour de cassation du 26 décembre 1807.)

8. Malgré leur qualité de fonctionnaires publics, ils ne peuvent pas prétendre être affranchis des droits de péage des ponts et chemins, lorsqu'ils vont instrumenter, attendu que l'exercice de leurs fonctions ne commence qu'au domicile des parties auxquelles ils ont à notifier quelque acte de leur ministère. (Avis du Conseil d'Etat du 5 nivôse an 13.)

9. Leurs actes font foi, jusqu'à inscription de faux, des énonciations qu'il est dans leurs attributions de constater.

10. Ils ont le droit de s'introduire dans le domicile des citoyens auxquels ils sont chargés de signifier des actes, et d'y rester le temps nécessaire pour y dresser leurs procès-verbaux, malgré la résistance qu'ils éprouveraient (Arrêt de la Cour royale de Paris, du 2 août 1833), ainsi que de s'y établir en garnison.

11. Ils ont, dans certains cas, le droit de faire les ventes de meubles et effets saisis sur les redevables. (Voir ci-après le n° 24 et le *Commentaire* sur l'art. 81.)

12. Ils ne peuvent se rendre adjudicataires, soit directement, soit indirectement, des objets mobiliers qu'ils sont chargés de vendre. (Voir le *Commentaire* sur l'art. 83 du Règlement.)

13. Ils doivent justifier dans leurs actes de leur qualité (Voir le *Commentaire* sur l'art. 33), en y énonçant leur nom, leur demeure et leur immatricule, à peine de nullité et de responsabilité des effets de cette nullité. (Argument de l'arrêt de la Cour royale de Grenoble du 14 avril 1818.—Voir, en outre, le n° 19 ci-après et aussi l'art. 33, n° 1 et la note.)

14. Ils doivent, sous leur responsabilité, se conformer, pour la rédaction et la remise de leurs actes, aux formalités prescrites par les lois, et aux règles qui déterminent les jours, les lieux et heures où l'on peut instrumenter, ainsi que l'ensemble de leurs opérations.

15. Ils doivent remettre eux-mêmes, à personne ou à domicile, l'acte qu'ils sont chargés de signifier, sous peine d'encourir, outre la suspension ou la destitution prononcée par l'autorité administrative, une amende, qui ne peut être moindre de 2,000 fr., sans préjudice des dommages-intérêts envers la partie, et d'être même poursuivis criminellement et punis d'après l'article 146 du Code pénal, en cas de fraude constatée.

16. Ils doivent écrire correctement et lisiblement les copies des actes qu'ils signifient, sous peine d'une amende de 25 fr., indépendamment du rejet de la taxe lors du règlement des frais par le sous-préfet. (Voir art. 105.)

17. Ils doivent mentionner au bas de l'original et de la copie de chaque acte le montant de leurs droits, tels qu'ils sont fixés par le

tarif. La loi ne prononce pas la nullité des actes pour omission de cette formalité, mais le porteur de contraintes serait passible de l'amende.

18. Ils doivent tenir un répertoire. (Voir le *Commentaire* sur l'art. 39.)

19. Enfin, ils sont responsables de la nullité des procédures occasionnées par leur faute. C'est ce que décide textuellement la Circulaire du Ministre des finances, adressée aux receveurs des finances, sous la date du 10 octobre 1831, et que nous croyons devoir rapporter dans son entier :

« Dans quelques départements, Monsieur, des porteurs de contraintes ont négligé de mentionner sur les actes de commandement leur demeure et immatricule. Cette mention étant prescrite par l'article 61 du Code de procédure, sous peine de nullité, ces actes ont été attaqués et annulés par les Tribunaux. On a, il est vrai, allégué, pour excuser cette omission, que la formalité dont il s'agit n'avait pas été prévue dans le modèle de commandement joint au Réglement sur les poursuites, adopté en 1824 par le Ministre des finances; mais ce motif n'était pas admissible : le modèle émané du ministère ne pouvait régler la forme que de la partie du commandement où doit être établie la situation des contribuables retardataires; pour tout ce qui est du libellé et de la formule de l'acte, les règles de la procédure devaient seules être consultées et suivies (1).

« J'ai cru devoir, Monsieur, vous donner avis de cette circonstance, en vous recommandant de veiller à ce que les formalités prescrites par le Code de procédure civile soient exactement observées dans la rédaction de tous les actes judiciaires en matière de poursuites, c'est-à-dire des actes de commandement, de saisies-arrêts, de saisies et de ventes. MM. les receveurs des finances devront prévenir les porteurs de contraintes que les frais des actes annulés à défaut d'observation des formes légales seront mis à leur charge, en exécution de l'article 1031 du Code de procédure civile. »

20. Ils sont également responsables des contraventions aux règlements sur le timbre et sur l'enregistrement. Ainsi, ils doivent avoir soin d'écrire sur papier timbré, de la dimension voulue, les actes que la loi ne dispense pas de cette formalité. Ils doivent, sous peine d'une amende de 25 fr., prendre garde d'écrire sur l'empreinte du timbre ou de l'altérer. •

_____

(1) Le Modèle que nous donnons au *Formulaire*, n° 9, est de tous points conforme à ces règles.

A l'occasion de l'article 2 de la loi du 29 décembre 1873, qui
établit un papier et des timbres mobiles spéciaux pour les copies
d'exploits et de significations de tous actes et pièces, l'Administration, pensant que l'emploi qui serait fait par les porteurs de
contraintes, pour la rédaction des copies de leurs actes, du papier
spécial créé par l'article précité, pourrait nuire à la régularité
des poursuites et entraîner, par conséquent, des inconvénients
pour le Trésor, a édicté tout un ensemble de règles nouvelles qui
font l'objet d'un arrêté ministériel du 6 mai 1874, inséré dans la
deuxième Partie, *Législation*, page 63.

21. Quant à l'enregistrement, les porteurs de contraintes doivent
faire enregistrer, dans les quatre jours de leur date, ceux de leurs
actes qui ne sont pas exempts de la formalité.

22. Enfin, ils sont soumis aux autres obligations particulières
qui résultent pour eux des règlements administratifs. (Voir à cet
égard, les art. 25, 37, 38, 51, 52, 68, 81, 98 et 100 du Règlement.)

23. Indépendamment des peines dont nous avons parlé ci-dessus,
et auxquelles ils seraient soumis par application de la législation
générale, que nous croyons leur être commune avec les huissiers,
à qui ils sont assimilés, les porteurs de contraintes sont justiciables administrativement des sous-préfets pour les plaintes portées contre eux dans l'exercice de leurs fonctions. C'est ce qui
résulte des articles 25 et 26 de l'arrêté du 16 thermidor an 8.

Cette juridiction des sous-préfets est tout entière de discipline
administrative, et elle ne fait pas obstacle à ce que les parties
saisissent directement les Tribunaux compétents pour les délits
ou les actes irréguliers qu'elles auraient à reprocher à ces agents
d'exécution. (Voir, à cet égard, la Note du *Commentaire* sur l'article 19, n° 67.)

24. Notre article rappelle qu'aux termes de la loi du 23 juillet
1820, article 31, les commissaires-priseurs doivent être chargés, à
l'exclusion des porteurs de contraintes, de la vente des meubles
saisis pour contributions. Cet article est conçu en ces termes :

« Les prisées et ventes publiques des meubles des contribuables
en retard seront faites par les commissaires-priseurs dans les
villes où ils sont établis : dans ce cas, comme dans tous les autres,
les vacations des commissaires-priseurs seront taxées par les
Tribunaux; mais si les opérations ont lieu pour le recouvrement
des contributions directes, les Tribunaux se conformeront aux
règlements faits par les préfets et arrêtés par le gouvernement. »

La loi du 18 juin 1843, qui a fixé le tarif des vacations des commissaires-priseurs, n'a pas abrogé, sous ce rapport, la loi du
23 juillet 1820; les frais des commissaires-priseurs continuent donc

d'être taxés conformément aux tarifs arrêtés par les préfets, lorsque ces officiers publics interviennent dans les ventes mobilières faites pour le recouvrement des contributions directes.

Si le président du Tribunal civil, chargé de procéder à la taxe, appliquait les droits fixés par la loi du 18 juin 1843, il y aurait lieu d'attaquer son ordonnance par la voie de l'opposition, conformément à l'article 6 du décret du 16 février 1807.

Il est bien entendu que les porteurs de contraintes font tous les actes de poursuites, jusqu'à la saisie-exécution inclusivement ; les fonctions des commissaires-priseurs se bornent à effectuer la vente des meubles saisis.

25. Pour faire, au surplus, mieux apprécier encore l'esprit de la disposition de la loi du 23 juillet 1820, nous rapporterons l'avis du Conseil d'Etat (comités réunis de législation et des finances), du 18 août 1818, qui a donné lieu aux dispositions législatives dont il s'agit :

Les comités réunis de législation et des finances, consultés sur les questions suivantes :

« 1° Si les porteurs de contraintes peuvent, dans les lieux où sont établis des commissaires-priseurs, procéder aux ventes mobilières faites par suite de saisie pour contributions directes ;

« 2° Si les frais réclamés par les commissaires-priseurs pour les ventes par eux faites des meubles des contribuables en retard, doivent être taxés par les préfets.

« Vu un rapport du premier commis des finances chargé des contributions directes, concluant à ce que les ventes de meubles des contribuables en retard continuent à être faites par les porteurs de contraintes, lesquels existent en vertu d'une législation exceptionnelle qui n'a pu être réformée par des lois générales ;

« Vu la loi du 26 septembre-2 octobre 1791, et l'arrêté du 16 thermidor an 8, sur les poursuites en matière de contributions directes ;

« Vu la loi du 17 septembre 1793, qui fixe le prix des vacations pour les prisées et ventes publiques de meubles ;

« Vu la loi du 27 ventôse an 9, qui établit à Paris des commissaires-priseurs, et celle du 28 avril 1816, qui autorise l'établissement des mêmes officiers dans les départements ;

« Vu l'avis du comité des finances, en date du 13 février 1818, portant que le droit de faire les prisées et ventes publiques de meubles saisis pour contributions directes appartient aux commissaires-priseurs, à l'exclusion des porteurs de contraintes ;

« Vu un autre avis du même comité, en date du même jour, portant que les frais relatifs auxdites prisées et ventes doivent être taxés par les Tribunaux et non par les préfets;

« Vu enfin la loi des finances du 15 mai 1818;

« Considérant, sur la première question, que la loi du 27 ventôse an 9 attribue aux commissaires-priseurs de Paris le droit de faire dans ladite ville les prisées et ventes publiques de meubles, exclusivement à tous autres; que l'article 2 de la même loi défend à tout particulier, à tous autres officiers publics, de s'immiscer dans lesdites opérations qui se feront à Paris, sous peine d'amende, et que cette disposition n'excepte point les porteurs de contraintes;

« Que le même privilége et les mêmes attributions ont été accordées aux commissaires-priseurs des départements par la loi du 28 avril 1816;

Considérant, sur la deuxième question, que les commissaires-priseurs ont été placés dans la hiérarchie judiciaire, puisqu'aux termes de la susdite loi du 27 ventôse an 9, ils doivent être nommés par le chef du gouvernement, sur une liste de candidats présentés par le Tribunal; c'est devant le Tribunal qu'ils doivent prêter serment, et ils sont sous la surveillance du ministère public établi près de ce Tribunal; qu'ainsi, dans tous les cas, la taxe de leurs frais et vacations appartient à l'autorité judiciaire;

« Considérant, en même temps, que l'article 51 du titre V de la loi des finances du 15 mai 1818 autorise les préfets à faire des règlements sur les frais de poursuites en matière de contributions directes, et veut que ces règlements soient exécutés lorsqu'ils auront été approuvés par le gouvernement;

« Sont d'avis : 1° que les prisées et ventes publiques des meubles des contribuables en retard ne peuvent être faites par les porteurs de contraintes dans les lieux où sont établis les commissaires-priseurs;

« 2° Qu'en ce cas, comme dans tous les autres, les frais et vacations des commissaires-priseurs doivent être taxés par les Tribunaux; mais que si les opérations ont eu lieu pour le recouvrement des contributions directes. les Tribunaux doivent se conformer aux règlements faits par les préfets et approuvés par le gouvernement. » (Voir l'art. 81 du Règlement.) Une lettre du garde des sceaux, du 1er octobre, 1844 a maintenu et confirmé ces principes.

26. La disposition qui soumet au tarif de la préfecture la fixation des droits des commissaires-priseurs pour les ventes effectuées par eux des meubles saisis sur les contribuables, a donné lieu à une difficulté sur laquelle le Ministre des finances a eu à se prononcer. Un percepteur, ayant appris que les meubles d'un contribuable venaient d'être vendus à la requête de ses créan-

ciers, fit au commissaire-priseur, aux termes de l'article 2 de la loi du 12 novembre 1808, la demande en délivrance des deniers jusqu'à concurrence des contributions privilégiées. L'officier ministériel obtempéra à sa demande, et offrit de remettre les fonds, sous la seule réserve toutefois du montant de ses honoraires sur le produit de la vente.

Cette réserve était juste, puisque les frais de vente ont un privilège qui prime celui des contributions. (Voir le *Commentaire* sur l'art. 11, n° 64.) Mais le percepteur prétendit alors que les droits du commissaire-priseur devaient, conformément à l'avis du Conseil d'Etat du 18 août 1818, être réglés suivant le tarif de la préfecture. — Le commissaire-priseur soutenait, au contraire, qu'ayant instrumenté à la requête des créanciers du contribuable, et non pas à celle du percepteur, les *opérations n'avaient pas eu lieu pour le recouvrement des contributions directes*, circonstance qui seule pouvait, aux termes de la loi du 23 juillet 1820, le soumettre au tarif administratif.

Le Ministre des finances, par une lettre du 4 mai 1833, adressée au préfet de l'Eure, a accueilli le système du commissaire-priseur. La distinction est, en effet, très fondée. Peu importe, dans l'espèce, qu'en définitive les fonds provenant du mobilier vendu aient dû être appliqués au payement de l'impôt; il n'en est pas moins certain que, dans l'origine et au moment même de la vente, le commissaire-priseur n'avait pas opéré pour le recouvrement des contributions directes; or, comme l'a reconnu le Ministre des finances, ce n'est que lorsque la vente est poursuivie au nom du percepteur qu'il peut y avoir lieu de taxer, d'après le tarif de la préfecture, les droits de l'officier ministériel qui y a procédé.

27. La disposition qui dispense les porteurs de contraintes du droit de patente est empruntée à l'arrêté du 16 thermidor an 8, article 18; elle a été maintenue jusqu'à ce jour avec d'autant plus de raison que l'Administration n'a cessé d'être préoccupée de l'insuffisance des salaires de ces agents.

ARTICLE 35.

Dans les arrondissements où il ne se trouve pas de porteurs de contraintes ayant les qualités et les connaissances nécessaires, les sous-préfets autorisent les receveurs des finances à se servir des huissiers près les Tribunaux pour l'exécution des actes réservés aux porteurs de contraintes, en se conformant, pour les frais, aux fixations arrêtées par le préfet.

ARTICLE 35 *bis.*

Les huissiers doivent, dans ce cas, être commissionnés porteurs de contraintes.

ARTICLE 35 *ter.*

Les huissiers ne sauraient être forcés d'accepter une commission de porteurs de contraintes; mais ils peuvent être requis d'exercer contre les redevables, les actes de leur ministère; et, dans ce cas, ils ont le droit de demander que leurs émoluments soient fixés d'après le tarif judiciaire.

1. Aux termes de l'article 17 de la loi du 2 octobre 1791 et des articles 18 et 19 de l'arrêté du 16 thermidor an 8, que nous avons déjà cités, les porteurs de contraintes doivent faire seuls les fonctions d'huissiers pour les contributions directes, et ces porteurs de contraintes doivent être choisis parmi les citoyens domiciliés dans l'arrondissement de la sous-préfecture, sachant lire, écrire, calculer, et ayant une instruction suffisante pour exécuter toutes les opérations relatives à leurs fonctions.

La difficulté de trouver des sujets qui réunissent toutes ces conditions met souvent les administrateurs dans la nécessité de recourir aux huissiers des Tribunaux, lorsqu'il y a lieu d'exercer des poursuites judiciaires contre les contribuables. Dans la plupart des grandes villes, les poursuites par voie de commandement et de saisie-exécution sont exclusivement faites par le ministère des huissiers (1).

2. Les huissiers des Tribunaux, chargés d'exploiter pour le recouvrement des contributions directes, doivent être commis-

---

(1) A Paris, où il existe deux classes d'agents, *les porteurs de contraintes administratives* sont employés pour la distribution des sommations sans frais, des contraintes comminatoires, des sommations avec frais et des bulletins de garnison collective; ils peuvent aussi, concurremment avec les garnisaires, être chargés d'exercer la garnison individuelle. Ils ont qualité pour dresser les procès-verbaux d'insolvabilité et de perquisition. Ils sont chargés de distribuer les premiers avertissements. Les *porteurs de contraintes judiciaires* sont chargés de dresser et de signifier les actes de poursuites, à partir du commandement inclusivement, sauf, toutefois, les procès-verbaux de vente. Ils ont également qualité pour faire les saisies-arrêt, et pour dresser les procès-verbaux d'insolvabilité et de perquisition. (Règlement préfectoral du 24 décembre 1859, art. 32 à 35.)

sionnés porteurs de contraintes. Leur qualité d'huissier seule ne serait pas un titre suffisant pour qu'ils pussent régulièrement instrumenter; c'est, comme nous l'avons dit au *Commentaire* sur l'article 34, n° 2, ce qui résultait des dispositions de la loi du 2 octobre 1791, de l'arrêt du 16 thermidor an 8, et enfin de la Circulaire du 31 mars 1831. C'est maintenant la disposition expresse de l'article 35 *bis*.

Ainsi, lorsqu'il est reconnu que les porteurs de contraintes de l'arrondissement n'ont point les connaissances nécessaires pour la rédaction des actes judiciaires, et que ce défaut de capacité ferait craindre des nullités qui compromettraient le recouvrement, le receveur particulier peut demander au sous-préfet que, parmi les huissiers près les Tribunaux, il en soit désigné un certain nombre pour le service des contributions directes, et que les huissiers choisis soient commissionnés porteurs de contraintes.

3. Il résulte de l'avis émis par le Conseil d'Etat, le 13 août 1841, que l'Administration ne peut ni forcer un huissier à accepter une commission de porteur de contraintes, ni l'assujettir à un tarif autre que celui qui est applicable aux actes ordinaires de son ministère. Cette doctrine, acceptée par l'Administration, s'est formulée dans l'article 35 *ter*. Elle est, d'ailleurs, conforme à l'opinion qui avait été exprimée par le garde des sceaux, dans une lettre adressée au Ministre des finances, le 8 mars 1831, et dont voici le texte :

« Monsieur et cher collègue, par une lettre en date du 22 juillet dernier, vous m'avez fait l'honneur de me consulter sur la question de savoir si les huissiers sont en droit de refuser les commissions de porteurs de contraintes qui leur sont parfois offertes par les autorités locales de certains pays.

« Vous vous fondez, pour soutenir la négative, sur les dispositions des articles 85 des décrets du 18 juin 1811, et 42 du décret du 14 juin 1813, qui obligent les huissiers à prêter leur ministère toutes les fois qu'ils en sont requis, et vous pensez que cette première obligation entraîne celle de se soumettre aux tarifs dressés conformément à l'article 73 de la loi du 25 mars 1817. J'admettrais sans difficulté cette conséquence; mais, à mon avis, les dispositions précitées se rapportent uniquement aux fonctions ordinaires des huissiers, et ne peuvent s'étendre aux significations de contraintes, pour lesquelles, aux termes du § 2, article 18, de l'arrêté du 16 thermidor an 8, il faut nécessairement une commission spéciale. Ce sont deux ministères distincts et indépendants l'un de l'autre, qui doivent tous deux être acceptés librement. Cet article porte même que les porteurs de contraintes feront seuls les fonctions d'huissiers pour les contributions directes.

« Il pourrait même s'élever quelques doutes sur la légalité du cumul de ces deux emplois, car l'article 40 du décret de 1813 déclare l'exercice du ministère d'huissier incompatible avec toute autre fonction publique salariée.

« Je ne saurais donc user de mon pouvoir pour ordonner une chose qui, tout au plus tolérée, n'est certainement pas commandée par la loi. »

Le Ministre des finances avait, dès 1831, adopté cette jurisprudence ; il avait, dans sa correspondance particulière avec les préfets, engagé ces magistrats à faire tous leurs efforts pour trouver des individus capables de remplir convenablement les fonctions de porteurs de contraintes, ou d'amener les huissiers des Tribunaux à se charger volontairement des actes relatifs aux contributions directes, moyennant les droits modérés du tarif de la préfecture. Enfin, à défaut, lè Ministre autorisait les administrations locales à se servir des huissiers, au prix du tarif judiciaire. Cette autorisation leur est aujourd'hui conférée d'une manière générale par l'article 35 *ter*, et, en somme, les articles 35 et 35 *bis*, pour être appliqués, auront toujours besoin d'un accord établi entre l'Administration et l'huissier dont elle entend se servir. S'il peut naître de là quelques difficultés, la meilleure solution se trouve évidemment dans les mesures propres à relever la position des porteurs de contraintes, de manière à procurer le recrutement de ces agents.

ARTICLE 36

Une indemnité trimestrielle est allouée aux porteurs de contraintes, indépendamment du salaire résultant des actes de poursuites qu'ils exécutent.

1. Nous avons dit plus haut (art. 25 et 30, n° 4) comment les porteurs de contraintes ont été dotés d'un traitement fixe. L'ancien article 36 du Règlement de 1824 déclarait qu'ils n'étaient, comme les garnisaires, payés qu'autant qu'ils étaient employés et qu'il ne leur était rien dû pour frais d'aller et de retour. Les articles 27 et 28 de l'arrêté du 16 thermidor formaient la base de cette réglementation.

2. Le salaire des porteurs de contraintes, indépendamment de l'allocation fixe, et celui des garnisaires consistent dans le prix

des actes et des commissions qu'ils éxécutent, suivant la fixation qui en est faite dans les tarifs arrêtés par les préfets sous l'approbation du gouvernement, en exécution de la loi du 25 mars 1817. (Voir le *Commentaire* sur l'art. 47 du Règlement.)

3. Ce salaire n'a pas le caractère d'un traitement de fonctionnaire : aussi a-t-il été reconnu, par un avis du comité des finances du Conseil d'Etat, du 15 octobre 1828, qu'on ne pouvait lui faire application de la disposition de la loi du 21 ventôse an 9, qui déclare insaisissable les traitements des employés de l'Etat, si ce n'est jusqu'à concurrence du cinquième. Voici le texte de cet avis, qu'il nous a paru utile de recueillir ici comme complément des explications que nous avons données, pour faire apprécier exactement le caractère des agents de poursuites :

« Le comité des finances, sur le renvoi qui lui a été fait par S. Exc. le Ministre secrétaire d'Etat au même département, d'un rapport du directeur général de la comptabilité, où est soumise la question de savoir si le salaire des porteurs de contraintes pour contributions directes est saisissable ; — Vu ledit rapport, en date du 22 septembre 1828, et les pièces y annexées ; — Vu les articles 2092 et 2093 du Code civil ; les articles 557, 561, 569, 580 et 581 du Code de procédure ; la loi du 21 ventôse an 9 et le décret du 13 pluviôse an 13 ;

« Considérant que l'article 580 du Code de procédure, qui n'autorise la saisie des traitements et pensions dus par l'Etat que pour une portion (laquelle est fixée au cinquième par la loi du 21 ventôse an 9), n'est point applicable aux porteurs de contraintes, qui reçoivent des salaires et non des traitements ;

« Que la distinction entre les traitements et les salaires se trouve établie par le silence de la loi relativement à ces derniers, et que l'Administration n'a pas le droit d'étendre par analogie la faveur accordée par la loi aux titulaires de traitements et pensions ;

« Est d'avis que les sommes dues par l'Etat aux porteurs de contraintes sont susceptibles d'être légalement saisies à la requête de leurs créanciers. » (15 octobre 1828.)

L'arrêté du 14 septembre 1861 prend soin de qualifier l'allocation fixe d'*indemnité* et non de traitement ; il semble donc que la doctrine de l'avis ci-dessus du Conseil d'Etat soit applicable même à cette allocation ; nous aurions peine à l'admettre cependant, car la rémunération fixe a véritablement le caractère alimentaire des traitements.

ARTICLE 37

Les porteurs de contraintes et les garnisaires, en arrivant dans une commune, font constater par le maire ou l'adjoint, et, à défaut, par l'un des membres du Conseil municipal, sur la contrainte ou l'ordre dont ils sont munis, le jour et l'heure de leur arrivée, et de même, en se retirant, le jour et l'heure de leur départ.

1. Voir l'article 19 de la loi du 2 octobre 1791, et l'article 40 de l'arrêté du 16 thermidor an 8.

2. La formalité prescrite par cet article a pour but de déterminer, d'une manière précise, l'époque à laquelle l'exécution de la contrainte commence et le temps employé par l'agent de poursuites à l'exécution des actes qui sont l'objet de la commission dont il a été chargé. Ce point est important, puisque certaines poursuites ne peuvent se prolonger au-delà d'un nombre de jours limité. (Voir l'art. 51, relatif à la garnison individuelle.) Enfin, dans tous les cas, ce renseignement peut servir pour la fixation des frais dus à l'agent de poursuites.

3. Nous renouvellerons ici, en ce qui concerne les fonctionnaires à qui notre article délègue le soin de constater le jour et l'heure de l'arrivée et du départ des porteurs de contraintes et garnisaires, l'observation que nous avons déjà faite dans le *Commentaire* sur l'article 27, n° 1.

4. L'omission, de la part de l'agent des poursuites, de la formalité prescrite par notre article, entraînerait naturellement pour lui la perte de son salaire, puisqu'elle pourrait être un obstacle réel à la taxe, qui manquerait d'un de ses éléments indispensables; et même, suivant les cas, elle pourrait avoir des conséquences plus graves, en emportant la nullité même des poursuites.

ARTICLE 38.

Les porteurs de contraintes et les garnisaires ne peuvent, dans aucun cas, ni sous aucun prétexte, recevoir aucune somme des percepteurs ni des contribuables, pour leur salaire, ou pour les contributions, à peine de destitution.

Les percepteurs qui leur remettraient des fonds en resteraient responsables, et les contribuables qui payeraient entre leurs mains s'exposeraient à payer deux fois..

1. Cette disposition prohibitive et la pénalité qui la sanctionne ne sont pas nouvelles. Elles résultent de plusieurs actes de la législation ancienne et moderne. (Voir notamment l'art. 35 de l'édit de mars 1600, l'art. 55 de l'édit de janvier 1634, l'art. 12 de l'arrêt du Conseil du 4 juillet 1664, l'arrêt du 23 avril 1718, le Règlement du 8 mai 1761, et l'article 50 de l'arrêté du 16 thermidor an 8. (Voir, en outre, le *Commentaire* sur l'art. 107.)

2. Au surplus, on doit voir dans la disposition finale de notre article 38 une simple application de l'article 1239 du Code civil, aux termes duquel le payement ne libère le débiteur qu'autant qu'il est fait à la personne qui a qualité pour recevoir. Or, d'après les lois de la perception, les percepteurs ont seuls qualité pour recevoir les contributions directes et pour en donner quittance. (Voir le *Commentaire* sur l'art. 8.)

ARTICLE 39.

Les porteurs de contraintes sont assujettis à tenir un répertoire, coté et paraphé par le juge de paix du chef-lieu d'arrondissement, et visé gratuitement, pour timbre, par le receveur de l'enregistrement ; ils y portent tous les actes de leur ministère sujets au timbre et à l'enregistrement, soit gratis, soit payés, sous peine d'une amende de cinq francs pour chaque omission.

Indépendemment des détails prescrits par l'article 50 de la loi du 22 frimaire an 7 (12 décembre 1798), ce répertoire doit contenir, dans une colonne distincte, le coût de chaque acte, d'après les fixations arrêtées par le préfet.

Dans les dix premiers jours de chaque trimestre, ce répertoire est présenté au receveur de l'enregistrement pour être revêtu de son *visa*. Le porteur de contraintes qui diffère cette présentation est puni d'une amende de dix francs pour chaque dizaine de retard.

Le porteur de contraintes est tenu, en outre, de communiquer son répertoire, à toute réquisition, aux préposés de l'enregistrement qui se présentent chez lui pour le vérifier, à peine d'une amende de 50 francs en cas de refus.

Il le communique au percepteur, au maire, au sous-préfet et au receveur de l'arrondissement, toutes les fois qu'il en est requis.

1. Aux termes de l'article 49 de la loi du 22 frimaire an 7, les huissiers sont tenus d'avoir des répertoires et d'y inscrire leurs actes, à peine d'une amende de 5 fr. par chaque acte omis, conformément à la loi du 16 juin 1824, article 10. En leur qualité d'huissiers pour les contributions, les porteurs de contraintes devaient naturellement être assujettis à la même obligation et à toutes les conséquences qu'elle entraîne. (Déc. du Ministre des finances du 13 novembre 1807; Dalloz, vᵣ *Enregistrement*, n° 5270.)

2. Mais, comme la tenue d'un répertoire a été ordonnée surtout en vue de servir à la surveillance du fisc pour l'exécution des lois du timbre et de l'enregistrement, notre article n'oblige les porteurs de contraintes de porter au répertoire que les actes soumis à ces formalités.

Il faut seulement remarquer que l'obligation existerait lors même qu'il s'agirait d'actes visés pour timbre et enregistrés *gratis*.

3. Tous les répertoires, en général, doivent être cotés et paraphés; mais ils le sont par des autorités différentes en raison des objets auxquels ils sont destinés. La loi n'a rien précisé à cet égard, en ce qui concerne ceux des porteurs de contraintes. Le *Dictionnaire de l'Enregistrement* d'Hayet pense qu'ils doivent être cotés et paraphés par les juges de paix. Cette opinion est adoptée dans l'article que nous commentons.

4. Ils doivent être visés gratuitement pour timbre par le receveur de l'Enregistrement. C'est ce qui, avant le Réglement, résultait des décisions du Ministre des finances, en date des 19 avril 1808 et 26 août 1820.

5. Les répertoires doivent être tenus, à colonnes, jour par jour, sans blancs, sans interlignes, et par ordre de numéros. Chaque omission de l'une de ces conditions est punie de l'amende de 5 fr.

6. *Jour par jour*, c'est-à-dire le jour même de la date des actes et au fur et à mesure de leur confection. Cette interprétation, conforme à l'usage, n'est point incompatible avec l'obligation de mentionner, à chaque article, la date de l'enregistrement; il y a pour l'enregistrement une colonne particulière, qui peut être laissée en blanc sans contravention. La loi ne défend que les blancs qui serviraient à favoriser la fraude en permettant d'inscrire après coup, entre les articles, des actes omis à dessein. (Ar-

rêts de la Cour de cassation des 5 février 1811, 19 décembre 1808, 4 décembre 1816 et 28 mars 1827.)

7. Cependant il peut être impossible, en certains cas, de répertorier les actes le jour même de leur date; par exemple, lorsque le répertoire est entre les mains du receveur pour le *visa*. (Voir ci-après, n° 17). Mais ce cas exceptionnel ne détruit pas la règle; le retard forcé de vingt-quatre heures, qui est alors imposé au porteur de contraintes, ne saurait lui être imputé.

8. Si les actes ont été faits en plusieurs jours, comme pourrait être, par exemple, un procès-verbal de saisie, et qu'ils portent, par conséquent, plusieurs dates, à laquelle doivent-ils être inscrits?

Chaque vacation, étant signée par les parties intéressées, forme par elle-même un tout parfait. Ces sortes d'actes doivent donc être inscrits sur le répertoire à la date de la première séance ou vacation. (Décision du Ministre des finances du 18 août 1812; Dalloz, v° *Enregistrement*, n° 5280.)

9. Le paragraphe 2 de notre article rappelle que les répertoires doivent contenir les détails prescrits par l'article 50 de la loi du 23 frimaire an 7. Ces détails sont, pour chaque article : 1° le *numéro d'ordre* : ce numéro peut être en chiffres (décision du Ministre des finances du 10 mai 1808); 2° la *date de l'acte* : cette date est encore valablement écrite en chiffres (même décision); 3° la *nature de l'acte;* 4° les *noms et prénoms des parties et leur domicile;* 5° l'*indication des biens, leur situation et le prix, lorsqu'il s'agit d'actes qui ont pour objet la propriété, l'usufruit ou la jouissance de biens-fonds;* 6° la *relation de l'enregistrement et le montant des droits;* il peut aussi être exprimé en chiffres. (Décision précitée.)

La mention, sur le répertoire, qu'un acte a été enregistré ne pourrait pas être par elle-même une preuve de l'enregistrement de cet acte; dès lors, si l'original de l'acte lui-même n'était pas représenté au receveur de l'enregistrement, celui-ci serait fondé à réclamer le droit, et même le double droit, s'il y avait lieu. (Ar. C. de cass., 2 octobre 1810.) Cet arrêt, qui a été rendu contre un huissier, s'applique nécessairement aux répertoires des porteurs de contraintes.

10. Indépendamment des détails indiqués ci-dessus, notre article veut qu'une colonne distincte du répertoire contienne le *coût de chaque acte.* Cette disposition est empruntée à l'article 47 du décret du 14 juin 1813, qui impose la même obligation aux huissiers.

11. Il résulte des dispositions précédentes que les répertoires

doivent être divisés en sept colonnes; mais ce nombre n'est pas prescrit sous peine d'amende.

Au surplus, nous donnons un modèle de ce Répertoire, au *Formulaire*, n° 58.

12. Les doubles emplois sur les répertoires ne peuvent pas être réputés contravention; ils ne donnent lieu à aucune amende. Mais lorsque des articles ont été rayés pour inscrire des actes d'une date antérieure, il y a preuve de l'omission de ces derniers actes, et l'amende est due. (Décis. du Ministre des finances du 15 décembre 1824; Instruct. de la Régie du 23 mars 1825; arrêts de la C. de cass. des 19 décembre 1808 et 28 mars 1827.) Il y a contravention dès qu'un acte est inscrit après sa date. (Roy, *Manuel des contraventions.*)

13. Il n'y a pas contravention pour des erreurs de numéros, des ratures et des surcharges, pourvu que la série des numéros ne soit pas interrompue. (Délibération du Conseil rég. du 6 mars 1824, approuvée par le Ministre des finances, le 8 avril 1824.)

14. La simple omission de l'une des indications prescrites par l'article 50 de la loi du 22 frimaire an 7 ne suffirait pas non plus pour que l'amende fût encourue : la loi ne l'a prononcée que pour l'omission au répertoire de l'acte lui-même.

15. Le même répertoire peut servir pour plusieurs années. Ce mode, qui est d'ailleurs économique, remplit le but de la loi, qui est de faciliter les recherches.

Un nouveau titulaire peut même répertorier ses actes sur le même registre que son prédécesseur, en ayant le soin de désigner le commencement de son exercice par un frontispice et par une nouvelle série de numéros. (Favard de Langlade, au mot *Répertoire;* Roy, *Manuel des contraventions.*)

16. Aux termes du § 3 de notre article, les répertoires doivent être présentés au *visa* du receveur de l'enregistrement dans les dix premiers jours de chaque trimestre, à peine d'une amende de 10 francs pour chaque dizaine de retard. — L'amende est encourue dès que le dernier des dix jours est expiré (Arrêts de la Cour de cassation du 31 janvier 1809 et 1814), à moins que ce jour ne soit férié; dans ce cas, la présentation au *visa* est recevable sans amende, le jour non férié qui suit immédiatement. (Solution de la Régie du 2 septembre 1814.)

17. Le receveur de l'enregistrement constate la présentation, en la mentionnant, à sa date, sur le registre d'enregistrement dans une case particulière. Cette mention indique le nombre des actes passés, reçus ou faits depuis le dernier *visa*, les omissions, doubles emplois, renvois, intercalations et ratures, ainsi que la date des procès-verbaux, s'il en a été rapporté. Il inscrit dans les mêmes

termes son certificat de *visa*, sur le répertoire même, au bas du dernier article du répertoire, avec indication du folio et de la case du registre où il a été enregistré. (Décision du Ministre des finances du 9 septembre 1806.)

18. Les receveurs ne peuvent retenir les répertoires plus de vingt-quatre heures ; ils doivent apposer le *visa* le jour même de la présentation, et ce visa ne peut pas influer sur les actes qui auraient été reçus ce jour-là. (Lettre de la Régie du 8 avril 1812.)

19. Les receveurs de l'enregistrement ont le droit d'obtenir la communication des répertoires, toutes les fois qu'ils la requièrent, à peine d'une amende de 50 francs en cas de refus. (Loi du 22 frimaire an 7.)

20. Notre article étend même le droit de requérir cette communication au percepteur, au maire, au sous-préfet et au receveur de l'arrondissement. Cette disposition n'est qu'une application de la règle de droit commun, qui donne aussi aux parties la faculté d'exiger la communication des articles du répertoire qui les concernent. Cette communication, qui sert à la surveillance de l'administration, peut être, d'ailleurs, utile pour les actes, par exemple, dont les minutes auraient été perdues.

Les receveurs des finances *doivent* se faire représenter le répertoire au moins deux fois par an, et y consigner les résultats de l'examen qu'ils en font. (Inst. gén., 20 juin 1859, art. 107.)

21. La présentation des répertoires, lorsqu'elle est ordonnée, est obligatoire, même par corps. L'article 2060, § 6 du Code civil, est applicable. (Voir aussi le Code de procédure civile, art. 221.)

22. Les fonctionnaires assujettis à la tenue d'un répertoire ne peuvent, quand ils quittent leurs fonctions, non plus que leurs héritiers, en cas de décès, disposer arbitrairement de leur répertoire. Généralement, ils sont obligés de le déposer entre les mains d'un autre fonctionnaire du même ordre, et, le plus habituellement, leur successeur. Les porteurs de contraintes ou leurs héritiers devraient déposer leur répertoire à la recette des finances de l'arrondissement, pour être remis, s'il y a lieu, aux agents de poursuites désignés pour les remplacer.

23. Les amendes encourues pour contraventions relatives à la tenue du répertoire se prescrivent par deux ans. (L. 16 juin 1824.)

ARTICLE 40.

En cas d'injures ou de rébellion contre les agents de poursuites, ils se retirent auprès du maire pour en dresser procès-verbal. Ce procès-verbal, visé par le maire, est enregistré et envoyé au sous-préfet, lequel dénonce le fait aux Tribunaux, s'il y a lieu.

1. Non-seulement les agents de poursuites, mais les percepteurs eux-mêmes peuvent être injuriés ou maltraités dans l'exercice de leurs fonctions. Nous rendrons communes à ces deux ordres de fonctionnaires les observations que nous avons à faire sur l'article 40.

2. Les fonctionnaires et agents de la force publique sont protégés contre les outrages qui leur seraient faits dans l'exercice de leurs fonctions ou les violences qu'on opposerait à l'exécution des actes qu'ils sont chargés de pratiquer par le Code pénal (liv. III, tit. 1er, ch. III, sect. IV, § 2) et par la loi du 25 mars 1822. La peine varie suivant la nature et la gravité des injures ou des voies de fait. Nous ne croyons pas avoir à nous occuper ici des détails de cette pénalité. Nous nous bornerons à renvoyer à un jugement du Tribunal correctionnel de Narbonne, en date du 21 novembre 1828, que nous avons inséré dans la 2e Partie, *Jurisprudence*, page 126, et qui condamne un particulier à cinq jours d'emprisonnement et aux frais pour outrages envers un percepteur. Il nous eût été facile de rapporter plusieurs décisions analogues, mais une seule nous a paru suffire comme exemple et pour servir à l'intelligence des explications dans lesquelles nous nous proposons d'entrer.

3. Nous nous arrêterons cependant sur deux questions préliminaires : 1° Quels sont les propos ou expressions qui, aux termes de la loi, constituent les outrages par paroles que les percepteurs ont le droit de poursuivre devant les Tribunaux, quand ils leur sont adressés dans l'exercice de leurs fonctions? 2° Quand un percepteur ou un porteur de contraintes doit-il être considéré comme étant dans l'exercice de ses fonctions?

Le Code pénal, non plus que les lois des 17 mai 1819 et 25 mars 1822, en prononçant des peines contre ceux qui outrageraient les magistrats et fonctionnaires publics dans l'exercice et à l'occasion de leurs fonctions, ne se sont pas occupés de déterminer particulièrement les paroles et expressions qui devraient être considérées comme outrages (1). Si l'on veut bien y réfléchir, on reconnaîtra même qu'il eût été difficile de rien préciser à cet égard. Le vocabulaire des mots injurieux est trop varié, les formes que peut prendre l'outrage sont trop diverses, pour qu'il pût être du domaine de la loi, lorsqu'il n'aurait pas été d'ailleurs contraire à sa

---

(1) Voici le texte de l'article 224 du Code pénal, modifié par la loi du 13 mai 1863 :

« L'outrage fait par paroles, gestes ou menaces à tout officier ministériel ou

gravité d'établir une nomenclature de ce genre. Elle a donc fait sagement en abandonnant à la prudence du juge l'appréciation des circonstances et des paroles qui peuvent constituer l'outrage. Il suffit, pour maintenir l'unité de jurisprudence et la saine application de la loi, que la Cour de cassation se réserve un contrôle sur l'appréciation des juges du fait. C'est pour cela qu'elle exige que les Tribunaux ne se bornent pas à qualifier les faits d'outrage d'une manière vague ou générale; ils doivent énoncer en outre, dans leurs jugements, les actes ou expressions qui ont servi de base à cette qualification, afin qu'il soit possible de vérifier si elle est conforme à l'esprit de la loi. (Arrêt du 11 décembre 1845.)

Nous ne pouvons que nous référer à ces données générales et indiquer sommairement quelques décisions judiciaires qui peuvent fournir des exemples et des analogies. Ainsi il a été jugé que :

Dire à un commissaire de police : *Vous êtes un gredin! vous en avez menti!* est un outrage passible de la peine de l'article 222 du Code pénal. (C. de cassation, 4 juillet 1833.)

Dire à un fonctionnaire public : *Allez moucharder ailleurs!* c'est commettre envers lui un outrage par paroles. (Cour de cassation, 2 janvier 1834.)

Il en est de même d'avoir dit à un procureur du roi, dans une réunion publique : *Polisson, canaille, lâche!* (C. de Douai, 20 décembre 1833; C. de Riom, 13 novembre 1867.)

Les cris : *A bas!* adressés à un fonctionnaire de l'ordre administratif, dans l'exercice de ses fonctions, sont un outrage punissable, suivant l'article 222 du Code pénal. (C. de cassation, 22 décembre 1814.)

Dire à un magistrat « qu'il n'est qu'*un misérable, un coupe-jarret, malheureusement procureur du roi,* » constitue le délit d'outrage puni par l'article 222 du Code pénal. (C. de cassation, 2 avril 1825.)

Dire à un juge de paix « *qu'il ne remplit pas ses devoirs, qu'on n'a aucun ménagement à garder envers un homme tel que lui,* » constitue le délit d'injure défini par la loi du 17 mai 1819. (C. de cassation 11 avril 1822.)

Dire à un percepteur : « *Vous m'avez volé deux francs,* » constitue le délit d'outrage par paroles envers un fonctionnaire public. (Jugem. du Tribunal d'Evreux, 20 avril 1829.)

----

agent dépositaire de la force publique et à tout citoyen chargé d'un ministère de service public, dans l'exercice ou à l'occasion de ses fonctions, sera puni d'un emprisonnement de six jours à un mois et d'une amende de seize francs à deux cents francs, ou de l'une de ces deux peines seulement. »

Un jugement, rendu par le Tribunal d'Evreux, le 10 août 1837, en faveur du sieur Peudefer, percepteur de Caugé, a condamné le sieur Logre à 25 francs d'amende et aux frais, pour avoir injurié ce fonctionnaire dans l'exercice de ses fonctions, en l'appelant *bête, cochon, crapule*, etc.

Le fait d'avoir, dans la rue, menacé un sous-préfet de sa cravache et d'avoir répété certains propos inconvenants, constitue un outrage public. (C. de cassation, 16 janvier 1834.)

Nous n'étendrons pas davantage le nombre de ces exemples. Nous ferons seulement remarquer que les percepteurs des contributions ne peuvent être considérés comme des *magistrats* de l'ordre administratif ou judiciaire : ils sont des *fonctionnaires publics*. L'article 222 du Code pénal ne leur est donc pas applicable. C'est d'après les lois des 17 mai 1819 et 25 mars 1822 que doivent être poursuivis et punis les outrages qui leur sont faits dans l'exercice ou à l'occasion de leurs fonctions. (A. de la Cour de cassation du 26 juillet 1821.)

Au surplus, ce n'est pas seulement *dans l'exercice* de leurs fonctions que la loi pénale actuelle protége les fontionnaires contre les outrages qui leur sont faits : elle punit ceux qui les outragent *même à l'occasion de leurs fonctions;* c'est la disposition textuelle du Code pénal (art. 222 et suivants) et des lois des 17 mai 1819 et 25 mars 1822.

Aussi a-t-il été décidé que la loi n'exige pas, pour qu'il y ait délit, que le fonctionnaire public outragé ait été présent aux injures. L'article 222 du Code pénal et les lois de 1819 et 1822 ont été jugées avoir statué en termes généraux et nullement restrictifs pour le cas de présence. (C. de cassation, 18 juillet 1828.)

L'outrage est punissable même lorsque le fonctionnaire n'a pas été nommé par le prévenu, si les juges déclarent et constatent que les circonstances rendent la désignation non équivoque. (C. de cassation 7 février 1868.)

4. En ce qui concerne la seconde question, nous nous bornerons à dire que le percepteur, comme le porteur de contraintes, doit être considéré comme étant dans l'exercice de ses fonctions, toutes les fois qu'il accomplit un acte qui se rattache aux devoirs de son emploi. Ainsi, par exemple, ce n'est pas seulement lorsqu'il fait la perception de l'impôt sur le contribuable qu'il est dans l'exercice de ses fonctions; il y est également lorsqu'il fait son versement chez le receveur particulier. C'est ainsi que la Cour de cassation a décidé, par un arrêt du 6 mars 1806, qu'il y avait lieu de considérer comme ayant agi dans l'exercice de ses fonctions un receveur de contributions qui, ayant rencontré à la recette générale, où il

allait faire son versement, un particulier contre lequel il avait décerné une contrainte, s'était porté envers lui à des voies de fait à l'occasion de cette contrainte (1).

5. Nous ne terminerons pas sur ce premier point sans conseiller aux agents de la perception une règle de conduite qui nous paraît devoir toujours les diriger dans les cas où ils peuvent être injuriés dans l'exercice ou à l'occasion de leurs fonctions : c'est, tout en se montrant justement préoccupés du soin de maintenir leur dignité personnelle et le respect dû à l'autorité légale dont ils sont investis, de ne pas se laisser aller cependant à une trop grande susceptibilité. Ils doivent, dans l'intérêt même de leur service, tenir compte de la situation particulière des contribuables, et ne pas attacher plus d'importance qu'il ne faut à quelques paroles désobligeantes ou mêmes grossières échappées dans un moment d'humeur à un redevable malheureux, et qui peuvent n'être que le résultat du défaut d'éducation. C'est à la sagesse et à la modération des percepteurs et des porteurs de contraintes à distinguer ces circonstances de celles où il y a eu véritable intention d'outrager le fonctionnaire public.

6. On remarquera que, dans l'espèce qui a donné lieu au jugement de Narbonne, le percepteur insulté avait dressé procès-

---

(1) Voici les circonstances qui ont donné lieu à cet arrêt :

Le sieur Tribert, receveur particulier à Bordeaux, décerna, le 25 prairial an 13, une contrainte contre le sieur Gassin, négociant.

Le même jour, ils se rencontrèrent dans les bureaux du receveur général, où le sieur Tribert était venu faire un versement : une rixe s'éleva entre eux, et, s'il faut en croire la plainte du sieur Gassin, le sieur Tribert se serait porté à des violences graves envers lui.

Le 3 fructidor an 13, un arrêt du préfet de la Gironde autorisa les poursuites de Gassin contre Tribert.

Le 18 vendémiaire an 14, le Tribunal correctionnel de Bordeaux déclara qu'il n'y avait pas lieu de procéder, quant à présent, attendu que l'arrêté du 10 floréal an 10 autorisait bien les préfets à traduire eux-mêmes les percepteurs des contributions directes devant les Tribunaux, sans demander une décision du Conseil d'Etat, mais que cet arrêté ne s'appliquait pas aux poursuites exercées par des tiers.

Sur l'appel, arrêt de la Cour de justice criminelle de la Gironde, qui infirme, sur le motif que le législateur n'a pu considérer comme faits relatifs à ses fonctions les délits dont a été accusé le sieur Tribert, et que, par conséquent, il n'y avait lieu à demander aucune décision.

Pourvoi en cassation pour violation de l'arrêté du 10 floréal an 10, en ce que la rixe se rattachant à une contrainte et ayant eu lieu dans un moment où Tribert effectuait un versement, il était bien réellement dans l'exercice de ses fonctions.

Par arrêt du 6 mars 1806, la Cour de cassation *improuve les motifs de l'arrêt de la Cour d'appel de Bordeaux*, tout en rejetant, sous un autre rapport, le pourvoi.

verbal, et que le Tribunal a visé cette pièce. Nous avons pu observer que la même circonstance se rencontre ordinairement dans les procédures de ce genre. Nous pensons que ce procès-verbal, s'il n'est pas prescrit par une disposition formelle pour le percepteur, comme il l'est pour le porteur de contraintes, est du moins utile dans tous les cas. Le fonctionnaire injurié devant dénoncer le délit au procureur de la République, ne peut qu'agir prudemment en recueillant soigneusement et relatant, dans un acte dressé, séance tenante, toutes les circonstances du fait pour lequel il porte plainte. Ce procès-verbal, qu'elle qu'en soit la valeur comme preuve (ce que nous examinons plus loin, nº 9), sera, dans tous les cas, une pièce importante de la procédure.

7. Pour sa forme, il n'en est pas de sacramentelle, et toutes les formules seraient suffisantes, pourvu qu'elles retraçassent exactement ce qui s'est passé. Il serait bon, par conséquent, qu'on y indiquât d'abord l'année, le jour et l'heure où le délit a eu lieu, l'endroit où il s'est passé, ce que faisait en ce moment le fonctionnaire, comment le délinquant en est venu à l'outrager, quelle nature d'outrages il lui a fait; si ce sont des injures verbales, reproduire, autant que possible, les termes mêmes dont le délinquant s'est servi; si ce sont des voies de fait, en indiquer la nature; mentionner exactement ses noms, qualités, profession et domicile; désigner les témoins qui étaient sur les lieux et ont pu voir ou entendre; enfin, n'omettre aucune des circonstances qui peuvent servir à bien constater l'exactitude des faits et leur assigner leur caractère. Au surplus, nous donnons un modèle de cet acte. (Voir le *Formulaire*, nº 50.)

8. La même formule, comme on le verra, pourrait être employée par les porteurs de contraintes : il y aurait cependant à observer une différence essentielle dans les formalités relatives à la remise du procès-verbal.

L'article 24 de l'arrêté du 16 thermidor an 8, qui reproduit en cela la disposition de l'article 23 du décret du 26 septembre-2 octobre 1791, prescrit au porteur de contraintes injurié ou à qui il est fait rébellion de se retirer chez le maire ou l'adjoint du lieu, pour en dresser procès-verbal et l'affirmer. L'article 40 du Règlement sur les poursuites confirme cette disposition, et il ajoute que ce procès-verbal, visé par le maire, est enregistré et envoyé au sous-préfet, lequel dénonce le fait aux Tribunaux, s'il y a lieu.

Le droit de dresser procès-verbal est, comme on le voit, formellement attribué, par le Règlement précité, aux porteurs de contraintes : c'est une conséquence de la nature de leurs fonctions, qui les assimile à des huissiers et les classe parmi les agents de l'autorité publique pour l'exécution des actes de poursuites. (Voir aussi l'art. 555 du Code de proc. civile.)

9. Mais ces procès-verbaux font-ils foi en justice jusqu'à inscription de faux, ou bien seulement jusqu'à preuve contraire?

La jurisprudence distingue, quant à leur valeur, trois sortes de procès-verbaux : ceux qui font foi jusqu'à inscription de faux, ceux qui font foi jusqu'à preuve contraire, ceux qui ne valent que comme dénonciation. Dans la première hypothèse, l'intérêt du service a fait juger nécessaire de donner à certains agents de l'autorité publique une telle confiance, qu'ils fussent crus sur leur assertion, à moins que la partie inculpée ne dirigeât contre eux une procédure en inscription de faux. Le nombre de ces agents est fort restreint : ce sont les agents et gardes forestiers, les employés des contributions indirectes et de l'octroi, ceux des bureaux de garantie, des douanes, les gardes du génie, les Cours et les Tribunaux. (Voir Morin, *Répertoire de Droit criminel*, vᵛ *Procès-verbaux*, nº 14.)

Dans la seconde hypothèse, le procès-verbal n'étant cru que jusqu'à preuve contraire, la partie est admise à discuter la réalité et l'exactitude des faits constatés par le procès-verbal : elle n'a pas besoin, comme dans le premier cas, de s'inscrire en faux ; elle peut faire entendre des témoins pour contredire les allégations du procès-verbal ; mais il faut bien remarquer que c'est à elle à faire la preuve.

L'assertion du fonctionnaire qui a dressé le procès-verbal est acceptée pour vraie et exacte, si elle n'est pas détruite par des preuves contraires ; le fonctionnaire n'a pas besoin d'apporter des témoignages à l'appui de son procès-verbal. Il affirme, et il ne serait dans la nécessité de produire des preuves qu'autant que son allégation étant contestée par les témoins que la partie ferait entendre, il devrait lui-même repousser, par des preuves, les témoignages qu'on lui oppose.

Les procès-verbaux des porteurs de contraintes, dans le cas prévu par l'article 24 de l'arrêté du 15 thermidor an 8, sont dans ce cas et font foi jusqu'à preuve contraire. Un assez grand nombre de fonctionnaires ont le même pouvoir, quant aux injures, mauvais traitements et rébellion commis à leur égard. (Voir M. Morin, *Répertoire de droit criminel, ibid.* (1).

_____

(1) M. Morin cite comme exemple des agents dont les procès-verbaux font foi jusqu'à preuve contraire : les gardes particuliers, les gardes champêtres, maires, adjoints, préfets, gendarmes, juges de paix, juges d'instruction, procureurs de la République et commissaires de police, cantonniers et conducteurs des ponts et

10. C'est l'initiative de la preuve, dont nous avons parlé, qui distingue ces procès-verbaux de ceux de la troisième espèce, qui ne valent que comme dénonciation. Dans cette dernière hypothèse, l'agent qui dénonce doit appuyer sa dénonciation par des témoignages. Il ne lui suffit pas d'affirmer pour être cru; la partie contre laquelle est dressé le procès-verbal ne pourrait, alors même qu'elle n'opposerait pas des témoignages contraires aux assertions qui y sont contenues, faire la base d'une condamnation.

Les procès-verbaux que les percepteurs auraient à dresser pour les outrages à eux faits dans l'exercice de leurs fonctions, appartiennent à cette catégorie. Ils ne doivent être considérés que comme des rapports adressés au procureur de la République, pour lui dénoncer un délit que ce magistrat, s'il y a lieu, poursuivra d'office dans l'intérêt de la vindicte publique; à moins que le percepteur ne veuille se porter partie civile, afin d'obtenir des dommages-intérêts contre l'individu qui l'a outragé. Par la raison même qu'ils n'ont aucune force par eux-mêmes, ces sortes de procès-verbaux ne sont, comme nous l'avons dit, assujettis à aucune forme particulière. Ils ne sont pas soumis à l'affirmation, comme ceux des porteurs de contraintes.

11. Nous venons de rappeler que les procès-verbaux dressés par les porteurs de contraintes devaient être *affirmés*. Notre article ne mentionne pas cette formalité; mais elle est formellement prescrite par l'article 24 de l'arrêté du 16 thermidor an 8. Il est donc essentiel que les porteurs de contraintes ne négligent point de la remplir; car il ne faut pas oublier que si tous les procès-verbaux ne sont pas, en général, soumis à l'affirmation, cependant, lorsque la loi les y assujettit textuellement, comme dans l'espèce, l'omission de cette formalité deviendrait une cause de nullité, et alors le procès-verbal ne vaudrait plus que comme simple renseignement.

C'est devant le maire lui-même ou son adjoint que l'affirmation doit avoir lieu. Elle consiste en une déclaration par serment que les faits contenus au procès-verbal sont sincères et véritables. Une simple attestation ne saurait suppléer l'*affirmation*. C'est ce qui a été jugé par la Cour de cassation à l'égard des procès-verbaux dressés par les employés des douanes. Or, cette décision, à laquelle a adhéré le Ministre des finances, serait naturellement appliquée aux procès-verbaux des porteurs de contraintes (1). Il est bien

chaussées, portiers-consignes des places de guerre, employés du timbre et *porteurs de contraintes.*

(1) Voici le texte de cet arrêt :
« Attendu qu'aux termes de l'article 10 du titre IV de la loi du 9 floréal an 7,

établi par cet arrêt que les procès-verbaux devront être *affirmés*
sincères et véritables, et que le mot *attesté* ou tout autre qui
serait analogue ne suffirait pas pour exprimer l'affirmation exigée
par la loi. Le modèle que nous donnons (*Formulaire*, n° 51) a été
rédigé d'après cette règle.

12. Cependant il y a un cas où la formalité de l'affirmation n'est
pas indispensablement requise : c'est quand le procès-verbal est
rédigé en présence d'un fonctionnaire public. La Cour de cassation
l'a ainsi jugé par un arrêt du 14 mars 1820.

Ce cas se présenterait naturellement pour le porteur de contraintes si, au lieu de rédiger le procès-verbal au lieu même, il se
transportait, comme l'indique l'arrêté du 16 thermidor an 8, article 24, chez le maire ou l'adjoint pour y dresser cet acte. Mais,
comme l'article précité parle en même temps de l'affimation, il
sera toujours plus prudent de faire, dans le procès-verbal, mention de cette formalité. (Voir le Modèle.)

13. Si le porteur de contraintes ne pouvait écrire lui-même son
procès-verbal, il devrait, en ce cas, le faire écrire par le maire ou
l'adjoint devant lequel il se serait retiré. Si le procès-verbal était
écrit par une personne autre qu'un fonctionnaire public, la validité pourrait en être contestée.

14. L'arrêté du 16 thermidor an 8 ne fixe pas le délai dans lequel
les procès-verbaux des porteurs de contraintes doivent être affirmés; mais la règle la plus générale, en matière d'affirmation de
procès-verbaux, est que cette affirmation doit avoir lieu dans les
vingt-quatre heures. Les agents de poursuites feront bien de se
conformer à cette règle.

15. Quoique, sous quelques rapports, les procès-verbaux participent du caractère des actes de procédure, il n'en faudrait pas
conclure qu'ils ne peuvent pas être dressés les jours fériés. (Voir le
Commentaire sur l'art. 42, n° 5.) Les procès-verbaux qui ont pour
objet la constatation des délits ou des contraventions doivent se
rédiger sans distinction de jour.

16. Nous avons dit que, d'après la loi du 13 brumaire an 7, les

---

les employés des douanes sont tenus d'affirmer leurs procès-verbaux, et que, dans
son acception légale, le mot affirmer signifie déclarer avec serment;

« Que, dans l'espèce, il est constaté, non pas que les employés ont affirmé,
mais seulement qu'ils ont attesté que leur procès-verbal était sincère et véritable;

« Q'en jugeant que cette attestation n'implique pas l'idée d'une déclaration avec
serment, le Tribunal de Charleville n'est contrevenu expressément à aucune loi;
— La Cour rejette le pourvoi (19 février 1836). »

La même Cour avait déjà décidé, dans le même sens, par un arrêt du 20 février 1812, pour les procès-verbaux des gardes forestiers.

procès-verbaux d'injures ou de rébellion devaient être écrits sur papier timbré. Il en est de même de l'acte d'affirmation ; mais celui-ci peut être inscrit à la suite du procès-verbal lui-même, sur la même feuille. La loi précitée de brumaire ne donne pas textuellement cette faculté, mais elle est passée dans l'usage sans contestation (Voir le *Dictionnaire de l'Enregistrement* de MM. Rolland et Trouillet, au mot *Procès-verbal*), et il est convenable que les porteurs de contraintes s'y conforment, afin d'éviter des frais inutiles.

17. Notre article veut que le procès-verbal soit *visé par le maire, enregistré et envoyé au sous-préfet.*

Le *visa* du maire consiste naturellement dans la signature apposée sur cet acte, lorsque le porteur de contraintes fait son affirmation devant ce fonctionnaire.

18. Pour l'*enregistrement,* comme il ne s'agit pas ici d'actes civils, mais de procès-verbaux destinés à constater des faits qui peuvent donner lieu à des poursuites correctionnelles, ces actes doivent être visés pour timbre et enregistrés en débet, conformément à l'article 74 de la loi du 25 mars 1817. Une décision du Ministre des finances, en date du 15 décembre 1812, rapportée dans le *Dictionnaire de l'Enregistrement,* de MM. Rolland et Trouillet, a résolu la même chose pour le procès-verbal d'un agent des ponts et chaussées, constatant des injures faites à sa personne dans l'exercice de ses fonctions. On voit que c'est la même espèce que celle dont nous nous occupons.

19. C'est à la diligence du porteur de contraintes que l'enregistrement doit avoir lieu dans les quatre jours de la date, conformément à l'article 20 du titre 3 de la loi précitée.

C'est aussi par les porteurs de contraintes eux-mêmes que l'envoi doit être fait au sous-préfet. Ce magistrat examine alors si, d'après les circonstances, il y a lieu de déférer le fait aux Tribunaux.

20. Le droit des porteurs de contraintes, en cas de rébellion, ne se bornerait pas à dresser procès-verbal des faits. Ils pourraient, s'ils en éprouvaient le besoin, requérir directement la force armée pour assurer l'exécution des actes dont ils sont chargés. (Argument de l'art. 785 du Code de procédure civile.)

Les municipalités sont mêmes spécialement chargées de leur prêter assistance. (Art. 22 de la loi du 2 octobre 1791.)

TROISIÈME PARTIE

MOYENS ET DEGRÉS DES POURSUITES

ARTICLE 41.

Les degrés de poursuites sont établis ainsi qu'il suit ;

SAVOIR :

Premier degré : *Garnison collective ou individuelle.*
Deuxième degré : *Commandement.*
Troisième degré : *Saisie.*
Quatrième degré : *Vente.*

1. Dans la marche ordinaire du recouvrement, les poursuites contre les contribuables en retard doivent s'exécuter et se succéder dans l'ordre prescrit par cet article et par les suivants (Voir le *Commentaire* sur l'art. 42, n° 4); mais il est des circonstances où le percepteur doit procéder immédiatement par voie de commandement et de saisie, sans qu'il soit besoin d'observer la poursuite préalable de la garnison. (Voir le *Commentaire* sur les art. 59, 88 et 92).

2. Avant le Règlement de 1824, une sommation avec frais était le préliminaire obligé des poursuites administratives. Depuis ce Règlement et sous l'empire de celui de 1839, qui l'a remplacé, l'Administration a continué de tolérer cet usage, qui s'est conservé notamment à Paris, où il est consacré par l'article 45 de l'arrêté préfectoral du 24 décembre 1859. Cet avis, dont le coût s'abaisse jusqu'à 15 centimes pour les cotes de 10 francs et au-dessous et

n'est que de 1 franc pour celles de 100 francs, triomphe le plus souvent de la négligence du contribuable. La sommation avec frais a lieu en vertu d'une contrainte décernée par le receveur central et visée par le préfet, contrainte qui autorise subsidiairement les poursuites par voie de garnison collective ou de commandement, s'il y a lieu. Dans le cas où il doit ainsi être procédé par voie de garnison, un nouveau délai de trois jours suit la sommation avec frais, et on rentre dans la règle ordinaire des poursuites, telle que nous allons la trouver dans les articles qui suivent.

ARTICLE 42.

Les poursuites par voie de garnison collective ou individuelle sont employées contre les contribuables retardataires qui ne se sont pas libérés huit jours après la sommation *gratis*, mentionnée en l'article 21 du présent.

1. Le mode de poursuite qui consiste à envoyer au domicile du contribuable des agents qui ont le droit de s'y établir, de prendre place au feu commun ; qui doivent, en outre, être nourris et recevoir un salaire par chaque journée de séjour, est ancien dans nos lois. Ces garnisons étaient exécutées par des soldats, aussi les appelait-on *garnisons militaires*. Aujourd'hui encore, l'article 37 du règlement propre au département de la Seine, porte que les garnisaires sont choisis parmi d'anciens militaires appartenant à l'Hôtel des Invalides, et qu'ils doivent se présenter *en uniforme* au domicile des contribuables chez lesquels ils sont placés.

2. Une ordonnance de l'intendant de la généralité de Paris, du 31 janvier 1740 (art. 10), admettait, avec la garnison *individuelle* pour les contribuables dont la cote était d'une certaine importance (Voir le *Commentaire* sur l'art. 50), la garnison *collective* pour ceux qui ne figuraient aux rôles qu'à raison de sommes moindres, et à l'égard desquels il était essentiel de ménager les frais. (Voir le *Commentaire* sur l'art. 48.) L'arrêté du 16 thermidor an 8 suivit la même voie. En réglant le mode d'exécution de la garnison, rétablie en principe par l'article 3 de la loi du 17 brumaire an 5, cet arrêté confondit, dans la disposition de son article 44, la garnison collective et la garnison individuelle, puisque la contrainte portait sur tous les redevables retardataires d'une commune, et qu'en même

temps le porteur de contraintes pouvait s'établir à domicíle, pendant deux jours, chez le même contribuable.

Le Règlement donne une marche plus méthodique à cette poursuite, en distinguant nettement la *garnison collective*, qui s'exerce simultanément contre plusieurs redevables, de la *garnison individuelle*, qui ne doit avoir lieu que contre un seul. (Voir les articles 44 et 50 du Règlement.)

3. Conformément à l'article 7 du règlement du 8 mai 1761, les garnisons étaient composées d'un chef et d'un où de plusieurs hommes de garnison ; d'après cette disposition, certains officiers des Elections pensaient que chaque garnison devait être au moins d'un chef et d'un homme de garnison, et ils craignaient de contrevenir au règlement s'ils visaient les contraintes des receveurs des tailles pour un seul homme de garnison. Ils représentèrent au procureur général de la Cour des Aides que, si les receveurs des tailles étaient obligés d'envoyer un chef et un homme de garnison, les frais du recouvrement seraient plus considérables qu'ils n'étaient auparavant. Ce magistrat présenta une requête à la Cour, afin qu'en expliquant l'article 7 dont il s'agit, elle autorisât les officiers des Elections du ressort à viser les contraintes des receveurs des tailles, quoique délivrées à un chef de garnison seul qui aurait prêté serment par-devant eux, et à permettre à ce chef de garnison de s'établir lui-même en garnison chez les contribuables arriérés, sans être accompagné d'aucun homme de garnison. Le 4 septembre 1761, il fut rendu un arrêt conforme à ces conclusions. (*Répertoire de Jurisprudence* de Gnyot.) — Cette doctrine a passé dans la législation nouvelle, et, aujourd'hui, la garnison s'exécute par un seul agent de poursuites. On considérerait comme abusif l'établissement de plusieurs garnisaires chez le même contribuable.

4. On mettait en question autrefois si la garnison devait être employée avant de procéder à la saisie des meubles du redevable, ou bien si ce mode de poursuites ne devait, au contraire, être autorisé que lorsque la saisie n'avait présenté aucun objet saisissable. L'Election de Pont-l'Evêque s'était prononcée dans ce dernier sens ; mais cette sentence fut cassée par un arrêt de la Cour des Aides du 11 mars 1729.

C'est aussi à ce dernier système que s'est ralliée la nouvelle législation, ainsi qu'on peut le voir dans l'article 3 de la loi du 17 brumaire an 5 et dans l'article 51 de l'arrêté du 16 thermidor an 8.

De là résulte la nécessité, pour les percepteurs, de faire usage de la garnison, soit collective, soit individuelle, avant de passer aux degrés ultérieurs de poursuites. En d'autes termes, la loi a voulu qu'avant d'employer contre les redevables les voies d'exé-- cution qui tendent à les dépouiller de leurs meubles, on procédât contre eux par l'envoi à leur domicile de garnisaires qui, par la seule incommodité de leur présence, pussent les exciter à se libérer.

Les poursuites qui ne suivraient pas exactement les degrés indi- qués par le *Règlement* pourraient donc être taxées d'irrégularité. (Voir cependant les exceptions prévues aux art. 59, 88 et 92.)

5. La garnison peut-elle être établie et exercée un jour férié (1)?

La raison de douter se tire de l'article 1037 du Code de procé- dure civile, qui défend de faire aucune signification ni exécution les jours de fête légale. Il s'agit donc d'examiner si la garnison est un acte d'exécution et si la remise au contribuable du bulletin de garnison collective constitue une signification dans le sens légal. M. le Ministre des finances, consulté à cet égard par le préfet de l'Indre, s'est prononcé négativement par une lettre du 4 octobe 1833. Il a pensé que ces actes n'étaient pas du nombre de ceux que la loi défendait de faire les jours fériés.

La décision est formelle : mais on ne peut s'empêcher de re- gretter qu'elle n'ait été motivée en aucune manière, et que le Ministre se soit borné à énoncer cette opinion sans la discuter plus à fond. L'argument tiré de l'article 1037 du Code civil ne nous paraît pas, en effet, sans force; car, enfin, d'après le Règlement lui-même, la garnison est un degré de poursuites, et, dès lors, il semble difficile de ne pas y voir le caractère d'un acte d'*exécu- tion* de la contrainte; il est difficile de ne pas admettre que la remise du bulletin de garnison, qui, d'après l'article 46 du Règle- ment, est notifiée à chacun des redevables, ne soit pas en réalité une *signification.* Enfin, si l'on se reporte aux motifs d'ordre pu- blic qui ont fait établir que les jours de fêtes légales ne devaient pas être troublés ou attristés par le spectacle d'exécutions prati- quées contre les citoyens, il semble que ces considérations ne devraient pas moins prévaloir lorsqu'il s'agit de poursuites admi- nistratives, que lorsqu'il est question d'actes judiciaires.

Nous devons faire remarquer, au surplus, que, suivant la doc- trine professée par la plupart des auteurs, et consacrée par la

---

(1) Les *jours fériés* sont consacrés par l'autorité publique. Ce sont :

1° Le dimanche, et, conformément à l'arrêté du 29 germinal an 10, les jours des fêtes de Noël, de l'Ascension, de l'Assomption, de la Toussaint;

2° Le premier jour de l'an (Avis du Conseil d'Etat du 13 mars 1840.);

3° Enfin, généralement, ceux que la nation célèbre par ordre du gouvernement à l'occasion d'un grand événement. (L. 17 thermidor an 6, 7 thermidor an 8, 18 novembre 1814.)

jurisprudence même des Cours d'appel, un acte n'est pas essentiellement nul pour avoir été accompli un jour de fête. Cette infraction à l'article 1037 du Code de procédure civile donne lieu seulement à une amende contre l'officier ministériel qui y a procédé. (Favard de Langlade, *Répertoire*, au mot *Nullité*: Dalloz; C. de Grenoble, 17 mai 1817; C. de cassation, 7 avril 1819; C. de Rouen, 14 janvier 1823; C. de cassation, 23 février 1825; C. d'appel d'Orléans, 22 janvier 1851.) (1)

Quoi qu'il en soit, il nous suffit d'avoir exprimé nos doutes sur la question en litige, et nous nous hâtons de dire que les percepteurs et les agents de poursuites ne pourraient mieux faire, en aucun cas, dans l'intérêt de leur responsabilité, que de se conformer à ce qui leur serait prescrit à cet égard par les receveurs des finances; et si, en définitive, la poursuite était, sur ce chef, attaquée par le contribuable, le Conseil de préfecture prononcerait. (Voir, sur ce dernier point, le *Commentaire* sur l'article 19, n° 28.)

6. Notre article 42 dispose, et les percepteurs ne doivent pas le perdre de vue, que la garnison, soit collective, soit individuelle, ne peut commencer que huit jours (2) après la sommation *gratis*.

7. Quant au temps pendant lequel elle peut être continuée, voir le *Commentaire* sur les articles 45 et 51.

ARTICLE 43.

Elles peuvent être employées facultativement par le percepteur s'il n'a pas d'ordre contraire du receveur particulier; c'est-à-dire

---

(1) Un arrêt du Conseil d'Etat du 30 mai 1834 a maintenu un arrêté du Conseil de préfecture de la Drôme, bien qu'il eût été pris un dimanche, attendu qu'aucune loi ne prononce la nullité des décisions prises par les Conseils de préfecture les jours fériés.

(2) Nous mentionnerons ici, une fois pour toutes, un principe de procédure qui servira pour le calcul des délais que le Règlement prescrit d'observer entre les divers degrés de poursuites : c'est qu'aux termes de l'article 1033 du Code de procédure civile, modifié par la loi du 3 mai 1862, « le jour de la signification ni celui de l'échéance ne sont comptés pour le délai général fixé pour les sommations et autres actes faits à personne ou à domicile ; ce délai est augmenté d'un jour à raison de cinq myriamètres de distance. Les fractions de moins de quatre myriamètres ne sont pas comptées; les fractions de quatre myriamètres et au-dessus augmentent le délai d'un jour entier. Si le dernier jour de délai est un jour férié, le délai sera prorogé au lendemain. » — Ainsi, en ce qui concerne la garnison, si l'on suppose que la sommation gratis a été distribuée le 1er d'un mois, ce n'est que le 10 que l'envoi du garnisaire peut avoir lieu.

que le percepteur peut d'abord employer contre un contribuable en retard la garnison collective, et ensuite la garnison individuelle, ou bien commencer par cette dernière, sans qu'il puisse revenir à la garnison collective, contre un même contribuable et pour la même dette. Toutefois, la garnison individuelle ne pourra être employée, *comme premier degré de poursuites*, que lorsque le retard qui y donne lieu excédera la somme de 18 francs (1).

ARTICLE 43 *bis.*

Lorsqu'un contribuable qui a été soumis à la garnison collective devient débiteur de *nouveaux douzièmes*, sans avoir, depuis la date du bulletin de garnison, payé intégralement la somme qui était alors exigible, le premier degré de poursuites ne doit pas être répété pour ces nouveaux douzièmes. Il doit être procédé pour la totalité de la dette par les degrés de poursuites subséquents, à moins qu'il ne s'agisse de douzièmes appartenant à l'exercice suivant; il en est de même pour les poursuites des autres degrés qu'il y aurait lieu à exercer ultérieurement.

Le prix de chaque bulletin est fixé conformément au tarif ci-annexé.

1. L'article 43 du Règlement abandonne au percepteur, à moins d'ordres contraires du receveur des finances, la faculté d'employer contre les retardataires, soit la garnison collective, soit la garnison individuelle. Le comptable doit particulièrement baser sa détermination à cet égard sur le nombre des redevables à poursuivre et prendre le parti qui, tout en accélérant le recouvrement, occasionnera le moins de frais pour le contribuable. C'est le vœu que l'Administration ne cesse de manifester, et le percepteur s'exposerait à voir rejeter à sa charge, conformément à l'article 105 du Règlement, les frais des garnisons, soit collective, soit individuelle, qu'il aurait fait exécuter sans discernement, par un usage peu habile de la faculté que lui attribue notre article 43.

Cet article détermine lui-même, au surplus, une limite au-delà

(1) Fixation à déterminer par MM. les préfets suivant les localités, et à combiner avec celle qui est indiquée à l'article 50.

de laquelle le percepteur ne peut pas faire usage de la faculté dont il s'agit : nous voulons parler de la disposition qui ne permet d'employer de prime abord la garnison individuelle que lorsque le retard qui donne lieu à la poursuite n'est pas au-dessous d'une certaine somme, qui doit être déterminée par le préfet.

Notre article, tout en mentionnant, à titre d'exemple, la somme de 18 francs, prend soin d'indiquer en Note que cette fixation devra se coordonner avec celle dont il est parlé à l'article 50. Cela est tout simple. Si l'on veut bien se reporter à ce que nous disons sur ce dernier article, on verra que le législateur n'a pas voulu qu'on pût faire supporter les frais d'une *garnison individuelle* à un redevable dont la cote ne s'élève pas à 40 francs. La même règle doit nécessairement être observée ici, c'est-à-dire que le préfet, pour rester dans cette limite, aura soin que la somme qu'il fixera, en exécution de l'article 43, ne soit pas au-dessous du douzième de 40 francs. En général, cette fixation, dans la plupart des préfectures, est établie aux quatre douzièmes de la cote totale, et il nous semble que le Ministre, pour être conséquent, ne devrait approuver les règlements locaux qu'à la condition d'y voir reproduit le chiffre de 18 francs, comme minimum de la somme pour laquelle il peut y avoir lieu d'exercer la garnison individuelle, à titre de premier degré de poursuites. Dans le département de la Seine, un contribuable ne peut être soumis à la garnison individuelle si ses contributions ne s'élèvent à 150 francs, et s'il n'est en retard d'au moins trois douzièmes.

2. Si le percepteur, dans la limite fixée par le préfet, s'est décidé à employer d'abord la *garnison collective*, il peut procéder ensuite par voie de *garnison individuelle*, conformément à l'article 49 du Règlement, qui permet de passer à ce dernier mode de garnison après avoir procédé à l'autre, en observant un intervalle de trois jours.

Mais il n'y aurait pas réciprocité à cet égard si le comptable avait commencé par la *garnison individuelle :* notre article 43 ne lui laisserait pas la possibilité de recourir à la *garnison collective*. C'est aussi ce que porte l'article 49 précité.

3. Cependant l'article 43 ne refuse cette faculté que lorsqu'il s'agit de la *même dette*. Or, comment faut-il comprendre cette expression? Posons un exemple : un contribuable est en retard d'un ou de deux douzièmes; le percepteur le poursuit par voie de *garnison individuelle;* il se libère, mais il se laisse de nouveau arriérer pour les douzièmes suivants; cette fois, le percepteur pourrait-il poursuivre par voie de garnison collective? Ne lui objectera-t-on pas que les douzièmes ne sont que des termes de paye-

ment de la *même dette*, ainsi que nous l'avons nous-même établi au *Commentaire* sur l'article 3, n° 1; que dès lors le comptable ne peut, après avoir déjà poursuivi par garnison individuelle le recouvrement de deux douzièmes, revenir à la garnison collective pour les douzièmes suivants, sans manquer à la prohibition de notre article 43?

Cette observation ne serait que subtile, et nous ne saurions admettre cette interprétation étroite des termes de notre article, auxquels on donnerait une portée qu'ils n'ont certainement pas. Selon nous, le Règlement, dans la disposition dont nous nous occupons, loin d'avoir pour objet de considérer dans son entier l'obligation que le rôle impose au contribuable pour toute l'année, n'a voulu, en parlant de la même *dette*, exprimer autre chose que la *somme due* au moment de la poursuite. Cette intention s'explique tout naturellement. De quoi s'agissait-il en effet? De décider que lorsque, pour amener un contribuable à se libérer d'une somme dont il était débiteur, on l'aurait soumis, sans succès, à la *garnison individuelle*, il était tout à fait inutile de le soumettre à la *garnison collective*, qui n'est, au fond, que la même poursuite, avec un degré de rigueur de moins, et dont, par conséquent, il n'y avait rien à attendre; mais lorsque la somme due ayant été payée, l'effet de la contrainte a cessé, et que les poursuites commencées sont comme non avenues, s'il arrive que de nouveaux douzièmes viennent à échoir, et qu'il faille, pour en obtenir le payement, recourir encore à des voies de contrainte, quel inconvénient verrait-on à ce que, cette fois, le percepteur procédât par garnison *collective*, puisqu'au total il est obligé d'employer la garnison?

Au surplus, la question a été décidée en ce sens, et pour tous les degrés de poursuites, par une lettre du Ministre des finances en date du 10 décembre 1834. Ce Ministre a exprimé l'opinion qu'on ne peut renouveler contre un contribuable le même degré de poursuites (ce qui ne tendrait qu'à augmenter les frais et retarder sans nécessité le recouvrement), à moins que ce contribuable, s'étant libéré sur les premières poursuites, ne doive être de nouveau contraint pour d'autres douzièmes ultérieurement échus.

C'est, d'ailleurs, ce que nous paraît avoir exprimé de la manière la plus claire l'article 43 *bis* du Règlement, lorsqu'il défend de répéter le même degré de poursuites contre le contribuable qui ne s'est pas libéré des douzièmes pour lesquels la poursuite avait eu lieu, même pour les nouveaux douzièmes échus depuis la signification des premiers actes de contraintes. C'est une application du principe que les poursuites se font, pour les termes échus et à échoir, jusqu'au jour du payement. (Voir l'article 55, nº 6.) Mais l'article 43 *bis* n'a plus d'application du moment que le redevable s'est libéré; c'est ce qui résulte des expressions : *sans avoir depuis la date du bulletin de garnison, payé intégralement la somme qui était alors exigible.*

4. Lorsqu'un contribuable poursuivi pour des contributions d'anciens exercices devient débiteur sur un rôle nouvellement émis, il convient de laisser les poursuites commencées en l'état où elles se trouvent (sauf, s'il y avait lieu de craindre la disparition du gage du Trésor, à les pousser exceptionnellement jusqu'à la saisie) et de recommencer tous les degrés de poursuite pour la nouvelle dette, en comprenant toutefois l'ancienne dette dans les actes à signifier. Cette marche est tracée par une Note ajoutée par l'Administration au Règlement de 1839, dans l'édition qu'elle en a donnée en 1860, à titre d'annexe de l'Instruction générale du 20 juin 1859.

GARNISON COLLECTIVE

ARTICLE 44

La garnison est collective lorsqu'elle a lieu à la fois contre plusieurs redevables par un seul garnisaire.

Elle peut être exercée contre tous les contribuables retardataires, sans distinction du montant des cotes.

ARTICLE 45

La poursuite par garnison collective peut être employée huit jours après la délivrance de la sommation gratis, ainsi qu'il a été dit à l'article 42.

1. Comme nous l'avons dit au *Commentaire* sur l'article 42, tout le système de la garnison est emprunté à la législation des *tailles.* Il ne sera donc pas inutile de rapprocher la disposition de l'article 44 du Règlement, qui détermine la garnison collective, des dispositions de l'article 6 de l'ordonnance de l'intendant de la généralité de Paris, du 31 janvier 1742 :

« Les particuliers redevables, dit cet article, seront contraints à commencer par les plus hauts en cotes dues, et l'établissement de garnison par le logement effectif d'un homme ne pourra être fait que chez ceux des contribuables qui devront 50 livres et au-dessus (Voir le *Commentaire* sur l'article 50.); et, *à l'égard de ceux qui seront redevables d'une moindre somme, l'établissement d'un homme de garnison sera supporté par plusieurs desdits redevables*, lesquels payeront à eux tous, et *par proportion à ce que chacun devra*, les 25 sous par jour pour la solde du soldat. »

On voit que, dans le système de cette ordonnance, la garnison n'était établie collectivement que sur les contribuables qui ne devaient pas une somme de 50 livres et au-dessus. Pour les autres, la garnison était individuelle. L'arrêté du 16 thermidor an 8 est conçu dans la même pensée.

L'article 44 du Règlement a modifié quelque chose à ces dispositions, puisqu'il rend l'emploi de la garnison collective commun à tous les retardataires, *sans distinction du montant des cotes.*

Cette mesure n'a rien dont les contribuables puissent se plaindre, puisqu'elle tend, au contraire, à diminuer les frais de poursuites, même à l'égard des redevables dont la dette est plus considérable.

2. L'article 45 rappelle la disposition de l'article 42, qui prescrit un intervalle de huit jours entre la sommation *gratis* et la garnison. Nous ne pouvons que renvoyer à ce que nous avons dit à cet égard à l'article 42, n° 6.

3. La transformation de la garnison collective et la substitution d'un salaire consistant en une somme fixe, par chaque bulletin distribué, au prix de journée autrefois alloué au porteur de contraintes (Voir art. 48) ne laisse plus d'intérêt à la question de savoir pendant combien de jours la garnison collective pouvait être continuée. Elle était autrefois tranchée par l'article 44 de l'arrêté du 16 thermidor an 8, qui dit expressément que « les porteurs de contraintes ne pourront pas séjourner plus de dix jours dans la même commune, et plus de deux jours chez un redevable. »

ARTICLE 46.

Cette poursuite est notifiée à chacun des redevables par un acte ou bulletin imprimé et rédigé dans la forme du Modèle n° 3, d'après un état nominatif dressé par le percepteur, remis à l'agent de poursuites, et au pied duquel la contrainte est décernée. (Modèle, n° 2.)

1. La garnison collective, par la modicité des frais qu'elle entraîne, semble plutôt un nouvel avertissement qu'une mesure de contrainte ; cependant les percepteurs peuvent en faire un moyen d'action contre les redevables, en dirigeant convenablement le garnisaire pendant le séjour qu'il fait dans la commune.

L'article 100 de l'Instruction générale du 20 juin 1859, oblige les agents des poursuites à se tenir constamment en rapport avec les percepteurs et à leur présenter les contraintes le plus souvent possible, pour que les contribuables, qui se seraient libérés, puissent en être rayés. Dans les localités qui le permettent, les porteurs de contraintes doivent remplir cette formalité *chaque jour*, avant d'aller en tournée.

La contrainte par voie de garnison collective doit être publiée dans la commune aussitôt après l'arrivée du garnisaire, ainsi qu'il est ordonné par l'article 27 du Règlement et par l'article 40 de l'arrêté du 16 thermidor an 8. Indépendamment de cette publication, qui avertit déjà les contribuables retardataires, le garnisaire remet à chacun de ceux qui sont désignés dans l'état dressé par le percepteur, le bulletin de garnison, portant sommation de payer les termes échus de ses contributions.

Si les contribuables ne se libèrent pas immédiatement, le percepteur peut ordonner au garnisaire de se rendre de nouveau chez chacun d'eux, pour les solliciter de s'acquitter ; ces actes de présence du garnisaire réitérés deux et même trois fois pendant chacun des jours que dure la contrainte, n'occasionnent pas des frais plus considérables, et leur importunité fatigue le redevable et doit le déterminer au payement. Ainsi, le garnisaire envoyé pour exécuter une garnison collective doit, pendant tout le temps que dure la contrainte, se montrer dans la commune, et, suivant les ordres qu'il aura reçus du percepteur, visiter les contribuables auxquels il a remis des bulletins de garnison, jusqu'à ce qu'ils aient satisfait à la sommation qui leur a été faite.

2. Le bulletin de garnison collective n'est pas soumis au timbre.

3. Peut-il être notifié aux redevables un jour férié ? (Voir à ce sujet ce que nous disons à l'art. 42, n° 5.)

ARTICLE 47.

Les agents de poursuites remettent entre les mains des maires, qui en donnent récépissé sur la contrainte, les bulletins qui n'auraient pu être signifiés, par suite de l'absence du contribuable et de toute autre personne apte à les recevoir.

1. Cette prescription n'est autre chose que l'application à la matière des poursuites de l'article 68 du Code de procédure civile, aux termes duquel, si l'huissier ne trouve au domicile ni la partie, ni aucun de ses parents ou serviteurs, il remettra de suite la copie à un voisin, qui signera l'original. Si ce voisin, continue le même article, ne peut ou ne veut signer, l'huissier remettra la copie au maire ou adjoint de la commune, qui visera l'original sans frais.

2. Nous croyons, en conséquence, que le porteur de contraintes doit d'abord s'adresser aux voisins et obtenir, s'il est possible, de celui qui se chargera du bulletin, un récépissé au pied de la contrainte. A défaut de toute personne désignée par l'article 68, il se transportera chez le maire, qui ferme la nomenclature des personnes à qui l'huissier doit remettre l'exploit, lorsqu'il n'a pas rencontré la partie elle-même; à défaut du maire, le bulletin serait remis à l'adjoint; à défaut de l'adjoint, au conseiller municipal premier inscrit.

ARTICLE 48.

Le salaire de l'agent de poursuites employé à la garnison collective consiste en une somme *fixe*, par bulletin de garnison.

1. La fixation du prix de la garnison collective est faite par les préfets dans le tarif que chacun de ces magistrats a dû arrêter pour son département, avec l'approbation du gouvernement, en exécution de l'article 73 de la loi du 25 mars 1817, reproduit dans les mêmes termes par l'article 51 de la loi du 15 mai 1818. Cet article porte : « Les préfets sont autorisés à faire des règlements sur les frais des contraintes, garnisaires, commandements et autres poursuites en matière de contributions directes, à la charge que les règlements ne pourront être exécutés qu'après avoir reçu l'autorisation du gouvernement. »

Ces tarifs sont aujourd'hui arrêtés dans tous les départements, à la suite du Règlement spécial sur les poursuites rédigé dans chaque préfecture, en conformité du Règlement général qui fait l'objet du présent *Commentaire*.

Aux termes des lois précitées des 25 mars 1817 et 15 mai 1818, ces tarifs doivent être approuvés par le gouvernement, ce qui semblerait emporter la nécessité d'un décret du Président de la République. Cependant on s'est borné à une approbation ministérielle, mais il n'en est résulté aucune difficulté, et nous ne croyons pas que jamais, depuis 1819, la légalité des tarifs approuvés par le Ministre, sans intervention du chef du pouvoir exécutif, ait été nulle part mise en question.

Nous avons donné à la suite du texte du Règlement (tome 1er, p. 50) les modèles de ces tarifs, tels que l'Administration des finances les a prescrits et approuvés dans la plupart des localités. Nous ne pouvons ici que nous borner à renvoyer aux explications qui précèdent ces tableaux.

2. Les frais de la journée de la garnison collective se répartissaient autrefois entre les contribuables qui y étaient soumis d'après l'état nominatif dont il a été question à l'article 46. La première règle de cette répartition était que la portion des frais à la charge des débiteurs n'excédait pas le dixième de la somme pour laquelle il a été poursuivi (1), et qu'enfin elle n'allât pas au-delà du prix d'une journée de garnison.

De cette disposition combinée avec celle qui fixait à dix jours la durée totale de la garnison collective (Voir art. 44, n° 3), il résultait qu'il fallait nécessairement que la contrainte par voie de garnison collective comprît dix contribuables au moins, car autrement chacun d'eux aurait eu à supporter les frais de plus d'une journée de garnisaire. De plus, il était indispensable que la somme pour laquelle la poursuite se faisait ne fût pas trop modique; car, en supposant le prix de la journée du garnisaire fixée à 3 francs, ce qui est le taux le plus ordinaire, il fallait que la somme totale qui motivait la poursuite s'élevât jusqu'à 30 francs pour que la part du contribuable dans les frais, si l'on admet que ces contribuables fussent au nombre de dix, ne dépassât pas le dixième de la dette.

3. Tout ce système a disparu pour faire place à une rétribution consistant en une taxe fixe par bulletin de garnison. Il a été constaté, en effet, que le salaire par journée n'avait été le plus souvent qu'une fiction, parce que les agents avaient la possibilité de

---

(1) D'après l'article 46 de l'arrêté du 16 thermidor an 8, la proportion des frais de la garnison collective à la somme due, pouvait aller jusqu'au huitième. — Le Règlement de 1824 avait donc amélioré, sous ce rapport, la législation antérieure.

répartir les poursuites qu'ils avaient faites, quelquefois dans une seule journée, en un nombre de jours suffisant pour se procurer une rétribution plus élevée et que la répartition du prix des journées, entre les contribuables poursuivis, n'était pas, d'ailleurs, d'une exécution exempte de difficultés, par suite de la condition qui y avait été attachée de ne pas taxer les contribuables au-dessous du dixième de leur dette et de maintenir le prix de la garnison collective dans la limite de 5 à 25 centimes.

4. Lorsque l'Administration a opéré ce changement, elle a dû, avant de rechercher quels pouvaient être les avantages de la substitution d'un tarif fixe, par bulletin de garnison, au salaire par journée, examiner si la législation existante permettait de modifier les tarifs par une disposition réglementaire. On avait pensé que l'art. 27 de l'arrêté des consuls du 16 thermidor an 7 pouvait s'opposer au changement projeté, mais il a été reconnu que cet article se trouvait virtuellement rapporté par l'article 51 de la loi du 15 mai 1818. (Voir *sup.* nº 1.)

5. Ce point décidé, la convenance de supprimer le salaire par journée a paru indiscutable. La taxe fixe, en faisant disparaître les inconvénients que nous venons de relever (Voir *sup.* nº 3) présente cet avantage que le porteur de contraintes, n'étant plus payé à la journée, mais à tant par acte, n'est plus intéressé à prolonger l'exécution des contraintes, mais à l'accélérer le plus possible, ce qui est conforme à l'intérêt du service et même à celui du contribuable. Le coût des bulletins ne devant plus varier à raison du nombre d'individus poursuivis *dans la journée*, le contribuable sait d'avance quels sont les frais auxquels il s'expose s'il ne se maintient pas au courant; enfin, la liquidation des sommes dues à l'agent des poursuites s'opère aisément, et le plus simple contrôle suffit pour prévenir toute espèce d'abus.

Le prix des bulletins de garnison est déterminé, dans chaque département, par l'arrêté préfectoral auquel le Règlement de 1839 sert de type. Une Circulaire de la comptabilité générale du 21 décembre 1839 trace à cet égard les règles suivantes :

1º Les agents de poursuites seront payés à tant par bulletin de garnison distribué. — C'est à peu près la disposition textuelle de notre article 48.

2º Les préfets auront à déterminer, pour leur département, la somme *fixe* à laquelle chaque bulletin sera fixé.

3º Une distinction sera néanmoins établie entre les poursuites exercées dans les communes rurales et celles qui seront faites dans les villes assez peuplées pour exiger la permanence d'un porteur de contraintes.

Pour les premières, le prix de la taxe devra être renfermé dans la limite de 15 à 25 centimes; pour les secondes, dans la limite de 10 à 25 centimes, et le prix de la taxe sera uniformément fixé à 10 centimes pour toute cote de 1 franc et au-dessous.

A Paris, le coût de la garnison collective est fixé comme il suit:

Pour un débet de 10 fr. et au-dessous..............	»	25
— au-dessus de 10 fr. jusqu'à 35 fr....	»	50
— — de 35 fr. jusqu'a 70 fr....	»	75
— — de 70 fr. jusqu'à 100 fr...	1	»
— — de 100 fr...............	1	25

GARNISON INDIVIDUELLE

ARTICLE 49

La garnison est individuelle lorsqu'elle a lieu contre un seul redevable, par un garnisaire à domicile.

Elle ne doit être exercée que trois jours après la garnison collective. Cependant, si le percepteur commence ses poursuites, contre un contribuable retardataire, par la garnison individuelle (art. 43), cette dernière ne peut avoir lieu, comme la garnison collective, que huit jours après la sommation *gratis*.

1. Ainsi que nous l'avons dit au *Commentaire* sur l'article 42, la garnison individuelle, qui consiste dans l'établissement réel de l'agent de poursuites au domicile du redevable, était au nombre des voies de contraintes en usage sous la législation des tailles (*Ord. sur les garnisons militaires*); elle a été rétablie dans notre nouveau droit par la loi du 17 brumaire an 5, article 3, et l'exercice en a été réglé par l'arrêté du 16 thermidor an 8, article 44. Comme nous le verrons dans les articles 50 et 51 ci-après, les dispositions de ce dernier arrêté ont été maintenues par le Règlement, à l'exception cependant de celle qui voulait que l'exercice de la garnison individuelle commençât nécessairement par les plus forts imposés et successivement (art. 44 de l'arrêté, § 2).

Ce système a paru contraire au principe de l'égalité en matière d'impôt, et l'Administration a pensé qu'elle ne devait se diriger, dans l'emploi des poursuites contre les redevables, que par la considération de l'intérêt du recouvrement, et laisser au discer-

nement du percepteur, dans une certaine limite, le droit de recourir, suivant le cas, à la garnison individuelle plutôt qu'à la garnison collective. (Voir le *Commentaire* sur l'article 45.)

2. Dans le cas où le percepteur, usant de la faculté que lui donne
l'article 43 précité, veut employer la garnison individuelle, sans
procéder d'abord par garnison collective, il ne peut y recourir que
huit jours après la sommation gratis; délai fixé par l'article 42,
pour la poursuite par garnison, soit collective, soit individuelle.

3. Rappelons que, d'après l'article 43, il ne pourrait pas, après
avoir employé la garnison individuelle, revenir à la garnison collective, contre le même contribuable et pour la même dette.

4. Si le percepteur a commencé par la garnison collective, ce
n'est que trois jours après qu'il peut recourir à la garnison individuelle. Il faut, en effet, avant de passer à un nouveau mode de
poursuites, laisser à celui qu'on avait d'abord employé le temps
de produire ses résultats, ou avoir pu du moins constater son inef-
ficacité.

5. Dans ce dernier cas, le contribuable, indépendamment des
frais de la garnison individuelle qui sont à sa charge, supportera
naturellement le coût des bulletins de garnison collective qui lui
ont été délivrés.

ARTICLE 50.

La garnison ne peut être établie à domicile chez un contribuable si ses contributions ne s'élèvent en totalité à cinquante
francs, et si les termes dus ne montent au moins à dix-huit
francs (1).

1. Cet article subordonne l'emploi de la garnison à la double
condition : 1° que la cote du contribuable n'est pas inférieure à
une certaine somme déterminée; 2° que les termes pour lesquels
la poursuite a lieu ne sont pas au-dessous d'une quotité déterminée. Les chiffres de 50 et de 18 fr., qui n'étaient pas inscrits
dans le Règlement de 1824, ne figurent, en effet, dans celui de
1839, qu'à titre d'exemple, comme l'atteste la Note que nous trans-
crivons ci-dessous.

---

(1) Fixation à déterminer par MM. les préfets, qui pourront néanmoins, s'ils le
jugent convenable, se dispenser de fixer un *minimum* : il suffit, pour permettre la
garnison individuelle, que le montant de la contribution ne soit pas au-dessous de
40 francs.   (*Note du Règlement.*)

La première partie de cette disposition est une application de l'article 44 de l'arrêté du 16 thermidor an 8, 3ᵉ alinéa, d'après lequel les porteurs de contraintes ne peuvent pas s'établir à domicile chez les redevables qui payent moins de *quarante francs* de contributions directes.

La seconde partie a été empruntée au Règlement du 8 mai 1761, *pour les contraintes et les frais contre les contribuables à la taille et les autres impositions*, qui, conforme en ce point à l'ordonnance du 31 janvier 1742, *sur les garnisons militaires*, défendait l'établissement des garnisaires par logement effectif chez les contribuables qui ne devaient pas 50 livres et au-dessus.

Peu importe, d'ailleurs, que l'arriéré se compose de douzièmes échus sur l'exercice courant et d'un reliquat sur l'exercice expiré; il ne faut s'attacher qu'au chiffre de l'arriéré total, puisque la négligence du contribuable est d'autant plus flagrante, que sa dette porte sur plusieurs exercices.

2. La loi du 17 brumaire an 5, qui ordonnait la contrainte par voie de garnison à domicile contre les redevables en retard d'acquitter leurs contributions directes, ne fixait aucune espèce de *minimum* au-dessous duquel cette poursuite ne pourrait pas être employée. Quelle que fût la cote d'impôt ou la somme due, le contribuable retardataire était donc passible de la garnison à domicile.

3. L'arrêté du 16 thermidor an 8 a eu pour effet de modifier cette loi sur ce point, et il est certain que la garnison individuelle ne pourrait être aujourd'hui légalement employée contre les contribuables qui payent moins de 40 francs de contributions directes.— C'est ce que le Ministre des finances a lui-même reconnu dans une lettre au préfet de la Loire-Inférieure, du 12 février 1833, par laquelle il déclare que si l'article 50 du Règlement du 26 août 1824 autorise les préfets à déterminer le *minimum* de la cote que devront payer les contribuables pour pouvoir être soumis à la garnison à domicile, ce n'est que sous la réserve que ce *minimun* ne descendra pas au-dessous de 40 francs, limite établie par l'arrêté du 16 thermidor an 8.

4. En 1832, cette limite ayant paru à l'Administration présenter, par sa trop grande élévation, un embarras pour le recouvrement, le Comité des finances du Conseil d'Etat fut consulté sur la question de savoir jusqu'à quel point il ne serait pas légalement possible de la réduire, suivant les localités, dans les règlements préfectoraux sur les frais de poursuites, avec l'approbation du Ministre. Le Comité pensa que cette réduction ne pouvait être régulière que sous la condition qu'elle serait faite par un règle-

ment d'administration publique modificatif de celui du 16 thermidor an 8. Voici le texte de cet avis, qui nous a paru très
important :

« Le Comité des finances, sur le renvoi qui lui a été fait par
M. le Ministre secrétaire d'Etat au même département, d'un rapport de M. le directeur de la comptabilité générale des finances,
concernant la question de savoir si l'article 44 de l'arrêté du
16 thermidor an 8, relatif au recouvrement des contributions directes, ne contient que des dispositions purement réglementaires
qui peuvent être modifiées par des ordonnances royales ou de
simples arrêtés ministériels;

« Vu la loi du 17 brumaire an 5 ; — Vu l'arrêté du 16 thermidor
an 8; — Vu la note présentée sur cette question (1), et les autres
pièces jointes au dossier;

---

(1) Nous croyons devoir insérer ici, dans son entier, la note visée dans l'avis
du Comité, et qui, à part la question spéciale qui nous occupe, soulève une discussion délicate sur la valeur légale de l'arrêté du 16 thermidor an 8 :

« L'arrêté du 16 thermidor an 8, qui règle la marche à suivre pour le recouvrement des contributions directes et l'emploi des porteurs de contraintes contre
les contribuables retardataires, a-t-il le caractère d'une loi ? ou doit-il seulement
être considéré comme un règlement d'administration, dont les dispositions peuvent être modifiées en ce qu'elles n'ont rien de contraire aux lois antérieures,
soit par une ordonnance royale, soit par des arrêtés ministériels ?

« Cette question s'élève au sujet de l'application de l'article 44 de l'arrêté précité portant que la garnison individuelle ne pourra être exercée par les porteurs
de contraintes *chez les redevables qui payeront moins de 40 francs* de contributions directes, quelle que soit la quotité de leur dette.

« Jusqu'à présent ce *minimum* a été considéré comme obligatoire, et les règlements locaux, ainsi que les instructions données aux préfets par le ministère, ne
s'en sont point écartés.

« Mais, dans plusieurs départements où le recouvrement éprouve de grandes
difficultés, de la part surtout des contribuables qui payent moins de 40 francs de
contributions, les receveurs généraux et les préfets demandent avec instance que
la garnison individuelle puisse être exercée sans égard au montant des cotes.

« Ils représentent que ce moyen de poursuites a une efficacité que ne saurait
avoir la garnison collective, même suivie du commandement et de la saisie, et
que, sous ce rapport, l'emploi en est autant dans l'intérêt de l'Administration que
dans celui des contribuables.

« Quant à la question de légalité, ils allèguent que l'exclusion des cotes infé-
rieures à 40 francs ne résulte d'aucun texte législatif; que les lois des 17 brumaire an 5 et 3 frimaire an 7, n'en font pas mention, et qu'il n'en a été parlé
que dans l'arrêté de l'an 8, lequel n'a été lui-même rendu que pour régler l'exécution des lois qui régissaient la matière.

« La convenance et l'utilité de cette proposition ne sont point contestées par
l'Administration; mais pour savoir si elle peut l'accueillir, il convient d'abord
d'examiner si effectivement le caractère général de l'arrêté du 16 thermidor an 8
est tel, que l'Administration ne puisse pas s'écarter des termes de cet arrêté, dans
ses règlements, *sans le concours des Chambres.*

« Quoique jusqu'à présent cette faculté ait été refusée aux préfets par le minis-

« Considérant que l'article 3 de la loi du 3 brumaire an 5 autorise l'envoi des garnisaires dans le domicile de tous contribuables qui, dans les dix jours qui suivent l'échéance des délais fixés par

---

tère des finances, on serait porté à considérer l'arrêté de l'an 8 comme un acte du pouvoir consulaire de la nature des ordonnances royales actuelles ; ce n'est que sous l'empire que de simples décrets ont reçu force de loi par l'effet de leur insertion au *Bulletin officiel;* sous le consulat, le concours des trois pouvoirs était encore la condition essentielle de toute disposition législative. On reconnaît, au surplus, en se reportant au texte de l'arrêté du 16 thermidor an 8, qu'il n'a d'autre objet que de résumer les lois rendues antérieurement, et d'en assurer l'exécution par une série de dispositions réglementaires et de détail qui sont du ressort de l'Administration et peuvent être, conséquemment, modifiées ou rapportées par le seul pouvoir exécutif, en tant qu'elles ne sont point contraires aux lois en vigueur.

« Dans cette dernière catégorie vient naturellement se ranger l'article 44 ; les diverses dispositions contenues dans cet article sont toutes admistratives et d'exécution ; les lois antérieures relatives aux poursuites en matière de contributions directes s'étaient bornées à fixer les différents degrés de pénalité. L'arrêté réglementaire du 16 thermidor est intervenu, qui en a déterminé l'application. Or, cette application plus ou moins rigoureuse dépend d'une infinité de circonstances qui varient suivant les temps et les lieux : il n'est donc possible qu'à l'Administration de les apprécier ; elle seule est compétente pour juger de leur exigence, et c'est pour ce motif que la législation s'est constamment abstenue de rien statuer de définitif sur ce point.

« Il résulterait des considérations qui précèdent que les modifications réclamées pourraient être effectuées sans une disposition législative, puisqu'il est démontré que l'arrêté de l'an 8 n'a que le caractère d'un acte du gouvernement ; mais, après avoir décidé cette première question, il restera encore à examiner s'il est nécessaire de faire intervenir *une ordonnance royale* pour modifier la disposition précitée de l'arrêté de l'an 8, ou si une simple décision ministérielle peut y déroger.

« A cet égard, il est à remarquer que l'article 73 de la loi du 25 mars 1817, confirmé par l'article 51 de la loi du 15 mai 1818, a introduit une nouvelle jurisprudence à l'égard des poursuites en matière de contributions directes. Ces deux lois portent que les préfets sont autorisés « à faire des règlements sur les frais de « contraintes, garnisons, commandements et autres poursuites en matière de con- « tributions directes, à la charge, néanmoins, que les règlements ne pourront être « exécutés qu'après avoir reçu l'autorisation du gouvernement. »

« Sans doute, cet article ne doit pas s'entendre dans ce sens, que les préfets ont la faculté de faire des règlements qui seraient en opposition aux lois préexistantes, mais seulement qu'ils peuvent, avec l'assentiment de l'Administration, modifier la partie réglementaire des dispositions générales sur les poursuites, afin de mieux les approprier aux exigences particulières du service dans chaque département. Or, si l'on reconnaît que l'arrêté du 16 thermidor an 8 se trouve dans cette catégorie, l'article 44 peut être rapporté ou simplement amendé par des arrêtés des préfets revêtus de l'approbation du Ministre des finances.

« Dans cet état de choses, on propose de décider que la fixation du *minimum* de 40 francs pour l'emploi de la garnison individuelle pourra, en exécution des lois des 25 mars 1817 et 15 mai 1818, être abrogée ou modifiée dans les règlements sur les poursuites, au moyen d'arrêtés des préfets approuvés par le Ministre des finances. »

les lois, n'auraient pas acquitté le montant de leur taxe en contributions directes, sans tracer d'ailleurs aucune limite ;

« Considérant que si l'arrêté consulaire du 16 thermidor an 8, article 44, exempte de ce mode d'exécution et de contrainte le redevable qui paye moins de 40 francs de contributions directes, et défend, dans tous les cas, aux garnisaires ou porteurs de contraintes de séjourner plus de deux jours chez un redevable, ces dispositions, qui n'ont pour objet que de déterminer le mode d'emploi d'un moyen légal, sont purement réglementaires, et peuvent, si les circonstances l'exigent, être modifiées ou abrogées par une disposition de même nature et intervenant dans la même forme ;

« Considérant que l'arrêté du 16 thermidor an 8 a été rendu dans la forme des règlements d'administration publique, le Conseil d'Etat entendu ;

« Est d'avis que, si le gouvernement juge nécessaire d'abroger ou de modifier les dispositions de l'article 44 de l'arrêté du 16 thermidor an 8, ces changements ne peuvent être opérés que par une ordonnance royale rendue dans la forme des règlements d'administration publique, en vertu et en conformité de la loi du 17 brumaire an 5. (18 juillet 1832.) »

5. Le pouvoir exécutif n'a jamais usé du droit que le Conseil d'Etat lui a ainsi reconnu, et loin que le minimum ait été abaissé, nous croyons que la plupart des règlements préfectoraux le fixent à un chiffre plus élevé que 40 francs. Il est de 150 francs dans le département de la Seine, et nous voyons par l'exposé de faits qui précède un arrêt du Conseil d'Etat du 3 avril 1856 (Voir *Jurisprudence*, page 158, 2e Partie), qu'il est de 60 francs dans le département du Jura. Mais ici se pose, en sens inverse, la question résolue par l'avis du Comité des finances, le 18 juillet 1832 : Est-il permis au préfet et au Ministre d'élever le minimum qu'ils n'ont pas le droit d'abaisser ? Le Conseil d'Etat, au contentieux, a visiblement persévéré dans la doctrine de l'avis de 1832, car, alors que le Ministre des finances lui proposait d'annuler des poursuites par application de l'arrêté préfectoral et par le motif que la cote pour laquelle la garnison individuelle avait été exercée était inférieure à 60 francs, il a uniquement visé et appliqué l'article 44 de l'arrêté du 16 thermidor an 8, en se fondant sur ce que la garnison à domicile ne peut être exercée sur les contribuables qui payent moins de 40 francs de contributions directes (arrêté précité du 3 avril 1856). Seulement, il est évident que les dispositions des règlements préfectoraux, approuvés par le Ministre des finances, si elles restent dépourvues de force obligatoire à l'égard des Tri-

bunaux, n'en constituent pas moins, pour les percepteurs et les agents des poursuites, des instructions auxquelles ils ont le devoir de se conformer.

6. L'arrêté du 16 thermidor an 8 ne fixe aucune limite pour le second minimum, auquel notre article 50 subordonne l'emploi de la garnison individuelle. Les préfets restent donc libres de l'établir comme ils le jugent convenable, mais il semble que le Ministre des finances n'autoriserait que par exception et par des considérations tirées des circonstances locales, l'adoption d'un chiffre inférieur à 18 francs.

ARTICLE 51.

Le garnisaire ne peut rester plus de deux jours chez un redevable. Il délivre à celui chez lequel il s'établit en vertu de l'état qui lui a été remis par le percepteur (Modèle n° 2), un bulletin imprimé conforme au Modèle n° 4.

Pendant la durée de la garnison individuelle, l'agent ne doit exercer aucun autre acte de poursuites.

1. La disposition de cet article, qui interdit aux garnisaires de séjourner plus de deux jours chez le même contribuable, est renouvelée de l'article 14 de l'arrêté du 16 thermidor an 8. Une prescription analogue existait aussi dans la législation des tailles. (Règlement du 8 mai 1761, art. 19.)

L'interdiction d'exercer d'autres actes de poursuites pendant la *durée* de la garnison individuelle cesse aussitôt que le redevable s'est libéré; le reste de la journée peut donc être consacré à d'autres actes.

2. Le bulletin de garnison individuelle est au nombre des actes qui, aux termes de l'article 101 du Règlement, doivent être imprimés sur papier de couleur et revêtus du cachet des receveurs particuliers des finances.

3. Ce bulletin, comme celui de la garnison collective (Voir le *Commentaire* sur l'article 46, n° 2), n'est pas assujetti au timbre. (Art. 29 de l'arrêté du 16 thermidor an 8.)

ARTICLE 52.

Si le contribuable se libère le jour même où il reçoit le garnisaire, le percepteur ordonne à celui-ci de se retirer, et le contribuable ne doit que les frais d'une journée avec vivres et logement, ou la représentation.

1. Dans les frais de la journée dont parle cet article, on doit comprendre, indépendamment du prix fixé en argent, la nourriture et le logement (Voir l'art. 53), c'est-à-dire que, bien que le contribuable se soit libéré, il n'en doit pas moins recevoir chez lui et nourrir le porteur de contraintes jusqu'au moment où celui-ci se retire sur l'ordre du percepteur. Il ne serait pas juste, en effet, que l'agent des poursuites, qui s'est transporté dans la commune où réside le redevable, fût obligé, lorqu'il y est arrivé, de se nourrir à ses frais, par le motif que le contribuable s'est libéré, et qu'il n'y a pas lieu à s'établir chez lui en garnison. L'article 52 du Réglement de 1824 ne parlait, il est vrai, que des frais de la journée, sans mentionner la nourriture et le logement; mais cette omission, signalée par nous, a été réparée dans le Réglement de 1839 et devait l'être, car rien n'autorise à considérer isolément le prix de la journée et à la séparer de la nourriture et du logement, qui en sont les accessoires nécessaires. C'est, au surplus, en ce sens que le Ministre s'était prononcé dans une Circulaire du 31 mars 1831.

Et il ajoutait que « si le contribuable préférait ne pas se libérer en nature du logement et de la nourriture, il en serait tenu compte au porteur de contraintes, dans le règlement des frais, conformément à la taxe réglée par le préfet, pour le cas où le contribuable se refuse à la nourriture et au logement. Ce refus, disait encore la Circulaire, sera constaté par une attestation signée du contribuable ou par un certificat du maire de la commune. »

2. La Circulaire prévoit, en outre, le cas où le porteur de contraintes se serait présenté successivement chez plusieurs contribuables qui se seraient aussitôt libérés; elle décide « que, dans ce cas, l'agent de poursuites n'aura droit qu'au salaire réglé en numéraire pour la journée de garnison individuelle, *sans vivres ni logement*, et que le prix de cette journée sera réparti par portions égales, lors de la taxe des frais, sur chacun des contribuables contre lesquels la poursuite aura eu lieu. »

ARTICLE 53.

Le prix de la journée de garnison à domicile est fixé conformément au tarif ci-annexé (1).

(1) Voir le tarif des frais de poursuites, tome 1er, page 52. A Paris, le prix de

1. La rédaction de cet article rappelle les dispositions de l'arrêté du 16 thermidor an 8, d'après lesquelles, indépendamment du prix de leurs journées, les agents de poursuites peuvent exiger des contribuables chez lesquels ils sont établis en garnison, le logement et la nourriture. (Art. 27 et 28, § 1.)

2. Le même arrêté (art. 28, § 2) ajoute qu'il est expressément défendu aux porteurs de contraintes de se loger à l'auberge aux frais des redevables, même sur la demande de ceux-ci. La garnison à domicile (et c'est surtout en cela que ce mode de contrainte peut être efficace) consiste donc, dans le sens de la loi, en un séjour réel chez le redevable : il est même dans l'esprit de cette poursuite, que le garnisaire s'absente le moins possible du logis du contribuable, afin que l'importunité de sa présence sollicite ce dernier à se libérer plus tôt. C'est ainsi que l'avaient compris les anciens règlements des tailles, comme on le voit par l'article 12 du Règlement du 8 mai 1761, « qui enjoint aux hommes de garnison de loger chez les redevables arriérés, qui ne peuvent les refuser ni les obliger d'aller au cabaret, quand bien même ils offriraient d'y payer leur gîte. »

3. Néanmoins, les instructions ministérielles ont permis, comme on l'a vu à l'article précédent, aux contribuables soumis à la garnison individuelle, de se libérer en numéraire de la nourriture et du logement; et par suite, dans un assez grand nombre de départements, le prix de la journée de la garnison individuelle, *sans vivres ni logement*, a même été fixé dans les tarifs de frais dressés par les préfets, et approuvés par le Ministre. (Voir les tarifs imprimés à la suite du texte du Règlement, t. 1ᵉʳ de cet ouvrage, p. 54.)

On ne peut pas se dissimuler que c'est là une véritable dérogation aux prescriptions légales de l'arrêté du 16 thermidor an 8, dérogation qui tend même à dénaturer le système de la garnison à domicile, telle que la législation de cette époque l'avait comprise. Mais peut-être est-il juste aussi de reconnaître que ce mode de poursuites, emprunté à une législation faite pour des temps moins éclairés que celui où nous vivons, et où la perception de l'impôt donnait lieu à des résistances autrement difficiles à vaincre, doit cesser, à une époque plus ou moins rapprochée, d'être en harmonie avec nos mœurs; et il faut applaudir aux mesures prises par l'Administration pour en rendre l'exécution moins rigoureuse.

---

la journée de garnison individuelle est de 3 fr. Il varie pour les divers départements.

Au surplus, cette faculté accordée dans l'intérêt général des contribuables, à qui il pourrait, en effet, être parfois très difficile de donner la table et le coucher aux garnisaires, ne dispense pas ces derniers de paraître fréquemment au domicile du redevable, et de s'y établir même durant le jour. En un mot, les instructions dont il s'agit ont eu pour objet de régler, d'une manière plus favorable aux débiteurs du Trésor, l'exécution de la garnison individuelle organisée par l'arrêté du 16 thermidor an 8, mais sans qu'on en doive conclure qu'elles ont entendu abroger les dispositions dudit arrêté.

ARTICLE 54.

Les frais de garnison individuelle sont présentés par journée dans un état particulier, arrêté par le percepteur et transmis au receveur particulier, pour être arrêté par le sous-préfet, ainsi qu'il sera indiqué ci-après, article 102, chapitre de la justification des frais.

(Voir les articles 45 et suivants de l'arrêté du 16 thermidor an 8. Nous ne pouvons que nous référer, pour l'application de cet article, au *Commentaire* sur l'article 102 du Règlement.)

ARTICLE 55.

Le commandement n'a lieu que trois jours après l'exercice de la contrainte par garnison individuelle, ou trois jours après la garnison collective, si la garnison individuelle n'a pas lieu.

1. Le commandement forme le deuxième degré des poursuites indiquées par le Règlement. C'est une poursuite en ce sens qu'il occasionne des frais qui retombent à la charge du contribuable retardataire ; c'est, enfin, un préalable obligé de la saisie.

Au fond, c'est un acte par lequel on fait sommation au redevable d'acquitter le montant de sa dette, et on lui déclare qu'à défaut par lui de se libérer, dans un délai déterminé, il y sera contraint par la saisie et la vente forcée de ses biens. Nous traitons, à l'article 57, de ce qui concerne la forme extérieure de cet acte et des principales règles de procédure qui le concernent. Ici, nous nous bornerons à rappeler quelques principes qui tiennent plutôt au fond même de cette poursuite qu'à ses conditions extrinsèques.

2. Comment faut-il entendre la disposition de notre article, qui ne permet de procéder par voie de commandement que trois jours après l'exercice de la garnison? De quelle époque datent ces trois jours? D'abord, s'il s'agit de la garnison collective, comme elle s'exerce aujourd'hui par voie de bulletin individuel (art. 44), la date de ce bulletin sert de point de départ au délai. Quant à la garnison individuelle, le délai courra du jour où elle aura cessé et qui est constaté par le certificat du maire, conformément à l'article 37 du Règlement.

3. Les trois jours, au surplus, doivent être *francs*, c'est-à-dire que, d'après la règle de procédure que nous avons indiquée dans le *Commentaire* sur l'article 42, n° 6, le jour où la garnison finit et celui qui complète le troisième ne doivent pas être comptés pour calculer le délai. Ainsi, en supposant que la garnison eût cessé le 31 mars, par exemple, ce ne serait que le 4 avril que le commandement pourrait être signifié.

4. Lorsqu'un commandement a été fait à un contribuable pour les douzièmes échus, si, pendant le temps qu'il met à se libérer, d'autres douzièmes viennent à échoir, faudra-t-il, pour ces nouveaux douzièmes, faire un nouveau commandement, ou peut-on continuer la poursuite en vertu du commandement primitif? Cette question est, au fond, la même que celle que nous avons traitée dans le *Commentaire* sur l'article 22, n° 5. Il est certain que le commandement primitif serait suffisant pour la poursuite des nouveaux douzièmes, surtout si le porteur de contraintes a eu soin d'insérer dans le commandement, comme nous l'indiquons dans notre modèle (voir le *Formulaire*, n° 9), la réserve des termes à échoir. (Voir ci-après le n° 6.)

5. Il en serait autrement, comme nous le disions aussi au *Commentaire* sur l'article 22, n° 6, même avec la réserve des termes à échoir, s'il s'agissait de douzièmes afférents à deux exercices dont le second aurait commencé sa période, tandis que la poursuite par commandement était faite pour la cote arriérée du premier. C'est ce qui a été formellement décidé par une lettre adressée par le Ministre des finances, le 11 juillet 1833, au receveur général de la Haute-Garonne (1).

---

(1) On lit dans cette lettre : « Lorsqu'un contribuable, qui a été soumis à la garnison et au commandement pour des exercices en recouvrement, devient passible d'une nouvelle dette par suite de l'émission du rôle de l'exercice suivant, il ne suffit pas de lui adresser une sommation sans frais, pour que les poursuites par

6. Mais, peut-on, comme nous venons de le dire au n° 4, faire un commandement pour les douzièmes à échoir ? La raison de douter se tire de ce qu'en principe un commandement ne peut être fait que pour une créance liquide et exigible; or, comme l'impôt n'est dû que par douzième échu, il semble qu'on ne saurait comprendre dans le commandement des douzièmes qui ne sont ni liquides ni exigibles, puisqu'ils sont encore à échoir. Mais nous avons détruit par avance cette objection, en démontrant, dans le *Commentaire* sur l'article 3, n° 1, que la contribution étant établie pour l'année entière, ainsi que l'exprime d'ailleurs, d'une manière positive, la loi du 26 mars 1831, article 17, la division par douzièmes n'est autre chose que la stipulation de termes accordés pour le payement, qui ne détruisent point cependant l'unité de la dette; de sorte qu'alors même que le douzième n'est pas échu, il n'en est pas moins dû : seulement le payement ne peut point encore être exigé, et par conséquent le contribuable n'est pas contraignable. Aussi, un commandement, non plus que tout autre acte de poursuite, ne pourrait-il pas, en général, être décerné avant l'échéance du douzième. Mais lorsque, par suite d'un retard de payement, le percepteur a commencé l'exécution de la contrainte, et qu'un commandement a été fait, si, pendant la poursuite, de nouveaux douzièmes viennent à échoir, il serait absurde de ne pas les déclarer compris dans les premières significations, et nous croyons même qu'agir dans une autre pensée et faire pour ces douzièmes de nouvelles significations, ce serait s'exposer au blâme et courir la chance de voir rejeter comme abusifs et frustratoires les frais des actes pratiqués.

La position du Trésor envers le contribuable nous paraît ici la même que celle du propriétaire à l'égard de son locataire. Bien que le loyer ne soit exigible qu'à l'échéance des termes, cependant, comme il est dû à partir du moment de l'occupation du locataire, toutes les fois qu'il se fait des poursuites à fin de payement, le commandement porte toujours sur les termes échus et à échoir. La jurisprudence des Cours offre, au surplus, des précédents qui justifient notre opinion en ce point. Nous avons cité dans le *Com-*

---

voie de saisie et de vente puissent avoir leur cours. Cette marche ne pourrait être légalement suivie. Il est indispensable d'avoir soin, lorsque le rôle d'un nouvel exercice est en émission au moment où un contribuable est déjà poursuivi pour des rôles antérieurs, de revenir non-seulement à la sommation sans frais, mais encore aux autres actes des divers degrés prévus par le Règlement. Si l'on ne procédait ainsi, on s'écarterait des termes des lois et règlements sur la matière, et on priverait le contribuable, pour l'acquittement de sa nouvelle dette, des délais qu'entraîne l'observation de chaque degré de poursuites.

mentaire sur l'article 22, n° 5, un arrêt de la Cour d'Orléans, en date du 29 août 1816, qui statue qu'il n'est pas nécessaire de signifier un nouveau commandement pour les intérêts échus depuis le premier, et qu'il suffit qu'il ait été signifié avec réserve de répéter les intérêts à échoir.

Il reste donc bien établi que le commandement fait au contribuable peut et doit, en même temps qu'il réclame les douzièmes échus, porter réserve expresse des douzièmes à échoir. Sous ce rapport, le modèle de cet acte, que nous avons donné (*Formulaire*, n° 9) est parfaitement régulier.

ARTICLE 56.

Aucun contribuable retardataire ne peut être poursuivi par voie de commandement, qu'en vertu d'une contrainte qui le désigne nominativement.

Cette contrainte est décernée à la suite d'un état envoyé préalablement par le percepteur, ou dressé par le receveur particulier, d'après l'inspection des rôles et la situation des poursuites. (Modèle n° 5.)

La contrainte comprend l'ordre de procéder à la saisie, si le contribuable ne se libère pas dans le délai de trois jours à compter de la signification du commandement (1).

1. La disposition de cet article, qui interdit au percepteur de procéder au commandement contre aucun redevable à moins d'une contrainte qui le désigne nominativement, doit être remarquée. Elle est une manifestation nouvelle de la tendance de l'Administration à ménager les contribuables, et de sa répugnance à recourir contre eux à la voie des poursuites. En effet, l'arrêté du 16 thermidor an 8 (art. 51) donnait au percepteur le droit de faire procéder à la saisie et à la vente, après l'expiration du délai de dix jours assigné à la durée de la garnison collective, sans aucune autorisation nouvelle. Le gouvernement s'est un peu départi de cette rigueur; il a voulu que la position du contribuable fût l'objet

---

(1) Lorsqu'un contribuable veut faire des offres réelles au percepteur, il peut les signifier au domicile élu dans le commandement; mais il ne peut les réaliser par le payement qu'au domicile réel du comptable ou entre ses mains dans le lieu où il se trouve en tournée, c'est-à-dire au lieu où doit se faire le payement de l'impôt.   (*Note du Règlement.*)

d'un nouvel examen, avant de le soumettre à des poursuites qui tendaient à faire vendre ses meubles. On ne peut contester le droit qu'il a eu de faire cette concession; et, dès lors, nonobstant la disposition précitée de l'arrêté du 16 thermidor an 8, qui autorise le percepteur à faire saisir et vendre les meubles des rede-vables à l'expiration de la durée de la contrainte, le comptable qui aujourd'hui ferait procéder au commandement contre un contribuable sans se munir d'une nouvelle contrainte, ainsi qu'il est prescrit par l'article 56 du Règlement, serait passible de tous les frais qui s'ensuivraient, sans préjudice des dommages-intérêts que pourrait réclamer et obtenir le contribuable lésé par les poursuites.

2. Mais, une fois cette contrainte décernée, elle sert, comme l'indique le § 3 de l'article 56, pour tous les actes de poursuites subséquents, c'est-à-dire la saisie et la vente. Le percepteur n'a donc plus besoin de demander une contrainte nouvelle. Le modèle de contrainte aunexé au Règlement (Voir le *Formulaire* n° 2) est rédigé dans ce sens.

3. Il faut cependant remarquer que les meubles ou récoltes saisis ne peuvent être vendus sans que la vente ait été autorisée par le sous-préfet (art. 79 du Règlement). Mais il est essentiel de bien se fixer sur le caractère et les effets de cette autorisation. Cette garantie, qui est exigée dans l'intérêt des contribuables, est indispensable pour que l'agent de poursuites puisse procéder réguliérement à la vente; cependant la contrainte primitivement délivrée par le receveur des finances, avant le commandement, n'en demeure pas moins le *titre-exécutoire* en vertu duquel la vente est poursuivie; en ce sens, par exemple, que dans l'hypothèse où, par suite d'une irrégularité dans les poursuites, il aurait été procédé au commandement et à la saisie sans une contrainte préalable, l'autorisation qui aurait pu être surprise au sous-préfet ne suffirait point pour légaliser la vente, et elle pourrait être, nonobstant cette autorisation, déclarée nulle, faute d'avoir été faite en vertu d'une contrainte, et donner lieu à tous dommages-intérêts contre l'agent qui y aurait procédé. Aussi les procès-verbaux des ventes doivent-ils, indépendamment de la mention de l'autorisation du sous-préfet, contenir l'indication de la contrainte en vertu de laquelle elles s'effectuent.

4. L'article 25 du Règlement porte que « l'effet de la contrainte décernée par le receveur particulier ne peut, à moins qu'elle ne soit renouvelée, se prolonger, pour chaque degré de poursuites, au-delà de dix jours, employés soit consécutivement, soit alternativement, à des poursuites contre une même commune. » Cette

disposition s'applique-t-elle à la contrainte délivrée, en exécution de l'article 56, pour autoriser la poursuite par voie de commandement, comme celle qui a pour objet l'exercice de la garnison?

Supposons qu'une contrainte ait été décernée le premier d'un mois, pour autoriser le commandement : cet acte est signifié le 3 du même mois au redevable; trois jours après, c'est-à-dire le 7, la saisie a lieu; enfin, huit jours après la saisie, c'est-à-dire le 16, le porteur de contraintes se dispose à procéder à la vente, avec les autorisations et les formes prescrites. Mais, à cette époque, la contrainte en vertu de laquelle il agit, et qui, d'après les dispositions du Règlement, embrassait à la fois le commandement, la saisie et la vente, aura plus de dix jours de date; ne devra-t-il pas la faire renouveler pour procéder régulièrement?

Nous ne pensons pas que cela soit nécessaire. En effet, on peut remarquer que, d'après les délais qu'il faut observer entre chaque acte de poursuite, et que nous avons relatés ci-dessus, il s'écoule au moins treize jours francs du commandement à la vente, en supposant la plus grande rapidité dans la procédure. Les contraintes relatives à la poursuite par voie de commandement, saisie et vente, seraient donc soumises constamment à la nécessité du renouvellement. Or, un pareil résultat n'a pas pu être dans l'esprit du Règlement, et l'article 63 suffirait pour le démontrer, puisqu'il rappelle que la saisie a lieu *en vertu de la même contrainte* que le commandement; si l'on se reporte, d'ailleurs, au texte des articles 44 et 51 de l'arrêté du 16 thermidor an 8, on reconnaîtra que le délai de dix jours assigné à la durée des contraintes ne s'appliquait véritablement qu'aux poursuites qui précédaient la saisie et la vente, c'est-à-dire à la garnison (1).

A dater de cet acte, en effet, les poursuites restent entièrement dans le droit commun et sont régies, quant aux délais et aux formalités extérieures, par les règles de la procédure ordinaire. Il ne faut pas non plus perdre de vue que l'arrêté du 16 thermidor an 8, en assignant une limite à la durée des contraintes, a eu pour but d'éviter aux contribuables les frais abusifs de poursuites trop longtemps prolongées; et ce serait agir contrairement à son esprit

---

(1) L'article 44 porte : « *Les porteurs de contraintes ne pourront séjourner plus de* DIX JOURS *dans la même commune.* » L'article 51 ajoute : « *Après les* DIX JOURS *fixés par l'article 44, le percepteur pourra procéder par voie de saisie et vente, etc.* »

La comparaison de ces deux articles nous semble justifier complètement l'opinion que nous émettons ici, et qui est d'ailleurs confirmée, comme nous le faisons remarquer, par le Règlement lui-même.

que d'admettre la nécessité d'un renouvellement de contrainte, dont les lois ne parlent pas, et qui, entraînant toujours quelques délais, aurait pour effet de retarder la vente des meubles saisis et, par là, de multiplier les frais de gardiens, au préjudice des redevables et du Trésor lui-même.

5. Ainsi que le porte le paragraphe 2 de notre article, la contrainte nominative qui doit autoriser la poursuite par commandement, est décernée à la suite d'un état envoyé par le percepteur lorsqu'il fait la demande de la contrainte, ou dressé par le receveur particulier, lorsqu'en exécution de l'article 24 du Réglement, ce comptable supérieur croit devoir décerner cette contrainte d'*office*. Cet état, dont on trouvera le modèle au *Formulaire*, sous le n° 8, est conçu de manière à faire ressortir la situation exacte des redevables à poursuivre.

6. Le paragraphe 3 de notre article indique que la contrainte doit comprendre l'ordre de procéder à la saisie, si le contribuable ne se libère pas dans le *delai de trois jours*, à compter de la signification du commandement. (Voir, à cet égard, le *Commentaire* sur l'art. 63, n° 4.)

ARTICLE 57.

Les commandements sont faits et délivrés par les porteurs de contraintes, sur des imprimés conformes au Modèle n° 6.

1. Le modèle auquel renvoie cet article est celui qui, dans notre *Formulaire* de la 2ᵉ Partie, porte le n° 9. Nous avions, dans notre première édition, cru pouvoir réparer diverses omissions qui se rencontraient dans la formule annexée au Règlement de 1824; celui de 1839 a adopté le modèle que nous avions proposé et qui assure la validité des poursuites; mais nous n'en croyons pas moins devoir répéter que les modèles fournis par l'Administration ne dispensent nullement les agents des poursuites de la responsabilité qui s'attache à la rédaction des actes de leurs fonctions; que le Code de procédure civile est, après tout, la seule règle obligatoire et qu'ils ne doivent pas hésiter à modifier en conséquence, s'il y a lieu, les modèles d'actes donnés par les règlements de l'Administration.

Nous ajouterons ici quelques développements propres à faire connaître les règles qui concernent le commandement, tant sous le rapport de sa forme extrinsèque que sous celui de ses effets légaux.

2. Aux termes de l'article 583 du Code de procédure civile, dont la disposition est reproduite par l'article 63 du Règlement, toute saisie doit être précédée d'un *commandement*.

Le commandement est donc véritablement un acte préliminaire de la saisie. Il ouvre la série des poursuites judiciaires par lesquelles le redevable, après avoir été contraint par les voies administratives de la garnison collective ou individuelle, va être exécuté dans ses biens.

Le commandement doit, indépendamment des formalités ordinaires des exploits, contenir notification du titre en vertu duquel se fait la poursuite et élection de domicile dans la commune où doit se faire l'exécution, si le créancier n'y demeure. Il doit être signifié à personne ou à domicile (Art. 61, 63, 67, 68, 583 et 584 du Code de procédure civile). Nous allons examiner successivemen ces diverses conditions.

3. *Formalités ordinaires des exploits.* — Ces formalités sont d'après l'article 61 du Code de procédure civile : 1° la date des jour, mois et an; 2° les noms, profession et domicile du créancier poursuivant ; 3° les noms, demeure et immatricule du porteur de contraintes ; 4° les noms et demeure du débiteur poursuivi; 5° la mention de la personne à laquelle la copie du commandement est laissée, le tout à peine de nullité.

4. *Date.* — L'indication de la date dans les commandements est exigée pour qu'on puisse reconnaître s'il était ou non permis au porteur de contraintes d'exploiter ce jour-là (Voir ci-après, n° 12), et si la prescription n'était pas déjà acquise. (Voir le *Commentaire* sur l'art. 18.) La date ne consiste, au surplus, que dans la mention du jour, du mois et de l'année : l'indication de l'heure n'est pas indispensable, la loi ne l'exige pas. Cependant il n'en faudrait pas conclure que le commandement pût être donné à toute heure, même la nuit. (Voir ci-après, n° 12.)

La date, dans la pratique, se met en tête de l'acte. Mais, la loi ne déterminant pas la place où elle doit être, on peut la mettre où on le trouve le plus convenable. (Boncenne, *Traité de la Procédure*.)

Il n'est pas indispensable de l'écrire en toutes lettres, bien qu'il soit préférable de le faire pour éviter les altérations (Boncenne, Bioche, Cour de Besançon, arrêt du 12 février 1810). Si la date de l'exploit est restée en blanc, ou si elle est illisible, l'acte est nul. (Thomine, Dalloz, *Répert. alph.*, v° *Exploit*, n° 52.)

5. *Noms, profession et domicile du créancier.* — L'énonciation de noms, prénoms, profession et domicile du demandeur, est nécessaire afin que le redevable sache quelle est la personne qui

fait la demande, et si elle a capacité pour la former, et afin qu'il puisse lui faire signifier les actes utiles à sa défense ou lui adresser ses offres. ·

L'omission de la mention des noms et même des prénoms est une cause de nullité; mais il est généralement reconnu par les auteurs que, lorsqu'il s'agit d'un fonctionnaire agissant pour l'exercice des actions qu'il est chargé de poursuivre, la désignation des noms du demandeur peut être remplacée par celle de la qualité en vertu de laquelle il procède. Un préfet, un maire, un agent du Trésor public, se font assez connaître en indiquant le titre de leurs fonctions. (Jousse, le *Nouveau Denizart*, Berriat de Saint-Prix, Boncenne, Rodier. Arrêt de la Cour royale de Besançon, du 11 janvier 1810, de la Cour royale de Toulouse, du 23 juillet 1825, de la Cour de cassation des 12 septembre 1809. 6 avril 1819 et 7 mai 1829, Dalloz, *Répertoire alph.*, v° *Exploit*, n° 86.)

Il a été de plus décidé que, dans la circonstance, l'indication du domicile n'était pas indispensable.

Les percepteurs qui poursuivent les redevables de contributions directes sont dans ce cas. Il suffirait donc que les commandements et autres actes qu'ils font signifier indiquassent qu'il sont faits à la requête du *percepteur de la commune de*..... Cependant il est toujours sage de se rapprocher le plus possible de la lettre de la loi, et c'est pour ce motif que, dans son modèle de commandement, l'Administration n'a pas manqué d'inscrire la mention du nom et de la demeure du percepteur.

6. *Noms, demeure et immatricule du porteur de contraintes.* — L'énonciation des noms, demeure et immatricule du porteur de contraintes est indispensable pour bien constater l'identité de l'agent des poursuites et prouver qu'il a effectivement la qualité en vertu de laquelle il instrumente, et qu'enfin il n'agit pas au dehors de l'arrondissement pour lequel il est commissionné. (Voir *Commentaire* sur les articles 20 et 30, n° 5.) (1) — Quelle que soit,

---

(1) L'immatricule des huissiers est l'inscription de leur nom au tableau des huissiers admis par un Tribunal à exercer leurs fonctions dans son ressort. Pour les porteurs de contraintes, leur immatricule résulte de leur commission. Si la poursuite contre le contribuable était faite par un huissier, dans le cas indiqué par l'article 35 du Règlement, cet officier ministériel, agissant comme porteur de contraintes et ayant été commissionné à ce titre (Voir le *Commentaire* sur l'art. 35, n° 2), devrait mentionner sa *commission* et non son *immatricule* ordinaire. Au surplus, aux termes d'une jurisprudence constante, l'immatricule de l'huissier est suffisamment énoncé lorsque l'exploit indique le Tribunal près duquel l'officier ministériel exerce ses fonctions; il suffit donc, par analogie, que l'acte de poursuites indique l'arrondissement où il exerce, et mentionne la commission qui lui a été délivrée.

au surplus, l'importance de l'indication des noms de l'agent de poursuites dans le corps de l'acte, il suffirait cependant à la rigueur, et pour échapper à la nullité, de la signature dudit agent apposée au bas de l'original et de la copie,.si cette signature est, d'ailleurs, parfaitement lisible. (A. Cour de Rennes 22 août 1810, Cour de Besançon 25 janvier 1810 et Cour de Poitiers 13 juin 1819.) Cependant cette solution étant controversée (Voir Dalloz, *Répertoire alphabétique*, vᵒ *Exploit*, nᵒ 131.), il est plus prudent de mentionner le nom du porteur de contraintes dans le contexte de l'acte lui-même, et notre modèle de commandement est conçu en ce sens.

7. *Noms et demeure du débiteur.* — Quant à l'indication des noms et demeure du débiteur, les auteurs font observer que l'indication des prénoms, non plus que celle de la profession, détails qui, au fond, pourraient être ignorés du créancier, ne sont pas indispensables. Cependant M. Carré conseille de les mentionner quand ils sont connus. Cette régle de prudence pourra être facilement observée par les porteurs de contraintes au moyen des indications que contient le rôle.

8. *Remise de la copie.* — La dernière formalité prescrite par l'article 61 du Code de procédure civile, c'est la mention de la personne à qui la copie de l'acte est laissée. Quand le débiteur est trouvé en son domicile ou même en quelque lieu que ce soit (et cette circonstance doit être, en général, recherchée par les porteurs de contraintes, parce qu'ils peuvent joindre à la signification du commandement des invitations verbales pour éclairer le contribuable sur les poursuites dont il est l'objet, et sur la nécessité de se libérer sans délai); dans ce cas, disons-nous, la copie lui est naturellement remise en personne, et mention en est faite, tant sur ladite copie que sur l'original.

Mais quand le redevable est absent, et que la copie doit alors forcément être laissée à son domicile, il est, à cet égard, des règles auxquelles le porteur de contraintes doit exactement se conformer, sous peine de nullité de l'acte, nullité dont il serait responsable. Ainsi, serait nul un commandement dont le *parlant à...* serait laissé en blanc sur la copie, lors même que l'original contiendrait la mention de la personne à qui l'acte a été remis. (Arrêt de la Cour royale de Rennes, du 14 mars 1820; arrêt de la Cour de cassation, du 8 décembre 1868.)

Il en serait de même du *parlant à...* qui serait rempli au crayon. (Arrêts de la Cour royale de Colmar, du 25 avril 1807, et de la Cour royale de Grenoble, du 17 août 1822.) Cette décision doit être particulièrement remarquée par les porteurs de contraintes, parce que, appelés le plus souvent à instrumenter dans les communes rurales, ils peuvent être exposés à ne pas trouver chez le contribuable, non plus que chez les voisins, la plume et l'encre qui leur seraient nécessaires pour écrire, dans leurs actes, la mention dont il s'agit; ils doivent donc avoir soin d'apporter avec eux l'encre et la plume dont ils ont besoin.

Quant à la remise en elle-même de la copie, la loi indique qu'à défaut de la partie, elle doit être faite à ses parents et serviteurs, où, à défaut, à un de ses voisins, ou, enfin, au maire ou à l'adjoint de la commune. (Code de proc. civ., art. 68.)

Mais une observation essentielle que les porteurs de contraintes ne doivent jamais perdre de vue, c'est que, par suite du principe énoncé plus haut, n. 8, que les actes doivent être signifiés à *personne* ou à *domicile*, une copie ne peut être remise entre les mains des commensaux, parents ou domestiques de la partie, que lorsque l'agent de poursuites les trouve dans le domicile de cette partie et non lorsqu'il les rencontre dans un autre lieu. C'est ce qu'enseigne M. Boncenne, dans son *Traité de la Procédure*, et ce qui a été jugé, d'ailleurs, par plusieurs arrêts qui ont prononcé la nullité d'exploits dont les copies avaient été laissées à des parents ou serviteurs de la partie, sans qu'il y fût fait mention que c'était dans le domicile de cette dernière que la remise avait eu lieu. (Arrêts de la C. d'appel de Bruxelles, des 27 juin 1810, 28 décembre 1812 et 16 avril 1813; de la Cour de Rennes, du 9 août 1819; de la Cour de Toulouse, du 22 décembre 1830; de la C. d'appel de Montpellier, du 3 décembre 1810; de la C. de cassation du 20 fruct. an 11; Dalloz, *Répert. alph.*, v° *Exploit*, n° 292 et suiv.) Nous n'avons pas besoin de dire que cette observation ne s'applique naturellement pas au cas où la copie est remise à des voisins ou au maire, puisque ceux-ci n'habitent pas avec le redevable.

L'expression de *serviteurs*, dont se sert l'article 68 du Code de procédure civil, ne doit pas être restreinte aux *domestiques proprement dits*: elle s'applique encore à d'autres personnes qui ont avec la partie des rapports intimes, fréquents et nécessaires, même à un autre titre que celui de domesticité, telles, par exemple, que le maître d'un hôtel garni (Cour de Caen, 4 mai 1813; Cour de Nancy, 22 juin 1813), le secrétaire, le commis de la partie (Carré), le portier de la maison ou le propriétaire lui-même, s'il était dans l'usage de répondre pour ses locataires, ou que, par ses relations habituelles avec eux, il pût être réputé leur commensal (Cour de Paris, 30 janvier 1817): autrement, il devrait être considéré comme voisin, et, dans ce cas, les formalités prescrites à l'égard des voisins devraient être observées, sous peine de nullité (Cour de Rennes, 23 août 1817).

La copie peut être laissée indifféremment aux serviteurs ou aux parents ; mais il n'en est pas de même des voisins ou du maire : ce n'est qu'à défaut des premiers qu'on peut s'adresser aux voisins. Quant au maire, voir ci-après.

En tout cas, il faut que la personne à qui la copie est remise soit capable de discernement : ainsi, le porteur de contraintes serait responsable s'il laissait la copie d'un commandement, soit à une personne notoirement frappée d'aliénation mentale, soit à un enfant qui n'aurait pas encore atteint l'âge de raison. (Arrêté de la Cour de Montpellier du 27 décembre 1827.)

Nous avons dit plus haut que ce n'était qu'à défaut de parents ou de serviteurs que la copie pourrait être laissée aux voisins. Il faut donc que cette circonstance soit mentionnée dans l'original et dans la copie de l'acte, par le porteur de contraintes. (C. de cassation, 25 mars 1812.)

D'après l'article 68 du Code de procédure civile, quand la copie est remise à un voisin, celui-ci doit signer l'original, formalité qui n'est pas prescrite à l'égard des parents et commensaux. La nécessité de cette signature de la part des voisins peut être un embarras assez habituel dans la matière des contributions directes. Dans les communes rurales, il arrivera souvent que les voisins ne sauront pas signer, et alors il serait impossible de remplir la formalité prescrite par l'article 68 du Code de procédure civile. Forcément alors il faudrait recourir au maire, ce qui n'est pas sans inconvénient. Mais la jurisprudence de l'arrêt de la Cour de Paris du 30 janvier 1817, dont nous avons parlé ci-dessus, peut y remédier en plusieurs cas. Cet arrêt, qui tend à faire considérer comme commensaux plutôt que comme voisins les personnes qui, sans être des parents ou des serviteurs, mais habitant la même maison que le redevable, ont avec lui des rapports plus intimes que de simples relations de voisinage, laisse une latitude précieuse et dont l'application serait sans doute admise sans trop de difficultés dans la plupart des poursuites qui ont pour objet le recouvrement des contributions par les Tribunaux, qui, dans le silence de la loi, ont l'appréciation discrétionnaire des circonstances constitutives du voisinage. En effet, dans les petites localités, et particulièrement dans les communes rurales, les habitants qui logent dans le même corps de maison ont véritablement entre eux des rapports assez intimes pour qu'on puisse les considérer comme commensaux ; et, dans ce cas, la copie pourrait leur être laissée sans la formalité de la signature.

Ainsi, nous estimons que, suivant les localités, on pourrait considérer comme commensaux les mêmes personnes, qui, ailleurs, ne seraient que des voisins. Dans ce cas spécial, nous n'appliquerions cette dernière qualification qu'aux personnes établies dans une des maisons des environs du domicile du débiteur, la moins éloignée possible. Au surplus, si le plus proche voisin refuse, le porteur de contraintes peut frapper à une autre porte dont la proximité offre l'aspect du voisinage ; mais, en définitive, il n'est pas obligé de se présenter chez plusieurs voisins.

Dans aucun cas, soit que la copie soit laissée aux gens de la maison, soit qu'elle soit remise à des voisins, il n'est prescrit, sous peine de nullité, d'indiquer le nom de la personne à qui cette remise est faite. Il suffit qu'elle soit désignée par sa qualité. (Cour royale de Besançon, 12 février 1810), et que l'agent de poursuites ait soin d'indiquer les rapports qui la lient avec le redevable et qui l'ont déterminé à lui laisser la copie. (Cour de cassation, 20 juin 1808 ; 3 février 1835.)

Lorsque enfin, en cas d'absence de la partie et à défaut de parents, serviteurs ou commensaux, les voisins refusent de recevoir la copie, ou lorsque, consentant à la recevoir, ils ne veulent ou ne peuvent signer l'original, comme l'exige l'article 68 du Code de procédure civile, le porteur de contraintes doit remettre la copie au maire ou à l'adjoint de la commune, lequel visera l'original sans frais. (Art. 68 du Code de procédure civile.)

Il en serait de même si les parents ou serviteurs trouvés au domicile du redevable refusaient de recevoir la copie. Dans ce cas, il n'y aurait pas lieu de la laisser à un voisin ; le porteur de contraintes pourrait la porter au maire. (Cour royale de Bourges, 16 décembre 1828.)

Il faut, pour la régularité, que le porteur de contraintes fasse mention expresse, tant sur l'original que sur la copie du commandement, de toutes les circonstances dont nous venons de parler et qui légitiment le recours au maire. (A. de la C. de cassation du 12 novembre 1822.) — En cas d'absence du maire et de l'adjoint, la copie pourrait être remise au conseiller municipal dans l'ordre du tableau. (Voir le *Commentaire* sur l'art. 17, n° 1, et un A. de la C. de Toulouse, 20 mars 1835.) — Le *visa* du maire consiste dans le mot *vu*, accompagné de la signature du fonctionnaire. — Lorsque ce *visa* a été apposé sur l'original, la copie peut être remise à un employé de la mairie. (C. d'Orléans, 23 juin 1814.) — Mention du *visa* doit être faite sur l'orignal et sur la copie, comme de toutes les autres circonstances. Ainsi, pour la régularité, il faudrait rédiger de la manière suivante : le « parlant à .. et n'ayant rencontré au

« domicile du sieur... ni ledit sieur... lui-même, ni aucun parent
« ou serviteur, et n'ayant pas trouvé de voisin qui ait voulu se
« charger de la présente copie (ou bien) qui ait voulu ou pu, étant
« illettré, signer l'original du présent commandement, conformé-
« ment à l'article 68 du Code de procédure civile, je me suis trans-
« porté près de M. le maire (ou l'adjoint) de la commune d....,
« lequel a visé l'original, et je lui ai laissé la présente copie, etc. »

Les diverses formalités et les diverses mentions dont nous venons de parler doivent être observées pour la copie aussi bien
que pour l'original. Il a été décidé, par de nombreux arrêts, et
notamment par un arrêt de la Cour de cassation du 21 juillet 1863,
que les omissions, sur la copie, des indications prescrites par la
loi, ne peuvent être couvertes par la mention qui en est faite sur
l'original, et réciproquement. Aussi, la Circulaire du Ministre des
finances du 31 mars 1831 rappelle-t-elle, notamment pour le *parlant à...*, que l'indication de la personne à qui la copie est remise doit non-seulement être faite sur la copie, mais consignée
aussi sur l'original et même sur les originaux collectifs.

Les agents de poursuites doivent apporter à toutes ces prescriptions légales une attention d'autant plus scrupuleuse que leur
inobservation entraînerait la nullité des actes, aux termes des
articles 61 et 70 du Code de procédure civile.

9. Après nous être occupé des formalités du commandement, qui
sont communes à cet acte et à tous les exploits, nous avons à parler des dispositions qui lui sont spéciales :

Notification du titre. — Nous avons déjà dit, en plusieurs endroits de cet ouvrage, que le titre en vertu duquel se faisaient les
poursuites en matière de contributions directes étaient le rôle
et la contrainte. On verra, dans notre Modèle de commandement,
soit individuel, soit collectif, que nous avons eu soin de rapporter en tête les articles du rôle où est établie la cote de chaque
contribuable et de mentionner la contrainte délivrée pour l'exécution forcée dudit rôle, par le receveur des finances. Ces énonciations remplissent le but de l'article 583 du Code de procédure
civile en ce qui concerne la notification du titre. Il a été jugé, en
conséquence, par un arrêt de la Cour de cassation, du 12 février
1845, rapporté dans la deuxième Partie (p. 149), qu'il suffit qu'en
tête du commandement il ait été donné copie du rôle, en ce qui
concerne les contribuables et fait mention de la contrainte.

10. *Coût de l'acte.* — On remarquera que, dans notre Modèle de
commandement, nous indiquons à la fin de la formule le coût de
l'acte, c'est-à-dire le salaire du porteur de contraintes et les droits
de timbre et d'enregistrement. Cette formalité est prescrite par

l'article 67 du Code de procédure civile. — Son omission ne serait pas une cause de nullité de l'acte; mais elle ferait encourir au porteur de contraintes, conformément audit article, une amende de 5 fr., payable au moment de l'enregistrement. L'article 99 du Règlement rappelle aussi cette obligation.

11. *Signature*. — Le commandement, comme, en général, les autres actes de poursuites, doit être, sous peine de nullité, signé par le porteur de contraintes qui le signifie, non-seulement sur la copie, mais aussi sur l'original. (Cour de Rennes, 12 février 1813.)

Il suffit, pour la régularité des renvois, qu'ils soient paraphés. (C. de cass., 10 septembre 1869.)

12. *Jour et heure où le commandement peut être signifié*. — Les actes de poursuites, en général, ne peuvent pas être faits les jours fériés, ni pendant la nuit, c'est-à-dire depuis six heures du soir jusqu'à six heures du matin, à partir du 1er octobre au 31 mars, et depuis neuf heures du soir jusqu'à quatre heures du matin, à partir du 1er avril au 30 septembre, à moins de permission du juge, dans le cas où il y aurait péril en la demeure. (C. de proc. civile, art. 1037.)

13. *Election de domicile dans la commune où doit se faire l'exécution*. — La disposition de l'article 584 du Code de procédure civile, qui veut que le commandement tendant à la saisie contienne élection de domicile dans la commune où doit se faire l'exécution, si le débiteur n'y demeure, a pour but d'épargner à ce dernier les frais et les retards qui résulteraient pour lui de la nécessité de faire faire au domicile de son créancier, qui peut habiter une commune plus ou moins éloignée, les significations utiles à sa défense et propres à arrêter immédiatement les poursuites. Le législateur a pris soin lui-même de rendre cette intention bien évidente, puisqu'il ajoute, dans l'article précité du Code de procédure : « Que le débiteur pourra faire au domicile élu toutes significations, même d'offres réelles et d'appel. »

Mais cette disposition de droit commun doit-elle s'appliquer à la matière exceptionnelle des contributions directes ? Le percepteur est-il tenu de s'y conformer ? Lui, dont le domicile est légalement fixé au chef-lieu de sa perception, et qui, par conséquent, se trouve placé à la portée de tous les contribuables; lui qui a un bureau où se font les recouvrements, et où on est certain de le rencontrer, sera-t-il donc obligé à l'égard des contribuables domiciliés dans le ressort de sa perception, mais dans les communes autres que le chef-lieu où il réside, d'élire, dans chacune de ces communes, un domicile où le redevable poursuivi pourra faire toutes les significations, au lieu de les lui notifier à sa résidence réelle ?

Il y a de fortes raisons pour la négative. Sans parler des considérations d'ordre public qui doivent, dans l'intérêt du Trésor, comme dans celui du contribuable, faire écarter du recouvrement de l'impôt les formes lentes et compliquées de la procédure ordinaire, l'ancienne et la nouvelle jurisprudence fournissent des arguments qui ne sont pas sans valeur.'

Sous la législation des tailles, les collecteurs n'étaient tenus, dans les poursuites qu'ils exerçaient contre les contribuables, à faire aucune élection de domicile autre que leur bureau : « Dans les exploits de saisie et exécution de meubles et choses mobilières, pour raison de nos deniers, porte l'article 2 de l'édit du 16 avril 1668, les receveurs, fermiers et autres personnes employées à leur recouvrement, pourront faire élection de domicile en leur bureau, sans être tenus d'en élire dans le village ou la ville qui est plus proche du lieu où la saisie et exécution sera faite. »

Dans notre droit actuel, un arrêt récent de la Cour de cassation a décidé que la disposition de l'article 584 du Code de procédure civile n'est point applicable aux poursuites faites par les receveurs de la Régie de l'enregistrement. Ces comptables ne peuvent, suivant l'arrêt, avoir d'autre domicile que leurs bureaux. Cette décision ne statue pas, il est vrai, pour la perception des contributions directes; mais il est difficile de ne pas être frappé de l'analogie, surtout si l'on se reporte aux considérations qui ont déterminé la Cour suprême (1).

---

(1) Voici les circonstances et le dispositif de cet arrêt, qu'il nous paraît utile de mettre sous les yeux de nos lecteurs : par jugement du 21 août 1827, le Tribunal de Villefranche avait annulé, en ces termes, une contrainte décernée par la Régie de l'enregistrement, contre les époux Castel, en payement d'une somme de 503 fr. 58 c. :

Attendu, porte le jugement, que le commandement du 19 avril ne contient pas élection de domicile dans la commune où réside le débiteur, conformément aux dispositions de l'article 584 du Code de procédure; que la loi ne fait aucune distinction en faveur d'aucune administration, et que le juge ne peut créer des exceptions que la loi n'a pas établies; que l'élection de domicile n'est pas seulement demandée pour pouvoir faire des offres réelles, mais bien pour recevoir toute signification que pourrait y faire le débiteur; que l'article 69 fixe seulement le lieu où doit être assigné le Trésor public; que l'exception établie par cet article ne peut s'étendre qu'au cas prévu et que, par conséquent, il ne peut être appliqué à la cause;

Attendu qu'il est inutile de s'occuper du fond, puisque le commandement est nul dans la forme;

Par ces motifs, le Tribunal casse et annule, etc.

Pourvoi en cassation de la part de la Régie, pour fausse application de l'ar-

Cependant, quelle que soit la force des arguments qu'on peut tirer des précédents que nous venons de citer, nous n'oserions pas admettre que les percepteurs pussent régulièrement se dispenser d'élire domicile dans la commune où ils font pratiquer des actes d'exécution. Leur position n'est pas absolument la même que celle des receveurs de l'enregistrement : ceux-ci ne se déplacent jamais pour aller recevoir les droits, tandis que les percepteurs sont obligés, comme on sait, de se rendre successivement, et à des jours déterminés, dans chacune des communes de leur perception pour y établir leur bureau de recette. D'un autre côté, la disposition du Code de procédure civile est générale, autant que possible, dans ses termes : elle est considérée comme une garantie pour le débiteur ; à tel point qu'elle est prescrite à peine de nullité. A nos yeux, il ne faudrait pas moins qu'une exception positive résultant des lois spéciales sur les poursuites en matière de contributions directes, pour qu'on pût se croire autorisé à s'écarter, en ce point, du droit commun. Mais, loin qu'on puisse citer aucun règlement d'où il serait possible d'induire cette exception, la jurisprudence constamment suivie par l'Administration, et sanctionnée par le Conseil d'Etat, la repousserait d'une manière assez formelle.

Depuis la promulgation du Code de procédure civile, les poursuites contre les contribuables, à partir du commandement, n'ont

---

ticle 584 du Code de procédure et violation de l'avis du Conseil d'Etat du 1er juin 1807, et des articles 26 et 27 de la loi du 22 frimaire an 7.

Arrêt : LA COUR :

Vu l'article 584 du Code de procédure civile, l'avis du Conseil d'Etat du 1er juin 1807, les articles 26 et 27 de la loi du 22 frimaire an 7, et l'article 64 de la même loi ;

Attendu qu'en déterminant les bureaux où seront enregistrés les actes soumis à la formalité de l'enregistrement, les articles 26 et 27 de la loi du 22 frimaire an 7 indiquent que les droits dus pour cette formalité ne doivent être perçus que dans ces bureaux, et directement par les préposés qui y sont établis ;

Attendu que c'est en exécution de ces articles (combinés avec l'article 64 de la même loi, qui se borne à dire que la contrainte sera signifiée), que la Régie des domaines et de l'enregistrement, dans les contraintes qu'elle décerne avec commandement, ne fait élection de domicile qu'aux bureaux où les droits qu'elle réclame doivent être acquittés ;

Attendu que, d'après l'avis du Conseil d'Etat du 1er juin 1807, l'article 584 du Code de procédure n'est point applicable à la forme de procéder, relativement à la Régie des domaines et de l'enregistrement ; de tout quoi il résulte qu'en annulant le commandement dont il s'agit, comme fait en contravention à l'article 584 du Code de procédure, le jugement attaqué a faussement appliqué cet article, et en même temps violé l'avis du Conseil d'Etat du 1er juin 1807 et les articles précités de la loi du 22 frimaire an 7 ;

Par ces motifs, donnant défaut contre les époux Castel ; — Casse, etc. (16 février 1831.)

jamais cessé d'être exécutées conformément aux dispositions de
ce Code. Le Réglement ministériel de 1819, art. 67, rappelle en
termes exprès la nécessité de remplir les formalités qu'il prescrit;
et cette recommandation a été reproduite dans les Réglements de
1824 et de 1839, article 66, qui portent textuellement : « Les saisies s'exécutent d'après les formes prescrites pour les saisies judiciaires, titre VIII, livre v du Code de procédure civile.» La Circulaire
du 10 octobre 1831, que nous avons citée ci-dessus, confirme cette
disposition et place sous la responsabilité personnelle des agents
du recouvrement et des poursuites, les nullités qui pourraient résulter de l'inexécution des formalités prescrites par le Code de
procédure. A cette occasion, la Circulaire recommande particulièrement la mention à insérer aux commandements du domicile
élu dans la commune du contribuable. Ces prescriptions ne sont,
au surplus, qu'une conséquence des décisions du Conseil d'Etat et
des Cours d'appel elles-mêmes. S'il est un point de jurisprudence
bien établi aujourd'hui, c'est que l'autorité judiciaire peut seule
être saisie des difficultés qui naissent de l'exécution des poursuites à dater du commandement. (Voir le *Commentaire* sur l'art.
19, nº 66.)

Cette jurisprudence est fondée sur ce principe, que les actes
d'exécution pratiqués pour l'exercice des contraintes sont soumis
à toutes les formalités prescrites par le Code de procédure civile,
que par conséquent ils doivent être appréciés par l'application des
règles du droit commun, et que, dès lors, c'est aux Tribunaux
ordinaires à en connaître.

Ces considérations nous paraissent péremptoires, et nous con-
cluons, avec l'autorité de l'Administration, du Conseil d'Etat et
des Cours d'appel, que les formalités du Code de procédure civile,
et notamment celle de l'élection de domicile dans les communes
où les exécutions doivent avoir lieu, sont essentielles en matière
de contributions directes, comme en matière civile ordinaire, et
qu'elles ne sauraient être négligées sans exposer les actes de
poursuites aux chances fâcheuses d'une annulation.

14. Mais cette élection de domicile peut-elle avoir pour effet
d'autoriser le redevable à effectuer sa libération à ce domicile élu,
ou peut-il seulement y faire des *offres réelles* pour arrêter les
poursuites, sauf, pour la réalisation de ces offres, à apporter les
sommes au bureau du percepteur?

(Nous examinons cette question au *Commentaire* sur l'art. 68.)

15. *Signification à la personne ou au domicile du débiteur.* —
Il ne faut pas confondre l'élection de domicile dont nous venons
de parler au numéro précédent, qui a pour but, comme nous

l'avons dit, de donner au débiteur la possibilité de notifier ses oppositions et défenses au lieu même où il est poursuivi, et la signification du commandement, qui doit être faite, aux termes de l'article 583 du Code de procédure civile, à la personne ou au domicile du débiteur. Cette signification a pour objet de prévenir le redevable qu'il est poursuivi, et par là de le mettre en mesure de se libérer pour arrêter les actes de contrainte. Ce n'est donc pas au lieu où se fait la poursuite que cette signification doit être faite, car ce lieu peut être autre que celui où demeure le débiteur (1).

Nous nous sommes occupé de cette signification en parlant de la remise de la copie. (Voir ci-dessus, n° 8.) Nous avons dit en quelles circonstances et de quelle manière elle devait être faite à la personne du contribuable ou à son domicile. Il nous reste à établir ce qu'on doit entendre par ce domicile. A cet égard, il faut se référer à l'article 102 du Code civil, qui définit le domicile le lieu où l'on a son principal établissement. C'est à cet endroit que doivent être faites toutes notifications au débiteur; à moins que celui-ci n'ait lui-même, dans un acte, stipulé un domicile déterminé, auquel cas c'est à ce domicile élu que les actes doivent être faits, conformément à l'article 111 du même Code. Mais les contribuables ne se trouvent jamais, à l'égard du percepteur, dans cette dernière position; il ne saurait exister de stipulations particulières pour l'exécution de l'obligation qui résulte du rôle, entre le percepteur et les contribuables. C'est donc au lieu du principal établissement de ces derniers que les actes de poursuite doivent leur être notifiés.

16. Mais comment le percepteur pourra-t-il procéder à la signification du commandement, lorsque le contribuable sera domicilié hors de la commune, de l'arrondissement ou du département? Les articles 59, 60 et 61 du Règlement prévoient et règlent ce cas. (Voir ces articles.)

17. En ce qui concerne le timbre et l'enregistrement du commandement, voir le *Commentaire* sur les articles 58, 97 et 98.

ARTICLE 58.

Le prix du commandement est fixé uniformément pour l'original et la copie signifiés, tous frais de timbre et de transport

---

(1) Dans le cas, par exemple, qui peut se présenter assez fréquemment dans les poursuites pour la contribution foncière, où une saisie est pratiquée sur les fruits d'un immeuble appartenant à un propriétaire forain.

compris, et, indépendamment du droit d'enregistrement, lorsqu'il y a lieu à ce droit, conformément au tarif ci-annexé (1).

L'original du commandement est collectif pour tous les contribuables poursuivis le même jour dans la même commune. (Modèle n° 7.) (2)

1. Nous avons parlé, dans le *Commentaire* sur l'article 47, n° 2,
des tarifs des frais de poursuites que la loi du 25 mars 1817 a donné
aux préfets le droit d'arrêter pour chaque département. C'est dans
ces tarifs (t. 1er, p. 52 et suiv.), qu'est fixé le prix du commandement, conformément à notre article 58.

2. Cet article prévoit, en outre, le cas où l'agent de poursuites
aurait à signifier, dans la même journée, plusieurs commandements en exécution de la même contrainte; et il prescrit de ne
dresser pour tous les contribuables poursuivis qu'un seul original
de commandement où ils seront collectivement portés. Rien n'empêche même que cet original comprenne des contribuables appartenant à des communes diverses, si toutes les copies à signifier
n'en sont pas moins délivrées dans la même journée, ce qui est
nécessaire pour la certitude de la date. Cette mesure n'est point
facultative, au moins quand il s'agit des contribuables d'une même
commune; elle constitue une application du principe qui régit la
garnison collective.

3. Les copies délivrées individuellement sont naturellement
assujetties aux règles ordinaires des exploits; chaque copie renferme toutes les énonciations nécessaires pour la validité de l'acte
et ne diffère de l'original que par la suppression de tous les noms
autres que celui du redevable auquel elle est particulièrement
délivrée. (Voir le *Formulaire*, n° 9 *bis*.) Au fond, c'est l'application
du principe de la garnison collective à tous les autres degrés de
poursuites.

4. Les vices de forme que pourrait présenter un commandement
collectif annuleraient-ils l'acte à l'égard de tous les contribuables
y dénommés? — Il faut distinguer si le défaut de forme porte sur
une des conditions générales du commandement prescrites, sous
peine de nullité, par le Code de procédure, ou si seulement le vice
provient d'une omission faite pour l'un des redevables individuel-

---

(1) Voir le Tarif des frais de poursuites, t. 1er, p. 52 et suiv.
(2) Il n'y a pas d'obstacle à ce que des contribuables de plusieurs communes
soient compris dans le même original de commandement. (*Note du Règlement.*)
Le Modèle de notre *Formulaire* correspondant porte le n° 9 *bis*.

lement. Par exemple, si le porteur de contraintes avait omis d'indiquer sur l'original la date du jour où l'acte a été fait, ou son immatricule, la nullité frapperait l'acte tout entier et à l'égard de tous les contribuables contre qui il est dirigé. Si l'omission n'existait que sur l'une des copies, l'acte ne serait nul qu'à l'égard du contribuable à qui cette copie aurait été signifiée : il serait valable à l'égard de tous les autres qui ont reçu des copies régulières. — Si l'original avait omis d'indiquer le nom d'un des contribuables portés dans la contrainte, l'acte serait nul à l'égard de ce contribuable, bien qu'une copie du commandement lui eût été individuellement signifiée; mais il serait valable à l'égard des autres. — Cette distinction, fondée en droit comme en raison, est facile à faire, et nous ne pensons pas qu'elle puisse donner matière à aucun embarras sérieux.

5. Tous les commandements, soit individuels, soit collectifs, sont assujettis au timbre (arrêté du 16 thermidor an 8, art. 29), tant sur l'original que sur la copie. Un seul timbre suffit pour l'original du commandement collectif (lettre de M. le Ministre des finances au préfet de l'Yonne, en date du 24 octobre 1829); mais chacune des copies doit être sur papier timbré.

6. Quant au droit d'enregistrement, il n'est dû que pour les cotes excédant la somme de 100 fr. (Art. 6. de la loi du 16 juin 1824.)

7. Dans un commandement collectif, est-il dû autant de droits d'enregistrement qu'il y a de cotes individuelles excédant 100 fr. ?

La question ne paraît pas avoir été soulevée, et il n'existe, par conséquent, pas de décision formelle à cet égard. Mais il ne nous semble pas qu'on puisse mettre en doute l'affirmative. Le droit d'enregistrement des actes de poursuites est une charge à laquelle tout débiteur poursuivi est assujetti. Les tarifs des préfectures, approuvés par l'administration des finances, sont aujourd'hui conçus dans ce sens.

8. Voir, pour les règles générales qui concernent le timbre et l'enregistrement des actes de poursuites en matières de contributions directes, le *Commentaire* sur les articles 97 et 98 du Règlement.

ARTICLE 59.

Lorsqu'un contribuable retardataire est domicilié hors du département dans lequel il est imposé, sans y être représenté par un fermier locataire ou régisseur, il peut être procédé immédiatement contre lui par voie de commandement. Pour l'exécution de cette poursuite, le receveur particulier de l'arrondissement où le rôle a été mis en recouvrement, décerne, à la requête du percepteur, une contrainte (1) qui, après avoir été visée par le sous-préfet, est transmise par le receveur général à son collègue du département où le contribuable a son domicile, afin qu'après l'avoir fait viser par le préfet de ce département, il en fasse suivre l'exécution par un porteur de contraintes, et en fasse opérer le recouvrement par le percepteur de la résidence du débiteur. Cette contrainte est accompagnée d'un extrait du rôle comprenant les articles dus par le contribuable (2).

ARTICLE 60.

Lorsque le contribuable est domicilié dans le département, mais hors de l'arrondissement de sous-préfecture où il est imposé, la contrainte, visée par le sous-préfet, est envoyée par le receveur général, avec l'extrait du rôle, au receveur particulier de l'arrondissement où réside le contribuable.

ARTICLE 61.

Les contraintes et extraits des rôles mentionnés aux deux articles précédents sont remis au percepteur de la résidence du contribuable, pour diriger les poursuites requises et effectuer le recouvrement des contributions exigibles.

Les frais relatifs à ces poursuites sont taxés par le sous-préfet, avancés au porteur de contraintes par le receveur particulier, et remboursés par le percepteur de la résidence du contribuable. Ces frais entrent dans sa comptabilité comme ceux des poursuites

(1) Les contraintes extérieures ne sont délivrées qu'en simple expédition, et il ne doit être porté qu'un seul contribuable sur celles de ces contraintes qui sont mises à exécution dans le département de la Seine, ainsi que dans les grandes villes divisées en plusieurs arrondissements de perception. (*Note du Règlement.*)

(2) Les extraits de rôles à joindre aux contraintes extérieures sont rédigés en deux expéditions, dont l'une est destinée au redevable et lui est envoyée, à titre d'avis et avec invitation de se libérer, par le percepteur chargé du recouvrement.

qu'il exerce pour le recouvrement des sommes imposées sur ses rôles.

1. Il peut arriver que le percepteur ait à poursuivre le recouvrement d'une cote d'impôt sur un contribuable qui, bien que porté dans son rôle, ne réside pas dans le ressort de sa perception? La marche à suivre, en pareil cas, devait être prévue et réglée; et tel est, en effet, l'objet des articles 59, 60 et 61, qu'il est indispensable de réunir, parce que leurs dispositions se coordonnent entre elles pour former l'ensemble d'un système de procédure.

La circonstance à laquelle ils s'ppliquent peut se présenter de diverses manières. Beaucoup de propriétaires n'habitent pas les terres qu'ils possèdent, et qui se trouvent souvent, d'ailleurs, situées sur différents points du territoire. Or, on sait que la contribution foncière est cotisée dans le rôle de la commune de la situation de l'immeuble, et non pas dans celui du lieu où le propriétaire a son domicile.

D'autre part, la contribution mobilière étant due pour toute habitation meublée que peut avoir le contribuable, soit dans la commune de son domicile, soit dans toute autre (loi du 21 avril 1832), il s'ensuit que ce dernier peut être relevé à la fois dans les rôles de différentes communes où il ne réside pas.

Le patentable ayant plusieurs établissements, boutiques ou magasins de même espèce ou d'espèces différentes, est dans la même situation. (Loi du 29 mars 1872.)

Enfin, qu'un citoyen domicilié dans une commune au moment de la confection du rôle de la contribution personnelle et mobilière, ou même de la taxe des patentes et compris dans ce rôle, change de domicile; lorsque ledit rôle est mis en recouvrement, il se trouvera hors du ressort de la perception à laquelle ce rôle appartient.

Ainsi, l'éloignement du contribuable de la commune où il est imposé est un incident qui peut se présenter pour toutes les natures de contributions directes. Ce n'est donc sans doute que parce qu'il est le plus fréquent, que les articles 59, 60 et 61 semblent ne statuer que pour le cas de la contribution foncière (1).

---

(1) Le texte de l'article 59 exige aussi quelques explications sous un autre rapport. Par ces mots : *Sans y être représenté par un fermier, locataire ou régisseur*, a-t-il voulu dire que toutes les fois qu'il existerait un fermier, un locataire ou un régisseur, le propriétaire domicilié hors du département ou de l'arrondissement ne serait pas soumis aux poursuites dont ledit article règle l'exercice?

Ce serait une erreur de conclure de leurs termes que la disposition ne s'applique pas aux impôts personnel et mobilier, des portes et fenêtres et des patentes.

2. Cela posé, examinons en lui-même le système des articles 59, 60 et 61 du Règlement. Ce système est fort clair, et il suffit de lire ces articles pour les comprendre et les appliquer sans difficulté. Tout consiste dans la transmission qui est faite par le percepteur du lieu de l'imposition, au percepteur du lieu de la résidence du redevable, du titre exécutoire en vertu duquel ce dernier comptable poursuivra le recouvrement. (Art. 61, § 1er.) Le titre exécutoire dont il s'agit est la contrainte décernée par le receveur particulier de l'arrondissement où le rôle a été mis en recouvrement, et visée par le sous-préfet; ladite contrainte accompagnée d'un extrait du rôle. La transmission de ces pièces entre les deux comptables a lieu par l'intermédiaire des receveurs des finances. (Art. 59 et 60.)

3. Mais, à cet égard, le Règlement fait une distinction, suivant que le redevable est domicilié hors du *département*, ou seulement hors de l'*arrondissement*. Dans le premier cas, la contrainte décernée, comme nous l'avons dit, par le receveur particulier, et visée par le sous-préfet du lieu de l'impôt, est transmise par le receveur général à son collègue du département où le contribuable a son domicile, afin, dit l'article 59, qu'*après l'avoir fait viser par le préfet*, il en fasse suivre l'exécution par un porteur

---

Nous ne saurions le penser; l'expression *sans y être représenté* laisse assez entrevoir que le mode de poursuites dont il s'agit ne cesse d'avoir son application qu'autant que lesdits fermier, locataire ou régisseur, sont chargés par le propriétaire de payer l'impôt en son lieu et place, et qu'ils l'acquittent effectivement. Mais s'ils ne payaient point, le Trésor reprendrait ses droits; et le percepteur pourrait, s'il craignait que le recouvrement sur le fermier où le locataire ne fût pas suffisamment assuré, user, à l'égard du propriétaire domicilié hors du département ou de l'arrondissement, des voies de contraintes indiquées dans les articles que nous analysons. (Voir le *Commentaire* sur l'article 13 du Règlement, n° 25.)

Il faudrait même y recourir nécessairement, s'il s'agissait d'un régisseur qui, chargé par le propriétaire d'acquitter l'impôt, refusât de le payer, et nous croyons utile d'arrêter sur ce point l'attention des comptables. En effet, le régisseur est placé dans une position différente de celle des fermiers : ces derniers, on le sait, peuvent être poursuivis directement et par avance à raison du prix de leur ferme; mais le régisseur ne saurait être personnellement soumis à aucune action, s'il n'est pas détenteur de fonds appartenant au propriétaire; car il a beau représenter celui-ci, il n'est pas chargé *personnellement* de ses dettes, et il ferait facilement annuler les poursuites qu'on intenterait contre lui pour le payement de la cote du propriétaire dont il gère les biens, s'il démontrait qu'il n'a entre les mains aucune somme appartenant à ce dernier. Ce serait donc le cas de recourir au propriétaire par la voie indiquée dans les articles ci-dessus.

de contraintes, et en fasse opérer le recouvrement par le percepteur de la résidence du débiteur.

4. La formalité de ce *visa* est à remarquer. A-t-elle été considérée par l'Administration comme nécessaire pour donner à la contrainte force exécutoire hors du département? Cette question pouvait, en effet, s'élever : car c'est un principe général, que les autorités n'ont de juridiction que dans l'étendue du ressort pour lequel elles sont constituées. Or, quand il s'agit d'exécuter une contrainte hors de la limite territoriale du département où elle a été délivrée, on a pu croire qu'il fallait une sorte d'*exécutoire* délivré par le fonctionnaire du ressort où l'exécution devait avoir lieu. — Cependant la même question s'étant présentée sous la législation des tailles, il avait été décidé que les rôles de ces impositions rendus exécutoires dans le ressort d'une Election, pouvaient, en vertu de l'ordonnance même de l'officier de ladite Election, être exécutés dans les autres ressorts sans nouvelle ordonnance des officiers de ces autres Elections (1).

Nous croyons que le même principe devrait prévaloir encore aujourd'hui. Les actes exécutoires délivrés dans chaque localité par les autorités compétentes conservent leur force dans toutes les parties de la République, et n'ont besoin du concours d'aucune autre autorité; seulement, quand il s'agit de les mettre à exécution hors du ressort, il faut que la signature des fonctionnaires dont ils émanent soit légalisée par le fonctionnaire supé-

---

(1) Cela résulte d'un arrêt de la Cour des Aides, concernant l'exécution des rôles des tailles, du 19 juin 1762, dont voici le texte : « Louis, par la grâce de Dieu, roi de France et de Navarre, etc., vu par la Cour, les chambres assemblées, la requête à elle présentée par le procureur-général du roi, contenant qu'il s'est élevé, depuis peu, dans quelques Elections, des difficultés sur la question de savoir si les rôles des tailles, rendus exécutoires par un officier d'une Election, pouvaient être mis à exécution contre les particuliers compris dans ces rôles demeurant hors le ressort de ladite Election, en vertu de l'ordonnance de l'officier de ladite Election, qui les a rendus exécutoires. D'autres ont prétendu que les collecteurs étaient obligés de prendre un *pareatis* ou une ordonnance d'un juge de l'Election dans le ressort de laquelle demeurent les contribuables contre lesquels on veut exécuter lesdits rôles. Cette dernière opinion étant absolument contraire au bien du recouvrement, et entraînant des frais considérables, le procureur-général a cru qu'il était nécessaire que la Cour rendît certaine la jurisprudence sur cet objet ; à ces causes il requérait, etc. : Ouï le rapport, etc.; « LA COUR, les chambres assemblées, a ordonné et ordonne que les rôles des tailles seront exécutés purement et simplement contre les particuliers qui y seront imposés en vertu de l'ordonnance qui rend exécutoires lesdits rôles, et ce, même hors du ressort de ladite Election, sans qu'il soit besoin de *pareatis* ni d'ordonnance des officiers des autres Elections du ressort de la Cour. Ordonne que le présent arrêt sera envoyé aux sièges des Elections du ressort de la Cour, pour y être lu, publié, etc. »

rieur, parce que cette signature, n'étant pas connue dans un ressort, n'aurait pas l'authenticité suffisante. — Cette règle aurait pu s'appliquer naturellement aux contraintes à faire exécuter dans un département autre que celui où elles ont été délivrées. Mais l'Administration a préféré adopter une sorte de second mandement d'exécution qui, en même temps qu'il donne force exécutoire à la contrainte dans la localité, associe le préfet à la surveillance qu'il doit exercer sur toutes les poursuites auxquelles donne lieu, dans son département, le recouvrement des contributions directes.

5. Dans le cas où le débiteur à poursuivre habite dans le département, mais hors de l'arrondissement où il est imposé, les formalités sont alors simplifiées : tout se borne, d'après l'art. 60 du Règlement, à ce que la contrainte délivrée par le receveur particulier et visée par le sous-préfet, soit transmise par le receveur général au receveur particulier de l'arrondissement où la poursuite doit avoir lieu.

6. Dans ce dernier cas, comme dans celui dont nous avons parlé au n° 4, la contrainte doit être accompagnée d'un extrait du rôle comprenant les articles dus par le contribuable. Le Règlement ne dit pas si cet extrait doit être certifié conforme; mais il est évident que, pour que l'extrait ait quelque authenticité, il faut l'accomplissement de cette formalité, qui d'ailleurs est d'usage pour tous les actes administratifs. — Mais par qui doit-elle être remplie? Nous pensons que ce doit être par le receveur des finances; puisque cet extrait doit comprendre les articles *dus*, il faut que le fonctionnaire puisse constater quels ont été les à-compte payés et ce qui reste à recouvrer : le receveur des finances est seul en mesure de le faire. Cet extrait pourrait être conçu à peu près dans la même forme que celui qui précède le modèle du commandement. (Voir le *Formulaire*, n°s 9 et 9 *bis*.)

7. Nous venons de voir comment il doit être procédé lorsque le redevable sur lequel doit être fait le recouvrement habite hors du département ou de l'arrondissement dans lequel il est imposé; mais la règle serait-elle la même si ce redevable, domicilié dans l'arrondissement, habitait seulement hors du ressort de la perception? En d'autres termes, faut-il conclure des dispositions des articles 59 et suivants qu'en règle générale, toutes les fois qu'un contribuable n'est pas domicilié dans la commune où il est imposé, le recouvrement de la cote et les poursuites qu'il peut exiger passent nécessairement et de plein droit au percepteur de la résidence du redevable?

Cette interprétation serait beaucoup trop large; elle s'écarterait

de l'esprit du Règlement, non moins que de son texte. Les articles
précités ne parlent effectivement que du cas où le contribuable
est domicilié hors de l'arrondissement ou du département, sans
s'occuper du cas où il réside seulement hors du ressort de la perception : ce qui tendrait à faire penser que, du moment où le redevable est domicilié dans l'arrondissement, il reste soumis aux
règles ordinaires, bien que la commune qu'il habite ne fasse pas
partie du ressort de perception auquel appartient la commune où
il est imposé.

D'autre part, la disposition ne parle que du cas où il s'agit de
poursuites à exercer : ce qui donnerait à croire que, pour le recouvrement ordinaire, rien ne s'oppose à ce que le percepteur du lieu
de l'imposition l'effectue par lui-même, si la distance n'est pas un
obstacle insurmontable, non-seulement hors du ressort de sa perception, mais même hors de l'arrondissement et du département,
s'il y a lieu. On peut, en effet, supposer que le redevable réside
dans une commune limitrophe du département où il est imposé, et
on ne verrait pas alors de motif pour dispenser le percepteur, porteur du rôle, de faire le recouvrement.

Qu'il en ait le droit, cela ne peut pas être douteux, et cela a été
même jugé ainsi par l'arrêt de la Cour royale de Bordeaux du
5 juin 1832, inséré dans la 2ᵉ Partie, *Jurisprudence*, page 131. Cet
arrêt décide qu'un percepteur a pu faire saisir à sa requête, hors
de son ressort de perception, des meubles appartenant à un de
ses redevables, mais existant dans une commune étrangère. Il
ne faut pas, en effet, perdre de vue que le percepteur n'est, au
fond, que le mandataire du Trésor, et que le Trésor a bien le droit
de poursuivre ses débiteurs sur tous les points du territoire.

Ainsi, nous tenons pour certain qu'en ce qui concerne le simple
recouvrement, le percepteur aurait qualité pour l'opérer en quelque commune que ce fût. Il n'y a donc pas dévolution légale et de
plein droit, comme on pourrait le supposer, au percepteur de la
commune où réside le redevable, du soin de faire rentrer la cote
inscrite au rôle d'une commune étrangère.

9. Le principe serait le même pour les poursuites, si on ne considérait que la capacité personnelle du percepteur. Rien ne s'opposerait virtuellement à ce qu'il dirigeât par lui-même des poursuites, même hors du ressort de sa perception, comme le décide
l'arrêt précité de la Cour de Bordeaux ; mais il faut observer que
les actes d'exécution contre les redevables ne peuvent être faits
que par des porteurs de contraintes. Or, ceux-ci n'ont qualité
pour exploiter que dans l'étendue de la circonscription territo-

riale de l'arrondissement pour lequel ils ont été commissionnés (1).

D'autre part, ces agents de poursuites ne peuvent être employés que par les ordres du receveur des finances de leur arrondissement, et ils doivent être placés sous la direction du percepteur de la commune où ils exploitent : c'est ce qui résulte de l'article 52 du Règlement et de la formule même de la contrainte. (Voir le *Commentaire* sur cet article.)

Ainsi, par la force des choses, le percepteur de la commune où le contribuable est imposé se trouverait dans l'impossibilité, quand ce contribuable est domicilié hors de l'arrondissement, de suivre par lui-même l'exécution des poursuites, puisqu'il n'aurait pas à sa disposition les agents indispensables. C'est là la considération qui, à part les difficultés qui naîtraient de l'éloignement du redevable, a motivé les mesures qui font l'objet des articles 59 et 60 du Règlement sur les poursuites.

Mais cette considération n'existe plus quand la poursuite doit se faire dans le territoire de l'arrondissement. Dans ce cas, il n'importe pas que le redevable soit domicilié hors du ressort de la perception où il est imposé. Les porteurs de contraintes ont qualité pour instrumenter, et le receveur des finances peut leur donner des ordres pour qu'ils se mettent à la disposition du percepteur de la commune de l'imposition. Et ce ne serait que dans le cas où la distance serait telle que ce dernier comptable ne pourrait pas suivre par lui-même les poursuites, qu'il y aurait lieu de remettre les titres du recouvrement au percepteur de la résidence, en se conformant à la marche tracée par les articles 59 et 60 du Règlement (2). Les règles à suivre en ce cas ont été depuis longtemps tracées par une lettre adressée par le Ministre des finances au préfet de la Loire-Inférieure, le 16 juillet 1834. En voici les termes : « Vous avez demandé si les dispositions des articles 59 et 60 du Règlement sur les poursuites, qui donnent au receveur des finances la faculté de faire poursuivre les contri-

---

(1) Nous n'avons pas besoin de rappeler que, aux termes de l'arrêté du 16 thermidor an 8, les porteurs de contraintes, commissionnés particulièrement pour chaque arrondissement, sont, à cet égard, comme les huissiers ordinaires, qui n'ont qualité pour faire les actes que dans l'étendue du ressort du Tribunal où ils sont immatriculés. (Voir le *Commentaire* sur les art. 29 et 30, n° 5, et dans la deuxième Partie, *Jurisprudence*, page 180, un jugement du 19 novembre 1875.)

(2) Nous avons déjà eu occasion de faire une distinction semblable en ce qui concerne la remise des avertissements et des sommations gratis, dans le *Commentaire* sur l'art. 21 du Règlement, n°ˢ 10 et 11.